DU MÊME AUTEUR

Aux Éditions Gallimard

GENS DE PÉKIN
LA CAGE ENTREBÂILLÉE
L'ENFANT DU NOUVEL AN

QUATRE GÉNÉRATIONS SOUS UN MÊME TOIT

PLAN DE PÉKIN

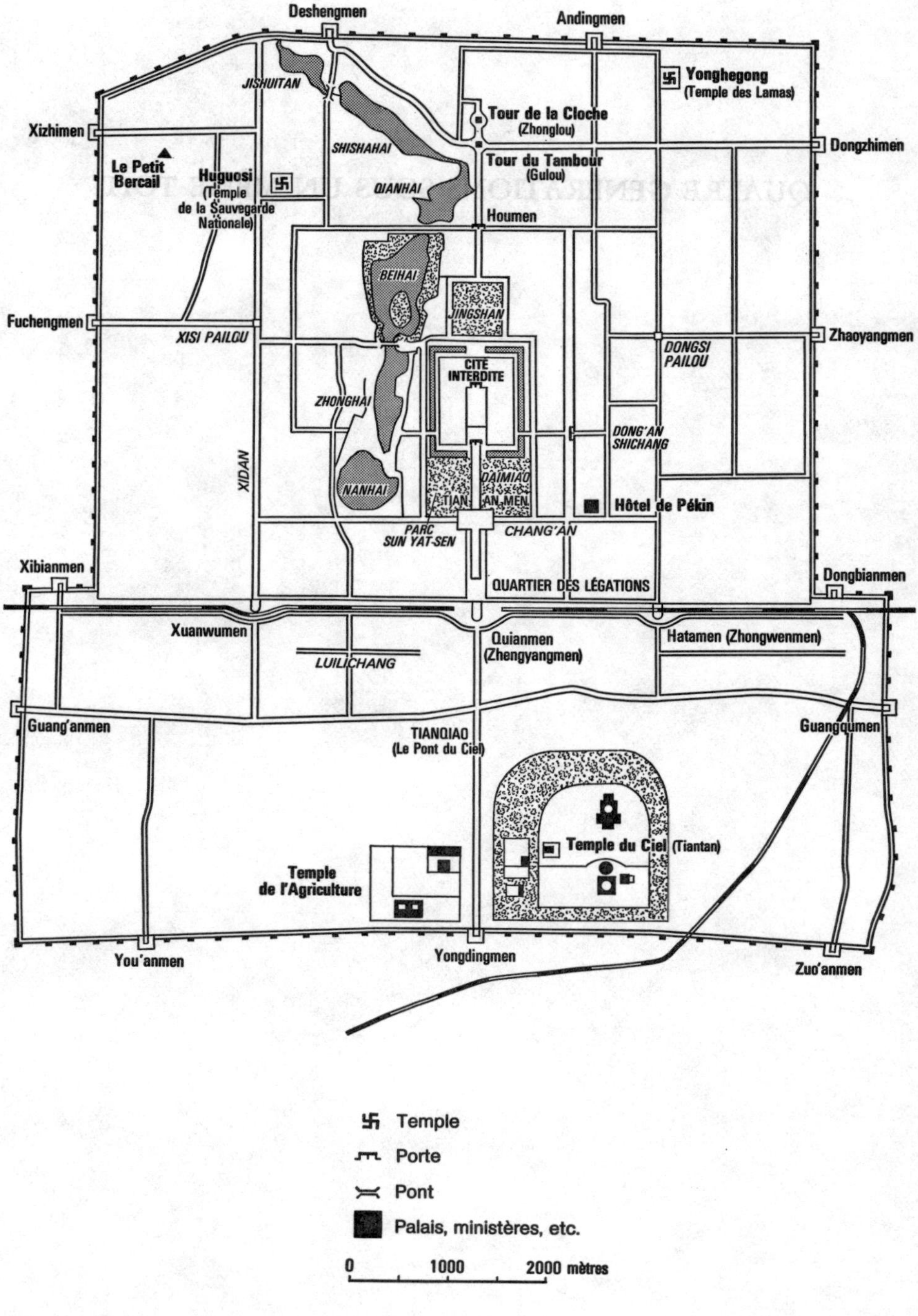

LAO SHE

Quatre générations sous un même toit

TRADUIT DU CHINOIS
PAR JING-YI XIAO

PRÉFACE DE
J.M.G. LE CLÉZIO

AVANT-PROPOS DE
PAUL BADY

MERCURE DE FRANCE
MCMXCVI

ISBN 2-7152-1868-0

26, rue de Condé, 75006 Paris.
Imprimé en France.

REMERCIEMENTS

Je voudrais remercier vivement Mme Simone Gallimard, qui a accepté de faire publier ce livre par le Mercure de France. Tous mes remerciements aussi à M. Nicolas Chapuis, ex-conseiller culturel à l'ambassade de France à Pékin, à MM. Christian Thimonier et Jean Poncet, à Mme Nicole Boyer, à Denis et Dany Lavaud, qui m'ont aidée dans la réalisation de cette entreprise.

Enfin, je tiens à remercier M. Yves Alexandre, qui a accepté de relire toute cette traduction et qui, par ses nombreux conseils, m'a permis de mener à bien ce long mais passionnant travail.

JING-YI XIAO

PERSONNAGES

La famille Qi

LE VIEUX QI : l'aïeul

QI TIANYOU : fils du vieux Qi, gérant d'une boutique d'étoffes

MADAME TIANYOU : femme de Qi Tianyou

QI RUIXUAN : fils aîné de Qi Tianyou, professeur dans un lycée

YUN MEI : femme de Qi Ruixuan

PETIT SHUNR : fils aîné de Qi Ruixuan

NIUZI : fille de Qi Ruixuan

QI RUIFENG : deuxième fils de Qi Tianyou, économe dans un lycée

CHRYSANTHÈME : femme de Qi Ruifeng

QI RUIQUAN : troisième fils de Qi Tianyou, étudiant

La famille Qian

QIAN MOYIN : poète

MADAME QIAN : femme de Qian Moyin

MENGSHI : fils aîné de Qian Moyin, professeur dans un lycée

LA JEUNE MADAME QIAN : femme de Mengshi

ZHONGSHI : second fils de Qian Moyin, chauffeur

MONSIEUR JIN : père de la jeune Mme Qian, agent immobilier

CHEN YEQIU : frère de Mme Qian, homme de lettres

La famille Guan

GUAN XIAOHE : ancien fonctionnaire

LA « GROSSE COURGE ROUGE » : femme de Guan Xiaohe

GAODI : fille aînée de Guan Xiaohe

ZHAODI : seconde fille de Guan Xiaohe
YOU TONGFANG : seconde femme de Guan Xiaohe

Autres voisins de la famille Qi
MONSIEUR LI : déménageur
MADAME LI : femme de M. Li
PETIT CUI : tireur de pousse
MAÎTRE SUN : barbier
MAÎTRE LIU : artisan tapissier
CHENG CHANGSHUN : musicien ambulant
LA VEUVE MA : sa grand-mère
LE JEUNE MONSIEUR WEN ET SA FEMME RUOXIA : chanteurs d'opéra
JOHN DING : domestique à l'ambassade de Grande-Bretagne

AVANT-PROPOS

« Lao She et Pékin »

« Même en période troublée, tu sais bien que les Pékinois ne peuvent se passer de rites » : cette phrase, placée au début du livre, p. 97, donne bien le ton de l'ensemble de l'œuvre, qui comporte trois gros volumes, sinon trois parties au sens occidental de la composition romanesque [1]. De l'auteur, qui est né dans l'étroit *hutong* (ou ruelle) décrit dans le roman et qui est mort, probablement « suicidé » le 24 août 1966, il convient de dire d'abord qu'il est mandchou. Son père, un an après sa naissance, gardait la Cité Interdite à l'issue du fameux Siège des Légations en août 1900. L'impératrice douairière et le petit Empereur ayant déjà pris la fuite, c'est une place vide que défendait le valeureux guerrier, trahi par son vieux mousquet. De cette période de malheur, qui l'a marqué pour la vie, Lao She (de son vrai nom Shu Qingchun) ne conservera que les fragments heureux dans son roman autobiographique, laissé inachevé et publié seulement en 1978 [2].

D'un texte à l'autre, on est frappé par la similitude des lieux, sinon des personnages. Car ceux-ci, dans *Quatre générations sous un même toit (Si shi tong tang)*, sont plongés, avec l'occupation japonaise de la vieille capitale, dans une période d'humiliation et de déclin qui ne prendra fin, si l'on

1. *L'effroi (Huanghuo), La survie (Tousheng)* et *Famine (Jihuang),* publiés de 1946 à 1951.

2. *L'enfant du Nouvel An (Zhenghong qi xia),* « Du monde entier », Gallimard, 1986.

peut dire, qu'en 1949, avec l'arrivée des nouveaux occupants. Le romancier n'en conserve pas moins lucidité et humour : « On ne peut connaître tous les aspects de sa propre culture ; ainsi le poisson vit dans l'eau mais il ne peut bondir hors de celle-ci pour voir à quoi elle ressemble », p. 138. C'est faire preuve de modestie. En effet, Lao She, qui a séjourné de nombreuses années à l'étranger (à Londres de 1924 à 1929, aux États-Unis de 1946 à 1949), est particulièrement bien placé pour décrire les grandes heures et les malheurs de sa ville natale.

Déchu de son titre de capitale dès 1928, « Peiping était mort aux yeux du monde mais les Pékinois vivaient toujours avec la Chine », p. 141. Une seule phrase comme celle-là montre que l'humiliation ne pouvait déboucher que sur un sursaut moral et national, bien illustré dans le roman. Même pour ceux qui doutent encore ou qui vacillent, la honte des habitants ne saurait cacher l'inépuisable beauté de la ville. Un des charmes les plus discrets de la présente traduction tient aux descriptions du microcosme pékinois. Du macrocosme aussi, qui va de la Cité Interdite au Temple du Ciel, en passant par les sanctuaires, les foires et les marchés de la capitale. La vie du peuple, déjà révélée dans *Gens de Pékin*[1] et le fameux *Pousse-pousse*[2], n'est pas négligée pour autant. Aux yeux de l'écrivain, converti dans sa jeunesse à l'anglicanisme et rallié au régime communiste, une résurrection est toujours possible. Tel est le sens profond qu'il faut attribuer à ce livre, dont nous présentons la première partie.

PAUL BADY

1. Recueil de nouvelles et de récits, « Du monde entier », Gallimard, 1982 (rééd. « Folio », 1993).

2. *Luotuo Xiangzi*, Laffont 1973 (rééd. « Le livre de poche », 1990).

LAO SHE, LE PROFESSEUR

Dans la nuit du 7 juillet 1937, sous un prétexte futile (un soldat manquant à l'appel), l'armée impériale japonaise qui occupait les territoires du nord-est de la Chine franchit le pont Marco Polo, au sud de Pékin et se mit en marche vers la ville, accomplissant ainsi le premier acte de la longue guerre sino-japonaise, qui va bientôt entraîner le monde entier. Au terme de cette guerre – l'une des plus coûteuses de l'histoire de l'Orient – un million cinq cent mille morts – la Chine émergera du chaos dans sa forme nouvelle, définitivement séparée de son passé, et unie par le nationalisme.

Tels sont les événements racontés dans le roman de Lao She, le dernier qu'il a publié de son vivant, et certainement le plus ambitieux. Commencé en 1946, avant son départ pour les États-Unis, *Su Shi T'ung T'ang – Quatre générations sous un même toit* – n'a été publié en Chine qu'en 1949. Le projet était énorme, à la mesure de l'histoire de la nouvelle naissance de la Chine, et conforme à l'art romanesque traditionnel chinois – tel que le *Pavillon rouge* ou *Au bord de l'eau.* Ce roman fleuve, dont le Mercure de France publie ici la première partie *(Effroi)* comptait plus de cent chapitres et un million d'idéogrammes. L'énormité de ce roman n'est sans doute pas la seule raison pour laquelle il est resté dans l'ombre jusqu'à maintenant. *Quatre générations* est aussi, sans aucun doute, le plus « chinois » des romans de Lao She : privilégiant les descriptions et les situations à l'intrigue, il montre un foisonnement, un goût pour la digression et pour la polychronie qui ne pouvaient que dérouter le lecteur occidental, séduit par la brièveté et l'humour des aventures du « Chameau Xangzi » dans le *Pousse-Pousse* ou les émouvantes héroïnes de *Gens de Pékin*. En fait, la seule traduction de *Quatre générations* du vivant de Lao She fut une traduction américaine, dans une version simplifiée, publiée sous le titre de « Tempête jaune » – titre certainement plus attrayant que l'original !

Pourtant, Lao She est un écrivain moderne, l'un de ceux qui a exprimé avec le plus de force et de sincérité la nécessité de la révolution chinoise, et de la rencontre entre l'Orient et l'Occident – la rencontre de la fantaisie et du foisonnement romanesque traditionnel chinois et du réalisme et de la psychologie inventés par le roman européen au XIXe siècle, par Dickens, Thackeray, ou Dostoïevski.

Né au sein de la communauté mandchoue qui dominait Pékin à la fin du siècle dernier, Lao She[1] a vécu dans son enfance le génocide de son peuple par les Han, la chute de sa ville natale aux mains des étrangers, et la révolte des Boxers au cours de laquelle son père trouva la mort. Toute sa vie, malgré sa fidélité à sa ville et sa loyauté envers l'idéal révolutionnaire, il gardera ce sentiment de précarité et d'isolement, qui le rend proche des petites gens qui sont trahies par les puissants et sont, comme il l'écrit lui-même, « les premières victimes des massacres, des pillages et des viols ».

C'est ce sentiment de précarité qui l'empêche d'adhérer complètement aux grands mouvements politiques de son temps et qui lui donne une méfiance instinctive du pouvoir (Chiang Kai Chek était avant tout un Han, ennemi des Mandchous), et le conduit à s'exiler, d'abord en Angleterre, puis aux États-Unis.

En même temps, ce qui domine son œuvre, c'est l'attachement passionné, charnel, pour la capitale du nord de la Chine, cette ville de Pékin immense, plurielle, archaïque,

1. De son vrai nom Shu Qingchun – le pseudonyme qu'il s'est choisi évoque le titre de professeur, son vrai métier.

invincible malgré les invasions, les mises à sac par les puissances étrangères, les rivalités des Seigneurs de la Guerre et les révolutions. Cette ville tant de fois pillée, brutalisée et violée – et que les Japonais envahissent avant de partir à la conquête de la Chine et de l'Orient, comme si là se trouvait la clef du pouvoir.

Le premier personnage de *Quatre générations sous un même toit,* c'est la ruelle du Petit-Bercail, ce *hutong* caractéristique du vieux Pékin, qui n'avait aucun équivalent dans le monde, si ce n'est, peut-être, la *vivienda* de Mexico : un dédale de ruelles et de cours, de toits de tuiles vernies – aucun toit ne pouvait, dit-on, dépasser la hauteur du trône impérial de la ville interdite –, de cours où poussaient des arbres rares, plaqueminiers, mimosas, acacias, d'habitations souvent sombres, insalubres, où s'abritait la vie des familles, où fermentaient les intrigues et où se maintenait irréductiblement la vie de la Chine ancestrale, avec ses métiers traditionnels, ses cris de la rue, ses rituels, ses secrets d'alcôve ou de cuisine, loin du regard des étrangers et du diktat du pouvoir central. La ruelle du Petit-Bercail est un étroit goulot en forme de viscère (ou de coloquinte, lit-on dans les premières pages du roman) s'ouvrant sur un thorax, puis, après une ceinture, s'ouvrant à nouveau sur un abdomen. Dans ce monde presque forclos, ne communiquant avec la rue extérieure que par une seule entrée obscure, cohabitent des riches et des pauvres, des lettrés de l'ancienne caste mandchoue et des gens aussi frustes que Petit Cui, le tireur de pousse, le boxeur Liu et le déménageur Li. C'est là, dans la première cour du *hutong,* le « thorax », que résident les principaux héros du roman, la famille du vieux Qi, son fils Tianyou, petit marchand de tissus et sa femme, et ses trois petits-fils, Ruixuan, l'aîné, professeur dans un lycée (comme l'était Lao She lui-même), un homme sincère et solitaire, Ruifeng le puîné, opportuniste, mal conseillé par sa femme « Chrysanthème », et le cadet, Ruiquan, impétueux, brûlant de se sacrifier pour sauver son pays. Et enfin, ses deux arrière-petits-enfants, Niuzi et Shunr. Dans la même cour vit le poète Qian et sa famille, et Guan Xiaohe, un homme qui symbolise la Chine des Seigneurs de la Guerre et des Légations étrangères, à la fois raffiné, séduisant et ignoble, affligé d'une redoutable mégère que les voisins, à cause de la couleur de sa robe et de sa corpulence, ont surnommée la « Grosse Courge Rouge ».

Tel est le petit monde qui tout à coup, au début de l'été 37, est bouleversé par le grondement des blindés ennemis roulant dans les rues de Pékin. Et plus encore que par ce bruit, par la rumeur des nouvelles contradictoires provenant de l'extérieur et résonnant avec une puissance accrue dans ce tympan qu'est la ruelle. La crainte, puis la panique gagnent tous les foyers, dont les habitants ressemblent à « une fourmi se débattant au fond d'une casserole brûlante ! ».

Toute la force du roman de Lao She est là, dans la description d'un monde clos. La violence de la guerre, les massacres, les combats sanglants qui se livrent autour de Pékin, de Nankin et de Shanghai ne sont évoqués qu'indirectement. Avec un art qui l'apparente au théâtre classique et à l'opéra chinois, le romancier nous fait ressentir l'horreur de la guerre à travers les héros modestes de la ruelle, ces petites gens du peuple de Pékin que Lao She connaît si bien, dont il fait partie, avec toutes ses qualités, ses défauts, ses ridicules, son héroïsme, ses mensonges, et bien entendu un goût immodéré pour les ragots et les bavardages.

Sur la scène étroite de la ruelle, tandis que grandissent la rumeur de la guerre et l'ombre menaçante des conquérants, les personnages perdent peu à peu leurs masques, révèlent leur moi profond. La méchanceté remplace la sottise, et les gens les plus ordinaires deviennent soudain des héros ou des criminels. La « Grosse Courge Rouge » entraîne son mari dans la collaboration, organise l'arrestation du poète Qian par la police japonaise, tandis que Ruixuan, l'aîné des petits-enfants Qi, électrisé par le sacrifice de son frère cadet, refuse tout compromis et reste fidèle à sa patrie. Les vrais héros de Pékin sont les habitants de la ruelle qui résistent à l'envahisseur, tels Maître Liu qui refuse d'exécuter la « Danse des Lions » devant les Japonais, ou Petit Cui qui se bat avec un occupant qui l'avait traité avec mépris.

En opposition au peuple de Pékin, si contradictoire, si désorganisé et inoffensif, Lao She nous montre les soldats japonais comme le mal absolu : « Ils se comportaient comme des voleurs qui, après avoir amadoué les chiens, s'introduisent dans une maison pour y dérober les objets de valeur. » Il lance cet avertissement : « Un jour ou l'autre, les voleurs sont condamnés à passer en jugement devant l'humanité entière. »

Les Européens des Légations ne sont pas davantage épargnés par la colère de Lao She. Censés défendre les Chinois contre l'agresseur japonais, ils sont en fait complices de la mise à sac d'un pays dont ils ne connaissent que les courtisans et les prostituées.

Roman de la guerre et de la résistance chinoise, *Quatre générations sous un même toit* est aussi un roman d'amour, l'amour de Mme Tianyou pour ses fils, l'amour de Ruixuan et de Yun Mei, l'amour de Ruiquan pour Gaodi. Mais surtout, la passion de Lao She pour sa ville natale, qu'il aimait, avait-il coutume de dire, « comme un enfant aime sa mère ». L'amour de Lao She pour Pékin est sans cesse présent, dans la tendresse qu'il témoigne aux personnages, dans le bruit du quotidien, les mots échangés, la rumeur qui va de maison en maison, la chaleur de la relation humaine dans la ruelle, le sens de l'entraide des habitants, la comédie qui transparaît, même aux instants les plus sombres.

La ville de Pékin est avant tout futile, un endroit, comme le dit Lao She, où « l'on pouvait très facilement et par habitude passer son temps à le gaspiller ». Ici chacun a ses défauts, son côté abject, comme Petit Cui qui bat sa jeune femme, ou son côté dérisoire, comme John Ding, le domestique des Légations, qui se prend pour un Anglais et collectionne les coupes de champagne dépareillées. L'humour et la dérision modèrent l'abjection des méchants, et le traître

Guan Xiaohe sait reconnaître l'autorité absolue de sa femme, la « Grosse Courge Rouge » : « Tu es purement et simplement un char d'assaut pensant ! »

La guerre exalte l'héroïsme et met au jour la lâcheté, mais elle n'annule pas l'injustice et la cruauté de la société traditionnelle. Les femmes battues, ou condamnées à la prostitution, c'était le thème majeur du *Croissant de Lune* et de *La cour des Liu*, les deux admirables contes de *Gens de Pékin*. On le retrouve ici, dans le personnage de You Tongfang, la concubine de Guan Xiaohe, qui a été enlevée dans son enfance, violée et vendue comme chanteuse – ou chez Gaodi et Zhaodi, les deux filles de la famille Guan, qui deviennent une monnaie d'échange dans la recherche des honneurs et l'ambition de leurs parents.

Mais c'est dans l'exercice de la mémoire que l'œuvre de Lao She excelle et nous émeut. Dernier de ses grands romans, écrit au lendemain de la guerre, dans l'exil américain ; alors que la Chine nouvelle de Mao est en train de naître, *Quatre générations sous un même toit* est un extraordinaire inventaire de la vie à Pékin avant la révolution, de tout ce qui bougeait, bruissait et travaillait dans l'une des plus anciennes cités du monde, les goûts, les odeurs, les couleurs de la rue avec ses rituels quotidiens, ses musiques, ses espoirs, ses illusions, ses ruses. Et puis ces instants merveilleux, à la fin de l'été, après les pluies, quand le ciel est d'un bleu pur au-dessus de la ville, et que chacun peut « écouter, regarder et humer la splendeur automnale de Peiping ». Même si l'on y lit, comme Ruixuan, l'accent prophétique du poème de Lu You :

Les cimes dans les nuages ont encore leur parure d'été,
La moisson d'automne baigne dans un océan de sang.

Lao She voulut que *Quatre générations* fût à la gloire de Pékin et de la nouvelle naissance de la Chine. Il est alors, malgré l'exil, un partisan de Mao et soutient de tout son cœur le combat des communistes pour établir un règne de justice. Après son retour à Pékin, il devient un écrivain officiel, chargé d'éduquer les masses au moyen de pièces de théâtre. Sachant ce qu'on sait aujourd'hui de la corruption irrésistible du pouvoir central, on ne peut s'empêcher d'entendre dans ce roman l'accent d'une nostalgie, d'une inquiétude, comme si Lao She déjà percevait que tout allait trop vite, et que l'avènement de la Chine révolutionnaire, comme au temps de Sun Yat Sen et de la persécution des Mandchous, allait brûler jusqu'aux racines du passé et de la culture qui l'avaient nourri.

Aujourd'hui, le *hutong,* le principal personnage du roman de Lao She, disparaît inexorablement sous les coups de boutoir des bulldozers au service, non plus de la révolution, mais de la modernisation commerciale et planifiée qui est en train de transformer l'une des villes les plus admirables du monde en un désert de béton et de verre à l'image de Shanghai et de Hong Kong.

Mais Lao She n'eut pas le temps de connaître ce dernier outrage.

En 1966, aux époux Gelder qui le rencontrèrent à Pékin, le romancier exprima son angoisse devant la montée de la Révolution culturelle.

« Je peux comprendre pourquoi Mao Tse Tung cherche à détruire le vieux monde bourgeois, mais je ne peux écrire sur ce combat parce que je ne suis pas marxiste, et que je ne peux penser et sentir comme un étudiant de Pékin en 1966... Nous autres, les vieux, nous n'avons pas à demander pardon pour ce que nous sommes. Nous pouvons seulement expliquer pourquoi nous sommes ainsi, et encourager les jeunes à trouver leur voie vers le futur. »

Quelques semaines plus tard, Lao She fut arrêté, interrogé et battu par les Gardes rouges de la terrible bande des Quatre. Renvoyé chez lui, il connut l'humiliation de trouver sa maison pillée et ses livres précieux et ses documents jetés par terre. Dans *Quatre générations,* le poète Qian Moyin, le vrai héros de la résistance chinoise à l'oppresseur japonais, avait connu la même humiliation, puis avait été battu et torturé par les policiers au service de l'envahisseur. Du moins, à travers ses souffrances pouvait-il espérer la libération prochaine de son peuple, et un jour nouveau pour sa patrie. Mais pour Lao She, le professeur bafoué et brisé par des jeunes gens qui avaient l'âge d'être ses enfants, cette journée réalisait tout à coup les pages les plus terribles de son roman, comme un cauchemar auquel il était impossible d'échapper.

Trois jours après son arrestation, la famille de Lao She fut prévenue qu'on avait retrouvé le corps de l'écrivain noyé au bord d'un lac, au sud de la ville, et que la police avait conclu au suicide. Mais le corps ne fut jamais rendu à sa famille, et ceux qui l'avaient découvert témoignèrent que seul son visage était immergé dans l'eau du lac.

Ainsi s'acheva la vie de Lao She, l'un des maîtres du roman chinois moderne – on dit que Malraux s'en inspira au moment d'écrire *La Condition humaine* – et l'un des penseurs les plus originaux et les plus sincères de ce temps. De la chute des Mandchous aux derniers séismes de la révolution, sa vie s'est en quelque sorte confondue avec l'histoire de la Chine, et avec la destinée des gens de Pékin qu'il n'avait jamais cessé d'aimer.

J.M.G. LE CLÉZIO

CHAPITRE I

Le vieux monsieur Qi ne craignait rien ni personne. Les guerres ne l'avaient pas effrayé, la paix le réjouissait. Il avait seulement la hantise de ne pouvoir célébrer son quatre-vingtième anniversaire. Il était encore dans la force de l'âge lorsque l'armée des Huit Puissances attaqua Peiping[1] et pénétra dans la ville ; un peu plus tard, il fut témoin des événements qui entraînèrent l'abdication de l'empereur Qing ; il vécut aussi cette guerre civile sans fin pendant laquelle les portes de la ville étaient tantôt closes – on entendait alors les tirs continuels des fusils et des canons –, tantôt ouvertes – et les hautes voitures, suivies de grands chevaux de guerre, sillonnaient à nouveau les rues à toute allure.

Il ne manquait jamais une occasion de célébrer les jours de fête. Et lorsque arrivait le nouvel an, il offrait toujours des sacrifices à ses ancêtres. Il menait une vie honnête, sans chercher à sortir de sa condition, n'aspirant qu'à jouir d'une vie paisible débarrassée des soucis matériels ; la guerre même ne le prendrait pas au dépourvu. Il gardait toujours chez lui des réserves de farine, de riz et de légumes salés, de quoi nourrir sa famille pendant trois mois. Les obus pouvaient percer le ciel, les soldats galoper dans les rues, il fermerait sa porte en la calant avec une grande jarre ébréchée remplie de pierres. Cela suffirait à le préserver de tout désastre.

Pourquoi le vieux monsieur Qi ne mettait-il de côté que

1. Année de la guerre des Boxers ; ils formaient une société secrète qui dirigea en 1900 la lutte anti-impérialiste en Chine ; celle-ci fut réprimée par les forces conjuguées des Huit Puissances étrangères.

trois mois de vivres ? Parce que, dans son esprit, Peiping était la ville la plus sûre de toute la Chine. Les fléaux pouvaient s'abattre sur elle, ils ne dureraient pas plus de trois mois, et bientôt la vie reprendrait son cours. Pour Peiping, une calamité, c'était comme une migraine ou une petite fièvre, un mal que tout un chacun peut attraper, mais dont on se remet à coup sûr en quelques jours. Si vous n'y croyez pas, regardez le vieux monsieur Qi compter sur ses doigts : les hostilités entre les seigneurs de la guerre du Hebei et ceux de l'Anhui, combien de mois ont-elles duré ? Et celles entre les seigneurs de la guerre du Hebei et ceux du Nord-Est ? Non, non, croyez-moi, chez nous, à Peiping, les difficultés ne durent jamais plus de trois mois !

L'année où, le 7 juillet [1], éclata la guerre contre le Japon, M. Qi avait déjà plus de soixante-quinze ans. Depuis longtemps, il ne s'occupait plus des affaires domestiques, se contentant d'arroser les fleurs dans sa cour, de raconter des histoires du passé, de donner des graines et de changer son eau au petit loriot, ou bien encore d'emmener ses arrière-petits-enfants flâner dans les grandes avenues ou au Temple de la Sauvegarde Nationale. Cependant, dès que l'on entendit le canon gronder du côté du pont Lugou [2], M. Qi ne put s'empêcher de ressentir quelque inquiétude : que voulez-vous, il était arrière-grand-père et quatre générations vivaient sous son toit !

M. Qi appela près de lui la femme de son petit-fils aîné. Elle était sa préférée, car elle avait donné des descendants à la famille : et il était très fier de son arrière-petit-fils et de son arrière-petite-fille ; en outre, elle s'occupait bien de son ménage, et surtout elle savait se tenir, ce qui n'était vraiment pas le cas de l'épouse de son deuxième petit-fils, dont la coiffure permanentée aux formes extravagantes lui faisait comme un nid de poule sur la tête ; c'était bien simple, rien qu'à la regarder, on en avait le cœur tout chaviré.

1. Il s'agit du 7 juillet 1937.
2. Pont Lugou : pont Marco-Polo.

Son fils avait dépassé la cinquantaine. Comme il était souvent absent et sa belle-fille souvent malade, c'étaient le petit-fils aîné et son épouse qui menaient la maison, mais comme celui-là donnait des cours dans la journée et ne rentrait que le soir pour préparer ses leçons du lendemain et corriger les devoirs de ses élèves, c'était en fait son épouse qui s'occupait seule d'habiller et de nourrir les dix personnes de la famille, d'entretenir les relations de voisinage et d'envoyer félicitations ou condoléances aux parents et amis. Tout cela n'était pas simple et expliquait pourquoi le vieux, en toute équité, avait conçu une préférence pour elle.

Ayant grandi à Peiping, il avait été influencé par les façons de parler et de se comporter des Mandchous, dont il avait adopté nombre de coutumes. En présence du beau-père, il était de règle que la belle-fille se tienne debout à ses côtés sans bouger et prête à le servir. La sienne ayant déjà passé la cinquantaine et étant plutôt souffreteuse, il n'avait pas le cœur assez dur pour exiger qu'elle se conforme à ce devoir, la tradition dût-elle en souffrir ; au fond, mieux valait, tout bonnement, discuter les affaires domestiques avec l'épouse du petit-fils aîné.

Le vieux Qi avait le dos un peu voûté, mais c'était quand même lui le plus grand de la famille ; d'ailleurs, quand il était encore dans la force de l'âge, on l'appelait le Grand Qi. Élancé, le visage oblong, il aurait pu avoir beaucoup d'allure, mais malheureusement il avait de tout petits yeux qui se fermaient au moindre sourire, pour ne laisser paraître que deux petites fentes ; on ne voyait alors de lui que son grand corps, sans percevoir quoi que ce soit qui puisse inspirer le respect. Finalement, avec l'âge, sa physionomie était devenue plus agréable : visage d'un jaune mat, barbe et sourcils d'un blanc de neige ; des rides s'étaient formées aux coins des yeux, lui donnant un air perpétuellement souriant et d'une bonté évidente ; quand il riait pour de bon émanait de son regard la petite lueur de ceux qui possèdent une sagesse infinie, mais qu'ils ne laissent pas rayonner totalement.

Ayant appelé l'épouse de son petit-fils aîné près de lui,

le vieux resta silencieux pendant un long moment, lissant délicatement sa barbe blanche avec un petit peigne.

Dans son enfance, il n'avait étudié que deux ou trois livres pas très épais et un vague mélange de caractères, de mots et d'expressions. Adolescent et plus tard à l'âge adulte, sa vie avait été très mouvementée ; au prix de nombreux efforts, il avait quand même réussi à s'acheter une maison et finalement s'était marié. Son fils, lui, après trois courtes années d'études dans une école privée tenue par un précepteur, fut mis en apprentissage ; ce n'est que la génération de ses petits-enfants qui, les grands changements sociaux aidant, put accéder à des études supérieures. Maintenant encore, il lui arrivait de craindre que le décalage qui existait entre ses propres connaissances et celles de son fils – qui savait toujours par cœur les *Entretiens* de Confucius et qui, de plus, avait une fort belle écriture, dont un diseur de bonne aventure avait d'ailleurs un jour fait l'éloge –, ou plus encore celles de ses petits-fils, ne les conduise un jour à le mépriser. Par conséquent, chaque fois qu'il voulait dire quelque chose à ceux de la jeune génération, il prenait toujours pendant quelques instants un air distrait, pour montrer que lui aussi était capable de réfléchir.

En revanche, avec l'épouse de son petit-fils aîné, il n'avait pas tant de scrupules, car elle avait un niveau d'instruction fort bas et passait toutes ses journées à s'occuper des enfants ou à parler d'affaires domestiques. Toutefois, avec le temps, les habitudes du vieux étant prises, il ne pouvait s'empêcher de la laisser attendre ainsi pendant un moment.

N'étant jamais allée en classe, elle n'avait pas de vrai prénom ; en effet, on ne donnait alors un prénom aux enfants qu'à leur entrée à l'école. Ce fut donc son mari qui, après leur mariage, lui donna le prénom de Yun Mei [1], un peu comme on décerne le titre universitaire de « docteur ». Ces deux caractères, *Yun Mei,* ne furent jamais bien accueillis dans la famille Qi. Les beaux-parents n'avaient pas l'habitude

---

1. *Yun* signifie « charme » ; *Mei* « prunier ».

d'appeler leur bru par son prénom, pas plus que le grand-père ; d'ailleurs ils n'en voyaient pas la nécessité. Les autres la considéraient un peu comme la bonne à tout faire et ne voyaient rien en elle qui puisse évoquer le « charme » ou les « fleurs de prunier ». Comme les deux caractères *Yun Mei* se prononcent exactement de la même façon que deux autres caractères qui signifient « transporter le charbon », le vieux Qi croyait qu'ils étaient synonymes.

« Eh bien, elle est déjà bien occupée du matin jusqu'au soir, et on a en plus la cruauté de lui faire transporter le charbon ? »

Du coup, son mari n'osa plus l'appeler par son prénom. Ainsi, outre les appellations de « Grande belle-sœur » et de « Maman » auxquelles elle avait normalement droit, elle était devenue pour tous « Mère de Petit Shunr », Shunr étant le nom de son petit garçon.

De taille moyenne, le visage rond avec de grands yeux expressifs, elle était très agréable. Elle marchait, parlait, mangeait, faisait tout vite, mais sans précipitation. Elle agissait de même lorsqu'elle se coiffait, se lavait et se poudrait le visage. Quand par chance elle arrivait à tout faire avec soin, elle paraissait vraiment plus jolie, mais si par malheur elle n'étalait pas sa poudre de manière uniforme, alors elle n'était plus aussi attrayante. Quand elle était mal poudrée et qu'on se moquait d'elle, elle gardait quand même sa bonne humeur et riait d'elle-même avec les autres. Par nature, elle avait bon caractère.

Après avoir bien peigné sa barbe et l'avoir lissée doucement à deux reprises avec la paume de la main, le vieux s'adressa à la mère de Petit Shunr :

« Dis-moi, combien nous reste-t-il de riz et de farine ? »

Elle remua très vite ses grands yeux expressifs et, ayant deviné l'arrière-pensée du vieux, répondit sur-le-champ :

« De quoi manger pendant trois mois ! »

En fait, il n'y avait pas tant de provisions à la maison. Mais elle ne voulait pas qu'il le sache, coupant ainsi court à toutes ses questions assommantes. Avec les vieux et les enfants, elle savait mentir avec bienveillance.

Puis il en vint à sa deuxième préoccupation :

« Et combien reste-t-il de légumes salés ? »

Elle répondit plus vivement :

« Il y en a encore assez ! Choux-raves séchés, radis salés, nous en avons toute une réserve ! » Si vraiment il lui venait à l'idée de vouloir en faire l'inventaire lui-même, elle pourrait toujours aller en acheter.

« Parfait ! »

Il était content. Avec des provisions et des légumes salés pour trois mois, même si le ciel s'effondrait, la famille Qi serait en mesure de résister. Cependant, le vieux ne voulait pas en rester là, il se devait de lui expliquer pourquoi il se souciait de tout cela.

« Si ces diables de Japonais viennent encore nous chercher des histoires, eh bien, laissons-les donc faire ! En 1900, quand l'armée des Huit Puissances est entrée à Peiping et que même l'empereur s'est enfui, personne ne m'a coupé la tête ! Si les Huit Puissances n'ont rien pu faire, on ne va pas se laisser impressionner par les soubresauts de quelques Japonais ? De toute façon, ici, on a vraiment de la chance, les troubles ne durent jamais plus de trois mois. Ce n'est pas une raison pour être négligents et il vaut mieux mettre de côté quelques provisions, pour le cas où, n'est-ce pas ? »

À chaque question du vieux, la mère de Petit Shunr hochait la tête, ou répondait « oui ». Elle avait déjà entendu tout cela au moins cinquante fois, cependant elle écoutait comme si c'était la première. Voyant que quelqu'un s'intéressait à ce qu'il disait, le vieux éleva légèrement la voix, afin d'être plus persuasif :

« Ton beau-père, il a beau avoir dépassé la cinquantaine, pour les affaires de la maison, il est loin d'être à la hauteur. Quant à ta belle-mère, elle a toujours quelque chose qui ne va pas ; quand je discute avec elle, elle ne fait que geindre. Notre famille, c'est moi qui te le dis, ne peut compter que sur toi et moi. Si nous n'étions pas là tous les deux, on manquerait de tout, on n'aurait même pas une culotte à se mettre. Tu ne crois pas ? »

La mère de Petit Shunr ne pouvait se permettre de répondre par « oui » ou par « non » ; elle baissa les yeux en souriant.

« Et Ruixuan, comment se fait-il qu'il ne soit pas encore rentré ? » demanda le vieux.

« Aujourd'hui, il a quatre ou cinq heures de cours, répondit-elle.

– Avec ces coups de canon, il devrait se dépêcher. Et Ruifeng et sa cinglée de femme ? » Le vieux s'inquiétait de son second petit-fils et de sa seconde petite-belle-fille, celle qui se promenait avec un nid de poule sur la tête.

« Ces deux-là... » Elle ne savait trop que répondre.

Le vieux Qi poursuivit :

« Ils sont toujours aussi amoureux et toujours collés l'un à l'autre ; ils ne craignent vraiment pas le ridicule ! »

La mère de Petit Shunr sourit :

« Les jeunes couples d'aujourd'hui sont toujours comme ça.

– Eh bien, moi, je ne peux pas le supporter ! » dit le vieux en s'emportant. Tout ça, c'est la faute de ta belle-mère qui la gâte trop. Est-ce que c'est normal de passer comme elle toutes ses journées au parc Beihai ou au bazar Dongan ou au... quel est le nom de ce parc où l'on passe des films ?

– Je n'en sais trop rien ! » C'était vrai qu'elle ne le savait pas, car elle n'avait guère l'occasion d'aller au cinéma.

« Et Petit San'er ? » il parlait de Ruiquan, son troisième petit-fils ; comme il n'était pas encore marié, le vieux appelait toujours Petit San'er ce jeune homme qui allait bientôt terminer ses études à l'université.

« Il est sorti avec Niuzi. »

« Comment ? Il n'est pas allé à ses cours ?

– Tout à l'heure, nous avons bavardé un bon moment, lui et moi et il m'a dit que si nous ne nous battions pas contre les Japonais, alors Peiping serait bientôt perdu ! » La mère de Petit Shunr parlait vite, mais d'une manière extrêmement nette et claire.

« En me parlant, il avait le visage rouge de colère, on aurait dit qu'il était prêt à partir se battre ! Je lui ai donné des conseils et je lui ai fait remarquer qu'en tout cas nous, la famille Qi, nous n'avions jamais offensé les Japonais et qu'il n'y avait aucune raison pour qu'ils viennent nous maltraiter. Je lui ai dit tout ça gentiment, pour essayer d'apaiser sa colère, mais il s'est mis à me rouler des yeux méchants, comme si j'étais de mèche avec les Japonais ! Je n'ai plus osé dire un mot. Alors, furieux, il a pris Niuzi par la main et ils sont sortis. Dites-moi, qu'est-ce que j'ai dit qui a pu le choquer ainsi ? »

Distrait pendant un moment, le vieux dit enfin en soupirant :

« Je suis inquiet pour Petit San'er, je crains que tôt ou tard il ne fasse des bêtises. »

À cet instant, Petit Shunr se mit à crier dans la cour en faisant l'enfant gâté :

« Grand-père ! Grand-père ! Te revoilà, tu m'as acheté des pêches ? Comment, non ? Même pas une ? Grand-père, t'es vraiment pas gentil ! »

La mère de Petit Shunr, sans sortir de la pièce où elle était, gronda le petit :

« Je te défends de parler comme ça à ton grand-père. Si tu continues à dire des sottises, tu vas avoir une fessée ! »

On n'entendit plus la voix de l'enfant et le grand-père entra dans la pièce. La mère de Petit Shunr s'empressa de lui verser une tasse de thé.

Tianyou, le grand-père, avait un peu plus de cinquante ans, il était de taille moyenne et assez replet ; son visage était rond, barré de sourcils épais posés au-dessus de ses grands yeux. Sa barbe était très fournie et aussi noire que ses cheveux. C'était le type même du patron de boutique honorable, ce qu'il était d'ailleurs effectivement ; il tenait un magasin de tissus qui avait trois grandes vitrines. Il marchait assez lourdement et chacun de ses pas lui faisait trembloter les joues. Dans les affaires depuis longtemps, il était toujours très aimable, et son sourire presque permanent lui avait fait une ride sur le nez.

Aujourd'hui, il n'avait pas sa mine habituelle. Il marchait la tête basse, arborant un sourire forcé, ses yeux paraissaient éteints et la ride de son nez avait presque disparu.

« Alors, l'aîné ! Comment ça va ? »

Le vieux monsieur Qi passa sa main sur sa barbe blanche et jeta en même temps un coup d'œil vers celle de son fils ; sans savoir vraiment pourquoi, il ressentit une certaine inquiétude.

L'aîné s'assit, l'air gêné, comme si son propre père le mettait mal à l'aise. Il lui jeta un coup d'œil, puis baissa la tête et dit à voix basse :

« La situation est grave !

– On va vraiment se battre ? demanda la mère de Petit Shunr avec une audace que sa position d'épouse du petit-fils aîné lui permettait.

– Tout le monde le craint ! »

Le vieux Qi se redressa lentement : « Mère de Petit Shunr, va préparer la grande jarre ébréchée qui sert à caler la porte d'entrée ! »

CHAPITRE II

La maison des Qi était située dans la ruelle du Petit-Bercail, tout près du Temple de la Sauvegarde Nationale, dans le quartier ouest de la ville. Peut-être ce lieu avait-il été à l'origine un enclos à moutons ; il ne ressemblait en tout cas en rien aux ruelles ordinaires de Peiping, qui quadrillent la ville de façon géométrique, ne traçant qu'exceptionnellement çà et là de légères courbes ; il avait en fait la forme d'une coloquinte dont l'ouverture et le col, très étroits, plutôt longs et aussi fort sales, débouchaient sur la grande rue à l'ouest. L'ouverture sur la rue était si étroite qu'on risquait très facilement de passer devant sans l'apercevoir. En entrant par le col de la coloquinte, c'étaient les ordures entassées au pied des murs qui indiquaient qu'on était sur le bon chemin ; Christophe Colomb avait ainsi poursuivi sa route en s'aidant des épaves flottant sur la mer. Après quelques dizaines de pas, on tombait sur un endroit plus lumineux : le « thorax » de la gourde. C'était un espace circulaire mesurant quarante pas d'est en ouest, et trente du sud au nord, au centre duquel étaient plantés deux grands sophoras et sur lequel donnaient les maisons de six ou sept familles. Quelques pas plus loin, une autre petite ruelle – la partie resserrée de la coloquinte – menait à un nouvel espace plus clair, deux à trois fois plus grand que le premier. C'était le ventre de la coloquinte. Sans doute ces deux espaces avaient-ils été des enclos à moutons ? Seule une enquête d'historiens sérieux aurait pu l'affirmer.

La maison des Qi se trouvait dans le thorax de la coloquinte. La porte d'entrée donnait vers l'ouest, presque en face d'un des deux grands sophoras. Quand le vieux Qi avait dû choisir la maison qu'il voulait acheter, ce qui le décida, ce fut l'environnement du lieu. Il aima tout de suite cet endroit : l'ouverture de la ruelle était tellement étroite qu'elle n'attirait pas l'attention et c'était pour lui un gage de sécurité ; de plus, plusieurs familles résidant dans le thorax de la coloquinte, cela lui parut plutôt sympathique ; devant la porte d'entrée, les deux sophoras pouvaient abriter les jeux des enfants et même fournir par leurs graines, leurs fleurs et leurs chenilles de nombreux « jouets » aux plus jeunes ; en outre, on pouvait être sûr qu'il n'y aurait jamais ni voitures ni animaux. La ruelle était donc étroite, mais elle débouchait à l'ouest sur la grande rue et elle était adossée au Temple de la Sauvegarde Nationale, où se tenait une foire tous les 7 et 8 du mois ; on ne pouvait pas dire que ce n'était pas commode pour les courses. Tout cela fit qu'il décida d'acquérir cette maison.

Le bâtiment par lui-même n'était pas très bien conçu et n'avait pas de structure bien définie. La cour intérieure était une bande étroite qui s'étirait d'est en ouest ; les pièces au sud et au nord de cette bande n'avaient pas pu être construites de façon symétrique, car elles auraient trop empiété sur la cour, qui serait devenue une espèce de passage tout à fait semblable au couloir séparant deux rangées de cabines dans un paquebot. La cour était fermée à l'est par deux pièces près desquelles on avait aménagé les toilettes. Derrière le mur sud s'étendait le petit terrain d'un vieux magasin d'encens et de bougies où l'on faisait sécher les bâtons d'encens destinés au culte du Bouddha, et où avaient été plantés quelques saules pleureurs qui permettaient aux Qi de ne pas avoir un espace nu derrière chez eux.

La maison n'était pas très solide et à part le bois de la charpente des pièces du nord, qui était d'assez bonne qualité, le reste ne méritait vraiment aucune louange particulière : peu de temps après l'achat de la maison, plusieurs murs s'étaient d'ailleurs écroulés à plusieurs reprises ; quant au mur d'enceinte, construit entièrement en fragments de briques, il s'affaissait, lui, inévitablement chaque année pendant la saison des pluies. La cour, en terre battue, n'était pas couverte et à la saison des pluies les flaques qui s'y formaient pouvaient atteindre plus de trente centimètres de profondeur ; il fallait alors la traverser pieds nus.

Quoi qu'il en soit, le vieux Qi aimait beaucoup sa maison. La principale raison en était qu'il l'avait achetée avec son propre argent, et puis elle méritait qu'il en fût fier, car malgré son ordonnance et sa construction médiocres, depuis qu'il en était devenu propriétaire, sa famille n'avait fait que croître, il n'avait connu aucun deuil et à présent ils étaient déjà quatre générations sous un même toit. L'endroit devait certainement bénéficier d'auspices très favorables !

Quand Ruixuan, son petit-fils aîné, décida de se marier, le bâtiment fut restauré de fond en comble et ce fut surtout Qi Tianyou qui pourvut aux frais, car il désirait faire de la propriété acquise par son père une forteresse pouvant se transmettre de génération en génération ; du même coup, il remplissait son devoir de reconnaissance vis-à-vis de son père, et s'acquittait de ses obligations envers ses fils et petits-fils. Il fit changer toutes les parties pourries de la charpente, fit remplacer toutes les mauvaises briques et donner un coup de peinture sur les boiseries écaillées. Cette restauration ne changea pas grand-chose au manque d'élégance de la structure de la maison, mais elle devint sinon la plus belle, du moins l'une des meilleures habitations de la ruelle du Petit-Bercail.

En contemplant sa demeure restaurée, le vieux Qi soupirait d'aise. Après avoir fêté son soixantième anniversaire, il se dit qu'une fois sa retraite prise, il se consacrerait à l'embellissement de sa résidence. Au pied du mur sud, il fit pousser des bégonias, quelques tubéreuses et des hortensias ; au milieu de la cour, il planta des grenadiers dans quatre gros pots, des lauriers-roses dans deux vasques et de nombreuses plantes qui fleurissaient sans qu'il soit nécessaire de les soigner. Devant les pièces du sud, il planta deux jujubiers, dont l'un donna de gros jujubes blancs, et l'autre des jujubes aigres-doux qu'on appelait aussi « graines de lotus ».

Avec sa maison à lui, ses fils et petits-fils autour de lui, les fleurs et les plantes cultivées par ses soins, le vieux Qi estimait que, s'il avait peiné toute sa vie, ça n'avait pas été pour rien et que si la ville de Peiping était une ville impérissable, il en était de même pour sa maison.

Son fils Tianyou et sa femme occupaient les pièces sud avec Petit Shunr. Au nord, la pièce du milieu avait été aménagée en salon avec une porte à l'est et une autre à l'ouest, donnant respectivement accès aux chambres de Ruixuan et de Ruifeng ; les pièces aux deux extrémités avaient chacune leur entrée indépendante, l'une appartenait à Ruiquan, l'autre était la chambre à coucher du vieux Qi. Les pièces de l'est servaient de cuisine et d'office, où l'on gardait les réserves de céréales et de riz, les boulets de charbon et le bois ; en hiver, on y rangeait les grenadiers et les lauriers-roses.

Au début, alors qu'il venait d'acheter la maison, le vieux Qi avait été obligé de prendre des locataires, afin que la demeure n'eût pas l'air trop vide ; maintenant, c'était à peine s'il y avait assez de place pour loger toute la famille, et le vieux s'en réjouissait. Il était la personnification même d'un des vieux arbres de la cour, dont toutes les branches avaient déjà donné nombre de fleurs et de feuilles.

Par rapport aux autres habitants de la ruelle, il s'estimait vraiment heureux. Depuis plus de quarante ans, il habitait au même endroit ; ses voisins, eux, étaient venus d'ailleurs ou avaient déménagé et rares étaient ceux qui demeuraient ici depuis plus de vingt ans. De nouvelles vies voyaient le jour, des gens quittaient ce monde, des familles prospéraient, d'autres déclinaient, seul le vieux Qi s'était enraciné. S'il n'avait jamais cherché à s'attirer les faveurs de ceux qui avaient quitté cette ruelle étroite après avoir fait fortune, il n'avait pas eu non plus les moyens d'aider ceux qui n'avaient pu y rester, parce qu'ils avaient perdu tout leur argent. Pour lui, une seule chose comptait désormais : il vivait toujours dans la même ruelle et il en était devenu petit à petit l'habitant le plus âgé et le plus vénérable.

Quand une nouvelle famille venait s'établir, il lui fallait rendre une visite protocolaire au vieux Qi. Si un voisin donnait un banquet à l'occasion d'un mariage ou d'une cérémonie de funérailles, le vieux Qi avait droit à la place d'honneur ; il était la vedette des vieillards du quartier, le symbole vivant d'une famille prospère et aisée.

Il avait vu ses désirs se réaliser et il gardait toujours les pieds bien sur terre. Son grand espoir du moment, c'était de pouvoir installer dans sa cour une baraque où il célébrerait son quatre-vingtième anniversaire ; quant à ce qui lui arriverait après, il se refusait à y penser ; si le Ciel le laissait vivre, tant mieux, mais au cas où le Ciel le rappellerait auprès de lui, il fermerait les yeux et s'en irait, laissant à ses fils et petits-fils habillés de blanc le soin d'accompagner son corps, qui serait inhumé au-delà des portes de la ville.

Dans le thorax de la coloquinte, une porte à l'ouest avait été murée ; au sud, deux autres surmontées d'une tour menaient à deux bâtiments de construction assez régulière, et, par le nord, on avait accès à deux cours étroites autour desquelles vivaient trois ou quatre familles. Le sud du thorax était le quartier des familles aisées, le nord était le quartier des pauvres. Un peu plus loin se dressait un bâtiment de plus de vingt pièces qui possédait une cour intérieure et une cour extérieure, où logeaient sept ou huit familles d'origines sociales diverses ; on lui avait pour cela donné le nom de grande « grande cour mêlée ». M. Qi considérait l'endroit avec dédain et se refusait à traiter ses habitants comme de vrais voisins. Pour se justifier, il disait toujours qu'une petite partie seulement du bâtiment était située dans le thorax de la coloquinte et que la majeure partie se trouvait dans le goulot. Non, décidément, ceux qui y logeaient ne pouvaient être de vrais voisins ; à l'entendre, on aurait pu croire qu'une distance de plusieurs dizaines de li les séparait.

Outre la grande « grande cour mêlée », les cinq autres habitations n'étaient pas vraiment traitées sur un pied d'égalité par le vieux Qi. Celle dont il faisait le plus de cas portait le n° 1 des entrées du sud du thorax. C'était la famille Qian qui l'occupait ; à une époque, elle avait quitté le quartier, mais elle était revenue peu après et, en tout, elle habitait là depuis plus de quinze ans. Le couple Qian était de la même génération que Qi Tianyou et leurs deux fils avaient été camarades d'école de Qi Ruixuan. À présent, l'aîné était marié, le second fiancé.

Pour presque tout le monde, les Qian étaient des gens un peu bizarres. Ils étaient fort courtois avec tout le monde, mais gardaient quand même leurs distances. Leurs vêtements marquaient en général un retard de dix à vingt ans sur la mode et le vieux M. Qian portait toujours en hiver le même capuchon de drap rouge. On ne voyait pratiquement jamais sortir les femmes de la maison et si par nécessité elles devaient acheter sur le pas de leur porte du fil et des aiguilles, quelques fruits ou des légumes, elles entrebâillaient à peine le battant, semblant vouloir protéger quelque important secret. Les maris, eux, sortaient et entraient comme les hommes des autres familles, mais se comportaient de telle façon que personne ne pouvait jamais savoir ce qu'ils faisaient. Ne travaillant pas, le vieux M. Qian sortait rarement , c'était seulement quand il avait un peu trop bu qu'il venait se mettre un instant sur le seuil de sa porte, toujours vêtu de ses habits démodés ; alors il levait la tête pour contempler les fleurs des sophoras, ou bien souriait aux enfants. Quelle était la situation de cette famille ? Quels plaisirs la vie lui apportait-elle ? Quelles souffrances ? Nul n'en savait rien. Dans leur maison, il n'y avait presque jamais de bruit ni de mouvement.

Quand dans la rue passait un cortège de mariage ou un convoi funèbre, ou s'il venait des bateleurs ou des montreurs de singes, les gens en général sortaient de chez eux pour assister au spectacle ; seule la porte des Qian restait, comme toujours, hermétiquement fermée. Cette famille semblait sans vie, comme si tout au long de l'année elle se cachait pour essayer de fuir ses créanciers ou quelque grave fléau.

De toute la ruelle, seuls le vieux Qi et son petit-fils Qi Ruixuan allaient souvent chez les Qian et ils étaient donc un peu au courant des « secrets » de la famille. En fait, les Qian n'avaient pas de secret. Le vieux Qi le savait bien, mais gardait cela pour lui ; il semblait avoir pris un engagement vis-à-vis de ces gens, celui de ne jamais parler d'eux, et il se disait que cela ne faisait que lui donner un peu plus d'importance.

La cour des Qian n'était pas grande, mais il y avait des fleurs à profusion, d'ailleurs beaucoup de boutures et de graines de fleurs du vieux Qi en provenaient. Dans la pièce qu'occupait le père Qian, à part les fleurs, il n'y avait que des livres, des calligraphies et de vieilles peintures. Le vieux consacrait ses journées à arroser ses fleurs, à lire, à peindre et à réciter des poèmes. Quand il était de bonne humeur, il buvait deux petites tasses d'une liqueur qu'il préparait lui-même. Il était poète, mais il ne montrait jamais ses poèmes, et il ne les récitait que lorsqu'il était seul. Il avait organisé sa vie autour de son idéal ; que celui-ci fût réalisable ou non, il ne s'en souciait guère. Il lui arrivait parfois de souffrir de la faim, mais il ne s'en plaignait jamais.

Son fils aîné donnait des cours dans un lycée et il avait à peu près les mêmes goûts que son père. Le moins poète de la famille, le second fils, était devenu chauffeur. Le père Qian ne s'était jamais opposé à ce choix, il était seulement gêné par l'odeur d'essence que la présence de son fils imposait à tous. Du coup, celui-ci ne rentrait pas souvent à la maison, bien qu'il n'y ait jamais eu entre eux le moindre mot à ce sujet.

Quant aux femmes de la famille Qian, si elles ne sortaient pas, ce n'était pas à cause de la tyrannie des hommes, mais parce qu'elles avaient honte de leurs habits démodés. M. Qian et son fils n'étaient pas hommes à opprimer qui que ce soit, toutefois leurs moyens d'existence et leurs goûts les avaient rendus tout à fait indifférents aux problèmes vestimentaires ; les femmes de la maison en étaient donc réduites à se terrer chez elles et à faire seulement de brèves sorties pour éviter de se montrer dans leurs vêtements surannés.

Les relations entre le vieux Qi et M. Qian étaient à sens unique : c'était toujours le vieux Qi qui venait voir M. Qian. Quand il lui apportait une bouteille de vin, M. Qian s'empressait d'envoyer son fils chez les Qi offrir des cadeaux d'une valeur deux à trois fois supérieure, il n'acceptait jamais quoi que ce soit gratuitement. Il n'avait pas beaucoup d'argent et d'ailleurs il ne tenait absolument pas ses comptes ni ne notait jamais ses dépenses. Quand il avait de l'argent, il le dépensait ; s'il n'en avait pas, il se replongeait dans ses poèmes. Son fils aîné avait le même caractère, il préférait faire de la peinture pendant des heures chez lui, plutôt que de donner un peu plus de cours en vue d'augmenter ses revenus.

Qui aurait pu croire que le vieux Qi et M. Qian puissent devenir de bons amis, alors que rien dans leur caractère, leur instruction et leurs goûts ne les rapprochait ? Le vieux Qi avait surtout besoin d'avoir un ami de son âge, quelqu'un à qui pouvoir parler de tout et de rien ; en même temps, il admirait beaucoup les connaissances et la personnalité de M. Qian. Ce dernier avait toute sa vie refusé de faire la cour à qui que ce fût, toutefois, si quelqu'un voulait le fréquenter, il n'était pas question pour lui de refuser. D'une dignité hautaine, il n'avait jamais éprouvé le moindre mépris pour les autres. Quand une personne lui rendait visite, il se montrait fort affable et accueillant.

Bien que déjà âgé de cinquante-huit ans, M. Qian n'avait presque pas de cheveux blancs. Petit, assez gros, les dents luisantes, il était toujours cordial et aimable. Son visage rond était éclairé de grands yeux qu'il avait l'habitude de fermer pour réfléchir. Il parlait toujours à voix basse, d'un ton si humble et si courtois qu'il mettait tout de suite son interlocuteur à l'aise. Il parlait de poésie, de calligraphie et de peinture avec le vieux Qi, qui n'y comprenait rien. Ce dernier lui racontait que la femme de son second petit-fils s'était fait faire une nouvelle permanente avec des boucles relevées sur les tempes... autant de choses qui n'intéressaient absolument pas M. Qian. Cependant, il y avait comme un accord tacite entre les deux vieux : tu parles, je t'écoute ; je parle, tu m'écoutes. Qian Moyin montrait ses peintures à M. Qi, qui, hochant la tête, disait qu'elles étaient très réussies. Le vieux Qi rapportait les événements insignifiants de sa petite vie, M. Qian répondait selon les circonstances par des « Oh, vraiment ? », des « Ah bon ! », des « Mais oui ! » ou autres expressions du même genre. Si vraiment il ne savait que répondre, il fermait les yeux en se contentant de hocher la tête. Leur conversation retombait invariablement sur la culture des fleurs et des plantes ; c'était le seul sujet dont ils pouvaient parler l'un et l'autre pendant des heures et qu'ils abordaient avec un plaisir tout particulier. Le vieux Qi aimait les grenadiers surtout parce qu'ils étaient très prolifiques, alors que M. Qian aimait contempler la magnifique couleur rouge de leurs fleurs et la beauté de leurs fruits, et chacun de donner son avis sur le meilleur moyen de les cultiver.

Quand cette franche discussion sur les fleurs et les plantes s'achevait, M. Qian avait pour habitude de retenir le vieux Qi pour un repas frugal à l'occasion duquel les femmes de la famille venaient parler avec lui de leurs petits soucis quotidiens ; dans ces moments-là, M. Qian devait bien admettre que la vie n'était pas seulement faite de poèmes et de peinture, mais aussi de problèmes concrets tels que l'achat de condiments nécessaires à la cuisine de tous les jours.

Ruixuan accompagnait parfois son grand-père chez les Qian. Quand il lui arrivait d'y aller seul, c'était le plus souvent après une dispute avec sa femme ou quelqu'un d'autre de la famille. Quand il était en colère, il restait quand même raisonnable et ne cherchait jamais à faire un esclandre. Il s'esquivait sans bruit et se rendait chez les Qian ; là, il se mettait à causer avec le père et le fils de mille choses, pourvu qu'il ne s'agisse ni d'affaires de famille ni de politique ; cela avait pour vertu de le calmer.

Le vieux Qi aimait bien aussi la famille Li qui logeait en face de chez eux, au n° 2. Dans la ruelle, le vieux Li était le seul qui soit de la même génération que M. Qi ; il était légèrement plus petit, mais c'était dû au fait qu'il se tenait un peu plus voûté. Il avait à la base du cou cette bosse qu'un assez grand nombre de gens avait encore il y a une trentaine d'années à Peiping : c'était la caractéristique des « déménageurs ». À l'époque, quand une personne voulait déménager des objets de valeur, tels que vases en porcelaine, horloges ou meubles en bois d'ébénisterie, elle faisait appel à ces spécialistes, qui attachaient solidement la charge avec des cordes, puis la déposaient sur une planche de bois étroite bien calée sur leur nuque. Ils devaient marcher bien droit et avoir la nuque assez forte pour transporter des objets de poids important sans risquer de les endommager. On les appelait les « nuques ployées ». Peu à peu, l'utilisation de charrettes fit que ces spécialistes se mirent progressivement à « tirer » au lieu de « ployer », et, bien qu'il y eût encore quelques jeunes pour faire ce métier, ils n'avaient plus d'excroissance sur le cou.

M. Li avait dû être très beau dans sa jeunesse, malgré sa bosse sur le cou et une allure précocement voûtée sous le poids des fardeaux. À présent, bien qu'il ait à peu près le même âge que le vieux Qi, son long visage n'était pas trop marqué par les rides, sa vue était toujours bonne et quand il souriait ses yeux et ses dents brillaient, témoignant encore de ce qu'il avait dû être dans ses jeunes années.

Trois familles logeaient au n° 2, et toute la maison appartenait à M. Li. Si le vieux Qi l'aimait bien, ce n'était pas parce qu'il avait du bien, mais parce que c'était vraiment un brave homme. Il exerçait son métier avec beaucoup de conscience, et il demandait toujours un prix très modéré pour ses services ; parfois, quand il faisait le déménagement d'un voisin pauvre, il ne réclamait que de quoi pouvoir se payer un repas. À ses moments perdus, lorsque des troubles éclataient, il aimait courir un peu partout pour se rendre utile à tout le monde. En période d'émeute ou de guerre, il se risquait malgré les balles à courir les rues pour aller aux renseignements, distribuant à son retour toutes sortes de conseils. Si les portes de la ville étaient sur le point de fermer, il criait sous les grands sophoras : « On va fermer la ville ! Vite, mettez des vivres de côté ! » Quand l'alerte était passée et que les portes de la ville étaient de nouveau ouvertes, il revenait pour crier : « Tout est fini, rassurez-vous ! »

Le vieux Qi se considérait un peu comme la vedette des vieux du quartier, mais pour les services rendus il ne se sentait pas à la hauteur : en effet, sur ce point, son voisin était imbattable. Ainsi, tant du point de vue de l'âge que du comportement moral, il se devait de respecter M. Li, même si le fils de celui-ci était aussi un de ceux qui « ploient la nuque » et même si sa maison était un petit *za yuan* à la fois sale et encombré. Si les deux vieillards se rencontraient sous le sophora et s'y arrêtaient pour bavarder, les jeunes des deux familles s'empressaient de leur apporter des tabourets, car ils savaient que la conversation des deux patriarches se rapporterait à des événements remontant à plus de cinquante ans et que ça risquait de durer au moins deux heures.

Les voisins les plus proches de M. Li habitaient au n° 4, ceux de M. Qi étaient au n° 6. Ces deux endroits étaient de petites « cours mêlées ». Au n° 4, il y avait le barbier, M. Sun, et sa femme, et la veuve Ma avec son petit-fils qui gagnait de l'argent en faisant jouer son phonographe dans les rues et en criant : « Il tourne rond mon phonographe, il tourne rond ! » Il y avait aussi Petit Cui, le tireur de pousse, qui bien sûr tirait son pousse, mais en plus battait souvent sa femme. Au n° 6 logeaient des personnes de niveaux très différents, mais en gros toutes d'un échelon plus élevé que celles du n° 4. Dans la partie nord habitait John Ding, un protestant qui était domestique à la « résidence anglaise » du quartier des Légations ; et aussi maître Liu et sa femme – artisan tapissier de son état, il pratiquait également la boxe et savait exécuter la « danse des lions ». Dans les pièces situées à l'est logeaient les Wen, un jeune couple de chanteurs d'opéra qui se prétendaient amateurs, mais qui en fait se faisaient payer en cachette.

Le vieux Qi s'était toujours montré très aimable avec les habitants du n° 4 et du n° 6, mais il gardait toujours ses distances ; en cas de besoin urgent, il aidait selon ses moyens, mais sinon c'était chacun chez soi.

M. Li n'était pas ainsi, il était toujours prêt à donner un coup de main à qui le voulait : aux habitants du n° 4 et du n° 6, comme à ceux du n° 7, le grand *za yuan* que le vieux Qi, lui, ne voulait pas fréquenter.

Quoi qu'il fasse, le pauvre M. Li était toujours en butte aux reproches et aux réprimandes de son épouse. Sous ses cheveux blancs et derrière ses grands yeux myopes, elle ne laissait guère passer de jour sans admonester son mari en le traitant de « vieille baderne ». Elle lui reprochait dans la plupart des cas de ne pas être suffisamment serviable avec ses amis, ce qui avait pour effet de pousser M. Li à faire toujours plus, alors qu'il accomplissait déjà avec courage ce qu'il estimait être de son devoir.

Les enfants de la ruelle, qu'ils soient laids, sales ou malodorants, étaient tous les « chouchous » de Mme Li et elle aurait bien aimé qu'il en soit de même avec les adultes qu'elle ne pouvait décemment appeler ses « grands chouchous ». Sa mauvaise vue l'empêchait de distinguer les visages ingrats de ceux qui étaient plus agréables, et dans son cœur elle ne faisait pas de différence entre les pauvres et les riches, entre les vieux et les jeunes ; pour elle, ceux qui souffraient méritaient compassion et affection et avaient donc besoin de son aide. En conséquence, les gens de la ruelle qui manifestaient parfois vis-a-vis du vieux Qi un respect distant étaient toujours sincèrement affectueux envers M. et Mme Li ; quand ils étaient victimes d'une injustice, ils en parlaient à Mme Li, qui, sincèrement compatissante, pressait son mari d'aller prendre leur défense.

Le n° 3, situé entre la maison des Qian et celle du vieux Qi, renfermait tout ce que ce dernier haïssait le plus.

Ce n° 3 était la résidence la plus élégante de la ruelle du Petit-Bercail, et même depuis sa restauration la maison des Qi ne pouvait soutenir la comparaison tant dans sa disposition que dans son style. Devant la porte d'entrée, sous les vieux sophoras, se dressait un mur-écran badigeonné de noir et de blanc, orné en son milieu d'un grand caractère rouge carré, haut de deux pieds et signifiant « Bonheur ». Chez les Qi, il n'y avait pas de mur-écran, d'ailleurs aucune autre famille de la ruelle n'en avait. Au surplus, le haut de la porte d'entrée du n° 3 était fait de briques cimentées, tandis que celle des Qi n'était qu'un simple mur recouvert de plantes grimpantes. Et puis, le n° 3 était une vraie cour carrée entourée de bâtiments et dont le sol était pavé de dalles bien régulières ; dès le début de l'été, maître Liu, l'artisan du n° 6, y installait une tonnelle qu'il recouvrait de nattes de paille récemment tressées, tandis que chez les Qi la fraîcheur ne venait que de l'ombrage parcimonieux des deux jujubiers. C'en était décidément trop pour le vieux Qi, qui ne pouvait réprimer un fort sentiment de jalousie.

C'était quand on évoquait le mode de vie du n° 3 que la jalousie faisait place à la répulsion. Le maître des lieux, Guan Xiaohe, avait deux femmes, et la deuxième, You Tongfang, avait été en son temps une célèbre chanteuse de contes populaires. M. Guan avait dépassé la cinquantaine, il était donc à peu près du même âge que Qi Tianyou, mais il faisait beaucoup plus jeune et son visage avait des traits aussi fins que ceux d'un homme d'une trentaine d'années. Il se rasait tous les jours, allait chez le coiffeur très régulièrement et prenait bien soin de se faire arracher chaque cheveu blanc. Ses vêtements, qu'ils soient de style chinois ou occidental, étaient coupés dans de beaux tissus, et même si parfois ceux-ci n'étaient pas vraiment de première qualité, la coupe était toujours parfaite et très à la mode. Il était petit, et si tout en lui, son visage, ses membres, ses mains, semblait petit, tout était bien proportionné ; toujours habillé très élégamment, il ressemblait à une belle boule de verre poli. Malgré sa petite taille, il avait des manières élégantes et les gens avec qui il entretenait des rapports étaient tous des lettrés célèbres ou des personnages de marque.

Il avait à son service un cuisinier, un domestique irréprochable et une jeune servante toujours chaussée de souliers de satin. Dès qu'il avait des invités, il envoyait immédiatement quelqu'un chez Pianyifang commander un canard laqué et chez Laobaofeng acheter du vieux vin de Fengyang. Il exigeait toujours qu'avant et après les repas on chante des contes populaires et des airs d'opéra traditionnel. Joueur raffiné de mah-jong, il lui arrivait de jouer plus de quarante-huit parties d'affilée. Il était assez courtois avec les voisins appartenant à son milieu, mais, mis à part les civilités et les condoléances à l'occasion d'un mariage ou lors de funérailles, il n'entretenait pas de relations étroites avec eux. Quant à M. Li, à maître Liu, au barbier Sun et à Petit Cui, il ne les considérait qu'à travers leur métier, se refusant absolument à les traiter comme des êtres humains et ne s'adressant à eux qu'à travers des ordres brefs et autoritaires.

« Monsieur Liu, vous viendrez demain démonter la tonnelle ! »

« Monsieur Li, il faut que vous alliez cet après-midi faire une course pour moi dans le quartier est, n'oubliez pas surtout ! »

« Petit Cui, si vous ne courez pas plus vite, je ne prends plus votre pousse. Vous m'avez entendu ? »

Mme Guan était grande et forte et aimait porter des vêtements rouge vif ; c'est la raison pour laquelle, bien qu'elle eût près de cinquante ans, on lui avait donné le surnom de « grosse courge rouge », par allusion à une espèce de petite courge que les enfants utilisent pour jouer à la balle et qui, une fois mûre, vire au rouge. Ce surnom était assez bien trouvé, car l'écorce de cette courge se ridait assez vite et laissait bientôt transparaître les graines noires de l'intérieur. Mme Guan avait justement beaucoup de rides et de nombreux grains de beauté que le fard dont elle s'enduisait le visage ne réussissait pas à recouvrir. Elle faisait encore plus de manières que son mari et chacun de ses mouvements, chacun de ses gestes rappelait ceux de l'impératrice douairière Cixi. Encore plus que M. Guan, elle raffolait de la vie mondaine ; elle était capable de jouer au mah-jong pendant deux jours et deux nuits d'affilée, tout en gardant une attitude majestueuse d'impératrice douairière.

Elle n'avait donné à M. Guan que deux filles, aussi celui-ci avait-il pris une seconde épouse, dans l'espoir de voir naître un beau garçon bien potelé. You Tongfang n'avait jusqu'ici pas eu d'enfant, mais, quand elle se chamaillait avec l'épouse légitime, c'était avec tant d'ardeur qu'elle donnait l'impression d'être soutenue par une dizaine de fils. Elle n'était pas jolie, mais elle avait du charme et savait le faire valoir en minaudant. Les deux filles de la maison,

Gaodi et Zhaodi, étaient de braves filles, cependant leurs deux mères en avaient fait des coquettes très maniérées.

Au fond, le vieux Qi enviait la demeure du nº 3, même s'il en méprisait les habitants. Ce qui le mettait hors de lui, c'était que la femme de son second petit-fils cherche à rivaliser pour sa toilette avec les dames du nº 3 ; sans compter que son troisième petit-fils, Ruiquan, faisait les yeux doux à Mlle Zhaodi. Alors, quand le vieux Qi se fâchait, il faisait un geste dans la direction du nº 3 et disait : « Ne les imitez pas ! Si vous vous comportez comme eux, vous n'aboutirez à rien de bon ! » Il insinuait par là que si son troisième petit-fils continuait à fréquenter Mlle Zhaodi, il le chasserait de chez lui.

CHAPITRE III

Le vieux Qi cala la porte d'entrée avec la jarre ébréchée remplie de pierres. L'avertissement lancé par M. Li sous les sophoras : « Hé, voisins, préparez vite vos réserves de vivres, on a fermé les portes de la ville ! » ne faisait que le conforter dans ce sentiment qu'il avait d'être vraiment le Zhuge Liang [1] des temps modernes. Il eût été inconvenant de faire remarquer à travers la porte à M. Li qu'il avait déjà tout préparé, mais au fond de lui-même il jubilait à la pensée d'avoir montré autant de prévoyance et de clairvoyance, tout en reconnaissant qu'il s'était peut-être montré un peu trop optimiste en jugeant qu'en trois mois au plus tout s'apaiserait.

Son fils Tianyou, en homme consciencieux, sachant que les portes de la ville étaient hermétiquement closes, se faisait un devoir de rester dans sa boutique.

Sa belle-fille, malade, poussa de grands soupirs à la nouvelle des incidents provoqués par ces diables de Japonais, car elle craignait de mourir ces jours-ci et qu'on ne puisse pas transporter son cercueil hors de la ville ! Cette idée la plongea dans une telle angoisse que sa maladie s'aggrava.

Ruixuan avait l'air soucieux, mais ne disait rien ; c'était lui qui dirigeait la maison, il ne pouvait tout de même pas se lamenter sans fin lorsque le danger menaçait.

Ruifeng et sa femme s'intéressaient plus à la mode qu'à la politique et aux problèmes de la famille Puisque le

1. Politicien et stratège célèbre (181-234) du royaume de Shu à l'époque des Trois Royaumes.

grand-père avait bloqué la porte d'entrée, ils se résignèrent à jouer aux cartes pour se distraire. Entendant l'aïeul radoter dans la cour, ils se lancèrent un coup d'œil, haussèrent les épaules et lui tirèrent la langue.

Bien que n'ayant que vingt-huit ans, la mère de Petit Shunr n'en était pas à sa première période difficile. Elle comprenait les soucis et les inquiétudes du vieux ; toutefois, elle ne se laissait pas gagner par la peur et savait garder son sang-froid. Elle était beaucoup plus âgée d'esprit que de corps et voyait tout avec lucidité : elle savait faire face et ne comptait pas sur le hasard pour régler tous les problèmes. Si l'on voulait continuer à vivre, il fallait s'ingénier à chercher des fissures dans l'infortune pour parvenir à s'évader quelque peu. Vivre en une telle époque supposait qu'on soit en permanence prêt à faire preuve de courage devant des situations extrêmes, mais aussi de prudence devant les pires dangers. Il fallait savoir être vigilant dans chacun de ses actes et avancer tout en combattant. Si l'on était victime d'injustices, il fallait savoir les accepter comme partie intégrante de la vie, mais tenter en même temps de trouver autour de soi des signes de réconfort susceptibles de vous rendre le goût de vivre.

Elle bavardait souvent avec le vieux Qi, approuvant ou niant ses affirmations suivant les cas. Elle se souvenait les larmes aux yeux de ses malheurs passés et espérait que le danger présent passerait très vite. Quand elle l'entendit affirmer qu'en trois mois au plus tout s'apaiserait, elle sourit : « Tant mieux ! » dit-elle, puis elle fit un petit commentaire :

« Je ne vois pas très bien ce que veulent ces Japonais ! Après tout, personne ne les a offensés ; si chacun menait tranquillement son petit bonhomme de chemin, ça vaudrait bien mieux que d'utiliser les armes, pas vrai ? À mon avis, ils doivent avoir ça dans le sang, ces Japonais, de chercher noise à tout le monde, vous ne croyez pas ? »

Le vieux Qi réfléchit un instant, puis dit :

« J'étais encore enfant que ces petits Japonais nous cherchaient déjà des histoires, je n'arrive vraiment pas à savoir pourquoi. Enfin, espérons seulement que cette fois-ci les choses ne seront pas trop graves. Il faut toujours qu'ils essaient de faire du profit sur le dos de quelqu'un ; peut-être que cette fois-ci c'est sur le pont Lugou qu'ils lorgnent.

– Et pourquoi donc le pont Lugou ? » La mère de Petit Shunr ne parvenait pas à comprendre. « Un pont, ça ne se mange pas, ça ne se transporte pas.

– Mais c'est qu'il y a une multitude de lions de pierre sur ce pont ! Moi, si je devais m'occuper de cette affaire, je les leur donnerais, tous ces lions ; en plus, là où ils sont, ils ne servent à rien.

– Mais qu'est-ce qu'ils vont bien pouvoir faire de tous ces lions ? » Elle demeurait perplexe.

« Ben ! C'est pour ça qu'on les appelle les petits Japonais ! Ils veulent s'approprier tout ce qu'ils voient. » Le vieux était tout fier de si bien comprendre la mentalité des Japonais.

« En 1900, quand ils sont entrés dans la ville, ils ont fouillé les maisons une par une, ils ont commencé par voler les bijoux, les montres, puis après ils ont raflé même les boutons de cuivre !

– Peut-être qu'ils ont pris le cuivre pour de l'or, quels imbéciles ! » La mère de Petit Shunr était indignée, elle qui n'aurait même pas pris un brin d'herbe sans le payer.

« Belle-sœur ! interpella Ruiquan brusquement.

– Oui ? répondit-elle en sursautant. Qu'est-ce qu'il y a ?

– Tu ne peux pas la fermer un instant ? Tu m'énerves avec ton caquetage ! »

Dans la famille, il n'y avait que Ruiquan et Petit Shunr qui se permettaient de contrarier le vieux Qi, et si Ruiquan demandait à sa belle-sœur de se taire, c'était certainement parce qu'il en avait contre son grand-père.

M. Qi comprit immédiatement l'insinuation.

« Eh dis donc, si tu n'as pas envie de nous entendre parler, bouche-toi les oreilles !

– Hé oui, j'en ai marre de vous entendre parler ! »

Ruiquan ressemblait beaucoup à son grand-père : il était grand et mince comme lui, mais un fossé de plusieurs siècles

les séparait. Ses petits yeux étaient très vifs et ses prunelles brillaient comme deux perles noires. À l'université, il était champion de basket-ball. Quand il jouait, il ne quittait jamais le ballon des yeux et dès qu'il réussissait à l'intercepter, il serrait les mâchoires avec force ; tout dans son visage révélait un tempérament vif et décidé. Son regard allait du grand-père à la belle-sœur, puis de la belle-sœur au grand-père, on aurait dit qu'il surveillait l'adversaire sur le terrain de basket.

« Les Japonais veulent avoir les lions de pierre du pont Lugou ? Vous blaguez ou quoi ! Ce qu'ils veulent, c'est Peiping, c'est Tianjin, c'est la Chine du Nord, puis toute la Chine !

– Ça suffit, ça suffit ! Tais-toi ! » La belle-sœur ne tenait pas à ce qu'il mette le grand-père en colère.

En fait, le vieux Qi ne se fâchait jamais pour de bon contre ses petits-enfants, et quand il était avec son arrière-petit-fils, si celui-ci s'emportait, lui, il souriait.

« Tu ne changeras donc jamais, belle-sœur ! Il faut toujours se taire avec toi ; qui a raison, qui a tort, tu t'en fiches, même s'il s'agit de choses graves. »

Il ne trouvait pas sa belle-sœur désagréable, mais il n'aimait pas sa façon superficielle d'aborder les problèmes.

« Je suis comme je suis et tu n'y changeras rien ! »

La mère de Petit Shunr ne voulait pas d'une dispute avec son beau-frère, mais elle continuait à parler pour éviter que M. Qi ne se fâche contre son petit-fils.

« Quand vous avez faim, je vous fais de quoi manger ; quand vous avez froid, je vous donne de quoi vous couvrir ; est-ce que vous croyez que j'ai le temps de m'intéresser aux affaires du pays ? »

Ruiquan ne sut quoi répondre à cela. Avec ses grands doigts minces, il se gratta la tête, comme il le faisait quand il n'avait pas réussi à envoyer le ballon dans le panier.

M. Qi sourit et une lueur malicieuse brilla au fond de ses yeux.

« Laisse donc ta belle-sœur tranquille ! Sans moi, sans elle, vous tous n'auriez rien à vous mettre sous la dent et vous n'auriez certainement pas le cœur à parler de tout ça.

– Si ces diables de Japonais entrent dans la ville de Peiping, plus personne ne pourra manger ! » Ruiquan serra les dents, il haïssait les Japonais.

« Mais en 1900, quand l'armée des Huit Puissances... » Le vieux allait répéter son histoire préférée, mais il venait de se rendre compte que Ruiquan avait disparu.

« Ah ! le bougre ! Il prend la poudre d'escampette quand il ne trouve plus d'arguments pour me convaincre ! Ah ! le bougre ! »

On frappa à la porte d'entrée.

« Ruixuan ! Va ouvrir ! cria le vieux Qi. Ça doit être ton père ! »

Ruixuan demanda à son cadet Ruiquan de venir l'aider ; à eux deux, ils réussirent à déplacer la grande jarre ébréchée remplie de pierres.

Ce ne fut pas leur père qu'ils découvrirent derrière la porte, mais M. Qian Moyin ; les deux frères en restèrent abasourdis.

La visite de M. Qian était un événement extraordinaire, et Ruixuan comprit immédiatement que la situation devait être très grave ; cela ne fit d'ailleurs qu'augmenter son inquiétude. Ruiquan, très conscient lui aussi du danger qui menaçait, en ressentait une espèce d'excitation, mais n'éprouvait ni angoisse ni panique.

M. Qian portait un vieil habit de toile bleue, très ample, et usé aux manches et au col. Comme d'habitude, il se montrait calme et affable, tout en sachant que cette démarche exceptionnelle chez son ami était la preuve d'une certaine agitation.

En souriant, il demanda :

« Vos parents sont à la maison ?

– Je vous en prie, entrez donc ! » dit Ruixuan en reculant légèrement pour le laisser passer.

M. Qian sembla hésiter un instant, puis entra.

Ruiquan, qui l'avait devancé, annonça à son grand-père :

« M. Qian est là. »

Toute la famille fut bientôt au courant. Le vieux Qi s'avança vers M. Qian. Il était à la fois étonné et content de voir son ami, il ne savait trop quoi dire.

Très à son aise, Qian Moyin déclara, comme s'il voulait s'excuser :

« C'est la première fois que je viens chez vous, monsieur Qi, c'est ma première visite, n'est-ce pas ? Faut-il que je sois paresseux, mais vous savez, j'ai vraiment horreur de sortir de chez moi. »

Arrivé dans le salon, il s'assit, puis dit à Ruixuan :

« Surtout ne préparez rien pour moi. Si vous vous dérangez, je n'oserai plus revenir ! » Il voulait dire par là qu'il désirait expliquer sans ambages le but de sa visite et qu'il ne souhaitait pas voir défiler l'un derrière l'autre tous les membres de la famille.

Le vieux Qi lui posa d'abord une question pratique :

« Ces jours-ci, je me suis inquiété à votre sujet. Nous sommes de vieux voisins, n'est-ce pas, et je vous demande d'être franc avec moi, est-ce que vous avez encore de quoi manger chez vous ? S'il ne vous reste rien, dites-le-moi ! Les vivres, vous savez, c'est sacré, ce n'est pas comme le reste, on ne peut se permettre d'en manquer ne serait-ce qu'un seul jour, que pour un seul repas ! »

M. Qian ne répondit pas et il se contenta de sourire, faisant comprendre par là que même s'il ne lui restait plus grand-chose, ce n'était pas là sa préoccupation principale.

Il baissa les paupières. « Je voudrais demander conseil à votre fils Ruixuan, dit-il en jetant un coup d'œil à Ruiquan. Comment à votre avis la situation va-t-elle évoluer ? Voyez-vous, je ne m'intéresse guère aux affaires du pays, toutefois si aujourd'hui je peux vivre comme je le fais, c'est à mon pays que je le dois. Ces jours-ci, je n'ai le cœur à rien. Oh, vous savez, je ne crains ni la pauvreté ni la misère ; non, ce que je redoute vraiment, c'est que notre ville de Peiping soit sacrifiée. Une fleur n'est belle que sur son arbre, une fois qu'elle est dans les mains de quelqu'un, ce n'est plus la même chose ! Il en est de même pour Peiping : notre ville est très belle, mais si elle est occupée par l'ennemi, elle subira le même sort qu'une fleur qu'on vient de cueillir, n'est-ce pas ? »

Ne provoquant aucune réaction, il ajouta :

« Peiping est un arbre dont je serais la fleur, même si je ne suis qu'une fleur oisive. Si par malheur Peiping était sacrifié, je pense que je ne pourrais pas le supporter. »

Le vieux Qi aurait bien aimé parler de la confiance qu'il gardait en sa ville et conseiller à M. Qian de ne pas se tourmenter outre mesure, mais il n'était pas sûr d'avoir bien compris ce que son voisin voulait dire ; ce qu'il venait d'entendre ressemblait à ce qui est écrit sur les reçus du mont-de-piété : pour sûr, ce sont des caractères, mais calligraphiés d'une manière si différente qu'on redoute de ne pouvoir les déchiffrer au moment de venir reprendre l'objet mis en gage. Il remua les lèvres, mais ne put proférer aucun son.

Ruixuan, très inquiet ces derniers jours, aurait bien voulu dire quelques mots, mais avec le grand-père là, à côté de lui, il devait prendre garde à ne pas dire n'importe quoi.

Ruiquan, lui, ne craignait rien ni personne. Depuis longtemps, il avait envie de discuter de tout cela, mais il ne trouvait pas d'interlocuteur digne de ce nom. Son frère aîné avait du savoir et du jugement, mais comme – c'était le moins qu'on puisse dire – il n'était pas très bavard, il fallait toujours recourir à de multiples astuces pour réussir à tirer quelque chose de lui. Son autre frère, alors ? Avec lui et sa femme, on ne pouvait parler que cinéma et loisirs, il valait mieux causer de choses et d'autres avec le grand-père ou la belle-sœur aînée, car même s'il n'y avait rien de passionnant à cela, on parlait au moins de la vie quotidienne. Maintenant qu'il avait M. Qian sous la main, il ne le lâcherait pas. Il savait que celui-ci était un homme de bon sens, même si ses opinions étaient très divergentes des siennes. Il se leva et dit :

« À mon avis, ce sera soit la capitulation, soit la guerre !

– C'est grave à ce point ? » Le sourire de M. Qian se figea et sa joue droite se mit à trembler légèrement.

« Grâce au “ Mémoire Tanaka ”, les militaristes japonais se sentent les mains libres pour envahir la Chine, et avec les incidents du 18 septembre[1], dont ils ont tiré avantage, rien ne les empêche de le faire immédiatement ; il n'y a plus de limite à leur agression et quand ils auront envahi le monde entier, peut-être qu'ils voudront envahir la planète Mars.

– La planète Mars ? » Le grand-père n'en croyait pas ses oreilles et il se demandait dans quelle rue pouvait bien se trouver cette planète Mars.

Ruiquan, ignorant la question de son grand-père, continua, fort de son bon droit :

« Au Japon, la religion, l'éducation, la mentalité, la géographie du pays, l'armement, l'industrie, la culture fondée sur la piraterie et les ambitions des militaristes, tout s'oriente vers l'agression. La contrebande, les troubles, les outrages, voilà les moyens auxquels les assaillants ont recours. Les canons au pont Lugou ne sont qu'un moyen d'agression parmi d'autres ; si cette fois-ci on peut éviter le pire, il est sûr que dans dix ou quinze jours des troubles plus graves éclateront autre part – peut-être à Xiyuan ou au Temple de la Sauvegarde Nationale. Désormais, le Japon chevauche un tigre, il peut se précipiter sur n'importe qui ! »

Malgré son sourire, Ruixuan avait déjà les yeux pleins de larmes.

Au mot « Temple de la Sauvegarde Nationale », le vieux Qi sursauta, car c'était vraiment près de la ruelle du Petit-Bercail, ça !

« Dites-moi, Ruiquan ! dit à voix basse M. Qian. Nous, que devons-nous faire ? »

Ruiquan n'avait pas parlé très longtemps, mais son indignation était telle que sa voix s'était un peu cassée ; il semblait à bout de forces et il était si ému qu'il lui fut impossible de continuer. Il pensait à juste titre qu'au point

---

1. Incidents du 18 septembre 1931, qui ont déclenché l'agression contre la Chine du Nord-Est et l'occupation de toute la région par les Japonais.

de vue militaire la Chine n'était pas un adversaire à la mesure du Japon et que, si la guerre éclatait vraiment, les Chinois subiraient de très lourdes pertes. Cependant, n'écoutant que son cœur, Ruiquan souhaitait que la résistance fût organisée immédiatement, car chaque jour qui passait était un jour de plus donné aux Japonais pour poursuivre leur agression ; si on voulait rendre coup pour coup, il ne fallait pas laisser à l'ennemi le temps de s'organiser. Lui, Ruiquan, avait choisi la résistance contre les Japonais et si la guerre était pour de bon engagée entre la Chine et le Japon il était prêt à se sacrifier pour sa patrie. Certes, on pouvait lui demander : « Es-tu sûr que ton sacrifice nous permettra de gagner la guerre ? » Même si sa décision était prise, il n'aimait pas qu'on lui pose des questions auxquelles il ne savait quoi répondre ; il allait bientôt terminer ses études universitaires, il ne devait pas agir seulement par bravade au gré de ses sentiments. En se grattant la tête, il se rassit ; plusieurs taches rouges apparurent sur son visage.

« Et toi, Ruixuan, qu'en penses-tu ? » demanda M. Qian avec un regard et un ton significatifs.

Ruixuan commença par sourire, puis dit tout bas :

« Moi aussi, je pense qu'il vaut mieux se battre ! »

M. Qian ferma les yeux, savourant les paroles de Ruixuan.

Ruiquan se leva d'un bond, mit ses deux mains sur les épaules de Ruixuan :

« Ah ! mon frère ! » Son visage s'empourpra, il répéta : « Mon frère ! » plusieurs fois, incapable de dire autre chose.

À ce moment, Petit Shunr entra en courant dans la pièce : « Papa ! la porte, la porte... »

Le vieux Qi, un peu isolé dans son coin, ne savait trop quoi dire ; il saisit son arrière-petit-fils à la volée :

« Allons ! Allons ! La porte à peine ouverte, tu en profites pour t'échapper, tu n'es pas sage ! Sais-tu que dehors il y a ces diables de Japonais ? »

Petit Shunr fronça le nez et fit la moue :

« Eh quoi ! Les petits Japonais, j'en ai pas peur ! Vive la République de Chine ! » Il tendit fièrement son petit poing.

« Shunr ! Qui est à la porte ? » demanda Ruixuan.

Petit Shunr tendit sa main vers l'extérieur et dit d'un air plutôt mystérieux : « Il est venu, le monsieur. Il dit qu'il veut te voir.

– Quel monsieur ?

– Celui du n° 3. » Petit Shunr savait qui c'était, mais, habitué à entendre ce qu'en disait sa famille, il n'osait pas prononcer son nom.

« M. Guan ? »

Petit Shunr hocha la tête en regardant son père.

« Qui ? Oh, lui ! » M. Qian se leva.

« Monsieur Qian ! Mais restez donc un peu ! dit le vieux Qi.

– Je dois m'en aller !

– Si vous ne voulez pas le rencontrer, venez donc dans ma chambre ! » Le vieux Qi l'engageait sincèrement à rester.

« Non, je reviendrai et nous reprendrons alors notre conversation. Ce n'est pas la peine de me raccompagner. » M. Qian se dirigea d'un pas rapide vers l'extérieur.

Tenant Petit Shunr par la main, le vieux Qi reconduisit son hôte. Quand il sortit de la pièce, M. Qian était déjà sous les jujubiers. Ruixuan et Ruiquan le rattrapèrent et l'accompagnèrent hors de la maison.

M. Guan Xiaohe attendait sur le seuil de la porte. Il portait une très élégante chemise en soie bleue, ornée de dragons lovés, et qui lui allait à merveille. Très en vogue il y a une trentaine d'années, ce genre de chemise, qui se portait en tunique couvrant le haut du pantalon, était de nouveau très à la mode. Un pantalon à larges bords flottants en crêpe de soie du Shandong, à fines rayures bleues sur fond bleu, des chaussettes de soie noire, des souliers de satin noir aux épaisses semelles de toile blanche piquée, mettaient en valeur sa silhouette et le charme qu'il dégageait.

Voyant M. Qian sortir, il tira d'une main le pan de son ample chemise de soie bleue et, avec un grand sourire, lui tendit l'autre main. Sans rien changer au naturel de son attitude, M. Qian ignora la main tendue de M. Guan et s'éloigna avec beaucoup d'aisance.

Ne perdant pas contenance, M. Guan ne fit cas de rien et profita de l'occasion pour offrir sa main tendue à Ruixuan, avec qui il échangea des salutations fort chaleureuses. Enfin il posa avec insistance sa main gauche sur les deux déjà jointes, manifestant ainsi une cordialité encore plus sincère.

Le vieux Qi n'éprouvait pas de sympathie pour M. Guan, il retourna donc dans sa chambre en emmenant Petit Shunr ; seuls Ruixuan et Ruiquan restèrent au salon en compagnie de M. Guan.

Celui-ci n'était venu que deux fois chez les Qi. La première fois, c'était à l'occasion de la mort de la vieille madame Qi, qui avait quitté ce monde à la suite d'une maladie. Il avait offert de l'encens et un peu de vin, mais n'était pas resté très longtemps. La seconde fois, c'était pour présenter à l'avance ses félicitations à Ruixuan, qui, selon une rumeur, allait être nommé principal d'un lycée municipal ; cette fois-là, il s'attarda assez longtemps. Mais finalement aucune nomination effective n'ayant confirmé la rumeur, il ne revint plus.

Aujourd'hui, il s'était rendu chez les Qi pour rencontrer M. Qian et par la même occasion pour faire une petite visite à la famille Qi.

À l'époque des combats incessants entre seigneurs de la guerre, M. Guan Xiaohe avait occupé une série de postes de petit fonctionnaire, ce qui lui avait permis de bénéficier de nombreux avantages pas toujours légitimes. Il avait été chef de département du fisc, chef d'un district important et fonctionnaire subalterne dans l'administration provinciale. Ces dernières années, il n'avait pas eu beaucoup de chance dans la fonction publique ; et c'est la raison pour laquelle il détestait le gouvernement de Nankin.

Il vivait au jour le jour sans travailler, fréquentant quelques grands lettrés, des bureaucrates et une poignée de seigneurs de la guerre désabusés. Il pensait toujours que parmi ses amis il s'en trouverait bien un jour qui verraient leur chance tourner et qui redeviendraient puissants ; il connaîtrait alors une nouvelle période faste qui lui permettrait de renouer avec la fortune. Dans ses rapports avec ses amis, il lui fallait soigner tout particulièrement son apparence et sa tenue vestimentaire ; en société, il remportait pas mal de succès grâce aux airs de *er-huang*[1] qu'il savait chanter et aux huit parties de mah-jong qu'il était capable de jouer d'affilée. Depuis quelque temps, il avait appris à faire des prières au Bouddha et s'intéressait de près aux talismans, aux incantations ainsi qu'à la magie ; il en sut bientôt assez pour devenir membre de l'Association de la Vertu Durable, fréquentée par de vieux retraités, mais aussi pour s'affilier à des groupes religieux et à des institutions de bienfaisance. En fait, il ne croyait pas vraiment au Bouddha ni à quelque dieu que ce soit, il considérait simplement le bouddhisme et la « Voie des Dieux » comme des phénomènes indispensables aux relations sociales, tout comme l'était le fait de savoir chanter et de jouer de l'argent.

Il n'y avait qu'une seule chose qui restait hors de sa portée : il était incapable de composer des vers ou de peindre des fleurs de prunier ou des paysages. Les lettrés célèbres qu'il connaissait étaient eux par contre des maîtres dans ces spécialités, et même les seigneurs de la guerre et les riches fonctionnaires qui avaient pris leur retraite à Tianjin, loin de leur lieu d'origine, puisqu'ils avaient été déchus de leur puissance, étaient souvent férus dans l'une ou l'autre de ces disciplines. Le vieux commandant en chef Ding, par exemple, ne connaissait que peu de caractères, mais il pouvait calligraphier d'un seul trait, avec une grosse brosse de chanvre, un caractère « tigre » de plus de trois mètres. Les gens riches qu'il côtoyait ne savaient ni calligraphier ni peindre, mais pouvaient passer des heures à discourir sur ces divertissements, qui étaient considérés comme des ornements accompagnant la « richesse », à l'image des diamants et des perles qui servent de parure aux dames de la « bonne société ».

Il savait que M. Qian Moyin, bien que sans fortune, composait des vers et excellait en peinture, aussi désirait-il depuis longtemps lui proposer des « honoraires de précep-

---

1. Un des deux styles les plus courants de l'opéra traditionnel chinois.

teur » en échange desquels il recevrait de lui quelques conseils. Il ne cherchait pas à écrire des poèmes ou à peindre lui-même, il voulait seulement connaître quelques termes techniques, des noms de poètes et de peintres, et les écoles auxquelles ils appartenaient, afin de ne pas se sentir ignorant et ridicule en présence de connaisseurs.

Il avait essayé par tous les moyens de faire la connaissance de M. Qian, toutefois celui-ci se comportait toujours comme une statue : vous avez beau la saluer, elle vous ignore. Il n'avait jamais osé, de but en blanc, lui rendre visite, car s'il avait essuyé un refus, il lui aurait été impossible de faire une seconde tentative. S'étant aperçu que M. Qian se rendait ce jour-là chez les Qi, il avait en toute hâte décidé de venir lui aussi ; il pourrait ainsi lui être présenté, et il en profiterait pour lui faire cadeau, sans délai ni intermédiaire, de deux pots de fleurs ou de quelques bonnes bouteilles d'alcool ; il n'aurait alors plus qu'à commencer sa formation. Il se disait que malgré la grande gêne dans laquelle il vivait, M. Qian Moyin devait avoir chez lui quelques calligraphies et peintures de valeur.

Bien sûr, si lui, Guan Xiaohe, avait voulu acheter des pièces rares, il aurait pu s'adresser à sa guise à des antiquaires de la rue Liulichang[1]. Mais au fond il ne souhaitait pas dépenser trop d'argent pour de telles choses ; il se disait qu'en devenant un familier de M. Qian, il trouverait certainement le moyen de se faire offrir une ou deux de ces pièces. Cela ne serait-il pas tout bénéfice pour lui ? Une ou deux antiquités pour décorer son intérieur, ce seraient autant de belles choses à exhiber, après son vieux vin de Fengyang couleur de bambou et sa belle concubine[2] !

Il ne s'attendait pas à un tel refus de la part de M. Qian et il en était fort mécontent. Il reconnaissait que celui-ci était un lettré renommé, toutefois de nombreux lettrés beaucoup plus connus que lui ne manifestaient pas cette arrogance. « Je vous traite avec égards et vous me méprisez, eh

---

1. La rue principale du quartier des antiquaires de Peiping.
2. Voir note p. 83.

bien ! rira bien qui rira le dernier ! » Il se vengerait : « Ah ! Si un jour l'occasion se présente, toi, mon vieux, tu t'en repentiras ! »

Malgré tout, il gardait son calme habituel, échangeant des politesses avec les frères Qi, le visage souriant.

« Ces jours-ci, la situation semble plutôt grave. Avez-vous des nouvelles ?

– Non, aucune. » Ruixuan, lui non plus, n'aimait pas M. Guan, mais il se devait de rester très poli.

« Et vous, cher monsieur Guan, que pensez-vous de la situation ?

– Heu... » M. Guan baissa les paupières et, la bouche entrouverte, prit un air très avisé.

« Heu... c'est très difficile à dire. En tout cas, les autorités ne me semblent pas vraiment capables de faire face à la situation. Si elles avaient su prendre les mesures qu'il fallait, à mon avis les choses ne seraient pas devenues si graves. »

Le visage de Ruiquan devint immédiatement rouge de colère, il dit d'un ton fort discourtois :

« Monsieur Guan, d'après vous, que faudrait-il faire, face à une telle situation ?

– D'après moi ? » Souriant, M. Guan resta un moment sans réagir.

« Oh ! Vous savez, je fais partie de ces gens qui, n'exerçant plus de fonctions officielles, ne s'occupent plus de politique. À présent, voyez-vous, je me consacre presque entièrement à l'étude du bouddhisme. Je tiens d'ailleurs à vous faire remarquer que le bouddhisme possède en son essence une subtilité infinie. Dès qu'on pénètre cette doctrine, on sent s'éveiller en soi une sensation d'euphorie permanente comparable à celle qu'on ressent après avoir bu un vin délicat. Tenez, avant-hier, j'étais justement chez ce cher M. Sun Qing, en compagnie du vieux commandant en chef Ding, du général Li et de M. Fang Xi ; eh bien, nous avons réussi à faire descendre parmi nous la Reine Mère d'Occident [1] et

1. Déesse de la légende chinoise qui, selon la tradition populaire, symbolise l'immortalité.

nous l'avons même prise en photo. Ô mystère ! Ô merveille indescriptible ! Imaginez donc, la Reine Mère d'Occident, très nette sur la photo, avec ses longues moustaches, semblables à celles d'un poisson-chat, longues, très longues, tombant de là – il indiqua de la main sa bouche – jusque... – sa main glissa le long de l'épaule –... là ! Vraiment quel mystère !

– C'est ça le bouddhisme ? demanda Ruiquan très impoliment.

– Bien sûr ! Bien sûr ! dit très sérieusement M. Guan, le visage grave. Le bouddhisme est sans bornes, il implique des métamorphoses multiples et il est tout à fait capable de se manifester dans les moustaches d'un poisson-chat. »

Il allait continuer à discourir sur le bouddhisme, quand, soudain, on entendit des bruits de voix venir de sa cour. Il se leva, tendit l'oreille : « Oh ! c'est sans doute notre deuxième demoiselle qui est de retour. Hier, elle est allée faire une promenade au parc Beihai ; peut-être à cause de tous ces troubles en a-t-on fermé les portes plus tôt que prévu et s'est-elle retrouvée enfermée. Ma femme était fort inquiète ; moi, vous savez, je ne me suis pas affolé ; ceux qui pratiquent le bouddhisme ont le privilège de se sentir dans un perpétuel état d'éblouissement et donc de ne jamais perdre leur sang-froid. Le Bouddha est capable de tout arranger ! Bon, je vais quand même voir ce qui se passe, nous poursuivrons cette discussion passionnante une autre fois. »

Il se retira d'un pas rapide, le visage impassible.

Les frères Qi le raccompagnèrent jusqu'à la sortie. Ruixuan jeta un coup d'œil à son frère, qui était rouge d'indignation.

Arrivé près de la porte, M. Guan dit à voix basse à Ruixuan, avec instance :

« Ne vous inquiétez pas. Si vraiment les Japonais entrent dans la ville, nous avons les moyens d'y faire face. Au cas où vous vous trouveriez dans l'embarras, n'hésitez pas à me faire signe, nous sommes de vieux voisins, n'est-ce pas, nous devons nous aider les uns les autres. »

CHAPITRE IV

L'été était très chaud, mais chacun dans le pays avait le cœur glacé : Peiping était tombé aux mains de l'ennemi !

Debout à l'ombre des sophoras, M. Li s'adressa d'un ton triste au petit groupe qu'il avait devant lui :

« Il faut préparer un morceau de tissu blanc. Si par hasard on nous demande de hisser un drapeau, il suffira de dessiner dessus un rond rouge. En 1900 déjà, on avait dû faire la même chose ! »

Bien qu'il fût encore très robuste, M. Li se sentait fatigué aujourd'hui. Il s'accroupit et fixa d'un œil morne une chenille tombée d'un des sophoras.

Sa femme semblait enfin se rendre compte que depuis quelques jours il flottait dans l'air une drôle d'atmosphère, mais elle s'était bien gardée de poser des questions trop précises. Maintenant, elle savait qu'il s'agissait de l'entrée des Japonais dans la ville ; les paupières de ses grands yeux myopes cillèrent à plusieurs reprises, et son visage pâlit. Il ne fut plus question de faire des remontrances à son mari ; elle sortit de la maison et s'accroupit près de lui.

Le tireur de pousse Petit Cui, très agité, le torse nu, ne tenait pas en place. Aujourd'hui, il lui était impossible de sortir et chez lui il n'avait plus rien à manger. Après être passé plusieurs fois rapidement devant le vieux couple, il se rapprocha soudain :

« Madame Li ! Il va encore falloir que vous m'avanciez deux ou trois choses ! »

Le vieux Li ne réagit pas, il continuait à fixer la chenille verte sur le sol. Mme Li répondit d'une voix étrangement faible :

« Attends un peu, je vais te chercher de la farine de maïs

– Merci, vous êtes vraiment trop bonne ! » Petit Cui ne parlait pas fort, lui non plus.

« Écoute, mon garçon, il faut que tu me promettes de ne plus te disputer avec ta femme. Ces diables de Japonais sont entrés dans la ville... » Mme Li ne termina pas, elle soupira.

Le barbier Sun n'exerçait pas son métier dans sa propre boutique, mais louait au mois ses services dans les boutiques d'un quartier voisin. D'après les spécialistes, il était passé expert dans l'art de curer les oreilles, de percer les lobes, de masser le dos à petits coups et de raser le visage, mais par contre, pour tout ce qui était nouveau, comme par exemple pour la coupe de cheveux avec raie au milieu ou pour les permanentes, il n'y connaissait rien, tout cela ne l'intéressait pas, de plus, puisqu'il avait loué ses services à des marchands, à quoi auraient bien pu lui servir toutes ces nouvelles techniques ?

Aujourd'hui, aucune boutique n'était ouverte, il était donc resté chez lui et avait bu deux petits bols d'alcool pour noyer son chagrin ; finalement, il était sorti et, sous l'effet de l'alcool, le visage cramoisi, il exprimait sa colère.

« Vous, monsieur Li, vous avez peut-être de bonnes raisons pour demander à tout le monde de se préparer à hisser le drapeau japonais. Qui veut le faire n'a qu'à le faire ! En tout cas moi, aussi vrai que je m'appelle Sun le septième, je ne le ferai pas ! Je déteste ces diables de Japonais. Je les attends, qu'ils osent entrer dans notre ruelle du Petit-Bercail, ils verront de quel bois je me chauffe ! »

Si ç'avait été un jour ordinaire, Petit Cui et M. Sun auraient certainement fini par se quereller après une discussion sans fin. Quand il s'agissait de débattre des grands événements du pays, ils n'étaient jamais d'accord. Mais en un jour comme aujourd'hui, M. Li leur lança une œillade significative et Petit Cui s'éloigna sans mot dire. Voyant cela, M. Sun fut quelque peu dépité, espérant quand même que le vieux Li bavarderait encore un peu avec lui. Ce dernier demeura silencieux. M. Sun un peu embarrassé restait là immobile, alors M. Li leva la tête et lui dit d'un ton agacé, presque indigné :

« Sun le septième ! Rentre chez toi, va te coucher ! »

Encore un peu éméché, M. Sun n'osa pas répondre, il sourit et se dirigea vers chez lui.

Personne ne sortit du nº 6. C'était l'heure où habituellement les jeunes époux Wen vocalisaient, mais ils ne se risquèrent pas à émettre le moindre son. Seul maître Liu frottait énergiquement son sabre dans sa chambre.

Plus aucun avion ne passait et on n'entendait plus les coups de canon en dehors de la ville ; tout était paisible. Seul le ciel bleu semblait parcouru de légers frémissements, réguliers comme les battements du pouls et engendrant des espèces d'étincelles dorées et des rayons blancs.

Beau temps calme sur un pays qui avait perdu son indépendance !

Bien que plus corpulent, Ruixuan ressemblait quand même beaucoup à son père. Quelle que soit la manière dont il s'habillait, sa personne dégageait toujours à la fois simplicité et distinction, qualités qu'il était le seul de la famille à posséder. Le vieux monsieur Qi et son fils Qi Tianyou étaient des commerçants satisfaits de leur sort et consciencieux dans leur travail : tout dans leur tenue et leurs propos en témoignait. Ruifeng, lui, parce qu'il avait été formé à l'école, dédaignait un peu son grand-père et son père ; il faisait de gros efforts pour paraître distingué et à la mode, mais comme il y mettait trop d'application, il ressemblait plutôt à un comprador ou à un trafiquant. En cherchant en vain à acquérir un peu de distinction, il avait perdu cette simplicité naturelle qui dans leur famille se transmettait de père en fils. Le troisième petit-fils, Ruiquan, jeune écervelé, ne se préoccupait absolument pas de l'image qu'il pouvait donner de lui-même.

Ruixuan était le seul à être toujours très affable, à la fois réservé et spontané. On se demandait où il avait acquis cette distinction, si tant est que ce genre de choses puisse s'acquérir.

À l'image de son grand-père et de son père, il était très consciencieux, mais, à la différence de ces derniers, il agissait avec beaucoup de naturel, ne montrant jamais la moindre agressivité. Économe au plus haut point, il ne gaspillait pas ses sapèques, mais il savait malgré tout se montrer généreux et en tout cas ne lésinait pas sur les dépenses opportunes. Lorsqu'il était déprimé, son comportement faisait penser à un ciel couvert au printemps : on savait bien que quoi qu'il arrive, aucun orage n'éclaterait. Quand il était de bonne humeur, il se contentait de sourire, donnant ainsi l'impression de se moquer de lui-même.

Ruixuan avait toujours été un élève studieux, il avait acquis de bonnes connaissances sur la littérature et les arts chinois et européens. Malheureusement, il n'avait pas eu l'occasion d'aller poursuivre ses études à l'étranger, parce que les ressources lui avaient manqué. Au lycée où il enseignait, il se montrait à la fois bon collègue et excellent enseignant, il était assez sévère et ne se permettait aucune négligence dans la correction des devoirs de ses élèves. Il ne poussait jamais loin les relations avec ses collègues, gardant toujours une certaine distance, essayant de trouver un équilibre entre la froideur et l'obséquiosité. Il vivait de ses capacités intellectuelles et point n'était besoin pour lui de s'attirer les bonnes grâces de quiconque.

Ses idées, qu'il développait avec beaucoup de profondeur, étaient très proches de celles de son jeune frère, qui était le seul de la famille avec lequel il aimait bavarder. Toutefois, contrairement à Ruiquan, il ne dévoilait pas souvent ses opinions, non qu'il fût orgueilleux, ou qu'il dédaignât de parler avec un interlocuteur qui ne fût pas à la hauteur, mais parce qu'il n'avait en fait pas suffisamment confiance en lui. Même s'il savait parfaitement quelle était la meilleure attitude à adopter face à un problème, il finissait toujours par se conformer à des solutions moins satisfaisantes. Il avait un comportement quelque peu « efféminé », s'attachant toujours à ce que ses actes soient bien compris par les autres.

Arrivé à l'âge de se marier, il avait déjà des idées bien arrêtées sur le caractère sacré de l'amour et sur la liberté du mariage. Eh bien, ça ne l'avait pas empêché d'épouser Yun Mei, à qui son père l'avait fiancé ! Il se rendait bien compte qu'il faisait une erreur en se liant pour toute la vie à une femme qu'il n'aimait pas, mais d'un autre côté il ne pouvait supporter les regards soucieux de son grand-père et de ses parents. Il se mettait tout bonnement à leur place et à celle de sa fiancée. Après mûre réflexion et après avoir réalisé la situation pénible dans laquelle ils se trouvaient tous et surtout pour ne pas faire d'histoires, il s'était résolu au mariage. Il raillait sa propre faiblesse, mais quand il avait vu le visage de son grand-père et de ses parents resplendissant de joie, il avait ressenti un certaine forme de fierté : celle du sacrifice

Par temps de neige, il aimait aller au parc Beihai, dont il escaladait la colline du petit stūpa blanc, et de là contemplait les sommets blanchis des Collines de l'Ouest. Il pouvait rester là debout pendant une heure ; ces lointains sommets enneigés l'inspiraient profondément. Il s'imaginait faisant abstraction de toutes les choses terrestres et partant étudier au cœur des collines profondes, loin d'ici, ou bien encore faisant le tour du monde par les mers et les océans sur un grand navire. Quand il lui fallait à contrecœur descendre du stūpa, il abandonnait ses pensées perdues parmi les hautes collines et les mers déchaînées, et revenait à la réalité et à ses responsabilités vis-à-vis de sa famille et de son lycée. Il lui était impossible de se décharger de ses obligations d'ici-bas pour s'enfuir dans un monde idéal.

Sur le chemin du retour, il achetait quelques pâtisseries pour son grand-père et Petit Shunr, agissant en bon petit-fils et en père bienveillant. Allons ! Puisqu'il n'est pas question de partir loin, autant rentrer à la maison et apporter un peu de joie au grand-père et au petit. Un sourire résigné apparaissait alors sur son visage rougi par le froid.

Il n'avait pas de gros défauts. Pour le nouvel an ou pour quelques autres fêtes, il lui arrivait de boire jusqu'à un demi-litre de vin jaune, mais sinon il ne touchait pas à l'alcool. Il ne fumait pas non plus et il ne faisait guère de différence entre le thé et l'eau. Pour passer le temps, il aidait son grand-père à cultiver ses fleurs et chaque semaine il allait voir un ou deux films au cinéma *Ping'an*. S'il allait au cinéma, c'était surtout dans un but pratique : il connaissait bien l'anglais, mais ne le parlait pas couramment ; les dialogues des films lui faisaient un bon exercice. Chaque fois qu'il se rendait au *Ping'an,* il arrivait de bonne heure pour pouvoir se procurer un billet des rangées de devant qui étaient meilleur marché et d'où on entendait bien. Une fois assis, il ne tournait jamais la tête, car il savait que si son frère Ruifeng et sa femme étaient dans la salle, ils avaient assurément pris des places de première classe ; lui, n'avait pas honte d'être assis devant, mais il craignait que ça les gêne, eux.

Peiping était donc tombé aux mains de l'ennemi. Comme une fourmi se débattant au fond d'une casserole brûlante, Ruixuan entrait, sortait, était dans tous ses états. Il avait perdu son calme habituel et ne pouvait le cacher. Il sortit de la maison et leva la tête pour contempler le ciel, qui était tellement pur et beau. Lui, Ruixuan, il se trouvait toujours sous le ciel bleu de Peiping. En levant la tête, sa vue s'était obscurcie un instant, peut-être était-ce dû à l'intensité des rayons du soleil ; certes, le ciel était toujours aussi beau, aussi bleu, mais Peiping n'appartenait plus aux Chinois ! Il s'empressa de rentrer.

Il se mit alors à réfléchir sur la guerre sino-japonaise et sur ses implications internationales. Il comprenait bien que cette guerre risquait de changer la physionomie géographique et historique du monde, cependant ce qui lui importait à présent, c'étaient la sécurité et la subsistance de sa famille : son grand-père avait dépassé soixante-dix ans, et il ne pouvait plus se débrouiller seul ; son père ne gagnait pas beaucoup d'argent, et puis il avait déjà plus de cinquante ans ; sa mère était malade, elle ne pourrait supporter tous ces troubles ; les revenus de Ruifeng suffisaient à peine à couvrir ses propres dépenses et Ruiquan poursuivait ses études. En temps de paix, tous ces problèmes de subsistance ne se posaient pas et chacun menait une vie paisible, mais maintenant que Peiping était envahi, qu'adviendrait-il ?

Lui qui, d'ordinaire, agissait en chef de famille, voyait tout à coup ses obligations et les difficultés se multiplier. D'une part, il était citoyen chinois avec du savoir et des capacités, il fallait donc qu'il fasse quelque chose pour sa patrie en ces temps difficiles ; d'autre part, il était le principal soutien d'une famille qui avait à présent encore plus besoin de lui ; il avait des parents qui prenaient de l'âge, un fils encore tout jeune. Pouvait-il laisser tout tomber et s'en aller ? Non ! Non ! Mais s'il ne quittait pas la ville, il allait devenir le sujet d'une nation asservie à un pays étranger, condamné à vivre sous la botte de l'ennemi, et ça, il ne pouvait le supporter ! Non, il ne pourrait le supporter !

Sortant, entrant, ressortant, entrant à nouveau, il ne trouvait pas d'issue à ce dilemme. Son savoir lui inspirait son devoir le plus noble, mais sa raison le pressait de se soucier du problème le plus urgent. Il se souvint de Wen Tianxiang, de Shi Kefa [1] et de beaucoup d'autres héros, il se remémora les poèmes que Du Fu [2] avait écrits pendant sa vie errante.

Dans sa chambre, Ruifeng écoutait une émission japonaise à la radio.

Ruiquan se mit à crier dans la cour :

« Si tu n'éteins pas cette radio, je la casse à coups de pierre ! »

Petit Shunr, affolé, se précipita dans la chambre de sa grand-mère, qui dit d'une voix très faible : « Ruiquan, je t'en prie ! »

Ruixuan tira silencieusement son frère jusqu'à sa chambre.

Les deux frères se regardèrent longtemps, l'air consterné,

---

1. Wen Tianxiang (1236-1282) : lettré, ministre des Song ; le Mongol Kubilai, ne pouvant se l'attacher, le fit exécuter. – Shi Kefa (1601-1645) : ministre de la Guerre de la fin des Ming, il refusa de se soumettre à l'armée des Qing, qui le captura et le fit exécuter.

2. Du Fu (712-770) : le plus célèbre des poètes de la dynastie des Tang. Ses poèmes dévoilent la corruption du système politique de son époque, tout en manifestant une profonde sympathie pour le peuple. Il a atteint une perfection inégalée dans le genre difficile du *shi,* vers réguliers de l'époque Tang.

ils voulaient dire quelque chose, mais ne savaient pas par où commencer. Ruiquan rompit le premier le silence et dit :

« Ah ! mon frère ! »

Ruixuan ne put répondre, il avait l'impression d'avoir la gorge obstruée par un noyau de jujube. Ruiquan avait oublié ce qu'il voulait dire.

Dans la maison, dans la cour, partout régnait le plus grand silence. Il faisait beau, le soleil était lumineux, et la ville, immense avec ses neuf portes hermétiquement closes, ressemblait à un cimetière antique brillant sous l'éclat d'un ciel serein. Soudain, on entendit un bruit sourd venant de très loin, comme si des pierres roulaient du haut d'une montagne.

« Ruiquan, écoute ! » Ruixuan crut d'abord qu'il s'agissait du vrombissement de bombardiers lourds, mais soudain il comprit.

« Ce sont les blindés ennemis qui défilent dans la rue ! »

Ruiquan esquissa un sourire triste comme s'il voulait empêcher ses lèvres de trembler.

Il écouta avec attention :

« Mais oui ! Ce sont des blindés et ils ont l'air très nombreux ! »

Il se mordit les lèvres.

Le bruit des blindés s'amplifia, l'air et le sol vibraient.

Peiping, ville pacifique par excellence, avec ses lacs et ses collines, son palais impérial, ses terrasses et ses autels, ses temples et ses monastères, ses résidences et ses parcs, son mur-écran aux neuf dragons multicolores, autant de grands monuments dus à la sagesse, à l'intelligence et à la force des générations passées ; Peiping avec ses vieux thuyas si massifs qu'il faut les bras de plusieurs personnes pour en embrasser le tronc, avec ses saules vert émeraude aux branches pendantes, ses ponts de marbre blanc, ses plantes et ses fleurs en toute saison ; Peiping avec son langage clair et léger, avec ses commerçants honnêtes et ses habitants débonnaires à la démarche plutôt lente ; Peiping avec ses opéras... Peiping, sans raison aucune, voyait son ciel et ses rues subitement violés par des avions et des blindés !

« Ah ! mon frère ! » cria Ruiquan.

Les blindés dans la rue faisaient maintenant un bruit fou, un vacarme assourdissant emplissait les oreilles et le cœur de Ruixuan.

« Mon frère !

– Qu'y a-t-il ? » Ruixuan releva un peu la tête, il avait de la peine à percevoir la voix de Ruiquan.

« Eh bien, parle !

– J'ai décidé de partir. Je ne peux plus rester ici, dans un pays occupé par des étrangers !

– Quoi ? » Le cœur de Ruixuan était toujours plein du bruit des blindés.

« Je dois vous quitter, répéta Ruiquan.

– Nous quitter ? Pour aller où ? »

Le vacarme faiblit un peu.

« N'importe où, à condition que ce ne soit pas sous la domination de ce drapeau à soleil rouge.

– Je comprends. »

Ruixuan hocha la tête, de petites plaques blanches apparurent sur son visage.

« Il faut quand même que tu réfléchisses encore un peu. Sait-on comment les choses vont tourner ? Imagine que dans quelques jours " la paix " soit signée, n'aurais-tu pas l'impression d'être parti pour rien ? Et puis, il te faut encore une année pour obtenir ton diplôme.

– Oh ! tu sais, si les Japonais tiennent Peiping dans leur gueule, c'est pour de bon.

– On va peut-être leur accorder des avantages en Chine du Nord.

– Sans la Chine du Nord, Peiping ne peut pas survivre. »

Ruixuan resta un moment déconcerté, puis dit :

« Je voulais dire que si on les laisse devenir maîtres d'une partie de notre économie, ils retireront peut-être leurs troupes. Ils ont plus à gagner par l'économie que par la force. »

Le bruit des blindés ne faisait plus penser qu'à un léger tonnerre au loin.

Ruixuan tendit l'oreille, puis continua :

« Je ne te retiens pas, je te demande seulement d'attendre encore quelque temps.

– Si j'attends et qu'il me soit alors impossible de partir, je ne pourrai plus rien faire. »

Ruixuan soupira :

« Toi alors !...

– Et si nous partions ensemble ? »

Un léger sourire triste apparut de nouveau sur le visage mélancolique de Ruixuan.

« Comment veux-tu que je parte ? À moins que toute la famille...

– C'est trop bête ! Tu te rends compte combien il y a dans notre pays de gens comme toi qui ont reçu une instruction supérieure et possèdent tes capacités ?

– Je sais, mais je n'y peux rien. » Il soupira de nouveau. « Tu n'as qu'à partir, toi, pour servir corps et âme notre pays ; moi, de mon côté, je remplirai mes obligations de piété filiale. »

Entre-temps, M. Li s'était levé ; il causait à voix basse avec le chef de police Bai. Celui-ci devait avoir une bonne quarantaine d'années, son visage était rasé de près et il avait fière allure. En cas d'altercations ou de querelles entre les habitants, il savait s'y prendre pour ramener le calme, tant et si bien que ceux du Petit-Bercail craignaient la promptitude de ses reparties, mais tenaient quand même en haute estime son bon cœur.

Ce jour-là, le chef de police Bai ne se sentait pas en grande forme. Il était parfaitement conscient du poids de ses responsabilités – sans agent de police, il ne pouvait y avoir de sûreté publique. Bien qu'il ne fût en charge que du quartier du Petit-Bercail, il avait quand même l'impression que toute la ville était plus ou moins sienne. Il aimait Peiping et était très fier d'exercer ses fonctions dans cette ville. Toutefois, maintenant que Peiping était occupé par les Japonais, il allait devoir maintenir la sécurité publique pour leur compte. Mais puisque Peiping était tombé sous la dépendance d'un pays étranger, existait-il encore une sécurité publique ? Il portait toujours le même uniforme, mais était-il vraiment toujours chef de police ? Il ne savait plus au juste quelles étaient ses fonctions !

« Dites, chef ! Que pensez-vous de tout ça ? demanda M. Li. Est-ce que nous allons pouvoir tuer qui bon nous semble ?

– Je ne sais trop quoi vous dire. » Le chef Bai parlait tout bas. « J'ai l'impression d'être enfermé dans une grosse jarre et je ne sais plus où j'en suis.

– Et nos soldats, où sont-ils ? Est-ce qu'ils étaient nombreux ?

– Ils se sont battus, mais n'ont pu vaincre. Par les temps qui courent, on ne peut pas faire la guerre avec seulement du courage et un corps robuste. Les Japonais ont des fusils et des canons formidables, et puis ils ont des avions et des blindés. Tandis que nous...

– Alors, Peiping est vraiment perdu ?

– Vous n'avez pas entendu ? Toute une armée de blindés vient de passer.

– Perdu pour de bon alors ?

– Absolument !

– Qu'allons-nous faire ? » M. Li parlait tout bas : « Vous savez, chef Bai, je les déteste, ces diables de Japonais ! »

Le chef Bai jeta un coup d'œil autour de lui :

« Qui ne les hait pas ? Mais, je voulais vous parler d'une chose importante : il faut que vous alliez vite avertir les Qi et les Qian de brûler leurs livres et tout ce qui ressemble de près ou de loin à cela. Les Japonais ne peuvent souffrir les intellectuels. S'ils trouvent chez quelqu'un des documents sur " les trois principes du peuple " [1] ou des livres en langues étrangères, ça risque d'être terrible ! Je pense que dans cette ruelle, il n'y a que ces deux familles qui aient ce genre de choses, allez leur dire. Moi, je ne peux pas... » Le policier montra son uniforme.

---

1. « Le triple démisme », doctrine de Sun Yat-sen : nationalisme, démocratie, socialisme.

M. Li hocha la tête en signe d'assentiment. Le chef de police, l'air contrit, disparut dans la partie resserrée de la gourde.

M. Li frappa à la porte des Qian, mais personne ne répondit. Il savait que M. Qian était un peu bizarre, de plus en ces temps de guerre il valait mieux ne pas trop attirer l'attention. Il attendit un moment, puis se rendit chez les Qi.

L'accueil cordial qu'il reçut rendit à M. Li un peu de sa bonne humeur. Craignant que le vieux Qi ne commence à lui débiter ses fadaises, ce qui risquait de lui faire oublier le pourquoi de sa venue, il expliqua sur-le-champ le but de sa visite. M. Qi n'affectionnait pas particulièrement les livres, toutefois comme ils avaient été achetés, il trouvait bien dommage de devoir les brûler. Il dirait à ses petits-enfants de faire un tri et de vendre au « tambourineur »[1] les livres à détruire.

« Non, c'est impossible ! » M. Li se préoccupait sincèrement de la sécurité de son vieux voisin.

« Ces jours-ci, il n'y aura pas de " tambourineur ", et même s'il y en avait, il ne se risquerait certainement pas à acheter des livres. »

Il raconta ensuite au vieux Qi qu'il avait frappé à la porte des Qian, mais qu'on ne lui avait pas ouvert.

Le vieux Qi appela Ruiquan :

« Sois gentil, jette vite au feu tous nos livres en langues étrangères et tout autre document du même genre ! Ils nous ont coûté très cher, mais si on ne veut pas avoir d'ennuis, il vaut mieux ne pas les garder. »

Ruiquan se tourna vers son frère :

« Tu vois ! On commence à brûler les livres et à enterrer vivants les lettrés[2] ! Alors, tu ne te décides toujours pas ?

---

1. Dans la société de l'époque, brocanteur ambulant qui annonce son passage avec un tambourin de cuir.

2. Allusion à l'empereur Shi Huangdi, de la dynastie des Qin (221-206 av. J.-C.), qui fit brûler les livres canoniques pour empêcher toute opposition et fit enterrer plus de 460 lettrés ayant osé être en désaccord avec sa politique. C'est la réplique en terre cuite de son armée que l'on a retrouvée près de Xi'an.

– Tu as raison. Il faut que tu partes ! Moi, je m'en remets au destin. Pars donc ! Moi, je reste ici à brûler les livres et à sortir mon drapeau blanc, résigné à être le sujet d'un pays asservi à l'étranger. »

Ne pouvant se maîtriser, il se mit à pleurer.

« Ruiquan, tu m'as entendu ? interrogea le vieux Qi.

– Oui ! Oui ! J'y vais ! » répondit avec irritation Ruiquan à son grand-père. Puis il dit à voix basse à Ruixuan :

« Si tu te mets dans cet état, je ne pourrai jamais te laisser ! »

Ruixuan essuya ses larmes d'un revers de main :

« Pars donc sans t'occuper de moi. Mais souviens-toi toujours que ton frère aîné n'est pas un bon à rien... »

L'émotion était forte, il ne put continuer.

CHAPITRE V

Ruiquan confia à son frère aîné la tâche de choisir les livres à brûler et de les détruire lui-même. Il adorait les livres, mais à présent il se sentait bien loin d'eux. Il devait les abandonner au profit des armes.

Bien sûr qu'il aimait encore les livres, sa famille, son université, Peiping, mais tout cela n'occupait déjà plus dans son cœur une place aussi importante. L'ardeur juvénile bousculait son imagination et depuis quelque temps il se voyait dans ses rêves quittant clandestinement Peiping. Il n'avait pas encore décidé comment il allait partir ni où il irait. Son cœur semblait s'être envolé de son corps ; debout dans la maison ou dans la cour, il imaginait de hautes montagnes, de larges rivières, des drapeaux militaires flottant au vent, des scènes d'une tristesse grandiose, un monde rouge de sang. Il voulait aller là où le sang coulait, là où le canon tonnait, là ou on se battait pour pouvoir renverser d'un coup de pied le drapeau à soleil rouge et le remplacer par celui à soleil blanc sur fond azur.

La Chine opprimée depuis plus de cent ans avait vu naître une génération de jeunes gens qui voulaient échapper à l'oppression familiale et sociale et devenir des hommes libres. Ils voulaient aussi briser les chaînes de l'État nationaliste, pour devenir enfin des citoyens qui puissent, la tête haute, parcourir le monde. S'ils voulaient vivre pleinement leur vie, il leur fallait prendre en main le destin de la Chine. L'appel qu'ils entendaient au fond d'eux-mêmes était celui de la révolte. Ruiquan était de ceux-là. Il pensait qu'entre lui et sa famille, sacro-sainte institution millénaire, n'existaient que des relations de vie commune. Si le pays appelait au secours, rien ne l'empêcherait de répondre sans délai à cet appel ; tel un oisillon dont les ailes ont poussé, il quitterait son nid sans regret.

Ayant entendu M. Li dire qu'il n'avait pu se faire ouvrir la porte des voisins, le vieux Qi ressentit quelque inquiétude. Il savait qu'il y avait chez eux beaucoup de livres et décida donc d'envoyer Ruixuan avertir M. Qian, mais ce fut finalement Ruiquan qui offrit d'y aller.

L'heure était arrivée où il fallait allumer les lampes. Les deux grands sophoras, telles deux grosses poules déployant leurs rassurantes ailes noires, semblaient protéger les cinq ou six familles des cours avoisinantes. Aucune lumière ne filtrait encore des habitations, sauf au nº 3, la seule résidence du Petit-Bercail équipée d'électricité, chez les Guan, où toutes les lumières brillaient, comme pendant la soirée de célébration du nouvel an, donnant au vert du feuillage des sophoras, qui arrivait jusqu'au mur-écran, un aspect translucide.

Ruiquan s'arrêta un moment devant le mur-écran, puis alla frapper à la porte du nº 1.

Il n'osait pas frapper trop fort ; il donna deux légers coups avec les anneaux qui servaient de heurtoir et toussota quelque peu, essayant ainsi d'éveiller l'attention des gens à l'intérieur. Il répéta cette manœuvre plusieurs fois et alors seulement on entendit quelqu'un demander à voix basse : « Qui est là ? » Il reconnut tout de suite M. Qian.

« C'est moi, Ruiquan ! » répondit-il les lèvres collées à la fente de la porte.

On lui ouvrit aussitôt sans bruit.

Il faisait sombre dans le passage qui conduisait à l'intérieur. Ruiquan hésita un instant : devait-il entrer ou non ? Il expliqua le but de sa visite, se demandant si M. Qian allait le laisser entrer.

« Monsieur Qian ! Il va peut-être falloir brûler vos livres. Le chef de police Bai a aujourd'hui recommandé à M. Li de nous le dire à tous.

– Entrez donc ! » dit M. Qian en fermant sa porte. Puis il dépassa Ruiquan :

« Je passe devant, il fait trop sombre. »

Arrivé devant chez lui, M. Qian pria Ruiquan d'attendre un instant, le temps de donner un peu de lumière. Ruiquan s'empressa de dire que ce n'était pas la peine. Alors sur un ton empreint de tristesse, M. Qian lui répondit en souriant :

« Les Japonais n'ont pas encore interdit d'allumer les lampes ! »

Une fois l'intérieur éclairé, Ruiquan s'aperçut qu'il était entouré de sombres massifs de fleurs de tailles inégales.

« Entrez donc ! » dit M. Qian. Ruiquan s'exécuta et il ne s'était pas encore assis que le vieil homme lui demanda :

« Comment ça ? Il faut brûler les livres ? »

Ruiquan jeta dans la pièce un coup d'œil circulaire.

« Peut-être que ces livres brochés dans le style traditionnel ne seront pas saisis. Les Japonais ne nous aiment guère, nous les intellectuels, mais ils haïssent particulièrement ceux qui lisent des livres récents ; les livres anciens seront peut-être épargnés. »

Qian Moyin baissa les paupières.

« Beaucoup de nos soldats sont illettrés, ça ne les empêche pas de trancher des têtes de Japonais avec leur sabre. N'est-ce pas ? »

Ruiquan sourit :

« S'ils se rendaient compte que dans chaque individu il existe un être humain, doté d'une nature humaine, et pouvant éprouver des sentiments de colère, ils n'auraient pas envahi notre pays ; mais les Japonais nous ont toujours considérés comme des chiens incapables de se rebiffer, même quand on leur donne des coups de pied !

– Ça, c'est leur plus grosse erreur ! »

M. Qian étendit sa main courte et potelée, invitant son hôte à s'asseoir. Il en fit de même.

« Moi, je ne me suis jamais intéressé aux grandes affaires du pays, parce que je ne veux pas me mêler de choses que je ne comprends pas bien ; mais qu'il y ait des gens qui veulent asservir mon pays, ça, je ne peux le tolérer. Que des compatriotes donnent des ordres à leur gré, ça m'est égal, mais que des étrangers viennent ici faire la loi, ça c'est trop fort ! » Il parlait à voix basse comme d'habitude, mais avec un peu plus de dureté dans le ton. Il resta un moment silencieux, puis ajouta d'une voix plus basse encore :

« Savez-vous que mon deuxième fils est revenu aujourd'hui ?

– Où est-il ? Je peux le voir ?

– Il est déjà reparti. Eh oui, reparti ! »

Il y avait quelque chose de secret dans le ton de M. Qian.

« Qu'a-t-il dit ? »

À voix très basse, presque dans l'oreille de Ruiquan, Qian Moyin murmura :

« Il est venu me faire ses adieux !

– Où s'en va-t-il ?

– Je n'en sais rien. Il m'a dit qu'il ne reviendrait plus, que pour les inscriptions futures à l'état civil, on ne devait plus mettre son nom, qu'il ne fallait plus le compter comme membre de la famille. »

Bien que s'exprimant à voix basse, M. Qian avait dans les yeux une lueur inhabituelle, exprimant la tension, l'excitation et aussi un peu de fierté.

« Mais que va-t-il faire ? »

Le vieux sourit :

« Mon second fils est un jeune homme qui n'aime ni les livres brochés dans le style traditionnel, ni les livres reliés à l'européenne. Ce qu'il a, c'est qu'il ne veut pas se soumettre aux Japonais. Vous comprenez ? »

Ruiquan hocha la tête.

« Il est parti se battre ? Mais alors, il ne faut pas que ça se sache !

– Pourquoi pas ? » M. Qian avait élevé la voix comme si soudain il s'emportait.

Dans la cour, Mme Qian le rappela à l'ordre en toussant.

« Ne t'inquiète pas ! Je cause avec le plus jeune des Qi », dit M. Qian à travers la fenêtre. Puis, parlant de nouveau à voix basse, il expliqua à Ruiquan :

« Je suis vraiment fier de lui ! Moi, je suis un homme

simple, incapable de faire du mal à qui que ce soit. Avec un fils comme ça, qu'est-ce que j'ai à craindre ? Moi qui ne suis capable que de méditer sur quelques poésies, j'ai un fils, un simple chauffeur, qui est prêt à se sacrifier à l'heure où son pays est envahi ! Si je perds un fils, le pays gagnera un héros. Si un jour les Japonais me demandent : cet assassin, c'est ton fils ? Je leur répondrai en approchant ma poitrine de la pointe de leur fusil : oui, c'est mon fils ! Je leur dirai aussi que nous avons dans le pays beaucoup, beaucoup de jeunes hommes comme lui et que même s'ils viennent en nombre, eux les Japonais, nous les anéantirons un à un ; qu'ils peuvent utiliser nos voitures et occuper nos maisons, mais que s'ils boivent notre eau et mangent notre nourriture, nous les empoisonnerons ! Nous les empoisonnerons ! »

M. Qian avait déversé tout cela d'une seule traite ; il ferma les yeux, les lèvres frémissantes.

Ruiquan en fut tout décontenancé. Soudain, il se leva, s'élança vers M. Qian, s'agenouilla et frappa la terre de son front :

« Monsieur Qian ! J'ai toujours pensé que vous étiez un homme oisif, seulement capable de bavarder de choses futiles ! Maintenant... je vous demande pardon ! »

Sans attendre la réponse de M. Qian, il se remit debout et dit :

« Moi aussi, j'ai l'intention de partir !

– Partir ? »

M. Qian fixa son regard sur le jeune homme. « C'est bien. Si vous pouvez le faire, alors vous devez le faire. Vous avez l'ardeur qu'il faut et une santé robuste.

– Peut-être pouvez-vous me donner quelques conseils ? »

Ruiquan se disait que l'oncle Qian était le plus merveilleux des hommes et qu'il valait mieux que ses parents et son frère aîné.

« Un seul mot : ne vous découragez jamais, quelles que soient les circonstances ! Dès que l'on se décourage, on ne voit que les erreurs des autres et on reste aveugle à son propre abattement, à sa propre déchéance. N'oubliez jamais cela !

– Je ne l'oublierai pas ! La seule chose qui me préoccupe, c'est le sort de mon frère aîné après mon départ. C'est un homme intelligent et très capable, mais avec toutes les charges de famille qui pèsent sur lui, il lui est impossible de partir de Peiping. À la maison, il n'y a personne à qui il puisse vraiment se confier, et pourtant il est toujours d'humeur égale comme doit l'être un bon maître de maison. J'espère que quand je serai parti, vous le réconforterez aussi souvent que possible, il vous admire énormément !

– Soyez tranquille là-dessus ! Vous savez, on ne peut demander à tous les habitants de Peiping de partir. Nous, les vieux, les faibles, les invalides, en restant là, nous devons aussi nous armer de courage autant que vous qui nous quittez. Vous, vous allez au-devant des obus, tandis que nous, nous attendons d'être enchaînés, mais pour tous l'honneur est sauf. Tenez, nous allons boire à cet événement ! »

M. Qian se mit à chercher quelque chose sous la table ; finalement il sortit une bouteille d'alcool d'un beau vert tendre, clair et limpide, semblable à du jade ; c'est lui-même qui l'avait préparé. Sans se soucier d'aller chercher de petits verres, il versa la liqueur dans deux bols à thé qu'il avait sous la main et les remplit à moitié. Il but le sien d'une traite en renversant la tête, puis fit claquer ses lèvres.

Ruiquan n'était pas habitué à boire ainsi, mais ne pouvant refuser, il vida lui aussi d'une traite son demi-bol d'alcool. Il sentit immédiatement le feu se répandre de sa langue à sa poitrine.

« Je ne suis pas sûr de venir vous faire mes adieux, dit Ruiquan après avoir ravalé quelques bouffées de chaleur, je dois garder mon départ plus ou moins secret.

– Faire vos adieux ? Oh ! vous savez, une fois que vous serez parti, je ne me fais tout simplement pas d'illusions, je ne vous reverrai plus ! *Le vent siffle, la rivière Yi est glacée, le brave s'en va et ne revient plus !* »

M. Qian posa une main sur la bouteille d'alcool. Il avait les yeux un peu humides.

L'alcool se diffusait petit à petit dans le corps de Ruiquan, il ressentit un léger vertige et le besoin de plus d'espace pour respirer à son aise.

« Alors, adieu ! »

Sans regarder M. Qian, il quitta la pièce.

M. Qian resta immobile, la main sur sa bouteille. Ce ne fut que lorsque Ruiquan arriva au seuil de la porte qu'il le rattrapa. Il lui ouvrit les battants de la porte sans mot dire, le suivit du regard, puis en les repoussant doucement, il exhala un long soupir.

Ruiquan avait bu trop vite son demi-bol de vin. Sous l'effet de la brise fraîche, il sentit son sang bouillonner comme l'eau d'une rivière jaillissant d'une écluse ouverte. Debout sous l'ombre noire des sophoras, il voyait dans sa tête tourner des images, pareilles à celles d'une lanterne magique. De nombreuses scènes qui semblaient liées entre elles, mais qui en fait étaient indépendantes les unes des autres, passaient à toute vitesse et sans arrêt devant ses yeux. Il vit la foule qui, un soir après l'heure du dîner, affluait au théâtre situé au carrefour tout illuminé des rues Meishijie et Xianyukou. Les gens sentaient l'alcool, ils avaient le visage enflammé et poussaient de gros rots de satisfaction. Sur la scène noyée d'une lumière aveuglante, on jouait des scènes de combat d'un opéra traditionnel. Cette image passa devant ses yeux comme un éclair.

Puis, il aperçut des couples de jeunes gens venant du bazar Dongan et de la rue Baiheyan, qui se dirigeaient vers les cinémas du quartier, épaule contre épaule ; on pouvait voir dans leurs regards les premières fleurs de l'amour ; dans ces cinémas, on pouvait écouter de la musique ou des chansons d'amour. Il vit aussi les petites barques du lac Beihai se balançant au milieu des ombres des lanternes et des feuilles de lotus, et enfin des hommes et des femmes en costumes modernes assis ou se promenant sous les vieux cyprès du parc Sun-Yat-sen. C'était le moment où dans les rues l'animation règne et où à la circulation des automobiles se mêle le grouillement des pousse-pousse, des fiacres et des tramways.

Une légère brise fraîche dispersa ces visions. Il tendit

l'oreille, dans les rues il n'y avait pas un seul bruit. On n'entendait même plus ni la cloche du tramway ni les cris familiers des petits colporteurs. Peiping pleurait en silence.

Tout d'un coup, un trait de lumière frappa la cime des sophoras comme dans un rêve. Il aperçut soudain les toits de plusieurs maisons et le trait de lumière disparut brusquement. Il faisait de nouveau tout noir, plus noir qu'avant. Un peu plus loin, un nouveau trait de lumière apparut dans le ciel, puis très vite commença un va-et-vient continuel ; un autre trait de lumière vint le croiser, qui s'immobilisa un moment ; le ciel était lumineux, en dessous il faisait sombre, une croix blanche tremblait dans l'air. Les étoiles perdirent leur éclat, les yeux monstrueux de l'agresseur balayaient de l'extérieur de la ville la nuit sombre de Peiping. La ville entière était muette, à la merci des yeux monstrueux et menaçants des projecteurs.

L'ivresse de Ruiquan s'était évaporée à moitié, il sentit sur son visage couler des larmes. Il n'était pas homme à pleurer, toutefois, l'alcool, le silence, ces traits de lumière blanche, sans oublier la forte émotion qui l'étreignait, tout cela avait eu raison de sa volonté. Il ne prit même pas soin d'essuyer son visage ; il se sentait bien ainsi.

La porte du n° 3 s'ouvrit, Mlle Zhaodi sortit. Debout sur le perron, elle leva la tête, donnant l'impression de chercher quelque chose, peut-être étaient-ce ces traits de lumière blanche. Elle était petite, mais charmante comme son père. Elle avait surtout de très beaux yeux. Ses paupières formaient un pli très profond et ses prunelles brillantes et noires lui donnaient un regard vif et attrayant. De tout son être, bien qu'elle soit vraiment mignonne et élégante, rien n'était plus digne d'attention que ses yeux. Ses yeux avivaient sa personnalité, ses yeux masquaient tous ses défauts, ses yeux parlaient à la place de sa bouche pour exprimer la tendresse et les sentiments les plus ineffables, ses yeux étaient les charmants messagers de son cœur et de sa raison. Son intelligence et son tempérament n'avaient rien de remarquable, toutefois avec ses yeux elle pouvait tout conquérir ;

il suffisait de les regarder et on se sentait vaincu, désarmé devant tant de charme. Leur éclat allait droit au cœur et faisait mouche à coup sûr.

Elle était vêtue d'une tunique de soie blanche très courte, très courte et très ample, sans col, qui laissait paraître la blancheur de son cou ; son petit menton levé vers le ciel, elle ressemblait à une fée qui cherche à lire l'avenir dans les étoiles. La lumière venant de chez elle éclairait les grands sophoras, dont la couleur verte se reflétait sur sa tunique de soie blanche, la teintant légèrement de gris, comme si on y avait tracé une ombre légère au crayon. Cette ombre n'estompait en rien le lustre de la soie, et, mêlée à la lumière, elle donnait l'impression que la tunique frissonnait délicatement, légèrement veloutée, telles les ailes frémissantes d'une libellule.

Le cœur de Ruiquan se mit à battre plus vite. Presque sans réfléchir, en quelques petits pas rapides, il s'approcha de Zhaodi. Il surgit devant elle comme s'il était descendu du ciel. Surprise, elle porta les mains à sa poitrine.

« Ah ! c'est toi ? » Elle rabaissa ses mains, fixant le visage de Ruiquan de ses yeux que la surprise rendait encore plus noirs et plus brillants.

« Allons nous promener un instant, veux-tu ? » dit Ruiquan doucement.

Elle hocha la tête, avec une expression d'excuse dans les yeux :

« L'autre soir, j'ai été enfermée dans le parc Beihai toute la nuit, je n'ose plus prendre de risques.

– On pourrait aller s'y promener tous les deux un de ces jours, non ?

– Pourquoi pas ? » dit-elle, le visage un peu incliné, la main droite contre la porte.

Ruiquan ne répondit pas, il était extrêmement troublé.

« Papa dit que tout ce qui se passe n'est pas si grave que ça.

– Quoi ? » s'exclama Ruiquan sur un ton qui mêlait surprise et dégoût.

« Ne fais pas cette tête ! Allez ! entre, on est assez nombreux pour faire quelques parties de mah-jong, d'accord ? On s'ennuie tellement ici ! » Elle se rapprocha.

« Je n'y connais rien au mah-jong !... À demain ! »

Comme s'il avait été sur un terrain de basket et possesseur du ballon, il courut jusqu'à la porte de chez lui. Il l'ouvrit, puis se retourna pour jeter un coup d'œil en arrière, elle n'avait pas bougé. Allait-il retourner auprès d'elle pour lui parler encore un peu ? Et puis non ! Il claqua la porte derrière lui dans un mouvement de colère.

Il ne ferma pratiquement pas l'œil de la nuit. Il avait décidé de trancher avec fermeté tout lien d'affection, que ce soit avec une femme, avec ses parents, avec ses frères ou avec ses amis, pour se jeter dans le flot agité de la guerre et s'acquitter de son devoir envers son pays. Toutefois, l'affection et l'amour, peut-être surtout l'amour, infiltraient son être tout entier, l'incitant à se frayer des chemins menant vers des lieux inaccessibles. Il pensait qu'il serait merveilleux de pouvoir s'enfuir de Peiping avec Zhaodi et d'assumer avec elle un travail dans la résistance contre le Japon. Il s'était juré de ne pas connaître l'amour avant la fin de la guerre. Il souhaitait seulement qu'une amie chère à son cœur puisse partir avec lui, travailler avec lui. Ah ! si cela était possible, quel remarquable travail il accomplirait !

Les propos et le comportement de la jeune fille l'avaient fort désappointé. Il n'aurait jamais pu imaginer que le jour même de la prise de la ville par l'ennemi, elle puisse encore avoir le cœur à jouer au mah-jong. Après réflexion, il lui pardonna et rejeta la faute sur ses parents. Il ne pouvait croire que la jeune fille soit mauvaise par nature. Si elle l'aimait vraiment, il était sûr de pouvoir exercer une bonne influence sur elle par ses propos, ses actes, son amour et d'en faire quelqu'un de bien.

Et puis après tout, qu'elle soit ce qu'elle soit, elle était malgré tout charmante ! Chaque fois qu'il la rencontrait, il se sentait corps et âme fasciné par ses yeux noirs ; elle était tout, lui n'était rien. Il ressentait en lui une immense joie, une douce chaleur, une sorte d'agitation vitale que personne d'autre ne lui donnait. Devant elle, il avait l'impression d'être une petite grenouille couleur de jade, posée sur une feuille ronde au milieu d'un étang couvert de nénuphars et entourée de parfum, de beauté et de douceur.

Allons, allons ! Oublie-la ! Les Japonais sont entrés dans la ville, et toi, tu te laisses attendrir ! Espèce de bon à rien !

Il ferma les yeux très fort.

Mais le sommeil ne vint pas. Il réfléchit de nouveau à tout cela, depuis le début, incapable de démêler l'écheveau de ses pensées, repassant les choses dans son esprit, une fois, deux fois, trois fois, jusqu'à perdre patience.

Il pensa à la situation de Zhaodi : si elle restait à Peiping, que deviendrait-elle ? Peut-être qu'en voulant obtenir un poste de fonctionnaire et de bons émoluments, son père l'offrirait aux Japonais. À cette pensée, il se redressa brusquement. Elle, servir les Japonais ? Qu'elle puisse offrir à ces bêtes féroces sa beauté, sa douceur, sa voix, son regard, ses gestes ravissants !

Si par malheur tout cela devait se réaliser, qu'y pourrait-il ? Ne fallait-il pas se battre d'abord contre ces diables de Japonais et les chasser ? Il s'étendit à nouveau sur son lit.

Le premier coq se fit entendre. Il se mit alors à compter silencieusement : un, deux, trois, quatre...

CHAPITRE VI

Nombreux étaient les vieillards qui, tel M. Qi, espéraient finir leurs jours paisiblement. Leurs aspirations avaient été détruites par les fusils et les canons de l'agresseur ; ils avaient beau être de sincères patriotes, la décrépitude de l'âge les rendait impuissants et ils se voyaient contraints de subir passivement ce qui leur arrivait. Subir, mais jusqu'à quand ? Pourraient-ils tenir longtemps ? Ils avaient déjà plus de soixante ou soixante-dix ans, et pour le peu qui leur restait à vivre, ils étaient privés de toute liberté. Certes, la mort viendrait bientôt les délivrer, mais le cimetière appartenait d'ores et déjà à l'ennemi. Ils ne savaient vraiment plus à quel saint se vouer.

De nombreuses personnes arrivées à mi-chemin de leur vie – comme Qi Tianyou, dont la carrière était bien fixée, mais dont la vigueur déclinait – avaient une conscience très nette de leurs aptitudes ; ils n'aspiraient qu'à quelques années d'activités de plus avant l'usure complète de l'âge, afin de procurer une vie aisée à leurs enfants et petits-enfants ; ensuite, si possible, ils jouiraient confortablement de leur retraite. Ils n'avaient pas beaucoup d'ambition, ils voulaient seulement faire leur possible pour nourrir et vêtir leur famille et faire prospérer leurs avoirs.

Cependant, l'ennemi était entré dans la ville, et tout était fermé : bureaux, écoles, boutiques... Quitter Peiping ? Il n'en était absolument pas question, d'ailleurs les charges familiales les attachaient solidement aux piliers de leur maison. Rester ? Quel allait être leur avenir ? Ils avaient encore au moins dix ou vingt années à vivre ; allaient-ils être obligés de passer toute cette longue période sous le joug, comme des bêtes de somme ? Ils ne savaient quelle décision prendre.

De nombreuses personnes de l'âge de Ruixuan, malgré leur travail et leur famille, et grâce à de solides connaissances et de forts sentiments patriotiques, sauraient se donner les moyens de participer à la résistance pour sauver le pays de l'occupant ; ils ne resteraient certainement pas en arrière les bras croisés. Ils haïssaient profondément les Japonais et se rendaient bien compte que les Japonais les haïssaient plus encore.

Pour Ruixuan, la famille, du plus vieux au plus petit, représentait un énorme fardeau l'empêchant de lever la tête, l'obligeant à garder ses yeux toujours rivés sur le sol ; il aurait bien voulu faire quelque chose, mais tout mouvement lui était impossible. À présent, son lycée était fermé, les cours étant suspendus ; quand pouvait-on espérer qu'il rouvre ? On n'en savait rien ; et même si le lycée rouvrait, aurait-il encore la volonté d'aller y enseigner ? Serait-il concevable de venir en classe pour recommander aux jeunes élèves d'être les bons sujets d'un pays asservi ? Au cas où le lycée serait fermé pour toujours, il se verrait obligé de chercher à gagner sa vie autrement : en tout cas, il ne pourrait jamais quémander servilement de quoi manger aux Japonais ou à ceux qui collaboraient avec eux. Autant de conditions qui rendaient la situation difficile !

De nombreux jeunes gens comme Ruiquan se seraient immédiatement précipités sur l'ennemi s'ils avaient eu des armes entre les mains. En temps normal, ils montraient beaucoup d'enthousiasme à l'écoute de l'hymne national et éprouvaient un grand respect pour le drapeau, mais cela sans esprit chauvin ou surexcitation particulière. En revanche, dès que l'on touchait à leur pays, s'éveillait en eux un sentiment aussi subjectif qu'inébranlable et impossible à raisonner ; leur pays était le plus beau du monde et il devait rester intact, prospère et confiant en son propre avenir. Ils étaient très fiers de leur comportement, qui faisait d'eux, pour la première fois dans l'histoire, une nouvelle génération de citoyens. Leur amour-propre et leur fierté les poussaient à haïr profondément ces Japonais qui, depuis plusieurs décennies en effet, portaient régulièrement atteinte à la dignité de leur pays et à l'intégrité de leur territoire ; s'ils voulaient vivre dans l'honneur, il leur fallait tout d'abord s'opposer au Japon. C'était le premier devoir de ces nouveaux citoyens.

Les soldats japonais venaient de s'emparer de Peiping. Plutôt mourir que de subir ce déshonneur ! On ne pouvait toutefois résister les mains nues contre les avions et les tanks ennemis, et comme il leur était impossible de partir immédiatement sur le front, ils souhaitaient d'abord s'enfuir de Peiping pour s'enrôler dans les armées qui combattaient en dehors de la ville. Mais comment s'y prendre ? Où aller ? Ils n'étaient aucunement préparés. Et puis, il était peut-être encore possible que les choses s'améliorent. Personne ne pouvait le dire. Ils étaient tous étudiants, ils savaient combien il était important pour eux de poursuivre leurs études ; si la situation se détendait, ils pourraient les achever et se consacrer alors corps et âme à leur pays. Pour le moment, ils étaient tous très excités, car pressés de savoir ce qui allait se passer, mais personne n'était capable de prophétiser quoi que ce soit. Ils se sentaient désemparés.

Depuis la chute de Peiping, beaucoup de gens comme Petit Cui n'avaient plus rien à se mettre sous la dent ; certains comme les jeunes époux Wen se confinaient dans le silence et ne pouvaient donc plus se consacrer paisiblement à leurs activités artistiques ; d'autres comme M. Sun vilipendaient les Japonais, n'ayant pas de meilleur moyen d'épancher leur bile ; d'autres encore comme maître Liu se disaient capables d'affronter les Japonais grâce à leur maîtrise des arts martiaux, sans se rendre compte que c'étaient des blindés qui étaient alignés dans les rues... Chacun était confronté aux problèmes immédiats du boire et du manger, chacun éprouvait des sentiments de rancune, d'injustice et d'opprobre, tout le monde essayait de deviner comment les choses évolueraient, on se sentait vraiment désorienté.

Toute la ville de Peiping était devenue un bateau solitaire sans gouvernail, ballotté par le vent sur les eaux immenses. Chacun sur le bateau voulait se rendre utile, mais nul n'était de force à se prendre en charge. Chacun avait le cœur plongé dans les peines et l'ennui.

Les sources de la colline de la Fontaine de Jade coulaient toujours paisiblement, les lotus verts de Jishuitan, de Houhai et des Trois Lacs[1] exhalaient toujours leur parfum délicat, les montagnes verdoyantes au nord et à l'ouest de la ville se dressaient toujours majestueusement sous le ciel lumineux, les vieux pins et les cyprès bleu-vert du Temple du Ciel et de nombreux parcs offraient toujours le même spectacle magnifique sur fond de murs rouges et de tuiles vernissées. Malheureusement, les habitants de Peiping n'avaient plus les mêmes relations avec leur ville ; Peiping n'était plus le Peiping des Pékinois, car c'était maintenant le drapeau japonais qui flottait au-dessus des vieux pins et des tuiles dorées. Les yeux des gens, la main des peintres, le cœur des poètes n'osaient plus regarder, ni peindre, ni penser à la majesté et à la beauté grandiose de Peiping. Tout dans la ville était maculé de déshonneur et de saleté. On s'interrogeait du regard : « Que faire ? » et on ne pouvait répondre que par des hochements de tête négatifs exprimant la honte.

M. Guan Xiaohe était le seul à ne pas se sentir trop mal à l'aise. Il savait mieux que M. Li ou que Petit Cui ou que M. Sun ce que voulaient dire les mots « État », « nation » ou « société » ; dès qu'il en avait l'occasion, il les utilisait dans de grands discours pour se faire remarquer. Petit Cui et les autres ne savaient pas employer ces mots, mais ils avaient beaucoup de fierté, la fierté de ceux qui ne veulent pas se soumettre et surtout pas aux Japonais. M. Guan, malgré tous ses grands discours, n'avait pas cette fierté. Ce qu'il disait était aux antipodes de ce qu'il pensait. Quand il parlait d'« État » ou de « nation », au fond il ne pensait qu'à lui-même. Sa propre personne était tout pour lui, une espèce d'étoile brillante rayonnant de tout son éclat, dont la

---

1. Le Lac du Nord (aujourd'hui le parc Beihai), le Lac du Centre et le Lac du Sud (aujourd'hui Zhongnanhai, siège du gouvernement central).

« grosse courge rouge », You Tongfang et ses filles étaient les satellites ; la maison à cour carrée du nº 3 de la ruelle du Petit-Bercail était son univers.

Dans cet univers, préparer des repas, faire du tapage après avoir beaucoup bu, jouer au mah-jong, chanter des opéras, bien s'habiller, piquer de grosses colères, c'etait comme l'alternance des saisons avec leurs changements de temps. Dans cet univers, l'« État », la « nation » n'étaient que des mots, et si trahir l'État pouvait apporter une meilleure nourriture et des vêtements plus élégants, le maître des lieux, M. Guan Xiaohe, le ferait sans hésiter. Pour lui, vivre signifiait bien-être, c'est-à-dire luxe et confort, et pour arriver à ses fins, il ne reculerait devant rien ; l'« État », la « nation », tout cela était factice, seuls le vin, la nourriture, les vêtements, les femmes et l'argent avaient de la valeur !

Depuis longtemps déjà, il en voulait au gouvernement nationaliste de Nankin, de ne lui avoir jamais offert de situation. Cette aversion, en grandissant, s'était transformée en mépris pour la Chine : que pouvait-on en effet espérer d'un gouvernement qui n'avait pas daigné l'engager comme fonctionnaire ? Ce sentiment avait grandi encore et il en était arrivé à penser que peut-être la Grande-Bretagne et la France seraient assez clairvoyantes pour le nommer à un poste de fonctionnaire.

À présent que les Japonais avaient conquis Peiping, est-ce qu'ils allaient enfin penser à lui ? Il y réfléchit longtemps ; son visage s'éclaira enfin d'un léger sourire, faisant penser à la glace qui se craquelle sous l'effet d'une brise de printemps : pour le moment, il serait très difficile aux Japonais d'envoyer en Chine des milliers de fonctionnaires, ils allaient certainement, pour expédier les affaires courantes, engager des gens de la ville qui ne leur étaient pas opposés ; dans ce cas, il serait sans nul doute le plus qualifié, car au fond il n'avait jamais eu la moindre intention de résister aux Japonais et de plus, parmi ses amis, un bon nombre entretenaient d'excellentes relations avec l'ennemi ; s'il fallait aider à expédier les affaires courantes, était-il concevable qu'il fût laissé de côté ?

Arrivé à ce point de son raisonnement, il s'approcha d'un miroir, se regarda et trouva que l'espace entre ses sourcils [1] était luisant à souhait et que ses yeux avaient juste ce qu'il faut d'éclat. Il se rappela soudain qu'à la boutique Fulaidian, située rue Xiheyan, le grand physiognomoniste « Œil-de-Génie » avait prédit que dans les deux années à venir il verrait une chance s'offrir à lui. Face à son miroir, il appela : « Tongfang ! » Il trouvait la forme de sa bouche absolument irrésistible ! Et sa voix n'était-elle pas parfaitement claire et sonore, avec un timbre quasi liquide ? Là, c'était sûr maintenant : il traverserait une période faste.

« Que veux-tu ? » répondit très délicatement Tongfang depuis la cour

Étant décidément dans un bon jour, il trouva la voix de Tongfang particulièrement douce et agréable ; il pouvait imaginer ses lèvres toujours généreusement enduites de rouge.

Comme par contagion, sa voix prit un ton un peu plus doux et aigu :

« L'autre jour, Œil-de-Génie m'a prédit une année de bonheur, tu te rappelles laquelle ? » Il inclina la tête de côté, attendant la réponse, le sourire aux lèvres.

« Cette année même, il me semble ! Oui, oui, c'est cette année ! Nous sommes bien l'année du Bœuf [2], n'est-ce pas ?

– Oui, nous sommes l'année du Bœuf. Il avait dit que l'année du Bœuf me porterait bonheur ?

– Exactement, je m'en souviens très très bien ! »

Il n'ajouta rien, sentant monter en lui une bouffée de chaleur. Bien sûr, il ne le disait à personne, mais il avait déjà pris sa décision : les Japonais étaient des gens bien et ils lui porteraient bonheur.

---

1. Cette région (appelée glabelle), par sa forme, sa couleur et son éclat, sert de référence aux physiognomonistes chinois pour prédire la bonne fortune ou le malheur.

2. Le calendrier chinois traditionnel se découpe en cycles de 12 années, auxquelles correspondent 12 animaux : le rat, le bœuf, le tigre, le lièvre, le dragon, le serpent, le cheval, le mouton, le singe, le coq, le chien, le porc.

Alors que tout le monde dans la ville vivait dans l'inquiétude, Guan Xiaohe entreprit de passer à l'action ; c'était sa première sortie, il se sentait très nerveux. Aux carrefours importants, comme à Sipailou, à Xinjiekou ou au Temple de la Sauvegarde Nationale, il y avait des sentinelles japonaises armées, baïonnette au fusil. Ceux qui passaient à ces carrefours devaient s'incliner très bas devant elles. M. Guan aimait faire des courbettes, et excellait à les faire dans le style japonais ; toutefois, il prenait bien soin de ne porter sur lui aucun insigne ou autre marque particulière, cela afin de ne pas s'attirer d'ennuis : c'est que les Japonais avaient la gâchette facile, et même s'ils tiraient en l'air pour s'amuser, on ne savait jamais ce qui pouvait arriver !

Comment allait-il se déplacer ? À pied ? Ou bien devait-il appeler Petit Cui chez lui pour qu'il l'emmène dans son pousse ? S'il se rendait à pied chez des gens riches, ne s'exposerait-il pas à leurs risées ? L'occupation de la ville ne devait en aucun cas faire perdre à Guan Xiaohe son statut ! Il continuerait donc à prendre des pousse-pousse. Si, par hasard, il rencontrait des soldats japonais à un carrefour, que devait-il faire ? Rester tranquillement dans son pousse, ou bien était-ce trop risqué ? Ça, c'était un problème !

Après mûre réflexion, il décida de sortir en prenant le pousse de Petit Cui. Il le convoqua pour décider des tarifs :

« Alors, comment ça va ces jours-ci ? »

La tête de Petit Cui faisait penser à une citrouille bosselée. Il répondit de mauvaise humeur :

« Comment ça va ? Ben, comme toujours, je crève la faim ! »

M. Guan utilisait souvent ses services, mais Petit Cui n'avait pas beaucoup d'estime pour son client.

M. Guan laissa fuser un rire condescendant.

« Tu ne finiras pas la journée le ventre vide aujourd'hui. Amène donc ton pousse, il faut que je sorte !

– Sortir ? Mais vous savez qu'en dehors de la ville les canons tirent toujours ? »

Ce n'était pas qu'il eût peur des canons, mais en fait il se doutait un peu de ce que M. Guan voulait faire et cela le dégoûtait. Sans en être vraiment sûr, il se disait que si M. Guan tenait à sortir alors que l'on canonnait à faire trembler le ciel, c'était assurément parce qu'il était de mèche avec les Japonais. Petit Cui détestait tous ceux qui en ce moment fricotaient avec eux. Il préférait encore se serrer la ceinture, se priver d'un ou de deux repas, plutôt que de courir par les rues à perdre haleine, traînant dans son pousse des gens de cet acabit !

Ceux qui n'avaient pas la vie facile comme Petit Cui étaient souvent confrontés à ce grand malheur des hommes et des animaux qu'est la faim et leur sentiment de révolte en était plus aigu ; actifs ou passifs, quoi qu'il arrive, ils n'accepteraient jamais de se soumettre à la légère.

Bien sûr, M. Guan ne pouvait comprendre cette façon d'être ; il lui dit sur un ton méprisant :

« Je ne te ferai pas travailler pour rien, je te paierai. Et puis... – il leva le menton avec arrogance –, je te paierai bien ! D'habitude, c'est quatre-vingts fen par jour, aujourd'hui je te donne un yuan ! Un yuan ! » Il fit une pause, puis redit : « Un yuan ! » Il prononça ces deux mots en les enrobant de salive, comme on le fait avec un bonbon qu'on suce. Il était sûr que cela inciterait n'importe quel tireur de pousse à courir à toute allure, malgré les balles.

« Les établissements de pousse sont tous fermés, où voulez-vous que j'en loue un ? »

Petit Cui n'en dit pas plus, son visage en forme de citrouille exprimait le dédain.

« Tant pis ! Tant pis ! » M. Guan s'emporta.

« Si tu ne veux pas me prendre dans ton pousse, dis-le-moi carrément ! Les gens de ta sorte, tout ce qu'ils méritent, c'est de crever de faim ! »

Ces derniers jours, personne n'était venu jouer au mah-jong avec la « grosse courge rouge », et elle-même évidemment ne pouvait plus sortir se promener, alors elle cherchait querelle à tout le monde. Elle s'était déjà disputée avec You Tongfang, avec ses filles, et maintenant elle cherchait une nouvelle victime. Le visage relevé, les sourcils hauts, très en colère, elle entra dans la pièce tel un rouleau compresseur. Sans regarder Petit Cui (elle ne se serait jamais abaissée à le faire), pointant le doigt vers M. Guan, elle éclata :

« Pourquoi perdre ton temps à discuter avec lui ? Qu'il foute le camp et voilà tout ! »

Petit Cui devint écarlate. D'abord, il pensa partir précipitamment, mais il réussit à se maîtriser. D'ordinaire, il ne pouvait supporter la « grosse courge rouge », aujourd'hui que les Japonais étaient entrés dans la ville, il la trouvait encore plus désagréable :

« Dites donc vous, pas de grossièretés, hein ? Je ne m'en prends pas à vous et je ne vous ai rien demandé, alors ça suffit !

– Alors quoi ? » Les yeux de la « grosse courge rouge » visèrent férocement le visage de Petit Cui, telles deux mitrailleuses. Malgré tous ses grains de beauté, on pouvait percevoir que le sang lui montait au visage, lui donnant un aspect cramoisi, comme si elle venait de se maquiller pour jouer un rôle d'homme dans un opéra.

« Alors quoi ? » Elle fit deux pas en avant, sûre d'elle, l'air mauvais.

« C'est à vous de le dire ! » Petit Cui faisait le fier, mais en fait il ne se sentait pas très à l'aise, il savait que si elle en venait aux mains, ce serait lui qui inévitablement en ferait les frais, car il ne pouvait quand même pas se permettre de frapper une femme.

Il avait deviné juste : la « grosse courge rouge » lui administra sans prévenir une gifle monumentale.

Il s'emporta :

« Ah ! vous me frappez ! »

Non vraiment, il ne pouvait lui rendre sa gifle. Peiping avait beau être tombé aux mains de l'étranger, il conservait son vieux fonds d'éducation pékinoise.

« Puisque vous avez tant d'énergie, pourquoi ne pas la retourner contre les Japonais, hein ?

– Arrête ! Arrête ! » Petit Cui ayant reçu sa correction,

M. Guan pensait qu'il était temps de mettre fin à cette querelle. Il s'approcha et écarta la « grosse courge rouge ».

« Allez, Petit Cui, va-t'en !

– M'en aller ? Et puis quoi encore ? Pourquoi m'a-t-elle giflé ? Vous êtes donc tous des Japonais dans cette famille ? »

Petit Cui restait immobile.

Tongfang s'approcha. De son regard charmant, elle balaya la scène, comprit à peu près ce qui venait de se passer et décida de prendre parti pour Petit Cui. Dans sa jeunesse, elle avait été chanteuse de contes populaires et elle avait gardé une certaine sympathie pour les malheureux ; et puis le fait de protéger Petit Cui lui permettait de s'opposer à la « grosse courge rouge ».

« Restons-en là, Petit Cui ! Les braves types comme toi ne s'en prennent pas aux femmes, et puis elle ne vaut pas la peine qu'on s'emporte contre elle ! »

Ces paroles calmèrent un peu Petit Cui : « Je vais vous expliquer !

– Pas la peine ! J'ai tout compris ! Dans quelques jours, quand tout se sera calmé dehors, je ferai appel à toi pour mes promenades. Va-t'en et rentre chez toi te reposer ! »

Tongfang était sûre que désormais la « grosse courge rouge » ne prendrait plus le pousse de Petit Cui, voilà pourquoi elle avait tenu à lui dire cela, montrant ainsi son désaccord avec la première épouse de M. Guan.

Petit Cui se rendait bien compte qu'il venait de perdre deux clients, mais puisque Tongfang lui avait accordé sa sympathie et le protégeait, il devait essayer de ne pas en rajouter.

« Vous savez, madame la Deuxième [1], si je m'en vais, c'est seulement par égard pour vous ! »

Sur ce, il se dirigea vers la porte, en tâtant sa joue encore toute chaude.

Ce ne fut que lorsque Petit Cui se trouva près du seuil de la porte que M. Guan dit à haute voix :

---

1. On appelait ainsi You Tongfang, deuxième épouse (ou concubine) de M. Guan.

« Ce gaillard, on le traite avec égards et encore il n'est pas content. En tout cas, à partir de maintenant, il n'est plus question que je reprenne son pousse ! »

Puis il se mit à marcher rapidement dans la pièce, prenant un air imposant, comme si c'était lui qui avait donné la gifle !

« Toi, arrête de faire le fier ! » La « grosse courge rouge », elle, avait vraiment l'air impressionnant.

« Tu ne sais même pas remettre à sa place un tireur de pousse ! Tu n'as donc pas de mains ? Cette garce l'a défendu, et toi, tu n'oses souffler mot ! Regardez-moi ça, est-ce que ça ressemble encore à un homme, à un homme valeureux ? Tôt ou tard, ta concubine s'enfuira avec le tireur de pousse et toi, je suis sûre, tu n'oseras même pas dire un mot, cocu et content de l'être ! »

Ces paroles insultaient aussi Tongfang, mais elle s'était déjà réfugiée dans sa chambre, satisfaite d'elle-même, comme le grillon qui se terre dans son pot après en avoir vaincu un autre dans un combat.

Guan Xiaohe jouissait en souriant de ces réprimandes fort désagréables, il décida d'en rester là. Il craignait de gâcher sa bonne fortune s'il se disputait bruyamment et s'il prononçait des paroles déplaisantes. Il se replaça devant la glace et examina de près son visage ; l'espace entre ses sourcils luisait juste comme il fallait et il en ressentit une grande satisfaction.

Après quelques instants de silence, Mme Guan demanda d'une voix bourrue :

« Et pourquoi voulais-tu louer un pousse ? Est-ce que par hasard tu aurais rendez-vous avec une traînée ? »

M. Guan tourna la tête et avec un gracieux sourire lui dit :

« Ma chérie, je sors pour des affaires sérieuses !

– Quelles affaires sérieuses ? Depuis dix ans, tu n'as pas eu le moindre poste de fonctionnaire !

– Je suis sur le point d'en avoir un !

– Comment ?

– Tu ne comprends donc pas ? À nouveau maître, nouvelle équipe ! »

La « grosse courge rouge » laissa échapper de ses narines un léger souffle signifiant qu'elle n'accordait pas grand crédit aux paroles de son mari. Cependant, immédiatement après, elle en produisit un second, qui, celui-ci, voulait dire qu'elle venait de tout comprendre. Elle ferma immédiatement la bouche, les commissures pendantes et avec une trace de sourire dans le creux des ailes du nez. Ses accès de joie, de colère, de tristesse et de plaisir étaient toujours sujets à de grandes fluctuations, surgissant et s'évanouissant tout aussi vite ; ce n'était qu'ainsi – si elle s'emportait c'était sans mesure, si elle riait c'était aux éclats – qu'elle pouvait montrer son caractère et sa nature, et par là sa ressemblance avec l'impératrice douairière Cixi.

Sa voix devint brusquement claire et sonore :

« Mais pourquoi ne pas l'avoir dit plus tôt ? Puisqu'il en est ainsi, je t'accompagne !

– À pied, tous les deux ?

– On peut prendre un taxi, non ?

– Mais tout est fermé !

– Si nous nous heurtons à des portes closes, je les mettrai en pièces ! Partons ! »

CHAPITRE VII

D'ordinaire, M. Sun prenait un certain plaisir à se quereller avec Petit Cui, mais comme ce dernier venait de subir une grave injustice, il ne pouvait faire autrement que de l'assurer de sa sympathie.

« Comment ? La " grosse courge rouge " a osé te frapper ? » demanda-t-il en plissant un peu les yeux – barbier pendant plus de vingt ans, il était devenu myope.

« Merde alors ! S'ils commencent à se comporter comme ça alors qu'ils ne sont pas encore de mèche avec les Japonais, qu'est-ce que ça sera quand ils vont se mettre à leur cirer les bottes ?... il n'y aura certainement plus de place pour nous ! » Petit Cui parlait délibérément assez fort pour que ceux du n° 3 puissent l'entendre.

« Eh bien, qu'ils essaient donc ! dit M. Sun sur le même ton. On verra bien si les pauvres se laissent intimider par les riches ! »

À travers les attaques de M. Sun et de Petit Cui, tous les habitants de la ruelle furent bientôt au courant des activités de la famille Guan. Personne ne pouvait prédire l'évolution des affaires du pays, mais tout le monde était d'accord pour qualifier M. Guan Xiaohe de salaud.

Tout cela parvint aux oreilles du chef de police Bai. Il attira Petit Cui dans un endroit un peu à l'écart et lui fit quelques recommandations :

« Sois moins bavard ! En ce moment, personne n'est vraiment sûr de la position de personne et il vaut mieux ne pas s'attirer d'ennuis. Tu comprends ?

– Oui ! » répondit Petit Cui. En tant que tireur de pousse,

il n'avait jamais eu une bonne opinion de la police, mais le chef Bai était une exception. À plusieurs reprises, alors que Petit Cui avait été retrouvé ivre ou bien mêlé à quelque bagarre, le chef de police Bai l'avait sévèrement réprimandé, mais avec son bon cœur n'avait jamais voulu l'arrêter. Les recommandations de ce dernier ne le rassuraient pas entièrement, mais il devait se résigner à les suivre.

« Dites, chef, vous pensez que les soldats japonais vont occuper Peiping pour toujours ?

– Je n'en sais rien. Ce que je sais par contre, fit le policier en soupirant, c'est que toute la pègre va refaire son apparition.

– Quoi ?

– Eh oui ! C'est comme ça ! Chaque fois qu'il y a la guerre, les voleurs, les trafiquants d'opium, les voyous s'agitent. On est bien placé pour le savoir à la police. Nous sommes tout à fait au courant, mais nous ne pouvons pas toujours faire ce que nous voudrions. Vois-tu, nous-mêmes, nous ignorons de quoi demain sera fait ! Cette fois-ci, c'est pas la même chose, ce sont les Japonais qui sont venus, mais cela n'empêchera pas que certains protégeront les voyous et les collabos. Tu verras, j'en mets ma main à couper : d'ici peu il y en aura qui vont se remettre à vendre l'opium ouvertement dans les rues !

– Alors, qu'est-ce qu'on va devenir, nous les gens honnêtes ?

– Les gens honnêtes ? Ils ne valent plus grand-chose maintenant que la ville est occupée. Mais, ce qu'il faut surtout, c'est rester soi-même et ne pas faire cas des voyous qui se pavanent d'aise. Nous devons être patients, à quoi bon se mettre trop de monde à dos ? Les bons n'ont qu'à éviter les méchants, compris ? »

Petit Cui hocha la tête en signe d'assentiment, mais au fond de son cœur tout cela était un peu trop compliqué pour lui.

En fait, même les Japonais n'y voyaient pas très clair. Au Japon, ce n'est pas comme en Grande-Bretagne ou aux États-

Unis, où la politique décide des affaires militaires, ni comme en Allemagne ou en Italie, où les affaires militaires décident de la politique. Au Japon, c'est le tempérament national qui semble décider de tout. Ce pays a des ambitions démesurées et se sent capable d'engloutir le monde entier, mais il n'ose faire valoir une doctrine particulière ou agir au nom d'un quelconque principe. Ce n'est qu'après avoir envahi militairement un pays qu'il cherche à expliquer sa politique, explication évidemment fallacieuse, mais toujours appropriée. La politique est toujours là pour blanchir l'armée.

Avant de prendre Peiping, Tianjin ou Baoding, les Japonais avaient recruté sur place des individus chargés d'accomplir à leur place les basses besognes qu'eux-mêmes ne voulaient pas faire. Il est bien évident qu'après la chute de Peiping ces gens-là ne joueraient aucun rôle politique, ils n'en avaient d'ailleurs pas les capacités. Le Japon n'ayant pas l'intention d'envoyer dans l'immédiat ses propres fonctionnaires pour gérer la situation, Peiping ne subissait qu'une occupation militaire et tout restait suspendu d'une manière absolument inexplicable. Les jambes de Petit Cui, les mains de M. Sun, les voix du jeune couple Wen, tout était contraint à l'oisiveté.

Seul, Guan Xiaohe s'affairait à longueur de journée ; toutefois, ses démarches n'avaient jusque-là abouti à rien de tangible. À la suite des quelques visites qu'il avait effectuées ces derniers jours avec la « grosse courge rouge », il s'était rendu compte que le quartier général de la politique et des affaires militaires était à Tianjin. Peiping était une grande ville avec des jardins magnifiques et de nombreux vestiges culturels, mais politiquement et militairement elle dépendait de Tianjin. C'est là-bas en effet que se trouvaient les personnalités japonaises responsables de l'invasion de la Chine et les personnalités chinoises les plus désireuses ou les plus disposées à aider le Japon. À Tianjin se donnait le gros du spectacle avec force combats et grands airs, mais à Peiping on ne jouait que la scène du « Stratagème de la ville vide »[1].

---

1. Célèbre stratagème auquel eut recours Zhuge Liang (181-234), général et homme d'État de la dynastie des Han ; face à une attaque

Cependant, Guan Xiaohe ne se décourageait pas. Il croyait tout à fait à sa bonne étoile ; de plus, encouragé et assisté par sa « grosse courge rouge » de femme, il était maintenant trop engagé pour reculer. Depuis son mariage avec You Tongfang, et de connivence avec celle-ci, il s'en prenait toujours à la « grosse courge rouge », qui, malgré ses grands airs, son franc-parler et son mauvais caractère, était d'un naturel généreux, toujours prête à pardonner pourvu qu'on lui fasse quelques flatteries. Souvent, Guan Xiaohe prenait parti pour sa concubine dans ses manœuvres contre la « grosse courge rouge », tout en essayant de tromper celle-ci avec des paroles mielleuses ; il en résultait que la concubine était haïe profondément par la légitime, qui trouvait toujours quelques bonnes raisons pour excuser son mari ; de plus, étant tout à fait consciente de la beauté et de la jeunesse de Tongfang, pardonner à son mari lui semblait être le seul et unique moyen de transformer une défaite en victoire. Si elle menait une vie mondaine, si elle aidait avec zèle son mari dans ses démarches, c'était aussi parce qu'elle voulait rivaliser avec Tongfang, montrant ainsi que chacune avait son domaine réservé.

Au moment où la ville était conquise et le pays asservi, il n'y avait vraiment que le fait de ne pouvoir rassembler ses amis pour quelques parties de mah-jong et de ne pouvoir aller au théâtre qui l'affligeait. Elle n'avait même pas pensé à la bonne aubaine que cela représentait pour Xiaohe et ce ne fut d'ailleurs qu'après avoir entendu ses propos qu'elle commença à s'enflammer : elle imaginait déjà un poste de fonctionnaire, la fortune, les repas bien arrosés, les vêtements luxueux. Elle devait donc faire tout son possible pour aider son mari, afin de pouvoir profiter de toutes ces belles choses le plus tôt possible. Cet empressement et ces efforts tou-

---

surprise de l'armée ennemie contre la ville de Xicheng, il fit ouvrir les portes et s'installa sur les remparts en jouant du luth. En fait, la ville était complètement dégarnie. Mais, le voyant si calme et si serein, l'armée ennemie crut que ses troupes étaient dans la ville et se retira.

chèrent beaucoup Xiaohe, qui se montra très aimable et prévenant envers sa femme, allant jusqu'à lui faire remarquer qu'il lui manquait quelques frisettes dans sa coiffure. Elle en éprouva une douce émotion, ce qui eut pour conséquence l'établissement d'une trêve entre elle et Tongfang.

Très rapidement, elle se dit qu'il vaudrait mieux que Xiaohe et elle fassent leurs démarches chacun de son côté. L'expérience des deux premiers jours lui avait appris que les amis restés à Peiping n'étaient pas très influents ; elle conseilla quand même à Xiaohe de continuer à les voir, car il fallait maintenir les contacts : c'était utile et sans risques. De son côté, elle suivrait son propre chemin en rendant visite aux dames – toutes mères, femmes, concubines ou filles de gens influents – restées à Peiping parce que ne pouvant se passer d'opéra ou pour quelque autre raison tout aussi futile. Elle trouvait son chemin plus sûr que celui suivi par Xiaohe, car non seulement elle avait entièrement confiance en ses propres aptitudes, mais elle était en plus persuadée qu'il fallait savoir utiliser l'influence des femmes si l'on voulait intriguer pour obtenir un poste de fonctionnaire. Ayant envoyé Xiaohe faire quelques visites, elle pria Tongfang de garder la maison et demanda à ses deux filles de sortir un peu, elles aussi.

« Ne restez pas ainsi toujours à la maison, à vous laisser nourrir sans jamais rien faire ! Sortez donc un peu pour aider votre père dans ses démarches ! Depuis le départ du gouvernement pour Nankin, il a été licencié ; certes, nous n'avons jamais manqué de rien, mais... qui ne travaille pas s'appauvrit, et personne ne sait ce que l'avenir nous réserve. Il faut profiter de ce que votre père est encore actif et surtout de l'occasion offerte par ce changement de régime pour lui trouver quelque chose. Comme on dit : “ La multitude des étoiles soutient la lune ” ! Compris ? »

Sur ce point, Gaodi et Zhaodi ne ressemblaient pas du tout à leur mère. Bien sûr, l'éducation qu'elles avaient reçue les avait habituées à aimer les sorties, le luxe, les plaisirs, mais au fond elles appartenaient quand même à la jeune génération et avaient plus ou moins conscience que l'asservissement du pays par un pays étranger était quelque chose d'ignominieux.

Zhaodi parla la première. Elle était la cadette et sa mère était un peu plus indulgente avec elle qu'avec sa sœur aînée. Ce jour-là, craignant que les Japonais ne viennent perquisitionner dans les maisons, elle s'était légèrement poudré le visage, mais elle ne s'était pas mis de rouge à lèvres.

« Maman, il paraît que quand on rencontre des soldats japonais, ils se mettent à vous fouiller et qu'ils en profitent pour vous peloter !

– Laisse-les donc faire ! Ils ne vont pas te couper en morceaux, à ce que je sache ! » Quand la « grosse courge rouge » était déterminée à aboutir, elle ne reculait devant rien.

Gaodi avait une tête de plus que sa sœur, elle avait une jolie silhouette, mais un visage ingrat, les lèvres trop épaisses et le nez trop court ; seuls ses yeux brillaient parfois d'un éclat assez vif. Par la taille et le caractère, elle ressemblait à sa mère ; quand il y avait des heurts entre elles, aucune des deux ne voulait céder et il en résultait naturellement des étincelles. De toute la famille, elle passait pour la personne la plus intelligente, mais comme elle pouvait faire des réflexions assez blessantes, personne n'osait la provoquer, et on la trouvait même un peu agaçante.

« Si j'étais toi, maman, avec tout ce qui se passe, je ne laisserais pas mes filles sortir pour essayer d'obtenir ce dont tu viens de parler. Quelle humiliation ! » Gaodi fronça son petit nez court en signe de dégoût.

« Eh bien, restez à la maison ! Mais quand votre père gagnera de l'argent, ne tendez pas la main pour lui en demander ! »

La « grosse courge » saisit d'une main son sac brodé, de l'autre son éventail en bois de santal, puis sortit de la pièce tel un soldat montant à l'assaut.

« Maman ! » Zhaodi rappela sa mère. « Ne te fâche pas, moi je veux bien sortir. Dis-moi où il faut aller. »

La « grosse courge rouge » sortit hâtivement de son sac

un petit morceau de papier et quelques billets de banque ; elle montra le morceau de papier et dit :

« Va à ces adresses ! Et ne parle pas aux gens trop directement, compris ? Approuve d'abord tout ce qu'ils diront et puis surtout tâche de savoir ce qu'il est possible de faire ! Quand tu seras bien informée, je pourrai retourner les voir moi-même. Ah ! si je pouvais faire tout cela seule, je n'aurais pas recours à vos services, mesdemoiselles ! Vraiment, je fais tant de démarches que j'en ai mal aux jambes. Et quand je pense que ce n'est même pas pour moi ! »

Elle sortit en marmonnant.

Le morceau de papier et les billets de banque à la main, Zhaodi tira la langue à Gaodi :

« Et voilà ! D'abord ça procure quelques yuan, et pour le reste, on verra bien ! Allons donc faire un petit tour, tu veux bien ? Quand maman sera de retour, nous lui dirons que nous nous sommes rendues chez tous ces gens, mais qu'ils n'étaient pas chez eux, et le tour est joué.

– Où aller ? Tu as le cœur à te promener, toi ? dit Gaodi en fronçant les sourcils.

– C'est vrai qu'on ne sait plus où aller. Ces sacrés diables japonais ont mis le désordre partout ! dit Zhaodi en faisant la moue. Et en plus, on ne sait même pas quand la paix reviendra.

– Qui sait ? Zhaodi, si nous ne parvenons pas à chasser les Japonais, et que papa aille vraiment travailler pour eux, qu'allons-nous devenir, nous ?

– Nous ? » Zhaodi réfléchit un moment, cillant. « Je n'en ai aucune idée ! Et toi, qu'en penses-tu ?

– Moi, je ne voudrais plus recevoir un sou de ma famille !

– Oh ! et puis arrête ! » Zhaodi se raidit. « Tu ne parles que de choses désagréables. Es-tu seulement capable de gagner ta vie ? »

Gaodi soupira profondément.

« Est-ce que tu ne penserais pas de nouveau à Zhongshi, toi ? reprit Zhaodi.

– En tout cas, j'aimerais bien savoir ce qu'il pense de tout cela ! »

Zhongshi, le chauffeur, second fils de la famille Qian, était très beau ; au volant de sa voiture, avec ses joues roses et ses cheveux flous, il avait fière allure ; c'était un garçon plein d'entrain ; quand il quittait son bleu de travail pour mettre ses vêtements ordinaires et quand il était bien peigné, il avait tout à fait l'air d'un jeune mécanicien bien net et bien propre. Bien qu'il fût un proche voisin des Guan, il n'avait jamais vraiment prêté attention à cette famille. C'est vrai qu'il ne revenait pas souvent chez lui, et puis comme il aimait beaucoup la mécanique, du matin au soir il bricolait les pièces de sa voiture – il savait la réparer entièrement –, il démontait une vieille montre ou une vieille radio pour pouvoir les remonter ensuite. Il n'avait jusque-là guère pensé aux femmes.

Sa fiancée était la sœur cadette d'un cousin germain de sa belle-sœur ; c'était sa mère qui l'avait fiancé de force. Ayant constaté que sa belle-sœur était honnête et correcte, il était persuadé que la sœur cadette de son cousin devait être elle aussi une bonne fille. Il ne s'était pas opposé à ces fiançailles arrangées par sa famille, mais il n'aspirait pas vraiment au mariage. Quand sa mère lui demandait : « À quand le mariage ? » il répondait toujours : « Je ne suis pas pressé ! Attendons que j'aie installé mon atelier de réparation automobile ! » Il souhaitait en effet ouvrir un garage dont il serait à la fois le patron et l'employé, et où il pourrait vraiment faire de la mécanique. Il aimait s'étendre sous une voiture et tripoter toutes ses pièces ; il éprouvait une joie immense à voir une voiture qui avait été en panne s'élancer de nouveau à toute allure.

Depuis quelque temps, dans l'entreprise où il travaillait, on lui avait confié le trajet Peiping-Tangshan. Gaodi avait une fois fait partie d'un petit groupe de touristes que Zhongshi avait conduit là-bas. Étant malade dès qu'elle se déplaçait en voiture, elle avait pris place à côté du chauffeur. Elle connaissait Zhongshi, mais lui n'avait jamais vraiment prêté attention à elle. Ils avaient échangé quelques paroles et c'est alors qu'il avait appris qui elle était. Il fut très poli avec elle, mais il ne s'agissait là que d'un comportement tout naturel, sans arrière-pensée. Comme il avait eu une attitude tout à fait charmante, Gaodi crut que c'était le début d'une aventure sentimentale.

Elle avait eu pas mal d'amis, mais tous, dès qu'ils voyaient Zhaodi, telles des abeilles à la vue d'une fleur plus parfumée et plus douce, l'abandonnaient pour sa sœur. Elles se querellaient souvent à ce sujet, Zhaodi ripostait fermement :

« Mais enfin, ce n'est pas ma faute, et s'ils tombent tous amoureux de moi, je n'y peux rien ! Peut-être que c'est ton nez qui ne leur plaît pas ! »

Cette cruelle remarque avait tant fait pleurer Gaodi qu'elle en eut les yeux tout gonflés ; et sa mère de rajouter :

« Eh oui, si tu étais plus jolie et plus aimable, tu serais mariée depuis longtemps et je ne me ferais pas tant de soucis ! »

Gaodi comprenait ce que voulait dire sa mère : si elle avait été aussi jolie que sa sœur, elle aurait pu épouser un homme riche, au plus grand avantage de la famille Guan.

Ainsi, Gaodi se consola petit à petit en se berçant d'illusions. Elle se disait qu'un jour elle rencontrerait dans un lieu secret un très beau jeune homme et qu'ils s'éprendraient l'un de l'autre au premier regard. Ce n'est qu'au moment du mariage qu'elle montrerait à sa famille combien il était beau, et alors tout le monde serait surpris ! Elle avait besoin d'amour, mais ne pouvant l'obtenir, elle devait faire preuve de beaucoup d'imagination.

À l'issue de sa rencontre avec Zhongshi, elle crut vraiment que son rêve allait enfin pouvoir se réaliser. Ses oreilles étaient en permanence clouées sur le mur ouest, le moindre toussotement, le moindre bruit dans la cour ouest la mettait en émoi. Avec patience et sans ménager sa peine, elle déployait beaucoup d'ingéniosité pour tout savoir sur la famille Qian ; malheureusement, elle ne put recueillir que très peu d'informations. Elle trouva dans l'annuaire l'adresse de l'entreprise où travaillait Zhongshi ; souvent, elle faisait de grands détours pour passer devant, dans l'espoir de voir Zhongshi, mais elle ne le vit jamais. Plus il lui échappait, et plus elle ressentait une agréable souffrance. Bien vite, elle remplaça par des illusions tout ce que les faits ne lui apportaient pas, recomposant la vie, le caractère et les capacités de Zhongshi, faisant de lui le jeune homme le plus parfait qui soit au monde.

Elle se lança dans la lecture de romans. Elle se mit même à écrire secrètement quelques nouvelles qui ne furent jamais achevées et qui étaient truffées de fautes d'orthographe. Le héros de ces nouvelles était invariablement Zhongshi, l'héroïne tantôt elle-même, tantôt sa sœur. Quand c'était Zhaodi, la nouvelle se terminait toujours mal.

Zhaodi avait lu en cachette toutes ces histoires sans queue ni tête. Elle était la seule au monde à connaître le secret de Gaodi. Pour se venger de sa sœur qui faisait d'elle l'héroïne de ses tragédies, elle se moquait d'elle en lui parlant de Zhongshi. À son avis, toute la famille des Qian était un peu bizarre ; Zhongshi était vraiment beau, mais avec ce métier il était de condition trop basse, et Gaodi ne pouvait, malgré son manque d'élégance et de charme, devenir la femme d'un chauffeur. Mais pour Gaodi, Zhongshi pouvait tout faire, savait tout faire, et s'il était chauffeur, ce n'était bien sûr que provisoire ; un jour, il deviendrait un héros ou un homme riche, comme ceux qu'on rencontre souvent dans les romans. Chaque fois que Zhaodi se moquait d'elle, elle répondait très sérieusement : « Je voudrais tellement bavarder avec lui, il doit en savoir des choses ! »

Ce jour-là, comme Zhaodi venait de parler de Zhongshi, Gaodi lui répondit d'un ton grave :

« Admettons, il n'est que chauffeur, mais c'est tout de même mieux que de faire des courbettes devant les Japonais pour solliciter un poste de fonctionnaire, beaucoup mieux ! »

CHAPITRE VIII

Qi Ruixuan était fort embarrassé. Le soixante-quinzième anniversaire de son grand-père tombait vers la mi-août. Les années précédentes, il avait commandé un banquet comprenant trois plats principaux : des holothuries, un canard entier, un poisson entier, assez pour trois à quatre tables où étaient conviés parents et intimes. La fête durait toute la journée. Cette année, que pourrait-on faire ? Il n'osait en parler avec son grand-père, car il faudrait bien se rendre à l'évidence qu'on ne pourrait certainement pas inviter parents et amis ; le vieux Qi serait probablement d'accord, bien que très mécontent en son for intérieur. Son âge était devenu comme un calendrier quand on approche de la fin de l'année : chaque fois que l'on en arrache une page, c'est encore une page de moins, alors qu'il n'en reste déjà plus beaucoup ; c'est certainement la raison pour laquelle les personnes âgées portent une attention toute particulière à leur anniversaire.

« À mon avis, on devrait faire comme avant, suggéra la mère de Petit Shunr à son mari après un gros effort de réflexion. Tu sais, si on ne fait rien pour son anniversaire, il en tombera malade, c'est sûr ! Tu peux me croire !

– C'est vraiment si important que ça ? »

Ruixuan sourit avec mélancolie.

« Tu ne l'entends pas, il en parle sans arrêt ! »

La mère de Petit Shunr, quand elle voulait défendre son point de vue, parlait sans s'interrompre ; forte de son droit, elle employait un vocabulaire riche et avait dans la voix une intonation légère et bien timbrée qui rappelait la sonorité des coups frappés par une nuit limpide pour indiquer les veilles.

« Ces derniers jours, il ne cesse de répéter que dès que les boutiques rouvriront, tout s'apaisera. C'est à notre intention qu'il dit cela, c'est sûr ! Et puis, imagine que nous ne préparions rien et que les parents et amis arrivent, nous aurions l'air de quoi ?

– Tu crois qu'ils viendraient sans invitation ?

– Ce n'est pas improbable ! Même en période troublée, tu sais bien que les Pékinois ne peuvent se passer de rites ! »

Ruixuan se tut. D'habitude, il était plutôt fier d'être natif de Peiping, de parler la langue utilisée dans tout le pays comme langue nationale, d'avoir pour parcs publics les terrasses et les jardins impériaux, de lire des livres dans des éditions rares, d'entendre échanger les propos les plus judicieux, et de pouvoir, dans ce milieu favorable, enrichir ses connaissances. Ici, même les valets et les petits colporteurs avaient une allure différente de ceux des autres villes ! Mais ce jour-là, en entendant la réflexion de sa femme, il en voulut un peu aux Pékinois de persister à vouloir fêter un anniversaire dans une période aussi troublée... C'était même vraiment un comble de se comporter ainsi après être devenus les sujets d'une nation asservie à l'étranger !

« Ne t'en fais pas, laisse-moi faire, tout ira bien ! Je pourrais toujours leur faire quelques plats accompagnés de nouilles, comme ça ils n'en seront pas réduits à se regarder les uns les autres l'air étonné ! Ce que le vieux veut, c'est voir du monde ; si on prépare pour lui des plats trop recherchés, il y touchera à peine ! »

La mère de Petit Shunr était satisfaite de ce qu'elle venait de dire, et de son regard vif elle regarda autour d'elle, comme si elle régnait à la fois sur le paradis, la terre et l'enfer.

Qi Tianyou venait de rentrer. Il portait sur son visage amaigri un sourire forcé.

« Les boutiques sont presque toutes ouvertes ; il faut bien

sauver les apparences. Qu'il y ait des clients ou non, on se sent quand même plus à l'aise quand les commerces sont ouverts ! dit-il à son père, l'air un peu triste.

– Alors, c'est bon signe, puisque les boutiques sont ouvertes, ce sera bientôt le tour des marchés et tout ça va redonner un air de paix et de prospérité ! » Le vieux Qi souriait lui aussi.

Après quelques réponses évasives à son vieux père, Tianyou se rendit dans la chambre de son épouse. Bien que malade, rien ne lui échappait, elle posa quelques questions sur les affaires du pays, puis sur la situation dans leur boutique. Tianyou n'était pas très au fait des affaires du pays, et il faisait uniquement confiance à la Chambre de commerce ; dès que celle-ci demandait des contributions à ses membres, c'était signe que le calme revenait dans la région. Cette fois-ci, sauf pour rendre compte des activités privées de quelques personnalités importantes, elle ne s'était pas manifestée en quoi que ce soit, et si les boutiques étaient ouvertes, c'était sur avis de la police. Tianyou se garda donc bien de donner des précisions sur la situation générale.

Quant aux affaires familiales, leur prospérité dépendait du rétablissement de l'ordre. Tianyou ne voyait pas très clair dans la situation actuelle, et il n'osait pas prendre de décision sur l'opportunité d'un réapprovisionnement immédiat en marchandises.

« Avec ces diables de Japonais dans la ville, les prix vont sûrement baisser, et il faudrait que j'en profite pour me réapprovisionner, comme ça dès que la situation se calmera un peu, les prix vont remonter, et nous pourrons faire des bénéfices ! Mais moi tout seul, je n'ose pas prendre de décision, et je ne sais pas si les patrons vont vouloir débourser de l'argent en ce moment, j'en suis donc réduit à attendre. Ça ne sert à rien de le dire, mais ça m'ennuie beaucoup. C'est que cette fois-ci ce n'est pas du tout la même histoire, ce sont les Japonais qui sont là, il ne s'agit pas de conflits entre Chinois, et qui sait quelles saletés ils nous préparent !

– Ne t'inquiète pas, on verra bien !

– Ne pas m'inquiéter ? C'est seulement quand la boutique

fera des profits que nous pourrons gagner un peu plus d'argent !

– Si le ciel nous tombe sur la tête, il écrasera tout le monde, qu'y pouvons-nous ? »

Ruixuan entra et aborda aussitôt le sujet de l'anniversaire. Son père fronça les sourcils. D'après lui, la fête de son vieux père était tout aussi importante que celle du 26e jour du premier mois du calendrier lunaire, où l'on fait les offrandes au dieu de la Richesse, et il ne fallait en aucun cas la négliger. Toutefois, au moment où les soldats japonais venaient d'occuper la ville, il était vrai que le moral n'y serait pas. Après avoir réfléchi longuement, il dit à voix basse :

« Décide en fonction des circonstances. Quelle que soit ta décision, elle sera toujours la bonne ! »

Ruixuan se sentit encore plus indécis.

Tout le monde restait là sans mot dire, alors que les cœurs débordaient. À ce moment, dans la maison voisine, M. Wen se mit à jouer du violon à deux cordes et sa femme fit des vocalises, comme quand elle s'exerçait au pied des murailles de la ville.

« Ils ont encore le cœur à ça ! dit Ruixuan en fronçant les sourcils.

– Que veux-tu, ils n'ont que ça dans la vie ! » Tianyou n'avait pas de tendresse particulière pour l'opéra, mais il tenait à dire ce qu'il pensait, et par ces mots il voulait faire comprendre que, malgré la répression, il fallait penser à gagner sa vie, reflétant pour l'essentiel l'état d'âme de chacun.

Ruixuan s'esquiva. Il trouvait irrespirable l'ambiance de la pièce. Ce que son père venait de dire lui avait fait entrevoir l'enfer de Dante, qui, bien que ce soit l'enfer, était plein de l'animation des diables. Lui aussi, il devait continuer à vivre, et donc se presser dans la foule des démons !

« Ruixuan ! appela Tianyou depuis la porte. Va donc voir ce qui se passe à l'école ! »

Petit Shunr lançait en l'air de petits morceaux de brique

pour essayer de faire tomber les fruits à moitié mûrs du jujubier. Ruixuan s'immobilisa et dit à son fils :

« Ce n'est pas comme ça que tu les feras tomber et en plus tu risques de casser les vitres de la chambre de grand-mère !

– Il n'y a plus de vendeurs de bonbons devant chez nous. Je ne peux même pas manger quelques jujubes ? » répliqua Petit Shunr à ce reproche immérité.

La grand-mère intervint de sa chambre :

« Laisse-le donc faire ! Ces derniers jours, le petit n'a pas eu la moindre friandise. »

Petit Shunr était ravi. Il se mit à jeter ses morceaux de brique encore plus haut.

Ruixuan demanda à son père : « Quelle école ?

– Celle de l'église. Tout à l'heure, en passant, j'ai entendu la cloche sonner, peut-être les classes ont-elles repris.

– Bien ! J'y vais ! » Ruixuan avait précisément l'intention de sortir faire un tour, afin de dissiper l'amertume qui lui pesait sur le cœur.

« J'y vais moi aussi ! » Petit Shunr avait fait tomber plusieurs feuilles, mais pas un seul jujube, aussi changea-t-il d'idée et voulut-il sortir avec son père.

La grand-mère intervint de nouveau :

« Non, reste ici ! Les Japonais sont partout dans les rues. Demande à ton grand-père de t'attraper quelques jujubes ! Sois sage ! »

Ruixuan sortit hâtivement sans prendre son chapeau. Il enseignait dans deux établissements. L'un était un lycée municipal où il dispensait dix-huit heures d'anglais, l'autre était une école de cours complémentaires dépendant de l'église catholique, où il donnait quatre heures de chinois. S'il travaillait dans cette école, ce n'était pas pour les honoraires insignifiants qu'il recevait, mais pour apprendre un peu de latin et de français avec les pères italiens ou d'autres nationalités qui y travaillaient. Il n'était pas du genre à laisser rouiller son cerveau.

Dans les rues, rien n'avait changé. Il avait vivement espéré découvrir un changement surprenant qui l'aurait incité à braver avec détermination de grands périls pour sa patrie sans se soucier de ses parents ni de ses enfants. Mais les rues avaient leur aspect ordinaire, sauf qu'il y avait beaucoup moins de passants ou de véhicules ; il se sentit seul, vide et inquiet. Comme son père l'avait annoncé, les boutiques étaient presque toutes ouvertes, mais bien peu achalandées. Les employés se tenaient sagement assis, tranquillement installés derrière leur comptoir, quelques-uns somnolaient, d'autres regardaient stupidement par la fenêtre. À la sortie de la ruelle était stationné un groupe de pousse-pousse dont les tireurs ne blaguaient plus comme à l'ordinaire ; les uns appuyés contre le mur, les autres assis sur le marchepied de leur pousse, ils semblaient avoir perdu leur air enjoué. Le silence dissimulait la honte.

À l'entrée du Temple de la Sauvegarde Nationale, il vit deux soldats japonais armés, debout au milieu du carrefour, et qui ressemblaient à deux petits ours trapus. La sueur perla sur son front. Baissant la tête, il passa sur le trottoir en rasant de près les boutiques. Il avait l'impression de marcher sur du coton. Ce ne fut qu'après s'être éloigné quelque peu qu'il osa relever la tête. Il lui sembla qu'on l'appelait, il baissa de nouveau la tête ; même son propre nom il le trouvait déshonorant.

Arrivé à l'école, il constata qu'effectivement les classes avaient repris, mais il manquait beaucoup d'élèves. Ce jour-là, il n'avait pas de cours. Il alla faire un saut chez le père Dou, un Italien. D'habitude, celui-ci était fort aimable ; aujourd'hui, Qi Ruixuan le trouva froid et arrogant. L'était-il vraiment, ou bien était-ce sa propre nervosité provoquée par sa mauvaise humeur qui lui donnait cette impression ? Après les salutations d'usage, prenant une mine sévère, le père Dou reprocha à Ruixuan d'avoir manqué sa classe. Maîtrisant sa colère, Ruixuan dit :

« J'avais pensé que dans de telles circonstances, les cours seraient suspendus ! »

Le père lui répondit sur un ton extrêmement hautain :

« D'ordinaire, vous vous montrez tous très patriotes, mais dès que le canon se fait entendre, il n'y a plus personne ! »

Ruixuan avala sa salive, désemparé. Il retint sa colère, en trouvant que la critique du père n'était pas tout à fait infondée. Les Pékinois étaient effectivement sur ce point différents des Occidentaux, plus prompts à s'exposer aux dangers et à faire preuve d'une bravoure héroïque. Le père Dou représentait Dieu, il devait dire la vérité. Cette pensée le fit sourire, puis il demanda sincèrement :

« Père Dou, à votre avis, comment va évoluer cette guerre ? »

Le père ébaucha lui aussi un sourire, qui fut vite remplacé par un rictus de mépris :

« Je n'en sais rien. Ce que je sais par contre, c'est que dans l'histoire de la Chine il y a eu de nombreux changements de régime ! »

Ruixuan sentit son visage s'enflammer. Il pouvait percevoir sur la physionomie du père ce mauvais penchant inné de l'homme, toujours prêt à faire preuve d'estime pour les vainqueurs – quels que soient les procédés utilisés – et de mépris pour les vaincus. Il s'éloigna sans dire un mot.

Il n'avait pas fait trois cents mètres qu'il revint sur ses pas, entra dans la salle des professeurs et, là, rédigea une petite note qu'il fit remettre au père Dou : il donnait sa démission.

Une fois dans la rue, il se sentit soulagé, tout en réalisant bien que la situation n'était vraiment pas réjouissante. L'oiseau était dans la cage une fois pour toutes, à quoi bon ne plus vouloir chanter ?

Il avait un peu mal à la tête ; l'air abattu, l'âme en peine, il arrivait à l'entrée de la ruelle du Petit-Bercail, quand tout à coup un vacarme impressionnant envahit la rue, les tireurs de pousse déplaçaient rapidement leur pousse jusque dans les ruelles, les boutiquiers fermaient leurs magasins et quelques policiers chassaient les piétons : « Défense de circuler ! Rentrez chez vous ! Disparaissez ! » Le bruit des panneaux de fermeture des magasins, à n'importe quel moment, n'est jamais très agréable à entendre. Mais que se passait-il ?

Soudain, il aperçut le chef de police Bai ; il se hâta vers lui et demanda : « C'est une alerte aérienne ? » Cette idée venait de lui traverser l'esprit. En posant cette question, son cœur s'éclaira et il se dit en lui-même :

« Notre aviation devrait bombarder Peiping, ça ne me ferait rien de mourir avec tous ces Japonais sous les bombes ! »

Le visage du chef de police Bai exprimait un mélange de honte, d'impuissance et un profond sentiment d'injustice :

« Un raid aérien ? Mais non, il s'agit tout simplement de vider la rue !... »

Il balaya rapidement du regard les alentours, puis dit à voix basse :

« On vide la rue pour messieurs les Japonais ! »

Le cœur de Ruixuan s'assombrit de nouveau, il entra dans sa ruelle la tête basse.

Sous les sophoras, le pousse de Petit Cui était garé de travers. Le visage tour à tour blême ou rouge de colère, il parlait avec M. Li en gesticulant :

« Vous avez vu ? Je viens juste de sortir mon pousse, et maintenant il faut vider la rue ! Comment voulez-vous gagner votre vie avec ça ? Si au moins on me tranchait la gorge d'un bon coup de couteau, ce serait beaucoup plus simple ! Mais me la couper avec une scie émoussée, c'est insupportable ! »

Ce jour-là, M. Li n'avait pas réussi à s'informer à temps. Il interpella Ruixuan avec un ton d'excuse :

« Alors, comment ça va dans les rues ?

– Et vous, comment allez-vous ? »

Ruixuan s'arrêta avec un sourire forcé :

« Il s'agit probablement de Japonais qui veulent passer par là, alors on vide la rue !

– On a fermé les portes de la ville ? »

M. Li estimait que tant que les portes restaient ouvertes, les choses ne pouvaient pas être trop graves.

« On n'en est pas là !

– Ça fait bien trente ans que je n'ai pas assisté à un pareil spectacle ! dit M. Li en soupirant. Sous l'Empire, on vidait la rue seulement quand l'empereur passait. Est-ce que les Japonais veulent devenir empereurs de Chine ? »

Ne sachant que répondre, Ruixuan sourit avec mélancolie.

« Monsieur Qi ! » Petit Cui saisit la manche de Ruixuan avec sa main toute noire, y laissant d'ailleurs l'empreinte de deux doigts.

« À votre avis, qu'est-ce qui va se passer ? Vous savez, si on continue à nous emmerder comme ça, moi, je me fais soldat ! »

Ruixuan était sensible aux réactions de M. Li et de Petit Cui, mais il était incapable de répondre à leurs questions.

En traînant des pieds et en faisant ciller ses grands yeux myopes, Mme Li apparut à sa porte :

« Qui parle d'aller se faire soldat ? C'est Petit Cui encore ! Toi, tu veux abandonner ta femme et te faire soldat ? Quel culot ! Et tu penses bien sûr me confier ta femme ? Allez, rentre donc chez toi et va te coucher un moment. Quand les boutiques vont rouvrir, il te faudra te mettre au travail !

– Qui sait jusqu'à quand les boutiques vont rester fermées ? Et puis au coucher du soleil, ce sera de nouveau le couvre-feu, alors fini, les clients !

– Couvre-feu ou pas, je m'en fiche. En tout cas, tu n'as pas à parler ici à tort et à travers ! »

Petit Cui savait bien que s'il se disputait avec Mme Li, il ne s'en tirerait pas à son avantage. Fulminant, il traîna son pousse jusque dans sa cour.

« Et toi, vieille baderne ! » Mme Li se retourna vers son mari. « Les boutiques sont fermées et tu ne préviens personne ? » Elle aperçut Ruixuan :

« Ah ! monsieur Qi, excusez ma mauvaise vue. Monsieur Qi, il paraît qu'on ferme les portes de la ville et qu'on vide les rues, mais qu'est-ce qui se passe ? »

Ruixuan ne savait pas trop quoi dire. Il détestait les gens au pouvoir dans le nord de la Chine qui enfermaient la population dans des jarres et qui, au moment où le péril menaçait, s'enfuyaient en abandonnant tout à l'ennemi, y compris ces jarres bien scellées ! Quel dommage de ne pas avoir su concentrer la vigueur d'un peuple riche d'une culture et d'une histoire plusieurs fois millénaires !

« Je n'en sais trop rien. Espérons que tout ira mieux dans quelques jours ! » Il ne pouvait répondre qu'ainsi, superficiellement, d'une façon évasive. Il s'éloigna.

Rentré chez lui, il trouva le vieux Qi, son père Tianyou et son frère Ruifeng avec sa femme en train de bavarder autour des jujubiers. Ruifeng croquait un à un les quelques jujubes à moitié mûrs qu'il tenait dans sa main. « Du moment qu'il y a quelqu'un, Chinois ou Japonais, qui assume la responsabilité du pouvoir, on arrivera toujours à s'arranger et si on peut résoudre les problèmes, tout le monde se sentira plus tranquille ! » Il poussa avec sa langue un noyau et le cracha par terre ; puis, très adroitement, il lança un autre jujube en l'air qu'il rattrapa dans sa bouche.

Ruifeng avait une apparence sèche, tout en lui était maigre, et il prenait un soin particulier à essayer d'améliorer son physique, recourant d'une façon presque religieuse à de nombreux artifices pour cacher ses imperfections. Il se coiffait avec la raie au milieu, mais il se mettait tant de brillantine et de produit pour la croissance des cheveux qu'on avait l'impression que tout allait dégouliner. Son petit visage osseux qu'il enduisait de crème de beauté, était toujours bien rasé et faisait penser à une châtaigne d'eau fraîchement pelée ; les ongles de ses petites mains sèches étaient régulièrement polis et vernis ; il était en plus très élégant et portait toujours des vêtements à la mode. Quand il allait flâner dans le quartier du Pont du Ciel, on le prenait souvent pour un accompagnateur de chanteuse de ballades.

Était-ce parce qu'il avait une petite tête et donc un petit cerveau, qu'il était toujours attentif aux événements et aux problèmes les plus concrets ? Il s'arrangeait toujours pour prendre les chemins les plus courts afin de faire le moins de pas possible. C'était un homme sans idéal.

En ce moment, il travaillait comme économe dans un lycée.

Ruixuan et Ruiquan n'avaient aucune estime pour leur

frère. En revanche, le vieux Qi, de même que Tianyou et son épouse l'aimaient bien, parce que son réalisme donnait à ces gens âgés un sentiment de sécurité ; ils pouvaient compter sur lui, ce n'était pas le genre à causer des ennuis. S'il n'avait pas fait un mariage d'amour avec une femme moderne, ses parents l'auraient certainement choisi pour être le maître de la maison ; il savait si bien faire les courses, il était toujours à l'aise dans la vie mondaine et s'entendait à merveille avec ses tantes grâce à son sens de la conversation. Malheureusement, il avait épousé cette femme. Lui était réaliste, elle, égoïste ; il y avait pour la vieille génération quelque chose qui clochait dans la conjonction de ces deux caractères ; il perdit ainsi sa place de prétendant. Pour se venger de ce revers, il restait délibérément indifférent aux affaires de la maison ; néanmoins, quand son frère aîné ou sa belle-sœur avaient fait une acquisition qu'il jugeait trop coûteuse, ou avaient commis une erreur dans la conduite d'une affaire, il n'hésitait pas à les critiquer vertement, parfois même de manière agressive.

Ruifeng s'adressa à son frère sur un ton à la fois affectueux et enjoué :

« Notre école a décidé d'affecter ses fonds au maintien du *statu quo*. Chacun, que ce soit le directeur, les enseignants ou les employés, touchera provisoirement chaque mois un montant de vingt yuan comme allocation de subsistance. Ce sera probablement la même chose dans ton lycée. Vingt yuan, ça ne couvrira même pas mes frais de déplacement en pousse et mes cigarettes ! En tout cas, c'est déjà ça, n'est-ce pas ? Il paraît qu'aujourd'hui à l'ambassade japonaise, il y a une réunion de personnalités militaires et politiques, qui doivent désigner les responsables des deux parties, japonaise et chinoise. Je pense que dès que cela sera fait, le budget pourra être stabilisé et il est bien probable que le système des allocations de subsistance ne sera pas appliqué trop longtemps. En tout cas, on peut dire que les choses commencent à se mettre en place ; et puis peu importe qui formera le gouvernement, il nous faut avant tout penser à gagner de l'argent pour vivre ! »

Ruixuan sourit le plus naturellement possible, n'osant rien répondre. Il savait qu'entre père et fils, ou qu'entre frères, il est préférable de garder le silence.

Le vieux Qi ne cessait de hocher la tête pour montrer son parfait accord avec les propos de son second petit-fils, mais il ne fit aucun commentaire, car la seconde belle-fille était présente et il ne convenait pas qu'il lui fasse trop d'éloges en public ; cela risquait en effet d'accroître l'orgueil du jeune couple.

« Tu es allé à l'église ? Comment ça va là-bas ? » demanda Tianyou à Ruixuan.

Ruifeng s'interposa :

« Tu vois, Ruixuan, l'école de l'église, c'est une sécurité pour toi. Les établissements scolaires publics, autrement dit les écoles fondées par les Chinois, personne ne parierait sur leur avenir. Les écoles fondées par les étrangers sont au contraire des institutions sur lesquelles on peut compter. Tu devrais faire immédiatement le nécessaire pour obtenir quelques heures de plus. Les étrangers, eux, ne se permettront jamais de te payer seulement une allocation de subsistance. »

Ruixuan avait d'abord pensé garder secrète la décision qu'il venait de prendre et n'en parler à sa famille que plus tard, quand il aurait trouvé un autre travail et compensé cette perte. Mais devant cette sortie de son frère, il s'emporta. Toujours souriant, mais avec un sourire méchant, il rétorqua d'une voix très basse mais très claire :

« Je viens de donner ma démission !

– Com... » Ruifeng ne put achever. En général, c'était plutôt avec Ruiquan qu'il se querellait. Ils ne s'intimidaient absolument pas l'un l'autre et leurs disputes n'aboutissaient jamais. Son frère aîné par contre, il ne le dénigrait que d'une manière voilée, n'osait pas l'affronter ouvertement, car il se sentait mal à l'aise devant lui. Ce jour-là, voyant l'expression inhabituelle de son visage, il se tut.

Le vieux Qi était fort mécontent que son petit-fils ait renoncé à ce gagne-pain, mais il ne convenait pas qu'il fasse le moindre commentaire, il feignit donc de n'avoir rien entendu.

Tianyou savait que son fils aîné ne faisait rien à la légère et il se rendait bien compte que, lorsqu'on prend une telle décision, on n'a pas toujours envie d'en donner les raisons ; craignant que quelqu'un n'interroge Ruixuan, il s'empressa de dire :

« Après tout, quelle importance pour quatre heures de cours ! Rentre donc, Ruixuan, et va te reposer ! »

La mère de Petit Shunr vaquait à ses occupations dans les pièces de l'aile est de la maison ; elle essuya la sueur de son front d'un revers de main et passa la tête par la porte. Elle n'entendait que confusément les propos échangés dans la cour, mais son instinct lui disait que quelque chose n'allait pas. Voyant son mari se diriger vers les pièces nord, elle demanda :

« Il y a encore un peu de bouillie de pois que j'ai laissé refroidir, tu en veux ? »

Elle dit cela d'un ton navré, comme si c'était elle qui avait quelque chose à se reprocher.

Ruixuan hocha la tête en signe de refus, puis entra dans la chambre de Ruiquan. Étendu sur son lit, celui-ci lisait un livre relié à l'ancienne – les livres occidentaux avaient déjà été brûlés. Il avait pris tout à fait au hasard ce livre qui était à portée de sa main pour essayer de comprendre pourquoi il ne représentait aucun danger. Au bout de quelques instants, il s'aperçut qu'il s'agissait de « La Grande Étude commentée »[1]. En retenant sa respiration, il lut lentement les gros caractères. Ceux-ci étaient clairement imprimés et lui rappelaient ces vieux acteurs jouant des rôles secondaires et qui, habillés de vieux vêtements râpés, coiffés d'un vieux chapeau, marchaient avec affectation à grands pas lents en roulant les hanches, mais sans aucun entrain. Quand il lisait des livres scientifiques en langues étrangères ou en chinois, il faisait beaucoup d'efforts pour mémoriser tous ces petits

1. Chapitre détaché du *Mémorial des Rites* qui forme le second des « Quatre Livres » de l'école confucéenne, avec le commentaire du philosophe Zhu Xi (XIIe s.).

caractères imprimés serré, noirs et brillants comme de petits insectes ; il devait concentrer toute son attention pour ne rien laisser échapper, et à la fin d'un passage il se sentait heureux d'avoir appris tant de choses. La compréhension de ces caractères et de ces graphiques lui permettait d'étendre ses pensées à l'ordre de l'univers, grandiose, subtil et beau. Dans le sport, il arrivait à éprouver la vigueur et la force de son corps, alors que dans la lecture il s'oubliait physiquement, découvrant la variété et la richesse des savoirs existant dans l'univers. Ce livre ancien à gros caractères lui embrouillait les idées, il aurait été incapable de dire de quoi il parlait. Il commença à comprendre pourquoi l'ennemi ne craignait pas ce genre de livre.

« Ruixuan ! Tu étais sorti ? » Il posa son livre et se redressa.

Ruixuan lui raconta son entrevue avec le père Dou, puis il ajouta :

« Tout cela est sans intérêt, mais, en tout cas, ça m'a fait du bien de t'en parler !

– J'aime ta force de caractère ! affirma Ruiquan très excité.

– Qui sait à quoi servira cette force et combien de temps je pourrai la préserver ?

– Bien sûr qu'elle sert à quelque chose ! Si l'homme n'avait pas cette qualité, serait-il différent des poules, qui, du matin au soir, picorent tête baissée ? Combien de temps pourras-tu la préserver ? Ça, personne ne peut le dire. Je vois bien que la famille et moi le premier, nous sommes pour toi un lourd fardeau et que nous te faisons souffrir.

– Quand je repense à ce qu'a dit le père Dou, ça me met en colère et j'ai envie de tout quitter pour lui montrer ce que valent les Chinois ! Si le père Dou nous méprise, que doit-on penser ailleurs ? À force de baisser la tête, nous passons pour des imbéciles et peut-être n'y a-t-il personne dans ce bas monde qui éprouve la moindre sympathie ou la moindre estime pour nous.

– C'est toi qui dis tout cela, mon frère ! et tu m'empêches toujours de partir !

– Non, je ne m'y oppose pas et dès que je jugerai le moment opportun, je te laisserai libre de partir.

– Mais il faut garder tout ça secret, ne rien dire même à ma belle-sœur, souffla Ruiquan très bas.

– Bien sûr !

– Je me soucie seulement de maman. Elle qui est toujours malade quand je pars, elle ne s'en remettra pas ! »

Ruixuan resta silencieux un moment, puis dit :

« On n'y peut rien, et de toute façon si le pays est détruit, la famille le sera aussi ! »

CHAPITRE IX

Pour les seigneurs de la guerre japonais, le plus souhaitable et le plus simple aurait certainement été de mettre sur pied des gouvernements militaires après la chute de chaque ville, pour pouvoir imposer leur politique faite à la pointe de la baïonnette. Toutefois, une telle conduite exigeait d'avoir, dès le début, une stratégie d'ensemble, et aussi des effectifs considérables. Ne les ayant pas, malgré leurs ambitions d'invasion démesurées, ils ne pouvaient pas se permettre de mener une guerre éclair sur la Chine du Nord. Ils utilisaient toutes sortes de ruses pour arriver à leurs fins, pensant qu'il suffisait de faire gronder le canon par ici et d'allumer quelques incendies par là, pour que le gouvernement et le peuple chinois perdent courage et demandent la paix, obtenant du même coup de gros avantages contre des pertes minimes.

Cette attitude risquait bien sûr d'être dangereuse, car la supercherie pouvait se retourner contre eux. Les militaires japonais avaient conquis Peiping et Tianjin, mais la guerre n'était pas terminée. Ils se voyaient obligés de tirer le meilleur parti de leur politique en continuant la guerre, tout en étant contraints de partager avec les politiciens et les gros capitalistes une part du butin obtenu à la pointe du fusil. Les uns commme les autres leur inspiraient du dégoût, mais il leur était impossible de ne pas passer par eux. Les traîtres chinois leur inspiraient plus de dégoût encore, mais ils étaient les seuls à pouvoir vraiment les aider à pacifier avec très peu d'effectifs une ville ou un district.

Ils devaient laver leurs mains pleines de sang avant de serrer celles des politiciens et des traîtres, qui sauraient certainement inventer toutes sortes de flatteries susceptibles de les tromper, eux aussi bien que les Chinois. Les militaires japonais étaient très attachés à la poursuite de la guerre, tandis que les politiciens et les traîtres, qui ne voyaient pas plus loin que le bout de leur nez, insistaient pour parler de « paix ». Les militaires étaient logiques avec eux-mêmes – n'avaient-ils pas déclenché la guerre pour gagner des galons et pour s'emparer des richesses du pays ? –, les politiciens, eux, se retranchaient derrière leur fidélité à l'empereur. L'esprit du Bushido [1] s'en trouvait altéré, si bien que les Chevaliers d'une puissance aussi redoutable étaient devenus des clowns.

S'il n'en avait pas été ainsi, on les aurait carrément comparés aux Huns et aux soldats d'Hannibal, qui frappaient la terre de leurs armes de fer, et ils auraient laissé dans l'histoire un nom à jamais honni, tel celui du diable à jamais opposé aux anges. Mais là, non, ils continuaient à massacrer et à incendier, en officialisant par des documents impériaux le sang et le feu qu'ils répandaient partout. L'histoire ne saurait leur donner de nom, elle se contenterait de les comparer à des rats. Le rat est un animal rusé qui est craint par les hommes, mais qui fuit devant eux.

Une telle entente entre toutes les factions n'aurait jamais abouti, si tous n'avaient été pressés par la guerre. Les militaires ne pouvaient se passer de l'aide des politiciens et des traîtres, et ces derniers fourraient donc leur nez partout. Quelle pouvait être leur part de profits ? Pour partager quoi ? Voir les autres tendre la main pour prendre ce qu'ils avaient enlevé de force n'était pas chose agréable, surtout pour des Chevaliers japonais aux yeux de rats. S'ils avaient suivi leur première intention, ils auraient mis les mitrailleuses en place et transformé en l'espace d'un quart d'heure la ville de Peiping en un abattoir gigantesque ; ils auraient alors emporté la totalité des trésors du Palais impérial, les livres des bibliothèques, jusqu'aux fleurs rares et aux ornements précieux des vieux temples et des parcs célèbres, sans avoir

1. La Voie des Chevaliers, code d'honneur de la caste militaire japonaise.

besoin de tourner autour du pot ou d'inventer un quelconque prétexte. Mais il y avait encore de nombreux Occidentaux à Peiping, et les Chevaliers japonais se devaient de porter un masque pour cacher leur visage hideux.

Les politiciens insistaient pour que tout cela se règle politiquement ; point n'était besoin de gaspiller tant de balles de fusil. Les capitalistes, eux aussi, déclaraient avec de grands sourires que les massacres contrediraient les principes économiques. Enfin, les traîtres expliquaient avec force courbettes et révérences, que les Pékinois étaient les gens les plus honnêtes du monde, qu'ils ne s'opposeraient jamais aux Japonais, et qu'il fallait solliciter des « armées impériales » qu'elles leur rendent grâce. En fin de compte, ce qui aurait pu être si simple se compliqua, et massacres et pillages se transformèrent en opérations gouvernementales, en application de la « voie de la justice ».

Les seigneurs de la guerre et les bureaucrates chinois réfugiés à Tianjin vécurent très mal la mise sur pied d'un gouvernement. Grâce à l'agression japonaise, leur détermination à obtenir des postes de fonctionnaires dans le but de s'enrichir était passée du stade de l'attente à celui de la réalisation immédiate. Ils pensaient qu'il leur suffirait de se prosterner devant les Japonais pour acquérir fortune et honorabilité. Ils n'avaient pas prévu que les Japonais voudraient des gens triés sur le volet et qu'ils n'accepteraient donc pas les premiers venus. De plus, les militaires japonais avaient leurs propres partis, leurs propres amis dans le monde politique et économique, leurs cercles d'influence, dans lesquels d'ailleurs régnaient des luttes intestines et au milieu desquels les Chinois ne pouvaient que se mouvoir à l'aveuglette sans savoir où se trouvaient vraiment les tendances. Ils se voyaient obligés de changer de méthode : ne pouvant considérer les seigneurs de la guerre japonais comme leurs pères adoptifs, il leur fallait désormais se placer sous la protection de tous ceux qu'ils rencontreraient.

L'affolement était général : ils se démenaient, s'informaient, cherchaient des complices, rivalisaient, craignant de ne pas être choisis et sachant pertinemment que, si cette fois-ci ils ne réussissaient pas leur entrée sur la scène politique, ils ne pourraient jamais arriver à leurs fins et bénéficier des privilèges inhérents au « Suprême mérite du fondateur d'État ». Ils grouillaient comme des vers en été dans une fosse d'aisance.

Les gens de l'espèce de Guan Xiaohe faisaient encore plus pitié, car les personnes dont ils recherchaient la faveur étaient elles-mêmes incapables de maîtriser la situation. Ces gens en étaient réduits à maudire leurs parents de ne pas leur avoir donné une paire de jambes de plus ! Ils avaient fait tant de démarches qu'ils étaient exténués, et tout, autour d'eux, restait vague et imprécis.

Les beaux yeux de Guan Xiaohe s'étaient enfoncés dans leurs orbites et son teint avait un peu noirci. Il n'en était absolument pas abattu pour autant. Il croyait fermement en sa bonne étoile et ne négligeait en rien les usages du monde. Partout, il s'exprimait haut et fort, jusqu'à en avoir parfois la voix enrouée, son haleine même empestait quelquefois. Il avait acheté des pastilles Valda, qu'il suçait, de sorte que, même quand il ne parlait pas, sa bouche était toujours en mouvement.

Malgré toutes ses démarches, rien de précis n'était encore en vue pour ses propres affaires, mais il avait quand même réussi à glaner bon nombre de renseignements, et ce qu'il apprenait ici il allait le répéter là, et si jamais il obtenait une autre information il la colportait ailleurs encore. Quand il ne savait plus où aller pour transmettre ses informations, il en faisait étalage à la maison devant sa femme et ses filles, ce qui lui servait à masquer ses échecs. Souvent, il se mettait à bâiller au milieu d'une phrase, signifiant par là que ses multiples efforts l'avaient fatigué.

Si ses affaires avaient réussi, il n'aurait certainement pas eu l'idée de porter la moindre attention à ses vieux voisins, mais pour le moment, n'ayant encore abouti à rien, il décida de s'intéresser à eux : comment se faisait-il que des gens comme Ruixuan gardent le silence et se terrent chez eux ?

Quels étaient donc leurs projets ? Qu'avaient-ils derrière la tête ? Il était encore plus perplexe sur le cas de M. Qian Moyin. À son avis, un homme de cette sorte, de par son âge, son savoir et son comportement, devait certainement, d'une façon ou d'une autre, profiter de la présence des occupants. Au cours de ses démarches de ces derniers jours, il avait rencontré plusieurs lettrés qui s'apprêtaient à se faire des amis parmi les Japonais autour de la littérature et qui espéraient fonder une association de poètes.

Guan Xiaohe avait entendu toutes sortes de platitudes dans la bouche de ces poètes :

« Les Japonais adorent la poésie, ils écrivent tous des poèmes chinois de style ancien. Ne dit-on pas d'ailleurs que nos poèmes en langue courante ne valent rien ? »

D'autres étaient disposés à utiliser le biais de la peinture et de la calligraphie. Guan Xiaohe entendit proférer d'autres banalités :

« L'art n'a pas de nationalité. Quand un Chinois peint un tableau, ce qu'il recherche tout comme un Japonais, c'est la beauté. Si nous échangeons nos conceptions de la beauté, il n'y aura alors ni vainqueurs ni vaincus ! »

D'autres encore pensaient créer des liens en recourant à la culture des fleurs et des plantes : « Les Japonais adorent par-dessus tout les fleurs et les plantes. Au Japon, il existe d'ailleurs beaucoup d'artistes spécialisés dans la disposition florale. Si nous arrivons à trouver le même plaisir dans cet art, pourquoi faire des différences entre les Chinois et les Japonais ? »

M. Guan avait retenu tous ces lieux communs.

Cet état d'esprit et ces propos l'avaient incité à se souvenir de Qian Moyin, qui était féru de littérature, qui savait peindre et aimait cultiver les fleurs : un homme doué de tous les talents ! Il lui vint une idée : il allait fonder une association de poètes ou de peintres sous le nom de M. Qian, ou bien lui faire gérer une boutique de fleurs, ne seraient-ce pas là des moyens parfaits pour attirer les Japonais ? À quoi bon, après tout, chercher absolument à solliciter la bienveillance de tel ou tel personnage important ?

Il lui vint une illumination subite :

« Si M. Qian est si en froid avec moi et s'il se montre si dur, c'est que certainement il a de quoi assurer ses arrières ! »

Guan Xiaohe brûlait d'envie d'aller lui rendre visite, mais il craignait de se heurter à un refus. Se rappelant les circonstances de leur dernière rencontre, il ne voulait pas subir une nouvelle déconvenue. Il pensa qu'il valait mieux d'abord se renseigner auprès des Qi. Au cas où l'aîné, Ruixuan, pourrait lui donner des informations sur Qian Moyin, il déciderait alors de la marche à suivre pour sa visite chez les Qian – du moment qu'il lui restait un peu d'espoir, il lui était égal de se heurter à un refus. De plus, comme l'attitude de Qi Ruixuan l'intriguait beaucoup, il pourrait ainsi faire d'une pierre deux coups. Il prit une pastille Valda, se donna un coup de peigne, puis se rendit chez les Qi.

Très cordialement, il appela Ruixuan depuis la porte, les deux mains déjà jointes pour le saluer.

« Tout va bien chez vous ? Je viens vous faire une petite visite ! »

Il entra dans la maison en suivant Ruixuan et s'assit. Il commença par dire quelques mots agréables à propos de Petit Shunr, puis rapidement aborda le sujet qui l'avait amené :

« Des nouvelles ?

– Non !

– Tout est si morne ! »

Il se dit que Ruixuan faisait exprès de ne pas répondre. Il prit donc l'initiative de la conversation :

« Ces derniers jours, je suis beaucoup sorti et bien que je n'aie recueilli que très peu de nouvelles fiables, j'ai déjà une petite idée de la tendance actuelle. J'ai l'impression que beaucoup de gens pensent que la Chine et le Japon devraient collaborer.

– Qu'est-ce que ça veut dire “beaucoup de gens” ? » Ruixuan ne voulait pas offenser son interlocuteur, mais en présence d'un tel personnage il parlait malgré lui sur un ton sarcastique.

M. Guan ne fut pas dupe. Il détourna son regard, puis ajouta :

« Évidemment, nous souhaitons tous que la Chine puisse régler par la force tous ces problèmes causés par un pays étranger, cependant il est douteux que nous arrivions à vaincre les Japonais. À mon avis, des personnes comme nous devraient se rendre utiles, afin que notre peuple subisse le moins de dommages possible. Parmi les habitants de cette ruelle, je n'ai vraiment d'estime que pour M. Qian et pour vous, et c'est pourquoi je viens vous rendre visite. Comment va M. Qian ces temps-ci ?

– Il y a plusieurs jours que je ne l'ai pas vu.

– Est-il pris par quelque activité ?

– Je l'ignore. Peut-être ne fait-il rien de précis, vous savez, c'est un poète !

– Mais un poète est toujours en activité ! Tenez, il paraît que Du Xiuling a été nommé à un poste important ! »

Ruixuan n'avait pas envie de poursuivre la conversation.

« Et si nous allions ensemble rendre visite à M. Qian ? Hein ? Qu'en dites-vous ?

– Un autre jour !

– Quand ? Votre jour sera le mien ! »

Pris au piège, Ruixuan cessa de répondre de manière évasive, il décida de contre-attaquer :

« Que lui voulez-vous ?

– Eh bien voilà ! » Les yeux de Guan Xiaohe rayonnèrent. « C'est justement ce dont je voulais vous parler. Je sais que M. Qian est un bon poète et un excellent peintre, et que de plus c'est un expert en culture de fleurs et de plantes. Il se trouve que les Japonais raffolent de tout cela. J'ai pensé que tous les trois, nous pourrions créer une association de poètes et de peintres, qui serait d'abord une sorte de protection, et puis qui pourrait peut-être nous permettre de nouer de bonnes relations avec les Japonais, et donc d'avoir quelques chances de prospérer. Je pense qu'il s'agit d'une solution sage et tout à fait sûre.

– Mais alors, monsieur Guan, vous estimez que les Japonais sont installés à Peiping pour toujours ?

– Que ce soit pour un mois ou pour un siècle, nous devons être prêts. Franchement, ne soyez pas si pessimiste. Par les temps qui courent, vous savez, il vaut mieux ne pas perdre de temps pour trouver de quoi subsister.

– À mon avis, M. Qian n'acceptera jamais votre suggestion.

– Comment pouvez-vous dire cela, alors que nous ne l'avons pas encore vu ? Il est bien difficile de savoir ce que chacun pense sincèrement avant d'en avoir discuté. »

Le visage potelé de Ruixuan rougit un peu :

« En tout cas, moi, je ne suis pas d'accord. »

Il pensait que cela choquerait suffisamment M. Guan pour qu'il cesse son bavardage. Mais, bien au contraire, il sourit :

« Qu'importe que vous ne produisiez ni poèmes ni peintures ! Moi non plus, je n'en ai jamais fait ! Non, ce que je voulais dire, c'est que M. Qian, lui, sera le créateur, et nous deux, les gestionnaires. Croyez-moi, il faut commencer le plus tôt possible et rapidement lancer cette association ; les Japonais viendront dès qu'ils seront au courant et notre ruelle du Petit-Bercail deviendra ainsi un véritable centre culturel ! »

Excédé, Ruixuan ricana bruyamment.

« Réfléchissez bien ! » M. Guan se leva. « Je pense que ça vaut la peine. Si nous réussissons, nous aurons tout à gagner ; si nous échouons, nous n'aurons rien à perdre ! »

Tout en parlant, il se dirigeait vers la cour.

« Voilà ce que je propose : venez donc dîner chez moi, vous et M. Qian, et on en parlera ensemble, d'accord ? Si M. Qian ne veut pas venir chez moi, j'apporterai le vin et la nourriture, et nous les partagerons chez vous ! Ça vous va ? »

Ruixuan ne savait que répondre.

Arrivé à la porte d'entrée, M. Guan demanda encore une fois : « Alors, qu'en dites-vous ? »

Ruixuan grogna une réponse indistincte, puis rentra chez lui. Il se rappela alors les propos du père Dou. Après ce qu'il venait d'entendre, il n'y avait vraiment pas de quoi être fier.

Quand Guan Xiaohe arriva chez lui, sa femme venait de rentrer. Tout en changeant de robe, elle criait à la bonne de lui apporter de l'eau pour se nettoyer le visage ainsi qu'une boisson – un sirop de prunes aigres. Son visage de grosse courge rouge avait presque perdu toute sa poudre ; elle respirait très fort, à la fois par le nez et la bouche, on aurait dit qu'elle venait d'enlever de force à l'ennemi deux ou trois mitrailleuses.

Elle était tout à fait optimiste au sujet de la fortune et des émoluments éventuels de son mari. Elle n'avait certes pas une confiance illimitée dans les capacités de ce dernier, mais elle croyait en la toute-puissance de ses procédés à elle. Ces derniers jours, elle avait réussi à nouer de bonnes relations avec cinq riches concubines, et, en même temps, elle avait gagné au mah-jong plus de deux mille yuan. Elle prévoyait d'entrer en contact très prochainement avec quelques dames japonaises, et d'inviter à sa table de mah-jong des personnalités militaires et politiques japonaises.

Étant très satisfaite d'elle-même, elle se montrait intraitable avec les autres. « Zhaodi, qu'as-tu fait aujourd'hui ? Et toi, Gaodi ? Comment ? Au moment où il faut redoubler d'énergie, vous restez toutes les deux à la maison sans rien faire ? » Puis, passant aux injures détournées, elle continua à parler aux deux demoiselles, mais en visant quelqu'un d'autre :

« Ah ! Vous craignez le soleil sur votre visage quand vous sortez ? Allons donc ! Eh bien, moi, j'ai la peau dure et je n'ai pas peur de m'exposer au soleil ! Ce que je sais, c'est que ce n'est pas avec un joli teint ou en jouant au petit démon qu'on peut aider son mari dans sa carrière et faire prospérer sa famille ! »

Elle tendit l'oreille et, si You Tongfang avait osé le moindre commentaire, elle était prête pour une attaque de grande envergure.

You Tongfang garda le silence.

La « grosse courge rouge » prit alors son mari pour cible :

« Qu'est-ce qui t'arrive aujourd'hui ? Toi non plus, tu ne

sors pas ? Alors, il n'y a plus que moi ici ? T'as pas honte ? Fiche-moi le camp d'ici et va faire une autre visite avant la nuit ! Tu n'es tout de même pas une fillette aux pieds bandés, tu as peur que la marche t'allonge les pieds ?

– Je m'en vais, je m'en vais ! dit M. Guan sur un ton affecté. Ma chérie, ne te fâche pas ! » Il prit son chapeau, s'en coiffa et sortit avec nonchalance.

Dès qu'il eut quitté la maison, You Tongfang commença à insulter la « grosse courge rouge ». Elle savait parfaitement choisir ses moments pour l'attaquer. Quand M. Guan était là, elle se retenait autant que possible, afin de ne pas se faire traiter de fauteuse de troubles ; mais dès qu'il sortait, elle commençait à envoyer ses piques. Si la « grosse courge rouge » s'exprimait souvent avec grossièreté, Tongfang la dépassait de loin dans ce domaine. Quand il lui arrivait de lancer des injures qu'elle-même trouvait trop indécentes, elle déclarait avec franchise : « Moi, vous savez, j'ai commencé par être chanteuse de ballades, alors... ! »

You Tongfang ne savait pas au juste qui étaient ses parents. *You* était le patronyme de sa mère adoptive. À quatre ans, elle avait été enlevée et vendue. À huit ans, elle avait commencé à apprendre des ballades chantées. Très éveillée, elle se produisit sur scène deux ans plus tard, gagnant déjà un peu d'argent. Elle n'avait que treize ans quand son maître, un jour, la viola, ce qui eut de graves conséquences sur son développement physique, et elle resta toujours petite. Elle avait un visage plat, une peau très fine et lisse, et surtout des yeux magnifiques. Sa voix, qui était belle, manquait un peu de résonance ; elle se brisait souvent au milieu d'une chanson, mais ses yeux savaient alors remédier à ces insuffisances. Pour gagner sa vie, elle était obligée de soutenir son chant par son regard. Dès qu'elle apparaissait sur scène, elle jetait un coup d'œil circulaire dans la salle, de sorte que chacun dans le public s'imaginait être le seul pour qui elle chantait. Grâce à cela, elle connut une période de popularité. Quand elle vint chanter à Peiping, elle avait atteint vingt-deux ans et il y avait déjà dans la ville beaucoup de chanteuses célèbres ; de plus, comme elle avait dû avorter à deux reprises, sa voix manquait de plus en plus de résonance et elle n'eut jamais beaucoup de succès à Peiping. Juste au moment où elle était dans cette passe difficile, M. Guan la racheta. La « grosse courge rouge » était très grande et M. Guan rêvait d'avoir une femme petite.

Si Tongfang avait eu la possibilité de faire de bonnes études, grâce à son expérience et à son intelligence, elle aurait pu devenir tout à fait autre chose. N'ayant pas eu cette chance, elle aurait au moins pu faire un bon mariage ; elle aurait alors certainement su se consacrer entièrement à son mari et devenir une bonne maîtresse de maison. Elle se rendait bien compte que les vêtements luxueux, les propos et les sourires les plus doux, de même que les banquets, n'étaient que des poisons qui corrompaient son cœur et sa chair, lesquels immanquablement finiraient un jour ou l'autre au cimetière. Elle avait pour elle son beau regard, elle chantait, plaisantait, mais pourtant, bien souvent, elle pleurait en cachette. Orpheline, sans frère ni sœur, sans famille, quand elle ouvrait les yeux, c'est un monde vide qui s'offrait à elle, un monde devant lequel elle devait toujours garder le sourire et un regard expressif, afin de pouvoir gagner sa vie. À vingt ans, elle avait déjà compris que tout était vain et elle n'aspirait plus qu'à rencontrer un homme honnête qui la rendrait heureuse. Finalement, elle devint concubine ! Si au moins elle avait rencontré un brave homme, elle aurait été prête à oublier toutes ses mauvaises manières, pour ne conserver que le charme de son regard !

Une concubine étant un joujou « d'usage exclusif », elle devait savoir mobiliser tous ses moyens de séduction pour gagner les faveurs d'un seul homme. En butte à la jalousie et aux vexations de la « grosse courge rouge », il lui était encore plus nécessaire de se concilier les bonnes grâces de son mari, si elle ne voulait pas perdre les avantages de sa position. Elle était cependant bien décidée à ne pas se laisser maltraiter et à ne pas devenir une de ces grenouilles qui servent de support aux pieds d'une table.

You Tongfang n'était pas plus méchante qu'une autre, et

bien qu'ayant roulé sa bosse elle était plus loyale que beaucoup. Elle n'était pas une débauchée, et si elle avait perdu sa virginité à treize ans, si à vingt-deux ans elle avait déjà avorté deux fois, elle n'en était en rien responsable. Plus la « grosse courge rouge » la dénigrait, plus elle se défendait bec et ongles, estimant que cette femme n'avait pas le droit de l'injurier. Par malheur, si en se défendant elle cherchait à se justifier, elle utilisait encore plus de termes injurieux et s'attirait nombre de réflexions venimeuses. Elle n'avait donc d'autre choix que de tirer le meilleur parti possible de ces insultes et de continuer à contre-attaquer.

Ce jour-là, si elle s'était mise en colère contre la « grosse courge rouge », ce n'était pas seulement pour se défendre elle-même, mais aussi pour défendre sa province natale – le Liaoning. Elle n'était pas vraiment sûre d'être née là-bas, mais elle se rappelait avoir gagné sa vie en chantant dans la rue Xiaoheyan à Shenyang. La langue qu'elle parlait était aussi celle de cette région. Orpheline, elle tenait quand même à avoir une région d'origine pour ne pas se sentir comme une lentille d'eau sans racines. Elle savait que les Japonais s'étaient emparés de sa province, elle était aussi au courant des mauvais traitements infligés par l'ennemi à ses compatriotes ; inutile de dire ce qu'elle pensait des menées de la « grosse courge rouge » pour s'attirer les bonnes grâces des Japonais !

Gaodi était la seule de la famille avec qui elle s'entendait bien. Guan Xiaohe ne l'avait jamais maltraitée, mais son amour n'était rien d'autre que le sentiment qu'on peut éprouver pour un beau jouet, il n'y avait dans leurs rapports aucune estime. Gaodi, qui se sentait mal aimée de ses parents, voyait en elle une amie ; elle traitait Tongfang en égale, et Tongfang éprouvait pour elle une affection sincère.

Tongfang avait lancé des injures pendant un bon moment, et Gaodi vint lui demander de se calmer. Après l'orage, en général, le beau temps revient ; une fois toute sa rancœur épanchée, Tongfang se montra particulièrement gentille avec Gaodi. Elles commencèrent à se faire des confidences et, après avoir bavardé un instant, Gaodi dévoila son petit secret à Tongfang, qui en fut vivement impressionnée.

« Eh oui ! quand on est une femme, on n'a rien à dire. En fait, Gaodi, une femme, c'est comme un cerf-volant. Malgré ses belles couleurs, rouge comme les fleurs, vert comme les saules, et son balancement harmonieux dans le ciel, le cerf-volant est attaché à une ficelle qui est dans les mains de quelqu'un d'autre. Tu ne trouves pas ? Tu veux couper la ficelle ? Essaie toujours, et tu vas aussitôt tomber dans un arbre, la tête en bas, ou rester accrochée à un câble électrique, la queue et les ailes en loques, plus laide que jamais ! »

Après avoir exprimé sa colère, elle en revint au secret de Gaodi :

« Je ne connais pas ce garçon. En tout cas, si tu veux te marier, il faut épouser quelqu'un d'honnête ; qu'il ne soit pas riche, ça, ça ne fait rien, il suffit que vous soyez heureux ensemble ! Ne te presse pas, je vais me renseigner ! Quant à moi, tu sais, ma vie est finie, quand j'ouvre les yeux sur ce bas monde, je me trouve bien seule ! Bien sûr, j'ai un mari, mais peut-on le considérer comme un vrai mari ! Heureusement que j'ai un grand cœur et pas mal de culot, sinon je serais depuis longtemps morte de désespoir ! Mais, passons ! Ce que je souhaite, c'est que tu fasses un bon mariage, comme ça, notre amitié n'aura pas été vaine ! »

Gaodi sourit et sur son nez apparurent plusieurs petits plis charmants.

CHAPITRE X

Vers la mi-août, le ciel de Peiping s'était éclairci. Les coups de canon du côté de Shanghai avaient dispersé les nuages noirs qui s'étaient accumulés sur la tête des Pékinois.

Ruixuan ne fronçait plus les sourcils, et son visage rond avait retrouvé le sourire. Il lui arrivait même de fredonner la chanson *Rouge est le fleuve* de Yue Wumo[1].

Tenant Petit Shunr par la main, Ruiquan fit le tour de la cour en sautillant, puis il prit la petite Niuzi et la fit sauter en l'air ; elle riait, à la fois effrayée et ravie, en poussant de petits cris aigus qui firent réagir sa mère.

« Ruiquan ! Fais attention de ne pas lui faire mal, elle est fragile ! »

Le vieux Qi ne connaissait Shanghai que de nom et il n'était pas vraiment passionné par la résistance de cette ville contre l'ennemi, mais malgré tout il disait en soupirant, sous le coup de l'émotion :

« C'est une calamité ! Une vraie calamité ! Combien de gens vont encore mourir cette fois-ci ! »

Au fond de lui-même, Tianyou était très heureux que la Chine se soit enfin décidée à engager le combat contre le Japon, mais son bon sens le ramenait toujours à ses affaires :

« Pour le coup, c'en est vraiment fini de notre boutique, toutes nos marchandises viennent de Shanghai !

– Tu ne penses vraiment qu'à toi, tu pourrais quand

1. Yue Wumo : nom posthume de Yue Fei (1103-1141), général de l'empereur Gaozong, des Song du Sud, qui défit les Jin.

même penser un peu au pays ! reprocha Ruiquan à son père en souriant.

– Je n'ai pas dit qu'il ne fallait pas se battre contre les Japonais ! » riposta Tianyou avec un léger sentiment de culpabilité.

La mère de Petit Shunr n'y comprenait rien ; d'ailleurs tout cela l'intéressait peu. Voyant tout le monde de bonne humeur, elle se mit au travail avec une ardeur nouvelle, et suggéra même de régaler la famille avec des raviolis farcis au fenouil. Par hasard, elle avait touché juste : Ruiquan, pensant que sa belle-sœur voulait avec ce repas célébrer la décision prise par le gouvernement, ne tarit pas d'éloges sur elle.

« Belle-sœur, je vais t'aider à les préparer !

– Ne te mêle pas de ça ! Toi, tu n'es bon qu'à jouer au ballon, ne t'occupe pas de mes raviolis ! Pas de bluff, s'il te plaît ! »

Entendant tout ce tumulte, l'épouse de Tianyou cria :

« Mais qu'est-ce qui se passe ? »

Ruiquan se dirigea vers la chambre, en ouvrit les fenêtres, puis dit à sa mère :

« Maman ! On se bat à Shanghai !

– C'est bien le président Tchang Kaï-chek [1], le commandant en chef ?

– Oui ! Maman, à ton avis, est-ce qu'on va la gagner, cette guerre ? »

Ruiquan était tellement content qu'il en oubliait que sa mère ne comprenait rien à tout cela.

« Qui sait ? En tout cas, il nous faut d'abord tuer plusieurs dizaines de milliers de petits Japonais, on verra bien après !

– Tu as tout à fait raison !

– Vous allez manger des raviolis, n'est-ce pas ?

---

1. Généralissime et homme d'État chinois (1887-1975), chef de la fraction du Guomintang (Parti nationaliste) opposée au Parti communiste chinois, contre lequel il mena une lutte continue. Vaincu, il se réfugia à Taïwan avant la fondation de la République populaire de Chine.

– C'est une idée de grande belle-sœur ! Tu sais, elle est vraiment douée, elle sait tout faire !

– Aide-moi à me lever, je vais l'aider à préparer la farce, quand c'est elle qui la fait, elle sale toujours trop !

– Mais non, maman, ne bouge pas, nous sommes déjà assez nombreux pour l'aider ! Et puis, je suis là, moi aussi !

– Toi ? » Sa mère sourit. Elle se redressa lentement. Ruiquan aurait bien voulu l'aider, mais il ne savait pas comment s'y prendre.

« Ce n'est pas la peine ! Laisse-moi ! Ces derniers jours, je vais beaucoup mieux, je peux descendre du lit toute seule. »

En fait, sa maladie était semblable à ces averses d'été qui s'arrêtent aussi brusquement qu'elles ont commencé. Quand elle allait bien, elle se comportait comme une personne normale ; mais au moindre malaise, elle devait s'aliter aussitôt.

Lentement, elle se chaussa puis se leva. Debout, elle paraissait encore plus petite et plus maigre. Ruiquan s'en rendant compte en fut d'ailleurs un peu surpris. Il aimait beaucoup sa mère et ne pouvait se faire à l'idée qu'elle soit devenue une petite vieille. Il la regarda encore, et la trouva vraiment différente de son grand-père et de son père. Bien sûr, elle n'était pas issue de la famille Qi, mais après tout elle était sa mère, et il ne l'en aimait que plus sans savoir au juste pourquoi. Elle avait le teint très jaune et les oreilles si minces qu'elles en étaient presque transparentes, cela le chagrina.

Puisqu'on se battait à Shanghai, tôt ou tard il devrait quitter sa famille : Shanghai l'appelait. Une fois parti, qui sait quand il reverrait sa mère ? La reverrait-il seulement ?

« Maman ! dit-il, désirant lui faire part de son secret.

– Oui ?

– Non ! Rien ! » Il sortit, leva la tête pour regarder le ciel si clair et si bleu, puis poussa un profond soupir.

Il repartit vers la cuisine, où sa belle-sœur ne manifesta aucune intention d'accepter son aide pour la préparation des raviolis ; il ne dit mot et alla voir son frère aîné.

« Tu ne crois pas que le moment est venu pour moi de

partir ? Regarde, on se bat à Shanghai, on a sûrement besoin de beaucoup de gens là-bas. Je ne peux pas rester les bras croisés à la maison à attendre les bonnes nouvelles !

– Tu veux aller à Shanghai ?

– Oui ! Avant, je voulais partir sans savoir trop où aller ; maintenant, j'ai un but, alors pourquoi attendre ? Si je ne pars pas, je vais exploser !

– Mais comment vas-tu partir ? À Tianjin, les Japonais contrôlent tout ; tu es jeune et fort, avec ta tête d'étudiant, tu penses que les Japonais vont te laisser filer ? En tout cas, moi, je trouve ça dangereux !

– Ah ! Je te retrouve bien là, toujours à tergiverser sans fin ! Quand on prend des risques, on ne peut penser à tout. Il faut d'abord que je quitte Peiping et ensuite je verrai bien. Il n'y a que le premier pas qui coûte !

– Réfléchis bien ! dit Ruixuan avec une légère nuance de consternation dans la voix. Il faut penser au départ, au déguisement et à ce qu'il faut emporter. Tu sais, il faut bien refléchir à tout.

– Si c'est comme ça, ce n'est plus la peine de partir ! »

Ruiquan n'était pas fâché, mais son frère commençait à l'énerver.

Ruifeng, lui, était beaucoup plus optimiste. Comme il voyait en ce moment tout le monde se réjouir de l'entrée en guerre de Shanghai, il se dit qu'il valait mieux suivre l'opinion générale. Au fond, il n'avait vraiment pas d'avis sur l'opportunité d'une telle guerre. Ce qu'il souhaitait, c'était tout simplement avoir un comportement qui ne soit désagréable pour personne.

Ruifeng était sur le point de trouver des vertus à la résistance contre le Japon, quand soudain il changea d'opinion : sa femme, elle, ne pensait « pas comme les autres ».

Si on voulait être agréable avec la femme de Ruifeng, on pouvait dire d'elle qu'elle était corpulente ; si on voulait être méchant, on pouvait la traiter de gros tas de chair. Petite, pratiquement dépourvue de cou, elle avait tout de la barrique de bière. Elle recouvrait son visage aux traits épais d'une importante couche de fard et sa coiffure faisait invariablement penser à un nid de poule ; en un mot, elle était énorme et paraissait vraiment redoutable. Ruifeng était, à côté d'elle, très mince, si bien que lorsqu'il était en colère Ruiquan disait d'eux qu'ils représentaient la parfaite union « du dur et du mou ». Elle n'était pas seulement une masse de chair, elle était surtout une masse de chair très égoïste. Elle devait avoir un morceau de lard à la place du cerveau, et son cœur, en mettant les choses au mieux, devait ressembler à un gros jambon.

« Qu'y a-t-il de si réjouissant dans cette bataille de Shanghai ? » Ses lèvres épaisses remuaient mollement, elle ne parlait pas haut et sa voix semblait engluée dans son gros gosier. « Et moi qui ne connais pas Shanghai ! Si la ville est rasée à coups de canon, sera-t-il encore possible d'y aller ?

– Elle ne sera pas rasée ! » dit Ruifeng, qui voulait calmer l'irritation de son épouse ; il lui fit un large sourire :

« La guerre se déroule dans la partie chinoise et les grandes maisons de style européen sont dans les concessions, les bombardements ne les atteindront certainement pas. Et même si par malheur cela arrivait, ce n'est pas très grave ; le temps que nous ayons assez d'argent pour visiter la ville, elle sera déjà restaurée depuis longtemps ; les étrangers sont riches, tu sais, quand ils décident de restaurer, ils restaurent, et quand ils décident de démolir, ils démolissent, ils n'y vont pas par quatre chemins !

– En tout cas, je n'aime pas entendre parler de guerre à Shanghai. Ils auraient quand même pu attendre que j'y sois allée ! »

Ruifeng était fort embarrassé, il n'avait pas le pouvoir d'arrêter la guerre, mais il ne voulait pas non plus chagriner sa femme ; mieux valait couper court.

Toutefois, son silence ne suffit pas à apaiser la colère de madame :

« Quand aurons-nous assez d'argent pour visiter Shanghai ? Auras-tu un jour assez d'argent ? Quelle idée j'ai eue de t'épouser ! Regarde-moi cette famille, vieux et jeunes, hommes et femmes, tous aussi avares les uns que les autres, ici c'est presque un crime que d'aller au cinéma ! Du matin au soir, on ne se dit jamais rien, on ne rit pas, on ne s'amuse pas, tout le monde a toujours la même mine maussade, de vraies têtes d'enterrement !

– Allons, calme-toi ! » Le petit visage sec de Ruifeng s'illumina d'un grand sourire qui avait plutôt l'air d'une fissure. Il lui dit sincèrement :

« Attends donc que mes affaires s'arrangent et que je gagne assez pour nous deux, alors nous quitterons la maison pour nous installer ailleurs.

– Attendre ! Attendre ! Toujours attendre ! Attendre jusqu'à quand ? » Le gros visage de Mme Ruifeng se congestionna et le creux des ailes de son nez devint luisant.

Le cœur des Pékinois battait fort pour les avions qui avaient été envoyés en mission ! Petit Cui avait l'impression de les entendre sans cesse, il leva la tête pour essayer de les apercevoir dans le ciel, mais il ne vit qu'un avion japonais. Il s'entêtait à affirmer que c'était un avion chinois ; le visage écarlate, il était justement en pleine discussion avec M. Sun.

« Pour ce qui est de tondre un crâne ou de raser un visage, je n'ai rien à te reprocher, puisque tu as été à l'école d'un grand maître barbier, mais pour le reste, tu ferais mieux de la fermer ; et puis tu es myope comme une taupe ! Alors que moi, j'ai très bien vu ! Sur les ailes de l'avion, il y avait un soleil blanc sur fond bleu [1] et je suis sûr de ne pas me tromper ! Et puis, après tout, si nos avions peuvent bombarder Shanghai, pourquoi ne pourraient-ils pas bombarder Peiping ? »

Au fond, M. Sun se réjouissait de l'arrivée éventuelle d'avions chinois au-dessus de Peiping, mais avec Petit Cui, il aurait bien aimé quand même ne pas en rester là. Ce n'est que lorsque celui-ci l'attaqua sur sa myopie qu'il se tint pour battu ; serrant sous son bras un petit sac de toile blanche, il s'éloigna, le sourire aux lèvres, en direction des boutiques où il travaillait.

1. Le drapeau de la République de Chine.

À peine arrivé, il ne put s'empêcher de rapporter les propos de Petit Cui en les exagérant. Tenant d'une main le visage d'un client, lui rasant de l'autre les joues et le bas du menton, il parlait à voix basse, mais avec une certaine insistance :

« Tout à l'heure, j'ai vu sept bombardiers chinois, énormes, avec sur leurs ailes clairement dessiné le drapeau bleu avec son soleil blanc ! »

Se sentant sous la menace du rasoir, le client n'osait faire le moindre commentaire.

En fredonnant, Petit Cui sortit son pousse-pousse. À la station, il raconta ce qu'il venait de voir. Quand, pendant sa course, il aperçut des soldats japonais, il se mit à courir de plus belle, le visage légèrement relevé. Ce ne fut que lorsqu'il fut assez loin d'eux qu'il cria : « Mort à vous tous, salauds de Japonais ! » Il raconta alors au client assis dans son pousse que des avions chinois venaient de survoler Peiping.

Il y avait maintenant un certain temps que M. Li était sans travail. À l'extérieur de la ville, le canon tonnait souvent, à tel point que pendant quelques jours les agents de police suspendirent leur faction. Dans de telles circonstances, qui pouvait encore avoir l'idée de déménager ?

Ce jour-là, il avait accepté de faire un enterrement. Sa spécialité était le déménagement, mais avec l'âge il acceptait de plus en plus souvent les enterrements ; puisqu'il était capable d'attacher solidement et de déplacer les malles, les coffres, les tables, les sièges, il pouvait tout aussi bien transporter un cercueil sans aucun risque. Au carrefour du Temple de la Sauvegarde Nationale, les porteurs placèrent sur leurs épaules les barres auxquelles était attaché le cercueil. Une poignée de monnaie en papier [1] vola en l'air, on aurait dit de gros papillons blancs. M. Li cria de sa voix aiguë et claire :

1 Papier en forme de sapèques (ancienne monnaie chinoise) brûlé pour les mânes des morts.

« La famille nous a accordé une gratification de quatre-vingts ligatures de sapèques ! »

Les porteurs lancèrent à l'unisson un « Oh ! ». M. Li, vêtu d'une tunique de deuil et battant avec entrain l'une contre l'autre ses « règles sonores »[1], semblait avoir oublié les soucis et les tracas qui l'accablaient en ce moment.

Mme Li, debout à la sortie de la ruelle du Petit-Bercail, voulait voir si son mari faisait bonne figure à la tête de l'enterrement – c'était en effet une grosse responsabilité. Après s'être frotté les yeux plusieurs fois, elle l'aperçut enfin et lui dit en souriant : « Regardez-moi cette vieille baderne ! »

L'artisan tapissier, maître Liu, avait lui aussi trouvé du travail. Les policiers avaient en effet demandé de démonter les tonnelles au plus vite, sans leur donner d'explications. Tout le monde avait néanmoins compris que les Japonais devaient craindre d'éventuels bombardements des avions du gouvernement central chinois et les baraques en nattes de paille risquaient de prendre feu. Maître Liu était donc occupé à démonter tout cela. Haut perché sur un toit, il espérait voir arriver les avions chinois.

Le couple Wen vocalisait ce jour-là dans la cour, sans le moindre scrupule, et même la vieille veuve du n° 4 se tenait sur le seuil de sa porte, l'œil aux aguets. Elle était très craintive. Depuis les coups de canon au pont Lugou, elle n'était pas sortie de chez elle. Elle défendait aussi à son petit-fils – le fils de sa fille –, Cheng Changshun, qui avait dix-neuf ans, de sortir, de peur qu'il ne lui arrive quelque chose. Elle avait les cheveux tout blancs, et était toujours coiffée et habillée très proprement ; elle portait au doigt un anneau d'argent large et assez lourd, comme on les faisait il y a quarante ans. Elle avait une physionomie plus douce que Mme Li, et avec ça, tout comme elle, un cœur d'or.

---

1. Règles sonores en bois utilisées pour les enterrements dans l'ancienne société chinoise ; on les frappait l'une contre l'autre pour rythmer la marche des cortèges funèbres.

Toutefois, elle était moins vive que celle-ci ; veuve depuis l'âge de trente-cinq ans, elle avait toujours un comportement plus posé.

Elle avait mis de côté un peu d'argent, mais n'en faisait jamais cas. Elle menait une vie très austère et avait réussi à donner à son petit-fils un métier. Celui-ci avait perdu ses parents à l'âge de huit ans et fut recueilli et élevé par sa grand-mère. Il avait une grosse tête et parlait avec une voix nasillarde comme s'il souffrait d'un rhume chronique. Tout cela lui donnait l'air un peu sot, mais en fait il ne l'était pas du tout. Sa grand-mère s'occupait bien de lui et elle lui préparait toujours de bons repas bien consistants, alors qu'elle-même suivait un régime végétarien.

Elle avait beaucoup réfléchi sur le choix d'un métier pour son petit-fils : elle avait finalement acheté un vieux phonographe et une vingtaine de disques anciens, et elle lui avait appris à les faire jouer dans la rue les après-midi. Changshun aimait bien ce métier, car lui-même adorait chanter les airs d'opéra. Son commerce était en même temps un passe-temps. Il apprit à chanter tous les morceaux gravés sur ses disques et si l'un d'entre eux était abîmé, il pouvait fredonner le passage manquant. Parfois, il arrivait qu'après avoir fait tourner une demi-douzaine ou plus de disques pour sa clientèle, on le prie instamment de chanter quelques airs. Quand il chantait, sa voix était beaucoup plus agréable, et quand il terminait un air, son timbre nasillard lui donnait souvent une intonation profonde et puissante. Son petit commerce prospérait et certains habitants des rues avoisinantes se déplaçaient exprès pour venir l'écouter, tant sa voix faisait fureur dans tout le quartier. Son rêve était de pouvoir un jour monter sur une scène d'opéra et, grâce à sa grosse tête et à sa belle voix, de jouer des rôles masculins au visage bien maquillé.

Ces jours-ci, Changshun s'ennuyait beaucoup. Sa grand-mère lui défendait de sortir et aussi de faire jouer le phonographe à la maison. Chaque fois qu'il voulait le mettre en marche, elle lui disait : « Surtout, ne fais pas de bruit, si les Japonais entendent ça, ce sera une catastrophe ! »

Finalement ce jour-là, Changshun dit à sa grand-mère :

« Le danger est passé, je peux sortir maintenant. On se bat à Shanghai. Mille avions chinois ont été envoyés bombarder les Japonais ! C'est sûr, nous allons gagner. Une fois la guerre gagnée à Shanghai, à Peiping ce sera la paix ! »

La grand-mère ne se fiait pas trop aux paroles de son petit-fils et décida donc de franchir le pas de sa porte pour en avoir le cœur net ; comme si elle avait pu de sa rue apercevoir Shanghai !

Les cheveux blancs de la vieille s'auréolèrent d'argent sous le soleil. Le reflet vert des grands sophoras atténuait le lustre jaune de sa peau et dessinait sur son visage quelques rides sombres. Elle resta là, debout dans la ruelle ; aucun passant, aucune animation ; après quelques instants, elle rentra lentement chez elle.

« Alors, qu'est-ce que tu as vu, grand-mère ? » demanda avec anxiété Changshun.

– Rien, peut-être que c'est la paix pour de bon !

– Puisque la guerre a éclaté à Shanghai, maintenant je suis sûr que nous allons gagner ! Crois-moi, grand-mère, je suis sûr de ne pas me tromper ! » Changshun commença à préparer son attirail dans l'intention de sortir dès l'après-midi.

Tous les habitants de la ruelle avaient l'air ravi, déjà prêts à accueillir la victoire ; il n'y avait que Guan Xiaohe qui fût un peu triste. En effet, ses démarches n'avaient rien donné. S'il avait obtenu quelque chose, il aurait immédiatement commencé à pêcher en eau trouble, sans s'inquiéter de ce qui pouvait se passer à Shanghai. Mais rien n'était encore décidé et là-bas la bataille faisait rage ; si la Chine venait à gagner la guerre, ne serait-ce pas fâcheux pour lui ? N'aurait-il pas terni sa réputation sans atteindre son but ? Contrarié au plus haut point, il décida de suspendre ses activités pendant quelques jours et d'attendre pour voir la tournure que prendraient les événements.

La « grosse courge rouge » ne partageait pas du tout cet avis :

« Que t'arrive-t-il ? On vient à peine de commencer, et voilà que tu te dégonfles ! La guerre à Shanghai ? En quoi ça nous concerne donc ? Le gouvernement de Nankin, avec le peu de troupes dont il dispose, ne pourra jamais vaincre les Japonais. Laisse-moi rire ! Même si tu ajoutais six autres gouvernements de Nankin, ils n'y pourraient rien ! »

La « grosse courge rouge » ne semblait pas dans un état normal ; elle était persuadée que toute sa vie se jouait en ce moment et qu'il ne fallait donc absolument pas s'arrêter à mi-chemin.

Le hasard avait ces jours-ci ramené John Ding chez lui, au nº 6. Son père, un protestant, était mort en martyr, massacré par les Boxers en 1900 ; le fils avait bénéficié de la protection des étrangers et, dès l'âge de treize ans, avait été engagé comme garçon à tout faire à la « résidence anglaise ». Petit à petit, il avait pris du grade et était maintenant chargé de dresser les tables.

Il avait atteint la quarantaine. Mettre le couvert chez les autres n'avait rien de très distingué, mais pour les gens de la ruelle du Petit-Bercail John Ding n'était pas un homme ordinaire. D'ailleurs John lui-même savait très bien se faire mousser. Dès qu'on parlait de sa famille, il précisait qu'ils étaient protestants de père en fils ; dès qu'on parlait de son métier, il déclarait qu'il travaillait pour les étrangers à la résidence anglaise – il aimait dire « résidence » plutôt qu'« ambassade », parce que « résidence » sonnait presque aussi bien que « palais ».

Il occupait trois pièces dans le corps de logis central au nº 6 du Petit-Bercail, à la différence de M. Sun ou Petit Cui, qui, eux, n'occupaient qu'une seule pièce. Son appartement était proprement arrangé avec pas mal d'objets d'origine étrangère. Il avait aussi quelques livres étrangers au contenu identique, mais ayant des couvertures différentes : les quatre Évangiles et les Psaumes. Dans son buffet, il gardait un grand nombre de verres à bière et de coupes à champagne abîmés, mais utilisables faute de mieux, ainsi que toutes sortes de bouteilles et de boîtes à café. Dans sa façon de s'habiller, enfin, il avait une drôle d'habitude : il enfilait souvent une veste de costume occidentale sur sa tunique chinoise.

Dans la ruelle, il ne fréquentait que la famille Guan. Les autres lui étaient parfaitement indifférents et d'ailleurs on le lui rendait bien ; l'absence de relations semblait convenir aux deux parties. Il aimait bien les Guan et ceux-ci avaient de la considération pour son « style étranger », c'était d'ailleurs ce qui avait jeté les bases de leur amitié. De plus, ils étaient les seuls à pouvoir apprécier les petites quantités de beurre, de café ou de confiture d'oranges qu'il rapportait de la résidence, car ils savaient qu'il s'agissait de produits authentiquement étrangers. John Ding les leur vendait toujours très équitablement et c'est ainsi que les liens entre eux se resserrèrent.

Cette fois-ci, il avait apporté une demi-bouteille de gin écossais qu'il voulait offrir à M. Guan.

Si John Ding avait été chargé de dresser les tables dans un restaurant de cuisine occidentale tout à fait quelconque, la « grosse courge rouge » n'aurait pas prêté attention à lui – même s'il lui avait apporté tous les jours du beurre et des conserves. Mais là, il travaillait à la résidence anglaise, ce qui sous-entendait beaucoup de choses. Au Palais impérial, les eunuques, qui n'étaient que des esclaves mutilés, jouissaient d'un traitement de faveur à cause de leurs relations privilégiées avec des gens importants. Pour la « grosse courge rouge », il fallait traiter John Ding de la même façon, avec une bienveillance particulière. Pour elle, John Ding lui-même et les choses qu'il apportait n'avaient rien d'extraordinaire, mais ce qui l'excitait au plus haut point, c'était ce terme prestigieux de « résidence anglaise ». John travaillait à la résidence anglaise, et cela donnait l'impression à la « grosse courge rouge » que sa famille entretenait des relations avec l'ambassade britannique, des relations dont il y avait lieu d'être fier ! Chaque fois qu'elle offrait à ses invités du café ou de la confiture, elle se faisait un devoir de déclarer avec insistance : « Cela vient de la résidence anglaise ! » Ce terme de « résidence anglaise » lui collait à la bouche comme un gros chewing-gum.

Voyant John Ding entrer dans la pièce avec sa bouteille de gin à la main, elle coupa court à ses récriminations contre son mari, et donna à son visage toute l'expression souriante dont elle était capable : « Oh ! John Ding ! » Elle aimait d'ailleurs beaucoup le nom de *John*. Bien que ce nom ne fût pas aussi imposant et majestueux que « résidence anglaise », il pouvait rivaliser cependant avec d'autres termes d'origine étrangère comme « sardines » ou « gin ».

Âgé d'une quarantaine d'années, le visage bien rasé, le dos raide, John Ding ne regardait jamais les gens en face, ses yeux s'attachaient plutôt aux mains, comme si chacun se promenait constamment avec son couteau et sa fourchette. À l'interpellation cordiale de la « grosse courge rouge », il répondit par une légère douceur du regard – ayant pris l'habitude à la résidence anglaise de ne jamais parler ou rire bruyamment.

« Qu'apportez-vous ? demanda la " grosse courge rouge ".

– Du gin ! Un cadeau pour vous, madame Guan !

– Un cadeau ? » Son cœur frémit, elle aimait beaucoup ces petites attentions. Elle prit la bouteille et l'étreignit sur sa poitrine, comme elle aurait fait avec un petit enfant.

« Merci, John ! Je vous fais un peu de thé ! Est-ce que vous l'aimez parfumé aux plantes aromatiques ? À la résidence anglaise, vous buvez surtout du thé noir, n'est-ce pas ? Aujourd'hui, je vais vous faire goûter quelque chose de différent !

– Asseyez-vous, John ! » M. Guan se montra lui aussi assez aimable. « Avez-vous des nouvelles ? Que pense-t-on à la résidence anglaise de la guerre à Shanghai ? Pensez-vous que les Chinois pourront battre les Japonais ?

– Les étrangers disent que dans trois mois, six mois au plus, tout sera fini ! » John parlait tout à fait objectivement, comme un diplomate britannique en poste en Chine.

« Comment ça, fini ?

– L'armée chinoise sera vaincue ! »

Entendant cela, la « grosse courge rouge » fut si émue qu'elle faillit lâcher la bouteille de gin.

« Guan Xiaohe ! Tu as bien entendu ? Tu vois que mon

jugement de femme ne le cède en rien à celui des hommes ! Il faut prendre ton courage à deux mains, et ne pas laisser passer l'occasion ! »

Guan Xiaohe resta un moment silencieux, puis il sourit :

« Tu as raison ! Tu es purement et simplement un char d'assaut pensant ! »

CHAPITRE XI

On ne peut connaître tous les aspects de sa propre culture ; ainsi le poisson vit dans l'eau, mais il ne peut bondir hors de celle-ci pour voir de l'extérieur à quoi elle ressemble. Si l'on ne peut connaître avec une entière objectivité sa propre culture, d'autres sont susceptibles de l'observer avec impartialité, du fait même qu'ils vivent en dehors d'elle, mais ils ne peuvent que très difficilement en savourer le goût ; il leur arrive souvent de considérer comme beau un visage seulement parce qu'il est fardé, ou d'en considérer un autre comme laid parce qu'il est grêlé. Si ces observateurs se voyaient dans l'obligation de justifier leurs préjugés, peut-être insisteraient-ils surtout sur les visages grêlés et fermeraient-ils les yeux devant les autres.

Depuis longtemps, les Japonais observaient la Chine avec beaucoup d'attention et ils enquêtaient en détail sur tout ce qui s'y rapportait : ils prétendaient tout savoir sur les Chinois. Il est probable que dans les domaines économique, agricole, commercial et militaire, ils étaient mieux informés que beaucoup de Chinois. Toutefois, quand ils avaient recours aux chiffres comme base de leur connaissance de la civilisation chinoise, cela faisait un peu penser à quelqu'un qui aurait voulu composer un poème bucolique en s'inspirant d'un guide touristique. De plus, fourberie et mystification étant à la base de toutes leurs actions, ils étaient en contact avec des Chinois qui représentaient la lie de la nation. Grâce à ces individus, ils avaient pu obtenir de nombreux avantages et cela les avait naturellement portés à croire que connaître ces gens équivalait à connaître tous les Chinois ; il ne leur en fallait pas plus pour affirmer que la civilisation chinoise ne connaissait ni la courtoisie, ni la droiture, ni l'intégrité, ni la pudeur, mais qu'elle était dominée uniquement par les voleurs et les prostituées, bref, par la racaille.

Or, seule l'amitié entre les nations peut servir de base à la découverte d'une culture, la paix ne peut régner dans le monde que si les nations cherchent à se comprendre et se respectent. Les Japonais, en s'opposant à ces principes, agissaient en sens inverse. Ils se comportaient comme des voleurs qui, après avoir amadoué les chiens de garde, s'introduisent dans une maison pour y dérober des objets de valeur ; ils s'imaginent que tous les objets de la résidence leur appartiennent et que désormais ils n'ont plus rien à craindre de personne. Mais, mal entourés par des gens peu scrupuleux, ils abusèrent sans vergogne de leurs avantages et finirent par s'enliser petit à petit dans une situation de plus en plus précaire : un jour ou l'autre, les voleurs sont condamnés à passer en jugement devant l'humanité tout entière !

Ils n'avaient pas du tout prévu qu'après la chute de Peiping et de Tianjin, l'ensemble de la Chine allait s'engager dans la résistance. En bons soldats, ils pensaient qu'ils pourraient poursuivre leur occupation militaire en feignant d'attendre paisiblement une solution politique, mais aussi en continuant à piller les richesses du pays. Ainsi, ils faisaient fortune, et ils contribuaient à accroître leur propre prestige auprès des leurs.

La résistance rencontrée à Shanghai fit apparaître un certain trouble chez les envahisseurs. Ils étaient désormais confrontés à la guerre et devaient en même temps renforcer leur position à Peiping et à Tianjin. Mais comment guerroyer avec en poche toutes les richesses de ces deux villes ? Et comment les stabiliser ? Ils n'y étaient pas bien préparés. Ils auraient pu choisir le massacre comme moyen le plus simple et le plus rapide, mais la résistance sur tous les fronts du gouvernement de Nankin rendait cette solution dangereuse ; il valait peut-être mieux pour l'instant jouer la carte des chiens de garde chinois et leur confier les deux villes. S'ils avaient pu se rendre compte alors que la résistance chinoise avait été déclenchée certes en fonction d'estimations militaires, mais aussi en tenant compte du moral de la population, qui était décidée à aller jusqu'au bout, ils auraient certainement rappelé leurs troupes en temps utile, pour éviter de tomber dans un abîme insondable. Ne voulant pas reconnaître que la Chine était un pays doté d'une riche culture, ils choisirent l'option militaire, ce qui fut une tragique erreur, car ce n'est pas la force qui fait le mérite d'une nation, mais son intelligence.

Après une longue période de préparation pour mettre sur pied une organisation politique à Peiping et à Tianjin virent le jour, outre la Commission des affaires politiques qui n'avait pratiquement aucun pouvoir, une association de maintien de l'ordre local à peu près inutile et un gouvernement municipal qui contrôlait la région pour le compte des Japonais. Les militaires n'en étaient pas très fiers, car ce décor peu reluisant portait une grave atteinte à la dignité de l'« Empire ». Les traîtres, de leur côté, étaient fort mécontents, car seul un petit groupe d'entre eux avait réussi à décrocher des postes de fonctionnaires.

Les moqueurs comparaient cela à un théâtre de marionnettes dont le matériel, les costumes, les accessoires et les instruments de musique auraient dû être de première qualité, et la troupe d'acteurs au grand complet..., alors qu'on se trouvait face à de vulgaires montreurs de singes ou de chèvres s'accompagnant d'un petit gong. Bien piètre résultat pour tant d'argent dépensé, tant de travail effectué et tant de vies humaines sacrifiées ; c'était à la fois burlesque et pitoyable !

Après avoir entendu les propos de John Ding, Guan Xiaohe décida de ne plus s'occuper de la résistance contre le Japon ; il ne voulait même plus en entendre parler. Puisqu'on venait de publier les noms du maire et du préfet de police, il décida d'effectuer des démarches auprès de la municipalité et de la préfecture de police. Il n'avait aucune connaissance particulière en matière d'administration, mais il était persuadé que pour assumer une charge de fonctionnaire, il fallait avant tout faire preuve de beaucoup d'adresse, et que le savoir professionnel était tout à fait secondaire.

Guan Xiaohe et la « grosse courge rouge » reprirent leurs démarches pendant trois à quatre jours, mais toujours sans résultat. Désespérant de réussir, Guan Xiaohe essaya de se justifier :

« À mon avis, la guerre à Shanghai n'a été engagée que pour la forme, et au fond ce qui prime ce sont les négociations de paix. Une fois la paix négociée, les fonctionnaires de Peiping seront nommés par le gouvernement de Nankin, c'est d'ailleurs ce qui doit expliquer tous les changements de personnel qui ont lieu en ce moment. Sinon, avec notre savoir-faire et notre expérience, si modestes soient-ils, comment expliquer que nous n'aboutissions à rien ?

– Sornettes ! » La « grosse courge rouge » était elle aussi fort mécontente, mais, serrant les dents, elle ne voulait pas admettre son échec.

« Où est-il ton savoir-faire ? Je te le demande ! Si tu avais vraiment du savoir-faire, il t'aurait suffi d'une seule visite pour obtenir un poste de fonctionnaire. Voyez-moi ça ! On ne veut pas avouer qu'on est bon à rien, par contre pour se perdre en conjectures sur ce qu'on ignore, là, l'imagination ne manque pas ! Crois-moi, tu n'es pas au bout de tes peines et il n'est pas question de baisser les bras maintenant ! Reprends-toi et allez, vas-y, va les faire, ces démarches ! »

M. Guan sourit, l'air navré. Il ne voulait pas se disputer avec sa femme ; il se dit qu'il devait absolument parvenir à trouver quelque chose, quels que soient les moyens utilisés, uniquement pour qu'elle voie un peu de quelle étoffe il était fait.

Pendant ce temps, des nouvelles arrivaient d'un peu partout, les unes authentiques, les autres de simples rumeurs, toutes pareilles à des coups de vent chauds ou froids soufflant sur la ville. Peiping était mort aux yeux du monde, mais les Pékinois vivaient toujours avec la Chine, et leur cœur battait à l'unisson avec la courageuse résistance qui se développait dans plusieurs régions. Les volontaires du Nord-Est avaient repris leurs activités ; à Nankou l'ennemi avait eu deux mille morts et blessés ; à Qingdao l'armée chinoise avait fait échouer un débarquement ; Shijiazhuang avait été bombardé... Les nouvelles vraies succédaient aux nouvelles fausses, et toutes se répandaient comme une traînée de poudre dans la ville.

Ce qui excitait le plus les habitants de la ruelle du Petit-Bercail, c'était qu'un jeune chauffeur avait volontairement fait tomber son camion dans un torrent de montagne encaissé près de Nankou ; le jeune homme et la trentaine de soldats japonais qui se trouvaient dedans avaient été tués sur le coup. Qui était ce jeune homme ? On l'ignorait. Toutefois, on présumait que c'était le second fils de la famille Qian. Il était jeune, il était chauffeur à Peiping et on ne l'avait pas revu depuis longtemps à la maison... Tous ces détails ne faisaient qu'ajouter de l'eau à leur moulin et maintenant aucun doute n'était permis, c'était bien lui !

Cependant, la porte d'entrée des Qian restait hermétiquement fermée, il n'y avait pas moyen d'en savoir plus. On en était réduit à contempler en signe de respect et d'admiration les deux battants de la porte qui avaient presque perdu toute leur peinture et qu'aucune image de dieux gardiens ne venait égayer.

Ces nouvelles que les gens se transmettaient à voix basse avaient provoqué chez Ruiquan un sentiment mêlé de surprise et de joie. Il avait souvent entendu sa grand-mère raconter qu'en 1900, quand l'armée des Huit Puissances était entrée dans la ville, plusieurs hautes personnalités s'étaient suicidées avec leur famille, se sacrifiant ainsi pour leur patrie. Quels que soient les sentiments de ces gens au moment de mourir, Ruixuan avait toujours pensé qu'ils avaient fait preuve de beaucoup de force morale.

Dans les circonstances présentes, on pensait s'être comporté plus intelligemment qu'en 1900. Certes, des officiers et des soldats étaient morts sur le champ de bataille, mais il n'y avait pas eu de fonctionnaires ou de gens du peuple qui s'étaient donné la mort par amour pour la patrie. Est-ce vraiment une preuve d'intelligence ? Il n'osait l'affirmer.

Après avoir entendu parler du fils de M. Qian et de son sacrifice plus héroïque et de plus grande portée qu'un simple suicide, Ruixuan se félicitait de voir que les Pékinois n'étaient pas tous comme lui, qui n'avait rien changé à ses habitudes pour ne pas perdre sa tranquillité ; à Peiping, il y avait aussi des héros ! Il était persuadé que cet événement avait bien eu lieu, car M. Qian lui avait expliqué que son second fils avait décidé de ne plus revenir chez lui. Toutefois, il craignait maintenant que toute la famille Qian ne soit compromise ; en effet la nouvelle pouvait être propagée par ceux qui admiraient Qian Zhongshi, c'était son nom. Il se rendit de ce pas chez M. Li.

Celui-ci promit de recommander discrètement à tout le monde de ne pas ébruiter cette affaire. Il ajouta avec admiration :

« Si nous étions tous comme ce garçon, aucun Japonais, qu'il soit petit ou grand, ne serait là à nous chercher noise ! »

Ruixuan aurait bien voulu aller rendre visite à M. Qian, mais il s'en abstint, car il craignait d'attirer l'attention des voisins, et puis il se dit que, si par hasard M. Qian n'était pas encore au courant de l'événement, cela risquait de provoquer chez le vieil homme une angoisse terrible.

M. Li fit ses recommandations à tout le monde, et chacun se trouva d'accord là-dessus. Cependant, avant qu'il ait pu prévenir Petit Cui, celui-ci en avait déjà parlé à You Tongfang. Petit Cui avait certes offensé M. Guan et la « grosse courge rouge », mais You Tongfang et Gaodi continuaient à prendre son pousse pour leurs déplacements ; Tongfang avait de la sympathie pour ceux qui étaient dans la misère, et si elle prenait son pousse en le payant plus qu'il ne demandait, c'était un peu pour le dédommager de la gifle donnée par la « grosse courge rouge » ; Gaodi, elle, aurait fait n'importe quoi pour contrarier sa mère ; et il suffisait que celle-ci ne puisse supporter Petit Cui pour qu'elle fasse exprès de louer son pousse.

Quand You Tongfang sortait avec Petit Cui, elle aimait bien bavarder avec lui. À la maison, c'était la « grosse courge rouge » qui dirigeait le ménage, et Tongfang ne pouvait rien dire. Comme il lui était impossible d'être maîtresse chez elle en dépit de son mariage, elle avait l'impression d'être une prostituée résidant à l'hôtel. Elle avait donc pris l'habitude de demander à Petit Cui ce qui se passait chez les voisins ; d'une certaine façon, elle enviait la femme de Petit Cui qui, même si elle vivait dans la gêne et était battue par son mari, n'en était pas moins une vraie maîtresse de maison. Petit Cui parlait à Tongfang de son ménage, mais aussi de tous les événements de la ruelle ; il insistait particulièrement sur ceux dont il était fier.

« Madame Guan ! » Il l'appelait toujours ainsi quand personne d'autre de la famille Guan n'était présent. Il voulait montrer par là qu'il répondait à la bonté par la bonté. « Dans notre ruelle, il s'est passé quelque chose d'extraordinaire !

– D'extraordinaire ? répéta-t-elle pour lui laisser le temps de souffler.

– Il paraît que le second fils de M. Qian a renversé son camion plein de soldats japonais et qu'ils sont tous morts sur le coup !

– Vraiment ? Comment l'as-tu su ?

– Tout le monde en parle !

– Eh bien, quel courage !

– Les Pékinois ne sont pas tous des nouilles, hein ?

– Et lui, qu'est-ce qu'il est devenu ?

– Bien sûr, il est mort avec eux ! »

De retour à la maison, Tongfang raconta l'affaire à Gaodi en enjolivant un peu son récit. Zhaodi, qui avait entendu leur conversation, rapporta la nouvelle à son père comme s'il s'agissait d'une dépêche spéciale d'agence de presse.

Cela ne fit aucun effet sur M. Guan, il se dit seulement que ce n'était pas très malin d'avoir fait ça, qu'on ne vivait qu'une fois et que perdre sa vie en renversant un camion plein de Japonais, ça ne valait vraiment pas le coup ! Il ne fit aucun autre commentaire sur cette « dépêche spéciale ». Il en parla cependant à sa femme sans vraiment y penser, au milieu d'une conversation.

Quand la « grosse courge rouge » avait décidé de mener à bien une affaire, elle y pensait jour et nuit. En ce moment, tout tournait autour des démarches à faire pour obtenir ce fameux poste de fonctionnaire ; en conséquence, le moindre souffle de vent ou une pie se posant sur l'avant-toit étaient pour elle autant de bons signes pour la réussite de son mari. Quand elle apprit ce qui était arrivé au second fils des Qian, elle prit immédiatement une grande décision.

« Xiaohe ! » Cillant, l'air solennel et mystérieux, telle l'impératrice douairière Cixi délibérant sur les affaires d'État avec les ministres de son cabinet : « Va les dénoncer aux autorités. C'est pour toi l'occasion rêvée d'être promu ! »

Guan Xiaohe en resta atterré. Pratiquer la corruption ou se laisser corrompre, cela ne lui posait aucun problème, mais il ne pouvait quand même pas attenter impudemment à la vie de quelqu'un.

« Ben alors, qu'est-ce que tu as ? interrogea la " grosse courge rouge ".

– Les dénoncer ? Mais on risque de les dépouiller de tous leurs biens ! » Guan Xiaohe se disait que si, par sa faute, les biens des Qian étaient confisqués et qu'on passait toute la famille par les armes à cause de lui, leurs esprits ne le laisseraient plus jamais en paix !

« Lâche que tu es ! Occupe-toi donc de ton avenir, pourquoi te soucier des biens d'autrui ? D'ailleurs ne t'es-tu pas l'autre jour heurté à un refus de la part du vieux Qian ? Tu voulais ta vengeance ? Voilà l'occasion idéale ! »

Le mot « vengeance » le fit réfléchir un peu. Il pensa que Qian Moyin aurait pu se montrer moins distant avec lui et que, vraiment, si ses biens étaient confisqués, il n'aurait que ce qu'il méritait, et puis, après tout, rien ne disait qu'il viendrait hanter ses voisins après sa mort ! En réfléchissant encore, il finit par se persuader que si M. Qian avait été si froid et si dur avec lui, c'était certainement parce qu'il entretenait de bonnes relations avec Nankin, plutôt qu'à cause des Japonais. Finalement, il se dit que si le gouvernement gagnait la guerre M. Qian en tirerait certainement quelques avantages, alors que lui, Guan Xiaohe, n'en aurait aucun.

« D'abord, est-on bien sûr de cette nouvelle ? demanda-t-il.

– C'est Tongfang qui l'a entendu dire, va lui demander ! »

Décret d'impératrice !

Même après en avoir parlé avec Tongfang, Guan Xiaohe ne pouvait croire à l'authenticité de la nouvelle et il ne voulait pas solliciter de récompense tant qu'il ne serait pas convaincu. La « grosse courge rouge » avait, elle, un point de vue différent.

« Que la nouvelle soit vraie ou fausse, qu'importe ! Va toujours porter plainte contre le vieux Qian, on verra bien après ! Si c'est une fausse nouvelle, qu'est-ce que ça peut faire ? Ça prouve au moins que nous sommes de bonne foi et de tout cœur avec les Japonais ; c'est le seul moyen d'en tirer quelques faveurs. Si tu as peur, moi j'y vais ! »

Guan Xiaohe était plutôt mal à l'aise, mais il ne voulait pas laisser Sa Majesté « l'impératrice » faire cette démarche elle-même. Encore une fois, il dut se soumettre.

Tongfang informa tout de suite Gaodi, qui se retira dans sa chambre pour réfléchir. Zhongshi, le héros de ses rêves, était devenu un vrai héros, et elle aurait voulu le garder pour elle seule. Toutefois, il n'était plus de ce monde et il n'était pas question pour elle de se retirer dans un monastère. Sa tâche désormais serait donc de protéger la famille Qian. Mais, comment faire pour rencontrer M. Qian ? Il ne sortait pas souvent, sa porte d'entrée était toujours hermétiquement fermée ; si elle allait frapper à sa porte, elle risquait d'être entendue par quelqu'un de sa famille ; si elle écrivait un petit mot et le glissait dans la fente de la porte, ce n'était pas prudent non plus. Non, il fallait qu'elle le voie personnellement, c'était là le moyen le plus sûr pour lui faire un récit complet et détaillé.

Elle sollicita l'aide de Tongfang, qui lui conseilla d'escalader le mur mitoyen : « Près de la pièce au sud, il y a un petit sophora. En montant sur cet arbre, tu pourras atteindre le faîte du mur. »

Gaodi accepta de prendre le risque. La disparition héroïque de Zhongshi avait rempli son cœur de pensées étranges, presque irréelles. Elle croyait que la mort de celui-ci avait été inspirée par son esprit à elle, et elle se sentait vraiment obligée d'accomplir des choses extraordinaires. Elle décida donc d'escalader le mur pendant que Tongfang ferait le guet.

Il était près de neuf heures. M. Guan n'était pas encore rentré. Ayant un léger mal de tête, la « grosse courge rouge » s'était couchée tôt et Zhaodi lisait un roman d'amour dans sa chambre. Gaodi demanda à Tongfang de l'attendre à la porte, ainsi en revenant elle n'aurait pas à franchir une seconde fois le mur.

De petites gouttes de sueur perlaient sur son petit nez ; ses mains et ses lèvres tremblaient légèrement ; même si les risques qu'elle encourait et l'originalité de son initiative l'excitaient et lui insufflaient du courage, elle avait peur. Quand elle serait de l'autre côté du mur, elle pourrait voir la maison de son héros ; elle pourrait certainement voir quelques objets qui lui avaient appartenu, elle espérait pouvoir en prendre un ou deux comme souvenir ! Au cours de ces réflexions, les battements de son cœur se firent plus rapides. Elle grimpa sur le sophora avec l'aide de Tongfang, car elle n'aurait jamais pu y arriver seule. Une fois sur l'arbre, elle fut comme dégrisée, le danger avait chassé ses rêves. Elle ouvrit grand les yeux et agrippa le faîte du mur de ses mains tremblantes.

Au prix d'un gros effort, elle réussit à glisser de l'autre côté ; les mains toujours cramponnées à la crête du mur et les pieds dans le vide, elle concentrait son attention sur sa respiration. Elle n'osait pas regarder le sol ni desserrer son étreinte, elle se débattait, les yeux fermés, suspendue là. Pendant ce laps de temps, ses idées se brouillèrent et ses mains, ayant perdu toute leur force, lâchèrent le mur ; elle tomba sur la terre molle d'un parterre de fleurs, ressentit un coup dans la poitrine, mais aucune douleur aux jambes ou aux pieds. À cet instant, elle reprit ses esprits et son cœur se mit à battre la chamade. Elle tourna la tête et put se rendre compte que toutes les pièces étaient sombres, sauf une au nord qui était légèrement éclairée, à cause des rideaux qui faisaient écran. Dans la cour autour d'elle, il y avait de nombreux massifs de fleurs et de plantes, qui, sous cette faible lumière, ressemblaient à des personnes accroupies. Le cœur de Gaodi battit encore plus vite ; elle rassembla tout son courage et avança, hésitant à chaque pas, les pans de sa robe s'accrochant continuellement aux branches des pruniers. Enfin, elle arriva près de la pièce éclairée ; deux personnes s'y entretenaient. Retenant son souffle, elle s'accroupit sous la fenêtre. Les deux voix étaient celles d'une personne âgée et d'un jeune homme ; la personne âgée devait être M. Qian, et l'autre, peut-être son fils aîné. Elle écouta un instant et remarqua que le jeune homme n'était pas pékinois, car il parlait avec l'accent de la province du Shandong. Cela éveilla sa curiosité, elle voulut se redresser pour essayer de voir au travers des rideaux, mais dans sa précipitation elle oublia le rebord de la fenêtre et s'y cogna la tête. Elle poussa un cri qu'on dut entendre de l'intérieur, car la lumière s'éteignit sur-le-champ. Au bout d'un instant, M. Qian demanda :

« Qui est là ? »

Affolée, une main sur le cœur, l'autre main frottant sa tête, elle se tenait là stupidement, mi-debout, mi-accroupie.

M. Qian sortit sans bruit et demanda de nouveau :

« Qui est là ?

– C'est moi ! » répondit-elle à voix basse.

Surpris, M. Qian sursauta :

« Mais qui êtes-vous ? »

Gaodi se redressa lentement :

« Je suis l'aînée des demoiselles Guan. J'ai quelque chose à vous dire.

– Entrez ! »

Il la précéda et ralluma la lampe. Elle entra posément en se frottant le crâne.

M. Qian était en chemise, il s'empressa d'enfiler sa tunique, qu'il boutonna de travers.

« Mademoiselle Guan ? Par où êtes-vous donc entrée ? »

Sa robe déchirée, les pieds encore humides de rosée, avec une bosse sur le crâne et les cheveux complètement défaits,

Gaodi se regarda, puis regarda M. Qian ; trouvant la scène assez drôle, elle sourit.

M. Qian était très calme, toutefois il ne comprenait pas ce qui se passait. Il regardait Gaodi l'air un peu ébahi, en cillant.

« J'ai escaladé le mur ! » Elle prit un tabouret sur lequel elle s'assit.

« Escalader le mur ? » Il jeta un regard dehors. « Et pour quoi faire ?

– Pour quelque chose d'important ! » M. Qian avait l'air si bon et si aimable qu'elle ne voulait pas le laisser plus longtemps dans l'embarras.

« Ça concerne Zhongshi !

– Zhongshi ? mais qu'a-t-il fait ?

– Vous n'êtes pas au courant ?

– Non, il n'est pas rentré !

– Tout le monde dit... dit que... » Elle baissa la tête, puis se tut.

« On dit quoi ?

– Qu'il a fait verser son camion plein de soldats japonais et qu'ils sont tous morts !

– Vraiment ? »

Le vieux Qian garda la bouche légèrement entrouverte, laissant paraître ses dents noires et luisantes ; il attendait une réponse.

« Tout le monde le dit !

– Ah ! Et lui... il est... ?

– Lui aussi... »

Le vieux baissa lentement la tête, ses yeux se détournèrent de la jeune fille, qu'il n'osait plus regarder en face. Gaodi se leva précipitamment, croyant qu'il allait pleurer. Mais il redressa la tête brusquement, il ne pleurait pas, ses yeux étaient seulement un peu humides. Il sortit de dessous sa table une bouteille. « Mademoiselle, vous... » Bredouillant un peu, il avala la fin de la phrase : « ... vous ne buvez pas d'alcool, je pense ? » Ses mains tremblaient un peu, il s'en versa un bon demi-verre et en but une grosse gorgée en rejetant la tête en arrière. Il s'essuya la bouche avec le bord de sa manche et ses yeux jetèrent des éclairs. Il dit à voix basse, le regard fixe :

« Quelle belle mort ! Quelle belle mort ! »

Il eut un hoquet causé par la liqueur, mordit sa lèvre inférieure avec ses dents noires.

« Monsieur Qian, vous ne devez pas rester ici !

– Quoi ? Partir ?

– Partir ! À présent, tout le monde est au courant, si jamais les Japonais l'apprennent, toute votre famille court le plus grand danger ! »

Contre toute attente, M. Qian sourit, puis il reprit son verre.

« Je n'ai pas d'endroit où me réfugier, ici c'est mon foyer et aussi mon tombeau ! Et puis, si je m'enfuyais précisément au moment où je suis menacé, ce serait lâche ! Merci, mademoiselle ! Vous pouvez rentrer chez vous ! Quel chemin prenez-vous ? »

Gaodi se sentait mal à l'aise. Elle ne pouvait expliquer à M. Qian le noir dessein de ses parents. M. Qian était un homme si pur, si droit, si aimable. Elle oublia toutes ses fantaisies échafaudées depuis si longtemps, elle oublia son amour imaginaire pour Zhongshi, elle oublia qu'elle était venue pour voir « la maison du héros », elle était devant un vieil homme qui allait souffrir, et il fallait absolument empêcher cela. Toutefois, elle n'avait pour l'instant aucune idée sur la solution à adopter. Elle cacha son angoisse par un sourire, puis dit :

« Je n'ai plus à escalader le mur, je pense !

– Bien sûr que non ! Je vais vous ouvrir la porte ! »

Il vida d'abord son verre, puis vacilla légèrement, comme pris de vertige.

Gaodi le soutint. Il retrouva son calme et dit :

« Ce n'est rien ! Allons ! »

Il se dirigea vers la cour. Tout en marchant, il marmonnait :

« Quelle belle mort ! Quelle belle mort ! Mon... »

Il ne put prononcer le nom de son fils. La main sur le rebord de la porte, il resta un moment immobile. Le jasmin et les tubéreuses de la cour exhalaient un parfum capiteux. Il aspira profondément.

Gaodi ne pouvait comprendre les sentiments complexes qui agitaient le vieux poète. Elle se rendait compte cependant que M. Qian était vraiment différent de son père. Il ne s'agissait pas seulement d'une différence dans la manière de s'habiller ou dans la physionomie, mais de quelque chose de plus profond, d'une espèce de force indescriptible. M. Qian ressemblait à un livre ancien, plein d'indulgence, de distinction, de calme et de dignité. Avant de sortir, elle lui déclara avec beaucoup de sincérité dans la voix :

« Surtout, ne vous laissez pas envahir par le chagrin ! »

Le vieux Qian grogna en signe d'acquiescement, mais ne répliqua pas.

Une fois dehors, Gaodi s'éloigna rapidement. Elle avait escaladé le mur un peu par jeu, par esprit d'aventure aussi, à cause de son amour secret, mais sans vraiment penser à porter secours au vieux monsieur. À présent, elle était autre et dans son enthousiasme elle oubliait Zhongshi pour ne se rappeler que M. Qian ; elle voulait raconter tout cela à Tongfang. Celle-ci l'attendait à la porte d'entrée et lui ouvrit sans qu'elle eût besoin de frapper.

Qian Moyin était resté dehors. Le visage levé vers le feuillage sombre et dense des grands sophoras, il soupira longuement. Soudain, poussé par une inspiration subite, il se dirigea d'un pas rapide vers la maison des Qi. Ruixuan sortait justement pour fermer la porte d'entrée.

« Si ça ne vous dérange pas, je voudrais vous dire deux mots, dit-il à voix basse.

– Bien sûr ! J'allais verrouiller la porte avant d'aller me coucher ! Je n'ai rien à faire et je n'arrive pas à lire ! répondit Ruixuan également à voix basse.

– Parfait ! Alors, venez chez moi !

– Je reviens tout de suite ! Le temps d'avertir ma femme que je m'absente un moment. »

M. Qian rentra chez lui et attendit Ruixuan dans le corridor qui menait à la porte d'entrée. Celui-ci arriva aussitôt. Il n'avait eu que quelques mètres à faire pour venir jusque-là, mais sa précipitation l'avait légèrement essoufflé. Il savait que si M. Qian voulait lui parler à cette heure, c'était certainement pour lui faire part de quelque chose d'important.

Ils entrèrent donc ensemble et M. Qian serra la main de Ruixuan. Il désirait lui parler de Zhongshi, non seulement de sa mort héroïque, mais aussi de tout ce qui se rapportait à lui, de son enfance, de ses années d'école et même de ce qu'il aimait manger, il voulait tout lui raconter. Mais il ravala ses mots, détendit ses mains et remua légèrement les lèvres comme pour dire : « À quoi bon parler de tout ça ? »

D'un geste de la main, il invita Ruixuan à s'asseoir, puis posant ses coudes sur le guéridon, le visage tout près de celui de Ruixuan, il dit à voix basse, avec instance : « Il faut que vous m'aidiez ! »

Ruixuan hocha la tête pour montrer son accord, sans demander de quoi il s'agissait : si le vieux sollicitait son aide, il devait immédiatement accepter.

M. Qian prit un tabouret, s'assit, le visage toujours près de celui de Ruixuan. Il ferma un instant les yeux. Quand il les rouvrit, il avait l'air beaucoup plus paisible et recueilli, tout son visage s'était détendu.

« C'était avant-hier dans la nuit, dit-il tranquillement à voix basse. Je n'arrivais pas à m'endormir. Ces derniers jours, je souffre d'insomnie ! Mais n'est-ce pas un état normal quand on vit dans un pays qui a perdu son indépendance ? Ne pouvant trouver le sommeil, je suis sorti pour faire quelques pas. En ouvrant doucement ma porte, j'ai aperçu un homme adossé contre l'un des sophoras ! J'ai tout de suite fait marche arrière ! Vous savez, je n'aime pas trop rencontrer les voisins. Une fois rentré chez moi, je me suis mis à réfléchir : cet individu ne ressemblait pas à un voisin des alentours. Je n'avais pas bien vu son visage, mais à en juger par son apparence il ne ressemblait à personne de mes connaissances. Ça a excité ma curiosité. De nature, je n'aime pas me mêler de ce qui ne me regarde pas, mais quand on perd le sommeil, vous savez, on devient un peu plus curieux. J'ai donc voulu voir malgré moi qui c'était et surtout savoir ce que cet individu faisait là dehors sous les arbres. »

M. Qian ferma de nouveau les yeux, versa sur sa langue les quelques gouttes d'alcool qui restaient au fond de son verre, en en savourant le goût.

« L'idée ne m'est absolument pas venue que ce puisse être un voleur ou un brigand, puisque je ne possède aucun objet de valeur. Je n'ai pas pensé non plus qu'il puisse s'agir d'un mendiant. Il m'a donné l'impression d'être une personne ayant des ennuis, ayant en tout cas à surmonter des problèmes plus graves que le manque de vêtements ou de nourriture. Je n'ai pas fermé complètement ma porte, j'ai juste laissé une petite fente par laquelle je pouvais regarder au-dehors d'un seul œil sans être vu. J'avais deviné juste, il avait effectivement l'air d'avoir de grosses difficultés. Il allait et venait très lentement sous les sophoras, s'arrêtant par moments pour regarder en l'air, puis il recommençait à marcher lentement tête baissée. Après avoir marché ainsi pendant un bon moment, il a accéléré brusquement le pas et s'est dirigé vers la porte murée, à l'ouest de la ruelle. Il s'est mis soudain à défaire sa ceinture. J'avais du mal à me retenir. C'est quand il a eu fini d'accrocher à la porte le nœud coulant qu'il avait fait avec cette ceinture que je suis sorti ; si j'étais sorti plus tôt, j'aurais pu l'effrayer et il se serait alors enfui !

– Vous avez eu raison ! » Ruixuan ne voulait pas interrompre le vieillard mais, ayant aperçu un peu d'écume blanchâtre se former aux coins de ses lèvres, il dit quelque chose pour lui permettre de reprendre son souffle.

« Je me suis précipité hors de chez moi. » Les yeux de M. Qian brillèrent. « Je l'ai saisi par la taille ! Il s'est débattu et m'a donné deux coups de poing. Je lui ai parlé doucement : “ Mon ami ! ” Il s'est arrêté, il tremblait de tout son corps. S'il avait continué à se débattre, j'aurais été obligé de le lâcher, il était si jeune et si fort ! “ Viens ” lui ai-je dit en l'entraînant ; il m'a suivi comme un agneau et est entré chez moi.

– Il est encore ici ? »

M. Qian hocha la tête.

« Mais qui est-ce donc ?

– Un poète !

– Un poète ? »

M. Qian sourit :

« Enfin je veux dire qu'il a un tempérament de poète, en fait c'est un militaire. Il se nomme Wang, il est chef de peloton. Il s'est battu dans la ville, mais il n'a pas réussi sa retraite. Sans argent, avec pour tout habit une chemise et un pantalon déchirés, il lui était difficile de fuir, et s'il était caché chez quelqu'un de charitable, il aurait pu compromettre son hôte. Il avait peur d'être capturé par l'ennemi, alors il a voulu se suicider. Il préfère la mort à la captivité ! Je disais qu'il était poète, mais il est incapable de composer le moindre vers ; j'appelle poètes ceux qui ont de bons sentiments et une nature franche ; je m'entends très bien avec lui. Je vous ai demandé de venir chez moi justement pour ça. Nous devons essayer de le faire sortir de la ville. Je ne sais comment m'y prendre, d'ailleurs... d'ailleurs... »

Le vieil homme se tut.

« D'ailleurs quoi ? monsieur Qian. »

Le vieux parla d'une voix à peine perceptible.

« D'ailleurs, je crains qu'en le gardant ici ce ne soit moi qui le compromette ! Savez-vous que Zhongshi est mort et que je vais peut-être avoir à payer de ma vie ? Il paraît qu'il a fait verser son camion plein de soldats japonais et que ces soldats ont tous péri ; ces diables ont l'âme si basse qu'ils ne voudront certainement pas abandonner l'affaire sans me demander des comptes, et si par malheur ils viennent chez moi ils découvriront ce jeune chef de peloton.

– Qui vous a dit que Zhongshi était mort ?

– Ne vous occupez pas de cela !

– Je pense que pendant quelques jours vous devriez vous cacher.

– Il n'en est pas question ! Je suis trop faible maintenant. Puisque je suis incapable de tuer l'ennemi pour laver l'affront fait à mon pays, je dois me résoudre à accomplir mon devoir face au danger et à mourir en suivant l'exemple de mon fils. Je pense que les Japonais vont vite savoir qu'il s'agit de mon fils, et moi je ne nierai pas que c'est bien lui ! Oui, s'ils m'arrêtent, je leur dirai bien haut que l'homme qui a tué leurs soldats, c'était Zhongshi, mon fils ! Mais, laissons tomber ce sujet pour le moment et parons au plus pressé : il nous faut absolument aider ce jeune homme à sortir en cachette de la ville. Il est militaire, il sait se battre, nous ne devons pas le laisser mourir ici ! »

Ruixuan caressait son visage d'une main, réfléchissant intensément.

M. Qian se versa un demi-verre d'alcool et le but lentement. Au bout d'un long moment, Ruixuan se leva :

« Je rentre chez moi un instant, je vais en parler à Ruiquan. Je reviens tout de suite.

– Bien ! Je vous attends ! »

CHAPITRE XII

Ruiquan s'était couché, le moral au plus bas. Ruixuan le réveilla et lui raconta très brièvement l'histoire du chef de peloton Wang. Les yeux noirs du jeune garçon, tels ceux d'un chat dans la nuit, se dilatèrent et jetèrent toutes sortes de lueurs. Des plaques rouges apparurent sur ses pommettes. Quand Ruixuan eut terminé son récit, il dit :

« Nous devons absolument l'aider ! »

Ruixuan était lui aussi très excité, mais il gardait son calme, il ne voulait pas agir inconsidérément sous le coup de l'émotion. Il affirma posément :

« J'ai trouvé un moyen, dis-moi ce que tu en penses ! »

Ruiquan se leva et s'empressa d'enfiler son pantalon, semblant prêt à sortir immédiatement de la ville en portant le chef de peloton sur son dos :

« Quel moyen ?

– Calme-toi ! Il faut d'abord que nous en discutions tranquillement, c'est sérieux tout cela ! »

Ruiquan s'assit sagement sur le bord du lit.

« J'ai pensé que tu pourrais partir avec lui ! »

Il se leva d'un bond : « D'accord !

– Mais attention, il y a des avantages et des inconvénients. Parmi les avantages : puisque ce Wang est un militaire, une fois hors de la ville, il saura sûrement se débrouiller et il ne te laissera pas tomber. Les inconvénients : les callosités de ses mains, sa façon de parler et son comportement risquent de laisser facilement deviner qui il est. Avec les soldats japonais aux portes de la ville, il ne lui sera pas facile de sortir ; et si par malheur il lui arrive quelque chose, tu seras toi aussi en difficulté.

– Ça ne me fait pas peur ! » Ruiquan serrait les dents très fort, les muscles de son cou se gonflèrent.

« Je sais que ça ne te fait pas peur. » Ruixuan voulut sourire, mais il n'en fit rien. « Cependant, trop de témérité peut nuire ! S'il faut mourir, autant que ce soit en plein jour, à quoi bon perdre sa vie stupidement ! Je vais aller demander son avis à M. Li.

– C'est un brave homme, mais je ne suis pas sûr que pour des affaires comme celle-là il puisse être d'un grand secours.

– J'ai quelque chose à lui proposer ! S'il accepte, je pense que nous pouvons nous en sortir.

– Mais de quoi s'agit-il ? Dis-moi !

– Si un de ces prochains jours M. Li devait faire un enterrement, toi et Wang vous pourriez vous mêler à son groupe de porteurs en mettant des vêtements de deuil, je pense que vous ne serez pas contrôlés !

– Ruixuan, tu es vraiment génial ! » Ruiquan bondit de joie.

« Du calme, du calme ! Il ne faut pas qu'on nous entende ! Une fois hors de la ville, il te faudra obéir aux ordres de Wang. Il est militaire, il saura trouver nos troupes !

– D'accord, faisons comme ça !

– Tu es bien sûr que tu ne vas rien regretter ?

– Qu'est-ce qui t'arrive, grand frère ? C'est moi qui veux partir et maintenant j'aurais des regrets ? D'ailleurs, comment pourrait-on regretter d'agir ainsi ; s'enfuir, ne pas se satisfaire d'être le sujet d'un pays qui a perdu son indépendance, est-ce qu'on peut regretter cela ? »

Très calme, Ruixuan ajouta :

« Je voulais dire qu'après t'être enfui de la ville tu ne vas pas te retrouver directement de l'enfer au paradis. Tu rencontreras encore de nombreuses difficultés. Si je t'ai retenu jusqu'ici, si je t'ai interdit de partir, c'était justement à cause de cela. L'enthousiasme de quelques minutes peut faire très rapidement de n'importe qui un héros, mais les vrais héros sont ceux qui, quelles que soient la longueur et l'importance des épreuves, ne regrettent rien et ne se découragent jamais. Ruiquan, retiens bien mes paroles ! Retiens bien ceci : il vaut mieux n'avoir pour toute nourriture que du fumier en vivant sous son propre drapeau, que de manger de la viande sous le drapeau japonais ! Je ne serai tranquille que si tu ne te décourages jamais et que si tu conserves toujours la détermination que tu as ce soir ! Bon, maintenant, il faut que j'aille voir M. Li. »

M. Li était déjà couché. Ruixuan le réveilla. Sa femme se leva elle aussi et assaillit Ruixuan de questions sans queue ni tête : était-ce sa femme qui allait accoucher ? ou bien quelqu'un était-il subitement tombé malade, fallait-il chercher le médecin ? Ce ne fut qu'après avoir entendu les explications de Ruixuan qu'elle comprit qu'il était venu discuter avec son mari. Elle décida immédiatement de faire bouillir de l'eau pour pouvoir offrir quelque chose à son hôte. Ruixuan ne put l'en dissuader, puis se dit que si elle quittait la chambre elle ne serait plus là pour intervenir sans arrêt dans la conversation ; il finit donc par approuver. Elle se couvrit et s'éloigna en tâtonnant ; elle alla d'abord chercher du bois pour allumer son feu. Profitant de ce qu'elle s'affairait dehors, Ruixuan résuma brièvement la situation et parla du but de sa visite. Le vieux répondit gravement qu'il était prêt à les aider.

« On voit bien que vous êtes un intellectuel, vous avez pensé à tout ! dit le vieux à voix basse. Aux portes de la ville, à la gare, les contrôles sont très rigoureux et il est vraiment difficile de passer. Ceux qui ont été soldats semblent en porter les marques sur les mains, sur les pieds, sur tout le corps, et les Japonais les distinguent des autres dès le premier coup d'œil ; s'ils sont pris, c'est la mort, c'est sûr ! Pour les enterrements, aux portes de la ville, les agents de police insistent pour donner quelques tapes sur le cercueil, par contre ceux qui sont en tenue de deuil n'ont jusqu'ici jamais eu de problème. Confiez-moi l'affaire : dès demain il doit y avoir un enterrement, dites bien à votre frère et à ce monsieur Wang de venir chez moi au petit matin ; dans la salle des barres pour porter les cercueils, il y a des tuniques de deuil, j'en prendrai deux pour eux. Ensuite, je verrai s'ils devront faire semblant d'être de la famille du mort ou s'ils feront seulement partie du cortège funèbre, on agira de la manière la plus appropriée ! »

Mme Li n'avait pas fini de faire bouillir l'eau que Ruixuan prit congé. Elle s'excusa, insistant sur le fait que le bois avait été mouillé par la pluie :

« C'est sa faute, il ne s'occupe de rien, il ne pense jamais à rentrer le bois quand il pleut !

– Oh, la ferme ! Qu'as-tu à crier comme ça en pleine nuit ? » lui répondit le vieux à voix basse.

Ruixuan retourna chez M. Li.

Dans sa chambre, Ruiquan était si excité qu'il avait attrapé le hoquet, comme s'il venait d'avaler quelque chose un peu trop vite. Il pensait à ceci, à cela, ses pensées tourbillonnaient, il lui était impossible de se concentrer. Il aurait voulu d'un saut se retrouver en dehors de la ville et s'enrôler tout de suite dans l'armée pour se battre. Puis il se vit avec Mlle Zhaodi faisant de la barque parmi les lotus du parc Beihai. Il aurait bien voulu la voir, là tout de suite, pour lui dire qu'il allait s'enfuir de la ville et devenir un héros de la résistance. Et puis, non, non, il changea d'idée, elle n'était bonne à rien, elle était incapable d'apprécier son courage et son enthousiasme.

Avec toutes ces idées qui lui trottaient par la tête, il commença à se sentir un peu fatigué, mais aussi un peu triste. L'attente était devenue angoissante ; son cœur s'était déjà envolé vers un monde imaginaire, alors que physiquement il était toujours là dans sa chambre, ne sachant trop que faire.

Sa mère toussa. Il se calma immédiatement. Pauvre maman ! Quand j'aurai quitté la maison, sans doute ne nous reverrons-nous plus jamais ! Il se rendit à pas feutrés dans la cour. Les étoiles scintillaient dans le ciel, la Voie lactée était extraordinairement blanche. Il n'était vêtu que d'un maillot de corps ; il sentit l'air frais et humide et fut parcouru d'un frisson. Il eut envie d'entrer dans la pièce pour voir sa mère une dernière fois et lui dire quelques mots. D'un pas léger et rapide, il avança vers la fenêtre. Il se tint là, immobile, n'ayant pas le courage d'entrer. Jamais il n'aurait pensé que les liens entre mère et fils puissent être si forts. Il avait souvent fait remarquer à ses camarades que les jeunes gens de leur génération se comportaient un peu comme des poussins, qui assez tôt se séparent de leur mère et se mettent à creuser eux-mêmes la terre avec leurs petites pattes, afin de trouver de quoi se nourrir.

Mais alors, que faisait-il là debout, attendant stupidement devant cette fenêtre ? Il ne regrettait pas du tout sa décision et était bien décidé à partir pour accomplir son devoir envers sa patrie, mais il devait bien reconnaître qu'il n'était pas tout à fait le poussin de l'histoire, et qu'il aurait toujours avec sa mère des liens affectifs indissolubles. Il resta debout, immobile, un assez long moment, et soudain entendit sa mère parler à Petit Shunr : « Quel enfant tu es ! Il y a des punaises et tu ne veux pas qu'on les attrape ! Tu me rappelles ton oncle Ruiquan quand il était petit, dès qu'on voulait attraper une punaise, il faisait exprès de renverser la lampe ! » Ruiquan sentit ses jambes fléchir, il dut se retenir au rebord de la fenêtre. Il ne savait plus vraiment s'il était courageux ou faible ou seulement sentimental, ou bien encore s'il avait les nerfs trop fragiles ; mais soudain la présence et les crimes des Japonais lui revinrent à l'esprit. Combien de mères et de fils, de maris et de femmes allaient être victimes de ruptures impitoyables ou de séparations éternelles ; les veines de son cou se gonflèrent et il préféra s'éloigner de la fenêtre.

Il se mit à marcher dans la cour. La lampe était encore allumée dans la chambre de la belle-sœur aînée. Il ne la trouvait plus aussi vulgaire et ennuyeuse qu'avant. Il pensa entrer et lui dire un petit mot gentil, lui faire remarquer que si parfois il l'embêtait il ne s'agissait que de plaisanteries insignifiantes entre beau-frère et belle-sœur, qu'au fond il l'aimait bien et qu'il avait beaucoup de reconnaissance envers elle. Finalement, il n'en fit rien, la bouche d'un jeune homme n'étant pas faite pour formuler des excuses !

Ruixuan revint sans faire de bruit et alla directement dans la chambre de son frère. Celui-ci s'approcha à pas feutrés et demanda :

« Alors, quoi de neuf ?

– Départ demain matin ! »

Ruixuan semblait exténué, il s'assit lourdement sur le bord du lit.

« Dem... » Ruiquan sentit son cœur battre si vite qu'il n'arrivait plus à finir ses mots. Jusqu'ici, Ruixuan lui avait toujours interdit de partir, et, lui, il s'impatientait ; et puis voilà qu'aujourd'hui tout était si imprévu, si soudain. Il se frotta les bras ; il n'avait encore rien préparé, et là, avec seulement son maillot de corps sur le dos, il n'avait vraiment pas l'air de quelqu'un sur le point de partir pour un long voyage. Au bout d'un moment, il finit par demander :

« Qu'est-ce qu'il faut que j'emporte ?

– Hein ? »

Ruixuan paraissait complètement absent, il regardait fixement son frère et ne répondit rien.

« Je te demande ce que je dois emporter !

– Ah ! » Ruixuan réfléchit un instant : « Emporte un peu d'argent. Et aussi un cœur pur, aie toujours un cœur pur avec toi ! »

Il avait des milliers de recommandations à faire à son frère, mais était incapable de trouver ses mots. Il fouilla dans sa poche et en sortit d'une main tremblante trente yuan, qu'il posa lentement sur la table. Puis, il se leva, mit ses mains sur les épaules de son frère et lui dit :

« Je t'appellerai demain matin ! Nous nous éclipserons avant que grand-père ne soit levé ! »

Il ne put continuer à parler, il tourna la tête et s'en alla rapidement. Ruiquan le suivit jusqu'à la porte, sans rien dire.

Ni l'un ni l'autre ne purent trouver le sommeil. La même chose s'était produite lors de la chute de Peiping. Toutefois, cette nuit-là, ils n'avaient éprouvé qu'une vague impression de trouble, n'ayant encore que peu d'éléments sur lesquels réfléchir et discuter. À présent, ils se sentaient vraiment impliqués dans cette guerre de résistance et il leur fallait absolument mettre de côté tout ce qu'on peut ressentir de fort entre père et fils, entre frères, entre amis, car ce n'était qu'en faisant abstraction de ces liens difficiles à trancher qu'ils seraient capables d'endosser de plus grandes responsabilités. Ne sachant pas exactement ce que leur réserverait l'avenir, ils se remémoraient leur passé, précisément parce qu'ils allaient se séparer, peut-être pour toujours. Quand il fut sûr que sa femme dormait profondément, Ruixuan s'habilla et revint dans la chambre de son frère ; ils bavardèrent jusqu'à l'aube.

Entendant leur grand-père tousser, ils filèrent. M. Li avait l'habitude de se lever tôt, il les attendait déjà à la porte. Ruixuan lui confia son frère. N'ayant pas dormi de la nuit et envahi d'une immense tristesse, il avait une telle migraine qu'il lui semblait que sa tête allait éclater. Il ne savait que dire, tournant en rond derrière son frère.

« Allez, rentre à la maison ! » dit Ruiquan en baissant la tête. Voyant que son frère aîné ne se décidait pas, il ajouta : « Si tu veux me faire plaisir, va-t'en, je t'en prie !

– Ruiquan, mon frère ! » Ils se serrèrent la main.

« Quoi qu'il arrive, prends garde à toi ! » Puis il rentra précipitamment chez lui.

De retour dans sa chambre, il voulut dormir un moment, mais en vain. Il était bien sûr très fatigué, mais pourtant à peine fermait-il les yeux qu'il se réveillait en sursaut, comme si on venait de lui annoncer une mauvaise nouvelle à propos de son frère. Il aimait beaucoup Ruiquan. C'était parce qu'il l'aimait qu'il lui permettait de quitter Peiping. Il ne regrettait pas de le laisser partir, seulement il s'inquiétait pour lui, ne sachant s'il réussirait à quitter la ville ou non. Il voyait parfois son frère tout fier de participer à la guerre de résistance, à d'autres moments il pensait à sa capture éventuelle par l'ennemi et à celle du chef de peloton Wang ; il les imaginait soumis aux pires tortures ; il sentait alors son visage et son corps se couvrir d'une désagréable sueur froide.

Il devait aussi réfléchir à ce qu'il allait donner comme explication à sa famille. Il ne pouvait tout leur dévoiler d'un seul coup, afin de n'inquiéter personne et surtout de ne pas provoquer trop de soucis ou d'indispositions passagères pour sa mère et son grand-père. Il devait attendre une occasion favorable et aussi des nouvelles pouvant rassurer tout le monde sur le sort de Ruiquan.

La journée lui parut fort longue. On aurait dit que les ombres s'arrêtaient d'avancer à chaque instant et que les aiguilles de l'horloge s'immobilisaient. Enfin, vers quatre heures de l'après-midi, il entendit Mme Li parler avec son mari sous les jujubiers. Il fut d'un bond dans la cour. M. Li lui dit à voix basse :

« Ils sont passés ! »

CHAPITRE XIII

Peu après le départ de Ruiquan, le vieux Qi avait demandé à plusieurs reprises à Ruixuan :

« Mais où donc est passé ton frère ? »

Ruixuan avait répondu n'importe quoi en affirmant que les soldats japonais voulaient faire de l'université où étudiait Ruixuan une caserne et que les étudiants en avaient occupé les locaux afin de pousser les Japonais à chercher ailleurs. En fait, Ruixuan savait bien que si vraiment ceux-ci avaient voulu s'approprier l'université, un simple coup de fil leur aurait suffi, et personne n'aurait osé dire quoi que ce soit. Il se rendait bien compte que son histoire ne tenait pas debout, mais comme le vieux y croyait, point n'était besoin de chercher autre chose.

Par contre, la vérité n'échappa pas à Ruifeng, qui se mit en colère. Ruixuan n'avait pas beaucoup de sympathie pour son frère, pourtant il pensait qu'en cette période de malheurs l'affection fraternelle devait être renforcée ; quand Ruifeng lui posa la question, il lui raconta tout ce qui s'était passé.

« Comment ? C'est toi qui lui as dit de partir ? » Le petit visage sec de Ruifeng était tendu comme la peau d'un tambour.

« Il était décidé à partir et je ne pouvais pas l'en empêcher. N'est-il pas normal qu'un jeune homme plein d'ardeur s'en aille découvrir un peu le monde ?

– Voilà de bien belles paroles ! Tu aurais quand même dû réfléchir un peu ! Il était sur le point de décrocher son diplôme, et une fois ses études terminées, il aurait pu gagner un peu d'argent pour aider la famille ! Vraiment, comment as-tu pu laisser partir une poule sur le point de pondre ? De plus, si un jour on effectue des contrôles de recensement, le fait d'avoir quelqu'un de la famille hors de Peiping et engagé dans la résistance risque de nous attirer des ennuis ! »

Si ces reproches avaient été motivés par des remarques sur la situation dangereuse dans laquelle se trouvait désormais Ruiquan, l'aîné ne se serait pas emporté. En effet, tout le monde ne peut réagir de la même façon. Il aurait pu lui pardonner son manque de courage, du moment qu'il manifestait son affection. Mais là, si Ruifeng trouvait quelque chose à redire au départ de son frère, ce n'était que compte tenu de considérations pratiques ; il ne faisait preuve d'aucun sentiment fraternel. Ruixuan en fut vraiment outré.

Cependant, il ravala sa colère et finit par se maîtriser. Il était chef de famille, il lui fallait se modérer ; d'ailleurs, en un tel moment, dans de telles circonstances, pourquoi faire une scène en famille ? Il se força à sourire :

« Tu as raison, je n'y ai pas pensé !

– Le plus important maintenant, c'est d'éviter à tout prix d'ébruiter l'affaire ! avertit Ruifeng d'un ton réprobateur. Si cela se sait, ce sera catastrophique pour toute la famille. Je t'ai déjà dit plusieurs fois de ne pas être trop indulgent avec Ruiquan, mais tu n'as jamais voulu m'écouter. À mon avis, il vaudrait mieux que nous n'habitions plus tous ensemble. Ah ! vraiment, quelle histoire ! Ruiquan a agi de manière complètement irréfléchie, et si maintenant je dois en subir les conséquences, c'est vraiment malin ! »

Ruixuan ne put plus se contenir. Son visage se contracta : il ne restait de ses yeux que deux minces fentes. Toujours à voix basse, mais lâchant chaque mot comme des pierres dans les eaux profondes d'un torrent, il dit fermement :

« Ruifeng ! Fiche-moi le camp d'ici ! »

Celui-ci fut surpris par la réaction de son frère, son petit visage devint tout rouge, luisant comme une azerole qu'on aurait essuyée avec un mouchoir. Il était sur le point de répondre violemment, mais, considérant le regard et l'air méchant de Ruixuan, il se retint :

« Bien, bien, je fiche le camp ! »

Son frère aîné lui barra le chemin :

« Attends ! Je n'ai pas fini ! »

Son visage était d'une pâleur effrayante.

« Jusqu'à présent, j'ai toujours évité les discussions en profondeur avec toi, parce que, chef de famille, je ne peux décemment me disputer avec toi. Mais je crois vraiment que j'ai eu tort. Tu croyais avoir toujours raison parce que je ne réfutais pas tes propos. À la longue, tu as pris de mauvaises habitudes. Pour toi, une chose n'a d'intérêt que si elle peut rapporter quelque avantage ; par contre, si elle demande des sacrifices, tu ne veux pas en entendre parler. Je regrette beaucoup de ne pas être intervenu plus tôt pour corriger cette mauvaise habitude chez toi. Aujourd'hui, je veux être franc. Je pense que Ruiquan a eu raison de partir et qu'il a bien fait. D'ailleurs, toi, tu te considères toujours comme un jeune homme, n'est-ce pas ? Eh bien, toi aussi tu devrais partir, faire quelque chose de plus important que de passer ton temps à manger, boire ou te pomponner. Nous avons encore sous ce toit deux générations qui dépendent de nous ; moi, je ne peux pas les quitter, mais crois-moi, ce n'est pas l'envie qui m'en manque. Réfléchis un peu, le sabre des Japonais nous menace et toi tu ne penses qu'aux petits problèmes de notre famille, sans chercher à considérer la situation dans son ensemble. Je ne t'impose pas de partir, je te demande de réfléchir, de réfléchir avec une vision des choses plus globale, plus large. »

Une fois sa colère passée, son visage commença à reprendre ses couleurs.

« Excuse-moi de m'être emporté ! Maintenant, tu peux t'en aller. »

Il s'exprima avec toute l'autorité dont un frère aîné doit user devant son frère cadet : il voulait couper court à la querelle.

Ruifeng, en repensant à ces remarques désagréables, se dit que son frère avait été injuste envers lui. Il alla en cachette avertir son grand-père et sa mère du départ de Ruiquan, avec l'intention de s'attirer leurs bonnes grâces.

En apprenant la nouvelle, la mère ne s'en prit pas à son

fils aîné, elle ne fit d'ailleurs aucun commentaire, elle refusa seulement, les yeux mouillés de larmes, de toucher à la moindre nourriture de toute la journée.

Le vieux Qi exprima son mécontentement à son petit-fils :

« Tu le laisses partir à quelques jours de mon anniversaire ! Il aurait tout de même pu prendre le temps de venir me présenter ses respects ! »

La mère de Petit Shunr intervint en disant à voix basse à son mari :

« Raison de plus pour bien lui fêter son anniversaire. Il nous faudra réparer cette faute en faisant quelque chose de vraiment réussi ; tâchons de ne pas cumuler les erreurs ! »

Les combats à Shanghai se poursuivaient et les Japonais n'avaient toujours pas désigné de responsable pour l'éducation. Les autorités des écoles voulaient absolument rouvrir les établissements scolaires sans délai, afin que personne, enseignants comme élèves, ne se démoralise. Ruixuan reçut une convocation pour une réunion dans son lycée. Il y avait quelques professeurs absents, car plusieurs avaient déjà quitté Peiping clandestinement. On n'osa pas trop aborder ce sujet délicat et chacun devait avoir de bonnes raisons pour être encore à Peiping.

Le principal du lycée arriva. C'était un homme d'une cinquantaine d'années, spécialiste de l'organisation de l'enseignement secondaire ; il était à la fois fidèle, sincère et très discret. Tout le monde prit place, la réunion commença. Le principal se leva, fixant le mur en face de lui, et resta silencieux pendant trois bonnes minutes. Ruixuan lui dit sans relever la tête : « Monsieur le Principal, je vous en prie, asseyez-vous ! » Il s'assit lentement, comme un écolier pris en faute.

Le plus jeune des enseignants posa la question qui brûlait les lèvres de tout le monde :

« Si nous continuons à travailler ici, serons-nous considérés comme des traîtres ? »

Tous les regards se fixèrent sur le principal, qui se leva de nouveau, le corps raide, en tripotant nerveusement son crayon. Il émit quelques toussotements et finit par répondre :

« Messieurs ! À mon avis, la guerre ne se terminera pas de sitôt et, en principe, nous devrions tôt ou tard être appelés à quitter Peiping. Toutefois, les établissements secondaires se distinguent des établissements universitaires par le fait qu'ils ne reçoivent pas directement leurs instructions du ministère de l'Éducation. Notre lycée doit respecter les ordres du bureau de l'éducation de la municipalité, mais comme depuis la chute de notre ville ce bureau n'a plus de responsable, nous devons nous-mêmes prendre nos propres décisions. Si les établissements universitaires reçoivent l'ordre de transférer leurs locaux hors de Peiping, les étudiants sont tout à fait capables d'effectuer un voyage long et pénible ; de plus, ils viennent d'un peu toutes les provinces, ils peuvent donc se grouper aux endroits indiqués dès qu'ils seront avertis. Tandis que nos lycéens, eux, sont très jeunes, et les... – il toussota de nouveau –, les... on peut dire les 90 % résident à Peiping. Si nous essayons de les conduire hors de la ville par la route, les soldats japonais leur couperont le passage ; si nous empruntons des chemins détournés, certains, trop jeunes, seront incapables de les franchir ; de plus, je doute que leurs parents leur donnent à tous la permission de partir ainsi ! En conséquence, et bien que je me rende compte que rester ici risque de vous attirer des ennuis et des réflexions désagréables, je ne vois pour l'instant pas d'autre solution.

« Je voudrais essayer de maintenir provisoirement le lycée en vie, afin que nos jeunes ne perdent pas de temps en attendant que les Japonais décident de régler la situation ; quand leurs mesures se seront concrétisées, nous devrons être prêts à supporter beaucoup d'humiliations pour tâcher d'éviter à nos élèves les pires dommages, qu'ils soient corporels ou moraux. Si parmi vous il y en a qui ont la possibilité de partir, qu'ils le fassent, je vous assure que je ne vous en empêcherai pas ; notre pays a besoin de gens de qualité dans tous les domaines. Si vous ne pouvez pas partir, alors je vous demande de vous comporter comme la veuve victime d'un viol, qui continue de vivre pour ses enfants en supportant son humiliation. Sommes-nous des traîtres ? Je pense que bientôt le gouvernement nous enverra quelqu'un pour nous le dire ; il ne nous oubliera pas et il doit être au courant des difficultés auxquelles nous serons confrontés si nous voulons quitter la ville. »

Il toussota de nouveau, puis ajouta, les mains posées sur la table :

« J'aimerais vous dire encore beaucoup de choses, mais je n'arrive plus à m'exprimer. Si vous êtes d'accord, nous rouvrirons le lycée lundi prochain. »

Les larmes aux yeux, il se rassit très, très lentement.

Il y eut un long silence, puis quelqu'un dit à voix basse :

« D'accord pour la réouverture du lycée !

– Y a-t-il des objections ? » Le principal voulut se lever, mais n'y arriva pas. Personne ne disait mot. Il attendit un moment, puis dit : « Bien, nous rouvrirons donc lundi pour voir. Il y aura certainement encore de grands changements, mais nous ferons de notre mieux tant que ce sera possible. »

Une fois dans la rue, Ruixuan se sentit vraiment accablé et déprimé ; il avait l'impression d'avoir de la fièvre. Il aurait bien voulu avoir le temps de réfléchir un peu sur la voie à suivre. Tout était confus dans sa tête, il lui était impossible de penser à quoi que ce soit qui puisse servir de base à sa réflexion. Il se mit à parler tout seul et quand il s'en aperçut, il se sentit encore plus triste. En général, il avait pitié des gens pas très sains d'esprit qui parlaient tout seuls en marchant. Voilà qu'il faisait comme eux : allait-il par hasard devenir fou ? Il se souvint de Qu Yuan[1], qui errait les cheveux au vent en récitant des vers. Mais qu'avait-il de comparable à Qu Yuan ? Lui au moins, il avait eu le courage

1. Qu Yuan (343-290 av. J.-C.) : le plus célèbre poète de l'antiquité chinoise, qui se suicida, car, n'ayant pas la faveur de son souverain, il se sentait impuissant devant les malheurs auxquels son pays était en proie.

de se suicider. « Auras-tu le même courage ? » Il n'osa pas répondre. Il pensa aller au parc Beihai ou au parc Sun Yat-sen pour dissiper sa tristesse, mais revint sur sa décision : « Les parcs sont destinés aux gens qui jouissent de la paix, toi tu n'as pas le droit d'y aller ! » Il ne lui restait qu'à rentrer chez lui. « Le chien vaincu n'a d'autre choix que de retourner à sa niche la queue basse ! » se dit-il tout bas.

À l'entrée de la ruelle, un policier lui barra le chemin. « J'habite ici », dit Ruixuan très poliment. « Il faudra attendre un peu ! » Le policier était lui aussi très poli. « On procède à une arrestation dans la ruelle.

– Une arrestation ? s'étonna Ruixuan. De qui s'agit-il ? Pour quelle affaire ?

– Je ne suis pas au courant ! s'excusa le policier. On m'a dit de faire le guet ici et de défendre aux piétons de passer.

– Les gendarmes japonais ? » demanda Ruiquan à voix basse.

Le policier hocha la tête. Puis, voyant qu'il n'y avait personne alentour, il dit tout bas :

« Nous ne savons pas encore si nous pourrons avoir notre salaire de ce mois, et voilà qu'il nous faut les aider à arrêter un des nôtres ! On ne se sent pas fiers, vous savez ! Qui sait ce que va devenir notre Peiping ? Je vous en prie, allez faire un tour et revenez dans un moment, vous ne pouvez vraiment pas rester ici ! »

Ruixuan voulait attendre à l'entrée de la ruelle, mais, avec ce que venait de dire le policier, il dut s'éloigner. Il se disait que si les Japonais étaient en train d'arrêter quelqu'un ils fouilleraient sûrement tout et que cela prendrait du temps. Il décida de s'en aller ; il reviendrait dans un moment.

« Qui sont-ils venus arrêter ? » Tout en marchant, il essayait de deviner. La première personne à laquelle il pensa fut M. Qian Moyin. Il en fut vraiment troublé et il sentit soudain ses jambes flageoler. Puis, il pensa à sa famille : est-ce que ça pouvait être Ruiquan qui se serait fait prendre par l'ennemi ? Il transpirait. Il s'arrêta et voulut revenir sur ses pas immédiatement. Mais à quoi cela servirait-il ? Le policier lui interdirait l'accès de la ruelle. De plus, même s'il assistait à l'arrestation du poète Qian ou de quelqu'un de sa famille, il ne pourrait rien faire. Personne ne pourrait rien faire.

Quel malheur pour un pays que de perdre son indépendance ! Plus aucune sauvegarde, plus aucune sécurité, tout le monde est à chaque instant en sursis. Après un long moment d'hébétude, il s'aperçut qu'il se trouvait juste devant l'entrée d'un magasin de fleurs, dans la rue du Temple de la Sauvegarde Nationale. Demain c'était jour de marché à la pagode. D'habitude, à cette date, le passage voûté de l'entrée était rempli de plantes, de fleurs sans pot, toutes destinées à la vente du lendemain. Ce jour-là, il n'y avait aucune animation, ni dans le magasin ni au-dehors. Dans l'entrée déserte et triste, on ne voyait que des feuilles mortes et des fleurs cassées. Ruixuan n'était jamais vraiment entré dans l'enceinte de cette pagode, il préférait flâner dans le magasin ; qu'il veuille en acheter ou non, toutes ces plantes et ces fleurs si fraîches, si belles, lui donnaient une impression de vitalité. Aujourd'hui, il regardait stupidement autour de lui avec l'impression d'avoir perdu quelque chose de capital.

« Quand un pays a perdu son indépendance, plus rien n'est beau ! » se dit-il. Mais aussitôt il rectifia : « Après tout, pourquoi toujours envisager les choses en temps de guerre en fonction de ce qui se passe en temps de paix ? En temps de guerre, les gouttes de sang sont autant de fleurs et n'est-ce pas beau que de mourir en héros ! »

Les gendarmes japonais étaient venus arrêter le poète Qian, qui n'était coupable d'aucun crime. On avait placé des sentinelles aux deux bouts de la ruelle pour éviter toute circulation. Guan Xiaohe montrait le chemin. Il aurait bien aimé ne pas se mettre si en avant, mais les Japonais avaient insisté pour qu'il les précède, avec la volonté implicite de lui demander des comptes et de le châtier, s'ils n'arrivaient pas à mettre la main sur leur proie. Guan Xiaohe n'aurait jamais imaginé que les Japonais aient recours à un tel procédé ; mais là, il se voyait bien obligé de leur obéir malgré sa répugnance. Son cœur battait très vite ; il essayait de paraître calme, mais ses yeux ressemblaient à ceux d'un renard aux abois ; il scrutait tous les coins et, craignant que les voisins ne le reconnaissent, il enfonça avec force son chapeau sur le front. Dans la ruelle, les habitants avaient tous fermé leur porte et il n'y avait âme qui vive, sauf quelques chenilles vertes suspendues aux sophoras. Voyant que tout le monde s'était calfeutré chez soi, il se sentit quelque peu rassuré. En fait, maître Liu, l'artisan tapissier, et quelques autres regardaient tout ce qui se passait à travers les fentes de leur porte et ils reconnurent parfaitement Guan Xiaohe.

Le chef de police Bai, le visage très pâle, marchait derrière Guan telle une âme en peine. Presque tous les habitants de la ruelle étaient ses amis. Déjà en temps ordinaire, il avait le plus grand mal à conduire qui que ce soit au commissariat, comment pouvait-il, là, assister impassible à l'arrestation d'un ami par les Japonais ? Il venait de réaliser, en arrivant devant la porte de la famille Qian, qui il venait arrêter. Il ne connaissait pas très bien Qian Moyin, car celui-ci ne sortait pas souvent et ne lui avait jamais rien demandé. Mais il savait bien que c'était un brave homme et que, si tout le monde se comportait comme lui, les agents de police pourraient administrer la sécurité publique sans avoir à intervenir. Il aurait voulu se jeter à la gorge de Guan Xiaohe et lui faire rendre l'âme, mais derrière lui il y avait quatre brutes de soldats, raides comme des barres de fer, et il fut bien obligé de ravaler sa colère.

Depuis la chute de la ville, il redoutait d'avoir un jour ou l'autre à agir comme suppôt de l'ennemi et de maltraiter ses compatriotes. Quitter son uniforme sur-le-champ aurait été la seule manière de se dérober à ce genre de mission extrêmement pénible, mais il lui était impossible d'agir ainsi ; il ne savait rien faire d'autre et toute sa famille dépendait de lui. C'était cela qui décidait pour lui et il se voyait contraint d'accomplir ces choses inhumaines ! Ce jour-là, de fait, il servait de guide à des brutes qui venaient arrêter M. Qian, un homme simple, qui n'aurait pas fait de mal à une mouche.

Ils frappèrent à la porte des Qian avec beaucoup d'insistance. Personne ne répondit. Un des soldats était sur le point de donner un coup de pied dans la porte, quand celle-ci s'ouvrit doucement, laissant paraître M. Qian. Il avait l'air à peine réveillé, quelques plis rouges barraient encore son visage, il avait aux pieds des chaussures de toile, et de sa main gauche il boutonnait sa longue tunique. Il aperçut d'abord Guan Xiaohe, qui s'empressa de baisser les yeux. Puis, il vit derrière le chef de police Bai qui, lui, tourna aussitôt la tête. Enfin, il surprit le léger hochement de tête de Guan aux soldats derrière lui : c'était Judas trahissant Jésus. Il pensa aussitôt à deux possibilités : ou bien il était arrivé quelque chose de fâcheux au chef de peloton Wang, ou bien l'affaire de Zhongshi avait transpiré. Très vite, il comprit qu'il s'agissait de la deuxième hypothèse, car en voyant Guan Xiaohe il se rappela l'avertissement de Mlle Gaodi.

Avec calme, mais sur un ton arrogant, il demanda :

« Que voulez-vous ? »

Ces trois mots sonnèrent comme le fer sur l'enclume. Guan Xiaohe baissa la tête comme pour éviter les étincelles du métal incandescent, il recula d'un pas. Le chef de police Bai ne pouvait supporter le regard du vieux. Deux soldats se précipitèrent en avant, donnant l'impression de monter à l'assaut. M. Qian avait mis la main sur le chambranle de la porte pour barrer le chemin. Il demanda une deuxième fois :

« Que voulez-vous ? »

Un des soldats abattit alors une de ses grosses pattes sur le poignet de M. Qian, lui tordit le bras et le gifla de l'autre. La bouche du poète se mit à saigner. Le soldat voulut entrer. Un moment abasourdi, Qian Moyin saisit le soldat au collet, hurlant :

« Mais que veux-tu ? »

Le soldat se débattit de toutes ses forces ; les mains de Qian Moyin serraient encore plus fort, comme celles d'un noyé s'agrippant à un morceau de bois. Craignant que le vieux ne reçoive de nouveaux coups, le chef de police Bai lui saisit avec force les coudes et lui fit lâcher prise ; il s'était interposé entre le vieillard et le soldat ennemi, qui lui donna un coup de pied dans les jambes. Malgré la douleur, le policier calma Qian Moyin, feignant aussi de vouloir l'intimider. Finalement, le calme revint.

Un seul soldat était posté en sentinelle à la grande porte, tous les autres étaient entrés dans la cour ; tenant toujours Qian Moyin, le chef de police entra lui aussi, il murmura :

« Ne vous fâchez pas, mon bon monsieur ! Rien ne sert de faire le brave devant des brutes pareilles ! »

Guan Xiaohe avait de grandes ambitions mais peu d'audace ; il n'osait pas entrer dans la cour, mais ne voulait pas rester dehors ; il avança dans le passage voûté de l'entrée. Il sortit de sa poche un étui à cigarettes en laque de Fujian incrustée d'argent. Il l'ouvrit et, apercevant le soldat debout à l'entrée, s'empressa, pour se montrer complaisant, de lui en proposer une. Le soldat ennemi le regarda, regarda l'étui, le prit, le referma et le fourra dans sa poche. M. Guan sourit tristement et dit en imitant l'accent des Japonais parlant chinois : « Bien ! Bien ! Très, très bien ! »

Le fils aîné de M. Qian – Qian Mengshi – souffrait ces derniers temps de la dysenterie. Il avait toujours l'air un peu maladif, mais depuis deux jours il faisait vraiment pitié. Ses longs cheveux mal peignés, le visage verdâtre, il se dirigeait vers sa chambre, tenant son pantalon à deux mains. Il marchait en geignant. Voyant son père la bouche ensanglantée, tenu par le chef de police Bai, et les trois soldats ennemis se dandiner dans la cour comme des ours armés, il oublia sa douleur et se précipita vers lui en vacillant. Le policier se dit aussitôt que l'ennemi n'était venu que pour arrêter le vieux Qian, et qu'il ne servait à rien de laisser Qian Mengshi se compromettre. Si lui aussi se montrait trop agressif, il serait certainement arrêté.

Après avoir bien réfléchi, il serra les dents et décida de se montrer dur. Il tenait toujours M. Qian d'une main, et quand son fils s'approcha il lui donna un coup de poing en pleine figure. Qian Mengshi s'écroula par terre. Alors il cria : « Opiomane ! Opiomane ! » Pour attirer l'attention des soldats, il montra Qian Mengshi du doigt, puis il leva son pouce et son auriculaire qu'il posa sur ses lèvres en émettant un gargouillement. Il savait que les Japonais traitaient toujours « avec des égards spéciaux » les opiomanes.

En effet, ils ne s'occupèrent pas de Qian Mengshi et entrèrent pour inspecter les différentes pièces. Le chef de police en profita pour expliquer à M. Qian :

« Vous, vous êtes déjà âgé, vous ne risquez pas grand-chose à vous rebeller, même si c'est au risque de votre vie. Mais il faut absolument éviter qu'ils arrêtent votre fils ! »

M. Qian hocha la tête, son fils restait étendu par terre, inanimé. Il baissa la tête pour le regarder, il était peiné bien sûr, mais en même temps il se sentait un peu rassuré. La mort de son second fils, tout à fait confirmée à présent, l'injustice dont venait d'être victime son aîné, ses propres souffrances n'étaient à son avis qu'un aboutissement logique des choses, il n'y avait rien d'étonnant à tout cela. En temps de paix, il avait ses fleurs et ses plantes, ses poèmes, son thé, son vin ; à présent que son pays était tombé aux mains de l'ennemi, il était confronté aux sacrifices et à la mort ; il n'était pas mécontent de son sort.

Il se rendait bien compte que ce qui l'attendait, c'étaient la prison, les tortures, la mort, mais il n'éprouvait aucune inquiétude. Il souhaitait seulement que son fils aîné ne soit pas arrêté, pour que son épouse déjà âgée et sa belle-fille aient toujours quelqu'un sur qui s'appuyer, et qu'elles ne soient pas immédiatement exposées à l'opprobre et aux souffrances. Il aurait du mal à se séparer de sa vieille compagne ; elle devrait comprendre elle aussi et ne pas se plaindre de ses souffrances momentanées ; s'il mourait pour la patrie, il était sûr qu'elle serait fière de lui. À l'égard de Guan Xiaohe, il n'avait aucun ressentiment. Il pensait qu'ici-bas chacun, tout comme les cinq cents arhats dans les temples, occupe une place spécifique ; lui, il était voué à la mort ; Guan Xiaohe trahissait les autres pour obtenir des honneurs.

Ayant réfléchi à tout cela, il se sentit tout à fait serein. En général, dans de tels moments d'émotion, il aimait réciter des vers. À présent, il se sentait tout à fait détaché de la poésie, il se disait que la mort héroïque de son fils, que le suicide choisi plutôt que la reddition par le chef de peloton Wang et que sa propre destinée formaient les plus belles strophes d'un poème intitulé « La nation détruite ». Tous ces faits, même écrits en prose, chantaient comme de la poésie : à quoi bon chercher mieux dans les syllabes et les rimes ?

À ce moment, les soldats poussèrent brutalement Mme Qian hors de chez elle et elle faillit tomber. Il ne voulait pas lui parler, mais elle s'approcha de lui précipitamment :

« Ils s'emparent de tous nos biens ! Va voir ! »

M. Qian éclata de rire. Le chef de police lui secoua le bras et lui dit à voix basse : « Ne riez pas ! Ne riez pas ! » À ce moment-là, Mme Qian s'aperçut que la bouche de son mari était ensanglantée. Elle l'essuya avec sa manche. « Que t'est-il arrivé ? » Sentant le revers de la manche de sa vieille compagne lui essuyer le coin des lèvres, M. Qian eut tout d'un coup comme un malaise, il ressentit une douleur au cœur et son corps se couvrit de sueur. Il s'accrocha à sa femme, ferma les yeux et retrouva son calme. Puis, en rouvrant les yeux, il lui dit à voix basse :

« Je ne t'ai pas encore dit, mais notre second fils a quitté ce monde et à présent ils viennent m'arrêter. Ne t'afflige pas et surtout ne perds pas courage ! »

Il avait encore mille recommandations à lui faire, mais il fut incapable de continuer.

Mme Qian croyait rêver. Elle ne comprenait rien à ce qu'elle voyait et à ce qu'elle entendait. Depuis qu'on avait engagé les hostilités au pont Lugou, il ne s'était pas passé de jour sans qu'elle n'évoque le souvenir de son fils cadet ; son mari et son fils aîné lui disaient toujours que Zhongshi allait bientôt revenir. L'autre nuit, un monsieur était venu, qui ressemblait à un paysan, à moins que ce ne fût un militaire. Elle n'avait pas osé se montrer bavarde et personne ne lui avait dit de qui il s'agissait. Et puis, tout d'un coup, cet homme avait disparu. Elle avait interrogé son mari, qui s'était contenté de sourire sans rien dire. Un autre soir, elle était sûre d'avoir entendu du bruit dans la cour et les chuchotements d'une voix de femme. Le lendemain, elle avait posé des questions, on ne lui avait pas répondu non plus. Que signifiait tout cela ? Aujourd'hui, les soldats japonais fouillaient et pillaient sa maison, y faisant la loi, et son mari qui saignait de la bouche lui apprenait le décès de son second fils ! Elle avait envie de pleurer, mais la stupéfaction et l'incrédulité l'en empêchaient. Elle tenait son mari par le bras, elle aurait voulu l'interroger pour en savoir plus, mais elle n'eut pas le temps d'ouvrir la bouche, les soldats sortirent de la maison et lancèrent une lanière de cuir au chef de police Bai. M. Qian s'écria :

« Ce n'est pas la peine de me ligoter, je vous suis ! »

Le policier ramassa la lanière et dit à voix basse :

« Je vous attache un peu, pas trop fort, pour éviter qu'ils vous donnent des coups ! »

Mme Qian se mit à crier :

« Que faites-vous ? Où voulez-vous emmener mon mari ? Lâchez-le ! »

Elle s'agrippait carrément à son bras. Le chef Bai était très inquiet, car il craignait que les soldats ennemis ne la frappent. À ce moment, Mengshi reprit connaissance et appela : « Maman ! » M. Qian murmura à l'oreille de sa femme :

« Occupe-toi de lui, je ne pars pas pour longtemps, je vais revenir tout de suite, sois tranquille ! » Il tira son bras et se dégagea. Ses yeux étaient pleins de larmes dans lesquelles se mêlaient la colère, l'indignation, la fierté et la violence. Il sortit la tête haute. Il se retourna et jeta un regard en arrière sur les fleurs qu'il avait plantées, un hibiscus étalait ses grandes fleurs d'un jaune tendre.

Juste comme il revenait de la rue du Temple de la Sauvegarde Nationale, Ruixuan aperçut M. Qian se dirigeant vers le sud, entouré de quatre soldats. Ceux-ci n'avaient pas prévu de voiture, peut-être agissaient-ils ainsi pour que tout le monde puisse bien le voir. Il allait nu-tête, le pied gauche traînant une chaussure de toile, l'autre sans rien, il regardait droit devant lui, l'air de sourire sans sourire, les lèvres pincées. On lui avait lié les mains dans le dos ; il ne remarqua pas Ruixuan, qui faisait des efforts pour ne pas fondre en larmes et qui se tenait là, stupidement, le regardant s'éloigner jusqu'à ce qu'il n'aperçoive plus que quelques ombres marchant au bord de la route, sous un beau soleil éclatant ; quelques rayons d'argent scintillaient sur la tête de M. Qian.

Désorienté, Ruixuan entra dans la ruelle du Petit-Bercail ; toutes les portes étaient fermées, sauf celle de M. Li, qui était restée entrouverte. Il voulut d'abord se rendre chez les Qian, pour consoler Mengshi et sa mère, mais à peine arrivé devant chez eux il entendit M. Li l'appeler ; celui-ci était assis derrière sa porte ; Ruixuan s'approcha de lui.

« Surtout, n'allez pas chez les Qian ! » M. Li tira Ruixuan derrière sa porte : « Par les temps qui courent, il vaut mieux ne pas trop s'occuper ni de ses parents ni de ses amis, prenez bien garde! »

Ruixuan ne sut que répondre et, plutôt déconcerté, il ressortit. Une fois chez lui, ayant une forte migraine, il ne salua personne et alla directement se coucher. Il marmonnait, avec des inflexions plus ou moins fortes de la voix.

Lorsque Peiping était tombé aux mains de l'ennemi, tous les habitants de la ruelle avaient éprouvé tristesse et inquiétude. Quand ils apprirent que Shanghai résistait aux Japonais, ils furent soudain tout excités et joyeux. Toutefois, jusqu'à présent, ils n'avaient encore jamais perçu la vraie physionomie de l'ennemi, et ils ne pouvaient imaginer à quelles souffrances ils allaient être exposés. Aujourd'hui, pour la première fois, ils avaient senti l'odeur du sang, et ils avaient vu quels mauvais traitements on pouvait leur infliger à n'importe quel moment. Ils ne connaissaient pas très bien M. Qian, mais ils savaient tous que c'était un homme incapable de faire du mal à qui que ce soit. Son arrestation et les coups qu'il avait reçus leur firent concevoir la cruauté de l'ennemi. Ils comprenaient mieux maintenant ce qu'on entendait par « petits Japonais » ; ils n'étaient pas venus seulement pour occuper une ville, mais aussi pour rendre la vie impossible à ses habitants ! Ils jetaient tous des regards en coin vers l'entrée de la maison de Guan Xiaohe, réalisant qu'ils devaient être désormais très vigilants, et même qu'il valait mieux ne plus parler de « petits Japonais », car un de leurs voisins avait ouvertement décidé de collaborer avec eux ! Ils haïssaient ce Guan Xiaohe encore plus profondément que les ennemis, toutefois ils ne feraient rien pour le mettre dans l'embarras ; ne jouissant d'aucune protection particulière, ils en étaient réduits à tout supporter en silence.

Guan Xiaohe, plutôt mal à l'aise, tenait sa porte bien close. Après le coucher du soleil, son angoisse redoublait, car il craignait que quelqu'un ne vienne l'agresser chez lui pour se venger. N'osant dire les choses carrément, il laissa entendre qu'il serait peut-être plus prudent d'avoir quelqu'un de garde la nuit.

La « grosse courge rouge », elle, en revanche, était très satisfaite ; elle disait à qui voulait l'entendre : « C'est très bien ainsi et on peut dire que nous avons accompli là une action d'envergure. Maintenant, il n'est plus question de faire machine arrière, alors continuons donc d'avancer dans cette voie sans ménager notre peine ! »

Après cette déclaration péremptoire, elle donna en quelques minutes des dizaines d'ordres, ce qui eut pour effet de faire aller et venir dans tous les sens les trois domestiques. D'abord, elle voulait qu'on serve à boire pour célébrer l'exploit de son mari ; après, elle voulait inviter ses sœurs adoptives à une partie de mah-jong, ou alors, elle voulait mettre une autre toilette pour sortir, afin d'obtenir des renseignements sur M. Qian ; finalement, elle se changea et ordonna au cuisinier de lui préparer tout de suite une bouillie de riz.

Quand elle se rendit compte que son mari crevait de peur, elle ne put cacher son irritation :

« Toi, mon gars, tu ne distingueras jamais le bon du mauvais, tu veux bien goûter à la soupe mais tu crains qu'elle ne soit trop chaude ; au fond, à quel jeu joues-tu ? On a enfin réussi à trouver notre voie, on a accompli une action méritoire, et toi, tu commences à avoir la trouille?

Le vieux Qian n'est pas ton père que je sache, et ce n'est pas une gifle qui va lui faire perdre la vie ! »

Guan Xiaohe se résolut à faire contre mauvaise fortune bon cœur, et dit : « Il faut avoir le courage d'agir et d'assumer la responsabilité de ses actes. Eh bien, moi, je n'ai pas peur !

– Je préfère ça ! »

La « grosse courge rouge » prit un ton plus doux.

« Tu veux faire une partie de mah-jong ou boire un peu de vin ? » Sans attendre sa réponse, elle décida : « Allez, jouons ! Ce soir je me sens très en forme ! Gaodi, tu veux être de la partie ? Et toi, Tongfang ? »

Gaodi répondit qu'elle préférait aller se coucher. Tongfang refusa. La « grosse courge rouge » faillit exploser, elle était prête à faire encore une scène, mais Zhaodi s'approcha d'elle et lui dit :

« Maman, écoute ! »

Depuis la cour ouest, on pouvait entendre les sanglots de Mme Qian. La « grosse courge rouge » se tut.

CHAPITRE XIV

La période de la mi-automne du calendrier lunaire est celle où en général règne à Peiping un temps splendide, ni froid, ni chaud, avec des nuits et des jours d'une égale longueur. Il n'y a pas encore ces vents de sable glacés venant tout droit de Mongolie et déjà plus ces orages de grêle provoqués par la canicule. La voûte céleste est si haute, si bleue et si lumineuse, qu'elle paraît dire en souriant aux Pékinois : ces jours-ci, vous ne craignez rien, la nature est paisible, elle ne vous fera aucun tort. Les Collines de l'Ouest semblent d'un bleu plus intense, et chaque soir elles se couvrent d'un léger manteau de nuages rouges aux nuances variées.

En temps de paix, on voyait à Peiping, sur les étalages des marchés ou disposés à même le sol, toutes sortes de fruits dont seuls les Pékinois connaissaient le nom. Aux diverses variétés de raisin, de poires et de pommes qu'on pouvait admirer, humer ou manger, il fallait ajouter les spécialités de la région, toutes plus belles, parfumées et exquises les unes que les autres : gros jujubes en forme de gourdes, petites poires blanches à l'arôme subtil, douces et croquantes, petites pommes sauvages, coings vendus uniquement pour leur parfum, pommes d'api saupoudrées d'or, pastèques en forme d'oreiller, ornées de bandes de papier doré en l'honneur de la lune, et d'amarantes jaune et rouge. Tous ces fruits étaient tellement séduisants qu'on se souciait bien peu d'en savourer le goût et il était presque impossible de savoir quelle variété était la plus odorante, ou laquelle avait les plus belles couleurs, on était comme enivré.

Où que ce soit, les fruits étaient toujours rangés d'une manière harmonieuse, formant des motifs en relief qui exhalaient un arôme délicieux ; on avait l'impression que les vendeurs étaient de vrais artistes, capables d'embellir encore tous ces chefs-d'œuvre de la nature. Après avoir arrangé leurs étalages avec le plus grand soin, ils entonnaient d'une voix claire et bien timbrée, avec un fort accent local, une espèce d'« Hymne aux fruits » :

« Hé ! Par ici la monnaie ! choisissez mes petites poires blanches, elles ont la peau tendre, la pulpe sucrée, et sont très saines. Hé ! Choisissez mes douces petites poires blanches ! »

Le chant se mêlait au parfum, et la musique à la beauté paisible des fruits ; les passants ralentissaient alors le pas, pour écouter, regarder et humer la splendeur automnale de Peiping.

On pouvait encore trouver les gros marrons de Liangxiang, enrobés de sable fin, de sucre et de miel, que l'on grillait sur le trottoir ; même la fumée du feu de bois sous la marmite dégageait une odeur exquise ! Juste devant la porte du restaurant *La Grande Jarre de vin,* on vous faisait sauter avec de la ciboule hachée une bonne assiettée de lamelles de viande de mouton bien tendre, qui, accompagnée d'un bol de vin, ne vous coûtait que vingt à trente fen [1] ; on avait là de quoi être rassasié et même un peu soûl. Un peu plus loin se faisait la vente à la criée de crabes d'eau douce, présentés dans des corbeilles de roseau ; ceux qui voulaient se faire un petit plaisir pouvaient se rendre au Pavillon Zhengyang, où on leur en servait en prenant soin de leur donner un petit maillet de bois pour casser les pattes velues.

Parmi tous ces étalages de fruits à la beauté parfumée, il y avait, disposées en rangées superposées sur de nombreux étalages, des figurines représentant le dieu-lapin [2]. La tête

1. Le centième de l'unité monétaire chinoise, le yuan.

2. Figurine de terre à tête de lapin et à corps humain, fabriquée pour les enfants à l'occasion de la fête de la mi-automne, célébrée le quinzième jour du huitième mois du calendrier lunaire.

blanche, le corps peint, une bannière piquée dans le dos, elles étaient plus ou moins grandes, mais toutes gracieuses et finement exécutées. Le dieu-lapin pouvait être représenté à califourchon sur un tigre, ou assis sur un lotus, ou bien ayant sur l'épaule une palanche contenant l'attirail complet du barbier, ou bien encore portant sur son dos un petit coffre rouge vif ; quoi qu'il en soit, ces figurines donnaient à des millions d'enfants une idée de ce qu'était le beau.

Du district de Fengtai, célèbre pour ses fleurs, on apportait à la ville, dans des paniers suspendus aux deux extrémités d'une palanche, des chrysanthèmes aux feuilles exubérantes et aux boutons charnus ; les jardiniers des parcs et les amateurs d'art floral organisaient une « exposition » présentant les espèces rares qu'ils avaient cultivées laborieusement depuis des mois. Par la richesse de leurs variétés et l'originalité de leurs formes, les chrysanthèmes de Peiping pouvaient être considérés comme les plus beaux du monde.

Les Pékinois, fidèles à une tradition plusieurs fois millénaire, préparaient dès le début du huitième mois lunaire les cadeaux qu'ils allaient offrir pour la fête de la mi-automne à leurs parents et amis. Les vitrines des boutiques se remplissaient alors de bouteilles de vin et de gâteaux de lune [1] de toutes sortes. Pour accueillir la nouvelle saison, même les boutiques où l'on ne vendait pas de cadeaux participaient à l'animation générale en accrochant à leur porte des banderoles de soie sur lesquelles on pouvait lire en gros caractères : « Soldes de la mi-automne. »

L'automne de Peiping, c'était le paradis sur terre, et qui sait, peut-être mieux encore !

L'anniversaire de M. Qi tombait le treizième jour de ce même huitième mois. Il ne disait rien, mais au fond, il espérait que la fête serait réussie comme elle l'avait été les années précédentes. Son anniversaire passé, il avait pour

---

1. Gâteau rond symbolisant la rondeur de la lune que l'on mange à l'époque de la fête de la mi-automne. Les gâteaux de lune sont farcis de jambon, de pâte de jujube, de cerneaux de noix, etc.

habitude de célébrer, aussitôt après, la mi-automne, et, même si ce jour-là il ne se sentait pas en pleine forme, il se forçait à être gai et plein d'entrain. Depuis qu'il avait dépassé la soixantaine, il considérait cette succession d'événements importants presque comme un rite pour lequel il devait porter ses habits préférés ; il prenait bien soin de préparer un grand nombre de petits paquets enveloppés de papier rouge, dans lesquels il mettait des pièces de monnaie d'argent nouvellement frappées et qu'il distribuait aux enfants venus lui souhaiter bon anniversaire ; il lui fallait s'enquérir très aimablement de la santé des parents et des amis, et grâce à sa longue expérience de la vie il savait donner à chacun des encouragements ou avertissements ; il faisait attention à tout, pour que chaque invité puisse manger à sa faim ; il mettait toujours de côté les fruits ou les pâtisseries qu'il n'aimait pas et les offrait aux enfants. Il était le patriarche dont on célébrait l'anniversaire ; il lui fallait donc se comporter avec toute la bienveillance, la politesse et l'indulgence nécessaires au bonheur des hôtes, afin que personne n'ait rien à redire, sinon il s'en repentirait aussi longtemps qu'il lui resterait encore à vivre.

La cérémonie terminée et malgré la fatigue, il montrait beaucoup d'intérêt pour tout ce qui se préparait à l'occasion de la fête de la mi-automne, mais en fait il considérait celle-ci un peu comme la dernière partie de son anniversaire, et qu'elle soit réussie ou non importait peu. L'anniversaire était sa fête à lui tout seul, tandis que la mi-automne était l'affaire de tout le monde. Après tout, il était le point de départ de toute cette famille réunie, il avait le droit d'être égoïste.

Cette année, dix jours avant son anniversaire, il ne dormait déjà plus aussi bien la nuit. Il se rendait compte qu'avec Peiping occupé par les Japonais, il ne pouvait vraiment pas espérer que tout se passe aussi bien que les années précédentes. Malgré cela, il ne perdait pas espoir. M. Qian avait été arrêté et jusqu'à présent on était sans nouvelles de lui. Qui sait combien de jours il lui restait encore à vivre !

Lui, au moins, il pouvait vivre, n'était-ce pas déjà un grand bonheur ? Et puis après tout, pourquoi ne pas fêter joyeusement cet anniversaire ? Finalement, il en vint à cette conclusion que non seulement il devait le fêter, mais il voulait que les réjouissances soient deux fois plus importantes que d'habitude ! Ce serait peut-être la dernière fois, qui sait ? Et puis, il n'avait jamais offensé les Japonais, était-il concevable que ceux-ci, aussi fous soient-ils, ne permettent pas à un honnête homme comme lui de fêter son soixante-quinzième anniversaire ?

Il décida d'aller faire un petit tour dans le quartier. Il savait très bien à quoi pouvaient ressembler les rues et les marchés de Peiping en automne, il connaissait bien sûr tout cela par cœur. Cependant, il voulait se rendre compte par lui-même de l'atmosphère qui régnait en ce moment. Si les rues étaient aussi animées que d'habitude, alors il ne faisait aucun doute qu'il pourrait fêter joyeusement un anniversaire de plus et l'occupation de Peiping par les forces militaires japonaises n'aurait alors plus rien d'effrayant.

Pendant sa promenade, aucun parfum de fruits ne vint flatter ses narines, il ne rencontra que quelques rares personnes portant leurs cadeaux à la main ou au bout de leur palanche, et il ne vit que très peu de gâteaux de lune dans les magasins. D'abord, il ralentit le pas, mais bientôt il n'arriva même plus à marcher. Il se disait que si dans la ville les fruits manquaient, c'était parce que, en dehors de Peiping, la situation était agitée et que les marchandises ne pouvaient plus entrer, et il se rendait bien compte que si on voyait si peu de gâteaux de lune, c'était parce que les gens n'osaient pas fêter la mi-automne. Il sentit un frisson lui parcourir tout le corps. Tant que les Japonais ne gênaient pas sa vie quotidienne, il n'éprouvait aucune haine envers eux ; il était d'avis que, tout comme les affaires d'État, les Japonais étaient bien loin de lui et qu'ils ne faisaient pas partie de ses préoccupations. Ce qu'il voulait, c'était uniquement vivre en paix et pouvoir fêter joyeusement son anniversaire ; n'ayant jamais payé quiconque d'ingratitude, il pensait avoir droit à la tranquillité et à la joie ! Mais là, c'en était trop, il commençait à y voir plus clair : c'était bien le Japon qui allait l'empêcher de fêter la mi-automne et son anniversaire comme il le souhaitait !

Il en avait vu de toutes les couleurs dans sa vie et ses petits yeux ne versaient plus souvent de larmes. Pourtant, juste à ce moment-là, il éprouva quelques difficultés à voir clairement ce qu'il y avait devant lui. Les enfants pleurent quand ils sont contrariés, les vieux, eux, quand ils le sont, pensent immédiatement au rapport étroit qui existe entre leur âge et la mort, et ils ne peuvent que très difficilement retenir leurs larmes ; quand les vieux et les enfants ne versent plus de larmes, cela signifie que le monde est entré soit dans sa phase la plus paisible, soit dans sa phase la plus terrible.

Le vieux Qi s'approcha de l'étalage d'un marchand de lait de soja, il s'assit là un moment et se sentit quelque peu soulagé.

Puis, il reprit la direction de sa ruelle. En chemin, il remarqua deux étalages de figurines du dieu-lapin, multicolores, de grandeurs différentes. Les années précédentes, accompagné de son fils, de ses petits-fils ou de son arrière-petit-fils, il lui arrivait de rester immobile pendant une heure devant ces étalages en faisant toutes sortes de remarques, puis il en achetait une ou deux finement exécutées pour rien du tout. Ce jour-là, en passant devant, il ne ressentit qu'une grande solitude. Normalement, ces figurines étaient entourées par les nombreux étalages de fruits, ainsi on ne risquait pas d'oublier de faire les offrandes au dieu-lapin, relié à l'image paisible du culte de la lune [1]. Malheureusement, ce jour-là, elles étaient bien isolées, il n'y avait pas de fruits beaux et parfumés dans les parages, et cela fit au vieux Qi une drôle d'impression, il ressentit même comme un sentiment de peur.

Il pensa acheter deux figurines pour Petit Shunr et Niuzi, mais il changea aussitôt d'idée ; dans ces conditions, à quoi bon acheter des jouets pour les enfants ?

Voyant qu'il hésitait, le marchand, un homme maigre d'une trentaine d'années, l'interpella, le visage tout sourires :

1. D'après la tradition, le dieu-lapin habite la lune.

« Soyez gentil, monsieur, achetez-moi quelque chose ! »

Sa physionomie souriante et la douceur de sa voix firent penser au vieux Qi qu'il lui ferait plaisir en bavardant un moment avec lui, même sans rien acheter. Mais il ne s'arrêta pas ; il n'avait le cœur ni à acheter des jouets ni à bavarder.

« Allez, soyez gentil, prenez-en une ! Elles ne sont pas chères ! »

Aux mots « pas chères », le vieux s'arrêta presque instinctivement. L'homme sourit encore plus largement ; si tout à l'heure il n'était pas sûr de son coup, cette fois-ci, il semblait rassuré. Il soupira en souriant, semblant vouloir dire : Enfin, le dieu de la Richesse m'est favorable !

« Asseyez-vous donc un instant pour reposer vos jambes ! » Il tira un tabouret qu'il essuya de sa manche. « Vous voulez que je vous dise ? Mes figurines sont ici depuis trois jours, mais je n'en ai pas encore vendu une seule. Ces temps-ci, les affaires ne vont pas fort, vous ne trouvez pas ? Elles ont été frappées cet été, il faut bien que je les vende, non ? »

Voyant le vieux Qi s'asseoir, il s'empressa d'entrer dans le vif du sujet :

« Si vous achetez deux grandes figurines, je vous les vends moins cher que ce qu'elles m'ont coûté ! Lesquelles préférez-vous ? Ces deux-là, l'une sur un tigre noir, l'autre sur un tigre jaune, pas mal, hein ? Ces jouets sont vraiment bien faits !

– Je les achète pour deux enfants et il m'en faut donc deux exactement pareilles, sinon ils vont se disputer ! »

Le vieux Qi se sentait pris au piège par le vendeur et il essayait de trouver un faux-fuyant.

« Des figurines identiques ! Ce n'est pas ce qui manque ! »

Il était bien décidé à ne pas laisser le vieillard s'en aller les mains vides.

« Voilà ! Vous voulez deux figurines sur des tigres noirs ou deux sur socle en forme de fleur de lotus ? C'est le même prix et vous faites vraiment une affaire !

– Je n'en veux pas de si grandes. Quand on donne de trop gros jouets à de petits enfants, ils risquent de les faire tomber et de les casser ! »

Le vieux était tout heureux d'avoir repoussé l'attaque du marchand.

« Alors, allons-y pour deux petites figurines et le tour est joué ! » répliqua celui-ci, bien décidé à conclure la vente.

« Gros ou petits, le prix ne diffère pas trop, car, si le jouet est petit, il est quand même finement travaillé, on utilise moins de matière première, mais le travail est le même ! »

Il prit avec soin une figurine d'une dizaine de centimètres, la posa dans sa main et l'examina en détail.

« Voyez-moi ça, quelle finesse ! »

La figurine était effectivement d'une finition parfaite : le petit museau blanc était si lisse et la physionomie si gracieuse que même un vieillard de soixante-quinze ans ne pouvait s'empêcher de succomber au charme. Le visage n'était pas trop fardé et sur le petit museau découpé en trois lobes on avait tracé une fine ligne rouge et brillante ; les deux oreilles blanches, longues et minces, étaient légèrement teintées de rose. Ce charmant petit lapin paraissait bien éveillé et pouvait passer pour le Huang Tianba[1] des lapins. La figurine était vêtue d'une longue tunique écarlate sur laquelle, à partir de la taille, on avait peint des feuilles turquoise et des fleurs roses, dont les nervures et les pétales étaient mouchetés de couleurs vives et harmonieuses qui donnaient une impression de scintillement.

Une lueur brilla dans les petits yeux du vieux Qi, mais il savait se maîtriser ; il ne voulait pas se laisser charmer par cette petite chose en terre et dépenser de l'argent n'importe comment. Il saurait s'arrêter à temps, c'est-à-dire juste avant de payer avec son argent. C'est en agissant ainsi qu'il avait réussi à fonder un foyer.

« Je crois que je vais choisir deux figurines ni trop grandes ni trop petites ! » Il s'était aperçu que les jouets de dimensions moyennes n'avaient ni la majesté des grands ni la finesse d'exécution des petits, évidemment le prix serait en conséquence.

1. Personnage de l'opéra de Pékin classique, un redresseur de torts brave et généreux.

Le vendeur fut quelque peu contrarié. Toutefois, en bon petit commerçant pékinois, il garda sa déception pour lui, se défendant d'en laisser transparaître le moindre signe.

« Choisissez ce que vous préférez, vous savez, ce ne sont que de petits jouets, sans grande valeur ! »

Le vieux Qi mit vingt-cinq minutes pour choisir un couple de figurines. Il mit presque autant pour en négocier le prix. Finalement, il se rassit, bien décidé à ne sortir son argent que lorsqu'il ne pourrait plus faire autrement ; le garder dans sa poche, c'était certainement le meilleur moyen de ne pas le dépenser.

Le marchand ne s'impatientait pas. Ce vieux monsieur assis là lui plaisait bien et lui faisait de la publicité gratuite. La vente conclue, ils étaient devenus amis, il se confia enfin :

« À ce train-là, il n'y aura bientôt plus personne pour continuer la fabrication de ces figurines !

– Oh ! Vraiment ? » Le vieillard sortit de sa poche la main qu'il y avait enfoncée pour palper son porte-monnaie.

« Voyez donc, si cette année je n'arrive pas à vendre toutes mes figurines, est-ce que vous croyez que je vais en faire bêtement d'autres l'année prochaine ? Non ! Après quelques années comme celle-là, eh bien, cette spécialité tout simplement disparaîtra. Vous ne croyez pas ?

– Quelques années ? » Le vieux Qi eut comme un frisson.

La main du vieux Qi tremblait un peu, il sortit très vite son argent et le donna au vendeur.

« Dans quelques années, moi, je serai déjà sous terre ! »

En s'en allant, il faillit oublier les deux figurines qu'il venait d'acheter. Heureusement, le marchand les lui remit avec précaution.

« Quelques années ! » marmonnait-il en marchant. Il vit soudain son cercueil sortir de la ville en passant sous une porte gardée par des soldats japonais, et il imagina ses fils et ses petits-fils vivant dans un Peiping sans figurines du dieu-lapin ; et qui sait combien de petits métiers de cette sorte allaient disparaître à leur tour ? *Disparaître,* qu'il s'agisse de personnes ou de choses, c'était pour lui un phénomène *extrêmement* déplaisant !

Dans son cœur qui battait depuis soixante-quinze ans, il n'avait que rarement ressenti de telles extrémités. Quand il en arrivait là, il essayait toujours de retirer au mot *extrêmement* un peu de son intensité, afin de ne pas éveiller en lui-même une colère qui risquait de le mettre dans tous ses états ; il n'était pas très instruit, mais il se disait néanmoins que, par respect envers Confucius et Mencius, il se devait de subir des contrariétés sans se mettre en colère.

Sans s'en apercevoir, il était arrivé à la ruelle du Petit-Bercail, tout comme un vieux cheval retourne invariablement à son écurie. En passant devant la porte des Qian, il pensa malgré lui à M. Qian Moyin, et il se dit que, dans son cas, on ne pouvait en rien réduire l'intensité du mot *extrêmement*.

Il n'était pas très fier, là, debout, avec ses deux figurines du dieu-lapin. Qu'était devenu M. Qian ? Avait-il été battu à mort par les Japonais ou endurait-il encore des tortures dans sa prison ? Ignorant le sort de son vieil ami, il avait quand même eu le cœur d'acheter ces figurines pour ses arrière-petits-enfants ?

Il réfléchit un moment et finit par considérer ce que le fils des Qian avait réussi en faisant verser son camion plein de soldats japonais, et ce que son petit-fils Ruiquan avait fait en quittant clandestinement Peiping, comme des actions héroïques.

La porte du n° 1 s'ouvrit. Le vieux Qi sursauta et, presque instinctivement, continua d'avancer. Il ne désirait pas être vu par quelqu'un de la famille Qian avec ses figurines du dieu-lapin entre les mains ! Mais tout de suite, il regretta son geste. Il avait de l'amitié pour le vieux Qian, allait-il se comporter comme un voleur devant sa famille ? Il se retourna, un peu honteux. Mme Qian était devant sa porte ; c'était une femme de petite taille qui approchait de la cinquantaine, plus douce qu'un papillon et plus innocente qu'un agneau. Sous son bras gauche, elle tenait un petit paquet enveloppé dans un tissu bleu : elle semblait égarée devant sa propre porte. Elle releva de la main droite un pan de sa tunique, une tunique très vieille, très longue, si longue qu'elle lui couvrait les pieds. Le vieux Qi pensa qu'elle allait faire demi-tour. Il se dirigea vers elle et l'interpella : « Madame Qian ! » Elle s'immobilisa, le regardant d'un air hébété. Son visage paraissait avoir oublié comment on exprime les sentiments, seules ses paupières battaient lentement.

« Madame Qian ! » Le vieux l'interpella une seconde fois, ne sachant pas trop quoi ajouter. Elle non plus ne dit rien, sa douleur extrême avait fait de son cœur un espace vide.

Le vieux Qi finit quand même par demander :

« Comment va M. Qian ? »

Mme Qian baissa légèrement la tête, mais ne pleura pas. On aurait dit que ses larmes étaient taries depuis longtemps. Elle fit rapidement demi-tour et rentra chez elle. Le vieux Qi la suivit. Dans le passage voûté de l'entrée, elle retrouva sa voix, une voix rauque qui avait perdu toute sa musicalité.

« Je me suis renseignée partout, je n'arrive pas à savoir où il est ! D'habitude, je ne sors jamais de chez moi, mais là, en quelques jours, j'ai fait le tour de la ville !

– Et votre fils aîné, comment va-t-il ?

– Il était déjà malade, mais depuis l'arrestation de son père et la mort de son frère il est au plus mal ; il a été vraiment choqué, voilà trois jours qu'il n'a rien mangé ni dit un seul mot ! Monsieur Qi, j'en arrive à me dire que les Japonais auraient mieux fait de raser la ville que de nous faire subir tout cela ! » Elle releva la tête. Dans ses yeux, un éclair de colère remplaçait les larmes ; ses paupières battaient, comme si des étincelles les brûlaient.

Le vieux garda un moment le silence. Il aurait bien voulu l'aider, mais dans une situation aussi grave, que pouvait-il faire ? Si ces malheurs étaient arrivés à quelqu'un d'autre, peut-être aurait-il dit simplement : « C'est le destin ! » Mais là, il s'interdisait de juger cette affaire de cette façon, car il savait parfaitement que les membres de la famille Qian étaient tous de très braves gens qui ne méritaient absolument pas de telles épreuves.

« Où allez-vous donc maintenant ? »

Elle regarda son petit paquet de toile bleue et son visage se crispa ; elle leva de nouveau la tête, décidée à maîtriser sa gêne :

« Je vais porter ça au mont-de-piété ! »

Sur son visage apparut une velléité de sourire, presque imperceptible, suscitée par un effort extrême, faisant penser à un faible rayon de soleil forçant son passage à travers des nuages épais.

« Avant, je redoutais toujours d'acheter quelque chose au comptant, mais à présent j'ai appris à aller au mont-de-piété ! »

Le vieux Qi vit là une occasion d'offrir son aide.

« Mais vous savez, moi aussi, je peux vous prêter quelques yuan !

– Non, monsieur Qi ! dit-elle si fermement que sa voix rauque devint très aiguë.

– Nous nous connaissons assez pour ça, madame Qian !

– Non ! De toute sa vie, mon mari n'a jamais sollicité l'aide de qui que ce soit. Je ne peux pas profiter de son absence pour... »

Elle ne termina pas, elle voulait être inflexible, tout en étant très consciente de l'effort que cela demandait. Elle changea soudain de sujet :

« Monsieur Qi ! À votre avis, que vont-ils lui faire ? Vous croyez qu'il va s'en tirer ? Qu'il pourra revenir ? »

Les mains du vieux Qi tremblaient. Il lui était impossible de répondre. Il réfléchit un moment, puis dit tout bas :

« Si on demandait à Guan Xiaohe de faire quelque chose ? »

Il n'avait pas employé l'expression « Celui qui a provoqué des ennuis doit les régler », toutefois, par son ton et sa mimique, Mme Qian comprit ce qu'il voulait dire.

« Lui ? Implorer son secours ? »

Elle leva légèrement les sourcils.

« J'irai moi-même lui demander, s'empressa d'ajouter le vieux Qi, malgré la très profonde aversion que j'ai pour ce monsieur !

– Non, je ne veux pas que vous alliez chez lui ! Il n'a rien d'un être humain ! »

Jamais de sa vie Mme Qian n'avait dit de telles paroles, mais dans ces quelques mots elle exprimait vraiment une haine profonde.

« Ah ! Il faut que je me dépêche d'aller au mont-de-piété ! » Elle sortit rapidement.

Le vieux Qi n'y comprenait plus rien du tout. Elle, une épouse si calme et rangée, si discrète, était devenue une femme très ferme, fougueuse et courageuse ! Abasourdi, il la regarda s'éloigner. Il pensa lui dire de revenir, mais elle avait déjà disparu dans la rue. Elle n'avait même pas pris soin de pousser sa porte ; une porte d'habitude si bien fermée ! Le vieux soupira. Il eut soudain envie de jeter les figurines de terre qu'il tenait à la main contre les troncs des grands sophoras, mais il ne put s'y résoudre. Il voulut entrer pour voir comment allait le fils aîné des Qian, mais il se sentit vraiment trop déprimé ; son cœur étouffait.

Arrivé devant la porte du n° 3, il se dit qu'il ferait bien d'aller voir M. Guan pour intercéder en faveur de Qian Moyin ; finalement, il décida que cela méritait plus mûre réflexion. C'était de bonne foi qu'il désirait sauver M. Qian, mais il ne voulait surtout pas se compromettre. Ayant vécu plus de soixante-dix ans dans une société à laquelle il n'était pas toujours facile de faire face, il savait ce que signifiait le mot *prudence*. Une fois arrivé chez lui, il ressentit une grande fatigue ; il tenait à peine debout. Il entra dans sa chambre sans dire un mot, après avoir donné les deux jouets à la mère de Petit Shunr, qui ne s'intéressa d'ailleurs qu'aux figurines de terre, sans accorder la moindre attention à la mine du vieux Qi. Elle dit :

« Tiens ! On en vend encore de ces petits dieux-lapins ? »

Mais immédiatement elle regretta ce qu'elle venait de dire, car elle ne voulait pas donner l'impression de critiquer le grand-père. Elle se sentit un peu gênée. Pour masquer sa confusion, elle appela Petit Shunr :

« Vite, viens ici, regarde ce que ton arrière-grand-père t'a acheté ! »

Petit Shunr et Niuzi arrivèrent comme des flèches. Le petit garçon s'empressa de prendre une figurine. Sa sœur posa un doigt sur ses lèvres, fixant l'autre figurine, aspira très fort, le visage rouge d'excitation.

« Qu'attendez-vous pour dire merci ? »

Niuzi saisit sa figurine et, la tenant dans ses mains, entra avec son frère dans la chambre du vieux Qi.

« Arrière-grand-père ! » Petit Shunr avait un sourire si large qu'il lui remontait jusqu'aux sourcils. « C'est vous qui les avez achetées ?

– Arrière-grand-père ! » Niuzi elle aussi voulait dire merci, mais ne savait comment s'y prendre.

« Allez donc vous amuser ! dit le vieux Qi, les yeux mi-clos. Jouez avec celles-là cette année, l'année prochaine... » Il ne termina pas sa phrase.

« L'année prochaine, quoi ? Vous en achèterez de plus, plus, plus grandes ? demanda Petit Shunr.

– Grandes, grandes, grandes ? » dit Niuzi, en écho à la question de son frère.

Le vieux Qi ferma complètement les yeux sans répondre.

CHAPITRE XV

Bien que Peiping ait été capitale impériale pendant des siècles, ses environs n'en avaient pas beaucoup profité. Dès qu'on sortait de la ville, il n'y avait que très peu de routes praticables, pratiquement pas d'usines, seulement des potagers, des terrains non fertiles, dénués d'arbres et parsemés de nombreuses tombes. Les paysans de la région, tout comme ceux du nord de la Chine en général, étaient souvent victimes de la sécheresse, de vents violents, de sauterelles et, pendant pratiquement six mois chaque année, ils souffraient de la faim et du froid. En temps de guerre, les portes de la ville étaient hermétiquement closes ; le maintien de la sécurité publique en dehors de la ville était confié pour l'essentiel aux paysans, qui laissaient tout bonnement le destin décider de leur vie ou de leur mort. Ils se disaient tous Pékinois, même si la plupart d'entre eux n'étaient entrés dans la ville que de très rares fois dans toute leur vie. C'étaient des gens simples et honnêtes qui n'auraient jamais pensé faire le mal, même si souvent ils n'avaient pas de quoi assouvir leur faim. Ce n'était que lorsqu'il leur était vraiment impossible de subsister qu'ils envoyaient leurs fils en ville se faire tireurs de pousse, policiers ou petits commerçants, ce qui leur assurait une aide complémentaire aux maigres revenus tirés de leurs champs. À chaque changement de dynastie, ils étaient inéluctablement exposés aux pires misères, premières victimes des massacres, des pillages et des viols. Dès qu'enfin la situation générale semblait s'apaiser, l'empereur, par un simple rond tracé à l'aide de son pinceau impérial sur le cadastre, distribuait leurs champs et leurs tombes aux grands personnages fondateurs de la dynastie nouvelle. C'est ainsi qu'ils perdaient tous leurs biens, devenant de simples esclaves chargés de garder les tombes des autres.

Les parents de M. Qi avaient été inhumés à l'ouest des remparts en ruine, situés au-delà de la porte Deshengmen. D'après les géomanciens, ce terrain, adossé aux remparts et faisant face aux Collines de l'Ouest, se trouvait sur le premier emplacement de la ville de Peiping, et il promettait la prospérité à son propriétaire. Il mesurait tout juste trois mu [1]. Le vieux Qi avait fini par l'acheter, après l'avoir d'abord loué pendant quelques années. Il n'y avait planté aucun arbre à la mémoire de ses parents, mais en avait confié la garde à son ancien propriétaire, qui continuait à le cultiver. Ainsi, chaque année, la famille Qi était assurée d'une rentrée de céréales diverses, et en même temps le tombeau était entouré de blé en herbe ou de plants de patates douces, verdure tout à fait apte à satisfaire les mânes paternels et maternels.

La veille de ce fameux anniversaire, M. Chang, l'ancien propriétaire chargé de cultiver le terrain, un petit vieux allant vers la soixantaine, nerveux, sec et obstiné, mais fort brave, vint en ville rendre visite à M. Qi. La porte Deshengmen ayant été interdite par l'ennemi, il était entré par la porte Xizhimen. Portant sur le dos un sac de millet fraîchement récolté, il avait marché d'un bon pas jusque chez le vieux Qi. Sans la fine pellicule de poussière jaune qu'il avait sur le visage et sur tout le corps, personne ne se serait aperçu qu'il venait de faire plusieurs li à pied en portant une bonne dizaine de kilos de céréales. À peine entré dans la ruelle, il posa son sac, tapa des pieds un instant à grand bruit, puis se frotta énergiquement le visage avec ses mains rudes et donna de petites tapes sur ses vêtements. S'étant ainsi débarrassé du plus gros de la poussière qui le recouvrait, il reprit son sac et se dirigea vers la maison en appelant d'une grosse voix :

« Frère Qi ! Frère Qi ! »

---

1. Mesure agraire de valeur variable selon les époques et les systèmes. L'ancien mu équivalait à environ 6 ares.

Bien qu'ils eussent plus de dix ans de différence, ils s'appelaient entre eux *frère,* on ne savait d'ailleurs pas comment ils en étaient arrivés à cet accord.

Le jour de la visite de M. Chang était toujours un grand jour pour la famille Qi. Résidant en ville depuis longtemps, ils avaient tous oublié la vraie couleur de la terre et ce qu'elle représentait ; pour eux, c'était soit un grand chemin, soit une route recouverte de goudron et sentant mauvais. Ce n'était qu'en voyant M. Chang recouvert de poussière jaune et apportant du millet ou du sorgho nouveau qu'ils percevaient les vraies relations entre l'homme et la terre, et qu'ils en ressentaient une certaine excitation. Ils aimaient l'écouter parler de problèmes réels, urgents, sans aucun rapport avec la politique, les relations internationales, la mode vestimentaire ou les étoiles de cinéma, mais qui étaient tous néanmoins liés étroitement à la vie. En l'écoutant, ils avaient l'impression agréable et fraîche de croquer dans un concombre tout juste cueilli et encore couronné de sa petite fleur jaune, après avoir été saturés de poulets, de canards, de poissons et de viandes. Ils le traitaient vraiment en ami, bien qu'il ne soit qu'un paysan cultivant leur terre, qui n'était rien d'autre qu'un cimetière de trois mu.

Ces temps-ci, le vieux Qi était de mauvais poil. Depuis le jour où il avait acheté les dieux-lapins pour Petit Shunr et sa sœur, il n'avait pas retrouvé sa bonne humeur. Il ne parlait plus de son anniversaire et il se montrait presque indifférent au fait que l'on célèbre ou non cet événement. Il avait envoyé Ruixuan apporter dix yuan à Mme Qian, mais celle-ci les avait refusés. Il avait voulu aller chez Guan Xiaohe pour intercéder en faveur de M. Qian, mais à chaque fois il s'était arrêté à la porte et était revenu sur ses pas. La famille Guan lui faisait le même effet qu'un nid de guêpes, cependant, tant qu'il ne se déciderait pas à aller les voir, il ne pourrait prétendre être un véritable ami de la famille Qian. Bien sûr, en ces temps troublés, personne ne s'intéressait aux affaires des autres, pas plus que le chat ne s'intéresse au chien, mais il était impardonnable de ne pas essayer de faire quelque chose pour quelqu'un qui était certainement en danger de mort. L'homme est avant tout un être humain, et M. Qian était son ami ! Il essayait de ne pas montrer son désarroi, mais quand on lui demandait ce qui n'allait pas il répondait simplement qu'il pensait à son troisième petit-fils, qui venait de quitter Peiping clandestinement.

Un sourire vraiment sincère illumina sa figure quand il entendit la voix de M. Chang. Il s'empressa d'aller l'accueillir dans la cour, au milieu des grenadiers ; ceux-ci portaient suspendus à leurs branches, tels de « petits pots », leurs fruits déjà rouges, qui mettaient en joie le cœur du vieux Qi. En voyant le visage de M. Chang, grosses joues et barbe grisonnante, il fut tellement heureux que la joie qui étreignait son cœur se transforma en un véritable ravissement.

« Chang ! Tu vas bien ?

– Oui, frère aîné ! Et toi, tu vas bien ? »

M. Chang posa son sac de millet et s'inclina respectueusement en élevant bien haut ses mains jointes, puis en les abaissant.

Une fois à l'intérieur, les deux vieux se scrutèrent d'un peu plus près, sans cesser de répéter : « Bien, bien ! » mais en pensant en fait : « Qu'est-ce qu'il a vieilli ! »

Ayant été alertée par leur voix, la mère de Petit Shunr apporta une théière, et en même temps un peu d'eau dans une cuvette pour que M. Chang puisse se laver. En se frottant le visage avec ses grosses mains, il lui dit : « Un bon thé me fera le plus grand bien !

– Mais bien sûr ! Dites-moi tout d'abord, grand-père, avez-vous mangé ? »

L'empressement de la jeune femme donnait à ses propos un ton de franchise et de grande simplicité.

Ruixuan entra à ce moment, et, souriant, enchaîna :

« Ne lui demande donc pas et va plutôt lui préparer quelque chose ! »

M. Chang se frottait énergiquement le pavillon des oreilles avec sa serviette et l'eau lui dégoulinait dans la barbe.

« Ne vous cassez pas la tête ! Je me contenterai d'un bol de soupe de pâtes !

– De la soupe de pâtes ? » Le vieux écarquillait ses petits yeux autant qu'il lui était possible. « Ici, tu es chez moi ! Mère de Shunr, va vite préparer quatre grands bols de nouilles assaisonnées de purée de soja fermenté ; et les nouilles, pas trop molles surtout ! »

Elle disparut dans la cuisine. Petit Shunr et Niuzi entrèrent en coup de vent. M. Chang avait fini sa toilette, il embrassa les deux enfants, puis les prit l'un après l'autre à bout de bras et les fit monter si haut qu'ils touchaient presque le ciel – leur ciel, c'était le plafond. Après les avoir reposés, il sortit de sous sa tunique cinq gros œufs de poule à la coquille d'un beau rose brun et dit en s'excusant :

« C'est tout ce que j'ai trouvé ! Ils sont pour vous ! Vraiment je suis confus d'apporter un cadeau si modeste ! »

À ce moment, la femme de Qi Tianyou, qui avait rassemblé toute son énergie, daigna entrer. Ruifeng lui aussi aurait bien voulu se joindre au groupe, mais sa femme l'en empêcha :

« Qu'a-t-elle de si intéressant, la caboche d'un paysan qui ne vaut pas grand-chose ? » dit-elle en faisant la moue avec ses grosses lèvres.

Tout le monde entourait M. Chang, on le regardait boire son thé, manger ses nouilles, on l'écoutait parler de la récolte de l'année, des difficultés de sa famille et on trouvait tout cela vraiment intéressant. Ce qui les enthousiasma le plus, ce fut de le voir engouffrer tout ce qu'on lui avait servi sans rien laisser : quatre grands bols de nouilles, un bol de purée de soja fermenté et deux têtes d'ail ; il se fit même apporter en guise de soupe un grand bol de l'eau dans laquelle on avait fait cuire les nouilles. Il le vida en quelques gorgées. Puis, il se redressa en disant :

« L'eau qui a servi à cuire aidera à digérer ce qui a été cuit. »

Hélas ! Cette atmosphère joyeuse ne dura pas longtemps. Après avoir lâché plusieurs rots bien sonores, M. Chang fit une réflexion qui plongea tout le monde dans la plus grande perplexité :

« Frère aîné ! Je suis venu t'avertir que dernièrement c'est pas du tout tranquille en dehors de la ville et qu'il commence à y avoir des pilleurs de tombes !

– Quoi ? demanda le vieux Qi avec étonnement.

– Des pilleurs de tombes, frère aîné, comme je te le dis ! Je n'ai aucune idée de ce qui se passe en ville ces derniers temps, mais ce que je peux te dire c'est qu'en dehors de la ville, tout simplement, plus rien ne fonctionne !

« Dire que ce sont ces diables de Japonais qui sèment le désordre, et, moi, je n'en ai pas encore vu un seul ! Pourtant, on ne peut pas dire qu'ils ne s'agitent pas, puisqu'on entend le canon gronder jour et nuit. Le peu de céréales qu'on peut récolter, on ose à peine aller le vendre, mais il le faut bien, si on veut se procurer de quoi coudre les habits d'hiver pour les enfants. Dernièrement, ça n'a fait qu'empirer. La tombe de M. Wang et celle du vieux Zhang ont été fouillées, je ne sais d'où vient cette bande de gens sans foi ni loi, en tout cas il y a des moments où j'ai du mal à garder mon sang-froid ! Oh ! Ce n'est pas que je me fasse du souci pour mes quelques mu de terre ingrate qui ne donne rien en période de sécheresse ou d'inondation, ni pour ma chaumière qui menace ruine comme si elle était atteinte de tuberculose. Non, je m'inquiète surtout pour ton cimetière. Frère aîné, tu m'as confié la garde des tombes, et pour cela je ne t'ai jamais demandé une seule sapèque, et toi tu ne m'as jamais traité comme un gardien de tombes ; car nous sommes de bons amis : chaque année, au printemps et en automne, je tapote soigneusement le sommet des tumulus pour qu'ils soient bien arrondis et j'y ajoute quelques pelletées de terre. Eh oui ! nous sommes de vrais amis ! Si ce morceau de terre produit cinq boisseaux, je n'irai pas te raconter qu'il en a produit un peu plus ou un peu moins. Il faut agir avec honnêteté, car le Ciel voit tout. Maintenant que la tombe de M. Wang a été fouillée, au cas où... » M. Chang cillait sans cesse, ses paupières n'avaient presque plus de cils.

Tout le monde restait silencieux. Percevant l'atmosphère inhabituelle qui régnait dans la pièce, Petit Shunr entraîna Niuzi :

« Allons-nous-en ; on va jouer dans la cour ! »

Niuzi regarda tout le monde et dit à voix basse : « Aller ! » – elle ne savait pas encore dire « Allons-nous-en ».

Tout le monde réalisait bien la gravité de la situation, mais personne n'avait de solution à proposer. Ruixuan ne put que prononcer le mot « perdre », puis il se tut. Il voulait dire : « Perdre son indépendance signifie pour un pays que personne n'échappe au supplice, même pas les morts ! » Mais à quoi bon dire cela à voix haute, ça n'avancerait à rien, et ça ne ferait qu'angoisser les plus âgés. Il préféra garder le silence.

La femme de Qi Tianyou intervint :

« Monsieur Chang, puisque les relations d'amitié entre nous remontent à nos ancêtres, il faut que vous redoubliez de vigilance ! »

Elle savait pertinemment que sa remarque était inutile, mais elle tenait à la faire ! Les vieilles dames excellent souvent à dire des propos d'une grande banalité, mais qui permettent à tout le monde de se sentir provisoirement soulagé.

« Tout à fait ! enchaîna aussitôt le vieux Qi. Il faudra désormais que tu fasses très attention !

– Je n'ai pas besoin de recommandations, tu sais ! dit M. Chang en se frappant la poitrine. Je fais toujours de mon mieux et très sincèrement ! Que je sois le bâtard d'une chienne si je mens ! J'ai simplement voulu vous dire les choses clairement et, si un jour je me trouvais devant le fait accompli, je ne veux pas que toi, frère aîné, tu m'accuses d'avoir manqué à mon devoir ! Vraiment, il se passe de drôles de choses dans ce monde, et de grands changements dans le cœur des hommes !

– Sois tranquille ! Nous te laissons seul juge ; du moment que tu fais de ton mieux, tout le monde te fait entièrement confiance ! Nous ne pouvons quand même pas t'en vouloir ! Après tout, c'est le cimetière de notre famille ! »

Le vieux Qi avait parlé sans reprendre son souffle, et quand il s'arrêta deux larmes perlaient de ses petits yeux. Il était vraiment ému. Si par malheur le cercueil de ses parents était déterré, n'était-ce pas l'anéantissement de toute une vie de soucis et de labeur ? Si leurs os étaient traînés et éparpillés par des chiens, n'était-ce pas la négation de plus de soixante-dix années de vie ; et pourrait-il encore se présenter devant autrui ?

Voyant les yeux pleins de larmes du vieux Qi, M. Chang décida de couper court, il saurait assumer courageusement ses responsabilités :

« Écoute, frère aîné ! n'en parlons plus et espérons que le Ciel ne se montrera pas trop ingrat envers les honnêtes gens que nous sommes ! »

Les mains croisées dans le dos, il se dirigea lentement vers la cour. Chaque fois qu'il venait, il faisait un petit tour dans la maison et dans la cour, un peu comme s'il visitait le musée du Palais impérial. Il s'empressa de faire l'éloge des grenadiers, afin que le vieux Qi puisse ravaler ses larmes. Ce dernier demanda aussitôt à Ruifeng d'apporter une paire de ciseaux : il allait cueillir des grenades pour son vieil ami, qui les apporterait aux enfants. Ruifeng s'approcha alors et salua M. Chang.

« Surtout, n'y touche pas ! » Il empêcha Ruifeng de cueillir les grenades. « Laisse-les donc, elles sont si belles. Si je les apporte à la maison, les enfants n'en feront même pas trois bouchées ! Tu sais, dans les campagnes, ce sont de vrais affamés !

– Ruifeng, coupe-les, et choisis les plus grosses ! » dit le vieux Qi fermement.

Au même moment, de l'intérieur, Mme Qi Tianyou appela Ruixuan à voix basse :

« Viens m'aider, je n'arrive pas à me mettre debout ! »

Ruixuan s'empressa d'aller la soutenir. « Mère ! Qu'as-tu ?

– Dis-moi ! Quel crime avons-nous commis pour qu'on veuille déterrer nos morts ? »

Ruixuan lui toucha les mains, elles étaient glacées ! Il ne savait pas trop quoi lui répondre :

« Mère ! Ne t'inquiète pas ! Pourquoi veux-tu qu'un tel malheur tombe sur notre famille ? les choses n'en arriveront pas là ! C'est impossible ! »

Il la soutenait en parlant, elle marcha lentement jusqu'à la pièce sud. « Mère, tu veux un peu d'eau sucrée ?

– Non, je voudrais m'étendre un moment ! »

Il l'aida à s'étendre, examinant son corps décharné. Il ne put s'empêcher de penser qu'elle pouvait mourir à tout moment et qu'après sa mort son corps risquait d'être déterré. Fallait-il qu'il reste ici à veiller sur elle ou qu'il parte pour combattre l'ennemi comme l'avait fait son frère ? Il ne savait quelle décision prendre.

« Laisse-moi ! » Elle ferma les yeux, sa voix était très faible. Il sortit doucement.

M. Chang était arrivé dans la cuisine. En voyant la mère du Petit Shunr très affairée et en train de préparer une énorme quantité de légumes verts et de viande de porc, il dit tout d'un coup :

« Mais oui au fait ! Demain, c'est l'anniversaire de mon vieux frère ! Quelle mémoire que la mienne ! »

Il se précipita dans la cour et s'agenouilla devant le vieux Qi près des grenadiers en pot :

« Frère aîné, accepte ces trois *koutou*[1]. Tous mes vœux pour que tu sois encore en vie dans dix ans, dans vingt ans, et toujours aussi robuste !

– C'est trop, c'est trop ! » Le vieux Qi était si content qu'il se montrait tout désemparé. « Nous sommes frères depuis si longtemps, tu me fais trop d'honneur !

– Je t'offre uniquement ces trois *koutou*..., dit M. Chang en frappant le sol avec son front, et si tu veux des cadeaux, eh bien, je n'en ai pas ! »

Ayant accompli ses trois prosternations, il se redressa et se tapota les genoux pour faire tomber la poussière.

Ruixuan s'approcha et s'inclina profondément devant M. Chang pour le remercier, en élevant ses mains jointes jusqu'à son front, puis en les abaissant.

Petit Shunr trouva cela très amusant, il se mit à quatre pattes sur le sol et fit toute une série de *koutou* à sa petite

1. Salut à genoux en frappant du front le sol.

sœur. Niuzi éclata de rire, elle s'empressa à son tour de s'agenouiller pour se prosterner devant son frère. À force de prosternations, les deux enfants se retrouvèrent front contre front, on aurait dit deux petites chèvres en train de se battre.

Ruixuan et Tianyou, malgré leurs soucis, ne purent s'empêcher de rire devant tant de candeur.

« Tu ne vas pas partir maintenant ? demanda le vieux Qi à son vieil ami. Tu rentreras demain après avoir mangé avec nous des nouilles de longévité [1]. »

M. Chang réfléchit :

« C'est que je m'inquiète un peu pour ma famille. Oh ! je ne compte plus beaucoup, mais quand même, quand je suis avec eux à la maison, je leur remonte le moral. Par les temps qui courent, la vie est tellement difficile.

– À mon avis, il vaut mieux que le grand-père Chang rentre chez lui ! dit Ruixuan à voix basse. Sinon les siens risquent de s'inquiéter !

– Il a raison ! dit M. Chang en hochant la tête.

– Il vaut mieux que je parte tout de suite. Quand on quitte la ville tôt, le chemin est plus facile ! Frère aîné, je reviendrai te voir. J'ai encore du blé noir et, quand je l'aurai récolté, je t'en apporterai. Allez, au revoir !

– Non, tu ne partiras pas, tu ne partiras pas ! » Petit Shunr serrait les jambes de M. Chang.

« Pas partir ! » Niuzi imitait toujours son frère, elle vint prendre la main du vieux.

« Soyez sages, les enfants ! Soyez sages ! » M. Chang leur tapota la tête en disant :

« Je reviendrai ! La prochaine fois, je vous apporterai une grosse citrouille ! »

À cet instant, on entendit la voix claire et bien timbrée de M. Li qui criait : « Les portes de la ville sont de nouveau fermées, ne sortez plus pour le moment ! »

Le vieux Qi et M. Chang avaient subi tant d'épreuves dans leur vie qu'ils ne craignaient plus rien, mais ils restaient

1. Longues nouilles – symbolisant la longévité – que l'on mange pour les anniversaires.

cependant assez prudents. En entendant la voix de M. Li, leur visage se contracta et leur barbe se dressa légèrement. Petit Shunr et Niuzi, mus par on ne sait quel instinct, lâchèrent en même temps M. Chang et ne l'importunèrent plus.

« Comment ? » La mère de Petit Shunr tendit le cou par la porte de la cuisine. « On a de nouveau fermé les portes de la ville ? Et moi qui ai oublié d'acheter les herbes aromatiques pour l'omelette, il faut absolument que j'en trouve ! »

Chacun pensait que ce n'était vraiment pas le bon moment pour aller faire des courses ; on aurait pu lui reprocher cet oubli, mais personne ne dit mot, car on connaissait son dévouement. Elle soupira et baissa la tête, tel un escargot qui rentre dans sa coquille.

« Allons nous asseoir à l'intérieur ! » dit le vieux Qi en laissant passer M. Chang devant lui ; ils entrèrent dans la pièce principale, comme si on y était plus en sécurité que dans la cour.

M. Chang ne dit rien, mais au fond, il était très inquiet. À l'heure du dîner il alla à la cuisine pour aider à préparer les galettes et avoir ainsi l'occasion de parler famille avec la jeune madame Qi ; en évoquant la sienne, il ressentit une telle inquiétude, qu'il ne put continuer à parler tranquillement. Le soir, à peine avait-on allumé les lampes qu'il décida d'aller se coucher, désirant sortir de la ville le plus tôt possible le lendemain.

Dès l'aube, il se leva. Toutefois, il ne pouvait pas partir sans prendre congé et ne voulait pas non plus laisser la porte d'entrée non verrouillée, car il fallait se méfier des voleurs matinaux qui pouvaient se faufiler dans la cour. Il attendit que la mère de Petit Shunr soit levée et qu'elle ait allumé le feu ; il se rinça la bouche avec un peu d'eau froide et lui annonça qu'il devait partir tôt. Elle voulut absolument lui préparer de quoi manger, ce qu'il refusa catégoriquement ; en fin de compte, elle parvint à lui fourrer entre les mains une galette de la veille et à lui verser dans un grand bol un peu d'eau bouillie de la bouteille thermos. Quand il eut fini, il prit congé en emportant les grenades que le vieux Qi avait tenu à lui donner. Yun Mei l'accompagna jusqu'à la rue.

Les portes de la ville n'étaient pas encore ouvertes. Il se renseigna auprès d'un agent de police, qui ne put lui dire à quelle heure elles seraient ouvertes et qui lui recommanda de ne pas rester là. Il retourna donc chez les Qi.

La mère de Petit Shunr, sans l'aide de personne, avait préparé des nouilles et plusieurs autres plats en quantité suffisante pour au moins trente invités. Elle était fatiguée, mais fière d'elle-même. Voyant M. Chang revenir, elle se sentit encore plus heureuse, car elle savait que, même si elle n'était pas une grande cuisinière, elle obtiendrait de sa part les meilleurs éloges.

Le vieux Qi se réjouissait aussi de voir que M. Chang n'avait pu quitter la ville. Il dit avec humour :

« Voilà que ce sont les portes de la ville qui retiennent mon hôte chez moi ! »

Il était déjà plus de dix heures et aucun invité n'était arrivé ! Le vieux Qi bavardait toujours avec son ami, mais sa mine s'assombrissait à vue d'œil, et M. Chang s'en aperçut ; il pensa le dérider en faisant quelques plaisanteries, mais lui-même, très soucieux pour sa famille, n'avait vraiment pas le cœur à rire. Les deux grands-pères restaient donc assis l'un en face de l'autre, sans rien dire. Quand le silence devenait insupportable, ils toussotaient chacun à leur tour, trouvaient deux ou trois mots à dire sur leur toux, mais pas plus, car s'ils s'étendaient trop sur le sujet, ils en venaient inévitablement à parler de leur âge et de leur santé, et cela les conduisait bien sûr à se montrer pessimistes. Ils évitaient aussi de mentionner les Japonais, car là ce serait pire encore : n'étaient-ils pas en train de tout détruire, sans se soucier le moins du monde de la population ?

Il était encore tôt quand Qi Tianyou rentra à la maison. Il se prosterna devant son père. Il était confus de n'avoir pu lui acheter quelques fruits et des crabes, mais les portes de la ville étant fermées, même dans les quartiers de Xidan et de Xisi, qui d'ordinaire sont les plus animés, il n'avait rien trouvé et avait donc dû se résoudre à rentrer bredouille. Il savait bien que son père ne manquait de rien, toutefois en lui apportant quelques bonnes choses à manger, il aurait pu d'une part exprimer sa piété filiale, mais aussi lui montrer que tout n'allait pas si mal, ce qui n'aurait pas manqué de réjouir le vieux Qi. Étant revenu les mains vides, il n'avait pas envie de rester plus longtemps avec son père, craignant que celui-ci ne lui pose des questions sur la situation dans les marchés et que ses réponses ne le rendent encore plus soucieux. Il n'osait pas non plus se terrer dans sa chambre, redoutant que son père n'y trouve à redire ou ne lui reproche de manquer de sincérité dans ses vœux de bon anniversaire.

Il décida finalement d'aller de temps en temps ajouter un peu d'eau au thé de son père et de M. Chang, en passant aussi par la cour pour parler gentiment avec ses petits-enfants : « Regarde donc ! Comme les grenades sont belles et bien rouges ! » Ou bien : « Oh ! C'est l'arrière-grand-père qui t'a acheté ce dieu-lapin ? Comme il est joli ! Tiens-le bien, et surtout ne le fais pas tomber, hein ! » Sa voix était douce, mais suffisamment timbrée pour que son père puisse l'entendre de la maison. En même temps, il pensait en lui-même : Normalement, ce devrait être le moment où les gens viennent de partout pour acheter des vêtements ou du tissu ; avec des prix acceptables ou en faisant bonne mesure en coupant les étoffes, les affaires marcheraient très bien. C'était d'ailleurs la politique qu'il avait toujours pratiquée dans sa boutique ; il n'avait jamais attiré la clientèle par des soldes, et la règle qu'il utilisait pour mesurer les étoffes était sa meilleure publicité. Cette année, personne n'était venu des campagnes alentour et les portes de la ville restaient résolument closes ! Les riches ne voulaient pas dépenser leur argent, et les pauvres, eux, pouvaient à peine manger à leur faim, alors... acheter du tissu !

Pour lui, c'était clair, les Japonais n'avaient pas besoin de massacrer les gens avec leurs sabres ou leurs fusils, ils n'avaient qu'à continuer à occuper ainsi Peiping pour exterminer des milliers de personnes sans faire couler une seule goutte de sang ! Il aurait voulu en parler avec sa famille, mais comme aujourd'hui c'était l'anniversaire de son père, il ne pouvait décemment aborder le sujet. Il en était quitte pour garder pour lui ce sentiment d'injustice et pour ne laisser paraître que sa piété filiale.

Sa femme fit beaucoup d'efforts pour se lever très tôt, elle mit une robe ample et légère en toile de lin lustrée et alla saluer son vieux beau-père. En inclinant la tête pour le saluer, elle sentit ses yeux se remplir de larmes : elle pensait qu'elle risquait de mourir avant son beau-père et que peut-être à peine inhumée elle serait déterrée par des bandits.

C'était la mère de Petit Shunr qui montrait le plus d'impatience. En effet, le vin et la nourriture étaient prêts, mais aucun invité n'était arrivé. Le travail qu'elle avait fourni était à elle, il ne comptait pas. Mais l'argent dépensé était à tout le monde ! Si les nouilles et les plats étaient perdus, personne n'y verrait d'inconvénients, sauf son beau-frère Ruifeng, qui serait certainement le premier à le lui reprocher. Mais même en admettant que celui-ci ne lui dise rien, cela représentait de l'argent et elle ne supporterait pas de tout jeter à la poubelle. Elle brûlait d'envie de filer chez M. Li pour l'inviter, mais le pauvre ne pouvait venir les mains vides, n'est-ce pas ? L'impatience la faisait tourner en rond dans sa cuisine ; n'en pouvant plus, elle décida de venir dans la pièce principale pour voir où on en était :

« Et si vous commenciez par boire un peu de vin ? »

M. Chang dit par pure politesse :

« On n'est pas pressé ! Il est encore tôt ! »

En fait, il avait faim depuis longtemps.

Le vieux Qi resta un moment silencieux, puis dit à voix basse :

« Attendons encore un moment ! »

Elle se força à sourire et retourna à la cuisine.

Ruifeng lui aussi était déçu. Il aimait bien aller bavarder chez les voisins ou faire une petite visite aux parents et aux amis, ça lui donnait l'occasion de raconter des histoires aux uns et aux autres. Devant ses tantes, il aimait bien faire l'important et montrer avec ostentation combien il était désœuvré. Il ne ratait jamais un mariage ou un enterrement chez des parents ou des amis, il pouvait alors parler, manger, exhiber un vêtement ou un chapeau neuf, se comportant comme un chien très affectueux qui frétille de la queue dès qu'il voit du monde. Depuis qu'il était marié, sa femme lui interdisait de courir n'importe où. Pour elle, le Pavillon Laijinyu du parc Sun Yat-sen, les Cinq Pavillons du parc Beihai, le bazar Dongan et les théâtres étaient les seuls endroits où il fallait aller pour bavarder, prendre un repas ou montrer ses vêtements. Ruifeng espérait donc vivement que tous les invités arrivent bientôt, il pourrait ainsi circuler de pièce en pièce tout en plaisantant avec les gens de son âge et en débitant des platitudes aux plus âgés ; pendant le repas, haussant sa voix sèche et aiguë, il pourrait jouer avec ses amis et boire tout son soûl. Repu, grisé, ayant débité banalités sur banalités, il irait dire à sa belle-sœur aînée : « Tes plats n'étaient pas vraiment réussis aujourd'hui, heureusement que j'étais là pour l'ambiance ; sans moi, ce repas aurait été un fiasco, tu ne trouves pas ? »

Tout le monde attendit jusqu'à onze heures passées, mais personne ne vint. Ruifeng était déçu. Il ne pourrait déployer aujourd'hui ses talents de causeur, ses capacités de buveur et ses dons de commerçant !

« C'est étrange ! Il suffit que les portes de la ville soient fermées pour que chacun reste chez soi ! Les Pékinois sont vraiment décevants ! Très décevants ! marmonnait-il en marchant de long en large dans la pièce, une cigarette aux lèvres.

– Eh bien, tant mieux si personne ne vient ! Moi, j'en ai marre de tous ces vieux qui ne se lavent jamais les dents ! dit la femme de Ruifeng en faisant la moue. Tu verras, Ruifeng, si un jour l'histoire de ton frère s'ébruite, même les chiens ne pourront plus entrer dans cette cour ! Regarde ce qui se passe chez les Qian et tu comprendras ! »

Ruifeng eut une illumination subite :

« Tu as raison ! Ce n'est peut-être pas seulement à cause de la fermeture des portes de la ville que les gens ne viennent pas, peut-être est-ce aussi parce qu'ils ont appris la fuite de mon frère !

– Tu en as mis du temps pour comprendre ! Imbécile ! Je te l'avais bien dit que nous devions nous séparer tout de suite de ta famille. Tu n'as jamais voulu suivre mes conseils, comme si mes propos étaient empoisonnés. Si un jour cette affaire transpire, toi aussi, mon bon monsieur, tu seras emmené par les gendarmes, ligoté !

– Mais alors, que faut-il faire ? » Ruifeng prit la main potelée de sa femme et la tapota.

« Après la fête de la mi-automne, tu en touches un mot à Ruixuan et nous partons loger ailleurs !

– Mais nos revenus mensuels sont loin d'être suffisants ! » Son petit visage sec se rida. « Ici, avec notre belle-sœur, nous avons une domestique à bon compte ; loger ailleurs ? Avec toi qui ne sais même pas faire la cuisine !

– Comment ? Je ne sais pas faire la cuisine ? Mais si, je sais la faire, seulement je ne la fais pas !

– Quoi qu'il en soit, il faudra tout de même engager une domestique, et les dépenses risquent d'être assez lourdes !

– Toi alors, tu es vraiment bon à rien ! » Une immense fatigue l'envahit, elle bâilla à s'en décrocher la mâchoire, et ce faisant sa grande bouche ressembla soudain à un petit cratère.

« Mais peut-être as-tu trop parlé ; est-ce que tu te sens un peu fatiguée ? s'enquit Ruifeng avec beaucoup de sollicitude.

– Quand on sort au dancing, au cinéma ou même dans un parc, je ne me sens jamais fatiguée ; c'est seulement ici que je manque d'entrain ! Ici, c'est l'enfer, et encore, je me demande si l'enfer n'est pas plus animé que cette maison !

– Alors, qu'est-ce que tu proposes ? » Il trouvait qu'elle exagérait, mais n'osant la contredire, c'est tout ce qu'il trouva à rétorquer.

Elle dirigea son index potelé vers l'extérieur : « La famille Guan !

– La famille Guan ? » Le petit visage sec de Ruifeng s'illumina aussitôt. Depuis longtemps, il désirait fréquenter cette famille, d'une part parce qu'il enviait le boire, le manger et les tenues de M. Guan, d'autre part, parce qu'il avait envie de faire un peu la cour aux jeunes demoiselles de la maison, histoire de s'amuser. Malheureusement, toute sa famille était remontée contre les Guan, et il n'osait pas se désolidariser ; en plus, les soupçons de sa femme l'empêchaient de regarder comme il l'aurait voulu Gaodi et Zhaodi. Ce que venait de dire sa femme le réjouit donc ; il réagit comme un chien affamé qui vient de trouver un os.

« M. et Mme Guan sont des gens très capables, si tu les prends comme modèle, tu verras, les choses iront mieux pour toi ! Mais, si tu vas les voir.... – en prononçant ces mots, l'épouse de Ruifeng redressa (qui l'eût cru ?) son gros cou, toujours enfoncé dans les épaules – il faudra y aller avec moi ! Si tu y vas seul en cachette pour badiner avec les filles, ça ira mal pour toi !

– Tu ne trouves pas que tu exagères un peu ? » dit-il impudemment, la mine effrontée.

Ils décidèrent d'aller dès le lendemain chez les Guan en prenant prétexte de la fête de la mi-automne pour leur apporter un cadeau.

Ruixuan avait beaucoup de soucis, mais il les gardait pour lui. Pour le moment, il devait tout faire pour que son grand-père et sa mère soient heureux. En aucun cas la tristesse ne devait les affecter, sinon il s'en sentirait le seul responsable. Très discrètement, il fit la même recommandation à Ruifeng, à son père et à M. Chang :

« Pendant le repas, buvez bien ! Laissez-vous aller, et surtout ne laissez pas au vieux l'occasion de manifester sa mauvaise humeur ! »

À la femme de Ruifeng, il transmit aussi une « offre écrite de capitulation » :

« Grand-père aujourd'hui n'a pas l'air très en forme, tu dois nous aider à le rendre heureux ! Si tout se passe bien, une fois la fête passée, je te promets une sortie au cinéma ! »

Ainsi soudoyée, la jeune femme accepta de participer au repas avec tout le monde, alors qu'elle avait prévu de manger toute seule dans son coin afin de mettre exprès l'assemblée dans l'embarras.

Ayant ainsi usé de son influence sur chacun, Ruixuan appela de sa voix la plus joyeuse :

« Mère de Petit Shunr ! Allez, allez ! À table ! »

Puis il appela son frère : « Ruifeng, tu fais le service ! »

Celui-ci eut un mouvement de surprise et jeta un coup d'œil sur sa longue tunique de brocart bleu doublée. Il n'était pas question qu'ainsi vêtu il aille à la cuisine ! Il fallut que M. Chang propose d'y aller à sa place pour qu'il se sente obligé de le suivre ; il apporta plusieurs paires de baguettes.

Petit Shunr, Niuzi et leurs dieux-lapins – celui du garçon était déjà mutilé – avaient aussi leur place à la table, et cela faisait plaisir au vieux Qi. Seule la belle-sœur aînée ne voulut pas s'asseoir, car elle devait encore préparer quelques plats. Qi Tianyou et Ruixuan avaient épinglé sur leur visage les plus beaux sourires qu'ils avaient pu trouver. M. Chang, qui n'était pas un gros buveur, mais possédait une confiance aveugle en sa robuste constitution, avait décidé de ne pas être en reste et de boire tout son soûl. Ruifeng ne s'embarrassait pas d'autant d'égards, c'est le plus naturellement du monde qu'il dirigeait ses baguettes vers les meilleurs plats.

Le vieux Qi, lui, restait de marbre. Il se força à boire un demi-bol de vin et à prendre un peu de nourriture dans un des plats. Malgré les efforts que tout le monde faisait pour créer une ambiance de fête, l'atmosphère était lourde, on aurait même dit qu'il y avait du brouillard, et que ce brouillard s'épaississait ; soudain, deux gouttes perlèrent dans les yeux du vieux Qi. Il n'était pas homme à réagir aussi vivement, mais aujourd'hui il aurait fallu qu'il ait perdu la raison pour éprouver le moindre sentiment de joie.

On apporta les nouilles, il goûta seulement à la sauce. Puis essuyant sa barbe, il demanda à son fils :

« Est-ce que Ruiquan a donné de ses nouvelles ? »

Tianyou jeta un coup d'œil à Ruixuan, qui ne répondit pas.

Quand on eut mangé les nouilles, M. Li annonça sous les sophoras que les portes de la ville étaient réouvertes. M. Chang s'empressa de prendre congé. Dès qu'il fut parti, le vieux Qi disparut dans sa chambre ; il ne se leva même pas pour souper.

CHAPITRE XVI

C'était la fête de la mi-automne. Cheng Changshun avait déjeuné très tôt et s'était préparé pour faire tourner son petit commerce dans l'après-midi. Toutefois, après avoir sillonné plusieurs ruelles et s'être égosillé pour appeler la clientèle, il revint bredouille chez lui, en boudant et en essuyant la sueur qui perlait sur son front. Dès qu'il aperçut sa grand-mère, il se mit à râler de sa petite voix nasillarde ; il avait l'air visiblement très choqué :

« Qu'arrive-t-il ? Pas un seul client un jour de fête ? L'année dernière, j'avais gagné plus de cinq yuan !

– Mon pauvre garçon, ne t'en fais donc pas ! dit la veuve Ma pour le réconforter. L'année dernière, c'est l'année dernière, et cette année, c'est cette année ! »

M. Sun, le barbier, avait bu deux bols de vin pour noyer son chagrin, et le blanc de ses yeux était légèrement injecté de sang.

« Madame Ma, il faut que nous réagissions ! Si ça continue comme ça, il nous sera bientôt impossible de vivre normalement. Dans les boutiques on réduit déjà le personnel, et moi j'ai de moins en moins de travail ! Un de ces jours, vous verrez, je vais être obligé de passer dans les rues avec des claquettes de bambou pour appeler les clients ! De ma vie, je n'ai jamais été aussi humilié, et après avoir exercé pendant tant d'années ce métier, est-il normal que j'en sois réduit à disputer ma clientèle aux gens venus de la campagne et qui sortent à peine de leur apprentissage ? Moi, j'ai compris, madame Ma, si on veut mener une vie décente, il faut absolument chasser ces diables de Japonais !

– Parlez plus bas, maître Sun ! S'ils vous entendent, le ciel risque de nous tomber sur la tête ! » dit tout bas la veuve Ma en entrouvrant sa porte. M. Sun éclata de rire. Elle s'empressa de la refermer et murmura à Changshun :

« Surtout n'écoute pas ce qu'il raconte, il nous faut continuer à vivre honnêtement et ne pas nous attirer d'histoires. Tu verras, on finira bien par retrouver la paix dans ce bas monde ! Oui, les Japonais nous font du mal, mais ils ne savent pas que nous avons la peau dure. »

La vieille dame avait la profonde conviction que sa philosophie était la meilleure du monde, et en effet, c'était « l'endurance » qui lui avait permis de supporter le veuvage et toutes les difficultés qu'elle avait rencontrées dans sa vie terne.

Il était déjà quatre heures de l'après-midi, Petit Cui avait rendu son pousse et rentrait chez lui la mine renfrognée.

M. Sun, toujours aussi myope, ne s'était rendu compte de rien, il lui demanda :

« Alors, ça va ? Aujourd'hui, ça s'est bien passé ?

– Bien passé ? dit Petit Cui avec humeur. Pour sûr que ça s'est bien passé ! Tu ne connais pas la dernière ! Un jour comme aujourd'hui, le loueur de pousses refuse de faire crédit, et moi il aurait fallu que je paye comme d'habitude !

– Incroyable ! Ça c'est encore à cause de ces salopards de Japonais !

– Absolument ! Le patron insiste sur le fait que depuis que les portes de la ville sont fermées tous les trois jours et les rues purgées tous les cinq jours, il n'arrive plus à rentrer dans ses frais. Alors aujourd'hui, fini le crédit !

– Et toi, alors, tu as dû payer bien gentiment ta part de location du pousse ?

– Je ne suis pas le fils du patron, pourquoi obéir gentiment ? Je n'ai rien dit, j'ai pris mon pousse en sachant à quoi m'en tenir ! De toute la journée, je n'ai eu que deux clients, pas assez pour payer la location du pousse. Alors, je me suis acheté un demi-kilo de galettes, de la ciboule et du soja fermenté pour quelques sapèques, un peu de jambonneau et j'ai tout mangé. Après, je suis allé passer un bon moment dans une maison de thé ; avant de rendre le pousse, j'ai percé les pneus des deux roues, et en rentrant au dépôt je me suis mis à crier bien fort : “ Les deux pneus sont crevés, à demain ! ” et je me suis sauvé !

– Quel culot, Petit Cui ! T'es vraiment un malin ! »

La femme de Petit Cui ne semblait pas vraiment de cet avis :

« Monsieur Sun, la vie ne vous a-t-elle donc rien appris ? Un jour de fête comme celui-ci, il ne ramène même pas une sapèque à la maison et vous le complimentez ! Je pensais que chacun avait un cœur fait de chair et de sang, mais de quoi est fait le vôtre, je vous le demande ? » Tout en parlant, elle sortit de sa chambre.

Si elle avait été mieux habillée, et surtout si elle avait été mieux nourrie, elle aurait certainement été une jolie jeune femme. Elle n'avait que vingt-trois ans, mais son allure et ses gestes étaient ceux d'une femme d'une cinquantaine d'années. Son visage un peu long était dépourvu de tout caractère et semblait ne pouvoir exprimer que des sentiments d'injustice et de tristesse. Son corps avait perdu tous les attraits qui normalement sont ceux d'une jeune femme et elle faisait vraiment penser à une planche montée sur des bâtons ; elle passait son temps à faire la lessive, à faire des courses et à accomplir toutes sortes de travaux ménagers. Ce jour-là, elle était particulièrement laide : pas coiffée, pas lavée, vêtue malgré l'automne d'une tunique courte et d'un pantalon sans doublure qu'on aurait dit trouvés dans un tas d'ordures, déchirés au coude droit et à la jambe droite ; elle avait vraisemblablement oublié qu'elle était une femme ! Eh oui, elle avait tout oublié, elle savait seulement qu'elle n'avait pas déjeuné, bien qu'il soit déjà quatre heures de l'après-midi.

M. Sun s'éclipsa en silence, non pas qu'il craignît les discussions ou même les disputes, mais il avait de la sympathie pour cette jeune femme et il ne voulait pas se quereller avec elle, malgré la verdeur de ses propos. Il ne désirait pas non plus abonder trop dans son sens, car il risquait alors de se chamailler avec Petit Cui ; aujourd'hui, c'était la fête de la mi-automne, au diable les querelles !

Petit Cui aimait bien sa femme, ce n'était qu'après avoir trop bu qu'il ne contrôlait plus vraiment ses poings et qu'ils s'abattaient souvent sur elle. Ce jour-là, étant à jeun, il ne faisait preuve d'aucune agressivité. Voyant apparaître sa femme dans cet état, il resta stupéfait quelques instants, ne sachant que dire. Mais il n'était pas question qu'il fasse des excuses, il se devait quand même de maintenir son prestige d'homme.

La veuve Ma sortit de chez elle sans bruit et à petits pas hésitants ; arrivée très près de Petit Cui, elle le tira doucement par la manche, puis dit à Mme Cui :

« Ne vous emportez pas un jour de fête comme aujourd'hui ! Il me reste deux assiettes de raviolis farcis à la citrouille, vous pourrez apaiser votre faim avec ça ! »

La femme de Petit Cui renifla et dit d'un ton larmoyant :

« Le problème n'est pas là, madame Ma ! Ne rien avoir à manger pour un ou deux repas, ce n'est pas ça le plus grave ! Mais d'un bout de l'année à l'autre, je ne peux jamais compter sur lui et je n'ai aucun moyen pour remédier à la situation, c'est terrible quand même ! Je suis mariée avec lui depuis trois ans, madame, mais regardez-moi, est-ce que je ressemble encore à un être humain ? »

Elle tourna soudain la tête et s'empressa de rentrer chez elle.

Petit Cui poussa un soupir, les muscles de son visage en forme de citrouille tressaillaient en tous sens.

Mme Ma l'agrippa de nouveau :

« Viens ! Tu lui apporteras les raviolis ! Dis-lui quelques mots gentils ! Mais attention, pas de dispute, hein ! Tu as compris ? »

Petit Cui ne broncha pas. Il ne voulait pas aller chercher les raviolis de Mme Ma. Il savait bien que toute sa vie, en bonne mère poule, elle avait économisé sur sa nourriture et sur ses dépenses quotidiennes pour élever son petit-fils. Il avait honte à l'idée d'accepter la nourriture de Mme Ma. Il toussota, puis dit :

« Gardez donc ces raviolis pour Changshun ! »

Celui-ci, de sa voix nasillarde, cria depuis sa chambre :

« Je n'en veux pas ! J'ai envie de pleurer ! Quand je pense que par un jour de fête comme celui-là, j'ai parcouru sept à huit li sans pouvoir gagner une seule sapèque ! »

Mme Ma éleva le ton :

« Changshun, ça suffit !

– Oh, vous savez ! continua Petit Cui. J'ai compris, le mieux pour moi c'est de partir, puisque je ne suis pas capable de lui donner le nécessaire. Vous savez, si les choses continuent comme ça, je serai bientôt incapable de subvenir à mes propres besoins ! Je vais m'enrôler dans l'armée ; mourir pour mourir, autant que ce soit pour la bonne cause ! Je vais me faire soldat, et elle, elle n'a qu'à épouser quelqu'un d'autre, comme ça les problèmes seront réglés ; j'en ai assez de crever à petit feu ici ! »

M. Sun se rapprocha :

« Je ne sais pas si à l'armée on voudra de moi, mais si oui, je pars avec toi ! Une belle ville comme Peiping occupée par de petits diables, ça rime à quoi ? »

Ce qu'elle venait d'entendre fit beaucoup de peine à Mme Ma. Si ce jour n'avait pas été la fête de la mi-automne, elle serait restée chez elle et ne se serait pas mêlée de leurs affaires. Cela ne voulait pas dire qu'elle n'avait pas bon cœur, mais elle observait strictement son dogme de veuve : « Mieux vaut ne pas trop s'occuper des affaires des autres ; c'est encore le meilleur moyen de ne pas se mêler de ce qui ne vous regarde pas. »

« Ne dites pas de sottises ! dit-elle sincèrement à voix basse. Nous, les Pékinois, nous sommes capables de tout supporter ; et puis le Ciel nous protégera, n'est-ce pas ? »

Elle aurait bien voulu continuer à parler, mais craignant d'être entendue par les Japonais, elle rentra chez elle en bougonnant.

Au bout d'un instant, elle demanda à Changshun d'aller porter les raviolis à Mme Cui. Au moment où il prenait les assiettes, Mme Li, leur voisine, entrait chez le tireur de pousse avec un grand bol fumant plein de morceaux de tête de porc cuite à l'étuvée. À peine entrée, elle appela Petit Cui sur un ton qui dégageait encore plus de chaleur que la viande dans le bol :

« Tiens, mon gars ! Je t'apporte un peu de viande ! On ne trouve rien au marché, mais cette vieille baderne qu'est mon mari a réussi à dénicher je ne sais où une tête de porc ! » Elle s'adressait à Petit Cui sans le voir, elle parlait toute seule, comme un phonographe remonté, sans se soucier qu'il y eût quelqu'un pour l'écouter ou non.

« Madame Li ! Vous vous êtes donné encore une fois de la peine pour nous ! dit Petit Cui.

– Oh ! Mais où es-tu donc ? Viens vite prendre ce bol de viande ! »

Il apparut, souriant, et prit le bol de viande ; avec Mme Li, il n'était pas question qu'il refuse quoi que ce soit par politesse.

« Brave gars ! Tu me rendras mon bol, hein ? Je n'entre pas. » Elle venait d'apercevoir M. Sun. « Et vous, vous avez mangé ? Venez donc boire un verre avec M. Li ! Avec ou sans ces diables de Japonais, nous, nous avons notre fête à célébrer ! »

Au même moment, on entendit les deux femmes de la famille Qian éclater en sanglots. M. Sun s'empressa de dire :

« Madame Li, vous entendez ? »

Si elle avait une mauvaise vue, son ouïe était excellente. « Que leur arrive-t-il ? Petit Cui, tu me rapporteras mon bol chez moi, je dois tout de suite aller voir ce qui se passe ! »

M. Sun la suivit : « J'y vais avec vous ! »

Voyant que Petit Cui avait déjà un bol de viande, Mme Ma décida de garder une des assiettes de raviolis et dit à Changshun d'apporter l'autre :

« Va vite et reviens immédiatement. Ensuite, tu ne sors plus, il a dû arriver quelque chose de fâcheux chez les Qian ! »

La famille Qi passa une fête de la mi-automne des plus sombres. Le vieux Qi et la femme de Tianyou tombèrent malades et durent garder le lit. Tianyou emporta un peu de la nourriture qui restait du repas d'anniversaire et partit pour sa boutique ; comme les employés ne venaient pas ce jour-là, il dut s'occuper de la clientèle. Ça ne le gênait pas de travailler pendant les jours de fête et puis il laissait les autres prendre leur congé, de sorte que, même si le salaire qu'il donnait à ses employés était inférieur à celui des autres boutiques, personne ne s'en plaignait ; sa bonté compensait le manque à gagner.

Quand il fut parti, Ruixuan et sa femme se querellèrent à voix basse. Après avoir déjeuné en faisant la tête, celle-ci avait commencé à s'affairer pour préparer les offrandes à la lune. Elle ne croyait pas vraiment aux superstitions liées à ce rite, toutefois elle pensait que, si par hasard ça pouvait rendre quelques services par ces temps de troubles, mieux valait ne pas négliger la chose. De plus, chaque année, on honorait en même temps la lune et son dieu, autant ne pas s'en abstenir cette année que la mère de son mari était malade. C'était aussi pour elle une façon de montrer qu'elle était prévoyante et que sa belle-mère pouvait vraiment compter sur elle.

Toujours très abattu, Ruixuan se fâcha en la voyant s'occuper de choses qui n'étaient guère que des futilités :

« Vraiment, toi alors ! Tu t'occupes encore de tous ces trucs ? »

Si elle lui avait expliqué quel était son état d'esprit, Ruixuan aurait certainement compris et aurait changé de ton. Toutefois, elle aussi était de mauvaise humeur, et elle se dit que son mari étant encore en colère elle perdrait son temps à lui expliquer pourquoi elle faisait tout cela. Elle n'éleva pas la voix, mais dit sur un ton cassant :

« Oh toi, bien sûr ! Tu penses que je ne fais que m'amuser du matin au soir, que je ne fais rien de vraiment sérieux, n'est-ce pas ? » Son regard était encore plus méchant que ses paroles.

Ruixuan décida d'en rester là, se rendant compte qu'en continuant la querelle, ils risquaient d'élever la voix et que leur dispute finirait par arriver aux oreilles de sa mère et du vieux Qi, qui étaient déjà assez malades. Il ravala donc sa colère, mais sa mine était restée si sombre qu'on s'attendait à tout instant à voir éclater un orage. Il sortit dans la cour et se planta devant les grenadiers, dont il se mit, l'air absent, à fixer les fruits rouges.

Aux environs de trois heures, il vit sortir Ruifeng et son épouse, vêtus de neuf. Ruifeng tenait à la main un petit panier de jonc, contenant probablement des gâteaux de lune. Il ne leur demanda pas où ils allaient, il n'aimait pas du tout ces visites et ces cadeaux qu'on se croyait obligé de faire aux uns et aux autres.

Les époux Ruifeng allaient rendre visite aux Guan.

M. et Mme Guan accueillirent leurs voisins avec beaucoup de cordialité. M. Guan prit la main de Ruifeng et la tint dans les siennes pendant plus de trois minutes, sans vouloir la lâcher. Sa respiration était chaleureuse et douce. Balançant sa nouvelle permanente qui lui donnait des airs de diablesse, la « grosse courge rouge » serra Mme Ruifeng contre sa poitrine.

Le couple était venu au moment le plus opportun. Depuis l'arrestation de M. Qian Moyin, les habitants de la ruelle battaient froid la famille Guan, et bien que la « grosse courge rouge » prétendît toujours que « cela lui était égal », au fond ça ne lui plaisait pas du tout. Ces critiques, qui venaient de petites gens, n'influençaient en rien ses actes ni ne la gênaient le moins du monde dans ses affaires, mais quand même, que des gens de « basse condition », comme Petit Cui, M. Sun, maître Liu, l'artisan tapissier, ou M. Li, aient le culot de la regarder avec froideur, ça, ça lui était vraiment insupportable. Ce jour-là, en voyant arriver Ruifeng et sa femme, elle pensa que « l'opinion publique » avait peut-être changé, et puis ne s'agissait-il pas de représentants de la famille Qi, qui était la plus anciennement installée dans la ruelle ?

Le cadeau apporté par Ruifeng était insignifiant, mais la « grosse courge rouge » le reçut avec beaucoup d'empressement. C'était pour elle le signe que ses voisins la tenaient malgré tout en haute estime, comme ils auraient tenu en haute estime l'impératrice douairière Cixi !

Toute personne qui a un tempérament dominateur, quelle que soit la force de son caractère, se sent mal à l'aise au fond d'elle-même lorsqu'elle commet une erreur, et elle espère toujours qu'autour d'elle on n'en fera pas cas. La visite de Ruifeng prenait un tour tout à fait favorable pour la famille Guan, et même si ce qu'ils avaient fait était vraiment au-dessous de tout, il y avait quand même des gens qui venaient briguer leur faveur !

Ruifeng et sa femme se sentaient vraiment à l'aise chez les Guan ; ils s'y comportaient comme des plantes éprouvées par la sécheresse qui reçoivent tout d'un coup une pluie bienfaisante. Ce qu'ils entendaient, ce qu'ils voyaient, ce qu'ils sentaient, était justement ce qu'ils désiraient entendre, voir et sentir. La « grosse courge rouge » leur prépara de ses propres mains du café venu de l'ambassade de Grande-Bretagne et leur offrit des gâteaux de lune d'une nouvelle sorte, qui étaient la spécialité d'un grand restaurant de l'est de la ville.

En sirotant son café, Ruifeng se sentait de plus en plus euphorique ; les propos les plus futiles de Guan Xiaohe lui allaient, on ne sait par quelle magie, droit au cœur. Les manières, l'entrain et la largesse de vue de son hôte forçaient son admiration ; il l'enviait ; son seul espoir désormais : pouvoir le fréquenter régulièrement pour apprendre une foule de choses auprès de lui. Son petit visage sec avait rougi et, quand il ne regardait pas à la dérobée You Tongfang ou Mlle Zhaodi, il fermait les yeux de plaisir ; il semblait succomber à ce léger vertige que donne le vin chaud quand il vous descend jusqu'aux entrailles.

Aussi incroyable que cela puisse paraître, le corps indolent et le visage potelé de la femme de Ruifeng s'étaient raffermis. Elle bavardait en riant, et alla même jusqu'à confier à la « grosse courge rouge » le petit nom qu'on lui avait donné quand elle était enfant : petite pêche veloutée.

« Une partie de mah-jong ? » proposa la « grosse courge rouge ».

Ruifeng n'avait pas beaucoup d'argent sur lui, mais il ne pouvait se permettre de refuser ; dire non aurait vraiment fait mauvais effet. Et puis, c'était le jour de la fête de la mi-automne, quoi de plus normal que de faire une partie de mah-jong ? Il devrait se fier à sa technique, qu'il estimait d'ailleurs assez bonne pour être à la hauteur. Sa femme accepta sur-le-champ : « Moi et mon mari, nous ne ferons qu'un seul joueur, nous jouerons à tour de rôle, et c'est moi qui vais commencer ! » Elle caressa la bague d'or qu'elle portait au doigt, semblant dire à son mari : « Après tout, j'ai ma bague en or et je préfère la perdre que de perdre la face ! »

Ruifeng admira secrètement la détermination dont faisait preuve sa femme, même si la laisser jouer la première ne lui plaisait pas beaucoup. Il savait qu'elle ne jouait pas très bien, qu'elle était têtue et que plus elle perdait, plus elle s'acharnait. Il allait rester debout derrière elle pour la conseiller, sachant pertinemment qu'elle rejetterait sur lui toute la responsabilité en cas de défaite ; non seulement il ne tirerait aucun mérite de la peine qu'il allait se donner, mais en plus il serait tenu pour coupable d'erreurs impardonnables. Son petit visage sec esquissa une grimace.

À ce moment, la « grosse courge rouge » demanda à son mari :

« Tu es de la partie ?

– Je laisse la place à nos hôtes ! dit M. Guan à la fois gravement et affablement. Ruifeng, jouez donc vous aussi !

– Non ! Non ! Moi et elle, nous jouons ensemble ! » Ruifeng voulait se montrer habile et bien élevé, et il préférait rester imperturbable que de céder à la forte envie de jouer sans elle.

« Alors chérie, toi, Tongfang, Gaodi, Zhaodi, à vous l'honneur, dames et demoiselles, de jouer les premières ! Nous, les hommes, nous vous servirons le thé et les boissons ! » La galanterie de M. Guan faisait penser à celle d'un gentleman anglais, et Ruifeng en était béat d'admiration.

Sur un ordre de la « grosse courge rouge », les domestiques

accoururent et dressèrent la table de mah-jong en un clin d'œil, avec beaucoup de précision dans les gestes.

Tongfang laissa sa place à Zhaodi, prétextant qu'elle préférait ne pas jouer ; en fait, elle craignait qu'une dispute n'éclate entre elle et la « grosse courge rouge ».

Ces dames prirent place. M. Guan bavardait avec Ruifeng, ne s'intéressant absolument pas à ce qui se passait à la table de jeu.

« Jouer au mah-jong, boire du vin, dit-il à son hôte, sont autant de passe-temps qu'on ne peut imposer à personne. Voyez! moi, par exemple, je n'oblige jamais mes amis à me tenir compagnie quand il m'arrive de vouloir y consacrer un peu de mes loisirs, et je pense que dans la vie mondaine ce comportement est tout à fait normal. »

Ruifeng hocha plusieurs fois la tête, et pourtant ce qu'il aimait par-dessus tout, lui, c'était organiser de bonnes parties de mah-jong et faire le plus de tapage possible quand il était ivre. Il trouva néanmoins que M. Guan avait du savoir-vivre.

Il jeta un coup d'œil du côté de la « grosse courge rouge ». Elle faisait vraiment penser à une lionne. De l'œil droit, elle regardait ses pions, de l'œil gauche elle surveillait ses adversaires et les pions qu'elles jouaient ; elle avait encore le temps d'envoyer des sourires aux personnes assises derrière elle. Dans ses sourires, il y avait de la majesté et de la ruse, elle ressemblait à un fauve qui s'amuse avec sa proie, plus impressionnant que cruel. Quand elle prenait un pion ou en jetait un, elle ne bougeait pratiquement pas les bras ni les doigts, cela semblait contrôlé par le magnétisme de son corps tout entier. Elle abattait toujours violemment ses pions pour jouer avec les nerfs des autres, cependant on ne savait jamais précisément où elle les posait. Si par hasard, on lui demandait : « Lequel avez-vous jeté ? », elle répondait par un grand sourire plein de majesté et de ruse, qui rendait rouge de confusion la personne qui avait posé la question. Quand elle gagnait, elle retournait ses pions, annonçait le chiffre gagné, puis mélangeait tout de suite, personne n'osant faire la moindre réflexion, car grâce à son magnétisme extraordinaire, tout ce qu'elle disait faisait autorité. En revanche, si quelqu'un d'autre avait gagné plus que le chiffre annoncé, elle s'insurgeait immédiatement :

« Quand on joue au mah-jong avec moi, il faut être régulier. Perdre ou gagner n'a aucune importance, ce qui compte c'est l'honnêteté des joueurs ! »

Ainsi, chacun s'accordait à dire que même si l'on perdait de l'argent avec elle, c'était toujours dans une bonne ambiance !

Ruifeng regarda sa femme. Elle était devenue à côté de la lionne un petit agneau bien gras et bien appétissant. Elle était concentrée sur ses pions et en même temps elle cherchait celui que la « grosse courge » venait de jeter et qui semblait avoir disparu ; il lui fallait en plus vérifier que les gens de la famille Guan ne se moquaient pas d'elle en cachette. La main gauche sur la table, serrant ses pions comme si elle craignait qu'ils lui échappent, elle en prenait d'autres de la main droite pour ajuster son jeu. Plusieurs fois, elle tendit la main trop tôt et heurta celle d'une autre joueuse ; en la retirant, elle faisait régulièrement tomber tout son jeu avec sa manche. Les muscles du visage crispés, les dents supérieures mordant la lèvre inférieure, elle concentrait toute son attention pour ne commettre aucune erreur. Malgré cela, les trois autres joueuses étaient si expérimentées et si promptes qu'elle manqua un tour sans s'en rendre compte.

Ruifeng entretenait vaille que vaille sa conversation à bâtons rompus avec M. Guan, mais cela ne l'empêchait pas de penser à la bague en or de sa femme.

Au troisième tour, c'était encore à la « grosse courge rouge » de commencer le jeu. Elle s'adressa à Ruifeng :

« Venez me remplacer ! J'ai tellement de chance que ça en devient gênant, si ça continue, c'est encore moi qui vais gagner le tour prochain ! Venez jouer ! Je ne voudrais pas que votre femme pense que nous nous amusons à la piéger. Venez donc ! »

Ruifeng avait justement envie de jouer. Tout en imitant le beau sourire de M. Guan, il dit :

« Si vous avez gagné les trois premiers tours, qui sait si elle ne va pas gagner les neuf suivants ? »

Il regarda sa femme, qui essuya les petites gouttes de sueur qui perlaient sur son nez, et lui sourit. Il était fort satisfait de ce qu'il venait de dire, et en même temps plein de reconnaissance pour la bonne influence que M. Guan avait sur lui. Il pensait que ses manières d'autrefois étaient bien viles : par exemple, quand il jouait avec ses tantes, il leur disputait quelques cacahuètes ou bien il lançait des sarcasmes, ou encore il se vantait de la manière dont il avait retenu entre ses mains un pion au jeu. Les manières et les actes de M. Guan étaient, eux, empreints d'une distinction authentique !

« Alors, vous ne jouez pas ? » Tels dix bâtons électriques, les doigts de la « grosse courge rouge » mélangeaient déjà les pions.

« L'autre jour, chez les Cao, j'ai gagné quatorze tours d'affilée, libres à vous de le croire ou non ! » Elle cherchait par cette remarque à paniquer complètement la femme de Ruifeng.

Les pions qu'elle venait de tirer étaient excellents et elle allait encore gagner. Cependant, juste au moment où elle se préparait à ajouter quelques points gagnants à sa combinaison, on entendit des pleurs et des hurlements venant de la cour de la famille Qian. Les sanglots des deux femmes perçaient ses oreilles comme de petites aiguilles d'acier. Elle voulut continuer à jouer comme si de rien n'était, mais les petites aiguilles d'acier se transformèrent en balles capables de traverser une armure, elles s'introduisaient dans son cerveau et elles y explosaient.

Elle s'efforça de maîtriser muscles et nerfs, afin de ne pas montrer combien en son for intérieur elle était contrariée ; elle ne pouvait toutefois contrôler sa transpiration. Ses aisselles devinrent tout à coup très humides, et bientôt – ce fut d'ailleurs le plus désagréable – son front et le bout de son nez se couvrirent complètement de sueur. Ses yeux qui balayaient la table de long en large se mirent à fixer avec insistance ses pions. C'était pour elle la seule façon de pouvoir se concentrer. Elle se rendait compte qu'elle était sur le point de perdre la force qui lui permettait de tenir ses hôtes sous le charme de sa conversation, mais elle ne voulait surtout pas qu'on s'aperçoive de sa douleur secrète. Elle ne regrettait pas ses actes, elle s'en voulait seulement de sa faiblesse, qui la rendait sensible à quelques sanglots.

Les sanglots, accompagnés d'abord par des cris de douleur, s'étaient transformés en pleurs intermittents, et le bruit des pions qui claquaient sur la table s'était, lui, transformé en un doux glissement. Les mains de Gaodi et de Zhaodi s'étaient mises à trembler légèrement et la « grosse courge rouge », accumulant les erreurs, perdit finalement au profit de la femme de Ruifeng.

Le visage de M. Guan s'illumina soudain, malgré une certaine raideur, d'un grand sourire. Voyant que la femme de Ruifeng avait gagné, il eut envie d'applaudir, mais au moment où il allait battre des mains, il se rendit compte que ses paumes étaient couvertes de sueur. Il les essuya alors machinalement sur son pantalon et cela le fit se fustiger vivement. Essuyer sa sueur sur son pantalon ! Il y avait au moins trente ans qu'il n'avait pas fait ce geste vulgaire. Pour lui, le fait de manquer ainsi à l'étiquette dépassait en gravité n'importe quelle trahison ou atteinte à la vie d'autrui. Il avait dans sa vie passé le plus clair de son temps à concentrer beaucoup d'énergie et de soin pour contrôler la manière qu'il avait de se mouvoir et l'expression de son regard. Il n'avait jamais connu ni colère ni passion, préférant passer deux heures chez le pédicure que de fermer les yeux pour réfléchir quelque peu.

C'étaient bien sûr les sanglots venant de la cour des Qian qui avaient causé ce geste inconsidéré. Soudain, il eut peur. Il avait été touché et, dans ces circonstances, il n'est pas toujours facile de contrôler ses gestes. S'il perdait ses belles manières, c'était toute sa personnalité qui disparaissait ! Il se ressaisit et passa discrètement sa langue sur ses lèvres pour leur donner un peu de brillant. Il aurait voulu dire quelques mots, mais, même pour dire des futilités, il n'était pas si facile de briser la glace. Il ressentit une certaine gêne, ne se rendant absolument pas compte qu'il était en fait torturé par sa conscience.

« Papa ! » appela Gaodi.

L'appel de sa fille tombait à point nommé, car il se trouvait vraiment dans un grand embarras.

« Viens donc me remplacer un moment !

– D'accord, d'accord ! » Il accepta sans demander la moindre explication à sa fille. Il adopta pour dire cela un ton traînant ; avec un fort accent du Sud, il ajouta : « J'arrive ! J'arrive ! », et il s'installa immédiatement à la table de mah-jong. Il pensait de cette manière couper tout lien entre lui et les malheurs de la famille Qian.

À peine s'était-il assis que les sanglots reprirent de plus belle, comme une grosse pluie après une courte interruption. La « grosse courge rouge » abattit alors violemment un de ses pions sur la table et, les yeux tournés vers l'ouest, elle dit avec irritation :

« Ces deux bonnes femmes sont vraiment incroyables ! Mais qu'ont-elles donc à pleurer si fort par un jour de fête ?

– Laisse faire ! » dit M. Guan en prenant un pion entre deux doigts ; puis en regardant sa femme, il ajouta : « Laissons-les pleurer et continuons donc à jouer !

– Combien de tours reste-t-il ? intervint Ruifeng en se rapprochant de la table. Si on faisait une petite pause ? »

Deux éclairs jaillirent des yeux de sa femme. « Alors que ma chance commence juste à tourner ! Si tu veux rentrer à la maison, va-t'en, personne ne t'en empêche !

– Bien sûr qu'il faut continuer la partie, au moins seize tours, c'est la règle ! » M. Guan alluma une cigarette. Deux filets de fumée ressemblant à deux petits dragons sortirent en virevoltant élégamment de ses narines.

Ruifeng s'empressa de regagner sa place, il trouvait que sa femme manquait un peu de tact, mais il ne convenait pas qu'il réponde quoi que ce fût ; il savait pertinemment que l'harmonie de son couple ne pouvait être maintenue que s'il était capable de reconnaître de bonne grâce le manque de tact de sa femme.

« Si je ne me retenais pas... Je coupe ! » La « grosse courge rouge » abattit deux pions, puis continua : « ... je les égorgerais l'une après l'autre pour apaiser ma colère ! Quel malheur de les avoir pour voisines ; on ne peut même plus jouer tranquillement au mah-jong ! »

La porte de la pièce était restée ouverte ; et d'où elle était elle aperçut Tongfang et Gaodi se dirigeant vers l'extérieur.

« Hé ! Où allez-vous, vous deux ? » demanda-t-elle.

Le comportement de Tongfang montrait qu'elle avait l'intention de filer le plus vite possible, mais Gaodi n'était pas intimidée par sa mère et elle lui répondit carrément comme par défi :

« Nous allons voir ce qui se passe chez les voisines !

– Qu'est-ce que c'est que ces histoires ? » La « grosse courge rouge » se leva à moitié et dit à son mari :

« Empêche-les de sortir ! »

M. Guan, un pion à la main, sans prendre le soin de s'excuser auprès de la femme de Ruifeng, se précipita dehors. Il voulut saisir Tongfang, mais n'y parvint pas : n'ayant pas les mains libres, il n'eut pas la force nécessaire pour l'empêcher de partir.

Il était maintenant impossible de continuer la partie de mah-jong. M. et Mme Guan essayaient toujours de contrôler leur colère pour ne rien laisser paraître devant leurs hôtes. Ils devaient leur montrer, afin de préserver leur rang, de quelle maîtrise d'eux-mêmes ils étaient capables. Il fallait sauver la face en montrant qu'on avait de l'éducation.

Aujourd'hui pourtant, les sanglots des voisines semblaient avoir touché le cœur de la « grosse courge rouge » et il lui fut impossible de garder complètement son calme. Ces lamentations étaient le fil de l'araignée enveloppant le petit insecte, ici, en l'occurrence, son âme. Elle avait essayé de s'en libérer en plaisantant, en parlant fort, à tort et à travers, mais en vain. Ces sanglots exigeaient qu'elle rende les armes et capitule. Mais non ! Elle ne pouvait pas capituler ! Elle devait laisser sa colère éclater, afin de brûler ce fil qui l'emprisonnait. Elle voulut sortir dans la cour pour insulter ces femmes et faire tout un scandale, mais, sans vraiment pouvoir en expliquer la raison, elle n'en eut pas le courage.

Ces pleurs avaient, telle une lance à eau, éteint son ardeur. Sa colère se reporta sur M. Guan :

« Quand je pense que tu n'as même pas pu leur barrer le chemin ! Qu'est-ce que ça veut dire ? Que vont-elles faire là-bas ? Va voir un peu ce qui se passe. Vraiment, je ne connais personne d'aussi trouillard que toi ! C'est bien beau d'avoir une concubine et une fille, mais si tu n'arrives même pas à les tenir sous ta coupe, franchement ! »

Toujours avec son pion à la main, Guan Xiaohe dit en souriant :

« Pour la concubine, c'est vrai, c'est moi seul qui l'ai épousée ! Mais ma fille, c'est notre enfant à tous les deux, et je ne suis donc pas entièrement responsable !

– Suffit la plaisanterie ! Si tu n'oses rien faire, moi je vais y aller et je les ramènerai ! »

Sans préciser si la partie de mah-jong était suspendue ou terminée, la « grosse courge rouge » se leva et sortit.

Le visage potelé de la femme de Ruifeng était passé du rouge au violet, et ressemblait maintenant à une grosse aubergine bien ronde et trop mûre. Ce tour de mah-jong avait bien commencé pour elle, et voilà que la « grosse courge rouge » quittait la table de jeu sans donner d'explications. Elle se sentait victime d'une injustice et outragée. Elle semblait n'avoir pas entendu les pleurs des voisines. C'était ce genre de personnes qui ne peuvent faire qu'une seule chose à la fois.

Ruifeng s'approcha d'elle pour la consoler :

« Je pense que quelqu'un a dû mourir chez les Qian ! Peut-être le vieux Qi a-t-il été fusillé par les Japonais, ou bien alors c'est le fils aîné dont la maladie a empiré. Rentrons chez nous. Dans notre cour, on entend moins. Viens, partons ! »

Sa femme ramassa son petit sac d'un geste sec et, d'une main, renversa sa rangée de pions, dont la combinaison était effectivement excellente. Elle se dirigea vers la porte de mauvaise humeur.

« Ne partez donc pas ! » M. Guan les avait laissés passer

tout en parlant pour les retenir. La femme de Ruifeng ne dit mot. Ruifeng, lui, sortit en marmonnant.

« Revenez un de ces jours ! » M. Guan ne savait s'il devait les raccompagner jusqu'à l'extérieur ou s'il valait mieux qu'il reste dans la cour. Il n'avait pas trop envie de se montrer à la grande porte.

L'élan qui avait poussé la « grosse courge rouge » à sortir perdit beaucoup de sa vigueur quand elle arriva dans la cour. En voyant Ruifeng et sa femme s'en aller, elle pensa les retenir chacun par une main et les ramener à l'intérieur. Toutefois, elle n'en fit rien. Elle dit seulement :

« Ne partez pas ! Toutes nos excuses pour tout cela ! À bientôt, j'espère ! »

Elle se rendait compte que sa voix manquait totalement de sincérité.

Ruifeng émit de nouveau quelques borborygmes et suivit sa femme en sautillant derrière elle comme un petit lapin.

À peine furent-ils partis, que la « grosse courge rouge » envoya une « torpille » à Guan Xiaohe.

« Qu'est-ce qui t'arrive ? Tu ne peux pas raccompagner nos hôtes, non ? Tu as peur de sortir par la grande porte, n'est-ce pas ? et les femmes d'à côté sont de telles tigresses qu'elles ne feraient qu'une bouchée de toi ! »

M. Guan était décidé à ne pas contre-attaquer. Il n'avait pas les idées bien claires et si son visage arborait un large sourire, c'était parce qu'il n'avait rien d'autre à proposer. Il resta silencieux un long moment et dit à voix basse :

« Peut-être sommes-nous punis à cause de ma trahison !

– Que dis-tu ? »

Elle mit immédiatement ses poings sur ses hanches, faisant penser à une allégorie de la « Colère » :

« Arrête de dire des conneries, tu veux ?

– Est-ce dire des conneries que de dire ce qu'on pense ? »

M. Guan trouva sa remarque tout à fait bienséante et il se sentit quelque peu soulagé.

CHAPITRE XVII

M. Sun, Mme Li, Ruixuan et M. Li étaient venus les uns après les autres chez les Qian pour voir ce qui s'était passé. Qian Mengshi, le fils aîné de M. Qian, avait succombé à sa maladie : sa mère et sa femme pleuraient sa mort.

Mme Li faisait tout ce qu'elle pouvait pour essayer de consoler les deux femmes, mais elle avait elle-même le visage inondé de larmes. « Quel malheur ! Quel malheur ! » disait-elle en se frappant les cuisses.

M. Sun, lui aussi, des larmes plein les yeux, trépignait : « Mais dans quel monde vit-on ! On emprisonne le père, on pousse le fils à bout jusqu'à ce qu'il en meure ! Moi... » Il aurait voulu vomir des injures à pleine bouche, mais il s'arrêta net.

Ruixuan était de l'avis de M. Li. Il fallait désormais regarder les choses en face ; la douleur, la colère, l'impatience, tout cela n'aboutissait à rien. Bien que le vieux Qian fût son ami, et Mengshi son ancien camarade de classe, il avait pris la résolution de ne pas se lamenter, mais de garder tout son sang-froid pour essayer de rendre service à Mme Qian. Bien sûr, en voyant la mort et la douleur des deux femmes, il ne pensa pas immédiatement aux problèmes pratiques de cercueil, de toilette funèbre, de mise en bière et d'inhumation ; pour lui, ce mort était un symbole supplémentaire de la perte d'indépendance de son pays. Le vieux Qian et Mengshi étaient des gens instruits qui avaient du caractère et une grande force morale ; tout cela allait disparaître stupidement avec leur mort. La vie de milliers et de milliers de personnes risquait de finir ainsi. Des hommes allaient être fauchés tels le riz ou le blé mûr, et lui-même pouvait très bien subir le même sort. Il n'avait pas peur de mourir, ce qui le préoccupait c'étaient les causes et les conséquences de cette mort. Pourquoi Mengshi était-il mort ? Pourquoi lui-même était-il exposé au même danger ? Après leur disparition, à quels malheurs et à quelles épreuves seraient exposés parents et enfants ? À ce moment, les larmes qu'il avait refoulées à plusieurs reprises se mirent à couler sur son visage.

Vêtu d'un vieux pantalon et d'une simple tunique courte à doublure, Mengshi était paisiblement étendu sur son lit ; il avait l'air de dormir profondément. Son visage très maigre paraissait extraordinairement long. Sur ce visage émacié, on ne percevait pas la douleur ni la moindre expression ; il n'avait même pas l'air malade, il était tout juste là, silencieux, les yeux fermés, tranquillement endormi. Ruixuan eut envie de s'approcher du mort, de prendre ses longues mains maigres dans les siennes, et de lui demander à haute voix :

« Te voilà donc parti sans dire un mot ? Es-tu au courant de la mort héroïque de ton frère Zhongshi ? Pourquoi sur ton visage n'y a-t-il pas un léger sourire ? Sais-tu que ton père est en prison ? Pourquoi n'as-tu pas un regard courroucé ? »

Mais il ne s'approcha pas de Mengshi et il ne lui prit pas les mains ; il savait bien que ceux que la mort emporte restent ainsi les yeux irrémédiablement fermés ; il savait qu'aucun Pékinois ne pouvait résister à la mort, et que lui-même un jour il fermerait aussi les yeux, sans la moindre trace de courroux sur le visage. Il pleura bruyamment. Par ses larmes, c'était tout à la fois la honte, la tristesse, les soucis, la force de l'habitude et un grand sentiment d'impuissance qu'il exprimait. Ce n'était pas seulement un ami qu'il pleurait, c'étaient surtout la chute et le déshonneur de Peiping !

Tenant les mains des deux femmes, Mme Li sanglotait avec elles. Mme Qian et sa bru étaient tout hébétées d'avoir trop pleuré, elles avaient la bouche ouverte, les yeux fermés ; leurs larmes, qui venaient du plus profond de leur cœur, avaient mouillé leur poitrine. Elles ne disaient rien ; seules quelques lamentations sortaient de leur gorge. Elles pleuraient ; parfois même elles suffoquaient ; Mme Li s'empressait alors de leur marteler le dos en leur disant, entre deux sanglots :

« Il ne faut pas se laisser aller comme ça ! Madame Qian et vous, jeune dame, ne pleurez plus ! »

Ayant repris leur respiration, elles se remettaient à gémir, à pleurnicher, on aurait dit que leur vie ne tenait plus qu'à un fil, duquel jaillissait un flot ininterrompu de larmes. Un profond sentiment d'injustice, d'indignation et d'impuissance leur donnait envie de pleurer jusqu'à en mourir.

M. Li attendait à côté, larmoyant. Son âge et son expérience de chef des porteurs de cercueil lui avaient appris à être patient. Après avoir attendu qu'elles pleurent jusqu'à en étouffer puis qu'elles reprennent leur respiration à maintes reprises, il s'essuya le visage et dit à haute voix :

« Ce n'est pas en pleurant que l'on ressuscite les morts ! Silence maintenant ! Il va falloir penser à l'enterrement. Il ne faut pas laisser le mort se décomposer chez lui. »

M. Sun, ne pouvant plus supporter ce spectacle, sortit dans la cour où les amarantes rouge et jaune étaient tout épanouies ; il eut envie de s'en approcher et de les arracher pour soulager sa peine : « C'est incroyable ! Il y a un mort ici et vous vous épanouissez comme si rien ne se passait ! »

Ruixuan ne pleurait plus, il dit tout bas :

« Tante Qian ! Tante Qian ! » Il aurait voulu en quelques mots apaiser leur grande douleur et arrêter leurs larmes, mais il ne put pas ; une personne dont le pays vient d'être envahi voulant en consoler une autre se trouvant dans la même situation, cela ne faisait-il pas penser à deux moutons se lamentant avant d'entrer à l'abattoir ?

Mme Qian avait tant sangloté qu'elle exprimait maintenant sa douleur sans bruit, sans larmes et presque sans souffle ; elle avait l'air égarée. Ses mains et ses pieds étaient glacés et insensibles. Elle avait presque oublié pourquoi elle pleurait et qui elle pleurait. À l'exception de son cœur qui battait toujours, le reste de son corps était incapable de faire le moindre mouvement. Elle restait là, fixant son fils, sans le voir ; elle était envahie par la mort, elle allait fermer les yeux, baisser la tête et quitter très vite ce monde de souffrances.

La jeune madame Qian sanglotait toujours. Mme Li, qui avait les yeux rougis par les pleurs, lui tenait la main et lui disait : « Brave enfant ! Brave enfant ! Allons, sois raisonnable ! À pleurer comme ça, tu vas te rendre malade et alors qui s'occupera de ta belle-mère ? »

La jeune madame Qian fit un effort sur elle-même, et essaya de calmer sa violente douleur. Elle resta un moment le regard vide, puis soudain elle s'agenouilla et se prosterna devant tout le monde pour faire part du décès de son mari. Après un moment de stupéfaction, chacun comprit le geste de la jeune femme.

Les larmes de Mme Li se remirent à couler : « Relève-toi donc, ma pauvre enfant ! » Mais la jeune femme n'arrivait plus à se lever. L'effort qu'elle avait fait pour contrôler sa douleur immense l'avait épuisée. Elle gisait immobile sur le sol, les mains et les pieds tremblant légèrement.

Au même moment, Mme Qian se racla la gorge et se remit à geindre.

« Je vous en prie, calmez-vous ! dit M. Li en essayant de la consoler. Avec nous ici, vous ne craignez rien !

– Nous sommes là, nous sommes là ! » lui dit Ruixuan à voix basse. M. Sun revint discrètement :

« Madame Qian ! Si dans notre ruelle il y a des gens malfaisants, il y en a quand même qui sont tout à fait serviables. Moi, aussi vrai que je m'appelle Sun, je viens vous proposer mon aide, si vous avez besoin de quoi que ce soit, dites-le ! »

Mme Qian regarda tout le monde comme si elle venait de sortir d'un rêve, elle hocha la tête.

Tongfang et Gaodi attendaient debout dans le passage voûté de l'entrée depuis un long moment. Quand les pleurs eurent cessé, elles avancèrent vers la cour à pas hésitants.

Voyant approcher deux personnes, M. Sun s'empressa de

faire quelques pas dans leur direction. Quand il vit clairement de qui il s'agissait, les muscles de son visage et de son cou se raidirent immédiatement. La colère couvait en lui depuis un bon moment et il tenait là une bonne occasion de l'exprimer :

« Mademoiselle, madame, ici il ne s'agit ni d'opéra ni d'un spectacle de singes savants, il n'y a rien d'intéressant à voir ! Allez-vous-en ! »

Tongfang fit preuve d'une grande amabilité :

« Monsieur Sun, vous êtes venu pour les aider, n'est-ce pas ? Y a-t-il quelque chose que je puisse faire ? »

M. Sun savait par Petit Cui que Tongfang avait bon cœur. Il s'en était pris à elle à tort et il se sentait maintenant un peu gêné.

Tongfang et Gaodi continuèrent alors d'avancer vers la maison en parlant à voix très basse. Ruixuan les connaissait, mais ne leur avait jamais parlé. Mme Li, qui avait une mauvaise vue et était tout occupée à consoler les deux femmes, ne s'était pas rendu compte de leur présence. Mme Qian et sa bru ne les connaissaient pas bien ; mais de toute façon, elles n'auraient pas eu le cœur à les saluer. Tongfang et Gaodi regardèrent autour d'elles, elles se sentaient fort mal à l'aise. M. Li faisait souvent des commissions pour la famille Guan, il les connaissait bien sûr, mais il fit exprès de les ignorer.

Ne sachant pas trop quoi faire, Tongfang s'approcha de M. Li et le tira discrètement vers la cour, Gaodi les suivit.

« Monsieur Li ! dit Tongfang avec beaucoup de chaleur dans la voix. Je sais combien dans cette ruelle tout le monde nous hait. Mais, moi et Gaodi, nous sommes innocentes. Nous n'avons rien fait qui puisse porter préjudice à qui que ce soit. Nous voudrions dire cela à Mme Qian, mais elle pleure tant qu'il nous est impossible de lui parler. Je vous supplie donc, monsieur, de le leur dire de notre part ! »

M. Li ne savait plus que croire. Il avait tout d'abord pensé que la famille Guan les avait envoyées pour « espionner ». Cependant, les propos de Tongfang lui paraissaient sincères et il était prêt à la croire. Que pouvait-il répondre ? Il se contenta de hocher la tête vaguement.

Gaodi s'était rapprochée, son petit nez était couvert de petits plis : « Est-ce que Mme Qian est vraiment pauvre ? »

M. Li méprisait Gaodi tout simplement parce qu'elle était la fille de la « grosse courge rouge ». Il répondit sur un ton à la fois sec et cassant :

« La pauvreté n'a rien à voir là-dedans. La famille Qian n'a désormais plus de racines, et elle reste sans postérité !

– Est-ce que Zhongshi est vraiment mort ? Et M. Qian... » Gaodi fut incapable de continuer. Elle espérait toujours que l'annonce de la mort de Zhongshi ne soit qu'une rumeur et que M. Qian serait relâché sous peu, afin de pouvoir réaliser son petit rêve secret. En découvrant l'immense douleur de ces femmes et en voyant le corps inanimé de Mengshi, elle se rendit compte que son rêve risquait de rester un rêve pour l'éternité. Peut-être devait-elle aussi éclater en sanglots avec Mme Qian et sa bru, n'était-elle pas devenue veuve, même si ce n'était qu'en rêve !

M. Li perdit un peu patience, il leur dit très vertement : « Si vous n'avez rien d'autre à faire ici, je vous prie de vous en aller. Je dois encore... »

Tongfang l'interrompit :

« Monsieur, moi et Gaodi, nous voulons vous donner quelque chose ! » Elle lui remit un petit paquet qu'elle serrait dans sa main depuis un long moment et dont le papier d'emballage avait été froissé par la sueur de sa paume :

« Inutile d'en parler à Mme Qian ou à sa bru, ou aux autres ; utilisez cela comme vous le souhaiterez, en achetant par exemple de la monnaie en papier pour les mânes du mort, ou comme bon vous semblera ! Personne ne nous a dit de faire ce geste, nous voulons uniquement exprimer notre sympathie, et d'ailleurs ça risque de nous attirer des ennuis quand nous rentrerons tout à l'heure ! »

M. Li sentit son cœur se réchauffer, il prit le petit paquet. Il savait que la famille Qian était pauvre et que l'enterrement allait nécessiter des dépenses. Il l'ouvrit, afin de savoir de quoi il s'agissait ; il contenait une petite bague en or et vingt-cinq yuan en billets de banque de la part de Gaodi.

« Je garde provisoirement tout cela, dit-il, si nous n'en avons pas besoin, je vous les rendrai ; sinon, je m'en servirai pour équilibrer mes comptes. Je ne leur dirai rien, de toute façon, dans leur famille, personne ne s'occupe de cela ! »

Tongfang et Gaodi se détendirent, elles venaient d'accomplir un geste des plus significatifs.

Quand elles furent parties, M. Li appela Ruixuan dans la cour :

« Il faut se dépêcher de faire le nécessaire pour l'enterrement, et il va falloir d'abord habiller le mort, car si l'on traîne comme ça on ne pourra plus le transporter. Plus tôt il sera inhumé, plus tôt il sera en paix ! »

Ruixuan hochait continuellement la tête.

« À mon avis, dit-il, il n'est même pas nécessaire d'aller acheter des vêtements funéraires, on n'a qu'à l'habiller avec ce qu'on a sous la main ; à quoi bon, en ce moment, vouloir faire des manières ? Quant au cercueil, il faudra en acheter un bien solide, et nous engagerons seize personnes pour le transporter hors de la ville le plus vite possible, qu'en pensez-vous ? »

Le vieux gratta la grosse bosse de sa nuque.

« Je suis de votre avis. Peut-être faudra-t-il faire venir quelques bonzes pour dire des prières ? Le reste, on peut s'en passer, mais ça, je crois que ça vaut la dépense ! »

M. Sun voulut dire son mot :

« Monsieur Li, vous ne croyez pas qu'il faudrait annoncer le décès ? Je ne sais pas si les Qian ont encore de la famille, mais en tout cas il faut prévenir le plus vite possible les parents de Mme Qian et de sa bru. Je ne suis pas capable de faire grand-chose, mais me déplacer, ça j'en suis capable, et si à moi seul je n'arrive pas à avertir tout le monde, on peut demander à Petit Cui de me donner un coup de main !

– Dites, grand-père Li, dit chaleureusement Ruixuan, je pense qu'il vaudrait mieux ne pas parler de tout cela à Mme Qian en ce moment, alors qu'elle est encore sous le choc. »

Le vieux Li était d'accord, bien sûr :

« Monsieur Qi, nous ne pouvons cependant pas décider de tout nous-mêmes. Moi, je peux commencer à prendre contact dès maintenant avec le vendeur de cercueils et le loueur de porteurs que je connais, et je peux essayer d'obtenir un bon prix pour faire faire des économies à Mme Qian, mais sans son avis, je ne peux rien engager.

– Vous avez raison ! » Ruixuan n'en dit pas plus ; il rentra dans la pièce et appela Mme Li : « Demandez-leur si elles ont des parents proches, car il va falloir régler rapidement les modalités de l'enterrement. »

Les grands yeux myopes de Mme Li, rougis par ses pleurs, ressemblaient à deux petites pêches rouges ; toute à son chagrin, elle n'avait aucun conseil à prodiguer ; de plus, on aurait dit qu'elle était devenue sourde et qu'elle n'avait pas entendu ce qu'on venait de lui dire.

Ruixuan s'empressa de changer d'avis :

« Monsieur Li ! Maître Sun ! Rentrez chez vous vous reposer un peu, grand-mère Li peut rester seule avec elles.

– Pauvre jeune dame ! Belle comme une fleur, et déjà veuve ! » Mme Li se frappait à nouveau les cuisses.

Personne n'entendit ce qu'elle venait de dire. Ruixuan poursuivit :

« Je vais chercher ma femme, pour qu'elle essaie d'obtenir l'accord de Mme Qian. Quand elle aura une réponse précise, je vous le ferai savoir à tous les deux, ça vous convient ? »

M. Sun s'empressa de dire :

« Monsieur Li, rentrez donc chez vous pour manger un peu, moi je reste pour garder la porte ! Monsieur Qi, vous aussi, vous pouvez rentrer chez vous ! »

Puis, telle une sentinelle, il alla courageusement se poster dans le passage voûté de l'entrée.

M. Li et Ruixuan sortirent.

Oubliant pour un temps le déshonneur que subissait son pays et l'injustice qui frappait la famille Qian, Ruixuan se précipita chez lui. Ses yeux étaient encore rouges, mais son cœur soulagé. Désormais, il aspirait uniquement à aider la famille Qian à l'exemple de M. Li et de M. Sun ; il avait l'impression que ses larmes avaient lavé le sentiment d'injustice qui opprimait son cœur, telles ces grosses pluies qui emportent feuillages et détritus accumulés dans les ruelles.

Il alla voir sa femme. Il avait complètement oublié leur dispute ; il lui raconta brièvement l'essentiel de ce qui s'était passé. Elle n'avait pas oublié ses griefs contre Ruixuan, cependant, dès qu'elle sut qu'il s'agissait de la famille Qian, elle se leva immédiatement, s'essuya les mains sans précipitation et sortit.

Le vieux Qi appela Ruixuan près de lui. Celui-ci savait très bien que parler au vieux de la mort du voisin risquait d'éveiller en lui des sentiments pénibles, mais il ne pouvait lui mentir, pour la bonne raison qu'il avait certainement entendu les pleurs des deux femmes.

Quand son petit-fils lui eut tout raconté, le vieux Qi resta silencieux pendant un long moment. L'adversité ne pouvait abattre son optimisme, mais la mort l'obligeait à regarder la réalité en face. La chute de la ville ne l'avait pas désorienté ou inquiété outre mesure ; il avait toujours ses bonnes raisons et il se disait que le Ciel lui-même ne pourrait le mettre dans l'embarras.

Cependant, avec le départ en cachette de Ruiquan, l'arrestation de Qian Moyin, la célébration gâchée de son anniversaire, le risque de pillage des tombes et le décès du fils Qian le jour de la fête de la mi-automne, il sentait son cœur percé de mille flèches et il se résignait donc pour le moment à garder le silence. S'il reconnaissait que tout semblait perdu, alors il n'avait plus qu'à se laisser mourir sur-le-champ.

Pourquoi le fils de M. Qian avait-il quitté ce monde si jeune ? Mais que se passait-il donc là-haut pour qu'on torture les hommes ainsi ? Il aurait bien sûr pu donner son avis sur l'organisation des funérailles, sur l'attitude à adopter vis-à-vis de Mme Qian et de sa bru, et sur ce que comptait faire la famille Qi pour les aider... Cependant, il ne dit rien. Il ne se fiait plus tellement ni à sa sagesse ni à son expérience.

Dehors, Ruifeng guettait sous la fenêtre pour savoir ce qui se disait. D'après sa femme, leur « tournée » chez les

Guan n'avait vraiment pas été une réussite. Elle basait son jugement sur le fait que la partie de mah-jong ne s'était pas terminée normalement. Elle était sûre que si cette partie avait continué elle aurait gagné et ainsi, avec l'argent récolté, elle aurait pu s'acheter plein de bonnes choses à manger ; il n'y avait que cela qui puisse lui réconforter le cœur et l'esprit. Mais voilà, la partie avait été interrompue ! Au fond, elle en voulait à la « grosse courge rouge » !

Ruifeng n'était pas de son avis. Imitant l'air dégagé et le ton affable de M. Guan, il dit :

« Avec tout ce qui se passe en ce moment, il ne serait pas honnête de s'en prendre à Mme Guan. Nous devons juger les choses objectivement, oui, vraiment objectivement ! Y a-t-il une seule famille dans notre ruelle qui nous ait un jour réservé un meilleur accueil que le sien, avec café, pâtisseries et toutes sortes d'attentions ? »

Il était très fier de ce qu'il venait de dire, même si sa voix manquait encore un peu de jus ; elle ne ressemblait en effet pas tout à fait à celle de M. Guan, qui, quand il s'exprimait, donnait vraiment l'impression d'avoir juste auparavant mordu dans une pêche.

Constatant que sa femme ne le contredisait pas – peut-être était-ce parce que, à l'exception du fait que la partie de mah-jong ne s'était pas bien terminée, il lui était vraiment impossible de nier que tout chez les Guan était en accord avec son idéal –, Ruifeng en profita pour proposer immédiatement :

« Il faut que nous les fréquentions plus régulièrement ! Personne ne comprend cette famille et c'est à nous de nous montrer plus aimables avec eux ! Je pense que moi et Guan Xiaohe, nous sommes capables de nouer une amitié d'une solidité à toute épreuve ! »

Il jeta un regard rapide autour de lui, très fier des expressions qu'il venait d'employer, semblant aussi satisfait qu'un poète qui vient d'utiliser de belles citations de manière adéquate.

Il avait entendu ce que son frère venait de raconter au vieux Qi et il comptait bien le rapporter à la famille Guan.

Il lui fallait absolument obtenir la faveur de Guan Xiaohe et de la « grosse courge rouge », s'il voulait qu'un jour une carrière s'offre à lui ; et même si la famille Guan ne pouvait lui procurer tout de suite de tels avantages, il était bien déterminé à ne laisser passer aucune occasion de profiter de temps en temps d'une tasse de café, de quelques pâtisseries occidentales et d'un coup d'œil gratuit sur Tongfang et Zhaodi !

Ruixuan sortit à ce moment de la chambre de son grand-père ; les deux frères se saluèrent. Voyant les yeux rouges de son frère, Ruifeng se dit qu'il devait éprouver une vive sympathie pour Mme Qian. Ils se retrouvèrent sous les jujubiers. Ces arbres n'étaient pas beaux par nature et leurs feuilles tombaient précocement, si bien qu'ils étaient aussi laids qu'une personne manquant d'élégance et dont les cheveux se font rares. Sur les branches supérieures, néanmoins, se balançaient encore quelques jujubes bien rouges que les morceaux de brique de Petit Shunr avaient épargnés et qui rehaussaient un peu le tableau. Ruifeng était comme Petit Shunr, dès qu'il voyait des jujubes, il ne pouvait s'empêcher de vouloir en manger quelques-uns. À ce moment précis, il se souciait fort peu de ces quelques jujubes, il avait des choses importantes à dire à son frère.

« Frère aîné ! » Il parlait très bas et avec un air vraiment sournois. « Je viens d'apprendre que Mengshi est mort lui aussi ! » Il prononça le *aussi* avec une force particulière, comme si le décès de Mengshi représentait pour lui un ennui de plus.

Ruixuan répondit en parlant très bas et sur un ton plutôt désagréable. « Il était aussi ton camarade d'école ! » Il prononça le *aussi* avec autant de force que Ruifeng.

Ruifeng leva son regard vers les jujubes rouges, puis il eut un sourire forcé. « Eh oui ! Nous avons été camarades d'école ! Mais ça, ce sont des choses sans importance. Toi, par contre, tu es en train de nous attirer des ennuis qui risquent de me retomber dessus ! À mon avis, il vaudrait mieux éviter d'aller trop souvent chez les Qian. On ne sait pas si le vieux est mort ou vivant, et je crains qu'il n'y ait des espions japonais qui surveillent secrètement cette famille. De plus, les gens de la famille Guan sont plutôt sympathiques et il me semble que nous devons prendre garde à ne pas offenser un voisin sous prétexte d'en aider un autre. »

Ruixuan passa sa langue sur ses lèvres, mais ne dit rien.

« La famille Qian, continua Ruifeng qui était décidé à convaincre son frère, est à présent ruinée et pratiquement éteinte. Quelle que soit l'aide que nous lui accordions, elle ne pourra jamais en retour nous être vraiment utile. La famille Guan en revanche... » À ces mots, il changea soudain de sujet : « À propos, as-tu lu le journal ? »

Ruixuan hocha négativement la tête. Effectivement, depuis que l'ennemi était entré dans la ville et que les journaux étaient censurés, il avait cessé de les lire, alors que d'habitude c'était un de ses passe-temps favoris. Non seulement il y apprenait beaucoup de choses, mais en plus il pouvait les utiliser pour se couvrir le visage quand il était de mauvaise humeur. Ce n'est pas de gaieté de cœur qu'il avait cessé de lire le journal, il en souffrait presque autant que s'il avait cessé de fumer ou de boire. Toutefois, il tenait bon, car il ne voulait pas se laisser tromper par des mensonges ou se laisser influencer par les arguments fallacieux des traîtres aux mains souillées de sang.

« Moi, je jette tous les jours un coup d'œil aux manchettes des journaux ! poursuivit Ruifeng. Bien qu'on ne puisse pas toujours se fier à ce que racontent les Japonais, je trouve qu'ils n'ont pas tort quand ils disent que nous ne nous sommes pas bien battus au Shanxi, au Shandong et au Hebei, et que nous ne pourrons éviter la chute de Nankin. En tenant compte de cela, je pense que l'attitude de M. Guan ne doit pas être considérée comme totalement erronée. Si nous perdons Nankin, le pays tout entier sera sous la coupe du Japon, et d'ailleurs même si nous réussissons à garder Nankin, il sera extrêmement difficile de reprendre les territoires occupés et notre Peiping risque bien de rester aux mains des Japonais. Comme dit le proverbe : “ Le bras n'a pas la force de tordre la cuisse ! ” Est-ce que tu penses que notre famille est capable de tenir tête aux Japonais ? Non, frère aîné, il faut se résigner ! Alors, à quoi bon aider la famille Qian et pourquoi ne pas se montrer plutôt conciliant avec la famille Guan ? Pourquoi vouloir absolument se fourrer dans une situation dont on sait qu'il sera difficile de sortir ?

– Tu as fini ? » demanda Ruixuan, impassible.

Ruifeng hocha la tête. Il aurait bien voulu que ses traits traduisent son intelligence, sa fidélité et sa sincérité ainsi que la vivacité de son esprit et son sérieux ; il aurait bien voulu aussi que son frère aîné reconnaisse la supériorité de son caractère et la bonté de son cœur. En fait, il ne réussit même pas à masquer ce qu'il éprouvait vraiment, à savoir impatience et inquiétude. Il fronça les sourcils et essuya du revers de la main l'écume blanche qui était apparue aux commissures de ses lèvres.

« Ruifeng ! » Tout ce que Ruixuan voulait dire était sur le point de déborder comme la bière qu'on a versée trop vite dans un verre. Après avoir regardé furtivement son frère, il préféra se calmer. Son sourire froid fit penser à une fissure sur la glace. « Je n'ai rien à dire ! »

Le petit visage de Ruifeng se durcit.

« Soyons clairs, Ruixuan, je vais t'expliquer. Tu sais, elle... – il indiqua très respectueusement du doigt sa chambre, comme s'il y avait une déesse assise à l'intérieur – elle m'a souvent conseillé de me séparer de vous tous, mais moi, je ne peux me décider à le faire par égard pour l'affection fraternelle qui nous lie ! Mais je te préviens que si tu continues à agir n'importe comment sans te préoccuper de quoi que ce soit, comme tu l'as fait en laissant partir notre frère et en aidant la famille Qian... moi, tu comprends... je ne tiens pas à être compromis ! » Il avait élevé le ton.

Leur mère, depuis sa chambre, les interpella :

« Dites donc, vous deux, qu'avez-vous à chuchoter comme ça ? »

Ruixuan répondit sur-le-champ : « Nous bavardons, maman ! »

Ruifeng voulut faire pression sur son frère aîné :

« Si tu ne peux décider, il faudra que j'en parle avec maman !

– Écoute ! Maman et grand-père sont malades tous les deux ! » Ruixuan parlait toujours à voix basse. « Tu ne peux vraiment pas attendre qu'ils soient rétablis pour leur en parler ? »

Ruixuan avait été formé aux idées nouvelles, et il savait bien que les jeunes ménages prenaient souvent la décision de quitter leur famille. Il n'avait d'ailleurs pas du tout l'intention de s'opposer à ce que son frère agisse de la sorte. Cependant, le grand-père, son père et sa mère n'apprécieraient pas du tout cette séparation ; il devait tenir compte de leurs sentiments, de même qu'il devait se comporter poliment avec son frère pour la forme. Que Ruifeng reste avec la famille ou qu'il aille vivre ailleurs, du point de vue des responsabilités de Ruixuan – ménage, budget, morale –, cela ne faisait pratiquement aucune différence. Mais s'il décidait de partir, c'est sur Ruixuan que les reproches du père, du grand-père et de la mère retomberaient, et celui-ci préférait subir les griefs injustifiés de son frère et de sa belle-sœur plutôt que de provoquer la colère des personnes plus âgées. Bien qu'il ait été formé aux idées nouvelles, il devait se conformer à la morale traditionnelle. Il avait certes un idéal, mais enfoui sous des jours, des mois et des années à se plier aux règles de la vie sociale, pour subvenir aux besoins de toute sa famille ; chaque fois qu'il était confronté à cette contradiction, il ressentait un certain malaise et devenait alors très taciturne.

« Alors ? » Ruifeng s'impatientait.

Ruixuan cilla. On aurait dit un philosophe, qui, en pleine réflexion sur des problèmes universels, se rappelle soudain que sa provision de riz est épuisée. Soudain, il s'emporta ; son visage s'empourpra et pâlit presque aussitôt.

« En fin de compte, où veux-tu en venir ? »

Il avait oublié la maladie de son grand-père et de sa mère, il avait tout oublié, il parlait très bas, mais sur un ton très sec :

« Tu veux t'en aller ? Eh bien, fous le camp tout de suite ! »

Leur mère, malgré sa grande faiblesse, se redressa précipitamment dans son lit et regarda dehors à travers la vitre :

« Qu'y a-t-il ? Qu'y a-t-il ? »

Ruixuan était tombé dans le piège. Ruifeng se rapprocha de la fenêtre :

« Maman ! Tu as entendu ? Ruixuan m'a dit de foutre le camp ! »

Heureusement que le cœur de la mère était attaché de manière égale à ses enfants. Elle ne voulait pas prendre parti, car cela impliquait une distinction définitive entre celui qui était injuste et celui qui était loyal. Elle fit seulement jouer le prestige de sa situation pour les obliger à se soumettre :

« Vous n'avez pas honte de vous disputer un jour de fête ? »

Ruifeng se rapprocha encore un peu de la fenêtre ; il se sentait victime d'une injustice énorme et il semblait solliciter une protection spéciale de la part de sa mère.

Ruixuan, lui, s'enferma à nouveau dans le silence. Il regrettait vivement ses propos inconsidérés, il regrettait d'avoir perdu son sang-froid et d'être ainsi la cause de nouveaux soucis pour sa mère.

La femme de Ruifeng sortit de sa chambre en roulant les hanches.

« Feng ! Viens ici ! Puisqu'on nous dit de foutre le camp, pourquoi ne pas en profiter pour plier bagages et nous en aller ? On ne va quand même pas attendre d'être chassés à coups de pied ! »

Ruifeng s'écarta de la fenêtre de sa mère et fila comme une flèche chez sa femme.

« Ruixuan..., cria de sa chambre le vieux Qi en traînant la voix. Ruixuan... » Sans attendre que celui-ci réponde à son appel, il se mit à parler pour soulager sa colère :

« Tu n'as pas le droit de faire ça ! Alors que nous sommes sans nouvelles de Ruiquan, comment peux-tu demander à Ruifeng de quitter la maison ? Aujourd'hui, c'est la fête de la mi-automne et toutes les familles essaient de se réunir ;

nous sommes certainement les seuls à parler de séparation ! Si vous voulez vous séparer, faites-le quand je serai mort. Combien de jours me reste-t-il à vivre ? Attendez donc un peu ! »

Ruixuan ne répondit pas à son grand-père ni ne consola sa mère, il préféra sortir en baissant la tête. En passant la porte, il rencontra sa femme. Elle avait les yeux tout rouges :

« Retourne vite là-bas, lui dit-elle, Mme Qian a cessé de pleurer. M. Sun est parti avertir les familles, mais va voir M. Li pour savoir comment on va procéder pour l'enterrement. »

La colère de Ruixuan n'était pas retombée, mais il lui fallait d'abord faire tout son possible pour aider la famille Qian. Ce n'était qu'en agissant ainsi qu'il pourrait peut-être soulager son inquiétude et oublier la faute qu'il avait commise en ne partant pas, comme son frère, au-devant des périls pour défendre son pays.

Il veilla le mort toute la nuit.

CHAPITRE XVIII

À l'exception des sanglots bien légitimes au moment où leurs familles respectives arrivèrent, les deux femmes ne se livrèrent plus, pour signifier leur douleur, à trop de manifestations bruyantes. Le visage de Mme Qian s'était creusé si profondément que son nez paraissait plus aigu et ses pommettes plus saillantes.

Les larmes s'étaient peut-être taries, ou bien alors elle avait décidé de ne plus pleurer. La deuxième hypothèse était certainement la bonne, car dans ses yeux enfoncés brillait encore cette petite lueur, preuve de la violence dont est capable la plus douce des chattes craignant que des enfants espiègles ne touchent à ses petits, du courage que peut manifester une mère poule quand ses poussins sont menacés par l'arrivée d'un aigle dans le ciel, de la détermination dont peut faire preuve un moineau enfermé dans une cage et qui essaie d'en briser les barreaux avec son bec. Elle ne pleurait plus, elle ne disait rien, semblant tantôt projeter cette lueur hors d'elle, tantôt la ramener à elle pour pouvoir la projeter de nouveau.

Chacun était intrigué par cette petite lueur.

M. Li trouvait Mme Qian sympathique, car elle était vraiment simple et directe ; s'il faisait une suggestion, elle hochait immédiatement la tête en signe d'assentiment, ne causant aucun ennui ni aucune difficulté. Ne connaissant pas vraiment la valeur des choses ni les endroits où on pouvait les acheter, dès qu'il lui proposait quelque chose, elle acquiesçait. Elle n'en suivait pas moins les règles que son cœur lui dictait et n'approuvait pas tout stupidement. Par exemple, si M. Li proposait pour le cercueil quelque chose de solide, sans trop s'occuper de l'esthétique, elle était d'accord ; s'il lui conseillait de ne laisser le corps exposé à la maison que pendant cinq jours ou, pour le convoi funèbre, de ne prendre que seize porteurs et un petit groupe d'instruments à vent et à percussion, elle était d'accord. Mais quand il lui parlait de bonzes à engager pour une cérémonie religieuse, elle refusait catégoriquement, car M. Qian et son fils n'étaient pas bouddhistes et chez eux on n'avait jamais brûlé de l'encens pour quelque dieu que ce soit. M. Li trouvait d'ailleurs cela très curieux et il brûlait d'envie de savoir si les Qian pratiquaient une religion occidentale ; lui, en tout cas, ne les avait jamais vus aller à l'église et, de plus, rien dans leur comportement ne pouvait le laisser supposer. M. Li ne comprenait pas le refus de Mme Qian ; pour lui, tout incroyant qu'on soit, faire dire des prières pour un mort, ça ne faisait de tort à personne. Mais elle s'obstinait sur ce point et elle hocha deux fois la tête en signe de dénégation.

M. Li savait bien que ce n'était pas pour économiser de l'argent qu'elle refusait les prières, car, quand il avait proposé d'acheter un cercueil, elle avait accepté sans demander le prix. Elle semblait faire entièrement confiance à M. Li, sachant qu'il restreindrait au maximum les dépenses. Il aimait ses manières simples et directes, tout en se demandant quand même de combien d'argent elle pouvait disposer.

Par prudence, il alla demander son avis à la jeune madame Qian. Celle-ci affirma qu'elle n'avait aucune objection à faire et qu'il fallait agir selon les indications de sa belle-mère. M. Li insista à propos des bonzes, mais elle répondit :

« Mon beau-père et Mengshi aimaient composer des poèmes, mais ne croyaient en aucun dieu ni en Bouddha. »

M. Li ne savait pas au juste ce qu'était un poème et il comprenait encore moins le lien qu'il pouvait y avoir entre le fait de ne pas croire en Bouddha et celui de composer des poèmes. Il se résigna donc, mais il décida secrètement d'engager quand même cinq bonzes qui ne se feraient que peu payer. Il demanda alors de combien d'argent disposait

Mme Qian. La jeune Mme Qian répondit sans la moindre hésitation : « Elle n'a pas d'argent du tout ! »

M. Li se gratta la tête. Lui-même était prêt à offrir ses services gratuitement pour conduire le convoi funèbre en dehors de la ville, mais il y avait le cercueil à acheter, les porteurs à payer et d'autres frais encore ; il pouvait s'arranger bien sûr pour modérer les dépenses, mais il fallait quand même prévoir un minimum. Il appela Ruixuan et, dans un coin de la cour, lui fit part de la situation.

Se basant sur le plan de M. Li, Ruixuan calcula tout d'abord mentalement, grosso modo, le budget nécessaire, puis il dit :

« Je sais que la plupart des habitants de notre ruelle peuvent nous aider, mais Mme Qian n'acceptera jamais que nous fassions la quête pour elle et, à nous deux, nous allons au plus réunir une dizaine de yuan, ce qui est loin d'être suffisant. Après tout, pourquoi ne pas demander une contribution à leur famille ?

– Bonne idée ! Surtout qu'en ce moment il faut tout payer comptant. S'il n'y avait pas tous ces problèmes à cause des Japonais, on pourrait acheter le cercueil à crédit ; mais à présent, on ne vous vend même plus un demi-kilo de riz à crédit, alors pour un cercueil... »

Le frère cadet de Mme Qian et le père de sa belle-fille étaient chez eux. Le frère de Mme Qian, Chen Yeqiu, était un monsieur maigre, d'âge moyen, assez instruit et très dévoué. Son visage émacié faisait paraître ses yeux exceptionnellement grands, et quand il regardait avec insistance quelque chose, il paraissait tout à fait maître de lui ; il devait avoir une forte personnalité. Toutefois, il ne fixait que rarement son regard et ses yeux très mobiles lui donnaient alors un air beaucoup plus impulsif. Ses lèvres étaient minces comme des lames et il lui arrivait parfois de parler tout seul en faisant beaucoup de mimiques ; se dégageait alors de sa personne une impression d'inconstance, telle la plume au vent. En fait, il n'était ni réservé ni impulsif. Ses yeux étaient mobiles par habitude et il parlait beaucoup pour plaire à son entourage. Sa première femme était morte ; la seconde était toujours près de lui, mais malade ; à elles deux, elles lui avaient donné huit enfants. Peut-être fallait-il chercher là les causes de cette impression d'inconstance qui collait à son personnage. Il aurait pu devenir, sans faire beaucoup d'efforts, un fin lettré, mais les huit petites bouches voraces comme des sauterelles l'avaient empêché d'exercer comme il l'aurait souhaité ses talents d'homme de lettres.

Il était un proche parent de Qian Moyin et aussi son meilleur ami. Ils n'avaient pas étudié la même spécialité, mais quand ils discutaient, ils se traitaient avec le plus grand respect. Chen Yeqiu enviait beaucoup M. Qian, qui, dans sa vie, n'avait que ses poèmes, ses peintures et son absinthe, alors que lui, il devait s'occuper d'une horde de petits loups affamés. Il aimait beaucoup rendre visite à sa sœur et à son beau-frère, car, même quand ceux-ci étaient dans la gêne, il pouvait parler avec eux de mille choses, des gens qu'ils connaissaient, d'événements du passé ou du présent ; il avait l'impression pendant ces causeries de « décaper la rouille de son cœur ». Malheureusement, il ne venait pas aussi souvent qu'il l'aurait souhaité, car ses huit enfants et sa femme souvent malade l'avaient lié malgré lui aux tâches ménagères.

Quand M. Sun lui apporta le message, il était en train de dîner ou, plus exactement, d'essayer de se réserver un peu de la nourriture que ses enfants étaient en train d'engloutir. Après avoir lu, il cracha par terre ce qu'il n'avait pas eu le temps d'avaler et, sans prendre son chapeau, dit un mot rapide à ses enfants et sortit le visage couvert de larmes.

Il tint compagnie à Ruixuan pour la veille de la première nuit. Ruixuan aimait bien cet homme. Ce qui les rapprochait, c'était leur souci des affaires de l'État et, malgré ce souci, l'impossibilité dans laquelle ils se trouvaient de se dévouer corps et âme à la patrie. M. Chen dit à Ruixuan :

« Si l'on envisage les choses d'un point de vue historique, il n'y a pas de honte à être chinois. Mais si l'on tient compte du fait que les Chinois ne pensent qu'à leurs propres intérêts, qu'ils préfèrent combattre par l'esprit, plutôt que d'avoir recours au sabre et au fusil, franchement là il n'y a pas de quoi être fier. Peiping est tombé aux mains de l'ennemi depuis pas mal de temps, et je n'ai encore vu personne qui ait l'audace de se révolter. Les Chinois sont attachés à la vie d'une telle façon qu'ils sont capables de supporter toutes ces humiliations et, ça, c'est vraiment déplorable. Tiens, regarde, toi et moi... »

Il s'arrêta très vite et voulut se reprendre :

« Non, je ne devrais pas parler ainsi !

– Mais si, mais si ! – Ruixuan sourit tristement. – Tu sais, toi et moi, nous sommes à peu près dans la même situation !

– Vraiment ? Mais je préfère ne pas trop parler de moi-même. Avec mes huit enfants et ma femme toujours malade, je ressemble à une mouche qui a les pattes engluées, qui aimerait bien s'envoler, mais qui ne peut bouger ! »

Craignant que Ruixuan n'ajoute quelque chose, il s'empressa de continuer :

« Oui, je sais que même l'hirondelle est incapable d'abandonner sa couvée d'oisillons pour aller voler sur le Lac du Sud. Mais on peut considérer les choses d'un autre point de vue et se dire que Yue Wumo et Wen Tianxiang [1] avaient eux aussi une famille. Nous, oh ! pardon ! je veux dire moi, je me conduis comme une femme et non un homme. Quand je vois les conséquences de la mentalité pékinoise, je prends conscience qu'elle ne peut que conduire les gens à se comporter comme moi ; nous nous contentons de peu sans nous rendre compte que notre devoir est ailleurs. Notre style de vie est incapable d'engendrer des hommes braves, au cœur fougueux. J'ai honte et je suis vraiment inquiet pour notre avenir. »

Ruixuan poussa un long soupir :

« Moi aussi, je me comporte comme une femme ! »

Tout bavard qu'il était, Chen Yeqiu garda le silence pendant un long moment.

---

1. Yue Wumo : voir note p. 124. – Wen Tianxiang : voir n. 1 p. 56.

Ruixuan et M. Li lui demandèrent enfin son avis pour l'enterrement. Ses yeux se fixèrent et son visage maigre et pâle d'anémique s'assombrit. Il ouvrit plusieurs fois la bouche et finit par dire :

« Je n'ai pas d'argent et je crains bien que ma sœur ne soit dans la même situation que moi ! »

Afin que Chen Yeqiu ne se sente pas gêné par cet aveu, Ruixuan grommela :

« Oh ! Vous savez, pauvres, nous le sommes tous ! »

Ils allèrent alors trouver M. Jin, le père de la jeune madame Qian. C'était un homme à la stature imposante. Moins grand que M. Li, mais plus corpulent ; il avait les épaules larges, le cou épais, la peau cuivrée, sans barbe ni moustache, et sur son crâne presque carré il ne restait que quelques cheveux gris. Il avait un nez plutôt épaté, dont le bout était la partie la plus rouge de son visage ; il buvait tout son soûl et, en un seul repas, il lui arrivait d'ingurgiter trois quarts de litre d'alcool de sorgho. Dans sa jeunesse, il avait fait pas mal de lutte, des poids et haltères et de la boxe chinoise, mais n'avait jamais touché à un seul livre. À près de soixante ans, il avait abandonné les exercices de force, mais il gardait une santé aussi robuste que celle d'un bœuf.

M. Jin gérait ses affaires dans une petite maison de thé. Il apportait lui-même ses feuilles de thé *xiang pian* – feuilles parfumées avec des plantes aromatiques – qu'il faisait infuser dans une théière et, en fumant sa pipe avec du tabac du Shandong, il surveillait les entrées et les sorties des clients ; il écoutait les propos qui s'échangeaient çà et là, et calculait mentalement ce que telle ou telle affaire pouvait lui rapporter. Dès qu'il tombait sur une personne qui lui convenait ou qu'il entendait des paroles pleines de bon sens, il se lançait dans les négociations avec beaucoup d'aisance. Il s'entremettait pour des mariages, faisait office d'intermédiaire dans des opérations immobilières, prêtait de l'argent et touchait des intérêts. Dans sa tête, il n'y avait pas un seul caractère écrit, mais les chiffres y étaient alignés avec une rigueur extrême. Il adorait l'argent ; l'argent, c'étaient ses « Quatre Livres » de l'école confucéenne. Cela ne l'empêchait pas d'ailleurs d'être très généreux. Dans les cas où sa respectabilité était en jeu, il était capable de faire un effort sur lui-même et de débourser un peu d'argent, afin que l'éclat de son nez rouge ne soit pas terni. Ce n'était que lorsqu'on lui offrait une bouteille d'alcool que son nez se mettait à luire d'un éclat tout particulier.

Il avait été le voisin de M. Qian. Ce dernier ne lui avait jamais emprunté de l'argent ; en revanche, il lui offrait souvent de l'absinthe. M. Qian était féru de poésie, M. Jin de comptes, toutefois quand ils n'abordaient pas ces sujets-là et qu'ils avaient le visage rougi par l'alcool, ils s'apercevaient qu'ils étaient tout simplement des « êtres humains ».

S'étant liés d'amitié, il se trouva qu'au bout de quelque temps ils devinrent parents par alliance. Après le mariage de sa fille avec le fils Qian, M. Jin éprouva d'abord quelques regrets, car les gens de cette famille n'avaient jamais su tenir leurs comptes ; ils n'avaient d'ailleurs jamais eu de comptes à faire. Puis, en examinant la situation de plus près, il réalisa que sa fille n'avait jamais eu à subir la moindre vexation de la part de ses beaux-parents, qu'elle vivait en parfaite harmonie avec son mari et qu'enfin, bien que la famille Qian soit pauvre, elle vivait avec la conscience tranquille ; non seulement, ils n'avaient jamais emprunté d'argent à personne, mais on aurait dit que la notion même d'argent leur échappait. Et puis, l'absinthe de M. Qian était si parfumée que c'était un plaisir immense de la boire sans rien avoir à payer. Il n'eut donc bientôt plus de regrets, et il lui arrivait même de donner en cachette à sa fille de petites sommes, faisant sacrifice du capital et des intérêts.

Dans les circonstances actuelles, quand il arriva chez les Qian, il était sûr que lui incomberait la charge d'acheter le cercueil. Cependant, il attendrait qu'on le lui demande, et il ne voulait utiliser son argent que dans des circonstances clairement définies. Lui, se garda bien d'aborder le problème de la situation financière de Mme Qian, et elle, ne montra d'aucune façon qu'elle avait besoin d'aide. Il serait donc patient : son argent, tel un acteur célèbre, n'entrerait en scène qu'au son des gongs et des tambours.

Ce furent M. Li et Ruixuan qui remplirent le rôle des joueurs de gongs et de tambours ; M. Jin, avec beaucoup de bienveillance et de cordialité, accepta :

« Jusqu'à deux cents yuan, c'est moi qui paie ! Si ça dépasse cette somme, le surplus est pour vous ! Par les temps qui courent, il est difficile d'avoir beaucoup de liquidités à sa disposition. » Finalement, cette proposition fut acceptée par M. Li. M. Jin se rendit vite compte que le vieux s'y connaissait et qu'il ne permettrait à personne de faire du profit sur son dos. Il trouva Ruixuan trop distingué pour être un homme qui sache traiter les affaires et il ne s'intéressa pas trop à lui.

M. Li partit s'occuper activement de l'enterrement. Ruixuan reprit sa conversation avec Yeqiu, puisque les « fonds » pour l'enterrement étaient maintenant assurés. On aurait dit qu'entre eux il y avait un accord tacite pour ne pas parler de M. Qian. Ils savaient l'un et l'autre que c'était le sujet qui méritait certainement le plus d'être discuté, puisque Mengshi et Zhongshi avaient hélas quitté ce monde et que M. Qian était le seul dont on était sans nouvelles ; ils espéraient secrètement au fond d'eux-mêmes que le vieux pourrait recouvrer bientôt sa liberté, afin que cette famille ne soit pas une fois de plus accablée par le malheur. En fait, si aucun des deux n'avait le courage d'en parler, c'était parce qu'ils savaient très bien qu'ils ne pouvaient rien faire pour sauver M. Qian, et qu'il n'y avait rien de plus inutile que des paroles en l'air. Ils poursuivaient leur conversation en éprouvant dans leur cœur un pénible sentiment d'impuissance ; leurs regards semblaient dire : « À quoi servons-nous, pauvres imbéciles que nous sommes ? »

Bientôt, ils abordèrent le problème des moyens de subsistance de M. Qian et de sa bru. Ruixuan eut tout d'un coup une inspiration :

« Je ne sais pas si tu es au courant, mais ils collectionnent depuis longtemps des objets de valeur, des calligraphies, des peintures et des livres rares. Si Mme Qian les a toujours, nous pourrions nous charger de les vendre, et ça pourrait permettre une bonne rentrée d'argent. Qu'en penses-tu ?

– Non, je ne savais pas ! » Yeqiu eut un regard extraordinairement mobile, comme s'il voulait découvrir tout de suite les belles pièces qui permettraient à sa sœur de ne plus souffrir de la faim et du froid.

« Mais dis-moi, qui voudra dépenser son argent pour acheter des peintures, des calligraphies ou des livres ? Ce sont des choses qu'on ne peut vendre qu'en temps de paix... » Il serra très fort ses lèvres minces et dans sa tête d'anémique il se fit un grand vide.

« Allons donc lui demander ! » Ruixuan était impatient de trouver de l'argent.

« Oh, tu ne connais pas ma sœur ! Elle adore mon beau-frère ! » Il évita très précautionneusement de prononcer son nom.

« Je sais qu'il n'a jamais fait de mal à une mouche, et je suis sûr qu'il n'a jamais obligé ma sœur à faire ses quatre volontés, mais chacune de ses paroles, chacune de ses manies, même les plus petites, était considérée par elle comme sacro-sainte, et nul ne pouvait y changer un iota. Elle préférait se priver de nourriture pendant une journée, que de le laisser manquer d'alcool ; s'il voulait s'acheter des livres, elle n'hésitait pas à prendre dans sa coiffure une épingle en métal précieux pour en obtenir quelque argent. Tu comprends que si jamais mon beau-frère a vraiment quelques pièces de prix dans sa collection, ma sœur pour sûr n'osera jamais y toucher, et encore moins les vendre.

– Alors, après les funérailles, que va-t-on faire ? »

Yeqiu ne sut que répondre. Après un silence prolongé, il dit très lentement :

« Si elles ont besoin de quelqu'un pour veiller sur elles, je pourrais éventuellement m'installer ici. Je pense que la présence d'un proche parent serait une bonne solution ; vous n'avez pas remarqué le regard de ma sœur ? »

Ruixuan hocha la tête.

« Cette petite lueur dans ses yeux ne présage rien de bon !

Qui sait ce qu'elle a dans la tête ? Son mari arrêté, ses deux fils morts, peut-être a-t-elle déjà pris une décision irréversible. C'est une personne des plus dociles, mais vous savez, même une poule, quand elle est attachée, elle se débat. Je suis vraiment inquiet ! Il faut absolument que je prenne soin d'elle ! Cela dit, quand je vois que je n'ai même pas le temps de m'occuper de mes propres affaires, je me demande comment je vais faire avec deux personnes de plus. Venir uniquement pour les voir mourir de faim, ce n'est pas une solution ! Avant la guerre, j'aurais sans doute pu trouver un second emploi, et donc leur assurer une vie modeste, mais en ce moment comment vais-je pouvoir faire ? Le pays est en perdition, cela veut dire que la bonne volonté et la bienveillance des parents et des amis disparaît en même temps. Les conquérants sont des loups, les vaincus sont un troupeau de moutons en débandade. En plus de cela, elles ont l'habitude de vivre très tranquillement ; en moins d'une journée, mes huit enfants auront piétiné toutes les plantes et les fleurs de la cour, en une matinée leur tapage leur aura cassé les oreilles, et probablement qu'elles ne pourront le supporter. Ça me fend le cœur, mais j'ai malheureusement l'impression que je ne peux pas faire grand-chose pour elles. »

Le cercueil arriva, lourd et solide, mais vraiment très laid ! Il n'était pas peint, et toutes les imperfections du bois apparaissaient : il se dégageait de cet objet brut une forte impression de cruauté.

Le mort ne portait que de vieux habits, et on le déposa dans cette grande boîte blanche.

M. Jin frappa le cercueil de son gros poing, son visage si jovial d'habitude s'assombrit soudain et il cria : « Mengshi ! Mengshi ! Tu nous quittes, que la vie est cruelle ! »

Mme Qian ne pleura pas. Au moment où l'on allait fermer le cercueil, elle sortit en tremblant de son corsage un petit rouleau de papier jauni qui n'avait pas encore été entoilé, et le déposa près des mains de son fils.

Ruixuan lança un regard vers Yeqiu. Ce devait être une des calligraphies, mais ils n'osèrent rien dire ; ce cercueil blanc si massif leur coupait toute envie de parler et ils eurent soudain l'impression que toute la ville de Peiping était devenue un immense cercueil.

La jeune madame Qian éclata en sanglots. M. Jin ne pleurait pas facilement, mais les sanglots de sa fille lui firent perdre son contrôle et il devint irascible ; il s'approcha d'elle, prit sa main et lui dit d'un ton rude : « Ne pleure pas ! Ne pleure pas ! » Sa fille, ne pouvant contenir sa douleur, continuait à sangloter ; alors, il se tut et ses larmes coulèrent.

Le jour des funérailles fut bien sûr, pour tous, le jour le plus triste. Sous les grands sophoras, seize gaillards, qui ne portaient pas la longue robe des bonzes, soulevèrent très lentement, très précautionneusement, sous le commandement de M. Li, le grand cercueil blanc. Il n'y avait pas de cloche funèbre ; la jeune madame Qian, les cheveux sur les épaules, vêtue d'une très longue tunique de deuil en toile grossière, marchait en tête du cortège, devant le cercueil ; on aurait dit un fantôme. M. Jin, triste, l'air éteint, la tenait par la main ; ses larmes coulaient sur son nez rouge. Au moment où le cercueil fut soulevé de terre, il frappa le sol de ses grands pieds. Un petit groupe de musiciens se mit à jouer une musique simple à l'aide d'instruments à vent et à percussion. M. Li cria la formule d'usage pour le pourboire, mais s'interrompit en plein milieu.

Il devait être très vigilant, car il rythmait le pas des porteurs avec ses *règles sonores*. Cette fois-ci cependant, il n'avait pas le cœur à les frapper trop fort. Mme Qian était assise sur une petite charrette, attelée à une mule efflanquée, qui avançait lentement, juste derrière le cercueil. Les yeux secs de la vieille jetaient toujours la même lueur étrange et fixaient obstinément l'arrière du cercueil ; sa tête remuait au rythme de la charrette.

Le vieux Qi, qui n'était pas encore rétabli et qui ne pouvait rester trop longtemps debout, suivit la scène, soutenu par Petit Shunr, depuis le seuil de sa porte. Il n'osait pas sortir. La petite Niuzi voulait elle aussi voir ce qui se passait, mais sa mère la fit rentrer à la maison. À peine venait-elle de ramener Niuzi dans la cour, qu'elle entendit sa belle-mère demander : « C'est aujourd'hui les funérailles de la famille Qian ? » Elle répondit par un simple « oui » ; elle fila ensuite vers sa cuisine et se mit à couper les légumes pour le repas ; à ce moment-là, elle éclata en sanglots.

Ruixuan, Petit Cui et maître Sun accompagnèrent le convoi funèbre. À l'exception de la famille Guan, tous les habitants de la ruelle, les larmes aux yeux, se tenaient devant leur porte pour voir passer le cortège. En apercevant la jeune madame Qian, la veuve Ma fondit en larmes. Changshun, la tenant par la main, la fit rentrer : « Grand-mère ! Ne pleure pas ! » Il essayait de la consoler, tout en sentant lui aussi ses larmes monter. La jeune madame Wen jeta un coup d'œil, puis rentra immédiatement chez elle. Mme Li devait garder la maison des Qian ; elle suivit le cercueil en pleurant jusqu'au bout de la ruelle, où son mari la rabroua et la renvoya à sa tâche.

Quand un pays a perdu son indépendance, la mort devient une compagne. Ce qui arrivait à la famille Qian était affligeant pour tout le monde et resterait à jamais inscrit dans les cœurs. Qu'il était loin le bon vieux temps où chacun vivait en paix !

CHAPITRE XIX

Les nuages épais qui s'accumulaient sur la résidence des Guan ne pourraient bientôt plus contenir l'orage. Depuis quelques jours, le visage de la « grosse courge rouge » semblait être recouvert d'une couche de peinture aux reflets grisâtres. Elle aurait bien voulu tirer quelques salves en direction de Tongfang et de Gaodi, mais le cercueil était encore exposé dans la maison voisine et son gosier, comme le canon rouillé d'un fusil, était grippé. Elle sentait toujours ce souffle sinistre filtrant lentement par le mur mitoyen ; un soir, sous la clarté de la lune, il lui sembla même apercevoir une ombre sur ce mur. Elle n'en dit rien à personne, mais ses cheveux se hérissèrent tout droits sur sa tête. Finalement, on emporta le cercueil ; elle en fut soulagée, car le remords lui pesait vraiment sur le cœur. Son visage, du gris, passa graduellement au rouge sombre. Assise dans le plus grand fauteuil du salon, telle l'impératrice douairière Cixi, elle cria sur un ton de poudrière qui explose : « Gaodi ! Viens ici ! »

Celle-ci était habituée aux cris de sa mère, mais elle ressentit un frémissement au fond du cœur. Elle fronça le bout de son nez, qui ressembla alors à une fleur capable de braver toutes les intempéries ; elle s'approcha lentement. Arrivée au milieu du salon, elle demanda, sans lever la tête : « Qu'est-ce qu'il y a ? », sur un ton très bas et si lourd qu'il semblait lesté d'un bloc de fer et de ciment.

Sur le visage de la « grosse courge rouge », chaque grain de beauté luisait comme autant de petites balles de fusil ! « Réponds-moi ! L'autre jour, toi et l'autre salope, qu'êtes-vous allées faire chez les Qian ? Réponds ! »

Tongfang d'un bond se trouva dans la cour ; elle intervint alors en parlant le plus fort possible :

« Dites-moi un peu, qui traitez-vous de salope ? » Elle était indignée, ne pouvant supporter d'être ainsi qualifiée, et puis elle ne voulait pas laisser Gaodi seule face à la « grosse courge rouge ».

« Quand on n'a rien à se reprocher, on ne craint ni les potins ni les calomnies ! » La « grosse courge rouge » parlait encore plus fort que Tongfang, elle voulait faire s'écrouler sous son autorité le prestige de Tongfang. « Viens donc ici ! Ose donc entrer dans le salon si tu es courageuse ! »

Petite et de constitution plutôt faible, Tongfang n'était pas de taille à se battre avec la « grosse courge rouge », mais, poussée par son audace, elle se précipita dans le salon, tel le faucon bravant l'aigle.

Parlant toutes les trois à la fois, la « grosse courge rouge », Tongfang et Gaodi n'entendaient rien de ce qu'elles se disaient l'une à l'autre, c'était à qui hurlerait le plus fort ; on aurait dit des oiseaux qui, dans les arbres, pépient à qui mieux mieux, sans se préoccuper d'écouter ce que les autres racontent. Petit à petit, elles oublièrent le motif de leur querelle, et elles se mirent à s'insulter outrageusement pour le plaisir, se lançant au visage des mots empoisonnés, méchants et sales, sans tenir compte ni de la grammaire ni du style. Ainsi, en prenant beaucoup de plaisir à s'injurier, elles se défoulaient. Elles avaient ouvert l'écluse de leur cœur et déversaient en un jet continu toutes les saletés qui s'y étaient accumulées. Elles avaient quitté le masque qu'elles portaient d'habitude devant le monde, révélant ainsi leur véritable physionomie, elles avaient atteint ce degré de liberté et de ravissement que procure le « retour au naturel ».

M. Guan s'était réfugié dans la chambre de Tongfang, et en fredonnant un air à la mode, il battait en souplesse la mesure du bout de ses doigts sur un de ses genoux. Il se disait que ce n'était absolument pas le moment d'aller au salon se mêler à la dispute ; il n'avait pas encore plu, mais il savait que le ciel ne s'éclaircirait pas tant que le tonnerre se ferait entendre. Il devait attendre que la salive mousse aux commissures de leurs lèvres, que leur visage rouge de colère vire au pâle et qu'enfin leur vocabulaire se tarisse, pour paraître devant elles ; il obtiendrait alors une victoire rapide et facile, tout en rehaussant sans effort son prestige de chef de famille.

Sur ordre de sa femme, Ruifeng s'était approché pour essayer de les réconcilier. À son avis, agir comme médiateur dans un cas comme celui-là pouvait lui permettre d'obtenir leur confiance et donc de redorer un peu son blason. En effet, dans ce genre de dispute, celle qui est dans son bon droit peut avoir quand même quelques torts, et le médiateur doit savoir en tirer parti ; une fois le calme revenu, chacune saura se montrer reconnaissante : l'une qu'on ait su arrêter les hostilités, l'autre qu'on ne lui tienne pas rigueur de les avoir engagées. Une fois l'affaire passée, le médiateur n'aura pas à entrer dans les détails pour raconter aux autres ce qui s'est passé, il lui suffira de dire – avec, bien sûr, un léger sourire : « C'est moi qui les ai aidées à régler leur dispute ! » Dans une société où les relations personnelles comptent plus que les lois, c'est un coup à voir sa position rehaussée de beaucoup !

Ruifeng, en essayant de réconcilier les parties en conflit, voulait faire d'une pierre deux coups : non seulement il gagnerait la confiance de la famille Guan, mais en même temps il élèverait sa propre position vis-à-vis de cette famille ; et, même en cas d'échec, il espérait que ses efforts seraient reconnus à leur juste valeur. Oui, il devait y aller, il devait s'immiscer dans la famille Guan comme un coin s'enfonce dans le bois, ainsi il leur serait bientôt possible de le reconnaître comme un des leurs. Et puis, de toute façon, il ne pouvait pas désobéir aux ordres de sa femme !

Il lissa ses cheveux, mit une paire de chaussures neuves, choisit une longue tunique de soie à doublure qui, sans être vraiment neuve, était encore impeccable, la passa et retroussa soigneusement le bord des manches pour faire ressortir la blancheur de la chemise qu'il portait dessous. Il avait préféré ne pas mettre une tunique neuve, parce que d'une part cela ne s'accorderait pas très bien avec son rôle de médiateur, et d'autre part parce que, en général, quand on est habillé de neuf on n'a pas l'air très naturel ; et puis il allait chez les Guan, et il avait remarqué que la distinction et le caractère peu conventionnel de M. Guan s'appuyaient en partie sur son naturel.

Arrivé sur le champ de bataille, il commença par garder le silence ; le visage tendu, il fronça les sourcils, comme si cette querelle était une affaire très grave, le touchant personnellement.

En l'apercevant, les trois femmes, qui commençaient à se fatiguer, reprirent leur souffle et se mirent à le bombarder avec tout ce qu'elles avaient encore sur le cœur. Bientôt il suffoqua. Soudain, ses yeux semblèrent montrer un intérêt particulier pour la « grosse courge rouge », alors que sa tête s'inclinait plutôt vers Gaodi et que son oreille droite n'écoutait que Tongfang ; il grognait, murmurait, soupirait continuellement. Il ne comprenait rien à ce qu'elles racontaient, mais malgré cela tout son être naviguait au milieu de leurs voix, et on aurait vraiment dit que lui seul pouvait les comprendre.

Elles s'arrêtèrent enfin, à bout de forces ; il en profita pour placer quelques mots :

« Ça suffit. Regardez-moi toutes les trois ! Mme Guan ! »

Complètement épuisée, la « grosse courge rouge » grinçait des dents pour exprimer sa colère.

« Mademoiselle Guan ! Allons ! Calmez-vous donc un peu ! Madame Tongfang ! Regardez-moi ! »

N'ayant même plus la force de jeter le moindre regard à leur ennemie, Gaodi et Tongfang se retirèrent en marmonnant quelques mots.

La « grosse courge rouge » but une gorgée de thé ; elle voulait maintenant expliquer à Ruifeng le sentiment d'injustice qu'elle éprouvait. Celui-ci fronça de nouveau les sourcils, puis se prépara à l'écouter avec l'attitude de quelqu'un qui aurait à résoudre un problème mathématique d'une extrême difficulté.

À ce moment, M. Guan entra. Il était vêtu d'une tunique

courte et d'un pantalon gris clair en crêpe ; sur sa tunique, il portait un petit gilet de laine fine gris foncé, à motifs en forme de chrysanthèmes ; il était tout sourire.

« Ruifeng ! Comment se fait-il que vous soyez libre aujourd'hui ? » Il paraissait ne pas avoir remarqué ce qui venait de se passer. Sans attendre la réponse de son hôte, il dit à sa femme :

« Il faut offrir quelque chose à manger à Ruifeng ! »

Oubliant ses récriminations, la « grosse courge rouge » se dit qu'après une telle scène il valait mieux changer de sujet de conversation. Elle retrouva son franc-parler ordinaire et dit :

« Mais oui ! Ruifeng, restez donc à manger avec nous aujourd'hui ! De quoi avez-vous envie ? »

Sans l'accord de sa femme, Ruifeng n'osait pas accepter leur invitation. Ses petites prunelles bougèrent, puis il trouva une excuse :

« Je suis désolé, madame Guan, mais je ne puis accepter. À la maison on m'attend pour le repas. On vient justement de nous offrir un canard laqué. Je ne fais vraiment pas de manières, mais je ne peux accepter votre invitation. Un autre jour, un autre jour, je viendrai avec ma femme.

– Bon, alors demain, ça vous va ? »

Le visage de la « grosse courge rouge » avait repris son air habituel, beaucoup de majesté avec un mélange de cordialité et de sincérité. Voyant que Ruifeng s'apprêtait à se lever pour prendre congé, elle ajouta :

« Avant de nous quitter, vous prendrez bien une tasse de thé ; ce n'est pas encore l'heure du repas ! »

Elle appela un domestique pour qu'il prépare une tasse de thé.

Impatient de rapporter son exploit à sa femme, Ruifeng ne voulait toutefois pas perdre l'occasion qui lui était donnée de causer un peu avec M. et Mme Guan. Il décida donc de rester un moment de plus.

Guan Xiaohe était très fier d'avoir su réagir aussi calmement et d'avoir maîtrisé la situation avec beaucoup d'habileté. Il trouvait qu'effectivement il avait le dynamisme, la largeur d'esprit et la sagesse de Zhuge Liang[1]. Il lui fallait maintenant montrer à Ruifeng que ce conflit entre les trois femmes le préoccupait, et il fallait aussi que sa femme se sente un peu soutenue, afin qu'après le départ de leur hôte il ne coure pas le risque d'une attaque en règle.

Il commença par soupirer légèrement avec délectation, pour attirer l'attention de son hôte et de sa femme. Bientôt un sourire illumina son visage, il ne pouvait décemment pas se mettre à pleurer ! Il finit par déclarer :

« On a raison de dire qu'à partir d'un certain âge il faut penser au mariage, mais il arrive aussi un temps où les jeunes filles doivent se fiancer ! »

Il lorgna du côté de sa femme pour surveiller sa réaction et savoir du même coup s'il pouvait continuer sur le sujet. Voyant qu'elle restait détendue, il comprit qu'elle ne se mettrait pas en colère dans l'immédiat et il décida donc de poursuivre :

« Selon moi, ma chérie ! il est de notre devoir de trouver un mari pour Gaodi. Ces derniers temps, elle a un caractère impossible, et elle fait des scènes qui sont carrément indécentes ! »

Ruifeng n'osait pas intervenir, il fit seulement défiler sur son visage toutes les expressions qu'il put rassembler, tantôt fronçant les sourcils, tantôt cillant, allant même jusqu'à passer sa langue sur ses lèvres, pour montrer sa sollicitude et son attention.

La « grosse courge rouge » ne se fâcha pas, mais les commissures de ses lèvres s'incurvèrent vers le bas ; aussitôt elle dit :

« Ainsi, tu ne veux pas reconnaître que c'est Tongfang qui a provoqué une scène indécente ? »

Ruifeng cessa de froncer les sourcils et de ciller. Son petit visage sec devint de marbre, prenant soudain l'aspect d'une « stèle sans inscription ». Il ne voulait pas prendre parti, car

---

1. Cf. note p. 35.

il craignait de provoquer alors le mécontentement de l'un ou de l'autre.

D'après la mine et le ton de sa femme, M. Guan savait qu'elle ne se lancerait pas immédiatement dans une « attaque de grande envergure », il dit évasivement : « Franchement, je suis inquiet pour Gaodi ! »

« Ruifeng ! » La « grosse courge rouge » venait d'avoir une idée : « Aidez-nous ! Si vous connaissez quelqu'un de convenable, présentez-le à Gaodi ! »

Ruifeng fut très surpris qu'on lui fasse une telle faveur, son visage s'éclaira subitement, comme traversé par un éclair : « Comptez sur moi ! Absolument ! »

Il se mit immédiatement à faire travailler son cerveau, pour essayer de proposer sur-le-champ un ou deux gendres convenables, dont il déposerait le dossier auprès de la « grosse courge rouge » pour examen. En même temps, il se disait : « Ah ! Si je pouvais m'entremettre pour ce mariage ! Pour la famille Guan ! Pour la famille Guan ! »

L'émotion était si forte qu'il ne pouvait trouver personne parmi ses connaissances qui soit digne de devenir le gendre de la famille Guan. Il changea de sujet, afin de briser le silence :

« Vous savez, chaque famille a ses problèmes !

– Comment ? Chez vous aussi... » À son tour, M. Guan fronça les sourcils, maintenant c'était à lui de montrer sa sympathie et sa sollicitude.

« Ce serait trop long à expliquer ! » Le petit visage sec de Ruifeng sembla s'humidifier en même temps que les larmes lui montaient aux yeux.

« C'est manière de parler ! En tout cas, moi, je ne suis pas homme à chercher des histoires ! »

M. Guan était impatient de tout savoir sur les problèmes de la famille Qi.

Au fond, Ruifeng n'avait pas de quoi se plaindre vraiment, mais il devait néanmoins trouver une injustice dont il avait été victime, pour pouvoir montrer toute la bienveillance et l'esprit d'équité dont il était capable ; n'ayant rien d'authentique à proposer, il était prêt à inventer des faits. Si un sage subit volontiers des malheurs sans rien dire, un homme ordinaire doit parler de ses souffrances, afin de pouvoir se faire passer pour un sage.

Sirotant le thé parfumé qu'on venait de lui apporter, il relata les crimes des quatre générations de la famille Qi, telle une belle-fille rentrant chez elle après avoir été en butte aux vexations des parents de son mari. Finalement, il dit qu'il ne voulait plus partager leur toit, surtout depuis que son frère aîné et sa belle-sœur lui avaient expressément demandé de s'en aller. C'était un vrai mensonge, mais le mensonge n'est-il pas le meilleur moyen de s'attirer la sympathie d'autrui ?

Guan Xiaohe éprouvait beaucoup de sympathie pour Ruifeng, mais il ne convenait pas qu'il lui fasse la moindre suggestion, car il risquait alors de se trouver dans l'obligation de l'aider vraiment. Ce dont il était le plus satisfait, c'était d'apprendre la mésentente qui régnait chez les Qi ; il se sentit tout à coup plus détendu, considérant que les conflits de famille étaient des événements inévitables qui étaient dans la logique des choses.

La « grosse courge rouge » montra beaucoup de sympathie pour Ruifeng, et elle lui fit tout de suite une proposition. Elle réagissait toujours ainsi, quitte à revenir sur ce qu'elle venait de proposer plusieurs fois dans la conversation.

« Ruifeng, venez immédiatement loger chez nous ! Nous avons une petite pièce au sud qui est vide, et dans la mesure où vous ne la trouverez pas trop petite, vous pouvez déménager sur-le-champ et venir vous y installer. Je vous ferai bien sûr payer un loyer ; je ne vous offre pas cette chambre gratuitement, comme ça vous ne vous sentirez pas redevable envers nous ! Alors d'accord ? C'est décidé comme ça ? »

Ruifeng fut fort surpris de cette proposition. Jamais il n'aurait pu imaginer trouver si rapidement une solution à son problème. Voilà qu'il se sentait désorienté maintenant ! Il n'osait ni refuser l'offre cordiale de Mme Guan ni accepter sur-le-champ. Avec son esprit toujours très pratique, il se dit que s'il logeait chez eux, il ne pourrait, entre autres, jamais tenir la distance avec la famille Guan pour les parties de mah-jong. Son petit visage sec se referma immédiatement. Il commença à éprouver quelques regrets : il avait trop parlé et maintenant il se trouvait confronté à un dilemme embarrassant.

M. Guan perçut la gêne de son hôte, et il s'empressa de dire à sa femme : « Tu ne peux quand même pas demander à Ruifeng de se séparer de sa famille ! »

Depuis toujours, quand la « grosse courge rouge » avait une idée dans la tête, elle ne l'abandonnait pas facilement :

« Tu n'y comprends rien ! Je ne supporte pas de voir Ruifeng, un si brave garçon, être en butte à des vexations dans sa propre maison et être traité comme un plat de hors-d'œuvre sans importance ! »

Elle se tourna vers Ruifeng :

« Notre petite pièce est à vous quel que soit le moment que vous choisirez pour venir y loger. C'est faire preuve de supériorité que d'être franc et direct, n'est-ce pas ? »

Ruifeng ne put s'empêcher d'incliner la tête en signe d'assentiment, mais ne sut trop quoi dire pour exprimer sa gratitude.

M. Guan s'aperçut de l'embarras de Ruifeng, et il s'empressa de changer de sujet. « Ruifeng, ces derniers jours, votre frère a beaucoup aidé la famille Qian. Comment finalement ont-ils organisé l'enterrement ? Votre frère vous en a sans doute parlé ? »

Ruifeng réfléchit un moment, puis dit :

« Non, il ne m'en a pas parlé. Oh ! Vous savez, nous ne nous entendons pas. Nous sommes frères, bien sûr, mais entre nous il n'y a pas de vrais sentiments fraternels ! »

Sa conversation était digne d'un brouillon de discours préparé par un lycéen, mais il en était satisfait tout comme il était très satisfait de lui-même.

« Eh bien, tant pis ! » L'air et le ton de M. Guan montraient clairement qu'il n'abandonnait pas la partie et qu'il trouverait d'autres moyens pour faire parler Ruifeng en piquant son amour-propre.

Impatient d'obtenir les grâces de son modèle, Ruifeng ne pouvait décemment arrêter la conversation ici :

« M. Guan, si vous voulez des renseignements précis, je peux les demander à Ruixuan, et s'il ne veut rien me dire, je vous promets...

– Tout cela n'a vraiment aucune importance ! »

M. Guan fit un sourire chargé d'indifférence.

« Ce que je voudrais bien savoir, par contre, c'est si la famille Qian possède des peintures et des calligraphies qu'elle voudrait vendre. Le père et le fils ont du talent dans ce domaine et je pense qu'ils doivent en avoir une collection. Au cas où la famille voudrait les vendre pour payer l'enterrement, moi, je serais prêt à les aider ! »

Son sourire prit de l'intensité, car il trouvait son plan d'une adresse extraordinaire ; il allait pouvoir profiter de la situation difficile de ces gens pour les aider ! Il n'était pas peu fier de lui !

« Pourquoi veux-tu acheter des peintures et des calligraphies ? Dépenser de l'argent pour acheter du papier sans valeur en ce moment, tu es vraiment devenu à moitié fou !

– Ne cherche pas à comprendre, ma chérie ! dit M. Guan avec un sourire mielleux. Moi, je sais ce que je fais, j'ai un plan très ingénieux. Oui, très ingénieux ! »

Il se tourna vers Ruifeng : « Si vous pouviez vous informer pour moi, je vous en remercie d'avance ! » Il se redressa et baissa la tête ; il posa ses poings joints sur son crâne, et resta ainsi pendant un court instant en signe de remerciement.

Ruifeng s'empressa lui aussi de joindre les mains, mais il était loin d'avoir la majesté et l'élégance de M. Guan. Il ressentit un certain trouble. En fait, il n'avait pas plus d'esprit qu'un oiseau et était incapable de s'élever au-dessus d'une conversation plate émaillée de plaisanteries ou de gestes d'une grande banalité. Il décida de prendre congé et de rentrer chez lui pour demander conseil à sa femme.

Il n'osa pas discuter l'affaire de but en blanc avec elle. Il se mit à marcher de long en large dans sa chambre, les sourcils froncés, sans arriver à se décider ; il conservait néanmoins une très haute opinion de lui-même ; ce ne fut que lorsque sa femme lui en intima l'ordre, qu'il fit le rapport fidèle de ce qui s'était passé. Quand elle sut que les Guan leur offraient l'hospitalité, elle réagit comme un chien affamé qui découvre un os :

« Ça tombe vraiment très bien ! Feng ! Cette fois-ci, tu as été remarquable ! »

Il s'efforça de sourire en recevant ce compliment, mais il fit tout de suite remarquer : « Notre revenu mensuel... » Il s'arrêta net ; en continuant, il risquait de perdre tout le crédit que lui avait rapporté la première nouvelle.

« Si tu gagnes si peu d'argent, c'est parce que tu n'as pas de bonnes relations ! » Elle tendait le cou, afin que sa voix soit plus vibrante, mais en vain, son timbre restait mou comme une farce à la viande.

« Maintenant que nous avons enfin réussi à nous rapprocher de cette famille, pourquoi ne pas en profiter ? À tout seigneur, tout honneur ! Tu es vraiment le dernier des bons à rien ! »

Ruifeng ne répondit pas tout de suite. Il attendit qu'elle se soit un peu calmée pour reprendre la parole :

« Si nous déménageons chez les Guan, nous n'aurons même pas de quoi payer notre nourriture !

– On peut très bien loger là-bas et venir ici prendre nos repas. Je ne pense pas que Ruixuan nous défende de venir manger ici. »

Il réfléchit et trouva que c'était effectivement une solution.

« Va lui en parler ! En tout cas, si tu n'y vas pas, moi, j'y vais !

– Je vais y aller ! Je vais y aller ! Je ne pense pas que Ruixuan se formalise pour un peu de nourriture ! D'ailleurs, je vais lui dire clairement que, dès que j'aurai trouvé un meilleur emploi, nous prendrons nos repas indépendamment et que cette solution n'est que provisoire. »

Le cimetière de la famille Qian était situé au-delà de la porte Dongzhimen. Quand le convoi funèbre arriva à la Tour de la Cloche, M. Jin prit la décision de demander aux amis de ne pas accompagner le mort plus loin. Ruixuan n'était pas habitué à marcher beaucoup, mais il tenait à suivre le convoi funèbre jusqu'à la porte de la ville. Yeqiu, lui, était prêt à accepter le conseil bienveillant donné par M. Jin ; son visage émacié avait pris une couleur livide et il sentait que s'il continuait à suivre le convoi, il risquait d'être victime d'une indisposition. Mais il ne pouvait ni quitter seul le cortège, car d'après la coutume pékinoise les proches parents du mort doivent accompagner celui-ci jusqu'au cimetière, ni encore moins « rebrousser chemin ». Il dit un mot à l'oreille de Ruixuan. Voyant le visage de Yeqiu, Ruixuan décida de s'arrêter lui aussi et de rentrer avec lui.

Petit Cui et maître Sun voulurent, eux, accompagner le convoi funèbre jusqu'au bout.

Un peu honteux, Yeqiu s'approcha de la charrette et prit congé de sa sœur. Mme Qian avait les yeux rivés sur l'arrière du cercueil, et il était difficile de savoir si elle comprenait ce que lui disait son frère ; peut-être est-ce par hasard qu'elle inclina la tête. Il fit quelques pas auprès d'elle.

« Sœur aînée ! Ne t'afflige pas trop ! Si je ne peux pas venir demain, je te promets de te faire une petite visite après-demain ! »

Il semblait avoir encore beaucoup de choses à lui dire, mais ses jambes ne le portaient plus et la charrette continua son chemin sans lui. Il se retrouva seul au bord de la route, l'air stupide.

Ruixuan désirait lui aussi dire au revoir à Mme Qian, mais en voyant son visage il fut incapable de dire quoi que ce soit. Il se rapprocha de Yeqiu et ils suivirent des yeux le cercueil qui s'éloignait ; il faisait très beau, la route était toute droite, ils pouvaient voir au loin jusqu'à la porte Dongzhimen, qui semblait flotter dans une brume légère. Cette belle lumière automnale n'éveillait en eux aucun sentiment de sérénité et ils trouvaient au contraire que le ciel était trop bas, qu'il pesait sur eux, paralysant leurs mouvements. Ils n'apercevaient du soleil que les rayons qui tombaient sur le cercueil cruellement blanc, douloureusement mobile. Mais étaient-ce vraiment les rayons du soleil ? N'était-ce pas plutôt une nuée de mouches impitoyables en train de jouer un mauvais tour au mort ? Le cercueil s'éloignait.

Les poteaux électriques des deux côtés de la route se rejoignaient à l'horizon, semblant vouloir l'étreindre, telles des tenailles, et la porte de la ville donnait l'impression d'attirer le cercueil vers elle, silencieusement, inhumainement, jusqu'au passage voûté par lequel il allait passer pour ne plus jamais revenir.

Les deux hommes gardèrent le silence pendant un long moment, puis, d'un commun accord, prirent le chemin du retour.

Pour Ruixuan, le meilleur moyen pour rentrer chez lui était de prendre le tramway jusqu'à Taipingcang ; un autre chemin moins commode était de prendre la rue Yandaixie, de passer par le Lac des Dix Monastères, et de se diriger vers l'avenue Wangfujing, pour arriver finalement au Temple de la Sauvegarde Nationale. Sans avoir vraiment décidé quelle route il allait prendre, il avançait, tête baissée, en marchant vers l'ouest, dans la direction de la porte Deshengmen. Chen Yeqiu le suivait. Arrivé près de la Tour du Tambour, Ruixuan leva la tête et regarda autour de lui. Ses lèvres esquissèrent un sourire : « Mais où suis-je ?

– Moi non plus, je n'aurais pas dû prendre cette direction. J'aurais dû passer par la porte Houmen ! » Yeqiu, les yeux baissés, avait l'air un peu honteux.

Ruixuan trouva sa conduite un peu exagérée ! Cette fois, il prit la bonne direction. Chen Yeqiu continua à le suivre. À l'entrée de la rue Yandaixie, Ruixuan prit congé, mais Yeqiu ne s'éloignait toujours pas. Il trouvait cela un peu embarrassant, mais ne pouvait décemment rien dire. Au début, il crut que son compagnon, qui aimait bavarder, ne pouvait se résoudre à le quitter, mais Chen Yeqiu ne disait rien. Il le regarda, il avait toujours la mine pitoyablement livide, il était à l'évidence très fatigué. Justement, puisqu'il était fatigué, pourquoi s'obstinait-il à accompagner un ami en faisant inutilement un détour ?

Juste avant d'arriver à l'extrémité ouest de la rue Yandaixie, Ruixuan ne put vraiment plus se retenir :

« Ce n'est pas la peine de m'accompagner. Ne dois-tu pas passer par la porte Houmen ? »

Chen Yeqiu baissa carrément la tête, et il s'essuya la bouche d'un coup de manche. Après un long moment de silence, ses lèvres minces se mirent à trembler ; des gouttes de sueur apparurent alors sur son visage et il dit : « Ruixuan ! » Il gardait la tête baissée, à peine eut-il relevé ses yeux qu'il les rabaissa très vite. « Ruixuan !... » Il poussa un long soupir. « Tu, tu... tu peux m'avancer un yuan ? Je dois acheter pour chez moi deux kilos et demi de farine. Avec mes huit enfants... »

Ruixuan s'empressa de sortir de sa poche un billet de cinq yuan, qu'il lui fourra dans la main. Il garda le silence, car il ne trouvait pas ses mots. Yeqiu poussa un nouveau soupir. Il aurait voulu dire beaucoup de choses, expliquer ses difficultés et parler du manque de fierté et de la honte qui en découlaient. Ruixuan ne lui laissa pas le temps de s'expliquer, il dit seulement :

« Nous sommes à peu près dans la même situation ! »

En effet, il se rendait très bien compte qu'un jour viendrait peut-être où, si les Japonais restaient à Peiping, il serait obligé lui aussi d'oublier sa fierté. Il n'éprouvait aucun mépris pour Yeqiu, il désirait seulement mettre fin le plus tôt possible à cette scène dramatique. Sans ajouter un mot, il s'éloigna vers le Lac des Dix Monastères.

Dans les environs du lac, il n'y avait guère de monde. Seule la sonnerie du tramway lui parvenait de loin, poussée par la brise. Les châtaignes d'eau, les nymphéas, les lotus étalaient sur l'eau leurs feuilles déchiquetées. Sur les rives, les saules pleureurs avaient perdu presque toutes les leurs, et celles qui restaient étaient jaunes. Au milieu du lac, un héron blanc se tenait immobile, telle une sculpture. L'atmosphère automnale du lieu semblait se concentrer sur ce héron blanc, qui était si blanc, si solitaire, si paisible, si poignant. Ruixuan, debout sous un saule, se sentit attiré par cet oiseau.

Il revit tout ce qui s'était passé depuis le 7 juillet, date à laquelle avait commencé la guerre contre les Japonais, jusqu'à la mort de Qian Mengshi. Cet épisode de l'invasion de son pays resterait ancré dans son esprit et déciderait peut-être de son comportement futur. Cependant, il n'arrivait pas à concentrer son attention. Dès qu'il se remémorait un événement ou qu'il était sur le point de prendre une décision, il y avait comme une petite voix dans son cœur qui se moquait de lui :

« Que veux-tu faire ? Jamais tu n'oseras t'engager dans la résistance, jamais tu n'oseras décider quoi que ce soit ! »

Bien sûr, il avait des circonstances atténuantes susceptibles de plaider en sa faveur, mais la petite voix ne lui donnait pas l'occasion de se défendre, froidement elle jugeait :

« Ceux qui n'osent pas entrer dans la lutte au prix de leur chair et de leur sang ne méritent que de mourir et de pourrir à même le sol ! »

Il se remit à marcher rapidement le long du lac.

Arrivé chez lui, il décida de boire un peu de thé, de se reposer un moment et ensuite de se rendre chez les Qian. Cet enterrement lui avait d'une certaine façon rendu service, car, en aidant une famille dans le malheur, il avait oublié provisoirement son propre chagrin.

Ruixuan n'avait pas encore fini sa tasse de thé que Ruifeng fit son entrée.

Après l'avoir écouté jusqu'au bout, Ruixuan eut d'abord une réaction de colère, mais il se calma tout de suite. En effet, il trouvait le comportement de son frère pire que le sien et cela le réconforta un peu, mais il avait devant lui quelqu'un de vraiment méprisable et il en ressentit en même temps une profonde tristesse. Il se disait qu'avec des gens comme lui, Ruixuan, intelligents mais trop honnêtes, il avait été vraiment facile à l'ennemi de prendre Peiping comme s'il s'était agi d'un territoire inoccupé ; avec des personnes comme son frère ou comme Guan Xiaohe, sans doute serait-il difficile pour Peiping de jamais renverser la situation. Et pour le pays, alors ? Si partout les intellectuels étaient comme lui, n'osant pas résister à l'ennemi, si partout il y avait des gens perfides comme son frère ou Guan Xiaohe, que deviendrait la Chine ?

En réfléchissant à tout cela, il trouva inutile de se mettre en colère contre Ruifeng. Il lui dit tout bas, comme s'il craignait de l'offenser :

« Pour la séparation, va en parler à notre père, moi, je ne peux rien décider. Quant à ta suggestion de déménager tout en continuant à venir prendre tes repas ici, tu sais très bien que tant que j'aurai de quoi manger, je serai toujours prêt à partager avec toi, alors de mon côté pas de problème. As-tu autre chose à me dire ? »

Ruifeng était stupéfait, car il ne s'attendait pas à une telle réponse. Il s'était préparé à un « combat au corps à corps » avec Ruixuan ; mais l'attitude et le ton de son frère étaient tels qu'il en fut désarmé. Après un court moment de stupéfaction, son petit visage sec s'illumina ; tout était clair soudain : la décision qu'il avait prise était sans nul doute irréprochable et entièrement justifiée, sinon son frère, si intelligent et si fin, n'aurait jamais accepté aussi facilement. Finalement, il le trouva plutôt agréable et il décida de profiter de ses bonnes dispositions pour s'expliquer à fond avec lui. Avec une cordialité feinte, il poursuivit : « Frère aîné ! »

Le cœur de Ruixuan bondit, il se dit *in petto* : « Quand je pense que je suis son frère aîné ! »

« Frère aîné ! dit Ruifeng une seconde fois, paraissant déterminé à montrer une cordialité sans faille. Sais-tu si les Qian possèdent des calligraphies et des peintures de qualité ? » Il parlait assez haut, montrant par là sa bonne humeur.

« Quoi ?

– Je veux dire, qu'au cas où ils en auraient et où ils voudraient les vendre, je suis disposé à leur trouver un acheteur ; les deux veuves de la famille Qian...

– Mais le vieux monsieur Qian n'est pas encore mort !

– Ce n'est pas le problème. Je pense que ce ne serait peut-être pas mal pour les deux femmes de se faire un peu d'argent. Tu ne crois pas ?

– Mme Qian a mis les calligraphies et les peintures dans le cercueil de Mengshi !

– C'est vrai ? dit-il avec effroi. Cette vieille femme, elle est trop, trop... » Il ne put continuer, car les yeux de son frère étaient fixés sur lui.

Après une pause, sa première manœuvre ayant échoué, il essaya autre chose :

« On ne sait jamais ! Si par hasard on en trouvait d'autres chez elles, je suis prêt à les aider. »

Puis il sortit en marmonnant. Il se préparait déjà à faire son rapport à sa femme.

Quand Ruifeng eut quitté la pièce, Ruixuan eut envie d'éclater de rire, mais il se reprit aussitôt. Non, il ne fallait pas, il ne devait pas faire preuve de tant de désinvolture vis-à-vis de son frère. Il était l'aîné, il était de son devoir de lui expliquer son erreur, il devait le mettre en garde afin qu'il ne se fasse pas piéger. Ruixuan eut, l'espace d'une seconde, envie de sortir pour le rappeler, mais n'en fit rien. Il posa sa main légèrement tremblante sur son front et se dit :

« Après tout, tant pis ! Ne sommes-nous pas l'un et l'autre à la même enseigne, de simples citoyens d'un pays occupé ? »

CHAPITRE XX

Ruixuan et Mme Li étaient très inquiets : le soir tombait et ceux qui avaient accompagné le convoi funèbre n'étaient pas encore revenus. Mme Li avait remis en ordre la maison des Qian, et elle attendait le retour des deux femmes pour pouvoir rentrer chez elle. Comme elle ne pouvait rester inactive, elle prit un vieux balai et se mit à balayer par-ci, par-là, pour passer le temps. Ruixuan ne cessait de lui répéter : « Madame Li, reposez-vous donc ! » Mais elle continuait à entrer et sortir, en traitant à voix basse son vieux mari de tous les noms, comme si tout ce qui arrivait était sa faute.

Le ciel était couleur de fleur de pêcher, et les reflets projetés sur les amarantes rouges qui poussaient au pied du mur les faisaient briller comme des gouttes de sang. Soudain, des taches grises apparurent dans l'immensité et le rouge des amarantes tourna alors au pourpre foncé. Bientôt, les nuages se dispersèrent en lambeaux rouge et gris, éparpillant çà et là quelques grappes de raisin et des pommes. Les raisins se mirent à briller en prenant une teinte gris-bleu, très subtile, une couleur d'une beauté si parfaite qu'elle en était un peu effrayante ; les pommes, elles, se transformèrent en petites boules de feu virant au violet. Et puis, soudain, comme des fleurs qui se seraient fanées subitement, les nuages se transformèrent en une épaisse brume gris-noir et le ciel, tout à coup, s'assombrit ; on avait l'impression qu'il tombait en chute libre.

Ruixuan leva les yeux, puis les reposa sur les amarantes. Il se mit à murmurer : « Est-ce que par hasard les portes de la ville seraient fermées ? » Les premières étoiles s'allumaient, toutes petites, très lointaines, scintillant dans le ciel qui n'avait pas encore perdu toute sa couleur.

« Madame Li ! appela-t-il doucement. Rentrez chez vous ! Après une journée comme celle-là, il faut que vous vous reposiez !

– Quelle vieille baderne ! Le mort est enterré et lui, il lambine pour rentrer ! Il n'y a pourtant rien d'amusant à faire dans un cimetière ! C'est une honte ! »

Elle ne voulait pas quitter la maison des Qian. Habitant juste en face, il lui aurait pourtant été facile d'entendre revenir les deux femmes, mais elle ne voulait rien savoir, elle tenait à attendre le retour de Mme Qian pour lui rendre compte de tout ce qu'elle avait fait, ensuite seulement elle rentrerait chez elle.

La nuit était maintenant complètement tombée. Ruixuan entra dans la maison et alluma la lampe. La cour était pleine d'insectes ; il y régnait une atmosphère oppressante et triste qui l'inquiéta. Sur la table étaient posés quelques vieux livres. Il en prit un au hasard, c'était *Recueil de Jian Nan* de Lu You [1]. Il lut un ou deux poèmes à la lumière de la lampe, afin de calmer son inquiétude. En tournant les pages, il découvrit une feuille de papier sur laquelle quelqu'un avait négligemment écrit quelques caractères – il reconnut l'écriture de Mengshi. Avant même de lire, il eut envie de garder cette feuille en souvenir, mais finalement non, il ne pouvait se l'approprier de cette façon, il devait en parler à Mme Qian et la lui demander.

« Qui sait quand viendra mon tour de mourir, se dit-il, à quoi bon garder ce papier en souvenir ? C'est ridicule ! »

Il commença à lire :

« Premiers jours d'automne : le feu d'alarme se transmet sur dix mille li ; bouleversé, je m'appuie, solitaire, à la tour ;

---

1. Poète (1125-1210) de la dynastie des Song du Sud. Jian Nan : nom d'une bourgade dans le Sichuan. Dans ce recueil, le poète évoque le souvenir de son séjour dans la province.

les cimes dans les nuages ont encore leur parure d'été, la moisson d'automne baigne dans un océan de sang ! »

Au-dessous, il y avait encore trois caractères qui avaient été barrés négligemment d'un coup de pinceau, ils étaient illisibles. Ce poème en vers de cinq pieds était inachevé.

Ruixuan tira à lui un tabouret, s'assit devant la lampe et relut le poème comme s'il ne l'avait pas compris à la première lecture. Il n'aimait pas trop la poésie chinoise, car, bien que ce ne soit pas vraiment une chose à dire, il trouvait qu'elle faisait l'effet d'une drogue, qu'elle poussait au découragement et à l'indolence ; rien à voir avec la plus grande partie de la poésie occidentale qui enflammait les cœurs comme du feu. Modestement, il préférait ne jamais donner son avis, craignant de n'exprimer qu'un simple préjugé de peu de valeur. Avec M. Qian et son fils, il faisait tout particulièrement attention à ne pas aborder les problèmes de théorie artistique, afin d'éviter que ses propres points de vue ou ses préjugés ne choquent ses amis. Aujourd'hui, la lecture de ce poème n'avait changé en rien son sentiment vis-à-vis de la poésie chinoise, mais cependant il tourna et retourna la feuille entre ses doigts, sans pouvoir se résoudre à la remettre à sa place ; il essaya même de comprendre les deux ou trois caractères biffés, car il avait envie d'achever le poème. Il réfléchit longtemps, sans arriver au moindre résultat. Finalement, il remit la feuille à sa place et referma le livre. « Si le pays a perdu son indépendance, la poésie, elle, ne la perdra jamais ! se dit-il. Une langue, une écriture peuvent-elles perdre leur indépendance ? » Il hocha plusieurs fois la tête.

« Mais, au diable la poésie, ce qu'il faut maintenant c'est venger Mengshi ! » Il pensa alors à Yeqiu, aux habitants de la ruelle, à lui-même et il poussa un soupir :

« Tout le monde se contente de mener sa petite vie tranquille, personne, personne, n'ose brandir le sabre ! »

La voix de Mme Li le sortit de ses pensées :

« Écoutez, je crois qu'ils sont de retour ! »

Elle sortit malgré sa mauvaise vue et faillit tomber en butant contre la barre du seuil de la porte.

« Doucement, madame Li ! » Ruixuan se précipita vers elle.

« Ce n'est rien ! Je ne vais pas mourir pour si peu... et pourtant ça simplifierait bien les choses ! » se dit-elle en se dirigeant vers l'extérieur.

On entendit la charrette s'arrêter devant l'entrée. M. Jin cria avec irritation : « Y a-t-il quelqu'un dans la cour ? Apportez de la lumière ! »

Ruixuan, qui était déjà sorti, rentra prendre une lampe.

Sous l'éclat de la lampe, Ruixuan découvrit un petit groupe jaune de poussière s'agitant autour d'une charrette entièrement recouverte de la même poussière jaune, à laquelle était attelé un animal parfaitement immobile ressemblant à un âne ou à un mulet.

M. Jin continuait de crier :

« Malheureux ! Sortez-la de là-dedans ! »

M. Li, M. Sun et Petit Cui, les yeux pareils à des trous noirs, avaient l'air d'avoir été taillés dans la terre brute ; ils s'approchèrent sans rien dire pour aider la personne dont parlait M. Jin. Ruixuan avança sa lampe et vit qu'il s'agissait de la jeune madame Qian. Se haussant sur la pointe des pieds, il regarda à l'intérieur de la charrette, Mme Qian n'y était pas.

Mme Li frotta ses yeux de myope, mais elle ne voyait pas plus clair pour autant :

« Qu'y a-t-il ? Que se passe-t-il ? »

Ses mains tremblaient.

« Laissez passer ! » cria M. Jin.

Mme Li, en dégageant le passage, faillit se heurter à Petit Cui.

« Montrez-leur le chemin avec la lampe ! Ne restez pas stupidement là sans bouger ! » ajouta-t-il en montrant la lumière.

Ruixuan s'empressa de faire demi-tour et, protégeant d'une main l'abat-jour de la lampe, il se dirigea lentement vers le passage voûté de l'entrée.

Une fois à l'intérieur, M. Jin s'assit à même le sol ; il avait une santé de fer, mais là il était carrément épuisé.

M. Li était encore plus voûté et il paraissait souffrir chaque fois qu'il posait ses grands pieds sur le sol ; il n'en continuait pas moins à régler les problèmes avec son sang-froid et sa méticulosité habituels :

« Va vite préparer de l'eau sucrée bouillie avec du ginseng ! Ici, il n'y a pas de feu ; va faire ça à la maison ! Vite ! » dit-il à sa femme.

Elle répondit :

« J'ai fait du feu ici aussi, je savais bien que dès votre retour vous auriez envie d'un peu d'eau bouillie. Qu'est-il donc arrivé ?

– Va vite préparer ce que je t'ai dit ! Je n'ai pas le temps de bavarder ! » M. Li se tourna vers M. Sun et Petit Cui : « Vous deux, rentrez chez vous vous laver un peu et puis revenez ici manger quelque chose. Où est le cocher ? »

Le cocher les avait suivis et se tenait devant la porte.

M. Li sortit de l'argent de sa poche :

« Allons, cocher, aujourd'hui on vous a causé beaucoup de dérangement. Un de ces jours, je vous inviterai à boire un coup ! »

Il ne lui donna rien en plus du prix fixé.

Le cocher, un homme entre deux âges avec un visage d'âne, fourra l'argent dans sa poche sans y jeter le moindre regard.

« Oh ! vous savez, monsieur Li, j'en ai vu d'autres dans ma vie ! Allez, je m'en vais !

– À bientôt, cocher ! » M. Li ne le raccompagna pas, il se tourna vers M. Jin :

« Dites-moi, il faut avertir la famille Chen ?

– Ça, ce n'est pas mon affaire ! »

M. Jin était assis par terre, son nez rouge recouvert de poussière ressemblait à un morceau de carotte plein de terre.

« Ce Chen est un vrai vaurien ! Un parent aussi proche, assez flemmard pour ne pas accompagner le convoi jusqu'au cimetière, ce n'est pas moi qui irai le prévenir, d'ailleurs j'ai les pieds en sang !

– Mais que se passe-t-il ? » demanda Ruixuan.

M. Li répondit d'une voix étouffée par la douleur :

« Mme Qian s'est donné la mort en se frappant la tête contre le cercueil !

– Comm... » Ruixuan ne put rien ajouter. Il s'en voulait de n'avoir pas accompagné le convoi funèbre jusqu'au cimetière ; avec une personne de plus dans le cortège, on aurait peut-être pu sauver Mme Qian en la surveillant de plus près ; il se rappelait la petite « lueur » que lui et Yeqiu avaient remarquée dans ses yeux.

Entre-temps, Mme Li avait fait ingurgiter son eau sucrée à la jeune madame Qian, qui s'était mise à gémir.

En entendant sa fille, M. Jin oublia ses propres douleurs et se leva : « Ma pauvre enfant ! Dans quelle situation sommes-nous maintenant ! » Il se dirigea vers la chambre où elle était allongée et, la voyant, il se calma un peu, faisant contre mauvaise fortune bon cœur.

« Ma fille, ne t'afflige pas, tant que je serai là, tu ne manqueras jamais ni de quoi manger ni de quoi te vêtir ! Si tu veux bien partir avec moi, nous rentrons à la maison tout de suite, d'accord ? »

Ruixuan ne pouvait laisser M. Jin partir comme ça, il demanda à voix basse à M. Li :

« Où est le corps de la morte ?

– Si je n'avais pas été là, je ne sais pas ce qui se serait passé. Dans les temples, on peut déposer provisoirement un mort dans son cercueil, mais ils n'acceptent pas les morts sans cercueil. Je suis donc allé en acheter un à crédit chez le fabricant Guanxiang à la porte Dongzhimen, un petit, de mauvaise qualité, et ensuite je me suis présenté au couvent de bonzesses Lianhuayan où j'ai tout expliqué ; j'étais prêt à les supplier à coups de *koutou*. Elles ont finalement accepté de garder le cercueil, mais pour deux jours seulement. Est-ce qu'il faudra changer de cercueil ? Et puis, comment va-t-on procéder pour l'enterrement ? Il est impérieux de prendre tout de suite une décision. J'ai passé ma vie à aider les autres, mais jamais je n'ai rencontré d'affaire aussi délicate que celle-là ! »

Le sang-froid et l'expérience de M. Li ne l'empêchaient pas d'éprouver en ce moment beaucoup d'inquiétude et une certaine impatience. « Dis donc ! Est-ce que tu peux m'apporter un bol d'eau ? J'ai le gosier en feu !

– Tout de suite, tout de suite ! » Percevant quelque chose d'inhabituel dans la voix de son mari, Mme Li n'osa plus faire aucun reproche à sa « vieille baderne ».

« Il ne faut absolument pas laisser partir M. Jin ! » dit Ruixuan.

M. Jin sortait justement de la chambre de sa fille.

« Pourquoi ne pas me laisser partir ? Que racontez-vous ? Je ne dois rien à personne, moi ! J'ai déjà enterré un gendre, faut-il que ce soit moi qui enterre la mère de mon gendre ? Adressez-vous à ce Chen dont j'ai oublié le prénom. Après tout, c'est sa sœur qui est morte ! »

Ruixuan se reprit et lui dit avec un sourire triste :

« M. Chen vient de m'emprunter cinq yuan, pensez donc, il n'a certainement pas les moyens de payer un enterrement !

– Ça, je ne prêterai jamais le moindre yuan à ce type ! »

M. Jin s'était assis sur un banc, d'une main il se massait les pieds, de l'autre il essuyait la poussière jaune de son visage.

Ruixuan restait très cordial, afin que M. Jin ne s'emporte pas.

« Vous savez, il est vraiment très pauvre ; ces temps-ci, depuis que les Japonais sont partout en ville, les employés ne touchent plus leur salaire, et avec ses huit enfants, que peut-il faire ? Ne vous fâchez pas contre lui, soyez charitable, je vous en prie ! Et puis, soyons clairs, sans vous rien ne serait possible ! »

Mme Li apporta une grosse bouilloire remplie d'eau chaude et elle leur en versa à chacun un bol. M. Li, accroupi sur ses talons, et M. Jin, assis sur son banc, sirotèrent ensemble leur boisson brûlante. La vapeur de l'eau semblait faire fondre la glace dans le cœur de M. Jin. Il posa son bol sur le banc, et, baissant la tête, se mit à pleurer. Ses larmes creusèrent immédiatement deux sillons dans la poussière jaune qui couvrait encore son visage ; il moucha très fort son gros nez rouge, puis releva la tête.

« Jamais je n'aurais pu imaginer ça. Que dans une ville

aussi importante, avec autant d'habitants à Dongdan, à Xisi, devant la Tour de la Cloche et partout ailleurs, nous soyons incapables de résister aux Japonais et que nous les laissions faire la loi chez nous ! Bon ! Monsieur Qi, allez informer ce Chen que c'est moi qui paierai, je veux qu'il le sache ! Les honnêtes gens ne dépensent pas leur argent en cachette ! »

Ruixuan était très fatigué, mais il décida de se rendre tout de suite à la porte Houmen, chez M. Chen. M. Li proposa d'envoyer Petit Cui, mais Ruixuan refusa, d'abord parce que Petit Cui s'était déjà beaucoup démené toute la journée, ensuite parce qu'il voulait voir en personne M. Chen pour lui donner des conseils sur ce qu'il devrait dire quand il rencontrerait M. Jin.

La lune n'était pas encore sortie et il faisait très noir quand Ruixuan s'engagea dans le passage voûté.

Il sentit soudain sous sa chaussure quelque chose de rond comme un morceau de bois, mais moins dur. Il retira instinctivement le pied, pensant qu'il s'agissait peut-être d'un gros serpent. Il eut à peine le temps de se dire qu'en Chine du Nord il n'y avait pas de serpent de cette taille, que du sol s'éleva une voix :

« Frappez ! Je n'ai rien à dire ! Je n'ai rien à dire ! »

Ruixuan reconnut la voix de M. Qian. Puis ce fut le silence. Il se baissa et enfin découvrit Qian Moyin, rampant le visage contre le sol, le corps déjà dans le passage, mais les pieds encore sur le seuil. En tâtonnant, il lui toucha un bras, qui paraissait très froid et tout mouillé. Il tourna la tête vers la cour et cria :

« Monsieur Jin ! Monsieur Li ! Venez vite ! »

Sa voix était chargée d'une telle émotion que les deux vieux, très impressionnés, accoururent immédiatement. M. Jin marmonnait : « Que se passe-t-il encore ? Mais que se passe-t-il encore ? Qu'a-t-il à hurler comme ça ?

– Venez vite ! Il faut l'aider ! C'est M. Qian ! s'exclama Ruixuan très impatient.

– Qui ? Le père de mon gendre ? » M. Jin buta contre Ruixuan. « Monsieur Qian ? Vous revenez juste à point !

C'est bien le moment ! » Tout en marmonnant ainsi, il distingua enfin son corps et lui prit les jambes. M. Li, tâtonnant aussi dans le noir, lui souleva le cou.

« Vite, apporte la lampe ! » cria-t-il à sa femme.

Les mains de Mme Li se remirent à trembler ; fébrilement, elle sortit une lampe qu'elle déposa sur le rebord de la fenêtre. « Que se passe-t-il ? Est-ce que ce sont des revenants qui rappliquent par ici ? »

Ils transportèrent le corps à l'intérieur et le déposèrent sur le sol. D'un geste brusque, Ruixuan prit la lampe sur le rebord de la fenêtre et l'apporta dans la pièce ; il la posa sur la table. C'était bien M. Qian qui était étendu là par terre, toutefois ce n'était déjà plus le poète qu'ils avaient connu.

Son visage bien rond d'ordinaire était d'une maigreur cadavérique et sa peau avait viré au gris. Ses longs cheveux faisaient des mèches épaisses et on aurait dit qu'ils étaient fixés sur son crâne avec de la colle, ils étaient pleins de terre et d'herbes. Il avait sur les tempes des traces de brûlures qui rappelaient un peu les marques laissées par des ventouses. Il avait les yeux fermés, la bouche ouverte, il avait perdu ses dents. Il portait toujours sa tunique courte et son pantalon sans doublure, dont on ne distinguait plus la couleur tant il était sale et déchiré ; ses vêtements étaient collés à son corps, dont certaines parties semblaient être de véritables croûtes de sang ; ses pieds nus étaient gonflés et recouverts de boue, pareils à ceux d'un cochon sortant d'un bourbier.

Tous le regardaient, stupéfaits. Étonnement, pitié, colère étreignaient leur cœur. Ils ne se rendaient même pas compte qu'il était encore étendu sur le sol glacé. Mme Li, qui ne savait pas trop de qui il s'agissait, apporta un verre d'eau sucrée. En voyant le verre arriver, Ruixuan se mit lui aussi à réagir : très lentement, très précautionneusement, il souleva le cou du vieux et demanda à Mme Li de le faire boire. S'étant approchée, elle reconnut soudain M. Qian, poussa un cri et lâcha le verre. Son mari faillit lui faire une réflexion, mais finalement n'osa rien dire. M. Jin s'approcha et dit tout bas, très doucement :

« Monsieur Qian ! Monsieur Qian ! Réveillez-vous ! »

Ce ton doux et sincère, venant de la bouche d'un homme aussi grossier que lui, avait quelque chose de particulièrement pathétique ; malgré lui, Ruixuan sentit les larmes lui monter aux yeux.

Les lèvres de M. Qian frémirent très légèrement, il se mit à gémir. M. Li alla chercher dans une autre pièce une vieille chaise longue de rotin. Ruixuan et M. Jin le soulevèrent lentement pour le coucher sur la chaise longue. Ils le redressèrent et le mirent dans la position assise. M. Jin poussa alors un cri terrible : il semblait tout aussi surpris et épouvanté que Mme Li l'avait été il y a un instant. De la courte tunique de M. Qian, il ne restait que la partie recouvrant les épaules, et il venait de découvrir la peau terriblement lacérée de son dos. Certaines plaies étaient déjà cicatrisées en de minces croûtes noires ou jaunes ; d'autres, d'un rouge vif, étaient toujours béantes et suppuraient ; à certains endroits, il n'y avait que des traces de coups avec de grosses marques bleues enflées.

M. Jin était visiblement très ému. Franchement, la mort de Mengshi ne l'avait pas touché autant que ce spectacle ; il ne pouvait oublier que s'il avait accordé la main de sa fille à Mengshi, c'était aussi par amitié pour Qian Moyin.

« Toi, le père de mon gendre ! Que t'est-il arrivé ? Ce sont ces diables de Japonais qui t'ont battu comme ça ! Maudits soient leurs ancêtres jusqu'à la dix-huitième génération !

– Du calme ! Du calme ! » Ruixuan soutenait toujours le vieux poète. « Monsieur Li, allez vite chercher un docteur !

– Mais, vous savez, j'ai de la poudre blanche du Yunnan [1] ! »

M. Li était prêt à faire un saut chez lui pour aller en chercher.

« Ce n'est pas de la poudre blanche du Yunnan qu'il faut ! Allez donc chercher un docteur, un spécialiste de

1. Médicament très efficace pour les blessures externes.

chirurgie occidentale ! » Ruixuan parlait sur un ton très déterminé.

M. Li, malgré son entière confiance en l'efficacité de sa poudre blanche du Yunnan, n'osa pas répliquer. En traînant ses jambes qui le supportaient mal, il sortit.

M. Qian ouvrit les yeux, gémit, puis les referma.

Afin de se racheter, Mme Li apportait un second verre d'eau sucrée. Cette fois-ci, elle ne s'approcha pas, elle tendit le verre à M. Jin.

Petit Cui était de retour, il appela de l'extérieur :

« Grand-mère Li, vous n'avez pas encore pris votre souper ? Il est déjà très tard !

– Va souper avec maître Sun, ne m'attends pas !

– Et votre mari ?

– Il est allé chercher le docteur !

– J'aurais pu y aller à sa place ! » Il entra dans la pièce. Quand il découvrit le spectacle, il fit un bond :

« Mais... c'est M. Qian ! »

Le soutenant toujours, Ruixuan dit à Petit Cui :

« Monsieur Cui, s'il vous plaît, faites encore une commission, allez à la porte Houmen dire à M. Chen de venir ici tout de suite !

– Brave gars ! » Mme Li bouillait d'impatience, si bien qu'elle était secouée de hoquets. « Prends vite deux pains cuits à la vapeur et cours chez M. Chen !

– Ça alors... » Petit Cui aurait voulu comprendre ce qui se passait.

« Dépêche-toi, mon garçon ! » supplia Mme Li.

Petit Cui sortit comme à regret.

M. Qian avait réussi à boire un peu d'eau sucrée, mais il n'ouvrait toujours pas les yeux ; on entendit un peu de bruit dans son ventre et ses lèvres remuèrent imperceptiblement. Ruixuan comprit quelques mots, mais ne perçut rien de cohérent. Au bout d'un instant, M. Qian se mit à crier :

« Allez-y ! Frappez encore ! Je n'ai rien à dire ! Rien ! »

Tout en parlant, ses mains noires de crasse se contractèrent et ses ongles pénétrèrent dans les jointures des carreaux qui pavaient le sol, on aurait dit qu'il essayait de résister à la douleur. Il parlait d'une voix basse et brisée, bien sûr, mais il avait le ton de quelqu'un qui est indifférent à la mort. Il ouvrit subitement les yeux – des yeux de statue de bouddha très grands, très brillants, mais qui semblaient ne rien voir.

« Monsieur Qian ! C'est moi, Jin ! » Il s'accroupit, le visage tout près de celui de son vieux parent.

« Monsieur Qian ! C'est moi, Ruixuan ! »

M. Qian referma les yeux, peut-être à cause de la lumière, peut-être sans raison. Il les ouvrit de nouveau, fixant son regard droit devant lui, comme s'il pensait à quelque chose qu'il avait du mal à se rappeler.

Dans l'autre pièce, Mme Li disait à la jeune madame Qian, sur un ton qui tenait à la fois du conseil et du blâme :

« Ne vous levez pas, mon enfant, restez couchée encore un moment ! Si vous ne m'obéissez pas, je ne m'occupe plus de vous ! »

M. Qian semblait être complètement absent ; il baissa les paupières sans fermer complètement les yeux, et tourna un peu la tête comme s'il voulait écouter ce qui se disait. Entendant du bruit dans l'autre pièce, la colère soudain se peignit sur son visage et il fit claquer deux fois ses lèvres :

« Ah ! Ce doit être de nouveau le n° 3 qui va à la torture ! Tiens bon, ne hurle pas ! Mords tes lèvres, mords-les jusqu'au sang ! »

La jeune madame Qian sortit alors de sa chambre et hurla :

« Père ! »

Ruixuan se dit que sa voix et son vêtement de deuil allaient peut-être attirer l'attention de M. Qian, mais rien ne se produisit. S'appuyant sur la chaise longue de rotin, la jeune femme se mit à pleurer sans bruit.

M. Qian appuyait avec force ses mains sur le sol, il semblait vouloir se lever. Ruixuan voulut profiter de ce mouvement pour l'entraîner jusqu'à la chaise longue. Grâce à un effort extraordinaire, il réussit à s'accroupir. Ses yeux profondément enfoncés dans leurs orbites se mirent à briller, il les fit tourner plusieurs fois :

« Je me rappelle ! Il s'appelle Guan ! Ha, ha ! Je vais lui montrer que je ne suis pas encore mort ! »

Il fit à nouveau un gros effort pour se lever. Son corps vacilla, mais il finit par se mettre debout. Il regarda Ruixuan, mais ne le reconnut pas. Ses joues creuses se contractèrent et il eut un mouvement de recul :

« Qui êtes-vous ? On veut de nouveau m'emmener à la torture ? »

Ses mains couvrirent aussitôt ses tempes.

« Monsieur Qian ! C'est moi, Qi Ruixuan ! Ici, c'est chez vous ! »

Tel un tigre enfermé dans une cage, M. Qian fixait Ruixuan, mais sans le voir vraiment.

M. Jin eut soudain une idée, il dit au vieux :

« Mengshi et votre femme sont morts ! »

Il pensait qu'en apprenant cette terrible nouvelle, il allait peut-être reprendre ses esprits et éclater en sanglots, mais il n'entendit certainement pas ce que venait de dire M. Jin. Les doigts de sa main droite se crispèrent légèrement sur son crâne, il semblait réfléchir. Après un long moment de réflexion, il finit par avancer. Ses pieds étaient si gonflés qu'il pouvait à peine les soulever et quand il y parvenait, il les reposait au prix de gros efforts. Il fit deux pas et sembla éprouver de la satisfaction :

« Non, je n'oublierai pas. Bien sûr, comment oublier ? Je vais le chercher moi-même, le nommé Guan ! »

Tout en parlant, il avançait difficilement, aussi lentement que s'il avait eu des fers aux pieds.

Ruixuan se dit que si M. Qian voulait vraiment aller chez les Guan pour se venger, il ne convenait pas de l'en empêcher, mais d'autre part il se rendait bien compte que leur rencontre ne pourrait qu'aboutir à un conflit ; peut-être que M. Qian foncerait tête baissée sur M. Guan et cela risquait de leur être fatal à tous les deux. Il décida donc d'accompagner M. Qian. Il s'approcha aussitôt du poète pour le soutenir.

« Allez-vous-en ! » M. Qian ne permettait pas que quelqu'un vienne le soutenir. « Allez-vous-en ! Je peux marcher tout seul. N'est-ce pas ainsi qu'on va à la mort ? »

Ruixuan dut se résoudre à le suivre. M. Jin jeta un regard vers sa fille, hésita un moment, puis suivit M. Qian. Mme Li reconduisit la jeune femme dans sa chambre en la tenant par la main.

Après être tombé plusieurs fois, M. Qian arriva devant la porte du n° 3. M. Jin et Ruixuan le suivaient de très près, craignant qu'il ne fasse une nouvelle chute.

La porte était ouverte. La lampe de la cour n'était pas très forte, mais elle éclairait suffisamment le chemin. M. Qian fit de grands efforts pour monter les marches, mais en vain ; ses chevilles étaient si enflées qu'elles avaient perdu toute souplesse. Ruixuan pensa d'abord le prendre par la main pour le reconduire chez lui, mais réflexion faite, il se dit qu'il valait mieux le laisser accomplir sa vengeance. M. Jin avait dû se dire la même chose, car il le soutint et l'aida à franchir la porte d'entrée.

Les époux Guan jouaient aux cartes avec deux invités, un homme et une femme, qui, malgré les apparences, n'étaient pas un véritable couple. L'homme était grand, ce devait être un ancien militaire, général de division ou général de brigade, et la femme, âgée d'une trentaine d'années, avait tout à fait l'air d'une ancienne prostituée. Ce petit seigneur de la guerre résidait à Tianjin et était arrivé à Peiping très récemment ; d'après ce que l'on disait, il y était très actif, et allait sans doute bientôt décrocher le poste de chef de la section spéciale supérieure du commissariat de police. C'était bien sûr pour cela que les époux Guan l'avaient invité à dîner, en le priant instamment d'amener avec lui son amie. Après le repas, ils avaient décidé de faire une partie de cartes, et le militaire se comportait d'une manière désastreuse. Quand il avait un as ou un roi, il y faisait toujours une marque avec ses gros doigts ; quand il distribuait, il regardait sans scrupule les cartes des autres et s'écriait sans vergogne : « Oh ! Vous avez deux as de cœur ! » Enfin, quand il avait fini de distribuer, il retournait toujours la carte de dessus pour voir laquelle c'était. C'était un esprit lourd, il ne savait pas tricher discrètement et la seule chose qui l'intéressait, c'était d'extorquer de l'argent aux autres joueurs. Quand il gagnait, il disait modestement :

« C'est le Haut-Commissaire Zhang Zongchang qui m'a tout appris ! »

Les époux Guan étaient rompus aux jeux de cartes et naturellement ils n'acceptaient pas très bien qu'on se moque d'eux. Toutefois, ce jour-là, ils avaient décidé de ne rien dire et de le laisser gagner : il fallait bien se déclarer vassal et payer son tribut à l'éventuel futur chef du service spécial. Guan Xiaohe savait rester maître de lui ; plus il perdait, plus son comportement était naturel, plus sa conversation était animée, et il allait même jusqu'à envoyer de temps en temps des œillades à l'« amie » de son hôte. La « grosse courge rouge », elle, perdait par moments son sang-froid, et sous l'effet de la colère ses grains de beauté se mettaient tour à tour à luire ou à virer au noir ; M. Guan lui frappait alors discrètement la jambe avec la pointe du pied, afin qu'elle prenne bien garde de n'offenser personne.

M. Guan faisait face à la porte. Il fut le premier à voir entrer M. Qian. Son visage pâlit immédiatement. Il déposa ses cartes et voulut se lever.

« Qu'y a-t-il ? » demanda la « grosse courge rouge ». Avant que M. Guan n'ait pu répondre, elle réalisa que quelqu'un venait d'entrer.

« Qu'est-ce que tu viens faire là ? » s'écria-t-elle, pensant qu'il s'agissait d'un mendiant. Quand elle reconnut M. Qian, elle aussi posa ses cartes sur la table.

« Jouez donc ! C'est votre tour, monsieur Guan ! » Du coin de l'œil, le militaire avait aperçu le nouveau venu, mais toute son attention était concentrée sur le jeu de cartes.

M. Qian regardait fixement Guan Xiaohe et ses lèvres se mirent à bouger légèrement, comme celles d'un élève qui, avant de se présenter devant le maître, se récite d'abord sa leçon pour lui-même.

M. Jin, qui le suivait de près, s'arrêta à côté de lui.

Ruixuan hésita un instant, mais, se sentant vraiment trop lâche, il se décida finalement à entrer en arborant un léger sourire.

En apercevant Ruixuan, M. Guan voulut joindre ses mains en signe de salutation et dire quelques mots polis, mais comme paralysé, il ne put faire aucun geste. Celui qui accepte de se soumettre à l'ennemi serait-il condamné à être pétrifié ?

« Mais enfin que se passe-t-il ? » Ne comprenant rien à la situation, le militaire s'irritait.

Ruixuan voulait paraître le plus calme possible, mais au fond de lui il était un peu inquiet. Il espérait que M. Qian abandonnerait son idée de vengeance et qu'il mettrait fin au plus vite à cette pénible situation.

M. Qian avança d'un pas. Depuis qu'il était revenu dans la ruelle, il n'avait reconnu personne, mais là, il savait que c'était Guan Xiaohe qui était devant lui. Ses paroles se mirent alors à jaillir tel un poème qu'il aurait appris par cœur.

« Guan Xiaohe ! » Sa voix avait repris le ton bas et doux qu'elle avait l'habitude et il avait également retrouvé son comportement sincère et affable.

« N'ayez pas peur, je suis poète, je n'emploierai pas la force. C'est pour vous voir que je suis venu et aussi pour que vous me voyiez ! Non, je ne suis pas encore mort. Les Japonais m'ont frappé, ils ont blessé mon corps, ils ont brisé mes os, mais ils ne changeront pas mon cœur, qui sera toujours celui d'un Chinois. Vous, Guan Xiaohe, je voulais vous demander, votre cœur, de quelle nationalité est-il ? Vous pouvez me répondre ? »

À ce moment, il vacilla, semblant à bout de forces.

Ruixuan s'approcha de lui pour le soutenir.

Guan Xiaohe ne bougeait pas, il passait sans arrêt sa langue sur ses lèvres. Le ton et les propos de M. Qian ne semblaient pas l'avoir ému ; en fait ce qu'il craignait, c'était que le vieux ne se précipite sur lui et ne le frappe.

Le militaire parla : « Madame Guan, mais que se passe-t-il ? »

La « grosse courge rouge » fut un peu rassurée quand elle comprit que M. Qian n'utiliserait pas la force, et puis d'ailleurs elle avait à côté d'elle le futur chef du service spécial qui, certes, lui avait volé son argent au jeu, mais qui pouvait la défendre. Elle décida donc de prendre l'offensive.

« Mais qu'est-ce que vous venez donc faire ici ? Foutez-moi tous le camp ! »

Le gros nez de M. Jin se mit à briller, il fit un pas en avant et se campa devant la table de jeu.

« Qui doit foutre le camp ? »

Guan Xiaohe aurait bien voulu s'esquiver, mais M. Jin, tendant le bras par-dessus la table, tel un aigle se jetant sur sa proie, l'attrapa au collet, le tira à lui, puis le repoussa. Guan Xiaohe et sa chaise se retrouvèrent les quatre fers en l'air.

« Quoi ? Vous voulez nous frapper ? » La « grosse courge rouge » se leva, implorant des yeux le secours du militaire.

Celui-ci, en bon couard qu'il était, se leva précipitamment et se réfugia dans un coin de la pièce, et la prostituée, telle une souris, se blottit derrière lui.

« Un homme courageux ne s'attaque pas à une femme ! »

M. Jin, lui, voulait ressaisir Guan Xiaohe, qui avait l'air d'une tortue renversée. Toujours soucieuse de son maintien, la « grosse courge rouge » se déroba un peu tard, et M. Jin, d'un geste rapide, en levant une main, lui heurta le visage. Cette main, exercée autrefois à soulever des haltères, la frappa avec tant de force qu'elle lui cassa deux dents : le sang coula immédiatement de sa bouche. Les mains sur les joues, elle se mit à hurler : « Au secours ! Au secours !

– Si tu continues à crier comme ça, je vais te frapper pour de bon, jusqu'à ce que tu crèves ! »

Les mains sur le visage, elle n'osa plus rien dire et à son tour se réfugia dans un coin de la pièce. Elle serait bien sortie pour appeler la police, mais elle savait qu'actuellement on ne pouvait pas trop compter sur les policiers, et elle se trouvait ainsi également confrontée aux conséquences fâcheuses de la perte d'indépendance de son pays.

Le militaire et son amie tentèrent une sortie. M. Jin, craignant qu'une fois dehors ils n'aillent prévenir des soldats, hurla : « Ne bougez pas ! » Le militaire savait obéir aux ordres et il se mit immédiatement au garde-à-vous dans son coin.

Ruixuan ne souhaitait pas intervenir dans la querelle, mais, craignant que M. Qian ne perde connaissance encore une fois, il l'empoigna par le bras et dit :

« Restons-en là ! Allons-nous-en ! »

M. Jin fit rapidement le tour de la table :

« Je veux donner une dernière correction à ce type ! Soyez tranquille, moi, je sais battre les gens. Il aura son compte, mais je ne laisserai aucune trace. »

Entre-temps, en remuant bras et jambes, Guan Xiaohe avait enfin réussi à se dégager de sa chaise et il s'était réfugié sous la table. M. Jin le saisit par une cheville et le tira tel un chien mort.

Guan Xiaohe avait entendu parler des règles du code d'honneur en vigueur chez les hommes forts de Peiping, et aussitôt, en utilisant le jargon des initiés, il cria : « Père, ne frappe pas ! »

M. Jin ne put alors que renoncer à frapper, puisque l'autre l'avait appelé « Père ». Il pinça le bout de son nez et dit :

« Toi, mon garçon, pour cette fois, tu as de la chance ! »

Il s'accroupit, prit M. Qian sur son dos et inclina la tête en direction de Ruixuan : « Allons-nous-en ! » Après avoir franchi la porte, il se retourna et lança à la cantonade :

« Je m'appelle Jin, j'habite à Jiangyangfang, si vous voulez venir me faire une petite visite, vous serez les bienvenus et je vous offrirai un peu de thé ! »

Zhaodi avait eu très peur, elle avait enfoui son joli petit visage sous une couverture et était restée immobile, pelotonnée dans son lit.

Tongfang et Gaodi avaient assisté au spectacle depuis la cour. En passant près d'une lumière, M. Qian les aperçut, il reconnut alors Gaodi et lui dit : « Tu es une brave enfant ! » M. Jin laissa échapper un : « Quoi ? », mais, n'obtenant aucune réponse, il poursuivit son chemin à grandes enjambées.

Voyant que l'« ennemi » s'éloignait, les époux Guan se mirent à proférer des injures, mais en mesurant leur ton, car ils ne tenaient pas à ce qu'on les entende jusque dans la cour voisine. La « grosse courge rouge » se rinça la bouche et déclara qu'elle saurait bien se venger, elle échafauda d'ailleurs immédiatement plusieurs plans qui lui permettraient d'infliger à M. Jin une terrible vengeance. Guan Xiaohe expliqua en détail à ses hôtes pourquoi il n'avait pas résisté : ce n'était pas par lâcheté bien sûr, mais seulement parce qu'un honnête homme ne se laisse pas aller à de telles extrémités. Le militaire, lui aussi, fit savoir avec beaucoup de sérieux pourquoi il n'avait pas eu recours à la force et affirma qu'il aurait fallu dix types comme M. Jin pour l'impressionner. Son amie, elle, ne dit rien et se contenta d'incliner la tête dans leur direction en souriant.

CHAPITRE XXI

En y réfléchissant les yeux fermés, M. Li pouvait se rappeler à peu près la moitié des adresses des spécialistes de médecine traditionnelle chinoise de l'arrondissement de l'ouest, et il savait quelles étaient les capacités de chacun. En revanche, il ne connaissait que très peu de praticiens de médecine occidentale, et il ignorait totalement quelle pouvait être leur spécialité.

S'étant adressé au hasard à deux ou trois, ce ne fut que dans la ruelle Wudinghou qu'il trouva celui qu'il lui fallait. Il ne savait pas s'il était capable, mais en tout cas il était très bavard : il avait un visage maigre et oblong et ses mouvements étaient si lents qu'il avait l'air drogué. Après avoir posé quelques questions à M. Li, il se mit à disposer très, très lentement, dans sa mallette, des instruments et des fioles. Il examinait et réexaminait chaque chose, hésitant, la mettant dans la mallette puis l'en retirant, pour ensuite l'y mettre de nouveau. M. Li bouillait d'impatience et il en transpirait ; grâce à quelques gestes un peu secs et à des paroles brèves, il arriva à lui faire comprendre qu'il fallait se dépêcher. Le médecin restait imperturbable et tout en rangeant les affaires dans sa mallette, il dit posément :

« Ce n'est pas la peine de se presser. Il n'y a rien de grave et je me porte garant de la guérison de votre ami. Je ne suis pas seulement spécialiste de médecine occidentale, vous savez, j'utilise aussi la médecine traditionnelle chinoise pour réduire une fracture ou masser des muscles froissés ; je maîtrise parfaitement ces deux formes de médecine, vous n'avez donc aucun souci à vous faire. »

Ces quelques paroles « d'auto-recommandation » détendirent un peu M. Li, qui, de toute façon, ne se fiait qu'à la poudre blanche du Yunnan.

Enfin, la mallette fut prête ; on aurait vraiment dit qu'il préparait sa première visite à domicile ! Soudain, il se mit à changer de vêtement. M. Li se dit que cela était complètement inutile, puisqu'il faisait déjà nuit, mais il n'osa rien dire. Quand le médecin eut fini, le vieux se dit qu'il n'avait pas patienté inutilement. En effet, il avait d'abord cru que l'autre passerait un costume occidental ou une blouse blanche, mais en fait il choisit une longue tunique de soie doublée très élégante et une paire de chaussures en satin. Toujours très lentement, il retroussa légèrement le revers de ses manches : il avait l'air d'un acteur de dialogue comique [1] se préparant à entrer en scène. M. Li préférait quand même cette tenue à celle de ces pseudo-étrangers vêtus de costumes occidentaux.

Voyant que le médecin était maintenant fin prêt, M. Li empoigna la mallette, mais l'autre n'était toujours pas décidé à le suivre. Il alluma une cigarette, inspira une longue bouffée dont il rejeta la fumée avec parcimonie par les narines ; en fait, il n'expirait pas la fumée, il semblait la passer à travers un filtre très fin. Après avoir tiré plusieurs fois sur sa cigarette, il demanda :

« Fixons d'abord le prix de cette visite à domicile, si vous voulez bien ! Les bons comptes font les bons amis, n'est-ce pas ? »

M. Li avait passé sa vie à trouver des arrangements à propos de tout et, pour lui, l'amitié était quelque chose de primordial, l'argent ne venait qu'en second lieu. Parmi les médecins qu'il connaissait, aucun ne fixait jamais à l'avance le prix d'une visite à domicile. Quand il allait les solliciter chez eux, par égard pour son âge et pour sa courtoisie, ils s'engageaient immédiatement à ne pas ménager leur peine. La réaction de ce médecin fit à M. Li une mauvaise impres-

---

1. Variété du *quyi* (art populaire des contes et ballades chantés).

sion. Toutefois, comme le temps pressait, il ne voulut pas lâcher la mallette et il demanda : « Quel est votre prix ? » sur un ton très désagréable, qui semblait vouloir dire : « Puisque tu ne fais pas grand cas de l'amitié, il n'y a aucune raison pour que je sois poli avec toi ! »

Le médecin tira une nouvelle fois sur sa cigarette et annonça :

« Vingt yuan pour une visite à domicile, le prix des médicaments non compris.

– Alors, fixons aussi le prix des médicaments, d'accord ? Que demandez-vous au total pour cette visite ? »

M. Li savait que huit yuan, c'était déjà très cher, et il ne voulait pas payer vingt yuan d'une part et en plus se faire extorquer de l'argent pour les médicaments.

« Simplifions les choses, en tout vingt-cinq yuan ! C'est oui ou non, si c'est non, alors tant pis pour vous ! »

Vingt-cinq yuan, c'était une somme assez importante, l'année dernière, quand il avait acheté sa veste fourrée, il avait dépensé dix-neuf yuan, veste et fourrure comprise. Il avait décidé de ne plus perdre son temps à marchander ; ce qu'il voulait maintenant, c'était soigner le malade. Mentalement, il fit un rapide calcul : heureusement qu'il avait l'argent de Gaodi et la petite bague en or de Tongfang !

« C'est trop peu ! C'est trop peu ! » Le visage maigre du médecin restait de marbre. « Les médicaments sont chers, vous savez, et puis avec cette guerre interminable à Shanghai, plus rien n'arrive ! »

Fatigué et poussé à bout, M. Li ne put plus retenir sa colère :

« Parfait, si vous ne voulez pas venir, alors tant pis ! »

Il se dirigea vers la sortie.

« Un moment ! » Le visage du médecin s'anima quelque peu. « Pour cette fois j'accepte, mais c'est une affaire qui me fait perdre de l'argent ! Disons, en tout vingt-cinq yuan, plus cinq yuan comme frais de déplacement ! »

M. Li poussa un long soupir d'impuissance ; il reprit la mallette. Il avait carrément l'impression que ce médecin était un escroc et il regrettait d'autant plus de ne pas avoir insisté pour que M. Qian prenne sa poudre blanche du Yunnan, et de ne pas être allé chercher un spécialiste de médecine traditionnelle. Il se dit même qu'au cas où il ne ferait que leur extorquer de l'argent sans soigner sérieusement le malade, il ne se gênerait pas pour le rosser un bon coup.

Toutefois, le médecin se fit progressivement plus aimable :

« Je vous l'affirme, si l'armée continue à occuper cette ville, les médecins japonais vont petit à petit devenir les maîtres, et moi, je n'aurai tout simplement plus de gagne-pain. Eux auront tous les avantages et nous, nous n'aurons plus rien ! »

M. Li n'avait pas reçu beaucoup d'éducation, mais il avait néanmoins l'esprit très ouvert, et s'il veillait au bien-être de ses contemporains, il n'en négligeait pas moins tout ce qui pouvait se passer après la mort. Son univers n'était pas limité à la ville de Peiping, il englobait le ciel et le monde souterrain. Pour lui, la guerre et les calamités n'étaient que des événements transitoires ; ce qui était immuable, au contraire, c'était le devoir qu'on avait de pratiquer à tout moment la charité et le souci d'éviter de connaître des souffrances après la mort, quelles qu'aient été les misères subies pendant la vie. Il ne craignait donc ni les dangers ni les malheurs, au contraire, plus les difficultés étaient grandes dans ce monde, plus il était actif et plus il se démenait pour aider les autres. En définitive, se dépenser sans compter dans le malheur était pour lui le meilleur moyen d'obtenir en échange le bonheur éternel.

Il était tout à fait incapable d'expliquer d'où lui venait cette foi ; il ne croyait ni au Bouddha, ni à l'Empereur du Ciel, ni à Confucius le Sage, mais plutôt aux trois en même temps. À tout cela se mêlait une forme de superstition qui ne le poussait pas à se donner bonne conscience uniquement en brûlant de l'encens et en vénérant des statues ; il préférait montrer sa conscience morale par des actes de justice et de bonnes actions.

Depuis que les Japonais étaient entrés dans la ville de Peiping, il éprouvait bien sûr de l'amertume et de l'inquiétude, mais son regard semblait pouvoir passer outre les malheurs présents et se fixer sur des horizons plus lointains. L'agressivité des Japonais ne durerait qu'un temps et lui, en tout cas, ne se laisserait pas effrayer par les difficultés du moment.

Habituellement, il estimait que les médecins et les gens comme M. Qian étaient de beaucoup supérieurs à lui ; eux étaient de beaux perroquets au plumage coloré, lui n'était qu'un pauvre petit moineau. Jamais il n'aurait pu imaginer que l'invasion de la Chine par les Japonais puisse transformer ces perroquets en rats abandonnés sur un tas d'ordures. Il finit par trouver moins désagréable ce médecin qui marchait à ses côtés : même lui risquait un jour de se faire décapiter par les Japonais !

La lune apparut. Les étoiles devinrent progressivement plus rares, le ciel s'élargit. La clarté qui gagnait petit à petit, accompagnée par une légère brise, coupait en deux, telle une lame glacée, la rue large et calme. La moitié sombre évoquait les ténèbres, la moitié claire, la désolation. M. Li aurait bien voulu parler encore au médecin, mais il se sentait vraiment trop fatigué. Il bâilla longuement, le vent frais et la clarté de cette lune blafarde semblèrent pénétrer dans sa bouche ; des larmes froides, de fatigue, roulèrent le long de son nez. Il se massa le visage et se sentit un peu mieux. Soudain, il aperçut deux soldats japonais debout à l'entrée du Temple de la Sauvegarde Nationale. Il trembla légèrement et eut la chair de poule.

Le médecin, dès qu'il les vit avec leur casque et leur baïonnette lançant de faibles éclats, se serra fortement contre M. Li, comme pour chercher une protection ; il continuait d'avancer, ne sachant s'il fallait accélérer ou ralentir. M. Li perdit aussi un peu de sa contenance, et quand il posait le pied sur un endroit éclairé par la lune, il lui semblait qu'il le posait dans le vide ; d'ordinaire, il marchait d'un pas ferme, mais à ce moment précis, il eut l'impression d'aller à la dérive. Ce qui l'inquiétait le plus, c'était la mallette qu'il avait en main, car elle risquait d'éveiller les soupçons des soldats. En effet, on pouvait facilement la prendre pour une boîte de munitions.

Ils passèrent sans encombre, mais ils avaient quand même eu froid dans le dos. Aller au-devant de soldats ennemis, qu'ils aient un air menaçant ou qu'ils arborent un grand sourire, c'était toujours dangereux. M. Li et le médecin devaient dans leur propre pays se comporter presque comme des voleurs. Avec d'infinies précautions, ils arrivèrent à l'entrée de la ruelle du Petit-Bercail. Tels des rats ayant retrouvé l'entrée de leur trou, ils pénétrèrent dans la ruelle, enfin en sécurité.

M. Qian avait été transporté sur son lit. Il ne pouvait rester allongé sur le dos, mais M. Jin, ne supportant pas de le voir toujours à plat ventre, décida après une longue discussion avec Ruixuan de le mettre un peu sur le côté. Pour protéger ses blessures, il le couvrit avec sa longue tunique. Le vieux paraissait s'être endormi ; cependant, par moments, sa bouche et ses joues se contractaient et ses jambes se détendaient brusquement ; quelquefois, ces sursauts étaient accompagnés d'un faible cri, comme s'il venait d'être piqué par un insecte. Soutenant le vieillard et veillant sur lui, Ruixuan sentit des gouttes de sueur froide couler sous ses aisselles. La tragédie d'un pays qui perd son indépendance – notion quasi abstraite dans son cœur jusque-là – devenait petit à petit un fait évident et des plus concrets. Un poète plein de savoir et de moralité était devenu un chien errant, brutalement soumis aux supplices et aux outrages des envahisseurs ! Il avait envie de pleurer, mais l'indignation qui débordait de son cœur transformait ses larmes en flammèches qui brûlaient ses yeux et sa gorge.

Mme Li, qui avait reconduit la jeune madame Qian jusqu'à sa chambre, n'avait toujours pas faim ; elle but deux ou trois grands bols d'eau bouillie, s'assit sur le bord du lit en essuyant la sueur de son front, et dit tout bas :

« Une famille si unie ! Comment se fait-il que les choses en soient arrivées là ? »

La sueur coulait sur ses grands yeux myopes et sa vue se brouilla encore plus ; le monde entier lui paraissait fait d'ombres noires très confuses.

M. Jin avait acheté quelques petits gâteaux secs qu'il

croquait en buvant un peu d'eau à chaque bouchée. Il venait sans cesse voir M. Qian. Le voyant ainsi étendu, immobile comme un mort, il ne put avaler ses petits gâteaux, suffoqua et se mit à hoqueter. Il s'éloigna du malade, but une gorgée d'eau bouillie et enfin retrouva son souffle. Il voulait rentrer chez lui se reposer, mais le cœur lui manquait et, depuis qu'il avait offensé Guan Xiaohe, il devait aussi tenir bon et attendre un prochain règlement de comptes. Il ne fallait pas surtout qu'on croie qu'il fuyait par peur. Quoi qu'il en soit, ce qui s'était passé tout à l'heure chez les Guan était tout à son honneur ; pas question donc de battre en retraite maintenant, on se moquerait de lui en lui reprochant son inconséquence ! Après avoir mangé, il alluma sa longue pipe. Il ne put s'empêcher de penser à Guan Yu, le dieu de la Guerre, attendant l'aube, debout, une bougie à la main.

Le médecin arriva. M. Jin prit un air méchant pour obliger M. Li à rentrer chez lui :

« Il faut absolument que vous alliez vous reposer ! Je suis là ! Allez-vous-en, sinon je vais me fâcher ! »

M. Li n'insista pas. Il se contenta donc d'informer Ruixuan à voix basse sur l'argent que le médecin avait réclamé et lui remit ce que lui avaient donné Gaodi et Tongfang.

« Bien, je rentre à la maison manger quelque chose. Si vous avez besoin de moi, n'hésitez pas à m'appeler. Monsieur Jin et vous, monsieur Qi, je vous confie le malade ! » Il sortit.

Le médecin frappa légèrement le sol du pied pour faire tomber la poussière qui recouvrait ses chaussures. Il s'essuya la figure avec un mouchoir, retroussa ses manches, puis s'assit en face de M. Jin. Son attitude laissait tout à fait supposer qu'il avait envie de boire un peu de thé et de bavarder au préalable, il s'agissait là d'ailleurs d'une attitude authentiquement pékinoise ; en tout cas, il ne montrait aucune impatience pour soigner le malade.

M. Jin, lui, ne voulait pas bavarder, surtout après s'être battu avec Guan Xiaohe, et il désirait que la situation progresse quelque peu.

« Le malade est dans l'autre pièce ! » Il indiqua la direction avec sa grosse pipe.

Le médecin toussa légèrement, traduisant ainsi son mécontentement et sa surprise. Craignant que cette réaction ne soit pas suffisante pour faire apprécier à M. Jin l'amertume dont elle était imprégnée, il retoussa d'une façon plus solennelle que la première fois.

« Le malade est dans l'autre pièce. Je vous demande de vous dépêcher ! » M. Jin se leva, son nez rouge lui donnait un air menaçant.

Le médecin vit dans ce gros nez quelque chose d'aussi redoutable que la baïonnette d'un soldat ennemi, il n'osa rien dire et s'exécuta. Lorsqu'il arriva près de Ruixuan, il se dit immédiatement qu'il s'agissait là d'un homme « avec qui il serait plus facile d'entamer la conversation ». Il retroussa de nouveau le bord de ses manches en évitant de regarder le malade ; il voulait d'abord attirer l'attention de Ruixuan.

Celui-ci était aussi impatient que M. Jin, toutefois, tel un chien docile qui n'aboie pas assez fort quand il découvre un voleur, il dit avec une retenue très féminine :

« Docteur, approchez-vous ! Il est gravement malade, vous savez !

– Gravement malade ne veut pas nécessairement dire difficile à guérir. Il suffit de faire un diagnostic exact et de prescrire les remèdes corrects. Le diagnostic, c'est ça le plus difficile ! »

Le médecin ne regardait toujours pas le malade, il fixait sur Ruixuan un regard intense.

« Prenons pour exemple le célèbre docteur Nicolas[1] : on le paie deux cents yuan pour une visite à domicile, taxi aller et retour payé, mais ses diagnostics ne sont pas fiables ! Moi, je n'irai pas jusqu'à affirmer que je suis brillant, mais pour ce qui est du diagnostic, je ne crains personne !

– Ce vieux monsieur a été torturé par les Japonais ! »

Ruixuan mentionnait les Japonais, afin de faire réagir le

---

1. Docteur étranger pratiquant à Peiping à l'époque.

médecin et pour l'amener à s'occuper du blessé le plus vite possible.

Toutefois, cela n'eut pour effet que de diriger les propos du médecin sur un autre sujet :

« Eh oui ! Si après leur victoire, tous les médecins japonais viennent chez nous ouvrir un cabinet de consultation, je n'aurai bientôt plus de moyens de subsistance. Je suis allé au Japon, et je sais que leurs méthodes de traitement et leurs médicaments sont assez développés. Tout cela, c'est vraiment très inquiétant !

– C'est bientôt fini tous ces bavardages ? lança M. Jin depuis l'autre pièce. Dépêchez-vous de soigner le malade ! »

Ruixuan était très gêné, il ne put faire autrement que d'ajouter en souriant : « Il s'inquiète vraiment pour le malade. Docteur, approchez-vous par ici ! »

Le médecin lança un regard furieux vers l'autre pièce, et, ne pouvant faire autrement, souleva la longue tunique doublée qui recouvrait le corps de M. Qian. Il le regarda négligemment comme s'il s'agissait d'un cas très banal.

« Alors ? s'empressa de demander Ruixuan.

– Ce n'est pas grave ! On va d'abord lui appliquer de la poudre blanche du Yunnan ! » Le médecin se retourna pour prendre sa mallette.

« Quoi ? demanda Ruixuan avec surprise. De la poudre blanche du Yunnan ? »

Le médecin sortit une petite fiole.

« Si je donnais à cela un nom étranger en vous disant qu'il s'agit d'un médicament très spécifique... sans doute vous sentiriez-vous plus rassuré ! Mais je ne veux pas tromper les gens. Quand il faut utiliser un médicament occidental, je l'utilise, quand il faut utiliser un médicament traditionnel chinois, je fais de même. Moi, je souhaite faire collaborer la médecine occidentale et l'art médical traditionnel chinois. Je pense d'ailleurs fonder bientôt ma propre école.

– Ne faudrait-il pas d'abord ausculter le malade ? » Ruixuan espérait que le médecin allait poursuivre plus avant son diagnostic.

« Ce n'est pas la peine ! En Chine, on produit de bons

médicaments antiphlogistiques. » Il fouilla de nouveau dans sa mallette et en sortit quelques pilules blanches.

Ruixuan connaissait ce médicament. Il commençait à regretter d'avoir fait appel à ce médecin, car s'il avait recours à des moyens aussi simples, il aurait pu lui-même soigner le malade et économiser ainsi trente yuan. Il essaya de poser encore quelques questions, pour s'assurer qu'il s'agissait bien d'un vrai médecin :

« Le vieillard a, me semble-t-il, perdu ses esprits, est-ce que...

– C'est sans importance ! La douleur physique influe beaucoup sur le système nerveux. Quand le malade aura pris mes médicaments, sa douleur passera et il se calmera tout naturellement. Si vraiment vous n'avez pas confiance, achetez-lui un peu de *qilisan* ou de *sanhuangbaola,* qui sont des produits très efficaces. Moi, je ne cherche pas à vous tromper et si l'on peut avoir recours à des médicaments chinois efficaces, à quoi bon en utiliser qui viennent de l'étranger et qui coûtent cher ? »

Ruixuan aurait bien voulu aller lui-même chercher un autre médecin plus compétent, mais il savait qu'il faisait nuit et qu'il était trop tard ; il ne put que se soumettre à la poudre blanche du Yunnan et aux petites pilules blanches.

« Faut-il d'abord désinfecter les blessures ? »

Le médecin sourit :

« On dirait que vous vous y connaissez plus que moi. Si l'on applique de la poudre blanche du Yunnan, ce n'est pas la peine de désinfecter les plaies. Les médicaments traditionnels chinois, on les utilise à la manière chinoise ; les médicaments occidentaux, à la manière occidentale. Moi, je sais comment choisir mes médicaments et je connais leur méthode d'utilisation. Voilà ! »

Il referma sa mallette comme si tout était réglé et semblait maintenant attendre d'être payé.

Ruixuan ne pouvait se résoudre à donner trente yuan à un tel médecin. Ce n'était pas tant pour l'argent à débourser, que parce qu'il ne pouvait le laisser se moquer ainsi de M. Qian. S'il s'était agi de son grand-père ou de son père, il aurait bien sûr également rempli son devoir envers eux ; mais il y aurait eu dans cette démarche une forme de contrainte sociale. À l'égard du poète Qian, il désirait de son propre gré, sincèrement, faire tout ce qu'un ami est en mesure de faire. M. Qian était la personne qu'il admirait le plus et, au surplus, il avait été torturé par les Japonais. Tenant compte de son indignation et de sa haine pour l'occupant, Ruixuan avait pris la responsabilité de lui faire recouvrer la santé le plus vite possible – il n'éprouvait dans ce cas aucun sentiment de contrainte.

Il ouvrit de grands yeux, ses prunelles se rétrécirent en deux petits points d'un noir intense et il demanda très impoliment au médecin : « Vous avez fini ?

– J'ai fini ! répondit celui-ci en durcissant son maigre visage. Maladie pas grave, pas grave ! Appliquez-lui les médicaments, faites-lui prendre ses pilules et je vous promets qu'il guérira. Demain, je ne viendrai pas, je reviendrai après-demain. Sans doute, quatre à cinq visites suffiront pour qu'il s'en sorte.

– Ce n'est pas la peine que vous reveniez ! répondit Ruixuan, fâché pour de bon. Avec des médecins comme vous, ce n'est pas étonnant que nous ayons perdu notre indépendance !

– Pourquoi dites-vous cela ? » Le maigre visage du médecin se fit très dur, mais ne trahit aucun sentiment de colère. « Moi, quand je soigne, je fais ce qu'il faut, je n'agis pas à la légère. Perdu notre indépendance ? Quand les docteurs japonais arriveront, moi, je perdrai tout moyen de subsistance. J'aime autant vous dire franchement que si aujourd'hui je peux gagner une sapèque de plus, eh bien, c'est toujours ça de pris ! »

Ruixuan devint pâle de colère, mais ne voulant plus perdre son temps à discuter, il sortit de sa poche cinq yuan, qu'il posa sur la mallette :

« Voilà, vous pouvez partir ! »

En voyant l'argent, le médecin rayonna subitement ; cependant, quand il s'aperçut qu'il n'y avait que cinq yuan, son visage s'assombrit à nouveau. « Je ne comprends pas ! »

M. Jin somnolait. La voix du médecin le réveilla en sursaut. Il fit claquer ses lèvres et se leva :

« Que se passe-t-il ?

– Pour cette petite fiole et ces quelques pilules, il demande trente yuan ! » Ruixuan ne s'était jamais comporté ainsi. D'ailleurs, si cela était arrivé en temps ordinaire, il aurait sans doute accepté, de peur de paraître mesquin ou étroit d'esprit.

M. Jin s'approcha, son nez rouge en proue. Il saisit la mallette et la souleva. Le médecin s'affola, pensant qu'il allait la jeter par terre : « Ne faites pas ça ! »

La mallette dans une main, M. Jin le prit par le cou :

« Allez-vous-en ! » Il le conduisit ainsi jusqu'à la porte, déposa la mallette de l'autre côté du seuil et dit :

« Allez-vous-en vite et dites-vous bien que cette fois-ci je vous laisse vous en tirer à bon compte ! »

Avec ses cinq yuan et sa mallette à la main, le médecin poussa un long soupir de dépit devant les sophoras.

Bien que n'ayant aucune confiance en lui, Ruixuan savait qu'il pouvait malgré tout utiliser les médicaments qu'il avait prescrits. Il ouvrit la bouche édentée de M. Qian et y introduisit une pilule. Très soigneusement, il lava avec un peu d'eau fraîche le dos du vieillard, puis y appliqua la poudre blanche du Yunnan. M. Qian n'avait toujours pas bougé, il semblait évanoui.

À ce moment, Petit Cui entra, accompagné de Chen Yeqiu. Celui-ci avait le visage couvert de sueur ; quand il franchit la porte, il eut un petit vertige et Petit Cui dut le soutenir. En prenant sa tête dans ses mains, il dit :

« Monsieur Jin, je voudrais d'abord voir mon beau-frère ! »

Il avait le visage si livide, il parlait sur un ton si bas et si réservé, il avait un regard si pitoyable, que même M. Jin ne sut que répondre. Il ordonna à Petit Cui de rentrer chez lui pour dormir, les autres commissions pouvant attendre demain.

Petit Cui était bien sûr très fatigué, mais il ne pouvait se décider à partir. Il demanda respectueusement, tout bas :

« Comment va M. Qian ? »

De tous les gens de la ruelle, c'était sans doute avec le vieux poète qu'il avait le moins de contacts ; en effet, celui-ci ne sortant jamais de chez lui, il n'avait jamais eu l'occasion de le prendre en pousse. Si Petit Cui s'inquiétait ainsi de M. Qian, ce n'était pas à cause d'une longue amitié, non, c'était à cause du courage dont il avait fait preuve en résistant aux Japonais au péril de sa vie.

« Il s'est endormi, dit M. Jin, rentre chez toi ! À demain ! »

Petit Cui aurait voulu exprimer son respect et sa sollicitude envers le vieux Qian, mais ne sachant trop quoi dire, il essuya la sueur de ses mains contre son pantalon et sortit tête baissée.

Quand il vit son beau-frère, Chen Yeqiu ne put s'empêcher de penser à sa sœur et se mit à pleurer à chaudes larmes. Il pleurait en silence. Fatigue, affliction et peut-être aussi faiblesse générale due à une mauvaise nutrition firent qu'il s'effondra soudain près du lit de M. Qian.

Bien que méprisant Chen Yeqiu, M. Jin fut vraiment touché de le voir dans cet état.

« Relevez-vous ! Relevez-vous ! Ça ne sert à rien de pleurer. À l'extérieur de la ville, il y a encore un cadavre qui nous attend ! » Il parlait très durement, mais sans chercher pour autant à mettre Chen Yeqiu dans l'embarras.

Ce dernier craignait un peu M. Jin, il se releva, l'air absent. Ses larmes coulaient toujours, mais son visage n'exprimait plus du tout la douleur ; malgré la pluie qui tombait encore, le ciel avait retrouvé son calme après le tonnerre et les éclairs.

M. Jin s'adressa à Yeqiu et à Ruixuan :

« Venez ici tous les deux, il faut que nous discutions un peu, et après, j'irai dormir un moment ! »

Depuis que les soldats japonais étaient entrés dans Peiping, M. Jin n'avait pas eu lieu de se plaindre, sauf peut-être d'un certain ralentissement de ses affaires. Pour lui, Peiping était une grande usine de tuiles grises. Quand il regardait la ville depuis une hauteur, il ne regardait pas les collines alentour, il ne prêtait aucune attention aux palais aux tuiles jaunes ou vertes, il ne voyait que les toits gris des maisons, qu'il considérait comme ses choses à lui, comme ses champs à lui. En tant qu'intermédiaire, il touchait une rémunération de trois et deux dixièmes [1], lorsque le vendeur d'une maison passait son titre de propriété à l'acheteur. Quand les Japonais étaient arrivés, ils n'avaient pas bombardé les constructions à « tuiles grises » dans le centre de la ville, comme ils l'avaient fait à Nanyuan et à Xiyuan, alors pour lui, tant qu'il y avait des maisons, il y aurait pour sûr des acheteurs et des vendeurs, et donc de « bonnes récoltes ».

Ce ne fut qu'après avoir vu son gendre mort, Mme Qian se suicider et M. Qian revenir le corps en lambeaux qu'il réalisa que l'attaque de la ville et l'occupation japonaise le concernaient aussi : sa fille était devenue veuve et son meilleur ami était grièvement blessé ; c'est la bagarre avec Guan Xiaohe qui lui avait fait prendre pleinement conscience du fait qu'il était maintenant entraîné dans le tourbillon de cette agression.

Il n'arrivait pas à expliquer la logique de ces événements ; il se rendait compte que Peiping n'était plus seulement une grande étendue de tuiles grises, mais que des rapports particuliers s'étaient établis entre la ville et lui, qui ne pouvaient être interprétés qu'à la lumière de faits précis qui se déroulaient devant ses yeux et pesaient lourdement sur son cœur. Depuis que Peiping était aux mains des Japonais, le malheur accablait ses proches parents et ses meilleurs amis. Leur mort, bien sûr, lui coûtait de l'argent, mais elle représentait quelque chose de beaucoup plus grave : le risque que chacun courait d'être tué sans raison aucune. Jusqu'à présent, le mot « nation » n'avait pas représenté grand-chose pour lui ; il commençait maintenant à comprendre ce qu'il signifiait et son cœur s'en trouvait grandi. Il n'avait encore aucune idée de ce qu'il devait faire, mais quoi qu'il en soit, il était déterminé à faire autre chose que gagner de l'argent égoïs-

---

1. Vieille pratique observée dans la vente des biens immobiliers d'après laquelle l'acheteur et le vendeur payaient respectivement 3/10e et 2/10e du prix total à l'intermédiaire.

tement. C'était le seul moyen pour lui d'être tranquille avec sa conscience.

L'aspect pitoyable de Chen Yeqiu et les soins chaleureux que Ruixuan prodiguait au vieux Qian l'avaient ému. Au début, il les méprisait un peu, mais à présent, il désirait discuter avec eux comme avec de bons amis des affaires de la famille Qian.

Ruixuan n'en voulait pas à M. Jin de son comportement plutôt froid envers lui, et quand il considérait la manière dont il avait corrigé Guan Xiaohe, il le trouvait tout à fait digne de son amitié. Il savait maintenant qu'en cas de danger ou de malheur il faut savoir agir pour soi-même, mais aussi pour les autres. Peut-être que le poing tendu de M. Jin avait fait réfléchir Guan Xiaohe et que celui-ci allait bientôt s'amender. Si tous les Pékinois avaient osé tendre le poing, peut-être que la ville ne serait pas telle qu'elle était actuellement, tel un chien mort, se laissant frapper sans réagir par l'ennemi. Il avait appris la grandeur et la gloire que peut représenter un simple poing. Que M. Jin ait du savoir ou non, qu'il ait des sentiments patriotiques ou non, ses deux poings l'avaient coiffé d'une auréole pure et sacrée. Lui, il n'avait que des mains, lui, il avait des connaissances, lui, il était très patriote, mais depuis que sa ville était tombée aux mains de l'ennemi il se comportait comme une souris tapie dans son trou ! Les remords qu'il éprouvait en ce moment faisaient grandir son admiration pour M. Jin.

« Asseyez-vous tous les deux ! » ordonna ce dernier.

Il était extrêmement fatigué, le blanc de ses yeux était injecté de sang et il se forçait vraiment à rassembler son énergie pour faire le bilan des affaires de la famille Qian. Il se sentait un homme important, il était plein de ressources et il savait prendre des décisions. Il alluma sa pipe, fit claquer ses lèvres, puis se mit à parler en crachant la fumée : « Première chose – il courba le pouce de la main gauche –, demain il faut enterrer Mme Qian. »

Le visage baigné de larmes, le regard fixe, Yeqiu avait l'air vraiment démuni face au nez rouge de M. Jin. Il baissa la tête et eut l'impression de sentir son regard sur son crâne.

Ruixuan ne trouva rien à dire.

Ils semblaient par leur silence supplier M. Jin de se montrer encore une fois généreux.

Celui-ci ne put rien faire d'autre que grimacer un sourire.

« À mon avis, il va falloir solliciter à nouveau l'aide de M. Li. Quant à l'argent... », ses yeux fixèrent carrément la tête de Yeqiu, dont le menton se rapprochait de plus en plus de sa clavicule.

« Pour l'argent, ce sera encore à moi de payer, n'est-ce pas ? »

Yeqiu avala sa salive avec bruit.

« Monsieur Jin, qui voulez-vous... » Ruixuan s'arrêta net, il se dit que dans les circonstances actuelles, il ne servait à rien de se faire des politesses.

« Deuxième chose : après l'enterrement, qu'allons-nous faire ? Je peux ramener ma fille chez moi, mais alors qui s'occupera de M. Qian ? Si elle reste ici pour veiller sur son beau-père, qui assurera leurs moyens de subsistance ? »

Yeqiu releva la tête. Il voulait suggérer que toute sa famille et lui pourraient déménager chez M. Qian, mais il n'en fit rien. Il savait pertinemment que ses ressources financières ne suffisaient pas pour nourrir deux personnes de plus ; et puis, il faudrait certainement prévoir des dépenses supplémentaires pour soigner son beau-frère... Il reprit sa position initiale.

Ruixuan avait les idées tout embrouillées. Si ces événements s'étaient produits en temps ordinaire, il aurait certainement pu proposer une solution. Mais là, avec tout ce qui se passait, même s'il avait trouvé une solution adéquate, qui pouvait savoir de quoi demain serait fait ? Qui pouvait garantir que M. Qian ne serait pas de nouveau arrêté ? Qui pouvait savoir au juste comment Guan Xiaohe allait réagir ? Qui pouvait affirmer que M. Jin ne serait pas lui-même un jour victime d'une vengeance ? Les porcs et les moutons sous le couteau du boucher ont-ils leur mot à dire ?

Finalement, il se dit que même si ses idées n'avaient rien d'original, il se devait d'en faire part :

« À mon avis, la jeune madame Qian doit rester ici pour

soigner son beau-père. Moi et ma femme, nous l'aiderons. Quant à leurs moyens de subsistance, je pense qu'il serait bien de demander à tous d'y contribuer. Ce que je propose n'est pas un projet à long terme, c'est une solution au jour le jour, aujourd'hui on se débrouille, demain on verra. D'ailleurs, qui sait si nous-mêmes, demain, nous ne serons pas arrêtés par les Japonais ? »

Yeqiu poussa un long soupir.

M. Jin se frotta le crâne énergiquement. Il aurait voulu exprimer sa colère ; il avait toujours pensé qu'avec sa force et son courage il ne craignait rien et qu'il ne serait jamais maltraité par personne.

À ce moment, de l'autre pièce parvint un cri, tel celui d'une victime qu'on aurait surprise en pleine nuit, un cri aigu, plein de douleur et de désespoir. Le visage de Yeqiu, qui enfin reprenait un peu de couleur, redevint livide, d'une lividité pitoyable. Ruixuan se leva brusquement, comme si on venait de le piquer avec une aiguille. Les quelques rares cheveux de M. Jin se dressèrent tout droits sur son crâne ; il avait oublié sa force et son courage, il avait l'impression qu'un couteau pointu venait de transpercer son cœur.

Ils se précipitèrent l'un après l'autre dans la pièce. M. Qian, qui était couché sur le côté, avait changé de position, il s'était mis sur le ventre, les deux bras étendus, les mains serrant avec force le drap, les ongles s'y enfonçant presque. Il semblait toujours endormi, mais il articulait des mots confus. Ruixuan écouta attentivement, alors seulement il perçut distinctement :

« Frappez ! Frappez ! Je n'ai rien à dire ! Rien ! Frappez donc ! »

Yeqiu se mit à trembler.

M. Jin tourna la tête, car il ne pouvait plus supporter ce spectacle. Serrant les dents, il dit tout bas :

« Alors, c'est dit, monsieur Qi, on va d'abord bien le soigner et pour le reste on verra plus tard ! »

CHAPITRE XXII

Ruixuan n'avait jamais demandé de congé. Qu'il souffle un vent terrible, qu'il pleuve à verse, qu'il fasse un froid pénétrant ou une chaleur accablante, qu'il ait à la maison une affaire urgente à régler ou même qu'il soit indisposé, jamais il n'avait osé abandonner son poste. Si vraiment il n'avait pu faire autrement que de demander à s'absenter une ou deux heures, il aurait alors rattrapé son cours un autre jour, car il ne voulait en aucun cas que son absence prive ses élèves.

Un homme qui se connaît bien est nécessairement modeste. La modestie rétrécit le cœur, qui ressemble alors à un petit galet extrêmement solide malgré sa petitesse ; il faut être solide pour pouvoir être sincère.

Ruixuan se connaissait bien et il savait que du point de vue des capacités, de l'intelligence et de l'entrain il n'avait pas de quoi regarder les autres de haut ; il faisait simplement de son mieux, tout en sachant qu'ici-bas accomplir sa tâche de tout son cœur et de toutes ses forces ne faisait pas plus d'effet que jeter une pierre dans la mer.

Dès que la cloche sonnait, il prenait ses livres et se dirigeait immédiatement vers la salle de classe, qu'il ne quittait que lorsque la cloche avait retenti de nouveau, il n'avait pas les mauvaises habitudes de ceux qui se croient importants. Là encore, il fallait vraiment un événement exceptionnel pour qu'il manque une classe. L'enseignement ne lui procurait pas de plaisirs particuliers, mais il tenait à remplir ses obligations envers ses élèves pour avoir la conscience tranquille.

Son lycée avait rouvert ses portes, mais il ne se sentait pas d'humeur à y aller. Il n'avait pas le courage d'être confronté à une autre génération de citoyens d'un pays occupé. Il pouvait facilement justifier sa présence à Peiping, où il vivait soumis, dans l'humiliation, mais il ne pourrait jamais se pardonner d'être assez cynique pour aller faire ses cours comme si de rien n'était. Cela équivaudrait pour lui à avouer à ses élèves son impudence et à leur demander de l'imiter.

D'un autre côté, s'il voulait conserver son salaire pour remplir ses obligations envers son grand-père et son père, il lui était impossible de rester terré chez lui et il lui fallait donc se résigner à subir la torture des yeux de ces jeunes gens fixés sur son visage et sur son cœur, tels des clous de fer.

Bien que ce soit la rentrée, il n'y avait pas de drapeau à l'entrée du lycée. Sur son chemin, il rencontra quelques élèves par groupes de deux ou trois, mais il n'osa pas les saluer. Il marchait rapidement, tête baissée, rasant les murs ; devant la porte du lycée, les élèves étaient assez nombreux.

La salle des professeurs était composée de trois pièces donnant sur le nord, toujours humides ; pendant tout l'été, portes et fenêtres étaient restées fermées, et l'humidité s'était condensée dans l'air tel un brouillard, on y respirait fort mal. Il n'y avait que trois professeurs assis dans la salle. Quand Ruixuan entra, aucun ne se leva. D'ordinaire, la rentrée était comme un jour de fête familiale, on retrouvait ses vieilles connaissances perdues de vue pendant tout l'été, on découvrait aussi les nouveaux venus ; ensuite, ou bien on se cotisait pour aller manger ensemble, ou bien c'était le proviseur qui invitait tout le monde à déjeuner : c'était un jour gai, c'était le jour où on s'accueillait les uns les autres en souriant et où, le soir venu, un peu ivre, on se serrait la main en se lançant de cordiaux : « À demain ! »

Aujourd'hui, la salle était aussi humide et silencieuse qu'une tombe. Les trois professeurs étaient de vieux amis de Ruixuan. Deux d'entre eux fumaient, l'air absent, l'autre fixait un coin de la table où s'écaillait la peinture. Ils ne saluèrent pas Ruixuan, ils se contentèrent d'incliner légèrement la tête dans sa direction. C'était un peu comme si tout le monde avait commis le même crime et se retrouvait par hasard dans la même prison. Ruixuan avait toujours su se montrer réservé et il lui sembla à présent presque indispensable de ne pas chercher à troubler l'atmosphère qui régnait dans la salle. Il suffisait de garder son sang-froid pour se comporter en ce moment de manière correcte. Au milieu de ce silence, on aurait pu percevoir les larmes jaillir du cœur de chacun.

Il s'assit et feuilleta le cahier d'appel des élèves utilisé le semestre passé. Plusieurs feuilles étaient collées par l'humidité et il eut du mal à les séparer. En se décollant, le papier fit un léger bruissement, qui, dans cette atmosphère, lui donna la chair de poule. Il s'empressa de refermer le cahier. Malgré la rapidité de son geste, il avait eu le temps de voir une colonne de noms d'élèves ; le semestre passé, il ne s'agissait que de jeunes gens ayant chacun leur nom, aujourd'hui ils étaient tous, sans exception, devenus des otages de leur propre pays. Il eut beaucoup de mal à garder son calme.

Il tendit l'oreille, espérant entendre dans la cour les rires joyeux et les cris des élèves. D'ordinaire, le chahut des interclasses l'excitait toujours un peu, il aimait sentir autour de lui les forces vives de la jeunesse, surtout depuis que, progressivement, celles-ci l'avaient abandonné ; il avait même parfois envie d'aller s'amuser et de faire du tapage avec eux. Aujourd'hui, il n'y avait aucun bruit dans la cour. Les élèves – mais pouvait-on encore appeler élèves les jeunes d'un pays occupé ? – gardaient le silence, honteux, tout comme lui. C'était un spectacle encore plus cruel que les bombardements d'avions !

Il aimait entendre les rires joyeux des élèves ; une jeunesse qui ne rit pas, c'est une jeunesse morte prématurément. Aujourd'hui bien sûr, il ne pouvait décemment pas espérer qu'ils auraient leur entrain habituel ; ils avaient tous quatorze ou quinze ans, c'est-à-dire un âge où l'on ne peut rester insensible aux événements. Mais allaient-ils se comporter ainsi longtemps ? Allaient-ils recommencer à faire tout leur tapage dès le lendemain ? Ne pourraient-ils garder le silence qu'un seul jour après tout ce qui s'était passé ? Les idées de Ruixuan se brouillaient, il sentait seulement l'humidité de la salle qui lui collait au visage. Il étouffait.

Il reprit peu à peu son souffle, espérant vivement que le proviseur fasse une entrée soudaine, tel un rayon de soleil qui chasserait l'humidité de la salle et l'amertume dans le cœur de tous.

Mais le proviseur ne vint pas. Ce fut le responsable de l'enseignement qui entra en ouvrant doucement la porte. Il occupait ce poste depuis dix ans et était une des personnes les plus âgées du lycée. Petit, le visage plat, bavard mais de conversation banale, on se rendait compte tout de suite en le voyant qu'il n'avait aucun talent particulier, mais qu'il était certainement très zélé et consciencieux. Il fit le tour de la salle. Après avoir regardé chacun des professeurs, il se précipita vers Ruixuan, à qui il serra très cordialement la main ; puis il se précipita vers les trois autres professeurs, qu'il salua tout aussi cordialement. D'ordinaire, dès son entrée dans la salle, il disait quelques mots, aujourd'hui il ne dit rien. Après les salutations, chacun resta debout, cherchant quelque chose à dire pour essayer de briser ce silence imprégné d'humidité.

« Où est monsieur le Proviseur ? demanda Ruixuan.

– Eh bien... » Le responsable de l'enseignement n'avait pas le verbe facile :

« Notre proviseur est un peu indisposé, oui, indisposé et il ne viendra pas. Il m'a demandé de vous dire à tous qu'aujourd'hui il n'y aura pas de cérémonie pour la rentrée. Dès que la cloche sonnera, vous êtes priés d'aller directement dans vos classes. Il vous suffira de dire quelques mots aux élèves. Les cours commenceront demain... Voilà... À demain ! »

Tout le monde resta ahuri. Que fallait-il penser de cela ? Le proviseur était-il vraiment malade ? Dire quelques mots aux élèves, mais quoi ?

Le directeur de l'enseignement aurait bien voulu ajouter

quelques phrases, afin que tout le monde se sente plus à l'aise, mais rien ne lui vint à l'esprit. Il passa sa main sur son visage plat, émit quelques sons indistincts et sortit en marmonnant.

Les quatre professeurs restèrent dans la salle, le visage grave.

Ruixuan, contrairement à certains autres professeurs, n'avait jamais trouvé désagréable le son de la cloche, car il préparait toujours bien ses cours ou les corrections des devoirs qu'il devait rendre, et il ne craignait pas les questions de ses élèves. Ce jour-là cependant, il redoutait l'appel de cette sonnerie, qui décidait de tout dans le lycée, tout comme un prisonnier condamné à la peine capitale redoute le son de la trompette ou du tambour qui lui annonce le départ pieds et poings liés pour le lieu d'exécution. Il y a dix ans, quand il avait donné son premier cours, Ruixuan avait su garder son sang-froid et ses mains n'avaient pas tremblé. Aujourd'hui, elles tremblaient très fort !

Quand la sonnerie retentit, il sortit de la salle mal à l'aise ; il avait l'impression de marcher sur du coton et ce n'est qu'avec la force de l'habitude qu'il put arriver jusqu'à sa salle de classe. Il entra tête baissée. Tout était très calme, il n'entendait que les battements de son cœur. Il gravit les marches de l'estrade, posa sa main droite tremblante sur la table, puis leva lentement la tête. Les élèves étaient assis en rangées très régulières ; tous le regardaient. Les visages étaient très pâles, sans expression particulière, de marbre. Soudain, sa gorge se gonfla, il toussa. Ses yeux se remplirent de larmes.

Il devait réconforter les élèves, mais avec quels mots ? Il devait encourager leur patriotisme, leur dire de résister à l'ennemi, mais lui, que faisait-il ici, prêt à donner ses cours ? Il n'était pas sur le champ de bataille. Il devait conseiller aux élèves d'être patients, mais comment patienter ? Pouvait-il leur demander de supporter encore longtemps tant d'humiliations ?

Il posa sa main gauche sur la table, ouvrit la bouche au prix d'un gros effort, mais ne put émettre aucun son. Il espérait que les élèves allaient lui poser des questions, mais tous restaient silencieux. Des larmes coulaient en sillons brillants sur les joues des plus âgés, mais aucun ne bougeait. La ville était tombée, les fleurs printanières de la nation s'étaient transformées en bois mort.

De plus en plus mal à l'aise, Ruixuan finit par dire :

« Nous ne reprendrons que demain. Aujourd'hui, il n'y aura pas de cours ! »

Il y eut un léger mouvement dans la classe ; les élèves semblaient attendre qu'il leur donne des nouvelles ou qu'il fasse quelques commentaires sur la situation actuelle. Lui aussi d'ailleurs aurait bien aimé en parler, pour pouvoir éventuellement les réconforter. Mais non, il ne pouvait rien dire. La véritable douleur est inexprimable ! Il fit un effort pour descendre de l'estrade. Tout le monde le suivait du regard. En se précipitant vers la porte, il entendit quelqu'un soupirer. Il buta sur le seuil en sortant. Immédiatement une certaine animation se fit dans la classe, les élèves se levaient et se dirigeaient en silence vers la sortie. Ruixuan poussa un long soupir ; il ne retourna pas à la salle des professeurs, car il ne voulait pas rencontrer les élèves des autres classes ; il courut chez lui d'une seule haleine, comme poursuivi par quelque diable.

Arrivé à la maison, il ne salua personne et, sans ôter ses chaussures, il s'affala sur son lit. Sa tête semblait vide et il avait l'impression d'avoir à la place du cerveau un écheveau de filaments blancs tournant à grande vitesse. Il ferma les yeux. Les fils de son cerveau cessèrent petit à petit de tourner, mais des idées sans rapport les unes avec les autres lui traversèrent l'esprit, éphémères comme le scintillement de petites étoiles et donc impossibles à rassembler.

Il se redressa soudain. Comme dans un kaléidoscope que l'on fait tourner, il vit soudain se former dans son cerveau une petite fleur. « C'est peut-être ça le patriotisme ? » se dit-il. Puis il rit tout bas et la fleur disparut à son tour. « Le patriotisme, ce sont des actions nobles provoquées par un grand enthousiasme et si l'on se contente d'y réfléchir ou d'en parler, cela ne sert à rien ! »

Sans dire un mot, il se précipita chez les Qian. Soigner le vieux poète était devenu la chose la plus importante qui soit, la plus apte en tout cas à effacer sa honte.

Il avait fait appeler un autre médecin spécialiste de médecine occidentale. Celui-ci, après un examen attentif du malade, lui confia :

« Ses blessures ne sont pas mortelles, on pourra les guérir ; il est bien sûr nerveusement très atteint et sans doute faudra-t-il pas mal de temps avant qu'il ne retrouve son état normal ; je ne peux vous dire s'il a ou non perdu la mémoire, en tout cas il a besoin d'une longue cure de repos. »

M. Jin, M. Li, Chen Yeqiu et Petit Cui étaient partis de bon matin pour enterrer Mme Qian. Mme Li avait encore une fois été chargée de garder la maison et, lorsque Ruixuan arriva, elle lui demanda de rester près du vieux, pendant qu'elle veillerait sur la belle-fille.

Les nouvelles des divers fronts de guerre n'étaient pas bonnes. Dans les rues de Peiping, on voyait de plus en plus de petits Japonais avec leurs petites Japonaises, et on commença aussi à voir circuler des tickets réservés à l'usage de l'armée. Chaque fois que Ruixuan croisait dans la rue ces groupes de Japonais, cela signifiait de nouvelles défaites pour son pays. Il s'enthousiasmait encore pour la bataille de Shanghai, tout en se rendant bien compte qu'elle n'avait que peu de chances d'être gagnée, vu que tous les autres fronts cédaient les uns après les autres.

Au début, il avait fondé tous ses espoirs sur les défenses naturelles du Nord et sur la nouvelle armée du Sud. Il était clair que l'armée du Nord ne pourrait se mesurer avec l'armée japonaise du point de vue de l'organisation et de l'armement, il avait donc mis toute sa confiance dans les défenses naturelles de la région. Mais ces défenses naturelles, tels des obstacles de papier, tombaient les unes après les autres aux mains de l'ennemi. À chaque défaite d'ailleurs, il avait l'impression qu'on lui enfonçait plus profondément dans le cœur une lame d'acier.

Ses connaissances géographiques étaient basées sur ses

connaissances historiques. C'était en effet dans des livres d'histoire qu'il avait appris l'existence des passes de Shanhaiguan, de Niangziguan, de Yanmenguan et de celle du défilé de Xifengkou. Il n'y était jamais allé et il ignorait quelles difficultés ces endroits représentaient vraiment, mais l'évocation de ces beaux noms géographiques lui donnait un sentiment de sécurité – pour lui, la Chine était historiquement en sécurité. Mais voilà que ces passes, ces défilés ne suffisaient pas à arrêter l'ennemi ! Alors, Ruixuan, perplexe et inquiet, se disait que l'histoire ne se gênait pas pour raconter des mensonges, et perdait du même coup la confiance qu'il avait pu avoir en son propre pays.

Désormais, seule l'armée nouvelle qui se battait à Shanghai et qui venait d'être réorganisée était encore crédible. Là-bas, il n'y avait pas de passe à garder et on se battait de manière remarquable. C'était par les « hommes » que l'histoire et la géographie existaient. Mais combien de temps pourrait tenir l'armée nationale de Shanghai ? Disposait-elle de suffisamment de personnel et de matériel ? Comment s'informer ? Ruixuan savait d'autre part que Shanghai était près de la mer et que la mer était aux Japonais. L'infanterie chinoise pourrait-elle seule faire face aux attaques conjuguées de la marine, de l'infanterie et de l'aviation japonaises ? En réfléchissant à tout cela, il se sentait de plus en plus poussé à quitter immédiatement sa famille pour s'engager dans le combat ; pouvait-il, lui, en fin de compte, assister à la guerre en spectateur indifférent et rester là à tourner en rond dans une ville qui avait perdu sa véritable identité pour ne devenir qu'un nom géographique ?

Malgré ses efforts, il ne pouvait chasser de son esprit ce souci permanent. Lorsqu'on devient le sujet d'un pays qui a perdu son indépendance, on ne sait plus comment se comporter, on ne sait plus que penser. Il lui arrivait de mépriser sa famille. Il se disait souvent que s'il était seul, il n'aurait pas à subir le poids de ces quatre générations et qu'il pourrait alors avoir l'honneur de se consacrer entièrement à sa patrie. Toutefois, les affaires d'ici-bas ne sont pas seulement les produits de l'imagination et les sentiments familiaux sont des liens impitoyables qui poussent tout le monde vers la même destinée.

Il ne voulait plus aller au lycée, ce n'était d'ailleurs déjà plus un lycée, mais un camp de concentration pour les jeunes gens. Les Japonais y viendraient bientôt et ils introduiraient dans les cerveaux sans tache des élèves de la morphine et du poison, qui les transformeraient en « mandchous » de deuxième classe.

Désormais, il allait donc consacrer son temps à veiller sur M. Qian. Les souffrances de ce vieillard étaient comme un appel à ne pas oublier la cruauté de l'ennemi, et ses plaintes mêlées aux grondements du canon semblaient vouloir dire : « Au diable l'histoire ancienne avec ses poèmes, ses peintures et ses hommes d'honneur ! Une histoire nouvelle est en train de naître, écrite dans le sang ! »

Ruixuan voulait aussi savoir comment le vieux Qian avait pu s'évader de sa prison et rentrer chez lui. Les Japonais se sentaient-ils si peu sûrs de l'issue de la guerre qu'ils ne voulaient pas mettre à mort trop de gens ? Ou bien, M. Qian avait-il profité de querelles ou de dissensions entre les militaires et les politiciens japonais ? Ou bien encore avaient-ils, malgré leurs victoires, subi de grosses pertes, provoquant de graves conflits au sein de l'état-major, personne n'ayant de solution précise, de volonté précise, si bien qu'un homme arrêté par celui-ci se trouvait rapidement libéré par celui-là ? Il ne savait trop que penser et il espérait que le vieux Qian lui donnerait tous les détails. Ce ne serait qu'en ayant la solution à cette énigme qu'il pourrait mieux comprendre les relations entre les conquérants et ceux qu'ils avaient soumis.

Après avoir pris des analgésiques et des calmants, M. Qian dormit beaucoup mieux, même si parfois il s'agitait encore en poussant quelques cris de douleur.

Tout en veillant sur ce vieillard qui semblait profondément endormi, Ruixuan, malgré lui, ne cessait de prier à haute voix. Il ne savait à qui adresser ses prières, il se contentait d'invoquer pieusement la protection d'une « justice » et d'une « compassion » incarnée. Parfois, cela le soulageait, d'autres fois, il se moquait de lui-même. Il lui arrivait aussi de regretter ce mépris qu'il avait pour la religion en temps ordinaire : peut-être était-ce une des causes de son manque d'ardeur et de son manque de volonté pour accomplir des actes héroïques ? Cependant, en y réfléchissant bien, il se disait que les soldats japonais venus en Chine pour massacrer et incendier avaient presque tous apporté avec eux des ouvrages bouddhiques, des talismans et des amulettes ; ils avaient beau avoir une religion et croire au Paradis, cela ne les empêchait pas de se comporter comme des bêtes sauvages.

Ruixuan laissait son esprit vagabonder, passant à certains moments de la culture, de la paix et de la liberté aux beaux idéaux et aux grands sentiments, et à d'autres d'un jugement très négatif sur lui-même au constat navrant de sa ville occupée, dans laquelle il vivait soumis.

À force de réfléchir, il eut mal à la tête ; il sortit de la chambre de M. Qian tout doucement, à pas feutrés, et alla dans la cour contempler les fleurs. M. Qian n'utilisait presque jamais de pots, il préférait planter ses fleurs directement dans le sol ; bien qu'elles n'aient pas été arrosées depuis plusieurs jours, les amarantes et les mauves à l'ombre du mur étaient bien épanouies. Il les contempla en hochant la tête et en se disant : « Hé oui ! Vous êtes douces et belles comme les fleurs doivent l'être. Votre beauté, vous l'offrez au monde en absorbant l'eau et la lumière ; mais vous êtes impuissantes à vous défendre ; plus vous êtes belles et plus vous attirez les doigts cruels qui un jour couperont votre tige et vous donneront la mort. Fleurs, villes, civilisations, que vous êtes donc fragiles ! »

Ruixuan en était là de ses réflexions, quand soudain le vieux Qi s'approcha, tenant Petit Shunr par la main. Le temps est un bon remède pour la douleur. L'indisposition du vieux était moins une indisposition physique qu'une indisposition morale, et, petit à petit, il comprit que rester couché toute la journée ne faisait qu'aggraver sa maladie et qu'il valait mieux se lever et bouger. Certaines maladies sont psychosomatiques et ne peuvent être guéries que par le malade lui-même, s'il le veut bien. Le temps ayant effacé chez lui le désir d'en finir et l'ayant remplacé par celui de continuer à vivre malgré tout, il décida donc de se lever, de ne plus seulement se soucier de sa personne et de se consacrer un peu aux autres. La première personne à qui il pensa fut son bon ami, M. Qian.

Lors de l'enterrement de Mengshi, il avait jeté de derrière sa porte un coup d'œil au convoi funèbre qui sortait de la maison, puis il s'était immédiatement remis au lit et avait gémi toute la journée, chaque cercueil ayant pour lui un avant-goût du sien propre. En fait, il n'avait pas beaucoup pensé à Mengshi, uniquement préoccupé qu'il était d'essayer de s'imaginer ce qu'on pouvait ressentir quand on était mis en bière. Il avait peur de la mort et peut-être accordait-il une attention particulière à la vie éternelle parce qu'il se sentait près de la mort.

Il avait demandé à plusieurs reprises à la mère de Petit Shunr : « J'ai quelle mine aujourd'hui ? » Avec ses grands yeux encore rouges de chagrin elle avait répondu d'une voix détendue et gaie :

« Grand-père, vous n'êtes pas vraiment malade ! À votre âge, à chaque changement de saison, on a toujours un peu mal aux reins ou aux jambes, restez donc au lit encore un jour ou deux, et tout ira mieux ! Vous verrez, grand-père, vous avez une santé de fer et vous vivrez encore au moins vingt ans ! »

Ces paroles firent l'effet du médicament *wanyingding,* qui ne guérit aucune maladie, tout en les guérissant toutes, et elles contribuèrent à soulager le vieux Qi. La jeune femme en profita pour suggérer :

« Grand-père, vous devez avoir un peu faim ? Je vais vous préparer un bol de vermicelles, d'accord ? »

Le vieux Qi ne pouvait décemment pas passer directement du seuil de la mort aux vermicelles, il réfléchit un moment et proposa :

« Prépare-moi plutôt un petit bol de fécule de racines de nénuphars ! Je me sens encore la bouche pâteuse et fade ! »

Quand il apprit le retour de M. Qian, il voulut absolument aller lui rendre visite, oubliant complètement sa propre indisposition. M. Qian était un vieil ami, il se devait d'aller le réconforter et de ne plus seulement se préoccuper de son propre sort.

Il demanda à Ruifeng de l'accompagner, mais celui-ci fit comme s'il n'avait rien entendu. D'abord, il n'avait pas envie d'aller chez les Qian ; et puis, il craignait que les Guan ne le voient y aller ; enfin, il redoutait tout particulièrement d'y rencontrer Ruixuan. Il détestait déjà profondément son frère, qui avait eu l'audace d'agir ouvertement en ennemi de la famille Guan en prenant partie pour Qian Moyin et M. Jin l'autre jour. Quand il entendit son grand-père l'appeler, il s'empressa de se coucher et d'enfouir sa tête sous les couvertures ; sa rondouillarde de femme répondit pour lui :

« Il est indisposé, il vient de prendre de l'aspirine !

– Il vaut mieux qu'il prenne de la médecine chinoise avec ces fièvres automnales ! »

Le vieux Qi décida donc de sortir avec Petit Shunr.

Ravi de voir son père, l'enfant s'exclama de sa petite voix :

« Papa, l'arrière-grand-père et moi, nous voilà ! »

Craignant de déranger le vieux Qian et sa belle-fille, Ruixuan s'empressa de faire un signe de la main à Petit Shunr pour qu'il baisse le ton. Mais celui-ci ne voulait pas se taire :

« Où est grand-père Qian ? C'est vrai qu'il a été battu par les Japonais et qu'il saigne ? Ah ! ces diables de Japonais alors ! »

Le vieux Qi hochait sans cesse la tête, trouvant que son arrière-petit-fils était vraiment intelligent et qu'il pouvait être fier de lui.

Prenant son grand-père par une main et tirant de l'autre Petit Shunr, Ruixuan se dirigea lentement vers la chambre de M. Qian. Quand ils franchirent la porte, Petit Shunr semblait un peu inquiet et ne disait plus rien. Ils entrèrent dans la pièce. M. Qian était couché, le visage tourné vers eux. Il était blême, et sa peau par endroits était ternie comme si la crasse qui s'y était accumulée pendant son séjour en prison ne pouvait plus partir. Son visage était décharné et n'évoquait en rien l'apparence d'une personne endormie. Ses joues étaient très creuses, ses lèvres entrouvertes, et sa bouche ressemblait à un petit trou noir. Ses yeux n'étaient pas complètement fermés, et sous les paupières on entrevoyait un peu du blanc de ses yeux, qui bougeaient légèrement ; les cicatrices de ses brûlures faisaient des marques sombres sur ses tempes et son front. Sa respiration était très irrégulière, et quand il n'arrivait plus à respirer, il ouvrait un peu plus grand la bouche ; ses paupières se mettaient alors à bouger comme s'il voulait les ouvrir.

Petit Shunr se couvrit les yeux de ses petites mains. Un peu hébété, le vieux Qi contemplait le visage de son ami, il sentit ses yeux le picoter, puis se mouiller. Il aurait bien voulu exprimer ce qu'il ressentait, mais il n'arriva pas à ouvrir la bouche et sa langue était comme engourdie. S'il avait réussi à parler, il aurait dit à peu près cela à Ruixuan :

« Ton père et M. Qian ont à peu près le même âge, et là, je ne sais pas pourquoi, mais j'ai l'impression d'avoir ton père devant les yeux ! »

Ces quelques mots qu'il voulait mais ne pouvait dire le firent bien sûr penser aux Japonais.

Lui, un vieillard qui avait connu bien des vicissitudes dans la vie, refusait toujours de croire ce qui se disait, restant impassible et calme, afin que son cœur déjà bien faible puisse rester en paix. Depuis les incidents du 18 septembre 1931, il avait beaucoup entendu parler de la sauvagerie et de la cruauté des Japonais. Au fond de son cœur, il savait depuis longtemps que ces propos n'étaient pas inventés, mais il ne voulait pas y croire, car y croire, c'était réaliser le danger et donc perdre aussitôt l'espoir de vivre paisiblement jusqu'à quatre-vingts ans ; et cela, il ne le voulait absolument pas. Là, en voyant le visage de son ami, il pensa à son fils et donc à lui-même. Les baïonnettes des Japonais n'épargnaient pas les gens âgés. Il pouvait délibérément refuser de croire ce qu'il entendait dire, mais il lui était impossible de ne pas croire au visage de M. Qian. Ce visage était un témoignage vivant de la cruauté de l'ennemi.

Au bout d'un long moment, il fit un pas en avant. Il voulait voir de plus près les blessures sur le corps de M. Qian.

« Grand-père ! intervint Ruixuan à voix basse. Ne le dérangez pas ! » Il se disait que s'il le laissait trop regarder le dos de M. Qian, il risquait de perdre son appétit pendant plusieurs jours.

Petit Shunr tira la robe du vieux : « On s'en va ! »

Le vieux s'efforça de ne plus penser aux Japonais. Il aurait voulu dire à Ruixuan quels médicaments il fallait acheter pour guérir M. Qian, quel médecin il devait aller consulter, et où il pourrait trouver des recettes secrètes qui guérissent les blessures causées par les chutes ou les coups, mais il était toujours dans l'impossibilité totale de parler. Il aurait bien voulu que M. Qian ouvre vite les yeux et lui dise quelques mots. Il était sûr que si lui, de son côté, il pouvait lui parler, ce dernier aurait pour sûr le cœur soulagé, et alors sans aucun doute la guérison serait plus rapide. Il eut soudain l'impression que son âge, son expérience et sa sagesse étaient devenus inutiles. Les Japonais avaient blessé son ami en le rouant de coups, ils avaient en même temps brisé son propre cœur. Ses lèvres bougèrent légèrement, mais il ne put que dire :

« Allons-nous-en, Petit Shunr ! »

Ruixuan aida son grand-père, il lui trouva le bras aussi lourd que du fer. Ils arrivèrent dans la cour, le vieux s'immobilisa, hocha la tête en direction des fleurs en disant :

« Eh oui ! Ces fleurs et ces plantes mourront un jour, elles aussi ! »

CHAPITRE XXIII

M. Qian se rétablissait petit à petit. Bien que passant la plus grande partie de son temps à dormir, il avait quand même retrouvé un peu d'appétit. Ruixuan engagea en cachette sa tunique fourrée au mont-de-piété afin d'acheter quelques poules pour le malade, spécialement pour lui faire du bouillon. Il n'était pas sûr de récupérer son vêtement avant l'hiver, mais que n'aurait-il pas fait pour que M. Qian puisse recouvrer la santé ?

La jeune madame Qian avait toujours le visage aussi livide, et, refusant obstinément les soins de Mme Li, elle faisait tout ce qu'elle pouvait pour se lever et soigner son beau-père.

M. Jin passait les voir chaque matin et chaque soir, puisqu'il allait tous les jours un moment à la maison de thé. Chaque fois qu'il entrait, que le vieux soit endormi ou non, c'était toujours vers lui qu'il allait en premier lieu ; il lui adressait quelques hochements de tête, sans chercher à lui parler, puisque de toute façon M. Qian ne reconnaissait personne. Après ces quelques mouvements, il bourrait sa pipe, aspirait quelques bouffées, comme s'il voulait lui dire : « Là, là, ne t'inquiète pas, tes affaires, je m'en suis occupé ! L'important c'est que tu sois vivant, ainsi ma sollicitude pour toi n'aura pas été inutile ! » Alors une lueur de satisfaction émanait de son visage rubicond ; il y aurait dorénavant dans son existence un certain nombre de choses qu'il n'oublierait jamais : l'enterrement de son gendre, celui de la belle-mère de sa fille et le retour à la vie du beau-père de celle-ci.

Il n'avait pas beaucoup de choses à dire à sa fille non plus. Elle devait prendre son parti de son veuvage, tout comme un vendeur d'immeubles doit se résigner à vendre des immeubles ; à quoi cela lui servirait-il de s'affliger et de pleurer tout le temps ? Lorsqu'il comprenait qu'elle n'avait plus d'argent, il déposait près de M. Qian deux à trois yuan, disant à sa fille, à voix haute, comme s'il parlait à la radio devant le monde entier : « J'ai mis l'argent sur le lit ! »

Quand il entrait ou sortait, il restait toujours quelques instants sur le seuil de la porte d'entrée, pour montrer qu'il ne craignait pas de rencontrer les Guan. S'il ne voyait personne, il toussait bruyamment pour bien montrer qu'il était là. Au bout de quelque temps, les enfants de la ruelle avaient tous remarqué sa manière de faire et ils l'imitaient dès qu'ils apercevaient M. Guan.

Oh ! bien sûr, ce n'était pas cela qui empêchait M. Guan de sortir de chez lui. Il avait toujours de nombreux projets et il restait très maître de lui. « Bâtards de lapine ! les insultait-il en lui-même. Attendez un peu, vous verrez quand tout ira pour moi, je ne me gênerai pas pour vous écraser tous comme des punaises ! »

Ces temps-ci, Guan Xiaohe était plus actif dans ses démarches. Dernièrement, il avait réussi à se faire une idée à peu près claire des tenants et des aboutissants de la situation politique. De la bouche d'un petit politicien beaucoup plus habile que lui, il avait appris que les militaristes japonais souhaitaient contrôler le pouvoir sur toute la Chine du Nord et, pour ce faire, ils avaient dû renforcer la Commission des affaires politiques, qui était déjà en lambeaux. Simultanément, pour maintenir la sécurité de la ville de Peiping, ils avaient fait appel à des traîtres qui avaient créé une Association pour le maintien de l'ordre. En fait, il ne s'agissait là que d'un groupe de vieillards pas très honorables et sans aucun pouvoir effectif. C'était le gouvernement municipal qui se chargeait du service de voirie et du maintien de l'ordre pour le compte de l'ennemi ; dans ce gouvernement municipal, la clique de Tianjin était la plus influente.

Actuellement, au Shandong, au Hebei, au Henan et au Shanxi, l'armée ennemie avançait rapidement. Comme elle ne pouvait suivre chaque Chinois baïonnette à la main, il en résultait nécessairement que les politiciens japonais et les traîtres chinois devaient réorganiser ensemble la Commission des affaires politiques pour pouvoir contrôler tout le nord de la Chine. Mais cet organisme était difficile à mettre sur pied, car les militaires japonais, d'une part, détestaient la politique et ils refusaient d'autre part que les politiciens interviennent ; tout ce qu'ils voulaient, c'était pouvoir mettre sans scrupule le pays à feu et à sang. Ainsi, à Tianjin, après l'occupation des établissements scolaires, s'ils n'avaient pas tout de suite brûlé les livres des bibliothèques, ce n'était pas par amour pour ces livres, mais tout simplement parce qu'ils pensaient pouvoir les vendre et ainsi en obtenir de l'argent. D'ailleurs, quand leur consul en poste à Tianjin leur avait demandé de faire transporter tous ces documents au Japon, ils n'avaient pas hésité à incendier immédiatement les bibliothèques.

Ils trouvaient désagréable le bavardage des diplomates et faisaient tout ce qu'ils pouvaient pour contrôler le nord de la Chine en réduisant à zéro l'influence des fonctionnaires civils. Cela dit, l'armée avait besoin de vivres, de vêtements, de moyens de transport pour poursuivre son avancée victorieuse avec des effectifs réduits ; elle était donc forcée de s'appuyer sur le gouvernement et, partant, de s'assurer le concours des politiciens et des traîtres.

Peu après l'entrée des Japonais dans la ville de Peiping, l'organisation nouvelle dont on parla le plus fut l'« Union du peuple nouveau », un organisme de propagande sorti tout droit du feu de l'artillerie. Guan Xiaohe avait entendu parler de cet organisme, mais n'y avait pas prêté beaucoup d'attention, car il dédaignait le travail de propagande. Pour lui, la véritable administration, c'était le secteur des impôts ; les vrais titres, ceux de chef de district, de chef de section, de chef de département... Une « Union » sans revenus tirés des impôts, et n'ayant en son sein ni chef de district ni chef de département, ne présentait aucun intérêt. Il avait mis du temps pour comprendre qu'en fait cette Union promettait beaucoup, car elle avait des liens étroits avec l'armée. En effet, grâce à elle, les militaires japonais pouvaient dissimuler le sang de leurs massacres et s'imaginer qu'à l'égard du peuple conquis ils usaient effectivement de moyens « pacifiques », et, quand ils paralysaient une ville avec leur artillerie, l'Union du peuple nouveau s'empressait de venir appliquer un peu de pommade analgésique.

Un petit politicien avait dit à Guan Xiaohe :

« Si vous briguez un poste de haut fonctionnaire, il faut absolument le solliciter auprès d'officiers japonais ; par contre si vous cherchez quelque chose à la municipalité, il vaut mieux passer par la clique de Tianjin. Il est assez facile d'entrer dans l'Union du peuple nouveau, qui est un groupe important de bons citoyens qui ne demandent rien aux militaires japonais qu'un bol de riz et un peu d'argent, et, sous leur protection, invitent un plus grand nombre de gens à devenir de bons citoyens. Il suffit que vous ayez quelques connaissances, que vous sachiez comment on peut éditer un journal, ou bien que vous soyez capable de faire un peu de théâtre ou d'opéra ou bien encore de jouer des dialogues comiques, pour pouvoir y entrer. En plus de cela, il y a une force que je vous recommande de ne pas négliger, ce sont les " vieux " responsables locaux. La puissance de ces vieux provient du mauvais état de la situation sociale et de l'insuffisance des lois. Ils ne comprennent rien à la politique et ils n'ont qu'un seul but dans la vie, c'est d'assurer leur propre sécurité et celle de leurs acolytes. Ils se montrent en général hostiles à l'ennemi, mais si l'ennemi leur accorde un peu de considération, alors ils sont capables de coopérer avec lui d'une manière qui ne soit ni trop familière ni trop distante : ils n'iront pas jusqu'à accepter des charges de fonctionnaires, mais ils accepteront volontiers de jouer le rôle de conseillers auprès de l'ennemi quand celui-ci sera à la recherche de personnel. Croyez-moi, ils représentent une force des plus stables et des plus durables. »

Cette analyse et ce rapport étaient une découverte pour Guan Xiaohe. Bien qu'ayant toujours été proche des milieux officiels pendant une bonne vingtaine d'années, il n'avait jamais vraiment prêté attention à ce qui se passait autour de lui. Il était une mouche tout à fait ordinaire : quand il trouvait du fumier, il s'y précipitait avec les autres ; quand il n'en trouvait pas, il se contentait de se frotter les ailes avec les pattes ou, pour se distraire, de se heurter légèrement la tête sur le papier des fenêtres. Il ne s'était jamais vraiment impliqué dans quoi que ce soit, à part dans le fait de passer son temps en bonne compagnie en jouant au mah-jong et en buvant, persuadé qu'il était de pouvoir tirer de grands profits de ce genre d'activités.

Après avoir entendu tout cela, il ferma les yeux et se mit à réfléchir, tant et si bien qu'il finit par s'approprier tout ce raisonnement, et il était fier de lui. Aussitôt, il en parla autour de lui, déclarant qu'il se préparait à partir immédiatement pour Tianjin, afin de rendre visite à ses vieux amis. Il avouait avec modestie qu'il avait été trop superficiel dans le passé :

« Avant, je prétendais que l'art n'avait pas de frontières, et je parlais souvent à tort et à travers, mais à présent je crois que je me rends mieux compte des vrais problèmes. Je pense avoir fait des progrès ! Vraiment ! »

Mais finalement il ne se rendit pas à Tianjin, cédant ainsi au principal défaut des Pékinois : la hantise de se déplacer. Il se disait qu'aller à Tianjin, qui n'était pourtant qu'à trois heures de train, c'était aller en province, et qu'aller en province en ce moment, c'était vraiment risqué. De plus, à Tianjin, il n'avait aucun ami ; alors à quoi bon dépenser inutilement de l'argent sans être sûr de trouver un emploi.

Il ne connaissait aucun militaire japonais important et savait pertinemment que se trouver face à ces gens-là équivalait à se trouver face à des tigres. Quant aux « vieux » responsables, il lui était encore plus difficile de les approcher, et d'ailleurs il ne souhaitait pas les fréquenter. Ils lui faisaient tous penser à Dou Erdun, qui volait les riches pour aider les pauvres [1], et il n'y voyait aucun avantage pour lui.

Il finit par s'orienter vers l'Union du peuple nouveau. Il ne connaissait pas en détail les activités de cette Union, mais il pensait – il en était même persuadé – qu'il était tout à fait qualifié pour devenir un citoyen soumis de premier ordre. Au cas où il ne ferait pas tout de suite l'affaire, il pourrait chanter quelques airs d'opéra ou des passages de contes populaires – ceux qu'il avait appris de Tongfang – ou dire quelques extraits de sketches comiques pour appuyer sa candidature, et puis il avait été chef de district et chef de département ! Il entama donc des démarches, qui, dans un premier temps, n'aboutirent pas. Mais il ne se découragea pas, car il avait montré clairement ses intentions et ses interlocuteurs bientôt comprendraient ; il gardait confiance. À force de voleter sans but précis, comme le fait une mouche, on finit toujours par rencontrer un rat mort ou une bouse de vache, et M. Guan jouait à la perfection son rôle de mouche...

Ruifeng fut très impressionné par M. Guan quand celui-ci lui fit l'analyse de la situation. Jamais il n'aurait pensé qu'il puisse être aussi perspicace et réfléchi ! Décidément, il avait encore beaucoup à faire pour se permettre de lui lécher les bottes !

M. Guan ne parla pas de l'Union du peuple nouveau. Il savait que Ruifeng était en train de faire des démarches de son côté et il ne tenait pas à l'informer, car il risquait de se lancer dans la même aventure et donc d'entrer en concurrence avec lui. M. Guan savait parfaitement ce qu'il fallait dire et ce qu'il fallait garder pour soi.

Près de trente années de guerre confuse entre seigneurs de la guerre avaient bien « formé » l'espèce de mouche à laquelle appartenait Guan Xiaohe. Ces gens étaient des ignorants, sans cœur et sans pudeur. Les seigneurs de la guerre d'ailleurs

---

1. Personnage de l'opéra de Pékin : *Voler le cheval impérial.*

ne les recherchaient pas pour leurs capacités, mais pour s'en servir comme valets : en période de paix, ils corrompaient la société et, en cas d'invasion étrangère, ils savaient très bien s'y prendre pour accélérer la chute de la nation.

Ruifeng, qui, dans son école, n'était bon qu'à encaisser les frais d'études et à distribuer les diplômes, enviait Guan Xiaohe. Lui qui n'avait jamais été fonctionnaire, qui n'avait jamais fréquenté les seigneurs de la guerre et dont les diplômes lui permettaient tout juste d'avoir de quoi subsister, pouvait-il ne pas envier le mode de vie confortable de M. Guan ? Il voyait en M. Guan un « personnage » qui avait une grande pratique du monde, alors que lui, il n'était encore qu'un « petit oisillon » sans expérience.

Il décida de déménager le plus tôt possible dans la petite chambre du nº 3. Cette pièce était si petite qu'on ne pouvait guère y mettre qu'un lit, la porte en était minuscule et il n'y avait pas de fenêtre. Quand Ruifeng alla y jeter un coup d'œil, il ne remarqua rien de particulier – il faut dire qu'elle n'était pas éclairée –, mais il sentit quand même une forte odeur d'humidité et de crotte de chat. Quoi qu'il en soit, il était tout à fait prêt à loger dans cette petite pièce : du moment qu'il pouvait habiter dans la même maison que la famille Guan, il aurait même accepté de dormir debout.

Depuis quelques jours, au-dessus de l'immeuble où se trouvait le siège du journal *Peuple nouveau,* rue Chang'an ouest, était accroché un gros ballon blanc qu'on ne pouvait pas ne pas remarquer. Sous ce ballon pendait une grande bannière sur laquelle était écrit en gros caractères : « Célébrer la chute de Baoding ». Pour la plupart des Pékinois, Baoding n'était qu'un nom géographique, celui d'une ville qui devait être un peu plus petite que Tongzhou et bien sûr beaucoup moins importante que Tianjin ou Shijiazhuang. Ils savaient que Baoding produisait des légumes marinés dans la sauce de soja et de grosses boules de fer sonores ; ces derniers temps, on avait remarqué que de moins en moins de gens faisaient rouler ces boules de fer entre leurs doigts ; peut-être que les relations entre Baoding et Peiping n'étaient plus aussi bonnes qu'avant !

Ces mots « Célébrer la chute de Baoding » sous le gros ballon blanc attiraient tous les regards, et l'on se souvint alors de cette ville, un peu comme on se rappelle soudain un bon ami ou un parent disparu depuis très longtemps, et puis la chute d'une autre région réduisait un peu plus l'espoir que Peiping pouvait avoir d'être repris à l'ennemi. On aurait voulu porter le deuil pour Baoding, mais tout ce qu'on avait sous les yeux, c'était ce « ballon » et le mot « célébrer » ! Perdre son indépendance, c'est pour une nation ce qu'il y a de plus affligeant et de plus honteux ; être obligé de célébrer son propre asservissement, c'est au-dessous de tout !

Les Japonais, qui se disaient « connaisseurs de la Chine », en fait ne la connaissaient pas. Remportant victoires sur victoires, ils auraient pu essayer de se montrer discrets pour permettre aux Chinois de sauver la face, mais au contraire, avec leur « étroitesse d'esprit », ils ne cachaient ni leur méchanceté ni leur plaisir, profitant de la situation et s'acharnant sur leurs victimes comme un chat qui vient d'attraper une souris !

L'Union du peuple nouveau profita de cette occasion pour faire preuve de beaucoup de zèle et décida d'organiser une grande manifestation. Comme elle n'arrivait pas à mobiliser facilement d'autres organisations, elle se rabattit sur les élèves des écoles pour donner plus d'ampleur à son mouvement.

Ruifeng aimait l'animation. Quand des parents ou des amis célébraient un événement heureux, il était toujours de la fête ; même pour des funérailles, il était le premier à venir, puisqu'il était question de se distraire. Il ne s'occupait pas de la douleur de la famille du mort, c'était pour lui sans intérêt ; il en profitait pour regarder les femmes aux yeux rougis par les pleurs et vêtues de leurs habits de deuil blancs ; il les trouvait ainsi plus jolies. Il attachait beaucoup d'importance à la qualité du vin et de la nourriture et à la clarté de la voix des bonzes ; il préférait d'ailleurs de beaucoup ces psalmodies aux chansons populaires ; ce qu'il aimait par-dessus tout, c'était faire des commentaires devant sa famille une fois rentré chez lui. Les funérailles étaient l'affaire des autres. Sa jouissance n'était qu'à lui et il mettait clairement une ligne de démarcation entre les deux.

Il se sentait quand même un peu mal à l'aise à l'idée de devoir célébrer l'invasion de son pays ; mais quand il vit les drapeaux aux cinq couleurs au fronton des boutiques, les branches de pin et les bandes multicolores ornant les tramways, et les petits drapeaux de papier accrochés sur les pousse-pousse, il fut tout à fait séduit, et il se dit que les funérailles de la nation n'étaient après tout que des funérailles familiales à grande échelle et qu'il suffisait de se montrer un peu objectif pour y prendre un certain plaisir. Il fut soudain tout excité et il décida d'aller voir un peu ce qui se passait dans la rue.

Un de ses collègues du lycée, un nommé Lan Ziyang, l'ayant gratifié d'un grand sourire, lui demanda :

« Lao Qi [1], on peut compter sur toi pour le grand défilé ? »

Ruifeng se sentit obligé de faire preuve d'un zèle tout particulier, car l'admiration qu'il éprouvait pour ce Lan Ziyang n'avait d'égale que celle qu'il avait pour Guan Xiaohe.

M. Lan cumulait les fonctions de directeur du bureau de l'enseignement et de professeur de chinois écrit ; son influence au lycée dépassait presque celle du proviseur : il n'en tirait cependant aucun orgueil. Ce dont il était le plus fier, c'était de savoir composer des essais et des poèmes d'un style nouveau. Il aimait qu'on reconnaisse en lui un homme de lettres. Ses essais et ses poèmes lui ressemblaient : il était très petit, il avait le visage très maigre, le nez déviant vers la gauche et l'œil droit étiré vers le coin droit supérieur ; ainsi, tendu entre la gauche et la droite, son visage semblait toujours sur le point de se déchirer ; comme il utilisait souvent les caractères « toutefois » et « mais », on trouvait

1. Appellation familière, équivalente à « mon vieux Qi ».

ses écrits aussi énigmatiques que sa physionomie. Ses œuvres lui étaient généralement retournées par les éditeurs et il en était réduit à les publier dans le journal mural de son lycée ; il recommandait alors avec insistance aux élèves de les lire et de s'en servir comme modèles.

Il détestait les écrivains célèbres, et, si on les évoquait devant lui, son nez et son œil déviaient désespérément l'un à gauche et l'autre à droite, bouleversant totalement son visage. À son avis, si un écrivain atteignait la célébrité, c'était soit parce qu'il savait flatter l'éditeur, soit parce qu'il bénéficiait de l'appui d'un autre écrivain. Il considérait toute prise de parole par un écrivain comme un acte de propagande ou de publicité. Il ne lisait jamais les œuvres des autres, car pour lui elles ne faisaient que réduire les chances de publication des siennes. Son cœur était un tas de fumier puant, et il infectait les autres de sa propre odeur au cours de ses réflexions. Son cœur était puant, son univers aussi, mais à l'entendre dire, il se croyait vraiment charmant et parfumé comme une fleur.

À trente-deux ans, il n'était pas encore marié ; il faut dire que son visage, pas plus que ses poèmes et ses essais, n'attirait les femmes ; ne pouvant les fréquenter, il les détestait. Elles n'éveillaient en lui que le désir sexuel, et quand il voyait quelqu'un avec une femme, il imaginait immédiatement les scènes les plus sales et les plus scabreuses. Cela lui inspirait quelques vers ou quelques lignes d'essais qu'il estimait très méchants, mais qui en fait étaient incohérents ; il avait au moins la satisfaction de pouvoir cracher son venin. On aurait vraiment dit que ses œuvres étaient écrites pour lancer des injures, alors que lui-même les considérait comme reflétant un sens aigu de la justice.

Étant de constitution fragile et très coléreux, il avait une haleine particulièrement fétide ; de plus, il n'aimait pas beaucoup se brosser les dents ! Ses propos sentaient encore plus mauvais que sa bouche et, que ce soit à l'écrit ou à l'oral, ils n'épargnaient personne. M. Lan passait son temps à calomnier tout le monde perfidement. Bien sûr, ses collègues du lycée n'aimaient pas trop avoir affaire à lui ; il leur en voulait terriblement pour cela, et petit à petit il devint le despote du lycée. On prit alors l'habitude de le ménager pour la forme et il se transforma en une espèce de héros.

Cela dit, ses relations avec Ruifeng, qui était l'économe du lycée, avaient toujours été bonnes. Lorsque M. Lan le chargeait d'acheter quelque chose pour son usage privé, par exemple des serviettes ou du papier brouillon, Ruifeng achetait toujours la meilleure qualité sans lui en préciser le prix. Régulièrement, M. Lan se lançait alors dans une grande tirade sur le caractère inadmissible de la corruption. « Le moindre brin d'herbe, du moment qu'il appartient à l'État, nous ne pouvons nous l'approprier ! » Ruifeng écoutait en souriant ces « réflexions ». Quand il avait terminé, M. Lan ajoutait seulement : « Nous reparlerons de cela un autre jour ; je suppose que vous êtes très occupé ces temps-ci ! » Ainsi, « nous reparlerons de cela un autre jour » devenait petit à petit « n'en parlons plus », et c'est ce qui faisait que M. Lan avait vraiment beaucoup d'estime pour Ruifeng.

Quand les Japonais occupèrent la ville, M. Lan changea son prénom Ziyang en *Dongyang* [1], et il commença à envoyer ses œuvres aux journaux publiés par l'ennemi ou par les traîtres, qui étaient justement à la recherche d'articles. Ses poèmes et ses essais, bien qu'incohérents, s'en prenaient précisément aux écrivains qui avaient quitté clandestinement Peiping pour aller chercher du travail sur le front ou à l'arrière, et cela eut pour conséquence de faire apparaître ce pseudonyme de « Dongyang » presque tous les jours en dernière page des journaux. À présent, il pouvait injurier à sa guise les écrivains qu'il haïssait, d'autant plus facilement qu'ils n'étaient déjà plus à Peiping. Il aimait faire la chasse aux tigres morts. Il découpait soigneusement tous ses articles publiés, les collait sur du papier à lettres et les accrochait au mur ; il ne riait pas facilement, mais quand il contemplait

---

1. Le nouveau prénom choisi par M. Lan, *Dongyang,* signifie « soleil de l'Est » ; le Japon est aussi appelé couramment *Dongyang* ; ce nom s'écrit dans des caractères différents et signifie « océan de l'Est ».

ces coupures de journaux montées avec soin, il ne pouvait s'empêcher de rire aux éclats.

Il éprouvait beaucoup de gratitude à l'égard des Japonais, qui lui donnaient enfin l'occasion de « devenir célèbre », et il fut particulièrement ému de recevoir un jour une rémunération de quatre-vingts fen. Les yeux fixés sur ces quelques billets, il les imagina se transformant en quatre-vingts yuan, en huit cents yuan... En pleine euphorie, il désira faire quelque chose pour son visage : alors, la main droite sur son œil droit, il poussa son nez avec sa main gauche pour essayer de les rapprocher ; en même temps, il répétait son nouveau pseudonyme : « Dongyang ! Dongyang ! Avant, tu étais opprimé, à présent tu peux te frayer un chemin dans le monde. Tu peux aussi intégrer ou même diriger un groupe, et obtenir pour cela de hautes rémunérations. Que mon nez ne dévie plus et qu'il montre la direction d'un avenir radieux ! »

Il adhéra à l'Union du peuple nouveau.

Depuis quelques jours, il était absorbé par les préparatifs de la grande manifestation et il consacrait tout son temps à l'élaboration d'un texte de propagande dans lequel il ne mentionnait ni la guerre sino-japonaise ni les affaires capitales de l'État, mais se contentait d'adresser quelques mots satiriques aux écrivains dont il était jaloux :

« Écrivains, Baoding est pris, mais où êtes-vous ? Peut-être à Shanghai dans les bars et les dancings ? »

Ces articles très courts ne lui demandaient pas de gros efforts, et il réussit à en écrire une quarantaine, dans une rubrique qu'il intitula « Le poignard ».

L'organisation d'un défilé n'était pas aussi simple et il devait absolument obtenir le concours de ses collègues et des élèves. Il avait mis tout le monde au courant, mais malgré les menaces qu'il avait proférées, il ne se sentait pas très rassuré. La tradition voulait que ce soit le professeur de culture physique qui conduise les sorties des élèves, mais devant le refus de celui-ci, il n'osa pas trop insister, craignant qu'il ne se mette en colère et se montre violent. Les autres professeurs étaient moins dangereux, mais personne ne donna de réponse vraiment positive. C'est alors qu'il pensa à Ruifeng.

Au prix de multiples efforts, Lan Dongyang réussit à donner à son visage une expression souriante.

« Lao Qi, si les autres ne veulent rien savoir, nous pouvons très bien y aller tous les deux ! Moi, je serai le chef de file... Non, le commandant en chef, et toi, tu seras le commandant en chef adjoint. »

Le petit visage sec de Ruifeng s'illumina. Il aimait l'idée de cette fête, mais il appréciait par-dessus tout ce titre de commandant en chef adjoint.

« Vous pouvez compter sur moi !... Mais si les élèves n'obéissent pas ?

– C'est très simple ! – son nez et son œil se précipitèrent chacun dans sa direction –, celui qui ne veut pas participer, on le renvoie du lycée. C'est très simple ! »

De retour chez lui, Ruifeng se fit un plaisir de rapporter son exploit à sa grosse femme.

« Lan Dongyang a adhéré à l'Union du peuple nouveau et il vient de me demander de l'aider à conduire les élèves à la manifestation. Il sera le commandant en chef, et moi, le commandant en chef adjoint. À mon avis, si je me débrouille bien, je ne devrais pas avoir trop de difficultés plus tard pour obtenir un bon poste. »

Il ne se sentit pas entièrement satisfait de ce qu'il venait de dire, car après tout il n'avait fait que décrire la situation. Il ajouta donc :

« Pourquoi ne s'adresse-t-il pas à d'autres, mais justement à moi ? » Il aurait bien voulu que sa grosse femme lui réponde, mais elle ne dit rien. Il poursuivit alors mécaniquement :

« C'est parce qu'il sait qu'il peut toujours compter sur moi. Par exemple, chaque fois qu'il me charge d'acheter quelque chose, je choisis la meilleure qualité sans préciser les prix. Pour une serviette ou du papier brouillon, en fait, il n'a pas besoin de moi, mais je pense que sa manière d'agir est pleine de sous-entendus. Moi, en plus, je sais comment procéder. Une serviette ou du papier brouillon, je trouve toujours quelque endroit où je peux les “ prendre ”, et après, quand je les lui offre, je lui fais une faveur qui ne me coûte rien. Mais au fond, si je ne connaissais pas tous ces petits trucs, serais-je vraiment digne d'être économe ? »

Sa grosse femme hocha légèrement la tête, mais sans insister particulièrement. N'étant pas satisfait de l'effet produit, il alla voir sa belle-sœur, à qui il répéta toute son histoire, espérant bien cette fois décrocher l'éloge escompté.

« Belle-sœur, tu vas voir, toute cette animation !

– Quoi ? Par les temps qui courent, il va y avoir de l'animation quelque part ? »

Ses beaux yeux d'ordinaire si brillants semblaient dernièrement s'être un peu assombris, comme s'ils étaient recouverts d'un voile. L'indisposition du grand-père, la maladie de sa belle-mère, la tristesse de son mari, le départ du troisième frère et les moyens d'existence difficiles de la famille avaient augmenté ses soucis et son travail. Elle ne savait toujours pas pourquoi les Japonais étaient venus faire la guerre ici et pourquoi ils avaient occupé Peiping, mais ses difficultés et sa fatigue semblaient quand même l'avoir amenée à la conclusion que ces malheurs et ces souffrances étaient la conséquence de la présence des Japonais. Elle était résignée à subir tout cela et elle ne pouvait absolument pas imaginer de quelle sorte d'animation il voulait parler ; de toute façon, une chose était sûre : elle n'y participerait pas !

« Ce sera vraiment un beau défilé très animé et, moi, je conduirai tous les gens de mon lycée ! Belle-sœur, ce n'est pas du bluff, moi, le deuxième frère ! Tout compte fait, je ne m'en sors pas si mal ! As-tu déjà vu un économe conduisant un groupe de manifestants ?

– Vraiment ! » Elle ne savait pas trop quoi lui répondre, et elle se montra donc plutôt obligeante en utilisant un mot qui pouvait s'interpréter de plusieurs façons.

Pour Ruifeng, il ne fit aucun doute que ce « vraiment » voulait dire qu'il était « vraiment » un économe hors du commun. Alors, en enjolivant son récit, il lui raconta comment les choses s'étaient passées et quels étaient ses espoirs.

« Est-ce que ton frère aîné va devoir y aller lui aussi ? »

Dans le récit de Ruifeng, Yun Mei avait perçu quelque chose qui clochait. Elle savait que la ville productrice de légumes marinés dans la sauce de soja était une ville chinoise et il lui semblait étrange que les Chinois aient à célébrer la chute de cette ville. Sans aucun doute, Ruixuan allait de nouveau être très embarrassé, et il risquait de se mettre encore en colère contre elle. Elle craignait fort les accès de colère de son mari. Avant son mariage, elle s'était rendu compte que son fiancé ne l'aimait pas, aux regards et aux chuchotements des personnes de sa famille. Au fond d'elle-même, elle était contre les mariages par libre consentement, mais elle ne pouvait pas ne pas reconnaître que dans le monde présent on pouvait aussi être « libre » de choisir son conjoint. Elle n'avait commis aucune faute, elle était tout simplement née sous une mauvaise étoile, et si Ruixuan n'avait pas accepté de l'épouser, elle aurait été capable de mettre fin à son triste sort. Elle ne lui en était pas reconnaissante pour autant, car après tout il s'agissait d'un mariage régulier qui s'était fait grâce à un intermédiaire. Toutefois, elle n'aimait pas cette sensation de toujours sentir entre elle-même et son mari une espèce de voile qui les empêchait de s'unir vraiment cœur à cœur. Elle devait faire son devoir pour assurer sa dignité et sa position, et il lui fallait agir de telle sorte que ses beaux-parents voient en elle une bru habile, que ses parents et amis la considèrent comme une jeune madame Qi très comme il faut, et enfin que son mari la reconnaisse comme une épouse vertueuse.

Pas question pour elle de se conduire comme ces dames au « comportement libre » qui faisaient les yeux doux aux hommes, et elle ne voulait surtout pas devenir une ensorceleuse du style de la femme de Ruifeng. Elle ne tenait pas non plus à provoquer la colère de son mari, car cela risquait de compromettre l'équilibre de leur couple. Les réflexions, les propos et une partie des actes de Ruixuan étaient pour elle autant d'énigmes pour lesquelles elle n'avait aucune solution, et elle avait décidé de ne pas se casser la tête à essayer d'en trouver. Parfois quand même, à bout de patience, elle se querellait avec son mari, mais en y réfléchissant ensuite elle trouvait que cela ne faisait que creuser le fossé qui existait déjà entre eux ; elle en était donc arrivée à cette conclusion que seules la patience et la compréhension lui permettraient de couler des jours paisibles.

Ces derniers temps, le comportement de son mari était carrément bizarre, et elle se rendait bien compte qu'il fallait en chercher la cause dans la présence des Japonais. Depuis qu'ils étaient à Peiping, Ruixuan avait perdu son sourire, et son visage semblait perpétuellement enfermé dans un gros nuage de tristesse. Elle avait pitié de lui, sans savoir ce qu'elle pouvait faire pour le réconforter. Elle ignorait quels desseins sinistres les Japonais nourrissaient, de même qu'elle ignorait en quoi ces desseins pouvaient contrarier son mari. Elle n'osait lui en parler, malgré le souci que cela lui causait. Alors elle vaquait à ses occupations en se forçant à faire bonne figure ; dans la mesure où il ne se fâchait pas contre elle, elle était tranquille et elle rejetait la responsabilité de tous les malheurs sur les Japonais. Elle souhaitait que cette guerre se termine le plus tôt possible et que tous les Japonais déguerpissent de Peiping, afin que Ruixuan redevienne son énigme à elle et aussi le maître de maison qu'il était, causant, riant et joyeux de vivre.

Ruixuan venait de rentrer de chez les Qian. Il avait déjà entendu parler de la manifestation des élèves et avait décidé de ne pas y participer. Le jour de la rentrée, le proviseur était absent et en ce moment il devait encore être en congé. Ruixuan se disait que si la manifestation était imposée à son lycée, il y avait quatre-vingt-dix pour cent de chance pour que le proviseur donne sa démission. Il désirait vivement le rencontrer pour discuter de cela avec lui, car si vraiment celui-ci avait l'intention de démissionner, lui, Ruixuan, devrait chercher un autre emploi.

À peine était-il arrivé à la rangée de jujubiers que Ruifeng, sortant de la pièce est, vint à sa rencontre.

« Frère aîné, où en sont les préparatifs de ton école ? Pour la mienne, c'est moi qui vais conduire le défilé !

– Ah, bon ! » dit-il en gardant un visage impénétrable.

Yun Mei, qui était restée debout devant la porte de la cuisine, sentit son cœur tressaillir. Elle craignait les colères de son mari contre elle, mais elle redoutait encore plus ses colères contre les autres. Elle savait qu'en général il arrivait à se maîtriser, avant que les quelques vagues qui secouaient la famille ne se transforment en tempête ; mais là, serait-il capable de se contenir, alors que toute la ville de Peiping était dans la tourmente ?

Elle était prête à dire n'importe quoi, au risque qu'il déverse toute sa colère sur elle, plutôt que de voir les deux frères se disputer.

« Alors, comment va M. Qian ? A-t-il retrouvé son appétit ? Après ce qu'il a subi, il est indispensable qu'il reprenne goût à la nourriture !

– Il va un peu mieux ! » Ruixuan avait toujours l'air irrité, mais sa réponse fit comprendre à Yun Mei que le danger était passé.

Il entra dans sa chambre. Elle était assez fière d'elle-même. Ruifeng sourit en se disant que son frère ne savait vraiment pas vivre avec son temps.

À ce moment, M. Guan sortit de chez lui, vêtu d'une longue tunique de soie légèrement usée. Il allait certainement rendre visite à quelqu'un d'ordinaire. Il se dirigea vers le n° 6.

CHAPITRE XXIV

Dans l'histoire de la famille Guan, il y eut une période où la « grosse courge rouge » et You Tongfang s'allièrent contre Guan Xiaohe. La cause de cette coopération était Wen Ruoxia, la femme du jeune monsieur Wen qui habitait au nº 6.

M. Wen était né le premier jour du premier mois de la première année de la République de Chine, dans une grande résidence avec parc, pavillons et belvédères. Pendant toute son enfance, il avait été entouré d'objets précieux, parmi lesquels de petits lingots d'or valant un tael chacun et de petits vases ciselés dans des blocs de jade. S'il était né vingt ou trente ans plus tôt, il aurait assurément hérité d'un titre de marquis du premier degré et il aurait eu le droit de se rendre auprès de l'empereur dans une grande chaise à huit porteurs.

Il possédait de nombreux couples de pigeons très beaux, qui, tous les jours à heure fixe, voletaient tels des nuages empourprés dans le ciel, et aussi, frétillant dans de vieilles jarres moussues, de nombreux couples de poissons rouges dont la longue queue aurait pu facilement envelopper la tête. Il avait de nombreux grillons répertoriés dans des bocaux qui, à chaque combat, lui rapportaient un nombre important de piastres d'argent bien blanches. Il possédait aussi des criquets verts comme du jade, qui chantaient tout l'hiver en faisant vibrer leurs ailes et qu'il gardait dans de petites gourdes très délicatement sculptées dont les couvercles étaient sertis de pierres précieuses. Qu'il s'agisse de manger, de boire, de s'amuser, il vivait dans un confort princier, sans être pour autant soumis aux règles auxquelles devaient se conformer les princes.

Malheureusement, rançon de cette vie dorée, il tombait souvent malade, mais attirait alors autour de lui beaucoup de sympathie et d'affection, et pouvait dépenser sans compter. Sa maladie se transformait rapidement en une sorte de divertissement ; la faiblesse d'une personne de marque est souvent plus à envier que la bonne santé du pauvre.

Il était très intelligent, et malgré ses graves lacunes en lecture, dues au fait qu'il n'avait jamais beaucoup touché aux livres, il lui suffisait d'assister pendant quelques instants seulement à un jeu quelconque pour en maîtriser parfaitement la règle. À l'âge de huit ans, il pouvait déjà chanter des rôles complets d'opéras traditionnels et, à dix ans, il savait jouer de la guitare à quatre cordes et du violon à deux cordes, dont d'ailleurs il était devenu un spécialiste.

Pendant leurs dernières années au pouvoir, les Mandchous semblaient passer le plus clair de leur temps à cultiver leur art de vivre sur le dos des contribuables du pays tout entier. De la noblesse jusqu'aux soldats, chacun savait chanter le *er-huang,* le *dan xian*[1], les ballades et les airs à la mode, chacun élevait des poissons, des oiseaux ou des chiens, cultivait des plantes et dressait des grillons pour les combats. Certains d'entre eux avaient des dons pour la calligraphie ou la peinture de paysages, d'autres encore savaient écrire des poèmes, et il s'en trouvait toujours, en dernier recours, pour improviser des ballades chantées assez humoristiques et agréables ; toutes ces distractions étaient devenues un véritable art de vivre. Ils n'arrivaient pas à défendre leur territoire ni à stabiliser leur pouvoir, mais ils savaient mettre les oiseaux, les poissons et les insectes en rapport étroit avec leur culture. Dès les premiers coups de fusil de la Révolution, ils avaient enfoui leur tête sous leurs couvertures, et cela ne les avait pas empêchés d'écrire de nombreux livres pleins d'agrément et de valeur sur leur fameux art de vivre. D'ail-

1. Variété du *quyi* ; voir la note de la page 297.

leurs, on pouvait encore trouver dans quelques petits objets typiques de Peiping, comme les sifflets pour pigeons, les cerfs-volants, les tabatières peintes, les cages à grillons, les cages à oiseaux ou les statuettes du dieu-lapin, quelques exemples du raffinement des Mandchous.

Monsieur le marquis Wen n'était pas mandchou. Mais grâce à son titre, il avait été peu à peu pénétré de cette culture. S'il était né quelques décennies plus tôt, il aurait sans doute pu fréquenter la Cour et le Palais, et il aurait certainement hérité de charges très lucratives. Malheureusement, il était né le premier jour de la première année de la République. Ses idées – mais en avait-il vraiment ? –, ses goûts, ses habitudes et ses dons particuliers appartenaient tous à la période précédente ; en fait, le seul rapport direct qu'il avait avec la République était ses pieds qui en foulaient le sol !

Le peuple de la République n'était plus considéré comme esclave ; les palais princiers de Peiping, aux charpentes de bois précieux et aux tuiles vernissées, furent vendus les uns après les autres en quelques années ; certains devinrent les résidences privées de seigneurs de la guerre, d'autres furent aménagés en école ou carrément démolis ; les propriétaires de certains en vendirent les briques et les tuiles au détail pour pouvoir s'acheter de quoi manger. Le déclin de cette noblesse faisait penser aux champignons après la pluie, qui d'abord sont très beaux, mais sont bientôt réduits en poussière dispersée par le vent.

Les pavillons, les terrasses ainsi que les poissons rouges et les pigeons blancs de monsieur le marquis Wen subirent tous le même sort : ils furent vendus contre du riz et de la farine, lorsqu'il avait treize ou quatorze ans. Il ne fut pas trop affligé par tout cela, mais ce fut quand même pour lui une période désagréable. Il n'eut pas trop de mal à se séparer de tous les objets de valeur qui avaient appartenu à sa famille, lui-même d'ailleurs n'en connaissait pas le prix exact, pas plus qu'il ne savait le prix d'un demi-kilo de riz ou de farine ; il avait trouvé cette forme d'échange assez amusante, jusqu'au jour où il s'était rendu compte qu'il ne lui restait plus qu'un violon à deux cordes !

Sa femme, Wen Ruoxia, à qui il avait été fiancé depuis l'enfance, n'était pas née dans une famille aussi importante ni aussi riche, mais la sienne avait également connu un déclin subit, si bien que la jeune femme s'était retrouvée dans la même situation que lui. À eux deux, ils n'avaient presque plus rien, et à dix-huit ans ils formaient un petit ménage qui devait entièrement se prendre en charge. Ils étaient conscients de leur beauté, de leur jeunesse ; ils étaient heureux d'avoir un toit pour se protéger contre la pluie et la rosée, et cela suffisait à les rendre heureux comme un couple d'oiseaux au printemps. Ils ne s'intéressaient pas aux affaires de l'État ; ils ne savaient même pas combien il y a de continents sur la terre. Ils n'éprouvaient aucun regret, aucune rancœur par rapport au passé, aucune inquiétude, aucune crainte pour leur avenir. Parfois, quand ils avaient bien mangé, ils se sentaient bien et ils se mettaient alors à chanter à voix basse. Leurs connaissances dans l'art du chant leur permirent bientôt de subvenir à leurs besoins et de vivre désormais libres de tout souci. Leur vie avait connu des bouleversements extraordinaires, mais ils restaient aussi innocents que des bébés, et cette innocence leur apportait le plus grand bonheur.

Le jeune monsieur Wen, depuis qu'il était marié, jouissait d'une meilleure santé et, bien que toujours très maigre, ne tombait plus malade à tout bout de champ comme avant. De petite taille, le visage carré, les sourcils très longs et très fins, il avait un regard fort judicieux sur les choses de la vie. Son élégance naturelle et son air altier faisaient de lui un personnage attrayant. Quand il se rendait à des répétitions de théâtre ou lorsqu'il allait jouer du violon pour une représentation de théâtre privé, il portait toujours des vêtements choisis avec soin. Dans la vie de tous les jours, en revanche, il s'habillait de façon très simple, et personne ne pouvait imaginer qu'il était marquis ou artiste. De toute façon, qu'il fût vêtu avec recherche ou qu'il portât négligemment de vieux habits, il avait toujours la même distinction : toujours d'humeur égale, l'air toujours très naturel, le regard droit, marchant d'un pas ni trop pressé ni trop lent. Il était toujours très poli avec tout le monde, ne cherchant jamais à obtenir les faveurs de qui que ce soit, et si un voisin avait des difficultés et lui demandait secours, il ne refusait jamais, offrant immédiatement ce qu'il avait sous la main. Certains méprisaient sa profession ; mais jamais personne ne critiquait son comportement.

Wen Ruoxia paraissait plus chétive que son mari, mais en fait elle était beaucoup plus résistante que lui. Elle était la Lin Daiyu [1] de la ruelle. Petite, le visage et le cou plutôt allongés, la taille très souple, elle évoquait effectivement Lin Daiyu. Elle avait la peau très lisse, très blanche et des traits extêmement fins. Elle marchait toujours très lentement et la tête baissée, et donnait ainsi l'impression de prendre vraiment garde à ne pas écraser le moindre insecte. En la voyant marcher si lentement, si timidement, on ne pouvait l'imaginer capable de se produire sur une scène d'opéra. Quand elle chantait, elle se maquillait les sourcils d'un long coup de crayon très noir et sous ses yeux elle appliquait une légère couche de fard bleu, si bien que, lorsqu'elle entrait en scène, toute la salle applaudissait. Parfois, elle appliquait une très légère et très uniforme couche de fard rouge sur ses joues, qui prenaient alors l'aspect de deux pétales éclatants de fleurs de pêcher. Son long cou et sa taille de guêpe donnaient beaucoup d'aisance, de souplesse, mais aussi de force à ses mouvements. Elle savait parfaitement se déplacer et elle utilisait à merveille le son des gongs et des tambours ; en fait, elle ne marchait pas, elle semblait voler sur la scène. Elle pouvait chanter les rôles de femmes vertueuses, mais elle excellait tout particulièrement dans ceux de femmes légères ou galantes ; sa voix était douce, bien timbrée, avec juste ce qu'il faut de sonorité.

Grâce à la qualité de son chant, de son jeu et de sa présentation, elle était tout à fait qualifiée pour devenir une

---

1. Héroïne du roman *Le Rêve dans le Pavillon rouge,* de Cao Xueqin (XVIIIe s.), type de la beauté d'apparence fragile.

actrice professionnelle, mais elle avait toujours préféré rester amateur.

Quand elle chantait, son mari l'accompagnait au violon et, sans en rajouter pour se faire valoir, se contentait de soutenir le ton très strictement. D'ailleurs, si parfois des connaisseurs critiquaient un peu le chant de Ruoxia, à l'unanimité ils admiraient le jeu de violon de son mari. Celui-ci arrivait à mettre de côté un peu plus d'argent, car il n'avait pas à acheter de costumes ou d'accessoires de théâtre, mais aussi parce qu'il était souvent sollicité pour accompagner des représentations.

Lorsque les Wen vinrent s'installer dans la ruelle, tous les jeunes hommes du quartier se mirent à lisser leurs cheveux avec une huile spéciale pour paraître plus séduisants – ceux qui n'avaient pas les moyens se contentaient d'une brosse humide. Qu'ils aient ou non quelque chose à faire dans le coin, ils venaient toujours rôder par là, dans l'espoir de la voir. Elle ne sortait pas souvent et marchait toujours la tête baissée, de sorte qu'il leur était impossible de l'aborder. Au bout de quelques mois, tout le monde commença à mieux connaître le jeune couple et le jeu cessa. Ils étaient tous encore sensibles à la beauté de Ruoxia, mais ne nourrissaient plus de mauvaises intentions à son égard.

Celui qui faisait le plus d'efforts pour la rencontrer, c'était Guan Xiaohe. Bien sûr, il la croisait souvent dans la ruelle, mais en plus il allait régulièrement la voir jouer sur scène. Si elle avait habité loin d'ici, il n'y aurait pas eu de problème, mais en tant que proche voisin il se devait de ne pas être froid avec elle ; et puis elle était plus jeune, mieux faite et certainement plus douée que You Tongfang ; se montrer indifférent à son égard pouvait signifier qu'il était incapable de reconnaître sa valeur, malgré la justesse de son coup d'œil. Il avait bien remarqué le jeu des garçons du voisinage, mais il était persuadé de n'avoir qu'à se mettre en avant pour que tous ces jeunes gens perdent tout espoir ; son habillement, son allure, sa position, son expérience des femmes devaient être autant de modèles pour eux. Le jeune ménage Wen n'était pas bien riche, et Guan Xiaohe s'était mis dans la tête qu'il pourrait offrir à Ruoxia une ou deux paires de bas de soie de temps en temps, et il pensait ainsi en tirer quelque profit ; il fallait qu'il prenne l'initiative, et il décida de s'introduire dans la famille Wen.

Il avait croisé Ruoxia plusieurs fois dans la ruelle, il s'était approché d'elle, avait toussé délicatement en lançant quelques œillades, mais sans résultat. Il lui fallait donc changer de stratégie : un petit cadeau à la main, il alla directement rendre visite à ses nouveaux voisins.

Le jeune ménage Wen vivait dans deux pièces : un salon et une chambre à coucher. À la porte de la chambre pendait un rideau de toile blanche très propre. Le salon était seulement meublé d'un guéridon et de deux ou trois tabourets, et le papier mural à fleurs d'argent était décollé en plusieurs endroits. Dans un coin, il y avait plusieurs cannes de rotin et c'est ce qui expliquait pourquoi le salon était meublé si sommairement : le jeune couple utilisait la pièce pour faire ses exercices de combats acrobatiques.

M. Wen se mit à bavarder avec M. Guan dans le salon. Ce dernier connaissait « un peu » le style *er-huang,* tout juste assez pour pouvoir entretenir la conversation. Il avait décidé de parler théâtre avec M. Wen. Oser étaler devant un expert des bribes de connaissances mal assimilées n'est certainement pas une preuve de grande intelligence. M. Guan n'était pas sot, il était effronté.

« De Gao Qingkui ou Ma Lianliang [1], lequel préférez-vous ? » demanda M. Guan.

M. Wen répondit très naturellement par une question :

« Et vous, quel est votre avis ? » Il se comportait si naturellement que M. Guan ne pouvait pas soupçonner qu'il évitait délibérément de répondre à sa question ou qu'il

1. Gao Qingkui (1890-1942) : acteur de l'opéra de Pékin célèbre pour sa voix simple, pleine et vigoureuse dans les rôles de personnages d'âge mûr. Il fut le chef de l'école *Gao.* – Ma Lianliang (1901-1966), acteur de l'opéra de Pékin célèbre pour sa voix moelleuse, naturelle et dégagée. Il commença par les rôles martiaux, puis se spécialisa dans les rôles de personnages d'âge mûr. Il fut le chef de l'école *Ma.*

voulait mettre à l'épreuve les connaissances de son hôte. Non, personne n'aurait pu l'en soupçonner. Il était si naturel, si simple. C'était un noble. Depuis son enfance, il avait appris à se comporter ainsi : ne pas s'empresser d'exposer son point de vue, mais cela avec une telle simplicité, un tel naturel, que l'interlocuteur ne pouvait imaginer qu'il s'agissait en fait d'une ruse.

M. Guan ne sut que répondre. Il ignorait les points forts et les points faibles de l'un comme de l'autre. Il fronça légèrement les sourcils. « Peut-être Gao Qingkui est-il légèrement supérieur ! » Craignant d'avoir dit une bêtise, il s'empressa d'ajouter : « Légèrement, très légèrement ! »

M. Wen ne hocha pas la tête en signe de désapprobation ni ne l'inclina en signe d'assentiment. Il n'insista pas. Il ne voulait pas fâcher M. Guan et ne pouvait se permettre d'approuver. Ainsi, il abandonna le problème et parla d'autre chose. Depuis sa petite enfance, il avait vécu au sein d'une société dans laquelle il avait rencontré de grands personnages, hommes et femmes, dont chaque trait avait été forgé par la ruse et l'intelligence, ce qui leur avait donné « un air naturellement agréable ». Son visage ne laissait rien paraître, mais au fond de lui il méprisait M. Guan.

Dans le courant de la conversation, voyant que les yeux de son hôte se tournaient sans arrêt vers le rideau de toile blanche, M. Wen appela : « Ruoxia ! M. Guan est venu nous rendre visite ! » On aurait pu croire à l'entendre qu'il parlait d'un ami de longue date.

Les yeux de M. Guan fixèrent le rideau et, malgré lui, son cœur se mit à battre beaucoup plus fort.

Très, très lentement, Ruoxia souleva le rideau, puis, d'une façon très théâtrale, entra dans le salon. Elle portait une robe ample de toile bleue, des chaussures de satin blanc et son visage était légèrement poudré. En pénétrant dans la pièce, elle se trouva juste en face de son hôte et le regarda avec beaucoup de naturel et de simplicité. Habillée ainsi, elle semblait plus petite que sur scène ; son visage n'était pas aussi resplendissant, mais sa peau fine et lustrée, le naturel de ses traits la faisaient paraître plus jeune et encore plus charmante.

« Asseyez-vous, M. Guan ! » Sa voix dégageait une énergie extraordinaire. C'était une voix solide, claire, une voix agréable et pleine d'élégance qui laissait supposer qu'elle était tout à fait capable de se défendre.

À peine s'était-il levé que M. Guan se rassit. Les idées se brouillaient dans son esprit. Ruoxia était vraiment belle, mais il ne pouvait la contempler à loisir. Sa voix était très agréable, mais il ne voulait plus l'entendre, car elle n'était pas aussi séduisante que sur scène.

Avant d'entrer chez les Wen, M. Guan avait pensé qu'il serait accueilli à bras ouverts, étant persuadé que son rang et sa position dépassaient de loin les leurs ; il voulait leur proposer de les aider et ils allaient certainement lui en être reconnaissants et le remercier. Il ne s'était pas du tout imaginé que leur attitude serait si calme et si naturelle. Il était un peu dérouté ! Il ne pouvait plus tenir les propos qu'il avait préparés, et il savait bien que chercher à l'improviste un sujet de conversation amenait facilement à dire des bêtises. De plus, quel que soit le sujet abordé, M. Wen et sa femme le suivraient sur son propre terrain, car ils savaient garder une certaine mesure dans leurs propos et leurs manières ; ils ne dépasseraient pas cette mesure et ne toléreraient pas que M. Guan la dépasse. M. Guan excellait à jouer les imbéciles en prenant des « initiatives brutales ». Il se souvenait que naguère, la première fois qu'il avait invité You Tongfang à dîner, il l'avait embrassée sur la bouche en feignant d'être un peu fou. Il lui était tout à fait impossible de faire cela aujourd'hui.

Pendant la visite de M. Guan, beaucoup de gens rendirent visite au jeune couple. Certains venaient pour demander à Wen de jouer et pour fixer un rendez-vous, d'autres venaient pour parler d'opéra avec Ruoxia et pour profiter de ses conseils en la matière, d'autres encore venaient pour apprendre le violon avec M. Wen... Hommes, femmes, jeunes, vieux, tous semblaient être des gens inutiles, mais si la société avait l'intention de ressembler à une société, ces gens étaient indispensables. Ils étaient utiles du fait même qu'ils étaient inutiles. Ils paraissaient tous conscients de cela ; en entrant dans la pièce, ils inclinaient légèrement la tête vers M. Guan, montrant ainsi leur éducation et leur dignité, et au moment de partir, ils disaient tout simplement « au revoir » ou « je vous quitte ».

M. Guan resta quatre heures chez les Wen, et aucun des visiteurs, qu'ils soient venus pour parler d'opéra, pour s'exercer aux combats acrobatiques ou pour apprendre à jouer du violon, ne parut le moins du monde gêné par sa présence ; tous semblaient très à l'aise et aucun n'attacha la moindre importance à Guan Xiaohe. Tout en faisant leurs exercices, ils riaient et bavardaient. Les affaires et les personnes dont ils parlaient étaient pour la plupart inconnues de M. Guan. Ils avaient leur société à eux. Ils utilisaient parfois des mots grossiers, mais ils étaient dits de manière si charmante qu'ils perdaient tout ce qu'ils pouvaient contenir d'impoli. Leur comportement n'était pas vulgaire, superficiel ou désordonné comme M. Guan se l'était imaginé.

Il trouva tout le monde très froid avec lui et, à plusieurs reprises, voulut prendre congé ; en fait, c'était lui qui s'était surestimé et qui pensait qu'on devait le traiter avec des égards particuliers. Se rendant compte de tout cela, il décida de ne pas rester assis là, stupidement, mais de participer à la conversation. Il parvint à faire comprendre à M. Wen qu'il savait chanter un peu de *er-huang,* il espérait ainsi se faire accompagner au violon par le jeune homme. Celui-ci n'inclina ni ne hocha la tête et ne releva même pas les propos de M. Guan, qui se trouva alors dans une situation vraiment sans issue. Il devait s'en aller.

Juste à ce moment, alors que le salon était plein de monde, M. Wen roula le rideau de toile blanche de la porte de la chambre. M. Guan fut ébloui.

Toute la pièce avait été nouvellement tapissée de papier blanc et elle était aussi propre et accueillante qu'une chambre nuptiale. Le lit était à ressorts d'acier et les quelques meubles en palissandre. Sur les murs pendaient quatre ou cinq masques d'opéra en argile, fabriqués sous le contrôle d'acteurs célèbres, et le jeune couple avait accroché une photo de Tan Jiaotian, le grand acteur, en costume de théâtre, et un paysage d'assez grande valeur. Pendant les quelques années où M. Wen et sa femme avaient été obligés de dormir dans un lit de bois avec pour tout matelas une paillasse, ils ne s'étaient pas plaints. Maintenant qu'ils étaient plus à l'aise, ils avaient su choisir avec beaucoup de goût ce qui était pour eux confortable et élégant.

Guan Xiaohe contempla tout cela avec un air vraiment hébété. C'était bien plus luxueux que chez lui. Il s'approcha de la porte et regarda à l'intérieur. Au bout d'un moment, il avança pour regarder le tableau de plus près et en profita pour inspecter la chambre. Il s'assit sur le bord du lit et remarqua les broderies sur les oreillers. Il resta assis là plus d'une heure. Il se dit que Ruoxia devait avoir une occupation auxiliaire pour pouvoir s'offrir de tels meubles et de si belles décorations.

Il était décidé : il coucherait dans ce lit plusieurs fois !

Le lendemain, il se présenta chez les Wen très tôt. L'accueil ne fut ni cordial ni distant, leur attitude était la même que celle de la veille. À l'heure du repas, Guan Xiaohe les invita à déjeuner avec lui dans un petit restaurant, mais, ayant été contactés pour participer à une représentation théâtrale dans une résidence privée, ils déclinèrent son invitation.

Le surlendemain, M. Guan vint encore plus tôt. Le jeune couple l'accueillit comme d'habitude. Les choses certes ne marchaient pas comme il l'aurait souhaité, mais c'est précisément ce qui le poussait à ne pas abandonner. Il se sentait bien chez les Wen, même si l'on n'avait plus rien à se dire, même si l'on se regardait les uns les autres avec un air un peu embarrassé.

Ces derniers temps, la « grosse courge rouge » s'était réconciliée avec You Tongfang.

L'imposante Mme Guan était née dans une famille très riche. C'est d'ailleurs cet argent qui avait attiré le cœur de M. Guan et qui l'avait finalement décidé à la prendre pour épouse. Au début de leur mariage, la « grosse courge rouge » aimait beaucoup son mari. Il faut dire qu'il était alors un jeune homme tout à fait galant. Elle était pourtant toujours inquiète, car elle avait l'impression qu'il ne lui consacrait pas toute son affection – en gardait-il une partie pour une autre femme ? Elle réagit en l'enveloppant dans une espèce de filet qui ne lui laissait vraiment aucune chance de s'échapper. Quand il était près d'elle, elle savait s'y prendre pour le chérir, le soigner, le servir, telle une sœur aînée pleine de tendresse pour son frère cadet. Mais quand elle percevait le moindre désir de sa part de s'élancer hors de ce filet, elle savait le ramener à l'obéissance sans le ménager, aussi impitoyable qu'une marâtre rouant son fils de coups.

Ce qu'elle regrettait par-dessus tout, c'était de n'avoir pas réussi à donner un fils à la famille Guan. Elle était certes une forte femme, mais il lui était impossible de proclamer au monde d'une voix retentissante qu'elle n'était pour rien dans le fait de n'avoir pu donner naissance à un fils. Elle était allée consulter tous les spécialistes, elle avait brûlé de l'encens devant toutes les divinités en rapport avec la naissance des enfants, en vain, et finalement elle ne put empêcher M. Guan d'épouser une concubine. Son but était très clair : il voulait un fils, il lui fallait donc trouver une concubine qui prenne la relève. Elle fit des scènes en se roulant de colère sur le lit et en versant des seaux de larmes ; tantôt elle affirmait qu'elle allait se suicider, tantôt elle se faisait tendre pour le supplier... Elle utilisa tous les moyens possibles, en vain. Elle ne put l'empêcher d'épouser You Tongfang.

Dans cette affaire, M. Guan fit preuve de pas mal d'audace et d'intelligence. En trois jours, il avait tout réglé ; il invita ses amis à un banquet, leur dit qu'il épousait une seconde femme pour avoir un fils et loua une chambre dans le sud de la ville, qui lui servit de seconde chambre nuptiale. Les mariés ne s'étaient pas encore endormis que la « grosse courge rouge », à la tête d'une bande, vint y déclencher une attaque surprise ; il y avait peu de choses dans cette chambre, mais tout fut saccagé. Elle voulait montrer à cette You Tongfang de quel bois elle se chauffait. Puis elle appela un taxi et ramena Tongfang et Xiaohe à la maison. Elle ne pouvait nier l'existence de cette concubine, mais elle voulait pouvoir la contrôler et elle était prête à la tourmenter jusqu'à ce qu'elle en meure !

Heureusement, Tongfang sut réagir fermement et, à chaque attaque de la « grosse courge rouge », elle répondait par une contre-attaque énergique. Ainsi, malgré leurs disputes incessantes à la moindre occasion, les deux femmes finirent par éprouver une sorte d'admiration l'une pour l'autre, et c'est ainsi que Tongfang parvint à se faire accepter.

Réalisant que Guan Xiaohe allait tous les jours chez les Wen, la « grosse courge rouge » et You Tongfang, d'ennemies qu'elles étaient, devinrent alliées. La « grosse courge rouge » était bien décidée à ne pas tolérer que son mari ramène chez lui une seconde femme de mauvaise vie. Quant à Tongfang, qui elle non plus n'avait pu donner de fils à M. Guan, elle avait conscience de son âge et se disait que, si M. Guan prenait une autre concubine, son avenir à elle risquait d'être très sombre. Elle s'allia donc avec la « grosse courge rouge », mais décida de lui laisser les pleins pouvoirs.

Celle-ci aborda donc le sujet avec Xiaohe, en allant droit au cœur du problème :

« Xiaohe, nous te demandons de ne plus faire de visite au nº 6. Si tu persistes à y aller, moi et Tongfang, nous nous sommes mises d'accord pour te casser les jambes ; certes, tu deviendras infirme, mais nous préférons cela et nous te soignerons ! »

Guan Xiaohe voulut répliquer que s'il allait chez les Wen, c'était seulement pour entendre un peu d'opéra.

La « grosse courge rouge » ne le laissa pas achever.

« Pour l'instant, tes jambes sont encore en bon état, alors si tu veux aller là-bas, vas-y ! Seulement, à ton retour, tu sais ce qui t'attend... et n'oublie pas que je fais toujours ce que je dis ! » Elle parlait à voix basse et son visage avait la pâleur de la mort ; on la sentait tout à fait capable de mettre immédiatement sa menace à exécution.

Guan Xiaohe n'osa pas engager les hostilités ; il eut quelques velléités pour aller promener ses jambes à l'extérieur, mais en pensant à la réaction de sa femme, il les ramena à leur position initiale.

Tongfang rendit visite à leur jeune voisine. Elle pensait avoir une position semblable à celle de Ruoxia ; elle pouvait donc profiter de cette similitude de profession – l'une chanteuse de ballades, l'autre actrice de théâtre amateur – pour lui parler tout à fait franchement. Tongfang exposa non sans difficulté tout ce qu'elle avait sur le cœur. Ruoxia ne réagit pas vraiment et ne dit que quelques mots sur un ton indifférent : « S'il vient, il m'est impossible de le chasser ; s'il ne vient pas, jamais je ne lui enverrai de carte d'invitation. » Sur ce, elle eut un petit rire charmant. Tongfang n'était pas satisfaite de la réponse de Ruoxia ; elle avait pensé que celle-ci lui promettrait de ne plus jamais ouvrir sa porte à Guan Xiaohe. Avec la réponse qu'elle avait obtenue, elle était persuadée que Ruoxia éprouvait quelques sentiments pour lui. Elle garda son calme, mais, de retour à la maison, elle décida avec la « grosse courge rouge » de faire à tour de rôle le guet dans le passage voûté, pour surveiller les entrées et les sorties de Guan Xiaohe.

Il lui était complètement impossible d'échapper à cette surveillance, si bien qu'il n'eut d'autre solution que d'essayer de savoir où et quand Ruoxia chantait, afin de pouvoir aller l'applaudir. Il espérait aussi pouvoir lui rendre visite en coulisse et l'inviter à dîner. Il la vit chanter, mais jamais, depuis la scène, elle ne lui jeta le moindre regard. Il se rendit alors dans les coulisses pour fixer un rendez-vous avec elle, mais, chaque fois qu'il arrivait, elle avait déjà disparu !

Il ne fallut que très peu de temps à la « grosse courge rouge » et à Tongfang pour percer le secret des activités de Guan Xiaohe. Elles décidèrent donc un jour de le suivre discrètement au théâtre. M. Guan venait juste de crier « Bravo ! » de toutes ses forces pour accueillir l'entrée en scène de Ruoxia, quand il se sentit violemment tiré par les oreilles ; il ne comprit qu'il avait été victime des deux femmes qu'après avoir été traîné ainsi hors de la salle !

Même après ce coup-là, Guan Xiaohe ne renonça pas tout

de suite à son projet, même s'il faisait mine d'obéir à sa femme en ne jetant plus aucun regard vers le nº 6.

Après l'occupation de Peiping, Guan Xiaohe recommença à s'intéresser aux époux Wen. En effet, les théâtres étant maintenant fermés, et les représentations théâtrales sur commande dans des résidences privées très compromises, les époux Wen, malgré leurs meubles en palissandre, risquaient de se trouver bientôt dans le besoin. Il allait pouvoir profiter de cette situation pour leur apporter un peu de riz ou quelques yuan ; il n'agirait pas secrètement, de peur de provoquer un malentendu ; il ne pouvait pas non plus tout expliquer à sa femme, qui ne croirait jamais qu'il faisait cela de manière désintéressée. Ce regain d'intérêt pour le jeune couple lui faisait d'une certaine façon avoir pitié de lui-même, car il en était arrivé à perdre tout son crédit et sa dignité auprès des siens.

Depuis quelque temps, il s'intéressait à l'Union du peuple nouveau et il avait appris que la grande manifestation pour célébrer la chute de Baoding était dirigée par cette organisation et qu'elle avait déjà invité beaucoup de professions et d'associations à s'y joindre. Ces diverses associations étaient des unités dépendant d'organisations populaires dont les membres participaient à ces célébrations religieuses bouddhiques ; elles avaient toutes leur spécialité : danse des lions, acrobatie avec jarres, danse des repiqueurs de riz, etc.

Ces dernières années, avec l'augmentation des difficultés dans la vie quotidienne et les nombreux changements intervenus dans les divertissements populaires, ces « associations » semblaient sur le point de disparaître à Peiping. Ce ne fut que pendant les années précédant immédiatement la guerre sino-japonaise que leurs activités revinrent à la mode ; mais on ne les pratiquait plus seulement dans des lieux de culte et elles avaient de plus perdu leur caractère religieux, devenant presque des compétitions sportives. Elles rappelaient le bon vieux temps à de nombreuses personnes âgées, qui ne pouvaient s'empêcher en y assistant de pousser de longs soupirs ; de nombreux jeunes gens au contraire, croyant y voir un phénomène de renaissance du temps jadis, commencèrent à les maudire.

L'Union du peuple nouveau se souvint de ces « associations » d'une part parce qu'à travers elles, elle pourrait s'assurer un large soutien populaire ; mais aussi parce qu'elles ne pratiquaient que des activités d'origine authentiquement chinoise, et cela ne manquerait pas de plaire aux Japonais, qui voulaient absolument anéantir la Chine par des moyens chinois.

Guan Xiaohe se rendit au n° 6, cette fois-ci avec l'accord de sa femme. Il allait voir maître Liu, l'artisan tapissier, dont le passe-temps favori, comme tous les artisans tapissiers d'ailleurs, était la pratique de la danse des lions. Quand plusieurs « associations » organisaient un cortège, et qu'au cours du défilé on passait sur un pont, lions et lionceaux devaient jouer « la danse de l'aspiration de l'eau », qui était très dangereuse, mais la plus propice à témoigner du talent des danseurs. Il n'y avait que les artisans tapissiers habitués à grimper assez haut avec des échelles qui étaient capables de pratiquer ce genre d'exercices. Et maître Liu était passé maître en la matière.

Si Guan Xiaohe était venu prier maître Liu de participer à ces manifestations, ce n'était pour le compte de personne. Son intention était d'« offrir » lui-même à l'Union du peuple nouveau un ou deux spectacles, de manière à attirer l'attention sur lui. Il avait dans un premier temps contacté un journaliste qui ferait un peu de propagande.

À peine arrivé devant la porte du n° 6, son cœur se mit à battre plus vite et il aurait bien sûr préféré foncer vers les pièces à l'est, comme une fusée ! Toutefois, il serra avec force le frein dans son cœur et dirigea ses pas vers la petite pièce au nord.

« Maître Liu, vous êtes là ? » demanda-t-il tout bas.

Maître Liu était de taille moyenne, mais son corps dégageait une telle énergie qu'il paraissait grand. Il atteignait la quarantaine sans presque aucune ride. Il avait le visage rond, plutôt maigre, avec des pommettes saillantes et luisantes, et son teint mat faisait ressortir le blanc de ses yeux et l'éclat de sa denture très régulière. Ainsi se dégageait de sa personne une impression d'entrain et de santé.

Entendant quelqu'un l'appeler au-dehors, il se précipita d'un pas aussi vigoureux et rapide que celui d'un léopard pour accueillir le visiteur. Il avait même préparé une mine souriante qui adoucissait les angles et l'éclat de son visage. Quand il aperçut Guan Xiaohe, son sourire disparut d'un seul coup et son visage se fit à la fois très sombre et très dur.

« Oh ! Monsieur Guan ! » Il arrêta son hôte sur le seuil, montrant par là qu'il n'avait pas envie de le laisser entrer pour expliquer le pourquoi de sa visite. Son intérieur était en effet très étroit et peu pratique pour accueillir un hôte distingué. Il est certain que s'il s'était agi de quelqu'un d'autre, il ne se serait certainement pas soustrait à son devoir, qui était de l'inviter à entrer et de lui offrir du thé.

M. Guan ne se formalisa pas devant l'attitude de maître Liu, et, faisant preuve d'un incroyable sans-gêne, il tenta d'entrer de force dans la pièce. Il était capable d'admirer même les pets des gens d'un rang supérieur à lui, mais avec des gens inférieurs en revanche, il ne tenait pas plus compte de ce qu'ils pouvaient dire que d'un pet de lapin.

« Qu'est-ce qui vous amène, monsieur Guan ? dit maître Liu, toujours bien planté devant sa porte. Et si nous allions jusqu'à la maison de thé ? Ma chambre n'est pas vraiment présentable ! » Il pensait que M. Guan avait enfin compris ce qu'il voulait dire et il s'écarta un peu – être obligé de barrer le chemin à un visiteur, c'était quand même gênant !

M. Guan ne prêta aucune attention à ce que venait de dire maître Liu. Encore une fois, il manifestait ce culot incroyable dont il avait fait preuve durant toute son existence. Voyant que maître Liu s'écartait un peu, il tendit la main pour pousser la porte. « M. Guan, je viens de vous dire que ma chambre n'est pas un lieu commode, si vous voulez me parler, faites-le ici ! »

Le ton avait changé et M. Guan se rappela soudain qu'il était venu pour solliciter l'aide de maître Liu ; il ne pouvait donc pas se montrer trop impoli. Il sourit, et dit d'une voix très agréable, sur un ton d'actrice jouant un rôle de jeune femme :

« Maître Liu, je viens solliciter votre aide !

– Je vous écoute, monsieur Guan !

– Non ! » Celui-ci lança une œillade. « Non ! Vous devez d'abord me promettre votre accord !

– Tant que vous ne m'aurez pas expliqué clairement de quoi il s'agit, je ne vous promettrai rien du tout ! » Maître Liu parlait avec beaucoup de fermeté.

« Mais c'est trop long à expliquer, et nous deux ici, sans endroit pour parler... Guan Xiaohe regarda autour de lui, montrant qu'il ne trouvait pas le lieu très propice à une discussion.

« Qu'importe ! Nous, les gens ordinaires, quand nous réglons une affaire, deux mots suffisent, nous parlons sans détour, rapidement, sans mâcher nos mots, et nous n'avons pas besoin d'endroit particulier ! » Les dents blanches de maître Liu étincelaient et son visage avait changé de couleur.

« Maître Liu, vous savez... » M. Guan regarda à nouveau autour de lui et se mit à parler très bas :

« ... pour Baoding... il va y avoir une grande manifestation !

– Oh ! oh ! » Maître Liu ébaucha un drôle de sourire. « Vous venez me demander d'exécuter la danse des lions, n'est-ce pas ?

– Plus bas, plus bas, je vous en prie ! » M. Guan commençait à s'impatienter. « Comment avez-vous deviné ?

– On est déjà venu me faire la même demande !

– Qui ?

– Ben, quelque chose comme une association du peuple !

– Oh !

– Je leur ai dit que jamais je n'exécuterai la danse des lions pour les Japonais ! Je suis né à Baoding, les tombeaux de mes ancêtres sont à Baoding ! Comment pourrais-je célébrer la chute de Baoding ? »

Guan Xiaohe resta silencieux un court instant, puis soudain il esquissa un sourire flatteur : « Maître Liu, si vous ne voulez pas leur rendre service, peut-être pouvez-vous faire preuve d'un peu de considération pour moi ? Nous sommes de vieux amis ! » Il fronça les sourcils dans le but de renforcer l'effet attendrissant qu'il voulait produire.

« Monsieur Guan, même si mon père me le demandait, jamais je ne pourrais aller exécuter une danse des lions pour les Japonais ! »

Sur ces mots, maître Liu ouvrit sa porte et rentra chez lui ; il y avait dans son attitude autant d'arrogance que de majesté.

Guan Xiaohe était au paroxysme de la fureur : il s'en voulait de ne pouvoir le suivre dans sa chambre, car il aurait bien voulu le frapper tout son soûl ! Il n'osa rien faire, car il savait l'artisan tapissier assez fort pour tenir tête à cinq personnes comme lui ; et puis, malgré sa haine pour maître Liu, il lui était impossible de l'accabler de reproches valables. Il resta donc là, debout, l'air stupide, ne sachant que faire.

Juste à ce moment, le jeune monsieur Wen entra dans la cour, toujours aussi serein et décontracté. Guan Xiaohe fit preuve de beaucoup de présence d'esprit à ce moment critique et, en faisant semblant de pousser la porte de maître Liu, il cria : « Ne me raccompagnez pas ! Ne me raccompagnez pas ! »

Le jeune monsieur Wen avait surpris le geste de M. Guan, il lui sembla aussi entendre maître Liu dire depuis sa chambre : « Alors, vraiment, je ne vous raccompagne pas ! » Un beau sourire éclaira son petit visage carré.

« Monsieur Wen ! D'où venez-vous ? » demanda M. Guan très cordialement. Avec beaucoup de naturel et toujours souriant, le jeune homme leva sa main gauche pour la montrer à M. Guan : « Je viens du mont-de-piété ! »

M. Guan s'aperçut qu'il tenait à la main une reconnaissance de dette. Il aurait pu profiter de cette situation pour exprimer sa sollicitude et son désir de rendre service. Cependant, M. Wen ne semblait absolument pas honteux d'avoir dû hypothéquer quelque chose au mont-de-piété. Il montrait le papier sans aucune gêne et peut-être trouvait-il cela amusant ; en tout cas, il ne cherchait absolument pas à émouvoir

M. Guan, qui le regardait, incapable pour le moment de dire quoi que ce soit. M. Wen sourit, inclina la tête et s'éclipsa. Guan Xiaohe se retrouva seul, debout, au milieu de la cour.

Il aurait bien voulu entrer chez les Wen pour discuter de choses et d'autres, il y aurait vu Ruoxia, il aurait pu l'approcher une nouvelle fois, faisant fi des remontrances de sa femme ! Mais M. Wen s'était esquivé trop vite, et il n'avait pas osé le suivre. Le comportement des hommes rappelle parfois celui de l'acteur de théâtre, qui, ne faisant pas ce qu'il faut au bon moment, embrouille le jeu de tout le monde.

Il se dirigea vers la sortie, la tête basse.

En passant près des grands sophoras, il tomba sur Qi Ruifeng ! Quand M. Guan aperçut Ruifeng, son cœur bondit de joie ; il était ravi ; il se reconnaissait un peu dans ce petit visage sec. Comme un petit enfant qui retrouve sa mère, il se précipita vers lui.

Ruifeng regardait Niuzi en train de jouer. Il n'avait pas encore d'enfants, et il aimait beaucoup s'occuper de son neveu et de sa nièce. Entre Petit Shunr et Niuzi, il préférait de beaucoup la petite fille, car le garçon lui faisait inévitablement penser à « la postérité », et il ne pouvait s'empêcher d'en être un peu jaloux.

Ce jour-là, Ruifeng était particulièrement heureux, car il allait avoir l'honneur de conduire le défilé des élèves ; il avait donc amené Niuzi s'amuser dans la cour et avait décidé que si un vendeur de bonbons passait par là il donnerait cinq fen à l'enfant pour qu'elle s'achète quelques friandises.

Sans attendre les questions de M. Guan, il lui raconta tout sur Lan Dongyang et le défilé. Il exultait et, tout en parlant, ne cessait de soulever légèrement ses talons, comme pour montrer que sa position s'était élevée tout d'un coup.

En entendant ce récit, M. Guan ressentit un peu de jalousie, mais il ne convenait pas qu'il le montre. Il se força à sourire, mais ce fut un sourire sans éclat. Il tira à lui la main de Ruifeng :

« Me serait-il possible de rencontrer ce monsieur Lan

Dongyang ? Tiens ! Je vais tout simplement l'inviter à dîner chez moi ! Vous et votre femme, vous serez de la partie, d'accord ? »

Le cœur de Ruifeng s'épanouit telle une grosse fleur. Pour lui, être invité à dîner, il n'y avait que cela de vrai, de bien et de beau ! Bien sûr, il n'osa donner son accord pour Lan Dongyang, et, pour lui-même et sa femme, il fit semblant de réfléchir un peu pour mieux mettre en valeur sa nouvelle importance.

« C'est donc décidé ! » M. Guan ne permit pas à Ruifeng d'hésiter plus longtemps. « S'il vous plaît, faites-lui la commission, je vais de ce pas préparer une carte d'invitation ! Si jamais il ne peut venir aujourd'hui, mettez-vous d'accord sur une autre date. »

Ruifeng était très ému. Il voulut dire quelque chose qui viendrait du plus profond de son cœur, pour répondre à l'honneur que lui faisait M. Guan. Après un court moment de réflexion, il eut soudain une illumination :

« Monsieur Guan ! M. Dongyang n'est pas encore marié ! Ne m'avez-vous pas dit que vous cherchiez un mari pour votre fille aînée ?

– Mais si ! C'est très bien ! Il a étudié...

– La littérature ! C'est un homme très instruit, vraiment très instruit !

– Parfait ! Gaodi lit beaucoup ! Après tout, puisqu'elle aime la littérature, elle doit aussi aimer les écrivains ! Quant à cette affaire, hum... Ça me semble parfait ! »

Ils se sourirent sous les grands sophoras et se séparèrent à regret – l'un entra au n° 3, l'autre au n° 5.

CHAPITRE XXV

Peiping, le vieux Peiping, paraissait encore plus beau depuis sa chute ; Peiping, la ville où tout ce qui se passait avait quelque chose d'original mais jamais rien d'extraordinaire, fut le théâtre d'un phénomène étrange.

Tout comme les autres Chinois, les Pékinois passent leur temps à se chamailler et ne prennent jamais rien au sérieux. Qu'ils assistent aux funérailles solennelles d'un prince ou d'un duc, avec un cortège long de deux ou trois li accompagné d'un impressionnant appareil et de très nombreux instruments de musique, ou qu'ils regardent passer un petit enterrement avec ses quatre porteurs et ses quelques poignées de monnaie en papier, les Pékinois, en bons badauds et sans aucune pensée pour la mémoire des défunts, considèrent ces manifestations comme de simples spectacles.

Qu'ils assistent au combat d'un roi au visage peint en vert contre un roi au visage peint en blanc ou qu'ils soient témoins de la chute de leur empereur chassé par les Huit puissances alliées, les Pékinois se contentent d'arborer un sourire hypocrite ne reflétant aucune émotion sincère.

Or, ce jour-là, tout Peiping assista, peut-être pour la première fois, à un grand défilé, avec beaucoup de gravité, d'affliction et les yeux pleins de larmes.

L'influence de l'Union du peuple nouveau était encore faible, car elle ne comptait que peu de membres et elle n'avait pas réussi à mobiliser beaucoup de monde dans les différents milieux de Peiping pour cette manifestation. Ceux qui participaient au défilé étaient donc pour la plupart des élèves.

Ceux-ci, quel que soit leur niveau d'études, quels que soient leur docilité, leur naïveté ou leur jeune âge, avaient une idée un peu plus claire que leurs aînés de ce que représentait « la nation ». Baissant la tête, des larmes pleins les yeux, tenant leur petit drapeau de papier à l'envers, ils marchaient en rangs, en direction de la place Tian-An-Men. On aurait dit qu'ils participaient aux funérailles de leurs parents. Si les Japonais avaient eu un peu d'esprit, ils auraient certainement trouvé un peu étrange que l'Union du peuple nouveau convoque uniquement des élèves pour une célébration silencieuse.

Ruixuan avait reçu la circulaire de son lycée, il l'avait lue avec attention et déchirée en mille morceaux, prêt à donner sa démission.

Avant même que son frère aîné ne soit levé, Ruifeng avait fini sa toilette et était sorti : il voulait bien sûr arriver au lycée le plus tôt possible, pour aider Lan Dongyang ; mais en même temps il n'avait aucune envie de rencontrer son frère.

Il eut le suprême culot de mettre son costume « Sun Yat-sen »[1] ! Depuis l'entrée des Japonais à Peiping, les costumes « Sun Yat-sen » en même temps que « les trois principes du peuple » avaient été mis au placard, tout comme, lors de la victoire des armées révolutionnaires de Wuchang[2], les Pékinois, parmi lesquels quelques Mandchous, avaient cru bon de dissimuler leur natte sous leur chapeau pour satisfaire aux exigences du moment.

Ruifeng était l'homme qui comprenait le mieux son temps, et il avait donc lui aussi rangé son costume Sun Yat-sen en prenant bien soin de le cacher au fond d'une malle. Devant ce jour-là conduire le défilé, il ne pouvait décemment pas y

1. Costume à collet fermé et avec quatre poches extérieures, ce que les Occidentaux appellent aujourd'hui le costume Mao.

2. Insurrection victorieuse du 10 octobre 1911 préparée par des organisations révolutionnaires, avec la participation des étudiants et des ouvriers. C'est ce qu'on appelle la Révolution de 1911.

aller vêtu de sa longue tunique, car il avait peur de paraître déplacé. Il décida donc de récupérer son costume tout au fond de sa malle. Il était clair pour lui que le chef d'un défilé se devait de porter une veste ; peut-être même les Japonais ne verraient-ils dans le port de ce costume qu'un pur souci vestimentaire, sans aucun rapport avec le symbole révolutionnaire. Si les Japonais pouvaient ainsi excuser le choix de ce vêtement, ce serait alors tout bénéfice pour le futur de ce costume, et Ruifeng aurait là vraiment de quoi épater ses amis.

Ainsi vêtu, il avança vers le petit terre-plein situé dans le « ventre » de la ruelle. Il se mit alors à exercer sa voix : « Garde-à-vous ! En avant... marche ! » Il ne savait pas si ce serait lui qui exercerait le commandement, mais, il fallait absolument qu'il s'entraîne, au cas où. Sa voix était très aiguë, très sèche, lui-même d'ailleurs n'en était pas vraiment satisfait. Toutefois, il ne se décourageait pas et continuait son exercice ; il suffit de faire des efforts pour que tout réussisse, pensa-t-il.

Quand il arriva au lycée, M. Dongyang n'était pas encore levé et il ne vit aucun élève.

Dans cette école vide, Ruifeng ne se sentait pas très à l'aise. Il en aimait l'animation, et voilà que tout était tranquille ; il aurait voulu pouvoir exercer tout de suite son autorité et se faire voir dans son beau costume ; il resta un bon moment sans voir âme qui vive. Il commença à se demander s'il avait bien fait d'accepter de conduire le défilé et de mettre son costume Sun Yat-sen. Il prit tout à coup conscience qu'il était en train d'agir pour le compte des envahisseurs et que ces derniers ne lui feraient certainement pas de cadeaux. Il allait conduire les élèves à un grand rassemblement organisé par les Japonais et si les élèves n'étaient qu'un groupe de petits singes, les Japonais, eux, étaient des tigres ! Une espèce d'angoisse l'envahit ; il pensa retourner tout de suite chez lui, profitant du fait que Lan Dongyang n'était pas encore levé ; il pourrait alors enlever son costume Sun Yat-sen et le remettre au fond de sa malle. Il aurait été incapable d'expliquer pourquoi aujourd'hui il se mettait à tant craindre les Japonais, et comment instinctivement il eut le sentiment qu'ils étaient devenus de terribles individus.

Jusqu'à présent, il avait accepté le fait accompli. Certes, son pays était occupé, mais il fallait bien continuer à manger, à boire, à s'amuser, à aller aux spectacles. N'était-ce pas d'ailleurs la seule attitude possible si on voulait continuer à vivre dans la même ville que les Japonais, en harmonie avec eux ?

Étrangement aujourd'hui, il se mettait à les craindre. Et si, en arrivant sur la place Tian-An-Men, ils se mettaient à leur tirer dessus ? Il frissonna, comme si une goutte d'eau glacée venait de lui tomber dans le dos. Lui, qui pour pouvoir continuer à manger, à boire et à s'amuser, s'était rendu à l'ennemi, lui-même commençait à avoir peur.

Petit à petit, les élèves arrivèrent par groupes de deux ou trois. Ruifeng cessa immédiatement de laisser libre cours à toutes ces idées sans fondement ; il avait suffi que son regard tombe sur un groupe de jeunes gens pour que, se sentant moins seul, il ait l'impression d'être en sécurité.

Il n'avait en général que peu de contacts avec les élèves. En tant qu'employé, il savait que ceux-ci ne le mettaient pas au même niveau que les professeurs et il se dit que cette distance lui permettrait certainement de mieux garder sa dignité. Il se décida malgré tout à les saluer.

Les élèves se montrèrent tous très froids avec lui. Au début, il pensa que c'était parce que aucun lien n'existait vraiment entre eux, mais quand il les vit tous rassemblés, la mine affligée et sombre, il commença à ressentir une certaine inquiétude. Il ne se rendait pas compte que les élèves avaient honte de devoir célébrer la chute de Baoding et que c'était là la cause de leur silence. L'idée que les Japonais puissent leur tirer dessus lui revint à l'esprit ; est-ce que les choses risquaient de se gâter ? Personne ne riait, personne ne faisait le moindre bruit ; il eut l'impression qu'un malheur était sur le point d'arriver.

Il alla trouver M. Lan. Celui-ci venait de se réveiller et il traînait encore un peu dans son lit en savourant sa première cigarette, les yeux fermés. Quand il aperçut la fumée, Ruifeng lui demanda : « Alors, vous voilà réveillé, monsieur Lan ? »

M. Lan détestait qu'on le dérange à son réveil, surtout quand il savourait sa première cigarette en somnolant encore un peu. Il ne répondit rien, bien qu'ayant clairement entendu les paroles de Ruifeng.

Ruifeng ajouta : « Les élèves sont presque tous là ! »

Lan Dongyang se fâcha : « S'ils sont là, alors en route, pourquoi viens-tu me déranger ?

– Le proviseur n'est pas arrivé et il n'y a qu'un seul professeur, comment voulez-vous que nous nous mettions en route ?

– Eh bien alors ! Attends encore un peu ! » M. Lan aspira encore une bouffée, jeta son mégot et enfouit sa tête sous les couvertures.

Ruifeng resta complètement déconcerté. Il lui fallait, en bon Pékinois, essayer de sauver la face. Bien sûr, flatter M. Lan était important pour son avenir, mais il ne pouvait supporter un tel manque de politesse à son égard. Être esclave, oui, mais à condition d'être appelé monsieur. Il eut envie de tout laisser tomber ! Mais non ! Il ne pouvait rompre aussi sèchement avec M. Lan, et puis un Pékinois pouvait se permettre de perdre un peu la face pour pouvoir la sauver ! Il décida d'attendre calmement que M. Lan soit vraiment réveillé pour voir ce qu'il fallait faire. Si à ce moment-là il changeait d'attitude, il pourrait alors reconsidérer les choses.

Pendant que Ruifeng hésitait, M. Lan sortit la tête de sous sa couverture, qui était d'une saleté repoussante. Comme il reprenait ses esprits, son nez et son œil toujours très mobiles donnèrent l'impression de sauter dans tous les sens ; il était à la fois comique et terrible ; soudain il sauta hors de son lit. Il n'avait pas à enfiler ses chaussettes, puisqu'il ne les avait pas quittées : il dormait tout habillé. La différence entre ses vêtements de nuit et ceux de la journée se réduisait au fait que, pendant la journée, il n'utilisait pas sa couverture et que la nuit il ne portait pas sa longue tunique.

Une fois debout, il la jeta sur ses épaules et alluma une

nouvelle cigarette. Quelle continuité depuis la veille au soir : il s'était couché en fumant, il se levait en fumant ; point de cassure entre les deux moments, alors pourquoi se compliquer la vie à se brosser les dents, à se rincer la bouche ou à se laver le visage ?

Sans consulter Ruifeng, M. Lan donna l'ordre du rassemblement.

« Le défilé commence déjà ? demanda Ruifeng.

– Un peu plus tôt ou un peu plus tard, ça n'a aucune importance ! La seconde où le poète se sent inspiré, c'est l'éternité ; un siècle sans poésie ne vaut rien ! » Dongyang ne faisait que rapporter fièrement une citation relevée dans une revue.

« Faut-il faire l'appel ?

– Bien sûr ! Pour que je puisse punir les paresseux et ceux qui sont absents.

– Faut-il sortir la bannière de l'école ?

– Bien sûr !

– Qui va prendre le commandement ?

– Toi bien sûr ! Et puis prends un peu les choses en main ! Pas la peine de... demander ! » Dongyang était toujours de mauvaise humeur avant son petit déjeuner.

« On n'attend pas le proviseur ?

– Pourquoi l'attendre ? » L'œil droit de Dongyang fit un brusque bond vers le haut, ce qui effraya Ruifeng.

« Qu'il soit là ou pas, cette affaire, c'est moi qui en assure la direction ! Moi, je suis de l'Union du peuple nouveau ! » Il scanda ces mots en se frappant la poitrine avec le pouce de la main droite. C'était un geste qu'il affectionnait tout particulièrement, c'était son « geste de combat ».

Ruifeng était un peu désorienté et de plus en plus inquiet. Certes, il aimait bien l'animation, il aimait se mêler de ce qui ne le regardait pas, mais de là à assumer une telle responsabilité ! Il avait espéré que M. Lan viendrait avec lui sur le terrain de sport pour assister au rassemblement des élèves, mais celui-ci alluma une nouvelle cigarette avec son mégot, aspira profondément la fumée, s'affala sur son lit et ferma les yeux.

Ruifeng n'oserait jamais se présenter seul devant les élèves, mais il ne pouvait pas non plus persister à déranger M. Lan. Le voyant fermer les yeux, il ne put faire autrement que de sortir docilement.

En fait, si M. Lan réussissait dans ce qu'il entreprenait, c'était parce qu'il savait s'entourer de gens qui, comme Ruifeng, le soutenaient bon gré, mal gré. M. Lan n'avait aucun talent particulier, que ce soit dans le domaine littéraire ou dans celui de la gestion des affaires. Quand il ne savait quelle décision prendre, il se mettait en colère, et cela faisait dire à Ruifeng que toutes les personnes importantes avaient mauvais caractère. Son expérience sociale avait également appris à M. Lan que la flatterie était le meilleur moyen d'obtenir les faveurs de personnages haut placés ; il faut flatter, encore flatter, car même celui qui prétend avoir horreur des flatteries aime bien au fond en entendre quelquefois.

Ruifeng alla chercher la bannière de l'école et les cahiers d'appel. Il dut s'y prendre à plusieurs reprises, car chaque fois, il remettait tout en place. Jamais il n'aurait pu imaginer qu'il soit aussi difficile de conduire un défilé hors de l'école. Soudain, il se mit à penser à plusieurs choses qui le firent frissonner : et si les élèves se mettaient à l'injurier et à le frapper au moment où il allait arriver avec sa bannière sur le terrain de sport ? Et si les Japonais ouvraient le feu quand ils allaient entrer sur la place Tian-An-Men ? Son petit visage sec se couvrit de sueur.

Il retourna auprès de M. Lan. Ce ne serait certainement pas facile de tenir des propos sensés et cohérents au moment où il se mettait à ruisseler de sueur. Quoi qu'il en soit, il fallait qu'il lui parle, même s'il devait ainsi révéler toute sa faiblesse.

Quand M. Lan apprit que Ruifeng ne voulait pas se rendre seul sur le terrain de sport, il se fâcha. Lui non plus ne voulait pas y aller, et c'était le seul moyen qu'il avait trouvé pour obliger Ruifeng à s'exécuter. Il voulait que Ruifeng parte devant avec les élèves, lui suivrait en douce derrière, et donc, au cas où il se produirait quelque incident, il pourrait s'esquiver ; par contre, si tout marchait bien, il continuerait à suivre le défilé. Sur la place Tian-An-Men, il agirait de même ; si tout se passait bien, il arborerait le ruban de soie des responsables de la manifestation et irait sagement s'incliner devant les Japonais sur l'estrade ; mais si les événements tournaient mal, il s'éclipserait en douceur. Si la poésie avait été la cristallisation de la ruse et de la vilenie, Lan Dongyang aurait pu être considéré comme un grand poète.

Ruifeng se montra très ferme : il ne voulait pas être seul à rassembler et à conduire les élèves, et sa propre sécurité étant en jeu il n'hésita pas à feindre d'être lui-même sur le point de se mettre en colère.

Finalement, après la sonnerie indiquant le rassemblement, M. Lan, cahiers d'appel à la main, et Ruifeng, portant la bannière de l'école, rejoignirent un autre professeur qui venait d'arriver. Ils se rendirent ensemble sur le terrain de sport. Deux employés les suivirent, les bras chargés de petits drapeaux multicolores.

Ruifeng avait l'impression que son costume pesait plusieurs dizaines de kilos. En arrivant devant les élèves, il eut peur que ceux-ci ne se moquent de lui, éclatent de rire ou bien encore se mettent à chuchoter.

Mais les choses se passèrent autrement : les élèves se tenaient debout par groupes de deux ou trois, presque tous baissaient la tête et il n'y avait aucun bruit. Se demandant ce qui se passait, Ruifeng leva le menton pour scruter le ciel : un orage approchait-il qui provoquait un tel abattement ? Mais le ciel bleu brillait comme un saphir, pur, sans un nuage. Son inquiétude ne fit que redoubler ; il se demandait ce que les élèves pouvaient bien manigancer ; il s'empressa de poser contre le mur la bannière de l'école, qu'il n'avait pas encore déroulée.

En apercevant Ruifeng, les élèves se groupèrent et s'alignèrent sur deux rangées. Tout le monde gardait la tête baissée ; le silence régnait.

M. Lan avait les lèvres légèrement tremblantes, mais, devant la passivité des élèves, il se calma et prit tout de suite un air important. Les yeux de ce poète ne se fiaient qu'aux apparences, il n'avait jamais pensé que dans le corps humain il puisse y avoir aussi un cœur. Ce jour-là, devant des élèves aussi silencieux, il pensa immédiatement que c'était sa présence qui leur en imposait. Avec ses cahiers d'appel sous le bras et son visage légèrement tourné vers la gauche, afin que son œil tordu puisse regarder de face tout le monde, il dit sur un ton impressionnant :

« Pas la peine de faire l'appel, je sais très bien qui sont les absents, et d'ailleurs ils seront expulsés de l'école ! Puisque les troupes japonaises amies sont dans la ville, je vous préviens que si vous ne coopérez pas avec elles, vous vous attirerez des ennuis. Ces troupes peuvent être très aimables avec vous, mais elles peuvent être aussi très sévères. À bon entendeur, salut ! Les élèves expulsés pour n'avoir pas participé au défilé seront dénoncés par moi à la partie japonaise, qui demandera à tous les établissements scolaires de Peiping de bien veiller à ne jamais les accueillir. Et ce n'est pas tout : la partie japonaise les considérera comme des agitateurs, qui un jour ou l'autre seront arrêtés et jetés en prison ! Compris ? »

Les coins des yeux de M. Lan s'étaient remplis d'une sécrétion jaunâtre qui le faisait ciller sans cesse ; il se frotta les yeux, puis essuya sa main sur sa tunique.

Les élèves restèrent silencieux. Le silence est parfois une forme de résistance.

M. Lan ne fut pas du tout gêné par cette attitude, il tourna la tête vers les deux employés et leur demanda de distribuer un petit drapeau aux élèves. Ceux-ci, ne pouvant faire autrement, prirent chacun le leur silencieusement. Une fois la distribution terminée, M. Lan dit à Ruifeng : « En route ! »

Ruifeng courut prendre la bannière de l'école et la déploya. C'était une bannière rectangulaire en soie, d'un bleu ciel assez foncé, sans bordure ni frange, sobre et de bon goût ; au milieu, il y avait une ligne de caractères découpés dans du satin blanc.

Devant la bannière déployée, les élèves se mirent automatiquement au garde-à-vous et relevèrent la tête. Tout le monde semblait vouloir dire : est-ce que ça ne suffit pas de nous faire défiler ? à quoi bon emmener la bannière de l'école ? Et d'ailleurs, quand Ruifeng tendit la bannière au chef de file, celui-ci ne broncha pas, ne dit mot, et refusa obstinément de la prendre. C'était un élève de quinze ans, grand et robuste, aux sourcils épais et au visage joufflu ; il avait l'air tellement honnête qu'il en paraissait un peu bête. Il avait une larme au coin de l'œil, ses joues étaient toutes rouges, il avait la respiration difficile et se tenait les bras ballants. On comprenait à le regarder que personne ne pourrait le contraindre à saisir cette bannière bleue.

Ruifeng se dit qu'il valait mieux ne pas contrarier cet élève grand et gros, et il s'empressa de la présenter à l'élève debout juste derrière : il se heurta au même refus. Ruifeng ne savait plus quoi faire, il était contrarié, mais n'osa pas se mettre en colère. On aurait dit qu'un courant électrique parcourait toute la file, et chacun fut très vite au courant de l'attitude des deux premiers élèves. Tout le monde prit un air grave, le silence régnait ; il était clair que personne n'accepterait de prendre la bannière. Ruifeng perçut sur chacun de ces visages une expression grave de colère contenue ; il sentait qu'à la moindre étincelle cette bouffée de colère risquait d'exploser comme un obus, les mettant en pièces, lui et Dongyang. Il resta donc bêtement sur place, bien décidé lui aussi à ne pas prendre la bannière de l'école ; était-elle empoisonnée que personne ne veuille la prendre ?

Le visage toujours un peu de côté, M. Lan comprit rapidement ce qui se passait et comprit que l'intimidation ne servirait à rien. Il dit à un des employés : « Va prendre la bannière, c'est toi qui la porteras ! Tu auras une prime de deux yuan ! »

C'était un monsieur d'une cinquantaine d'années. Il travaillait dans l'école depuis quinze ans. Il n'était qu'un simple employé, mais, pour faire respecter la discipline, il ne le cédait vraiment en rien à un instructeur consciencieux. Son ancienneté l'habilitait à faire de temps en temps aux enseignants et aux élèves quelques remarques susceptibles de les aider à réfléchir. Par ses avertissements, il arrivait à régler les petits différends et parfois même à étouffer dans l'œuf des troubles qui risquaient de devenir graves. Tout le monde l'aimait et le respectait, lui aussi aimait l'école. Le proviseur, les enseignants, les élèves, tout ce petit monde changeait régulièrement, lui, par contre, il était toujours là.

Son âge, son ancienneté auraient dû mettre Vieux Yao – c'était son nom – à l'abri de devoir porter la bannière sur un parcours aussi long. Il avait déjà été désigné pour participer à ce défilé, alors, en entendant l'ordre de M. Lan, il fut pendant un instant tout à fait déconcerté. Il venait de plus de s'apercevoir que personne, enseignants ou élèves, ne voulait céder pour la bannière. Si lui aussi refusait de la porter, cela risquait de provoquer un incident fâcheux. En soupirant, il s'en empara, et, tête baissée, se mit à la tête du défilé.

Maintenant, c'était au tour de Ruifeng d'intervenir. Il fit rapidement quelques pas en arrière et fut d'ailleurs très fier de la façon dont il les avait exécutés. Il s'arrêta, pieds joints, concentra ses forces dans la région de son bas-ventre et cria d'une voix perçante : « Garde-à-vous ! » Il avait bien relevé la tête et tendu les muscles du cou pour pouvoir prolonger le mot « Garde » ; ses talons se soulevèrent du sol, il ferma les yeux, termina son ordre d'une voix sonore et forte. Il avait bien concentré ses forces, mais pourtant, sans savoir pourquoi, le « à-vous » ne fit pas plus d'effet qu'un pétard mouillé. Son petit visage sec et son cou devinrent tout rouges. Il se dit que les élèves allaient éclater de rire. Étrange ! Non seulement personne ne rit, mais pas l'ombre d'un sourire n'effleura les visages. Il toussa sèchement, désirant pour la forme crier « À droite – droite ! » et « En avant, marche ! » mais quand il ouvrit la bouche, aucun son n'en sortit ; il semblait tout simplement avoir perdu sa voix.

Vieux Yao, qui était très familiarisé avec les « À droite – droite ! » et les « En avant, marche ! » tourna automatiquement à droite, déploya la bannière et se mit à marcher lentement.

Les élèves le suivirent à pas lents ; ils quittèrent le terrain de sport, puis sortirent du lycée et se dirigèrent vers la rue.

Ils baissaient de plus en plus la tête, tenant serré contre leur pantalon le petit drapeau de papier qu'ils avaient à la main. Ils n'osaient rien dire, ils n'osaient même pas regarder les passants en face. Aujourd'hui, ils allaient officiellement reconnaître devant les Japonais qu'ils étaient les sujets d'un pays qui avait perdu son indépendance.

Par ce beau temps automnal si typique de Peiping, des colonnes d'élèves, garçons et filles, avançaient en ressentant dans leur jeune cœur innocent une humiliation jamais subie dans l'histoire de leur pays. Il leur était impossible de résister. Il y a peu de temps, ils avaient entendu les canons de l'ennemi gronder et les obus siffler, ils avaient vu les tanks faire étalage de leur force dans les rues, ils savaient que leurs pères, leurs frères aînés, leurs maîtres n'avaient pas l'intention de résister, et voilà qu'ils étaient là à manifester pour le compte de l'ennemi en baissant la tête. Sur le petit drapeau qu'ils tenaient à la main, était écrit « Vive le grand Japon ! ».

Cette terrible humiliation inspirait le silence à des enfants qui n'avaient même pas dix ans. Sur les automobiles, les tramways, les pousses, à la porte des maisons et des boutiques, on avait accroché le même petit drapeau ou bien suspendu des guirlandes ; malgré tout cela, Peiping restait muet comme un mort. Les colonnes d'élèves du primaire passaient en silence et ces colonnes amenaient immédiatement des rues entières à retenir leur souffle.

Naguère, quand deux chiens se battaient dans une rue de Peiping, ils attiraient un tas de badauds et obtenaient même quelques bravos. Aujourd'hui, chacun baissait la tête. Il n'y avait personne sur le seuil ou à l'intérieur des boutiques pour regarder ce qui se passait dans la rue. À la tête des colonnes d'élèves, il n'y avait ni trompette ni cymbales, et ceux qui conduisaient la marche ne criaient pas les « Un, deux ! Un, deux... », ni n'utilisaient leur sifflet pour que tout le monde marche bien au pas. On avançait lentement, silencieusement, sous le coup de la peur, comme des mânes errants. Ceux qui progressaient en colonnes n'osaient regarder ni à droite ni à gauche, les passants de leur côté n'osaient lever les yeux sur eux. On savait que ce n'était pas une manifestation ordinaire, mais qu'il s'agissait en fait d'une première rencontre avec l'ennemi, qui pourrait désormais se sentir publiquement reconnu comme le maître de Peiping !

Quand dans le passé les élèves avaient manifesté, c'était la plupart du temps pour montrer leur opposition à une mauvaise politique ; parfois, on approuvait leur point de vue, d'autres fois, on n'était pas d'accord avec leur action ; cependant, dans les deux cas, on reconnaissait qu'ils étaient de nouveaux citoyens représentant une nouvelle force ; qu'ils étaient des élèves qui osaient dire non, qui osaient s'élever contre l'ordre établi. Aujourd'hui, au contraire, ils donnaient l'impression d'aller capituler sur la place Tian-An-Men, et ceux qui les regardaient passer étaient leurs propres pères ou leurs propres frères.

Ruifeng était venu avec la ferme intention de participer à la joie collective, et jamais il n'aurait pu imaginer se sentir si isolé dans les rues. Soudain, après avoir marché à peine plus d'un li, il éprouva une grande lassitude ; ce n'était pas une manifestation à laquelle il participait ; il avait l'impression de suivre un cortège funèbre ou quelque chose de pire encore ! Bien qu'assez lent d'esprit, ce qu'il voyait autour de lui l'amenait à se demander si toute cette affaire était bien normale. Quand la colonne qu'il dirigeait déboucha sur la grand-rue, il se mit à courir de la tête à la queue de la file, tel un chien de berger gardant un troupeau de moutons, pour montrer qu'il avait la capacité et l'ardeur nécessaires pour diriger un défilé.

Afin d'essayer d'effacer la mauvaise impression du départ, il remuait sa petite tête sèche en criant « Un, deux ! Un, deux ! » afin que tout le monde avance au même pas et redouble d'énergie, mais ses efforts furent inutiles. Personne ne soulevait les pieds comme il fallait. Peu à peu, il cessa de crier et bientôt il se calma carrément, se mettant à marcher docilement au milieu de la colonne ; finalement, au bout de quelques minutes, lui aussi, il marchait tête baissée. Il ne savait pas pourquoi il agissait ainsi. Il aimait l'animation, lui ; il détestait les gens trop sérieux. Mais aujourd'hui devant ce spectacle, il baissait la tête pour la première fois et sentait bien qu'il valait mieux qu'il garde le silence. Il regrettait d'être là au milieu de cette manifestation. Il chercha des yeux Lan Dongyang ; celui-ci avait disparu et il en ressentit une légère inquiétude. Malgré le soleil radieux et les rues pavoisées, tout paraissait terrifiant ! Il ignorait quel piège sinistre était tendu sur la place Tian-An-Men ; le ciel de Peiping, le sol de Peiping, les Pékinois eux-mêmes, tout était terrifiant ! Le mot « nation » n'évoquait pas grand-chose pour lui, mais là, tout à coup, il ne se sentait pas très bien, comme incommodé par la perte d'indépendance de son pays !

En arrivant au portique commémoratif de Dongsi, il eut envie de quitter furtivement le défilé, mais il n'osa pas, craignant les reproches de M. Lan. Il fut obligé de prendre son courage à deux mains et de continuer à avancer. Il sentait ses mollets durcir comme s'il allait avoir une crampe.

Pendant ce temps, Ruixuan était dans sa chambre en train de contempler stupidement un calendrier, aujourd'hui c'était la Fête nationale !

Il avait refusé de participer à la manifestation et il allait certainement être obligé de démissionner. Au lycée, il passait pour un professeur sans ambition qui se contentait de faire son travail consciencieusement.

À chaque changement de proviseur ou de directeur du bureau de l'enseignement, il était souvent considéré comme le meilleur successeur, tout simplement parce qu'on le savait compétent et qu'il avait une bonne réputation ; il n'avait jamais accepté ni n'avait fait la moindre démarche pour obtenir ces positions. Enseigner consciencieusement, c'était tout ce qui l'intéressait, et ce n'était certes pas le meilleur moyen pour parvenir à de hautes fonctions. En dehors des heures de classe, il participait à certaines activités avec ses élèves, mais seulement si les autorités du lycée le lui demandaient ou s'il recevait une invitation officielle. Il pensait que l'éducation ne doit pas se limiter au savoir livresque, et il aimait bien créer des liens ou avoir des contacts avec ses élèves.

Dans les activités de groupe, il n'était pas homme à se

faire remarquer, mais il n'était pas sans entrain pour autant ; il savait être calmement « empressé ». En tant que professeur, il devait aussi remplir son devoir de surveillance auprès des élèves, surtout quand les activités avaient lieu hors du lycée. Bien sûr, il ne cherchait jamais à empiéter sur les fonctions du proviseur ou des autres enseignants et employés de l'école, et il avait horreur de se mêler de choses qui ne le regardaient pas ; il était heureux au milieu de ses élèves, car il savait que là était sa place. Quand ils revenaient, il se sentait soulagé de voir tout le monde rentré à bon port sain et sauf. En général, il ne franchissait pas la porte du lycée, préférant retourner rapidement chez lui plutôt que d'avoir à utiliser l'eau du lycée pour se rincer le visage.

Ce jour-là, il n'avait pas participé à la manifestation. C'était plus fort que lui, il ne pouvait y aller ! Il ne pouvait supporter de voir de ses yeux à lui ses propres élèves, garçons et filles, s'incliner le jour de la Fête nationale devant le drapeau et les officiels japonais ! Bien sûr, certains pouvaient lui reprocher de ne pas avoir fait son devoir ; dans ce cas, il démissionnerait. Il se disait d'autre part que sa démission ne faisait que lui donner bonne conscience, que cela ne remédiait absolument pas au péril du moment, surtout si les Japonais avaient décidé de rassembler les élèves place Tian-An-Men pour les massacrer. Il essayait de trouver de bonnes raisons pour se persuader qu'ils ne pourraient se montrer si cruels ; il se dit finalement que s'ils avaient vraiment décidé de massacrer tout le monde, ce n'est certainement pas lui qui pourrait les en empêcher. Il n'aboutit à aucune décision concrète.

Et si parmi les élèves il y en avait qui voulaient jeter des bombes contre les Japonais ! Certes, cet acte en lui-même équivaudrait à lancer une petite brique dans la mer immense ; mais après tout, l'histoire a son rythme et à certains moments il faut que résonnent ce genre de coups de tambour et de gong, qui n'ont bien sûr aucun effet immédiat, mais qui, chaque fois que la nation est en danger, résonnent de nouveau dans le cœur de chacun et restent à jamais vibrants au sein de l'univers.

Sa raison ne put bientôt plus contrôler ses sentiments, et coûte que coûte il décida d'aller place Tian-An-Men voir ce qui se passait. Il enfila sa longue tunique et sortit à pas pressés en la boutonnant, sans se préoccuper de répondre à Petit Shunr, qui lui demandait : « Papa, où vas-tu ? »

À peine avait-il franchi la grande porte qu'il se trouva nez à nez avec Petit Cui, qui venait de rentrer son pousse. Ruixuan n'avait pas envie de lui parler, mais son regard tomba sur le véhicule, et il hésita un moment. Il se dit qu'il pourrait peut-être l'utiliser, car le chemin était assez long, et il ne se sentait pas le courage de marcher jusque là-bas.

Petit Cui évitait toujours de prendre ses voisins dans son pousse, car il craignait que cela soit faussement interprété comme une façon commode de s'attirer des clients. Son pousse était neuf, il courait vite, ses tarifs étaient en conséquence plus élevés, et il savait que certains ne pouvaient se l'offrir. Cette fois-ci, voyant que Qi Ruixuan hésitait, il lui adressa le premier la parole ; il considérait ses prix tout à fait abordables pour un monsieur comme Ruixuan.

« Vous voulez monter dans mon pousse, monsieur Qi ? Si oui, je suis votre homme ! » Sans attendre la réponse de Ruixuan, il continua à bavarder, heureux de trouver enfin quelqu'un à qui parler :

« Dans les rues en ce moment, il n'y a que de longues files d'élèves qui marchent vers Tian-An-Men, et on ne rencontre personne qui veuille prendre un pousse. Ah ! Ces élèves vraiment ! On les voit partout, quel culot ! L'année dernière, c'étaient eux déjà qui portaient le drapeau dans la manifestation pour le compte des membres de la commission ; aujourd'hui, les voilà qui portent le drapeau dans une manifestation pour le compte des Japonais ! Enfin, ils cherchent à s'attirer des injures, ou quoi ? »

Ruixuan devint écarlate jusqu'à la racine de ses cheveux. Petit Cui injuriait les élèves, et il trouvait qu'une telle manière de voir n'était pas juste, car lui, Qi Ruixuan, était le professeur de ces élèves, et de plus il s'apprêtait à aller lui-même sur la place Tian-An-Men ! Le point de vue de

Petit Cui, qu'il fût juste ou non, reflétait sans doute une opinion assez générale qui deviendrait certainement sous peu une espèce de conviction ! Il ne savait pas qui des Japonais ou des traîtres chinois avait eu cette sale idée d'envoyer les élèves se prosterner devant l'ennemi le jour de la Fête nationale sur la place Tian-An-Men.

« Tous les métiers sont vils, seule l'étude est noble », dit le proverbe. Les intellectuels étaient les idoles de Petit Cui. Pour lui, ils représentaient la courtoisie, la droiture, le sens de l'honneur, ils étaient les disciples des sages. Les intellectuels avaient été les premiers à demander le boycottage des produits japonais, à soutenir le gouvernement nationaliste et à défendre des droits incompréhensibles, tels que l'égalité entre les hommes et les femmes, la liberté, l'indépendance... Mais aujourd'hui n'étaient-ce pas les intellectuels qui donnaient l'exemple en criant « Vive le grand Japon » ?

Ruixuan devait maintenant décider s'il irait à Tian-An-Men ou pas. Si oui, il tenterait d'expliquer en chemin à Petit Cui quelles étaient les difficultés et les peines des élèves. Finalement, il décida de ne pas y aller, car il était sûr que ses propos ne convaincraient pas Petit Cui ; en effet, ce qu'il pensait était pour lui généralement irréfutable. Il faudrait, pour qu'il change d'avis, que les élèves aillent jusqu'à lancer des bombes sur les Japonais, mais de tels élèves, y en avait-il ?

M. Guan, vêtu d'une longue tunique en satin bleu doublée, sortit en se tortillant du nº 3 ; il avait le visage rayonnant. D'un léger mouvement des yeux, il passa Petit Cui au crible de son regard et l'expulsa, tel un petit grain de sable dans du riz ; il gratifia au contraire Ruixuan de toute l'amabilité dont sa mine était capable.

Petit Cui posa son pousse près de l'entrée en prenant le soin d'enlever le coussin. Il se demandait pourquoi Qi Ruixuan avait tout à coup l'air si gêné, mais ne voulant pas rester en présence de Guan Xiaohe, il rentra chez lui de très mauvaise humeur.

« Ruixuan ! » La voix de M. Guan était très douce et très cordiale. « Vous voulez aller place Tian-An-Men ? Le beau spectacle qui s'y déroule mérite qu'on y jette un coup d'œil ! Si vous voulez, nous pouvons y aller ensemble ! »

Ruixuan ne voyait aucun inconvénient à bavarder avec Petit Cui pendant toute une journée, mais il n'avait pas le cœur à échanger la moindre parole avec Guan Xiaohe. Si Petit Cui détestait les élèves, M. Guan, lui, se réjouissait du spectacle de cette jeunesse.

« Ah ça... » Ruixuan avait parlé inconsciemment, mais ne sachant quoi ajouter, il rentra chez lui ; il traversa la cour la tête basse.

M. Guan n'allait pas à la place Tian-An-Men pour voir l'animation qui y régnait, il voulait se faire voir par les Japonais. Il n'avait pas encore trouvé le piston nécessaire pour s'introduire dans l'Union du peuple nouveau. Il avait pensé demander à maître Liu d'exécuter deux « numéros » pour attirer l'attention des autorités, mais qui aurait pu imaginer que maître Liu soit assez sot pour refuser catégoriquement ? Puisqu'il n'avait rien à présenter, il se dit qu'il devait au moins y aller. Certes, au moment de l'arrestation de Qian Moyin, les gendarmes japonais l'avaient remarqué, mais les gendarmes sont seulement des gendarmes, et ce n'était pas sur eux qu'il fallait compter pour trouver un emploi. Aujourd'hui, devant la porte Tian-An-Men, il y aurait à coup sûr des personnalités d'importance ; il fallait se faire voir pour avoir l'espoir d'obtenir un poste de fonctionnaire.

Ruifeng et son groupe furent parmi les premiers à arriver sur la place. Il s'était imaginé que partout régnerait l'animation habituelle des foires, qu'il y aurait une foule de petits vendeurs de friandises et de fruits, des hommes et des femmes en costumes bigarrés, criant, se pressant, s'agitant dans une grande confusion le long des murs rouges entourant la place ; peut-être même y aurait-il un peu çà et là des étalages de cartes postales du Lac de l'Ouest et des prestidigitateurs frappant sur des gongs et des tambours. Il espérait aussi pouvoir bientôt entendre, venant de l'est, de l'ouest et du sud, des musiques militaires, avec trompettes et tambours de bronze, au son desquelles il pourrait marcher la tête haute en suivant sa bannière flottant dans le ciel. Les bannières des écoles pékinoises étaient toutes différentes les unes des autres, et il n'y en avait pas deux qui soient de la même couleur. Il s'attendait à découvrir derrière celles-ci les professeurs de culture physique exhibant leur musculature, et les scouts, le corps enveloppé de cordes et de bâtons. Ruifeng adorait la musique militaire avec ses mélodies simples qui font battre le cœur et qui exaltent en même temps les sentiments belliqueux. Quand il était content et qu'il fredonnait un petit air, c'était la plupart du temps un petit air militaire.

Or, ce qu'il avait maintenant sous les yeux était tout à fait différent de ce qu'il avait imaginé. Les murs rouges de la place Tian-An-Men, du Temple des Ancêtres et de l'Autel des Génies, les balustrades de marbre devant ces murs et les vieux pins vert foncé derrière, tout semblait grave et solennel. Même les rayons de soleil qui frappaient ce décor paraissaient perdre de leur intensité pour ne pas troubler le silence impressionnant de ce spectacle. Il ne pouvait être question ici de tapage ou de frivolité. Aux deux extrémités de la place, la porte Tian-An-Men et la porte Zheng-Yang-Men, si proches en réalité, paraissaient à une grande distance l'une de l'autre, et les gens entre les deux faisaient vraiment penser à des fourmis. Le pauvre Ruifeng et son groupe d'élèves avançant sur l'allée centrale semblaient être réduits à néant.

Ruifeng ne voyait aucune animation autour de lui ; les deux portes l'impressionnaient, de même que ces grands murs rouges et ce marbre qui rendait l'atmosphère si lourde ; encore une fois il fut contraint de baisser la tête. Pour le meeting, on avait installé une tribune rudimentaire près des ponts de marbre. Cette tribune, faite de planches et de nattes, bien que richement décorée, était vraiment minable à côté de ces monuments immortels : le toit de nattes semblait tout à fait éphémère et pouvoir être balayé au premier coup de vent ! Sur la tribune, il n'y avait encore personne. Il trouvait ce spectacle terrifiant. Sous l'éclat du soleil automnal, les meurtrières des tours de guet ressemblaient à des yeux noirs cillant très lentement. Qui aurait pu affirmer que derrière ces yeux noirs il n'y avait pas de mitrailleuses !

Il aurait tellement aimé que la place se remplisse vite de monde et qu'elle soit bondée, pour reprendre un peu de courage ! Petit à petit, de l'est, de l'ouest, du sud, arrivèrent des élèves. Aucune musique ne les accompagnait, il n'y avait pas de bruit ; ils marchaient bon gré mal gré jusqu'au centre de la place, puis s'immobilisaient. Le trafic avait été arrêté. Il n'y avait aucun badaud et on ne voyait nulle part ces petits commerçants qui d'ordinaire profitent de cette affluence pour vendre leurs marchandises. Ruifeng avait participé à plusieurs grands meetings commémoratifs, mais jamais il n'avait vu un tel spectacle ; et en plus, aujourd'hui, il s'agissait d'une cérémonie de célébration !

Les élèves, malgré leur nombre, ne remplissaient pas encore la place. Plus les gens affluaient et plus les murs et les portes semblaient rouges et hauts, réduisant d'autant l'impression de puissance de la foule. La porte Tian-An-Men était une montagne majestueuse et belle.

Le service d'ordre devenait de plus en plus important, mais n'avait absolument pas l'air imposant. Dans le passé, policiers et gendarmes avaient protégé les élèves, ils les avaient réprimés aussi, aujourd'hui qu'allaient-ils faire ? La place Tian-An-Men, les élèves, les Japonais, le pays occupé, les policiers, les gendarmes : autant d'éléments incompatibles réunis comme dans un rêve ! La majesté et la fière dignité de la porte Tian-An-Men leur imposaient le silence à tous – une ville si digne, des gens si odieux !

Lan Dongyang cachait toujours dans sa poche son insigne en soie de responsable de la manifestation, il n'osait pas encore le mettre ; pour l'instant, il préférait ne pas se mêler à la foule. Il se haussait fréquemment sur la pointe des pieds pour regarder la tribune, espérant voir arriver ses supérieurs et les Japonais ; il pourrait alors mettre son insigne et faire l'important. Il regarda autour de lui dans l'espoir de découvrir quelques connaissances, mais en vain ; il faut dire que trouver une personne parmi cette foule était aussi difficile que chercher une aiguille dans une meule de foin. Tel un oiseau qui vient de se poser, il promenait son regard de droite et de gauche, très inquiet. Le silence impressionnant de la place et celui des élèves le terrifiaient. Il était incapable de jouir de la majesté de la porte Tian-An-Men ou de comprendre l'indignation et la honte que pouvaient ressentir les élèves. Il n'avait conscience que du silence de cette foule et de son immobilité. Était-ce le signe d'un grand désastre ? Son cœur en tremblait.

La tribune restait désespérément vide. Les élèves commençaient à avoir les jambes engourdies, ils avaient faim et soif, ils étaient fatigués, mais ils restaient silencieux ; même les plus jeunes, qui n'avaient pas plus de dix ans, comprenaient qu'il fallait garder le silence, ils savaient tous que c'étaient les Japonais qui les avaient convoqués à ce meeting et qu'ils n'avaient pas pu faire autrement. Ils haïssaient tous les Japonais. Leurs yeux d'enfants regardaient la porte Tian-An-Men ; elle était si haute et si imposante qu'ils en avaient un peu peur ! Puis ils tournaient leur regard vers la tribune sur laquelle on avait accroché le drapeau japonais et aussi un grand drapeau multicolore qu'ils ne connaissaient pas. Ils ne comprenaient pas à quoi pouvait correspondre ce drapeau à cinq rayures. Qui sait ? C'était peut-être le nouveau drapeau de leur pays occupé ! Ils n'osaient rien demander aux professeurs, car aujourd'hui ceux-ci avaient tous la tête baissée et les yeux remplis de larmes. Alors ils baissaient la tête eux aussi, en déchirant discrètement le drapeau de papier sur lequel étaient imprimés les caractères proclamant l'entente sino-japonaise.

Tous les élèves étaient arrivés maintenant, mais la place paraissait toujours aussi vide. Une foule immobile et muette est certainement plus impressionnante que le silence d'un endroit désert ; il y avait dans ce spectacle quelque chose de terrible. C'était la première fois de son histoire que la grande Chine vivait un tel événement : des milliers et des milliers d'élèves debout célébraient devant l'ennemi et dans le plus grand silence la perte d'indépendance de leur pays. Les

Chinois montraient aujourd'hui que, contrairement à leur réputation, ils savaient faire preuve d'une grande tenue !

Le meeting fut lamentable. Les haut-parleurs de la tribune se mirent à diffuser une chanson japonaise triste et sombre. Des quatre coins de la place arrivèrent des groupes de soldats ennemis armés qui prirent position tout autour. Sur la tribune vinrent s'installer des Chinois en tunique et des Japonais armés. Soudain, des gens arborant un insigne de soie, parmi lesquels Lan Dongyang, commencèrent à courir dans tous les sens, en sautillant et en se faufilant.

On ignorait qui avait bien pu établir le programme d'un meeting aussi lamentable, qui, d'ailleurs, devant la grandiose et majestueuse porte Tian-An-Men, ne faisait pas plus d'effet qu'un petit enfant poussant de hauts cris devant la mer.

La musique radiodiffusée ne pouvait à elle seule remplir la place et on avait plutôt l'impression d'entendre quelqu'un qui, dans le lointain, récitait une prière ou pleurait d'affliction. On aurait cru entendre les cris de désespoir d'une nation au bord du suicide.

Les soldats au pied des portes Tian-An-Men et Zheng-Yang-Men ressemblaient à de petits bâtons noirs et trapus ; de tels monuments ne pouvaient que faire pâlir tout ce qui les approchait. Sur la tribune, qu'ils soient habillés de longues tuniques ou qu'ils soient armés, les officiels avaient l'air de marionnettes, assises ou debout sous les petits drapeaux multicolores. Ils se croyaient tous très importants. Lan Dongyang et ses « camarades » pensaient qu'en arborant soudain leur insigne, ils pourraient rehausser l'éclat de leur position et inciter tout le monde à les considérer avec beaucoup de respect ; peine perdue, car devant la porte Tian-An-Men les élèves se tenaient tranquilles, sans faire le moindre geste et dans le plus grand silence.

Un homme vêtu d'une longue tunique se leva et se mit à parler dans un micro. Sa voix amplifiée était réfléchie par les grands murs rouges, par les tours de guet hautes et imposantes, puis elle se répandait sur la place immense, ne ressemblant plus alors qu'à une toux grasse. Les élèves continuaient à baisser la tête ; ils n'avaient pas envie d'écouter ce qui se disait ; pour eux, cette personne dans sa longue tunique n'était qu'un traître au service des Japonais.

Bientôt la longue tunique se rassit et quelques Japonais armés se levèrent. Pendant ce temps, Lan Dongyang et ses « camarades » s'étaient installés à des points stratégiques afin de pouvoir « diriger » les élèves. Ils applaudirent de toutes leurs forces, mais au pied de la porte Tian-An-Men leurs applaudissements faisaient plutôt penser aux battements d'ailes d'un petit oiseau dans le désert. Ils firent signe aux élèves d'applaudir, les élèves, tête baissée, n'en firent rien. De la tribune s'éleva soudain un son semblable au ronronnement d'un petit chat, c'était un officier qui parlait en chinois de l'héroïsme invincible des Japonais ; il se donnait beaucoup de peine pour rien, car les gens devant la tribune n'entendaient rien ou plutôt ne voulaient rien entendre. Se rendait-il compte lui-même qu'il lui serait impossible de faire capituler la porte Tian-An-Men ? Elle était si grande, et lui, si petit, ressemblait à un singe faisant une démonstration de force devant les monts Emei[1] !

L'une après l'autre, les marionnettes japonaises lancèrent leurs bourdonnements de moustique ; il leur aurait été certainement plus agréable de balayer proprement à la mitrailleuse tout ce monde rassemblé devant la tribune. Dans les tours de guet et près des ponts de marbre, ils avaient mis en embuscade des soldats et des mitrailleuses en prévision d'une attaque-surprise. Depuis la tribune, ils devaient apercevoir au loin les soldats postés en sentinelles au bas de l'enceinte extérieure et qui étaient eux aussi autant de petites marionnettes. Toutefois, la porte Tian-An-Men et les élèves ne prêtaient aucune attention à ces bombes et à ces pistolets, le silence et l'indifférence étaient leur arme, une arme tout aussi redoutable.

Les responsables du meeting, la bouche grande ouverte et la main levée très haut, lancèrent quelques slogans. Les élèves, eux, ne dirent mot. Célébrer la victoire de Baoding ? Chacun

---

1. Chaîne de montagnes du Sichuan, dont la plus haute cime appelée « Pic des Dix Mille Bouddhas » est située à une altitude de 3 099 m.

savait que Baoding avait été conquis à force de bombes et de gaz toxiques !

Les marionnettes quittèrent la tribune et disparurent. Les responsables du meeting, avec leur insigne de soie, se mirent à distribuer des bonbons Hirohito aux élèves. De si petits bonbons au pied de Tian-An-Men ! Ils finirent par terre en compagnie des petits drapeaux.

M. Guan était arrivé de bonne heure, mais n'avait pas osé s'approcher de la tribune, car il craignait un attentat. Ce n'est qu'au moment des petits discours que, prenant son courage à deux mains, il s'était approché. Il aurait bien voulu monter sur l'estrade, mais les agents de police lui barrèrent le chemin fort impoliment. Il se retrouva donc debout devant les élèves. Le premier rang était à une vingtaine de mètres de la tribune ; s'il voulait être vu, il fallait qu'il soit plus près ; il s'inclina respectueusement, comme on le fait au théâtre pour présenter une offre écrite de capitulation ou avant d'entrer chez quelqu'un. Les agents de police ne le laissèrent pas avancer.

« Rassurez-vous, je n'ai pas de mauvaises intentions ! Je voulais seulement saluer les gens sur la tribune !

– Est-ce que votre père est parmi eux ? » demanda un agent de police de fort mauvaise humeur.

M. Guan ne répondit rien et il continua à s'incliner en direction de l'estrade, pour témoigner de ses bonnes intentions. Il écouta avec le plus profond respect les différents discours. Le visage levé, il espérait que quelqu'un finirait par le remarquer. Il reçut comme tout le monde son bonbon Hirohito et dit au « responsable » qui passait près de lui : « Le meeting était vraiment très réussi ! » Ce fut le seul éloge qu'on entendit ce jour-là sur la place Tian-An-Men.

CHAPITRE XXVI

Ruixuan marchait de long en large dans la cour, excité comme une fourmi sur une plaque brûlante. Il était sûr qu'un incident allait se produire ce jour-là sur la place Tian-An-Men. C'était la première confrontation publique entre les Japonais et les habitants de Peiping. Les Japonais bien sûr se comporteraient en conquérants ; quant aux Pékinois, Ruixuan connaissait leur faiblesse, mais il savait aussi que quand un pays est occupé il y a toujours des gens prêts à affronter le danger, prêts à faire héroïquement le sacrifice de leur vie, et dans une ville comme Peiping, il ne pouvait manquer d'y avoir une ou deux personnes capables de cela. Ce jour-là, il en était persuadé, il y aurait certainement un massacre sur la place Tian-An-Men ! Comme tous les Pékinois, Ruixuan n'aimait pas voir couler le sang ; cependant, le sang coulerait, c'était inévitable. D'ailleurs, si aujourd'hui rien ne se passait, cela signifierait que quelque chose d'essentiel manquait aux Pékinois ; pouvaient-ils accepter une aussi grande humiliation sans broncher ? Il espérait que le sang coulerait sur Tian-An-Men, tout en craignant ce grand malheur.

Aujourd'hui, c'était sous la contrainte que ces élèves étaient venus assister au meeting et on ne pouvait leur imputer les échecs militaires et politiques du passé ; par conséquent ce n'était pas à eux de laver tant d'humiliation de leur sang. D'ailleurs, il y avait si peu d'intellectuels en Chine qu'on devait tout faire pour les protéger, même si on traversait là une période où le destin de la nation était en jeu. Il se souvint de plusieurs jeunes et beaux visages qu'il connaissait bien. Certes, parmi ces jeunes gens, certains étaient plus ou moins froids avec lui, mais aujourd'hui ils étaient objectivement tous beaux, parce que innocents et jeunes. Ces visages, ces fleurs de la nation, allaient-ils tomber devant la porte Tian-An-Men, victimes des fusillades ou des coups de baïonnette ?... Non, c'était impossible ! Ses élèves, l'avenir de la nation chinoise !

Pourtant, en envisageant les choses d'un autre point de vue, les élèves étaient quand même les plus aptes à devenir les pionniers du patriotisme. Ils étaient courageux, ils avaient le savoir. On ne pouvait compter sur des gens faibles comme son grand-père ou ayant peur de tout comme lui-même.

Les remarques de Petit Cui n'étaient pas toutes dénuées de fondement. Les élèves avaient bien été les premiers à se révolter contre le régime monarchique ou contre le joug du vieux code éthique féodal ; dans l'histoire révolutionnaire chinoise des cinquante dernières années, les élèves avaient accompli de grands exploits au prix de leur sang. Était-il possible qu'aujourd'hui ils aient oublié cette leçon et gardent docilement en main leur petit drapeau sans mot dire ?

Ruixuan était nerveux et inquiet. Tout à coup, il pensa à Ruifeng. Certes, il le méprisait, mais c'était son frère, ils étaient après tout les fils d'une même mère. Il espérait le voir revenir le plus vite possible pour qu'il lui fasse un rapport du meeting.

Ruifeng ne rentra que vers trois heures. Il était fatigué, mais il avait réussi à garder bon moral, il paraissait même assez excité malgré la fatigue.

Quand le meeting fut terminé, il avait si faim que son ventre en gargouillait. Il voulait absolument disparaître pour ne pas avoir à ramener tout le monde au bercail. Il avait l'impression de s'être laissé piégé par ce vieux renard de Lan Dongyang. Toutefois, avant même qu'il ait pu s'éclipser, les élèves s'étaient déjà dispersés spontanément ; ils ne voulaient pas retourner à l'école tous ensemble et perdre une seconde fois la face en défilant dans les rues ; seuls les plus jeunes qui ne connaissaient pas bien leur chemin s'étaient regroupés autour de Vieux Yao. Les autres écoles avaient fait la même chose et, en un instant, la place fut dégagée. Le sol était jonché de drapeaux, de papiers déchirés et de bonbons Hirohito. Ruifeng se sentit soulagé ; il ramassa un bonbon et, après en avoir enlevé le papier, le mit dans sa bouche. Il prit la direction de l'ouest, lentement, sans entrain.

Il avait d'abord pensé traverser le parc Sun Yat-sen – dont le nom avait été changé en « Parc central » – pour éviter de faire un trop grand détour, mais en y regardant de plus près, il s'aperçut que personne n'y entrait ni n'en sortait. Craignant les endroits très calmes, il changea d'idée et prit par la grand-rue ; il irait jusqu'à Xidan et là trouverait un restaurant pour y manger. Jamais il n'aurait pu imaginer que ce vieux renard de Lan Dongyang le laisserait tomber ainsi, alors qu'il avait assuré le bon déroulement du défilé des élèves. « Quel sale type ! se disait-il à voix basse en suçant son bonbon. Peut-on appeler cela un ami ? » Plus il y pensait, plus il s'irritait : « Il aurait tout de même pu m'inviter à boire un petit verre d'alcool accompagné de petits pois salés au restaurant *La Grande Jarre de vin,* ç'aurait été la moindre des choses ! »

Soudain, alors qu'il continuait à lancer à voix basse ses injures, quelqu'un se mit à rire derrière lui, d'une façon très agréable d'ailleurs. Il tourna précipitamment la tête. M. Guan était à un pas de lui. Le rire avait cessé, mais une expression plaisante flottait encore sur son visage.

« Vous en avez du culot ! dit M. Guan en agitant le doigt vers le visage de Ruifeng.

– Mais qu'est-ce que j'ai fait ? demanda Ruifeng interloqué.

– Vous avez osé mettre un costume Sun Yat-sen ! » M. Guan prit un air malicieux, manifestement il était de très bonne humeur. Il ajouta presque immédiatement : « J'admire votre courage, Ruifeng, vous êtes épatant ! »

En entendant tous ces éloges, Ruifeng oublia tous ses soucis et sa colère de tout à l'heure, puis il se mit à rire avec candeur.

Ils marchaient côte à côte en direction de l'ouest. Après plusieurs éclats de rire, Ruifeng finit par dire :

« C'est vrai que ce que je viens de faire est plutôt risqué. Je suis le premier à oser porter un costume Sun Yat-sen devant les Japonais, moi, Qi Ruifeng ! »

Puis, baissant le ton :

« Au cas où, par hasard, nos troupes gagneraient la guerre, lorsqu'elles reviendront ici, un coup comme celui-là peut me valoir quelques honneurs. »

M. Guan n'avait pas envie de parler de choses qui se produisent « par hasard », il changea de sujet : « Le meeting d'aujourd'hui n'était pas mal, hein ? »

Ruifeng ne savait pas si le meeting avait été vraiment réussi ou non, ce qu'il savait par contre c'est qu'il n'y avait pas eu d'animation et qu'il s'y était senti plutôt mal à l'aise. Mais finalement, comme le disait M. Guan, peut-être qu'après tout le meeting n'avait pas été si raté que ça. L'éducation qu'il avait reçue ne lui avait permis d'acquérir que des connaissances générales et il n'avait pas appris à penser ou à juger par lui-même ; il était le sujet idéal d'un pays qui vient de perdre son indépendance : pas le moindre point de vue personnel, adorant recevoir des ordres, à condition qu'ils soient accompagnés d'un peu de vin et de bons plats.

« Moi, je n'ai que faire de ces bonbons Hirohito ! expliquait M. Guan à Ruifeng. Bonbons ou pas, il fallait venir à ce meeting. Je veux dire qu'aujourd'hui tout s'est déroulé sans incident, les Japonais n'ont pas tiré, nos élèves n'ont pas jeté de bombes – grâce soit rendue au Bouddha ! Tout compte fait, on peut dire que l'acheteur d'or a rencontré le vendeur, et il fallait se rencontrer ; désormais le dialogue sera plus facile. Franchement, au début du meeting, je n'osais pas trop m'approcher ! C'est vrai, il aurait suffi d'un pétard pour déclencher les mitrailleuses ! Mais me voilà soulagé ! À partir d'aujourd'hui, chacun peut vaquer à ses occupations, plus la peine de se cacher et puis, tous les élèves se sont inclinés devant les Japonais, au pied de la porte Tian-An-Men, en plein jour ! Ils ont même pris des bonbons Hirohito ! N'est-ce pas ?

– Exactement ! Exactement ! » Ruifeng inclinait son petit crâne sec. Il avait écouté attentivement M. Guan, et soudain la lumière se fit dans son esprit : non, il ne devait plus détester Lan Dongyang sous prétexte qu'il avait joué au plus malin avec lui, il devait au contraire lui être reconnaissant de lui avoir donné l'occasion de conduire les élèves au meeting. Il tira comme conclusion du raisonnement de M. Guan que l'action qu'il avait accomplie aujourd'hui avait tout simplement une portée historique et qu'il pouvait presque être considéré comme un homme de mérite dans la fondation d'un État nouveau. Il était heureux. La bonne humeur incitant souvent les gens à se montrer généreux, il invita M. Guan à manger avec lui dans un petit restaurant.

« Ruifeng ! » M. Guan prit un air fâché. « Je ne peux accepter une telle invitation, voyons ! Comment osez-vous m'inviter, vous, à l'âge que j'ai ? » La sincérité de M. Guan n'avait d'égale que son hypocrisie. Cela lui venait de sa culture pékinoise, qui l'incitait à disputer à son interlocuteur l'invitation à un repas, alors même que son pays perdait chaque jour un peu plus de son indépendance. C'était ça la culture grandiose d'un pays occupé.

Ruifeng n'osa plus rien dire, s'il relançait son invitation, il risquait de gâcher l'état d'esprit cordial et sincère qui existait entre eux.

« Que voulez-vous manger ? » C'était uniquement par politesse que M. Guan demandait cela, car, ayant décidé d'inviter Ruifeng, il savait déjà où il allait l'emmener. Pour ce qui touchait à la nourriture, grâce à son expérience et à ses connaissances, il était tout à fait sûr de lui, ses invités n'avaient jamais à se plaindre.

« Et si nous allions manger de la viande grillée dans la petite rue An'er, ça vous va ? » Ruifeng n'avait pas eu le temps de faire la moindre suggestion.

En entendant la proposition de M. Guan, l'eau lui vint aussitôt en quantité à la bouche, il s'étrangla en voulant l'avaler et fut incapable de répondre, il ne put qu'incliner la tête avec beaucoup d'insistance. Son ventre se mit à gargouiller de plus belle.

Inconsciemment, ils accélérèrent le pas. La viande grillée était devenue une réalité, ils oublièrent momentanément tout le reste.

Cependant, la guerre aussi avait ses réalités et elles n'épargnaient personne. Le célèbre petit restaurant était fermé pour la bonne raison qu'on ne trouvait plus sur le marché ni viande de bœuf ni viande de mouton. Tout le bétail avait déjà été abattu et on ne pouvait en faire venir de l'extérieur, à cause de la guerre. Ils étaient bouleversés par une réalité aussi cruelle !

Tout en s'excusant, M. Guan emmena Ruifeng dans un restaurant sichuanais situé sur l'avenue Chang'an ouest ; ils s'installèrent dans un salon particulier. Ruifeng n'aimait pas les plats pimentés, mais il n'osa rien dire et il se sentit tout à coup très mal à l'aise. M. Guan ne consulta pas le menu, il chuchota seulement quelques mots à l'oreille du garçon. Au bout d'un instant, celui-ci apporta un assortiment de hors-d'œuvre très raffinés et un pot de vin de Shaoxing chauffé à point.

Ruifeng goûta le vin, d'une couleur et d'un parfum très agréables, et s'exclama : « Il est excellent ! »

Le visage de M. Guan s'illumina d'un sourire qui n'en était pas vraiment un :

« Ne vous empressez pas d'applaudir le vin ! Attendez de goûter les plats que j'ai commandés !

– Sont-ils pimentés ? » Le dévouement de Ruifeng pour son appareil digestif dépassait les convenances.

« Les plats de l'authentique cuisine sichuanaise ne sont pas piquants ! Rassurez-vous ! » La petite lueur du vrai connaisseur brilla dans les yeux de M. Guan. Il trempa les lèvres dans son vin et dit : « Il est vraiment chauffé à point ! »

Le garçon semblait bien connaître M. Guan, il apportait les plats, faisait le service, mais bavardait aussi avec son hôte. Celui-ci, afin de montrer qu'il s'agissait d'un repas simple, sans façon, répondait avec cordialité aux questions du garçon. Comme il apportait un nouveau plat, M. Guan lui demanda à brûle-pourpoint : « Comment vont les affaires ?

– Mal ! » Le garçon, petit, la trentaine, un sourire accompagnant chacune de ses paroles, fronça les sourcils, puis sourit aussitôt. « Les affaires sont difficiles en ce moment ! Si l'on ne s'approvisionne pas, on risque d'être pris au dépourvu quand les clients arrivent, et quand on a tout ce qu'il faut, ce sont les clients qui ne viennent pas ! » Il sourit de nouveau, d'un sourire plutôt triste.

« À votre santé ! » M. Guan porta un toast à Ruifeng, puis il réconforta le garçon : « Tu verras, d'ici quelque temps, tout ira mieux !

– Vraiment ? » Le garçon fit deux petits sourires. « Après la chute de Baoding, vous pensez que les affaires peuvent encore...

– Chaque fois que je viens manger ici, est-ce que je ne paie pas mes repas ? Pourquoi ne crois-tu pas ce que je te dis ? »

M. Guan fronça les sourcils pour taquiner le garçon.

« Tu verras, plus on perd de villes, et plus les affaires seront faciles pour nous ! Chaque empereur a ses ministres ; ce qui est à craindre, c'est qu'il y ait des empereurs un peu partout et qu'ils se battent entre eux, mais ça, on n'y peut rien ! Tu comprends ce que je veux dire ? »

Le garçon n'osait pas offenser son client, il ne voulait pas non plus faire de tort à sa propre conscience, il sourit donc sans faire aucun commentaire, puis s'empressa de sortir pour aller chercher le plat suivant.

Quand une culture si ancienne en arrive à ce point de décomposition, on fait facilement abstraction des événements les plus dramatiques pour concentrer toute son attention sur tout ce qui se rapporte au boire, au manger et aux besoins naturels. Après quelques verres de vin de Shaoxing, Ruifeng avait oublié tous ses soucis, il trouvait le monde aussi beau qu'une fleur qui vient d'éclore.

Il ne voulait plus penser à Lan Dongyang, à la porte Tian-An-Men ou aux Japonais, il sentait seulement les bienfaits du vin jaune de Shaoxing se répandre dans tout son corps, comme l'eau d'une source dans la nature au printemps. Bonne chère et bon vin lui faisaient voir la vie en rose ; il devait se montrer sincèrement reconnaissant envers M. Guan qui l'avait invité et avec lequel il se devait d'être entièrement d'accord en tout point. Son petit visage sec avait viré au rouge et l'alcool commençant à faire son effet, deux petites larmes de reconnaissance lui montèrent aux yeux.

Malgré les nombreuses démarches qu'il s'efforçait de faire depuis l'entrée de l'ennemi dans la ville, M. Guan n'avait toujours pas réussi à décrocher le moindre poste de fonctionnaire ; il n'en restait pas moins très optimiste. Il se disait qu'une période de changement de dynastie était toujours propice pour faire des démarches ; en effet, c'était pendant de telles périodes qu'il fallait se décider à capituler ou à résister, et M. Guan avait choisi son camp. Il avait commencé par faire à Ruifeng l'éloge du meeting de la place Tian-An-Men, puis il fit l'éloge des succès remportés par l'Union du peuple nouveau, qui jusqu'ici n'en avait remporté aucun si ce n'est celui d'avoir eu l'aplomb d'arranger devant la porte Tian-An-Men un face-à-face entre les élèves de la ville et les Japonais ! Puis, il finit par mentionner Lan Dongyang :

« Au fait, vous avez fixé mon rendez-vous avec lui ? Pas encore ? Pourquoi ? Qu'est-ce que vous attendez ? Est-ce que par hasard je ne pourrais pas compter sur vous ? De toute façon, il faut absolument qu'il accepte mon invitation ! Comment ? À dîner demain soir ? Parfait ! Je vous dis, Ruifeng, il faut être optimiste, travailler dur et nouer beaucoup de relations ; avec ça, on est sûr de mener la belle vie jusqu'à la fin de ses jours ! »

Ruifeng ne cessait d'acquiescer. Plus M. Guan parlait, plus son ravissement croissait, son appétit aussi. Franchement, depuis que l'ennemi avait envahi Peiping, il n'avait pas encore pris de repas aussi agréable, et il buvait toutes les paroles de M. Guan, qui lui permettait d'entrevoir pour lui-même un avenir radieux. Dans la mesure où il garderait son optimisme, où il s'efforcerait de faire des démarches, il n'y avait aucune raison pour qu'il ne réussisse pas.

M. Guan prit congé de Ruifeng à Xidan, disant qu'il devait rendre visite à deux amis. « Nous nous reverrons chez moi ! Et surtout n'oubliez pas d'en parler à Lan Dongyang, hein ? Au revoir ! »

Ruifeng rentra chez lui fatigué, mais tout excité.

Voyant son cadet rentrer sain et sauf à la maison, Ruixuan se sentit plus tranquille. Il se dit aussitôt en lui-même : « Parmi tant d'élèves et de professeurs, est-il concevable qu'il n'y en ait pas eu un seul pour risquer quelque chose ? » Il ne les méprisait pas, car il était des leurs, lui qui n'avait même pas eu le courage d'aller sur la place Tian-An-Men. Il ne voulait pas juger les gens d'après leur courage ou leur faiblesse, il devait d'abord critiquer cette culture qui, sous couvert d'amour de la paix, acceptait toutes les humiliations, cette culture qui avait donné naissance à la porte Tian-An-Men, monument digne et solennel, mais aussi à une jeunesse qui, face à l'ennemi devant cette même porte, n'avait pas eu le courage de verser son sang !

Mais au fond avait-il le droit de critiquer cette culture ? Était-ce une faute que d'aimer la paix ? Tout cela s'embrouillait dans sa tête et il se sentait très abattu. Ruifeng au contraire se sentait en pleine forme, comme invincible. Ayant un peu trop bu, il avait éprouvé quelques difficultés à comprendre comment il avait pu acquérir une telle forme, ce ne fut qu'à son retour à la maison que soudain il comprit. Mais oui, bien sûr, tout cela était dû au fait qu'il avait participé au meeting de la place Tian-An-Men ! N'avait-il pas fait preuve d'un courage extraordinaire en osant se tenir debout là-bas face aux Japonais ? Les propos de Guan Xiaohe lui parurent encore plus dignes de foi : désormais, après cette rencontre devant la porte Tian-An-Men, les Chinois et les Japonais étaient unis, l'univers était en paix, et plus rien ne pouvait l'empêcher d'aller déguster une bonne fondue mongole !

Il fut tout heureux de constater que son frère aîné, en le voyant aujourd'hui rentrer à la maison, ne l'accueillit pas froidement comme d'habitude, mais l'aborda en souriant : « Alors, te voilà de retour ? » Cette simple question fit naître chez Ruifeng un sentiment d'orgueil et il se sentit plus riche moralement ; il ressentait aussi une immense fatigue qui ne faisait que confirmer toute l'importance de son personnage !

La mère de Petit Shunr était inquiète de voir son mari

tourner en rond dans la cour. Elle n'osait rien lui dire et se contentait de le suivre secrètement de son beau regard brillant. Elle essayait de trouver un prétexte pour envoyer Petit Shunr ou Niuzi lui prendre la main ou lui dire quelque chose. Elle savait que son mari ne déchargeait jamais sa colère sur ses enfants. Le voyant soudain plus souriant, elle s'approcha en se hâtant pour écouter les nouvelles rapportées par Ruifeng.

Chaque fois que le vieux monsieur Qi apprenait une mauvaise nouvelle, il pensait encore plus fort à son troisième petit-fils. Il savait qu'il était très obstiné et qu'il ne rentrerait à la maison qu'une fois la victoire définitive acquise. En conséquence, plus il était question de défaites pour les Chinois, plus le temps de son retour s'éloignait. Le vieux Qi ne voulait pas trop se mêler des affaires du pays, qui devaient être gérées par le Premier ministre et par le gouvernement, alors que, lui, il n'était qu'un humble citoyen bien ignorant. En revanche, en bon grand-père, il avait le droit de s'inquiéter pour ses petits-fils. Ayant appris la chute de Baoding, il se mit à parler malgré lui du « petit Troisième » en marmonnant ; voyant Ruifeng revenir de la manifestation, il sortit lui aussi de sa chambre pour avoir des nouvelles.

Quand elle entendit le vieux Qi parler de son troisième fils, Mme Tianyou sentit spontanément sa maladie empirer. Quand une mère pense à son fils, elle éprouve toujours une émotion forte et sincère. Ce jour-là, elle ne pensait pas seulement à Ruiquan, elle avait bien remarqué que son second fils était sorti de très bon matin et que son aîné n'avait cessé d'arpenter la cour. Elle était très inquiète. Dès qu'elle entendit Ruifeng revenir, elle sortit de sa chambre en respirant péniblement.

Tout le monde encercla Ruifeng. Il jubilait. Il se trouvait beaucoup plus intelligent que tout le monde, beaucoup plus subtil aussi et il devait leur parler avec optimisme pour les réconforter.

« Crois-moi, frère aîné ! » Il avait encore deux filaments de viande coincés entre les dents et en parlant il découvrait ses lèvres encore toutes graisseuses : « Jamais je n'aurais pu m'imaginer qu'aujourd'hui les élèves puissent être si disciplinés ! Même trop, il n'y avait aucun bruit ! Le meeting s'est déroulé de la meilleure façon qui soit, sans aucun incident. Dans un silence absolu ! Les fonctionnaires japonais étaient tous très dignes, ils ont parlé avec beaucoup de distinction. Les élèves se sont montrés discrets, les Japonais aussi et il n'y a pas eu le moindre incident. Incroyable ! Jamais je n'aurais pu imaginer ça ! Vraiment ! Maintenant, tout va bien, " La belle-fille au visage ingrat a enfin été présentée à ses beaux-parents " comme dit le proverbe, désormais tout sera plus facile. Après ce meeting, tout le monde va se calmer sans se demander si la nation a perdu son indépendance ou non. Dis-moi... »

Ruixuan s'était éloigné discrètement du groupe, personne n'aurait pu dire à quel moment. Ruifeng fit un « Hein ? » d'étonnement. La petite Niuzi comprit ce que son oncle voulait dire, elle dit en avançant ses petites lèvres : « Papa, sor... sorti ! » De son index potelé, elle indiqua l'ouest.

Ruixuan avait préféré s'esquiver, il ne pouvait continuer à écouter le discours de son frère : il avait eu envie de lui cracher au visage.

Il se rendait bien compte que si devant la porte Tian-An-Men les élèves et les professeurs avaient fait preuve de violence, ils auraient sacrifié leur vie inutilement, car tuer une ou deux personnalités japonaises, cela ne voulait pas dire reprendre Peiping. Il avait quand même espéré que quelqu'un aurait osé se comporter héroïquement, que ce fût utile ou non. Personne n'avait voulu sacrifier inutilement sa vie, soit, mais un tel silence était un témoignage suffisant du refus de capituler de la population. Ce que Ruifeng venait de raconter laissait penser que tout le monde avait effectivement choisi la résistance silencieuse, et, ce silence, il l'avait interprété contre toute attente comme « très sage ». Si l'impudence de Ruifeng lui était personnelle, cette interprétation risquait de ne pas être seulement la sienne, et beaucoup, beaucoup de gens sans doute penseraient la même chose. Depuis toujours, en effet, les élèves étaient à l'avant-garde des actions violentes pour défendre la justice et le patriotisme. Cette fois-ci, tout le monde dirait : les élèves ont flanché ! Cette fois-ci tout s'était passé si silencieusement, si tristement ! Que se passerait-il la prochaine fois ? Encore le silence ?

Juste à ce moment-là, Petit Cui arriva de l'extérieur sans son pousse, il avait sur le crâne une grosse bosse violacée.

Ruixuan aurait préféré l'éviter, non par mépris pour un tireur de pousse, mais parce qu'il était très abattu et qu'il n'avait pas envie de parler. Petit Cui, lui, semblait étouffer sous le poids de tout ce qu'il avait à dire. Il se précipita donc vers Ruixuan, tout heureux de trouver quelqu'un à qui pouvoir enfin se confier. Ses premiers mots furent dramatiques :

« Je ne comprends plus rien à rien !

– Que se passe-t-il ? » demanda Ruixuan à la fois surpris et troublé. Il aurait fallu être bien cruel pour rester indifférent devant une expression aussi dramatique.

« Ce qui se passe ? Que rien ne va plus ! » Petit Cui était manifestement très excité. « Tout à l'heure, j'ai pris un client dans mon pousse ! » Il balaya du regard les alentours, puis dit à voix basse : « C'était un soldat japonais !

– Un soldat japonais ! » répéta Ruixuan malgré lui en se dirigeant lentement vers la partie resserrée de la ruelle. Puisqu'il allait être question de soldats japonais, il valait mieux éviter de crier cela sur tous les toits.

Petit Cui le suivit, il baissa la voix : « Oui, oui, d'environ vingt ans, je dis bien un soldat japonais, parce que tout en lui, vraiment tout, faisait penser à un soldat japonais ! Je vous le dis, monsieur Qi, je les déteste ces Japonais, et je ne veux pas les prendre dans mon pousse, même s'ils me proposent beaucoup d'argent ! Mais là, c'était pendant... la célébration de... Baoding...

– De la chute de Baoding ! précisa Ruixuan.

– Oui, c'est ça ! Et comme je n'avais pas envie d'y participer, je n'ai sorti mon pousse qu'à midi passé. Qui aurait pu prévoir ce qui allait se passer ? Je venais de déposer un modeste client, quand tout à fait par hasard, j'ai rencontré ce soldat japonais ! »

Tout en parlant, ils étaient arrivés dans le « ventre de la gourde ». Ici, Petit Cui le savait bien, personne ne les entendrait, qu'ils restent immobiles ou pas. Juste après, il y avait la partie de la ruelle qui menait au Temple de la Sauvegarde Nationale, où pas mal de gens passaient. Petit Cui ne s'arrêta pas, il continua à avancer très, très lentement, en traînant les pieds.

« Quand je l'ai rencontré, il n'y avait pas d'autre pousse dans les parages, vous pouvez imaginer comme c'était gênant ! Il voulait monter, et moi, il m'était impossible de refuser. Bon ! Finalement, ne pouvant faire autrement, je l'ai pris. Nous arrivons près du temple des Lamas ; moi, je croyais que ce type voulait se promener dans l'enceinte du temple. Pensez-vous ! Il m'indique une petite ruelle tout à côté. J'y entre, pas très rassuré, car vraiment il n'y avait pas un chat. Je me retournais tous les deux pas, oui, oui ; tous les deux pas, je me retournais ! Sapristi, je me rappelais l'histoire de ce Coréen qui a tué d'un coup de couteau son tireur dans un endroit du même genre, pour lui voler son pousse ! Je ne pouvais pas ne pas me tenir sur mes gardes, car moi, je sais bien ce que sont les Japonais, qui ont appris ce coup-là aux Coréens ! Et puis, dans mon pousse, c'était un Japonais authentique qui était assis ! Comment ne pas se tenir sur ses gardes, hein ? Un seul coup de couteau et... fini Petit Cui !

« Tout à coup, il me dit quelque chose, mais, comme il n'y avait pas une seule porte dans cette partie de la ruelle, je suis resté un instant interloqué ! Voilà qu'il en profite pour sauter de mon pousse. Je ne comprenais pas ce qu'il voulait faire. C'est quand il a commencé à s'éloigner que j'ai enfin compris qu'il ne voulait pas payer et que c'était pour ça qu'il avait pris cette ruelle déserte. Je suis resté interdit un moment, ne sachant trop que faire. Mais, vous savez, ça n'a duré qu'un instant ! Je pose doucement mon pousse et je me précipite sur ce type, le voilà qui tombe par terre, le visage contre le sol. Je m'étais bien rendu compte que j'étais plus costaud que lui. Ah ! Tu ne veux pas payer ? Eh bien, moi, je te frappe et on verra bien si les Japonais sont toujours les plus forts ! Il se relève et me frappe à son tour, il m'injurie en japonais et nous continuons à nous battre. J'ai fini par prendre le dessus ! En même temps, je me demandais ce que pouvait signifier tout ça : ce matin, des milliers d'élèves affluent dans les rues pour déployer le drapeau de la capitulation ; et moi, Petit Cui, me voilà là, sans armes, en train de donner une bonne correction à un soldat japonais !

« Au bout d'un moment, il s'est produit quelque chose d'extraordinaire : il s'est mis à parler chinois ; en fait, c'était un Chinois du Nord-Est ! Ça n'a fait qu'augmenter ma colère, mais j'en avais assez de le frapper. Oh ! Vraiment, je ne peux pas dire ce que j'ai ressenti en cet instant ; j'avais comme la nausée, ou plutôt... Non, c'est impossible à dire ! Il m'a demandé grâce, alors je l'ai lâché... comme un pet ! M. Qi, dites-moi un peu, comment a-t-il pu se transformer en Japonais ? »

Ils étaient arrivés au mur délabré qui bordait le Temple de la Sauvegarde Nationale. Ruixuan décida de prendre vers le nord, car c'était plus tranquille. Il garda le silence pendant un long moment. Ce ne fut que lorsque Petit Cui le pressa d'un « Alors ? » qu'il répondit :

« Tu te rappelles le 18 septembre 1931 ? »

Petit Cui inclina la tête.

« Dans cette région du Nord-Est, les gens de la vieille génération seront toujours des Chinois, mais ceux qui n'avaient qu'un peu plus de dix ans à cette époque, comme le soldat avec qui tu t'es battu, ils ont appris le japonais, ils ont étudié avec des manuels japonais, ils ont écouté la propagande japonaise ; est-ce si étonnant qu'ils aient changé ? Personne n'est disposé à devenir esclave, mais personne ne peut résister aux rengaines répétées chaque jour, à longueur de mois, à longueur d'année, affirmant qu'on n'est pas chinois !

– Vraiment ? demanda Petit Cui tout surpris. Par exemple,

si chaque jour on me disait que je ne suis pas un Chinois, je le croirais ?

– Toi, maintenant non ! Mais ça se serait passé il y a plusieurs années, peut-être que oui !

– M. Qi, alors nos élèves du primaire, si Peiping reste toujours sous la dépendance du Japon, au bout de quatre ou cinq ans, ils vont changer aussi ? »

Ruixuan n'y avait pas encore pensé. La question de Petit Cui lui donna la chair de poule, il entendit comme un grondement dans son cerveau et une fine sueur apparut sur son front. Il s'appuya au mur ; il avait les jambes flageolantes.

« Qu'avez-vous ? se hâta de demander Petit Cui.

– Je ne me sens pas bien, mais ce n'est rien ! »

CHAPITRE XXVII

Ruixuan avait décidé de ne plus aller au lycée, bien qu'il n'ait pas encore démissionné officiellement ni demandé de congé jusqu'à présent. Il avait toujours tenu à se comporter d'une manière claire et nette, et jamais il n'avait fait traîner les choses comme cette fois-ci. Dans les circonstances actuelles, il lui semblait que tout cela était insignifiant et ne méritait aucune attention : il était devenu le sujet d'un pays ayant perdu son indépendance, et c'était la seule chose qui importait ; ses rêves étaient hantés par cela, par des batailles gagnées ou par des villes perdues.

Il ne pouvait rester sans rien faire. Les revenus de son père ne provenaient que de la part des bénéfices de la boutique qu'il touchait en fin d'année ; la vieille pratique en cours faisait qu'un patron de boutique n'avait pas de rémunération mensuelle importante. De plus, depuis l'offensive déclenchée par les Japonais le 7 juillet 1937 au pont Lugou, à l'exception des magasins de céréales et des dépôts de charbon, rares étaient les boutiques dont les affaires tournaient normalement, et le commerce des étoffes était l'un des plus stagnants – qui en effet se souciait encore de se faire confectionner des vêtements par ces temps de guerre ? Ainsi, à la fin de l'année, les rentrées d'argent de son père risquaient d'être nulles !

Par ailleurs, Ruixuan se rendait parfaitement compte que si son frère trouvait un travail bien payé, il partirait certainement vivre en dehors de la famille. Ni lui ni sa femme n'étaient le genre de personnes très portées à aider la communauté !

Pour ce qui était des économies, son grand-père et sa mère devaient disposer d'une somme s'élevant certainement à plusieurs centaines de dollars d'argent, mais il n'était pas question d'y toucher. L'argent, pour les personnes âgées, c'est tout le contraire des maladies, on ne veut en parler à personne. Ruixuan lui-même avait un livret d'épargne à la poste, d'un montant qui ne dépassait pas cent yuan.

Il ne pouvait évidemment pas rester sans travail. Il fallait qu'il trouve quelque chose le plus tôt possible, sinon il serait obligé de continuer à enseigner et de toucher le salaire minimum alloué provisoirement en attendant que le Bureau de l'éducation trouve les moyens de payer les salaires normaux. De toute façon, il ne pouvait rester oisif. Pourquoi ne voulait-il pas faire comme Ruiquan et s'en aller en abandonnant tout ? Tout simplement parce qu'il devait pourvoir aux besoins de toute la famille.

Ruifeng avait une radio dans sa chambre qui ne pouvait recevoir que les émissions de la ville de Peiping et celles de l'est du Hebei. Ce que Ruixuan voulait à tout prix écouter, lui, c'étaient les informations de Nankin. Il était capable de se déplacer assez loin la nuit, parfois malgré le vent et la pluie, pour aller chez des amis écouter la voix de Nankin ; contrairement à sa nature, il était prêt à tout pour avoir les dernières nouvelles de la capitale. Quelle que soit l'urgence des affaires dont il s'occupait, il ne ratait pratiquement aucune occasion d'écouter la radio, et quand il en était vraiment empêché, il aurait fallu l'entendre jurer avec véhémence, lui qui d'ordinaire était d'un naturel plutôt réservé ! La voix de Nankin lui réchauffait le cœur ; quelles que soient les nouvelles, bonnes ou mauvaises, toutes les émissions de la station de radiodiffusion centrale signifiaient pour lui que non seulement son pays n'était pas totalement conquis, mais aussi qu'on ne l'avait pas oublié, lui, simple citoyen, puisque la voix de son pays était là, tout près de son oreille !

C'était quoi, son pays ? Si on lui avait posé la question avant la guerre, sans doute aurait-il hésité un bon moment avant de répondre, et sa réponse aurait certainement été semblable à celle imprimée dans tous les manuels pour bons citoyens : une définition simple, terre à terre. À présent, quand il entendait ce que disaient les journalistes, il lui semblait percevoir par le son ce que représentait son pays, tout comme on reconnaît le pas d'une personne amie. Ce n'était plus une définition figée, c'était une grande chose vivante, faite de chair et de sang, colorée, parlante. En entendant ces voix, les yeux de Ruixuan se remplissaient de larmes. Jamais il n'aurait pensé réagir si fortement ! S'il n'avait jamais nié son patriotisme, il n'avait jamais pu préciser jusqu'à quel point il aimait son pays. Aujourd'hui, il le savait, la voix de Nankin avait le pouvoir de l'enthousiasmer ou de le démoraliser, de le faire rire aux éclats ou de le faire pleurer.

Il avait depuis le début toujours refusé de lire les journaux, qui étaient sous le contrôle de l'Union du peuple nouveau, mais dernièrement il avait changé d'idée. Il voulait comparer les nouvelles données par les Japonais avec celles radiodiffusées par Nankin. Grâce à la radio, il avait appris des choses dont les journaux de Peiping n'avaient pas parlé, et il avait pu contester la véracité d'autres informations, imprimées dans ces mêmes journaux.

Quand il était question de défaites militaires, même si elles étaient reconnues par Nankin, il n'y croyait qu'à moitié. Il se reprochait alors d'être trop partial, mais ce n'était qu'en agissant ainsi qu'il se sentait un peu soulagé. Il était difficile pour quelqu'un qui nourrissait de tels sentiments patriotiques de ne pas faire preuve de parti pris.

Ce qui l'enthousiasmait le plus, c'étaient les nouvelles sur Hu Amao et les huit cents braves. Avec de tels héros, toujours prêts à sacrifier héroïquement leur vie pour la patrie, les défaites militaires n'avaient plus beaucoup d'importance. Une nation défendue par de tels braves ne pouvait être conquise ! Chaque fois qu'il écoutait ces récits émouvants, il était si excité qu'il avait du mal à s'endormir. Parfois, en pleine nuit, il allumait la lampe et réécrivait ces récits. Mais il ne pouvait pas se souvenir de tout et il n'arrivait jamais à décrire correctement la loyauté et la fidélité de ces héros ;

alors il déchirait doucement les feuilles de papier qu'il avait remplies, se recouchait et finissait quand même par trouver le sommeil.

Ruixuan n'attachait pas une grande importance aux nouvelles internationales. L'histoire de ces cent dernières années lui avait appris, comme à tout Chinois connaissant un peu l'histoire de la Chine, qu'il ne fallait pas compter sur les grandes puissances pour aider les pays faibles. La Société des Nations avait remis à plus tard la discussion sur le problème sino-japonais et la Convention des Neuf Pays voulait, elle, qu'on en parle immédiatement ; tout cela lui paraissait beaucoup moins important que l'action de Hu Amao. Hu Amao était chinois et, si la majorité des Chinois pouvait prendre exemple sur lui pour se battre contre les Japonais, la Chine serait alors un pays peuplé d'hommes dignes de ce nom, et plus un simple morceau de lard que le monde se partage à merci. Si Hu Amao avait le courage de se battre contre les Japonais, il aurait le courage de se battre contre tous les « Japonais » du monde. Les Chinois aimaient la paix, mais aujourd'hui il leur fallait des gens comme Hu Amao, qui aient le courage de se sacrifier pour la paix.

Ainsi, il passait beaucoup de temps à écouter la radio, à lire les journaux, à comparer les nouvelles, mais il n'oubliait jamais ses visites à M. Qian Moyin, qui, d'ailleurs, allait de mieux en mieux.

Ruixuan était particulièrement heureux de voir que le vieux Qian n'avait perdu ni sa mémoire ni ses facultés mentales, qu'il ne resterait pas un infirme et qu'il recommençait petit à petit à dire des choses cohérentes. Le fait que M. Qian puisse recouvrer progressivement sa lucidité prouvait tout simplement que les Japonais, si cruels qu'ils soient, étaient incapables de soumettre un poète. Désormais, Ruixuan considérait le vieux Qian comme un guerrier qui avait perdu une bataille, mais n'avait pas perdu la guerre, voire comme un symbole de la Chine tout entière. Le temps lui durait d'entendre M. Qian raconter comment il avait été arrêté et soumis à la torture, afin de pouvoir tout consigner en détail et d'établir un document historique complet, digne de foi, sur la chute de Peiping.

Mais le vieux Qian restait très discret sur tout cela et Ruixuan comprit qu'il ne raconterait à personne les choses qui s'étaient passées après son arrestation. Plus il était lucide, plus il était prudent. Quand il se réveillait, il demandait : « Est-ce que j'ai parlé dans mon sommeil ? » Cela lui arrivait souvent, mais de toute façon, comme il avait perdu ses dents et qu'il s'exprimait d'une façon très hachée, on ne comprenait pas ce qu'il disait. Ruixuan fit beaucoup d'efforts pour inciter le vieux à parler, mais en vain. Chaque fois que celui-ci se rendait compte qu'on allait aborder le sujet, il pâlissait et ses yeux jetaient une lueur exprimant la peur et l'impuissance.

Il n'avait pas encore recouvré son apparence et sa mine d'autrefois, quand il était bien portant, heureux, franc et naturel. Il avait toujours l'air d'avoir peur, d'être inquiet et cela remplissait Ruixuan de honte. Bien sûr, les événements par eux-mêmes étaient très surprenants : être arrêté par des gendarmes japonais et revenir chez soi vivant, c'était vraiment surprenant ! Et puis, pourquoi le vieux tenait-il tellement à ne rien dire de ce qui s'était passé à la prison ?

Ruixuan se dit qu'avant de le libérer les Japonais avaient dû lui faire jurer de ne rien dire à personne. S'il avait deviné juste, il savait que le vieux Qian ne voudrait naturellement pas trahir sa parole. Cependant, en envisageant les choses d'un autre point de vue, sa connaissance des usages égalait son honnêteté, alors pourquoi respectait-il un serment qu'on lui avait imposé ? Non, les choses ne devaient pas être si simples.

Ruixuan se mit à réfléchir aussi à ce qu'allait devenir M. Qian ; il était pour l'instant sous l'empire de la peur parce qu'il avait été roué de coups, mais allait-il continuer à vivre ainsi ? Les coups qu'il avait reçus lui avaient-ils appris ce qu'était la haine et allait-il maintenant chercher à se venger ? Qui pouvait le dire ? De telles tortures pouvaient rendre n'importe qui docile, mais il ne pouvait imaginer M. Qian s'avouer définitivement vaincu. Se venger ? Seul, il n'en était pas capable, et il ne fallait pas non plus qu'il sacrifie sa vie inutilement, puisque sa famille avait pratiquement disparu !

Avec le temps, il apprit la mort de sa femme et de son fils aîné. Il les pleura l'un et l'autre dans ses rêves, mais, éveillé, il ne versa jamais une seule larme. Son regard se fixait pendant plusieurs minutes, et il était difficile de dire s'il pensait alors au suicide ou à la vengeance. Il ne disait rien et restait ainsi, comme hébété. Ruixuan était très inquiet de le voir dans un tel état.

Le vieux Qian aimait avoir des nouvelles de la guerre et bien sûr c'était Ruixuan qui les lui rapportait, avec des remarques personnelles ; cela embarrassait d'ailleurs extrêmement le jeune homme, car quand les nouvelles n'étaient pas très bonnes le vieux Qian se murait dans son silence et, le regard fixe, retombait dans l'hébétude. Il comprenait la situation bien mieux que le vieux Qi ou que Yun Mei, cependant il n'était plus comme avant, quand il bavardait intarissablement avec ses amis ; maintenant, après avoir entendu ces informations, il en savourait seul le goût ; il semblait avoir enfermé son cœur dans sa poitrine.

Ruixuan était très gêné, parce qu'il ne savait pas mentir, et il ne voulait pas lui transmettre de fausses nouvelles ; il ne voulait pas non plus trop accabler le pauvre M. Qian. Alors il finit par insister un peu plus sur les bonnes, afin d'équilibrer avec les mauvaises. Chaque fois qu'il apprenait une bonne nouvelle, le vieux Qian demandait à boire un petit coup, alors que son traitement le lui interdisait !

Ruixuan se faisait un devoir d'aller voir M. Qian tous les jours. Le soigner était presque devenu un sacerdoce pour lui ; à tel point que s'il avait sauté un jour de visite, il se serait senti non seulement peiné et déprimé, mais surtout impardonnablement coupable.

M. Qian ne parlait plus de Guan Xiaohe. Si M. Jin ou Ruixuan mentionnaient par hasard la famille Guan, il ne faisait aucun commentaire. Mais quand il ne se sentait pas très bien physiquement ou moralement, et que justement chez les Guan on faisait trop de bruit en jouant ou en chantant, alors il s'exclamait : « Qu'ils sont assommants ! », puis il fermait les yeux, faisant semblant de dormir.

Avait-il complètement oublié le passé ? ou bien feignait-il seulement, afin de pouvoir un jour exercer sa vengeance sans éveiller le moindre soupçon sur lui ? Vraiment, M. Qian était devenu une énigme ! Jusque-là, il avait toujours été un poète honnête, franc, sincère ; allait-il devenir un homme traqué, n'osant plus jamais faire part de ses vrais sentiments ? Non, le vieux ne deviendrait pas ainsi, Ruixuan l'espérait du moins, du plus profond de son cœur. Ce qu'il ferait quand il serait complètement rétabli restait une énigme.

M. Jin venait moins fréquemment. Voyant que le beau-père de sa fille allait de mieux en mieux et que la famille Guan se tenait tranquille, il pensait qu'il avait fait son devoir et qu'il pouvait désormais espacer ses visites.

Chaque fois qu'il venait, M. Qian était particulièrement heureux et cela éveillait d'ailleurs quelque peu la jalousie de Ruixuan, qui avait remarqué qu'autrefois, entre le vieux Qian et M. Jin, ce n'était pas vraiment le grand amour. Le vieux poète s'efforçait autant que possible de ne pas attacher trop d'importance aux différences de classe et de traiter comme des amis tous ceux qu'il fréquentait, mais Ruixuan avait remarqué aussi que le vieux Qian au fond de lui-même savait faire la différence entre les gens supérieurs et les autres.

Quand M. Jin venait, Ruixuan écoutait avec attention leur conversation. Il voulait comprendre pourquoi le vieux Qian s'était mis à l'apprécier si particulièrement. Il était intrigué. Les propos de M. Jin étaient tout aussi simples et rudes que d'ordinaire, de plus il parlait de choses très banales, sans rien qui puisse inspirer le cœur ou l'esprit ou inciter à de profondes réflexions.

Le lendemain de la célébration de la chute de Baoding, Ruixuan rencontra M. Jin chez M. Qian. Le temps était bas et de gros nuages gris cachaient le soleil ; le vent d'ouest soufflait par rafales très froides. Les feuilles des arbres tombaient une à une. Ruixuan portait une longue tunique ouatée. M. Jin, lui, ne portait qu'une chemise de style chinois en grosse toile blanche, longue et ample, sur laquelle il avait mis un vieux gilet de toile bleue à boutons de bronze, déchiré sur le devant, et dont la couleur avait viré au jaune sombre. Sur son gilet, il avait noué une large ceinture bleue.

Le corps couvert de blessures du vieux poète était sensible aux changements de temps ; et en ce moment il ressentait des courbatures. Lorsqu'il vit M. Jin entrer dans sa chambre, il dit :

« Le temps va changer, vous avez remarqué comme le vent est froid !

– Vous le trouvez froid ? Moi, je transpire ! » En effet, de grosses gouttes de sueur perlaient sur son front. Il sortit de dessous sa chemise un mouchoir dont on aurait pu faire un baluchon et avec lequel il essuya énergiquement son crâne chauve. Il salua Ruixuan. Son attitude à l'égard de ce dernier avait évolué, mais tout de même il ne parvenait toujours pas à être aussi chaleureux avec lui qu'avec M. Li. Il s'assit, puis, au bout d'un moment, il demanda à M. Qian : « Ça va mieux ? »

Comme s'il voulait exciter la pitié de M. Jin, le vieux Qian se recroquevilla et dit d'une voix pitoyable : « Ça va mieux ! Mais aujourd'hui j'ai mal partout ! Le temps va changer ! » Puis, en cillant, il attendit qu'on le réconforte.

M. Jin pinça le bout de son nez rouge et dit d'une voix de stentor : « Peut-être que le temps va changer ! Mais quand on se soigne, il faut aussi savoir supporter les souffrances ! La douleur passera petit à petit, vous verrez ! »

De l'avis de Ruixuan, ce qu'il venait de dire ne changeait rien à rien, mais pour M. Qian, c'étaient de vraies paroles de réconfort et il fit signe de la tête plusieurs fois pour exprimer sa satisfaction. Ruixuan savait qu'à l'origine c'était par vénération pour le poète Qian que M. Jin avait donné la main de sa fille à Qian Mengshi. À présent, c'était au tour du poète de vénérer M. Jin. Il n'arrivait toujours pas à bien savoir pourquoi.

M. Jin resta une dizaine de minutes. Quand le vieux Qian disait quelque chose, il répondait machinalement par oui ou par non ou par de courtes phrases qui ne voulaient rien dire.

Quand le vieux Qian se taisait, il ne disait rien lui non plus et restait assis là, stupidement.

Après un long moment de silence, il se leva brusquement. « Je vais voir ma fille. » Il dit deux à trois mots à la jeune Mme Qian, puis, prenant un tabouret, il alla s'asseoir dans la cour, où il se mit à fumer la pipe gravement. Quand il eut fini, il secoua ses cendres sur une marche de pierre, se releva et, depuis l'extérieur, cria à la cantonade : « Je m'en vais ! À très bientôt ! »

Longtemps après le départ de M. Jin, le vieux Qian dit à Ruixuan :

« Par les temps qui courent, il vaut beaucoup mieux avoir la santé de M. Jin que tout ce savoir livresque que nous avons dans la tête ! Trois intellectuels ne valent pas un homme qui sait faire la guerre ! »

Ruixuan avait compris. C'était donc ça ! Le vieux Qian enviait la santé de M. Jin. Mais pourquoi ? Pensait-il toujours à sa vengeance ? Il le regarda pendant deux ou trois minutes. Oui, ce devait être cela : c'était un changement profond qui s'était produit en lui, car qui aurait pu imaginer qu'un vieux poète qui n'aurait pas fait de mal à une mouche, puisse se mettre à envier, et même à vénérer, un être plein de force et de santé ? Quand il voyait ses joues creuses et son regard hébété, Ruixuan se demandait s'il pourrait recouvrer suffisamment sa santé pour mener à bien son projet. Toutefois, cette idée de vengeance était tout à fait digne de respect ; le vieux Qian en quelque sorte se trouvait dans la même situation que la Chine tout entière : poussée à bout, elle ne pouvait pas ne pas organiser la guerre de résistance contre le Japon, quel que soit l'état de son armement.

Ruixuan s'était toujours opposé aux conflits armés entre les pays et, de plus, il estimait que cela ne faisait qu'apporter de l'eau au moulin de ceux qui disaient que la sauvagerie humaine n'avait pas reculé d'un pouce. Ses idées pacifistes étaient en fait basées sur une morale paisible et simple comme un poème pastoral, qui, certes, avait beaucoup de valeur, mais qui avait un défaut évident : elle pouvait facilement être foulée aux pieds, et même être carrément anéantie par des brutes.

Bien sûr, Peiping était occupé, mais fallait-il pour autant baisser définitivement les bras ? Ruixuan ne répondait pas clairement ; il constatait en tout cas que M. Qian, qui avait eu jusque-là une vie et des goûts plutôt bucoliques, contrairement à toute attente, tournait le dos à tout cela et espérait maintenant recouvrer sa santé pour mener à bien sa vengeance. Quelle leçon de courage ! Il n'était plus question de savoir s'il était encore temps ou pas ; il fallait désormais oublier un peu son confort personnel et devenir un vrai combattant. Au moment où le pays était sur le point d'être anéanti, n'était-ce pas le devoir de chacun ?

Profitant de ce que M. Qian avait fermé les yeux, Ruixuan sortit sans faire de bruit. Dans la cour, la jeune Mme Qian faisait la lessive. Elle était enceinte de plus de trois mois. À la mort de Mengshi, comme elle portait des vêtements amples, personne ne s'était aperçu de son état, mais ces derniers temps, son ventre grossissait visiblement. Quelques jours auparavant, M. Jin avait lui-même annoncé la bonne nouvelle à M. Qian. Ce fut pour le vieillard l'occasion de sourire pour la première fois depuis son retour ; il avait souri puis fait une remarque que M. Jin n'avait pas comprise : « Pourvu qu'elle mette au monde un enfant sachant faire la guerre ! » Ruixuan avait lui aussi entendu ces mots, mais sur le coup il n'en avait pas bien saisi le sens. Aujourd'hui, en voyant la jeune Mme Qian, il se rappela cette phrase et en comprit toute la signification.

La jeune Mme Qian n'avait pas une allure très distinguée, mais elle avait des traits assez réguliers et elle n'était pas laide. Elle avait de longs cheveux très épais qu'elle coiffait en deux tresses lâches nouées avec un cordon blanc. Elle n'était pas grande, mais très robuste, et son dos très droit semblait pouvoir supporter les épreuves les plus lourdes. Elle n'était pas bavarde et quand elle devait parler elle remplaçait souvent les mots par une expression du visage ou par un geste. Si, ignorant cette habitude, on lui posait trop de questions, elle rougissait et devenait alors totalement incapable de répondre.

Ruixuan, ne voulant pas la déranger, se contenta d'indiquer du doigt la chambre nord en disant : « Il s'est de nouveau endormi ! »

Elle inclina la tête.

Chaque fois qu'il la voyait, Ruixuan pensait aussitôt à son cher ami Mengshi. Plusieurs fois, il avait failli lui demander des nouvelles de son mari. Afin de ne pas dire de bêtises, il évitait de trop lui parler ; il ne voulait évidemment pas la mettre dans l'embarras. Ce jour-là, il ne lui dit rien de plus ; il avait près de lui une jeune veuve digne de pitié et aussi une mère portant une lourde responsabilité. Il espérait sincèrement qu'elle donne à la famille Qian et à la Chine un enfant sachant crier vengeance !

Ruixuan sortit de chez les Qian et se dirigea machinalement vers chez lui. La mère de Petit Shunr était en train de gronder son fils. Elle aimait beaucoup ses enfants, et tenait à bien les éduquer. Elle-même n'avait pas reçu d'éducation scolaire, mais pour mener son ménage elle était beaucoup plus habile que certaines femmes qui, justement parce qu'elles sont éduquées, ne veulent pas devenir des femmes d'intérieur. Elle défendait à ses enfants de prendre de mauvaises habitudes, elle ne les gâtait pas trop et pensait qu'il fallait les gronder et les punir quand cela était nécessaire.

Ruixuan ne s'occupait pas de l'éducation de ses enfants. Il était leur ami plutôt que leur père. Il aimait bien jouer avec eux et il leur racontait toutes sortes d'histoires. Quand il était de mauvaise humeur, les enfants s'en rendaient compte tout de suite et se tenaient alors à distance. Quand Yun Mei corrigeait ses enfants, il gardait une neutralité absolue, ne voulant prendre parti pour personne. Il pensait qu'un couple ne devait pas se quereller à propos de l'éducation des enfants, car cela risquait non seulement d'avoir des conséquences graves pour ces derniers, mais en plus de détruire entièrement l'ordre familial. Et c'était ce qu'il voulait éviter à tout prix.

Si la mère de Petit Shunr avait obtenu de la part de son mari le « privilège » d'éduquer ses enfants, elle se heurtait malgré tout à une autre difficulté dans l'exercice de ce droit. Sa belle-mère était une femme raisonnable, et dans l'éducation de ses propres enfants elle avait appliqué à peu près les mêmes principes que Yun Mei aujourd'hui. Cependant, elle devenait âgée et elle estimait que sa belle-fille était trop sévère et que ses réactions n'étaient pas conformes au principe du juste milieu, qui voulait qu'on sache s'arrêter au bon moment.

Quand sa grand-mère n'intervenait pas, Petit Shunr pouvait encore compter sur son arrière-grand-père pour faire échec à la gifle ou au coup de balai. Évidemment, pour le vieux Qi, ses arrière-petits-enfants étaient de petits anges irréprochables, et quand ils étaient turbulents il disait : « Mais tous les enfants sont comme ça ! »

Dans le camp du vieux Qi et de Mme Tianyou, il y avait aussi Ruifeng. Oh certes ! Il n'aimait pas beaucoup s'occuper des affaires des autres, mais quand il était de bonne humeur, il protégeait souvent Petit Shunr et Niuzi : il réussissait à leur éviter des coups et en plus il leur apprenait comment dire des mensonges et comment trouver de bons arguments pour fuir leurs responsabilités.

À peine eut-il franchi le seuil de la grande porte d'entrée que Ruixuan entendit les cris perçants de Petit Shunr. Il savait que Yun Mei avait horreur de ces pleurs, car il ne s'agissait là, en fait, que d'un appel au secours à sa grand-mère et à son arrière-grand-père. Effectivement, Ruixuan n'était pas encore arrivé aux jujubiers, que la malade de la pièce sud s'était déjà redressée dans son lit pour regarder par la fenêtre. Elle appela son fils :

« Ruixuan ! Tu devrais faire quelque chose pour Petit Shunr ! Ces derniers jours, cet enfant n'a pas grand-chose à se mettre sous la dent et sa mère n'arrête pas de le corriger. Elle est un peu dure avec lui ! »

En lui-même, Ruixuan se dit que sa mère ne savait probablement pas ce qui venait vraiment de se passer ; il fit néanmoins plusieurs signes d'acquiescement et se dirigea vers le « champ de bataille ». Il n'aimait pas trop discuter avec sa mère malade.

Sur le « champ de bataille », Yun Mei grondait toujours Petit Shunr et lui faisait les gros yeux. Petit Shunr avait déjà trouvé refuge près de son arrière-grand-père, mais il pleurait toujours très fort pour montrer à sa mère qu'il la défiait.

Le vieux Qi essuyait les larmes de l'enfant tout en marmonnant ; il se gardait bien d'intervenir, car d'abord en tant que grand-père il n'avait pas à faire de reproches à sa petite-belle-fille, et ensuite parce qu'il savait que celle-ci était une personne raisonnable et qu'elle n'avait certainement pas corrigé l'enfant pour rien. « Sage, sage ! marmonnait le vieux Qi. Ne pleure plus ! Tu es sage, et on te bat ? Ça, ce n'est pas bien ! »

Voyant son frère se faire corriger, Niuzi s'était réfugiée derrière les pots des grenadiers, de crainte d'être elle aussi prise dans la tourmente.

Ruixuan avait bien compris ce que sa mère voulait dire : même si l'enfant avait fait des bêtises, il ne fallait pas le gronder parce que ces temps-ci la nourriture n'était pas bonne. Son grand-père semblait dire, lui, qu'il ne fallait en aucun cas gronder un enfant si « sage », quelle que soit la faute commise. Il ne dit rien et entra dans sa chambre. Il se mit à réfléchir :

« Voilà l'éducation que recevaient les jeunes sujets d'un pays occupé : ce n'étaient que larmes, cris et pleurs, et protection déraisonnable, sans aucune fermeté ! Le vieux Qian avait réclamé un petit-enfant sachant faire la guerre : n'est-ce pas là la preuve d'une prise de conscience extraordinaire ? Il n'y a pas beaucoup d'enfants qui sachent faire la guerre et il faut se dépêcher d'en faire. Mais n'est-ce pas trop tard ? En occupant Peiping, les Japonais permettront-ils aux Chinois d'éduquer librement leurs enfants pour qu'ils puissent tous devenir de vrais combattants ? »

Soudain Niuzi entra dans la chambre. Le calme était revenu dans la cour et la petite fille se sentait de nouveau en confiance.

Avec une expression de satisfaction et de ruse dans les yeux, elle dit à son père :

« Frère, battu ! Niu Niu se cache ! Derrière les pots ! » Puis elle sourit en montrant ses jolies petites dents blanches.

Ruixuan ne pouvait lui dire ce qu'il pensait vraiment :

« Tu es une maligne, une méchante, tu es aussi rusée que les hommes primitifs, aussi méchante qu'eux ! Tu as peur de prendre des risques et tu manques de loyauté ! »

Il ne pouvait lui dire cela, car il savait qu'elle avait été élevée jusqu'à maintenant par sa grand-mère et son arrière-grand-père ; il savait que la ruse de l'enfant n'était pas innée, qu'elle lui avait été transmise par plusieurs générations, par ces générations qui, aujourd'hui, acceptaient plus facilement de voir disparaître Peiping que de laisser leurs petits-enfants recevoir une gifle bien méritée !

CHAPITRE XXVIII

M. Guan avait une méthode bien à lui pour se faire des amis, consciente ou inconsciente. Il était toujours très cordial avec les plus récents, certainement parce qu'il s'agissait là d'amitiés tout à fait intéressées, mais, une fois le premier enthousiasme passé, cette cordialité disparaissait petit à petit, comme un petit pain cuit à la vapeur refroidit après avoir été exposé au vent.

Pour le moment, Lan Dongyang était le chouchou de M. Guan, qui, comme chacun sait, était un homme particulièrement habile. Cette habileté, il ne l'avait pas acquise à force d'application, non, elle était carrément innée chez lui. C'était sur le thème de l'ennui que ce talent inné s'exprimait le mieux. Si on était d'accord pour considérer la vie avec ennui – pleurer et rire avec ennui, répondre machinalement mais avec ennui aux questions posées, découvrir ses dents avec ennui, ciller avec ennui, dire avec ennui que la terre est ronde ou que les galettes au sésame sont bien meilleures quand on les mange chaudes –, alors seulement on pouvait se comporter comme de vieux amis dès la première rencontre, se traiter en frères ou même se montrer encore plus affectueux qu'avec son propre frère. Dans une ville comme Peiping, où l'on pouvait très facilement et par habitude passer son temps à le gaspiller, ce genre de talent pouvait s'exprimer à merveille. M. Guan était à n'en pas douter un vrai Pékinois.

Lan Dongyang était, lui, en revanche, loin d'être aussi raffiné, bien que résidant à Peiping depuis plus d'une dizaine d'années. Il était très ambitieux, et par conséquent il ne s'attachait pas à ces problèmes de culture, ce qui ne l'empêchait pas de se faire passer sans vergogne pour un grand spécialiste dans ce domaine ; il n'avait d'ailleurs de sa vie jamais prêté la moindre attention au moindre problème culturel. Ce qui l'intéressait, c'était d'avoir des privilèges, des femmes, de l'argent, et une fausse réputation d'homme passionné par les lettres et les arts.

Ainsi, malgré son caractère superficiel et ennuyeux, Guan Xiaohe, contrairement à toute attente, avait réussi à impressionner Lan Dongyang de manière incroyable. Celui-ci buvait les paroles de Guan Xiaohe quand il parlait de cigarettes, de vins, de cuisine ou de préparation du thé. Quand il fut reçu dans la famille Guan et qu'il se trouva assis devant de bons vins et des mets délicats, son admiration ne fit qu'augmenter. M. Guan ne bluffait pas, il savait vraiment jouir de la vie.

Pendant ses premières années à Peiping, Lan Dongyang pensait que manger des petits pains farcis à la vapeur, des petites galettes grillées ou de la bouillie de millet au bazar Dong'an, c'était ça le vrai bien-être. Un peu plus tard, il fut d'avis que la cuisine occidentale de la gare de l'Ouest et que la cuisine chinoise du restaurant Dongxinglou étaient ce qui se faisait de mieux. Maintenant, il se rendait compte que les repas servis dans les restaurants, quelque raffinés qu'ils soient, ne pouvaient faire partie de ce qu'on appelle « l'art de vivre ». Chez M. Guan, même une assiette de légumes salés était l'objet de beaucoup de soins, il y avait du raffinement jusque dans une tasse de thé et une coupe de vin, que ce soit pour la couleur, le parfum, le goût ou même pour la tasse et la coupe elles-mêmes ; bien sûr, il s'agissait de manger et de boire, mais cela touchait aussi à l'histoire et à l'art. M. Guan n'avait pas offert un banquet complet, mais avec les sept plats présentés dans des assiettes et huit servis dans des bols, il avait réussi à préparer quelque chose de totalement introuvable dans les restaurants de la ville.

À part les Japonais, Lan Dongyang admirait fort peu de monde. Désormais, il admirait M. Guan.

Il y avait la bonne chère et le vin, mais en plus Lan Dongyang percevait comme une brise subtile qui émanait du visage de M. Guan. Cela rappelait la douce brise de la saison où les fleurs de pêcher s'épanouissent, brise tiède qui vous caresse le visage et vous émoustille le cœur d'une façon particulièrement agréable. La cordialité et la prévenance de M. Guan mettaient Lan Dongyang dans un état proche de l'extase.

Il avait l'impression d'être un incompris quand ses articles lui étaient retournés pour cause de style incorrect ; aujourd'hui, en entrant chez M. Guan, celui-ci l'avait appelé poète et après avoir bu deux coupes de vin, l'avait prié de réciter un ou deux de ses poèmes. Comme ceux-ci étaient très courts, il ne fallut que peu de temps pour les réciter. M. Guan applaudit la bouche ouverte et il ne la referma qu'après avoir fini d'applaudir ; il dit alors gravement : « C'est bon ! C'est vraiment bon ! C'est excellent ! » Le poète Lan eut un sourire qui propulsa son œil du côté de sa tempe et il ne reprit sa place que longtemps après.

Il fallait pas mal de courage pour applaudir cela, mais M. Guan avait beaucoup de courage et l'impudence était son fort !

« Gaodi ! appela affectueusement M. Guan. Tu aimes les lettres et les arts, n'est-ce pas ? Instruis-toi auprès de Dongyang ! » Il se tourna vers Dongyang : « Pourquoi ne prendriez-vous pas une élève ? »

Dongyang ne répondit pas. Il pensait nuit et jour aux femmes, mais dès qu'il était en présence de l'une d'elles, il était incapable de dire quelque chose de sérieux.

Gaodi baissa la tête, elle n'aimait pas ce poète maigre, sale et laid.

M. Guan espérait que sa fille montrerait quelque empressement envers son hôte, mais, voyant qu'elle ne disait mot, il se hâta de prendre un petit pot de vin en porcelaine et remplit les coupes :

« Dongyang, j'ai préparé ce demi-litre de vin pour vous, mais après je n'en ai plus ! Videz d'abord ce verre ! Oui. Voilà, parfait ! Allez, tout ce pot de vin est pour vous, servez-vous à votre guise ! Personne ne vous poussera à boire. Moi et Ruifeng, on va s'en faire chauffer un autre ! »

Ruifeng et sa femme étaient enchantés, malgré la légère menace que représentait l'accaparement de Dongyang, qui était un des leurs, par M. Guan. S'ils étaient ravis, c'était surtout parce que la « grosse courge rouge », voyant que son mari déployait tous ses efforts pour essayer de séduire Dongyang, faisait tout ce qu'elle pouvait pour qu'ils ne se sentent pas délaissés ; et puis aussi, Ruifeng et sa femme adoraient tous les deux ce genre d'atmosphère : bonne chère, vin et animation ; et ils étaient prêts à tout oublier pourvu qu'on ne vienne pas troubler la gaieté du moment, et, pour Ruifeng, dans la mesure où on lui servait un bon repas, peu lui importait qu'on lui tranche la tête après. Sa grosse femme avait encore un autre sujet de satisfaction qui, en même temps d'ailleurs, la mettait un peu mal à l'aise : Dongyang ne cessait de la regarder. Elle s'imaginait avoir triomphé des deux filles de la famille Guan, et elle n'en était pas peu fière. Il faut dire que chaque fois que Dongyang voyait une femme il pensait immédiatement à des réalités concrètes ; dans cette optique, il trouvait bien sûr la dame grassouillette bien plus appétissante que les deux demoiselles.

Zhaodi s'y entendait pour poser des questions pernicieuses. Elle fit la coquette et demanda à Dongyang : « Pouvez-vous me dire comment on devient un écrivain ? » Elle n'attendit pas sa réponse pour formuler son propre point de vue : « N'est-il pas nécessaire de se brosser les dents et de se laver le visage pour écrire de bons articles ? »

Dongyang rougit.

Gaodi et Tongfang éclatèrent de rire.

Très à l'aise, M. Guan leva son verre et inclina la tête vers Dongyang : « Allons, comme punition, Zhaodi devra boire un verre de vin, et nous, nous allons boire avec elle. Ah ! vraiment, les jeunes filles ! »

Après le repas, tout le monde pria Tongfang de chanter un petit air. Elle détestait « se montrer sous son vrai jour » devant des étrangers. Elle prétexta un léger rhume pour affirmer qu'elle n'était pas en voix. Ruifeng – qui depuis longtemps était secrètement tombé amoureux d'elle – prit sa défense et elle fut tirée d'embarras. Afin de réparer son refus, Tongfang proposa de jouer au mah-jong. Ruifeng, qui avait l'expérience de l'habileté des Guan au jeu, ne fit aucun commentaire. Sa grassouillette de femme, bien qu'ayant un peu plus de courage que lui, ne montra pas plus d'enthousiasme. Lan Dongyang, avare de nature, mais en ce moment probablement ivre et excité par la présence des femmes, déclara contre toute attente et avec force : « Je joue ! On se met d'accord, sur seize tours ! Ni plus ni moins, s... s... seize tours ! » Il avait déjà la langue pâteuse.

La « grosse courge rouge », Tongfang, Zhaodi et Dongyang se mirent à jouer. Craignant que Ruifeng et sa femme ne se sentent rejetés, Zhaodi proposa à celle-ci de prendre sa place pendant un à deux tours.

M. Guan lui aussi avait trop bu. Il prit deux poires et fit un signe de la tête à Ruifeng ; celui-ci en prit une, puis suivit son hôte dans la cour. Ils se promenaient de long en large parmi les ombres projetées par les lumières. Soudain, Guan Xiaohe pouffa de rire ; il dit affectueusement : « Ruifeng ! Ruifeng ! »

Ruifeng le gourmand était tout occupé à manger sa poire ; tel un singe affamé, il faisait du bruit en mâchant et il avalait avant d'avoir fini de mâcher. La bouche pleine de poire, il ne put que répondre « Oui » par le nez.

« Soyez sincère ! Répondez-moi bien franchement ! » M. Guan jouait les modestes, mais au fond de lui il était très fier. « Et je vous défends de vous montrer indulgent ! À votre avis, y a-t-il quelque chose à redire dans ma façon de recevoir mes amis ? »

Ruifeng était très émotif et voyant que M. Guan « n'avait pas honte de consulter un inférieur », il eut malgré lui plusieurs frémissements au cœur, puis, s'empressant de cracher les morceaux de poire qu'il avait encore dans la bouche, il dit : « Vraiment, sans mentir, c'était... impeccable !

– Vraiment ? Mais je veux entendre vos critiques ! À votre avis, si j'avais recours à un peu plus de... – il ne trouvait pas le mot approprié –... un peu plus de... chaleur, pensez-vous que ça pourrait m'être utile dans mes rapports avec les Japonais par exemple ? Qu'en dites-vous ? N'ayez pas peur de me critiquer !

– C'est sûr qu'ils aimeront cela ! C'est certain ! »

Ruifeng n'avait jamais été au service des Japonais, mais il pensait qu'il suffisait de leur donner de la bonne chère et du bon vin pour éviter qu'ils vous mangent tout cru. M. Guan sourit, puis poussa un soupir. L'ivresse le rendait un peu sentimental, il se dit en lui-même : « Avec une telle habileté, comment se fait-il que je n'arrive pas à trouver d'emploi ? »

Ruifeng entendit ce soupir, mais ne fit aucune remarque. Il n'aimait ni la mélancolie ni la sentimentalité. La gaieté, même causée par des motifs complètement dénués d'intérêt, valait bien mieux pour lui que la lamentation la plus sublime. Il s'empressa de retourner au salon. Xiaohe, une moitié de poire à la main, resta seul, debout au milieu de la cour.

Il paraît que ceux qui sont incapables d'écrire de bons articles sont pour la plupart de bons joueurs de mah-jong, et en effet Dongyang ne jouait pas mal. Il commença par gagner successivement deux manches, grâce aux pions jetés sans réfléchir par la femme de Ruifeng. Si elle avait eu un peu de jugeote, elle aurait dû s'arrêter immédiatement et appeler Zhaodi à son secours, mais elle n'en avait jamais eu, et il n'y avait aucune raison pour qu'elle change ce jour-là. Ruifeng, lui, était un peu plus fin ; toutefois, il n'osait pas contrecarrer la bonne humeur de sa femme. Il savait que s'il lui conseillait de céder sa place, il serait condamné à passer toute la nuit à écouter sans mot dire ses remontrances. La « grosse courge rouge » osa, elle, lui faire une réflexion, lui disant que chez les Japonais, quand on jouait au mah-jong, ceux qui jetaient leurs pions sans réfléchir devaient payer. La femme de Ruifeng ne voulait toujours rien savoir. Après un tour, la « grosse courge rouge » appela Zhaodi en souriant : « Regarde, mon enfant, tu laisses Mme Qi se donner pour toi de la peine au mah-jong ! Viens vite ! Comme ça, elle pourra se reposer ! » Mme Ruifeng ne put faire autrement que de céder sa place. Le visage tout rouge, elle voulut prendre congé, mais Ruifeng, craignant que ce ne soit mal interprété, lui dit à plusieurs reprises d'un ton conciliant : « Regardons encore deux manches ! Il est encore tôt ! »

Au deuxième tour, Dongyang laissa passer deux occasions d'abattre son jeu. Il pensait que c'était trop tôt et voulait attendre une meilleure occasion pour gagner plus ; il fut victime de sa cupidité et bientôt il perdit confiance, se mit à mal jouer et fut de plus en plus malchanceux. Il voulait gagner à tout prix, il ne pouvait supporter de perdre ; en un mot, c'était un mauvais joueur.

En général, dans ses articles, il critiquait les défauts des autres, mais en fait ces défauts étaient précisément ce à quoi il aspirait sans pouvoir y parvenir. Quand un écrivain était invité quelque part pour faire une conférence ou faisait part d'une opinion politique, il considérait que cela n'était que pure propagande personnelle ; en réalité, il était jaloux du fait que personne ne l'ait jamais invité à faire une conférence ou à exprimer son opinion. Sa jalousie devint du persiflage, et lui considérait cela comme de l'audace.

C'était la même chose au jeu. Quand il manquait de chance, il jetait avec bruit ses pions, injuriant le dé, reprochant aux autres de jouer trop lentement, se plaignant de la lumière qui le gênait, et faisant le difficile au sujet du thé qu'il ne trouvait pas assez chaud. Lui-même, il était irréprochable, et s'il ne pouvait abattre son jeu, c'était uniquement parce que les autres jouaient mal ou faisaient trop de bruit.

S'apercevant que les choses risquaient de mal tourner, Ruifeng fit un signe discret à sa grassouillette de femme, et ils s'éclipsèrent sans prendre congé, afin de ne pas déranger le jeu. M. Guan les rattrapa d'un pas leste et les raccompagna jusqu'à la grande porte d'entrée.

Le lendemain, Ruifeng se dit qu'il allait plaisanter avec Dongyang à propos de Mlle Gaodi dès qu'il arriverait à l'école. Si vraiment Dongyang désirait lui faire la cour, il n'aurait pas de mal à agir pour une fois comme entremetteur et ferait ainsi d'une pierre deux coups : il tiendrait entre ses mains et Lan et Guan.

Quand il aperçut Dongyang, Ruifeng n'eut plus tellement envie de plaisanter. Il avait le visage livide, déformé, presque déchiré par des saccades de tiraillements. Ce fut lui qui prit le premier la parole :

« Hier, chez M. Guan, le vin, les plats, le thé, combien cela a-t-il pu lui coûter ? »

Ruifeng trouva la question plutôt déplacée, toutefois il y répondit comme s'il s'agissait d'une question tout à fait normale :

« Oh ! Je pense qu'il a dû dépenser plus de vingt yuan. Même si un repas préparé à la maison ne revient jamais aussi cher qu'un repas commandé dans un restaurant, son vin était bon, au moins quarante à cinquante fen le demi-litre !

– Ils ont réussi à me prendre quatre-vingts yuan au jeu ! Une somme suffisante pour quatre repas comme celui-ci ! »

La colère de Dongyang grossissait aussi vite que les nuages s'amoncellent par un jour d'orage. « Combien as-tu touché dans le partage ?

– Touché dans le partage ? » Ruifeng écarquillait ses petits yeux.

« Bien sûr ! Sinon pourquoi aurais-tu tant insisté pour me présenter à ces gens, alors que je n'ai rien à voir avec eux ? »

Ruifeng ne toléra pas une attaque aussi vicieuse et ordurière ; immédiatement, les veines bleuâtres de son visage se gonflèrent. Il savait que Lan Dongyang n'aimait pas être provoqué et qu'il valait mieux ne pas l'offenser, cependant lui, Ruifeng, ne pouvait accepter n'importe quoi ; il voulait sauver la face et il ne pouvait se montrer trop indulgent ! Il se comporta à la pékinoise, c'est-à-dire : « courtoisie d'abord, coup de poing ensuite ».

« Vous plaisantez ou quoi ?

– Moi, je ne plaisante jamais quand j'ai perdu de l'argent !

– Quand on joue au mah-jong, il y a toujours le gagnant

et les perdants ! Si vous n'acceptez pas de perdre, alors il ne faut pas jouer au mah-jong ! »

Pour ce qui était de la repartie, Dongyang ne pouvait rivaliser avec Ruifeng, mais Dongyang avait du culot ; il n'avait peur de rien ni de personne, et certainement pas de Ruifeng.

« Écoute bien ! » Dongyang découvrit ses dents jaunes et fétides, comme un chien prêt à mordre. « Je suis directeur des affaires de l'enseignement, ta carrière est entre mes mains, et si je te laisse tomber, tu es foutu ! Je t'avertis, si tu ne me rembourses pas ces quatre-vingts yuan, je te démets de tes fonctions ! »

Ruifeng sourit :

« Monsieur Lan, c'est vous-même qui avez décidé de jouer, ce sont vos doigts qui ont tripoté les pions pendant la plus grande partie de la nuit, et vous voulez que ce soit moi qui paie ! Je ne crois pas qu'il existe de solution aussi facile en ce bas monde, et si oui, sachez que j'aurais été le premier à en profiter ! En tout cas, vous, cher monsieur, vous pouvez toujours attendre ! »

Dongyang n'osa pas en venir aux mains, il avait peur de prendre des coups. Ce jour-là, son mépris était tel envers Ruifeng qu'il lui dit : « Si tu ne me rembourses pas, je t'assomme ! »

Ruifeng ne s'était pas imaginé que Dongyang puisse se montrer aussi agressif. Il regrettait amèrement de s'être mêlé de ce qui ne le regardait pas, tout en reconnaissant qu'il ne s'était pas mêlé de cette affaire par hasard ; il voulait s'attirer la sympathie de Dongyang, afin que ses affaires à lui puissent en bénéficier, et cela, pensait-il, ce n'était pas une erreur. Sa velléité de remords s'envola aussitôt, telle une libellule après avoir égratigné la surface de l'eau.

En ce moment, il était à court d'argent, car il n'avait touché aucun salaire depuis trois mois. Il savait d'autre part que dans le « trésor » de son école il n'y avait guère plus d'une dizaine de yuan. En évoquant la pauvreté de son école et la sienne, il ne put s'empêcher de penser à l'argent dont disposait Dongyang, qui lui venait en partie de l'Union du peuple nouveau, le reste devant bien sûr provenir de ses économies amassées par amour de l'argent et en vivant frugalement. Mais comment avait-il donc pu perdre si facilement quatre-vingts yuan au jeu ? Après mûre réflexion, Ruifeng se fit plus indulgent envers Dongyang et il fut bientôt prêt à excuser son insolence. Il sourit et dit :

« Bon, c'est ma faute, je n'aurais pas dû vous amener chez les Guan ! En tout cas, si je l'ai fait, c'était de bonne foi, je voulais vous présenter Mlle Gaodi ; mais qui aurait pensé que vous puissiez perdre tant d'argent ?

– Pas de paroles inutiles ! Donne-moi l'argent ! » Sa prose était beaucoup plus soignée et précise que ses vers.

Il vint à l'esprit de Ruifeng une histoire qu'on racontait à propos de Dongyang. Il avait entendu dire qu'il dressait un inventaire détaillé des petits peignes, des petits mouchoirs ou autres petits cadeaux de ce genre qu'il offrait à ses petites amies, et quand il rompait avec elles il exigeait qu'elles les lui rendent ! Ruifeng ne pouvait plus douter de la véracité de cette histoire.

Quoi qu'il en soit, il se trouvait dans de beaux draps : rembourser une somme aussi importante était au-dessus de ses moyens. Oh ! bien sûr, il n'était pas obligé de le faire, mais Lan Dongyang voudrait-il entendre raison ?

« Écoute-moi bien ! » Les muscles du visage de Dongyang se contractèrent ; il ressemblait à un petit lézard venant d'avaler du poison. « Écoute-moi bien ! Si tu ne me rembourses pas, je vais faire un rapport à la direction, dire que ton frère cadet s'est enfui de Peiping, comme tu me l'as appris personnellement, qu'il s'est enrôlé dans la guérilla et que tu communiques avec lui ! »

Ruifeng pâlit. Il regrettait d'avoir parlé de sa famille à Dongyang en toute confiance. En tout cas, les regrets ne servaient à rien et il fallait maintenant penser aux moyens de faire face à cette situation difficile.

Il était inquiet, car si vraiment Dongyang faisait un rapport à la direction, on viendrait certainement saisir tous leurs biens. Il ne voulait pas avoir d'ennuis, et c'est d'ailleurs pour cela qu'il était toujours très discret. Il se considérait comme un bon fils, comme un excellent petit-fils, et voilà que cet héritier modèle, tout à fait digne de ce nom, était la cause d'un incident susceptible d'entraîner l'extermination de toute sa famille.

S'il avait fait une telle confidence, c'était parce que, à part cela, il n'avait pas grand-chose d'autre à lui raconter. Jamais il n'aurait pu imaginer que Dongyang puisse prétendre que son frère s'était enrôlé dans la guérilla, mais pouvait-il affirmer le contraire ?

Il s'imaginait déjà aux prises avec les gendarmes japonais, leur chaise électrique et leur fouet ! Lui qui avait toujours pensé avoir de bonnes relations avec eux, lui qui se tenait bien sage, qui ne provoquait aucun ennui, comment aurait-il pu penser qu'ils se dresseraient aujourd'hui devant lui, redoutables, avec leurs planches à torture et leurs bâtons ?

Il transpirait beaucoup.

Il était tellement inquiet qu'il ne pensait même pas à trouver un faux-fuyant qui lui permettrait de réfléchir plus calmement à une solution honorable. L'inquiétude et la colère allant souvent de pair, il lança un regard furieux à Dongyang.

Celui-ci avait instinctivement très peur des bagarres, mais il ne fut pas impressionné par le regard de Ruifeng ; il était loin de s'imaginer que Ruifeng, poussé à bout, pouvait devenir méchant. « Alors ? Ça vient cet argent, ou tu préfères que j'aille te dénoncer ? »

Ruifeng s'affola. Il ne pouvait s'empêcher de penser aux pires conséquences et aux aspects les plus effrayants de cette situation. Entendant la dernière menace de Dongyang, il se dit que même s'il lui donnait les quatre-vingts yuan, l'affaire risquait de ne pas en rester là pour autant ; en effet, à n'importe quel moment il pouvait décider d'aller le dénoncer aux Japonais !

« Alors ? » Dongyang insista encore une fois et se rapprocha de Ruifeng, le serrant de près.

Tel un chien galeux acculé dans une impasse, Ruifeng fut obligé de se montrer menaçant pour résister et, perdant son contrôle, il envoya un coup de poing à Dongyang ; il n'aurait pu dire où il l'avait atteint, tout ce qu'il savait c'est que son poing l'avait frappé. Immédiatement, Dongyang s'écroula sur le sol. Ruifeng fut étonné d'une telle fragilité. Il jeta un coup d'œil sur sa victime, Dongyang gisait les yeux fermés, immobile. Les gens qui n'ont pas l'habitude de se battre croient toujours que le premier coup est mortel. Ruifeng eut une sueur froide et s'écria malgré lui : « Catastrophe ! Je l'ai tué ! » Il n'osa plus le regarder, et sans se préoccuper de savoir si Dongyang respirait encore, il s'enfuit en courant, tel un enfant qui, après avoir provoqué un malheur, prend ses jambes à son cou.

En général, Ruifeng avait le pas plutôt lent. Là, comme poursuivi par de mauvais esprits, mais sans vouloir quand même paraître trop affolé, il marchait très vite, le regard fuyant, en direction de chez lui.

Il arriva hors d'haleine devant l'entrée, s'appuya au petit mur placé près de la porte, baissa la tête et ferma les yeux ; de grosses gouttes de sueur tombaient sur le sol. Il resta ainsi un petit moment, puis, après avoir essuyé son visage avec ses manches, il entra dans la cour et se précipita directement vers la chambre de son frère aîné.

Ruixuan était étendu sur son lit.

« Frère aîné ! »

Il y avait très longtemps que Ruifeng ne s'était adressé à son frère aîné d'une manière aussi affectueuse. Il avait le visage inondé de larmes.

Cet appel émut beaucoup Ruixuan qui se redressa précipitamment et demanda : « Mais qu'y a-t-il ? »

Ruifeng dit entre ses dents :

« J'ai tué quelqu'un ! »

Ruixuan se leva, affolé ; il parvint quand même à garder son sang-froid et se calma immédiatement. Il demanda à voix basse, avec sollicitude mais sans affolement :

« Que s'est-il passé ? Assieds-toi et raconte-moi ! »

Il versa à son frère un peu d'eau fraîche dans une tasse. Ruifeng l'avala d'un seul trait. La sérénité de son frère et la douce fraîcheur de l'eau calmèrent un peu ses nerfs. Il s'assit et raconta sa querelle avec Dongyang, très vite, très simplement. Il ne parla pas de l'honnêteté douteuse de Dongyang, il n'osa pas non plus entrer dans tous les détails de ses propres actions ; il avait vraiment peur, il n'avait plus envie de raconter n'importe quoi. Quand il eut fini, il sortit de sa poche, en tremblant, sa boîte de cigarettes, en prit une, et l'alluma.

Ruixuan lui demanda à voix basse, avec insistance :

« Peut-être était-il seulement évanoui ? On ne tue pas les gens comme ça ! »

Ruifeng aspira profondément la fumée de sa cigarette.

« Je n'en sais rien !

– C'est très simple, téléphone pour savoir !

– Comment ça ? » Ruifeng semblait en ce moment avoir perdu tous ses moyens et il se reposait totalement sur son frère aîné.

« Tu le demandes au téléphone, expliqua calmement Ruixuan. S'il est mort, la personne que tu auras au bout du fil te le dira.

– Mais s'il n'est pas mort ? Il va falloir que je lui parle ?

– S'il n'est pas mort, on te demandera certainement de ne pas quitter, tu n'auras alors qu'à raccrocher.

– C'est vrai ce que tu dis là ! » Il se mit même à sourire, comme s'il lui avait suffi d'écouter les conseils de son frère pour que ce grand malheur s'évapore.

« C'est moi qui appelle ou toi ? demanda Ruixuan.

– On y va ensemble, d'accord ? » Ruifeng avait besoin de rester avec son frère. Il y avait plusieurs raisons à cela, et la principale était qu'il ne désirait pas que sa femme soit mise au courant de l'affaire. Il était en train de prendre conscience qu'il pouvait tout dire à son frère aîné, alors qu'il était parfois obligé de taire certaines choses à sa femme.

Dans le voisinage, le seul endroit où il y avait le téléphone, c'était dans le « ventre » de la ruelle, chez les Niu. Leur porte était protégée par une rangée très régulière de quatre saules et dans leur cour il y avait de nombreux arbres. Le ventre de la ruelle était un endroit vaste et dénudé où vivaient six ou sept familles ; aucune de ces habitations n'arrivait, au point de vue architectural, à atténuer un tant soit peu la désolation du lieu. La résidence des Niu était l'unique maison possédant une belle cour ; il était toutefois difficile de le remarquer, car elle était située dans un coin et cachée derrière des arbres. En fait, malgré le manque de plantes d'agrément, il s'agissait plus d'une villa avec un parc que d'une maison avec une cour.

M. Niu était un célèbre professeur d'université, un savant tout à fait indifférent au renom et à l'argent. Il habitait là depuis près de trente ans, mais il n'avait établi pratiquement aucune relation avec ses voisins. Peut-être était-ce parce qu'il se contentait de son sort et qu'il ne demandait rien à personne ou peut-être était-ce parce que, connaissant sa grande érudition, les gens ne voulaient pas « se donner en spectacle » avec lui. Ruixuan avait eu l'occasion de le rencontrer, mais il avait réagi comme les autres, et finalement il ne s'était jamais décidé à lui laisser sa carte. Ruixuan appréciait les connaissances des auteurs dans leurs ouvrages, il ne voyait pas l'intérêt de leur rendre visite ; pour lui, cela confinait à la flatterie.

Ruifeng était souvent venu téléphoner ici. Quant à Ruixuan, depuis que les Niu avaient emménagé à cet endroit, c'était la première fois qu'il passait la grande porte derrière les saules.

Ruifeng demanda la permission d'utiliser le téléphone, mais il pria son frère aîné de parler. M. Lan venait de sortir. « J'ai bien peur que l'affaire n'en reste pas là ! dit Ruifeng à son frère en sortant de chez les Niu.

– On verra bien ! répondit Ruixuan sans entrain.

– À mon avis, c'est tout vu ! De toute façon, il va falloir que je trouve très vite un autre emploi, je ne peux plus aller au lycée maintenant ; peut-être que s'il ne me voit plus, ce sale type de Lan oubliera l'incident !

– Peut-être ! » Ruixuan s'aperçut que c'était par peur que son frère ne voulait plus retourner au lycée, sans en oser rien dire. Il eut envie de le sermonner :

« Le personnage que tu vénérais il y a deux jours, en fait n'est qu'un sale type ! Tu crois que c'est en s'appuyant sur toi, sur ce Lan Dongyang et sur Guan Xiaohe que les

Japonais pourront réussir à gouverner Peiping, alors que vous êtes seulement capables de vous battre et de vous insulter ? »

Mais il préféra ne rien dire, il ne voulait pas se moquer de son frère juste au moment où celui-ci traversait un moment difficile, il ne risquait que de le mettre encore plus dans l'embarras.

« Qu'est-ce que je vais pouvoir faire maintenant ? marmonnait Ruifeng. Et tout cas, pour l'instant, il faut que je demande un congé ! »

Ruixuan ne put s'empêcher de se dire en lui-même :

« Si toi, tu ne vas pas à ton école, moi il faut que j'aille à la mienne ! »

En effet, il ne pouvait se permettre comme son frère de rester à la maison ; cela risquait d'inquiéter son grand-père et ses parents. Depuis son refus de participer à la manifestation, il n'avait pas demandé de congé, il n'avait pas démissionné non plus, et ça faisait plusieurs jours qu'il n'était pas retourné à l'école. Et puis, maintenant que son frère avait perdu sa place, il fallait absolument qu'il y aille !

Il était très embarrassé, car c'était la première fois qu'il se comportait ainsi. Quand son salaire lui serait-il payé ? Ça, il ne le savait pas. Quoi qu'il en soit, il lui fallait absolument reprendre son poste, ne serait-ce que pour tranquilliser sa famille. Il savait qu'aujourd'hui Ruifeng n'oserait raconter à personne qu'il s'était déshonoré et qu'il avait perdu son emploi ; cependant, d'ici deux ou trois jours, il briserait le silence et il essaierait certainement de se faire pardonner. Si lui, Ruixuan, ne reprenait pas ses cours, son grand-père et ses parents l'en blâmeraient certainement, parce qu'ils auraient d'abord pitié de Ruifeng. Il n'avait vraiment pas envie de retourner là-bas, mais il ne pouvait faire autrement. Il poussa un long soupir.

« Qu'est-ce qui t'arrive ? lui demanda Ruifeng.

– Rien ! » répondit Ruixuan en baissant la tête.

Les deux frères arrivèrent devant le n° 7. Sans s'être donné le mot, ils s'arrêtèrent en même temps. Ruifeng pâlit.

Quatre hommes, dont deux en uniforme, sortaient du nº 3 et se dirigeaient vers le nº 5.

Ruifeng voulut s'enfuir en courant, son frère l'arrêta :

« Les deux types en uniforme sont des agents de police. C'est le chef Bai ! Ils doivent procéder à une enquête domiciliaire. »

Ruifeng ne tenait plus en place : « Je ne veux pas qu'ils me voient ! Peut-être que les types sans uniforme sont des agents secrets ! » Sans attendre la réponse de Ruixuan, il fit volte-face et s'éloigna d'un pas pressé.

Quand Ruixuan arriva devant chez lui, les agents de police étaient juste devant la porte. Il demanda en souriant :

« Que se passe-t-il ?

– Une simple enquête domiciliaire, rien d'autre. » Le chef de police Bai parlait d'une voix très douce, pour ne pas alarmer les familles.

Ruixuan jeta un coup d'œil aux deux types habillés en civil, ils ressemblaient effectivement à des détectives. Il se dit que s'ils n'étaient pas venus pour enquêter au sujet de Ruiquan, ils devaient être là pour surveiller le chef de police Bai. Ruixuan avait horreur de ces gens, qui étaient fiers d'être au service de l'ennemi, et qui prenaient toujours un air imposant pour inspirer la crainte ; c'étaient des individus qui auraient préféré se vendre plutôt que de perdre leur autorité.

Le chef de police s'adressa aux agents en civil :

« C'est la famille la plus ancienne de la ruellle ! »

Tout en parlant, il ouvrit son registre et demanda à Ruixuan :

« Depuis que votre frère est mort de maladie, il n'y a pas eu de changement dans le nombre de personnes de votre famille ? »

Ruixuan aurait voulu se montrer reconnaissant envers le chef de police Bai, mais bien sûr il ne le pouvait pas. Il répondit à voix basse : « Pas de changement !

– Vous n'avez pas de parent ou d'ami hébergé chez vous ? questionna le chef de police d'une voix traînante.

– Non plus ! répondit Ruixuan.

– Alors ? demanda le chef de police Bai aux agents en civil. Vous voulez entrer ? »

Le vieux Qi sortit juste à ce moment-là et salua le chef Bai.

Ruixuan eut peur que son grand-père ne fasse allusion sans le vouloir à l'affaire de Ruiquan. Par bonheur, en voyant la barbe blanche et les cheveux blancs du vieillard, les deux agents en civil se firent moins agressifs. Ils ne firent aucun commentaire et semblèrent hésiter un instant ; le chef de police Bai en profita pour les conduire en souriant jusqu'au nº 6.

Ruixuan et son grand-père s'apprêtaient à rentrer chez eux, quand un des agents civils revint sur ses pas et leur dit, sur un ton extrêmement arrogant :

« Écoutez bien ! On va vous distribuer des cartes de citoyen loyal d'après les indications que nous avons sur ce registre. Il se peut très bien qu'un jour, peut-être vers minuit, nous venions faire une enquête-surprise ; si le nombre de personnes de votre famille ne correspond pas aux indications de notre registre, vous serez punis... sévèrement punis ! Ne l'oubliez pas ! »

Ruixuan sentit la colère monter en lui telle une boule de feu. Mais il réussit à garder son calme.

Le vieux Qi, lui, avait une maxime qui avait guidé toute sa vie : « L'affabilité engendre la fortune. » Alors il fit un grand sourire à l'agent en civil et lui dit : « Dites-moi, c'est un dur métier que vous faites là ! Vous voulez entrer pour boire un peu de thé ? »

L'agent en civil ne répondit pas et repartit fièrement. Le vieux Qi, toujours souriant, regarda s'éloigner l'ombre de l'agent, comme si celui-ci laissait derrière lui un peu de son air imposant ; l'humilité du vieux semblait infinie. Cette humilité exagérée dont il faisait preuve provenait de son expérience de la vie et il n'en était pas le seul responsable. Ruixuan se dit que l'humilité du grand-père avait dû déteindre sur Ruifeng.

La pomme est un fruit savoureux et beau, mais quand elle est pourrie elle ne peut même pas égaler le goût d'un simple concombre frais et bien ferme. La Chine avait une culture très ancienne, mais malheureusement elle commençait à être moisie et même un peu pourrie par endroits ; quand une culture en arrive à ce point de décomposition, un brave vieillard de plus de soixante-dix ans ne voit aucun inconvénient à faire un tas de sourires et de courbettes à des agents en civil.

« Qui sait ? se dit Ruixuan en lui-même, peut-être cette humilité viendra-t-elle finalement à bout de la violence ? En ce moment, nous avons l'air tous anéantis et sans réaction, alors que notre ville et notre pays sont occupés par l'ennemi, mais peut-être que justement grâce à cette douceur passive, nous ressusciterons un jour ! Qui sait ? »

Il ne porta aucun jugement définitif, il se contenta de prendre son grand-père par le bras, ce vieillard dont la maxime était : « L'affabilité engendre la fortune. »

Le vieux Qi ferma la porte, mit le verrou, puis traversa tranquillement la cour avec son petit-fils ; enfermé chez lui, il se sentait en sécurité et il ne se souciait pas de savoir si la ville de Peiping était occupée par l'ennemi ou non.

« Qu'a dit le chef de police Bai ? » demanda le vieux à voix basse, comme s'il craignait d'être entendu par les agents en civil. « Il est venu enquêter au sujet de Ruiquan ?

– Ruiquan peut être considéré comme mort ! » répondit Ruixuan également à voix basse. C'est la douleur qui le faisait parler ainsi.

« Comme mort ? Alors, il ne reviendra jamais ? » Le vieux, surpris, s'irrita un peu : « Comment le sais-tu ? Qu'est-ce que ça veut dire ? »

La femme de Tianyou n'avait pas entendu toute leur conversation, elle demanda depuis sa chambre : « Dis-moi, l'aîné, qui est mort ? »

Ruixuan savait que s'il lui répétait ce qu'il venait de dire, il allait provoquer des flots de larmes, mais pouvait-il faire autrement ? Désormais toute la famille, enfants et personnes âgées, devrait à l'unisson prétendre que Ruiquan était mort, même Petit Shunr et Niuzi devraient répéter ce mensonge.

Dans une ville morte, il vaut mieux parfois affirmer que les vivants sont morts.

Sa mère se mit à pleurer en silence. Ce qu'elle craignait par-dessus tout, ne plus jamais revoir son plus jeune fils, s'était réalisé ! Ruixuan lui dit beaucoup de choses auxquelles lui-même ne croyait pas, pour essayer de la consoler. Elle arriva à calmer ses pleurs pendant un moment, même si au fond elle ne croyait pas du tout ce que lui avait raconté son fils aîné.

L'affliction du vieux Qi égalait celle de sa belle-fille, mais il retint ses larmes pour ne pas l'accabler.

Ruixuan eut beaucoup plus de difficultés pour tout expliquer à ses enfants. Petit Shunr et Niuzi voulaient tout savoir et ils posèrent plusieurs questions : quel jour était mort leur oncle ? où était-il mort ? mort comment ? ressusciterait-il ? Parfois, Ruixuan ne savait que répondre, mais il ne voulait pas non plus dire n'importe quoi. Il souffrait trop, il n'avait plus le cœur à bavarder et à plaisanter avec ses enfants. Il appela Yun Mei à son secours. Elle n'avait pas beaucoup d'imagination, mais savait très bien répondre aux questions des enfants ; c'était une aptitude digne d'une bonne mère de famille.

Carte de citoyen loyal ! Ruixuan avait retenu ce terme ! Qu'est-ce que c'était, un citoyen loyal ? Comment devait-on se comporter pour être considéré comme un citoyen loyal ? Être loyal à qui ? La réponse était très simple : étaient considérés comme citoyens loyaux tous ceux qui ne s'opposaient pas aux Japonais ! Mais pouvait-on accepter aussi facilement d'être le sujet d'un pays ayant perdu son indépendance ? Il espérait qu'il y aurait une voie grâce à laquelle ils pourraient tous éviter cette terrible humiliation ; la victoire de Nankin semblait être cette voie. Il eut presque envie de se mettre à genoux pour prier, bien qu'il ne croie pas en Dieu. Ruixuan était un homme des plus sensés et des moins superstitieux.

La carte de citoyen loyal était la marque au fer rouge de ceux qui acceptaient l'occupation de leur pays. Eût-on tendu la main pour la recevoir, même si finalement le gouvernement de Nankin était victorieux et chassait de son territoire tous ces nains et les renvoyait dans leurs îles, cette marque au fer rouge serait indélébile et resterait une marque déshonorante ! Un citoyen digne de ce nom se devait de ne jamais tendre la main pour recevoir cette pièce d'identité réservée aux traîtres ! Lui, en tout cas, ne pourrait se le pardonner ! Toutefois, il serait certainement obligé d'aller chercher ces cartes d'esclaves au nom de toute sa famille, et ainsi quatre générations sous un même toit deviendraient esclaves en même temps !

On pouvait se montrer méprisant ou bien encore se moquer de cette carte de citoyen loyal, mais cela servait à quoi ? Quand vous êtes sujet d'un pays qui a perdu son indépendance, on ne vous demande pas votre avis ; ou bien vous vous résignez à votre sort et vous tendez la main pour recevoir cette carte, ou bien vous n'acceptez pas votre sort et vous la jetez au visage des Japonais ! Ricaner, refuser la capitulation sans résister vraiment, tout cela n'avait aucun sens et n'était rien d'autre que de la lâcheté !

Juste à ce moment, Ruifeng arriva en tenant une lettre à la main. Il avait le regard fuyant. Il fit un signe de la tête à son frère aîné, puis entra précipitamment dans la chambre de ce dernier. Ruixuan le suivit.

« Tout à l'heure, il s'agissait d'une vérification d'identité », dit Ruixuan à son frère.

Ruifeng hocha la tête, montrant ainsi qu'il le savait déjà. Il tapota le revers de sa main avec la lettre déjà ouverte et dit d'un ton sec : « S'il voulait ma mort, il ne s'y prendrait pas autrement. Je n'ai pas du tout envie qu'on me coupe en morceaux avec un couteau mal aiguisé !

– Qu'est-ce qui se passe ? demanda Ruixuan.

– En trente ans, je n'ai jamais vu quelqu'un d'aussi incroyable ! dit Ruifeng en serrant les dents, son petit visage sec pâlissait et rougissait tour à tour.

– De qui parles-tu ? demanda Ruixuan en cillant.

– De qui veux-tu que je parle ? » Ruifeng frappa le revers de sa main avec l'enveloppe. « Quand je suis rentré tout à l'heure, j'ai rencontré le facteur. J'ai pris la lettre qu'il me tendait et au premier coup d'œil j'ai reconnu l'écriture de Ruiquan ! Comment peut-on être inconscient à ce point ! Quand on décide de fuir, on le fait à ses risques et périls, pourquoi veut-il absolument m'impliquer dans cette affaire ? » Il jeta la lettre à son frère aîné.

Ruixuan reconnut tout de suite l'écriture de Ruiquan sur l'enveloppe, pas d'erreur possible ; les caractères n'étaient pas très lisibles, mais on retrouvait dans chacun d'entre eux la dureté du joueur de football en pleine action. À peine eut-il déchiffré l'enveloppe que ses yeux se remplirent de larmes. Il pensait à Ruiquan, c'était son frère bien sûr, mais aussi un ami.

La lettre était adressée à Ruifeng, elle était très simple : « Frère Feng ! Pourquoi ne viens-tu pas me rejoindre ? Il y a de l'animation et de l'enthousiasme ici ! Tu n'as pas d'enfants, et tu peux très bien venir avec ta femme. Il y aura aussi du travail pour elle, on a besoin de jeunes gens ! Est-ce que maman va bien ? Frère aîné... »

La lettre s'arrêtait ainsi, brusquement. Peut-être était-ce l'émotion qui l'avait arrêté. C'était difficile à dire ! Il n'y avait pas de signature, la lettre avait une tête mais pas de queue.

Ruixuan connaissait bien son frère et, à partir de ces quelques lignes, il reconstitua ce qui avait dû se passer. Il paraissait exalté, mais pour une raison inconnue, si exalté même qu'il en oubliait que Ruifeng était un bon à rien ; il espérait encore que son frère pourrait quitter Peiping en cachette, car là où il était on avait besoin de jeunes gens. Il avait un tas de choses à dire, mais craignant que sa lettre ne passe par la censure, il demandait tout à coup : « Est-ce que maman va bien ? » À part sa mère, la personne qu'il aimait le plus au monde était son frère aîné, aussi avait-il écrit tout de suite après : « Frère aîné. » Mais pour parler à son frère aîné, il lui aurait fallu remplir peut-être dix à vingt feuilles de papier ; ne pouvant le faire, mieux valait ne pas dire un seul mot.

En contemplant la lettre, Ruixuan imaginait son jeune

frère, plein d'entrain, digne, enthousiaste, courageux ! Il ne pouvait se résoudre à quitter cette lettre du regard. Il éprouvait en même temps de la joie et de la tristesse ; il ressentait un peu d'espoir et beaucoup, beaucoup d'excitation. Il avait envie de pleurer, mais il avait aussi envie de rire, d'un rire fou. Il voyait ses deux frères. Il se sentait à la fois pessimiste et optimiste. Il ne savait plus que penser.

Ruifeng ne comprenait pas son frère aîné, tout comme il ne pouvait absolument pas comprendre son cadet. Sa réaction était très simple : il avait peur d'être compromis. « Dois-je en parler à maman ou non ? Il demande de ses nouvelles ! Si les Japonais découvrent cette lettre, ils sont capables de la tuer ! » marmonnait-il de mauvaise humeur.

Tout ce à quoi Ruixuan venait de réfléchir fut subitement balayé, chassé sans laisser de traces par cette phrase de Ruifeng, aussi froide qu'un morceau de glace. Ruixuan ne sut comment réagir et il fourra sans réfléchir la lettre dans sa poche.

« Tu la gardes ? Mais il faut la brûler immédiatement ! Sinon elle risque de nous attirer des ennuis ! » dit Ruifeng, dont le visage nerveux pâlissait.

L'aîné sourit : « Je voudrais la relire, je te promets de la brûler ! » Il ne voulait pas se quereller avec Ruifeng.

« C'est vrai, ce ne serait pas mal si toi et ta femme vous quittiez ensemble Peiping ! D'ailleurs ne m'as-tu pas dit que tu voulais donner ta démission à ton école ?

– Quoi ? Toi, s'offusqua Ruifeng, tu me demandes de quitter Peiping ? » Il prononça le mot « Peiping » d'une voix si sonore et si forte qu'on aurait pu imaginer que Peiping était toute sa vie, qu'il ne pouvait absolument pas s'en éloigner, ne serait-ce qu'un seul instant.

« Je te dis ça comme ça, bien sûr que c'est toi qui décides de tes propres affaires ! dit Ruixuan calmement. Mais, tu sais, je crains que ce Lan Dongyang ne cherche à se venger.

– J'ai déjà mon idée là-dessus ! dit Ruifeng plein d'assurance. Mais je ne peux rien te dire aujourd'hui. Ce qui m'embête pour le moment, c'est de ne pas pouvoir répondre à Ruiquan pour lui recommander de ne plus nous écrire. Il ne nous a pas donné son adresse. Décidément, il est toujours aussi tête en l'air... »

Ruifeng sortit de la chambre de Ruixuan.

CHAPITRE XXIX

Il faisait de plus en plus froid.

Les années précédentes, les Qi commandaient toujours vers le cinquième ou le sixième mois du calendrier lunaire un camion de poussière de charbon et deux petits camions de lœss ; ils engageaient alors deux ouvriers charbonniers qui leur faisaient des boulets en quantité suffisante pour l'usage de la famille pendant tout l'hiver. Cette année, depuis le 7 juillet, depuis que les Japonais avaient déclenché leur offensive au pont Lugou, les portes de la ville étant tantôt ouvertes, tantôt fermées, il était impossible de trouver un camion pour transporter le charbon. Et, les Japonais dictant leur loi, on avait l'impression que plus personne ne s'en préoccupait, même si, vu la rigueur de l'hiver pékinois, il s'agissait là d'une chose très importante. La mère de Petit Shunr et Mme Tianyou avaient, elles aussi, oublié de faire le nécessaire. Seul le vieux Qi, qui se réveillait tôt, avait eu le temps d'y penser, mais sa petite-belle-fille lui avait expliqué les difficultés réelles qui existaient ; il finit par se plaindre de l'indifférence de tous vis-à-vis des affaires de la famille.

Le prix du charbon montait de jour en jour. Plus le vent du nord soufflait et plus les prix augmentaient. La plus grande partie de la production de Tangshan était confisquée par les Japonais et ne parvenait plus à Peiping ; quant aux mines de charbon des Collines de l'Ouest, elles étaient fermées à cause des affrontements qui y avaient lieu entre les Japonais et la guérilla.

Peiping ne pouvait plus s'approvisionner en charbon !

Il n'y avait que dans la chambre du vieux Qi et dans

celle de son fils Tianyou qu'on avait gardé le traditionnel lit de briques chauffé par-dessous : le *kang*. Dans les autres chambres, ils avaient été détruits depuis que la société avait connu quelques « réformes » et fait quelques « progrès », on les avait remplacés par des lits de bois ou de fer. Le vieux Qi aimait son *kang*, tout comme il tenait à conserver ses chaussettes au bout renforcé de peau de chien ; il pouvait ainsi prouver son attachement à la tradition et montrer que les choses anciennes avaient quand même des avantages qu'il ne fallait pas rejeter en bloc. Au cœur de l'hiver pékinois, malgré l'orientation au sud de sa chambre et malgré les murs très épais, aux fenêtres hermétiquement fermées et recouvertes de papier, le vieillard sentait souvent vers le milieu de la nuit un petit vent glacial lui asticoter le crâne et les épaules. Il avait beau se pelotonner comme un gros chat, se couvrir d'une épaisse couverture et de sa longue tunique fourrée, il n'arrivait pas à se réchauffer ; seul un petit feu sous le *kang* lui permettait de dormir confortablement toute la nuit.

Mme Tianyou n'aimait pas dormir sur un *kang* chaud. Si elle l'avait gardé, c'était simplement parce qu'elle savait que ses petits-enfants, dès qu'ils auraient trois ou quatre ans, viendraient dormir dans sa chambre ; dans ce cas-là, un *kang* était fort commode. En effet, c'était spacieux et les enfants, qui en général bougeaient beaucoup, ne risquaient pas de tomber ; en pleine nuit, on pouvait d'autre part s'occuper facilement d'eux si quelque chose n'allait pas. Sa chambre était la plus humide et la plus froide de la cour ; au cœur de l'hiver, le froid avait déjà fait geler et éclater une bouteille remplie d'eau. Ainsi, bien qu'elle n'aimât pas le *kang* chaud, elle l'utilisait de temps en temps pour chasser l'air trop froid.

Pas de charbon ! Pour le vieux Qi, c'était l'horreur pure et simple ! Les Japonais n'avaient pas besoin de lui causer d'autres ennuis ni d'intervenir dans ses affaires ; s'ils l'obligeaient simplement à passer tout l'hiver sur son *kang* froid, ce serait la pire torture qu'il aurait à supporter ! Mme Tianyou, elle, ne s'était pas alarmée au même point, même si elle se rendait bien compte qu'un hiver sans feu serait une rude épreuve.

Ruixuan ne savait comment s'attaquer au problème. S'il avait eu de l'argent, il aurait été prêt à le dépenser et, puisqu'il n'y avait plus de poussier, il aurait stocké suffisamment de boulets et de charbon en morceaux pour un hiver ou même pour un an. Mais la réalité, c'était que ni lui ni Ruifeng n'avaient touché de salaire depuis plusieurs mois et que leur père n'avait qu'un revenu très faible.

La mère de Petit Shunr, en bonne maîtresse de maison qu'elle était, avait déjà fait remarquer plusieurs fois à son mari : « Si on n'a pas de feu cet hiver, comment va-t-on vivre ? La moitié des Pékinois vont mourir de froid ! »

Chaque fois, Ruixuan avait éludé la question en souriant tristement ou en feignant de n'avoir pas entendu. Une fois, c'est Petit Shunr qui avait répondu à la place de son père : « Maman, puisqu'il n'y a pas de charbon, Shunr va ramasser des escarbilles ! » Au bout d'un moment, il ajouta : « Maman, il n'y aura plus de riz, plus de farine de blé ?

– Ne dis pas de bêtises ! lui répondit sa mère un peu fâchée. Tu veux mourir de faim ? petit sot ! »

Ruixuan réfléchit un bon moment, puis il se dit : « Comment peut-elle affirmer qu'on ne sera pas à court de provisions ? » Il n'avait jamais pensé à un tel problème, mais la remarque de Petit Shunr le fit soudain penser à l'avenir. Aujourd'hui, pas de charbon, mais pouvait-on affirmer que demain on serait à l'abri d'un manque de vivres ?

Jusque-là, il n'avait pensé qu'aux éventuelles conséquences violentes de l'occupation de sa ville : mourir d'un coup de couteau ou d'une balle ; aujourd'hui, il réalisait qu'on pouvait aussi mourir de froid et de faim, lentement, sans effusion de sang ! À ce moment-là, toutes les raisons qu'il avait invoquées pour ne pas fuir Peiping lui parurent futiles. Subir le froid, la faim, c'était la mort de tous, personne ne pourrait sauver personne, et sa présence n'empêchait pas les souffrances de sa famille. Il devait tout reconsidérer !

Il sortit de sa poche la lettre de son frère et la relut un nombre incalculable de fois. Il aurait tant voulu bavarder avec lui, car Ruiquan était le seul à le comprendre et il aurait pu l'aider à prendre une décision.

Vraiment, il se sentait très mal à l'aise. Le soir, il décida d'en parler avec Yun Mei. D'habitude, pour tout ce qui touchait aux affaires du ménage, il laissait sa femme décider seule ; les problèmes autour des pois enrobés de sucre ou des jujubes sauvages ne l'intéressaient pas. Mais là, il ne pouvait plus se taire, il avait la tête si lourde qu'elle semblait sur le point d'éclater.

Yun Mei ne voulait pas s'occuper de ce qui ne la regardait pas et de ce qui était trop loin d'elle, mais elle n'était absolument pas d'accord avec un éventuel départ de son mari. « Pourquoi accorder tant d'attention aux propos d'un enfant ? À mon avis, le charbon va revenir petit à petit ! En tout cas, il est inutile de s'affoler. Quant au ravitaillement, il y en aura toujours assez pour ne pas mourir de faim. Que va-t-on faire si toi aussi tu quittes la famille ? Je te rappelle que Ruifeng ne veut pas nous entretenir. Moi, je veux bien, mais je suis incapable de gagner de l'argent. Non, non, ça suffit ! N'y pense plus ! Continuons à vivre ainsi ; à quoi bon se tourmenter ? »

Ses propos révélaient un esprit sans idéal, sans imagination, mais néanmoins ses paroles avaient du poids et Ruixuan ne trouvait aucun argument pour les réfuter. De toute façon, il ne pouvait emmener toute sa famille avec lui et, s'ils restaient à Peiping, il ne pourrait jamais se décider à quitter la ville. C'était aussi évident que deux et deux font quatre !

Il ne lui restait donc qu'à espérer la victoire de l'armée nationale pour que la libération de Peiping eût lieu le plus tôt possible !

Taiyuan avait été pris par l'ennemi ! Au-dessus de la maison de la radio, on vit bientôt apparaître un ballon sur lequel étaient écrits les caractères « Célébrer la chute de Taiyuan » et les élèves durent de nouveau participer à une grande manifestation.

Depuis que son frère n'osait plus retourner à son école, Ruixuan avait repris ses cours. Il ne voulait pas offrir à son grand-père et à ses parents le spectacle de deux frères restant désœuvrés à la maison.

Allait-il participer à la grande manifestation pour célébrer la chute de Taiyuan ? En tant qu'enseignant, il était de son devoir d'y aller pour encadrer ses élèves, mais il se sentait aussi poussé par un sentiment de curiosité ; il voulait voir si les élèves et les habitants de Peiping seraient aussi graves et silencieux que lors de la première célébration ; si c'était le cas, alors un jour, certainement, viendrait le temps de la vengeance.

Il hésitait quand même un peu, car les élèves cette fois se montreraient peut-être moins sensibles. Il savait que le respect de soi a ses limites et qu'une fois le voile levé tout risque de sombrer !

Il se rappelait ce qui s'était passé il y a quelque temps dans son école, quand, à la suite de troubles, les élèves de toute une classe avaient décidé de quitter l'école. Le proviseur et les professeurs n'avaient pas cédé, et les parents avaient obligé leurs enfants à retourner à l'école. Les élèves étaient donc tous revenus dépités et plutôt embarrassés. Pendant la première classe que Ruixuan avait faite après ces troubles, les élèves avaient gardé la tête baissée, n'avaient fait aucun bruit ni le moindre geste ; ils avaient essuyé un échec, ils se sentaient honteux. Toutefois, il s'agissait d'enfants pleins de vigueur, et dès le lendemain ils avaient repris leur conduite normale, ils bavardaient et riaient comme si rien ne s'était passé. Leur respect de soi ayant ses limites, une fois le voile levé, tout avait sombré !

Une manifestation, deux manifestations, puis trois, puis cinq... il ne serait bientôt plus question d'opposition ! Pouvait-on vivre perpétuellement avec la tête baissée ? Les élèves accepteraient l'humiliation d'un cœur léger, puis ils deviendraient petit à petit totalement insensibles. S'il en était ainsi pour les élèves, on retrouverait la même attitude chez les habitants de la ville, qui abandonneraient encore plus facilement leur respect de soi pour chercher à s'assurer un peu de tranquillité.

Il ne savait plus quelle conduite adopter, il s'en voulait

d'être un bon à rien et de ne pas avoir pris la ferme résolution d'abandonner femme et enfants pour se précipiter au-devant des malheurs de la nation.

Ces temps-ci, Ruifeng avait l'air vraiment très préoccupé, et il avait constamment les sourcils froncés. Sa femme grassouillette ne lui adressait plus la parole depuis près de quatre jours. Les deux premiers jours où il n'était pas allé travailler, elle croyait encore à son bluff et pensait qu'il avait trouvé un meilleur emploi. C'est en revenant d'une visite chez les Guan qu'elle avait cessé de lui parler et n'avait plus pour lui que des regards furieux et une moue dédaigneuse. S'ils étaient allés chez les Guan ce jour-là, c'était pour dénoncer la conduite déraisonnable de Lan Dongyang et pour solliciter l'aide de M. et Mme Guan dans la recherche d'un emploi. Ruifeng avait affirmé que, dès qu'il aurait trouvé quelque chose, ils déménageraient et viendraient loger chez eux, pour éviter d'être compromis par son frère. Ruifeng croyait que l'aide des époux Guan lui était acquise, puisque sa querelle avec Dongyang avait eu pour cause fondamentale l'argent gagné au jeu.

M. Guan avait été assez courtois, mais sans vraiment réagir. Il avait cédé la parole à la « grosse courge rouge ».

Ce jour-là, elle portait une robe ouatée de soie violette, elle avait couvert ses lèvres d'une épaisse couche de rouge à lèvres très vif, et comme elle venait de se faire friser les cheveux, sa coiffure ressemblait vraiment à la queue d'un mouton. Son allure était plus imposante que jamais et chacun de ses grains de beauté semblait montrer un peu d'arrogance et beaucoup de satisfaction.

Le jour où M. Jin avait fait sa démonstration de force chez les Guan, l'officier qui était présent, qui avait renoncé à ses fonctions et qui était accompagné d'une prostituée, eh bien, lui, il avait déjà abouti dans ses démarches et, sous peu, sa nouvelle nomination serait publiée : il serait chef du service secret supérieur dépendant du commissariat de police.

Il s'appelait Li Kongshan. Il avait eu plusieurs femmes,

pour la plupart des prostituées. Maintenant qu'il allait accéder à une fonction publique, il avait décidé d'épouser en tout bien tout honneur une jeune fille de bonne famille, une demoiselle ayant fait des études, et il avait fixé son choix sur Zhaodi. La « grosse courge rouge » ne voulait pas la vendre à trop bas prix, car elle était très belle, et elle lui proposa plutôt de prendre Gaodi. Li Kongshan avait accepté. Bien qu'elle ne fût pas très jolie, elle était une vraie demoiselle qui, en plus, avait fait des études. Il avait quand même dans l'idée de garder près de lui deux prostituées ; Gaodi serait l'impératrice, les prostituées seraient les concubines, ce serait vraiment la situation idéale !

Mais la main de la fille de la « grosse courge rouge » ne pouvait être donnée pour rien. Li Kongshan promit de faire des démarches en faveur de sa future belle-mère pour essayer de la faire nommer chef du Centre de contrôle des prostituées ; il avait remarqué que la « grosse courge rouge » avait d'incontestables qualités de chef.

Il s'agissait d'un petit organisme qui périclitait depuis que la capitale avait été transférée dans le Sud : les maisons closes de Peiping étaient de moins en moins fréquentées. Mais, avec la présence de l'armée japonaise, il fallait prévenir la propagation des maladies vénériennes et on avait décidé de redonner vie à cet organisme. On allait en augmenter le budget, et, puisque les contrôles seraient assez fréquents, on était sûr de pouvoir en tirer pas mal de bénéfices. Personne encore n'était vraiment au courant, mais Li Kongshan, lui, s'était renseigné auprès de sources dignes de foi, et ce poste de chef du Centre serait certainement assez lucratif. S'il pouvait l'obtenir pour sa future belle-mère, il pourrait donc à l'avenir se permettre, quand il le souhaiterait, d'infliger de mauvais traitements à Gaodi et aussi de puiser dans la bourse de la « grosse courge rouge » ; chaque fois que celle-ci lui donnerait de l'argent, il serait gentil avec Gaodi pendant quelque temps. Ce ne fut qu'après avoir échafaudé son plan qu'il se mit à entreprendre sérieusement ses démarches. D'après les dernières informations, il était tout à fait sûr de réussir.

Au lever, au coucher, en allant aux toilettes, en se déplaçant, la « grosse courge rouge » se répétait doucement : « Chef du Centre de contrôle ! Chef du Centre de contrôle ! » Ces mots collaient à sa langue comme un bonbon, elle en avait plein la bouche, elle était heureuse, fière, elle brûlait d'envie de bondir sur les toits et de crier : « Je suis chef du Centre de contrôle ! » Elle traitait son mari avec beaucoup de froideur, mais en revanche elle était très gentille avec sa fille aînée, cela, bien sûr, afin de l'amener en douceur à accepter le mariage projeté. Contre toute attente, elle cessa de provoquer Tongfang, affirmant qu'un gros bonnet ne discute pas avec une personne de bas rang.

Elle réfléchissait aussi aux pouvoirs réels dont elle allait disposer : « Je vais pratiquer ce contrôle le plus souvent possible, le plus souvent possible ! Si vous ne voulez pas souffrir, si vous ne voulez pas avoir d'ennuis, alors donnez votre argent à la vieille dame que je suis ! Donnez-moi votre argent ! Donnez-moi votre argent ! » En disant cela, elle hochait la tête, ce qui avait pour effet de faire tomber ses épingles à cheveux.

Elle avait dit à Ruifeng sans détour :

« Le mariage est pour bientôt et nous allons garder la petite chambre pour notre usage personnel. C'est votre faute aussi, pourquoi n'avez-vous pas déménagé plus tôt ? Et puis ce Lan Dongyang, je ne le trouve pas si mal que ça ! Comment ? Vous dites que c'est à cause de nous que vous avez rompu avec lui ? Eh bien, mille excuses, mais personne ne peut nous obliger à vous rembourser vos pertes ! n'est-ce pas ? » demanda-t-elle à son mari en prenant un air important.

Xiaohe, fermant les yeux à demi, avait incliné légèrement la tête, puis fait signe que non.

Ruifeng et sa femme grassouillette s'étaient levés précipitamment et étaient rentrés chez eux tels deux chiens battus.

Ce qui les agaçait le plus, c'était de voir que Lan Dongyang continuait à venir chez les Guan et qu'on lui réservait, comme d'habitude, un bon accueil. En effet, il était un agent d'exécution de l'Union du peuple nouveau et les Guan ne pouvaient se permettre de l'offenser. La « grosse courge rouge » était en ce moment au comble du bonheur et elle décida de rembourser à Dongyang quarante yuan :

« Nous, quand nous jouons au mah-jong, nous ne faisons payer au perdant que la moitié de ce qu'il a réellement perdu. L'autre jour, je n'ai pas fait attention et je vous ai demandé le montant total, toutes mes excuses ! »

Dongyang se montra très généreux et acheta pour Gaodi et sa sœur deux cent cinquante grammes de cacahuètes. La « grosse courge rouge » fit grand cas de ce petit cadeau :

« Dongyang ! Il ne fallait pas ! À notre époque, un jeune homme doit connaître la valeur de l'argent et faire des économies en vue de son mariage ! La taille du cadeau n'a aucune importance, ce qui compte c'est la personne qui l'offre, et même si vous ne leur aviez offert que la moitié d'une cacahuète, l'intention était là ! Et sachez que si vous aviez dépensé beaucoup d'argent pour leur acheter un tas de choses chères et inutiles, je n'en aurais pas forcément une meilleure opinion de vous ! »

Dongyang sourit si largement qu'il découvrit ses dents jaunes et ses gencives, il faillit même se faire éclater la poitrine en respirant trop fort ! Il était sûr que les deux sœurs étaient amoureuses de lui ; n'avaient-elles pas toutes les deux mangé quelques-unes de ses cacahuètes ?

Tout cela fut rapporté par Tongfang à la femme de Ruifeng sur le pas de sa porte. La jeune femme, très en colère, fut prise d'un tremblement qui agita sa graisse à un point tel qu'elle faillit s'évanouir !

Ruifeng avait le moral au plus bas et il était très aimable avec tout le monde. Ces derniers temps, on mangeait de plus en plus mal ; parfois, avec la fermeture des portes de la ville, on n'avait même plus de chou, alors il fallait se contenter d'un peu de fécule sautée à l'huile de sésame. Ruifeng ne reprochait plus à sa belle-sœur d'être une mauvaise cuisinière ; quand la nourriture était vraiment trop mauvaise, il prenait son bol de riz et, à l'aide de ses baguettes, en ingurgitait avidement tout le contenu, sans se préoccuper de savoir s'il y avait des plats pour accompagner le riz ou non ; il mâchait avec bruit, comme un canard. Non seulement il ne se plaignait pas de la mauvaise nourriture, mais il faisait des compliments à sa belle-sœur, qui, par ces temps difficiles, arrivait quand même à faire manger tout le monde ! Ce comportement embarrassait fort Ruixuan et Yun Mei, car si Ruifeng se montrait bien intentionné, c'était pour pouvoir leur demander de temps en temps un peu d'argent de poche pour acheter des cigarettes ou d'autres petites choses. Ruixuan se voyait alors dans l'obligation d'avoir recours plus souvent au mont-de-piété.

La femme de Ruifeng ne dit rien à personne, mais un beau jour elle décida de retourner chez ses parents. Cela eut évidemment pour effet de mettre Ruifeng dans un état proche de celui de l'agneau égaré : il tournait en rond dans la cour, regardant vers l'est, puis jetant des coups d'œil vers l'ouest, ne sachant plus à quel saint se vouer. Il ne s'était toujours pas décidé à parler à son grand-père et à ses parents de ce qui lui était arrivé, mais maintenant il ne pouvait plus garder le silence ; au surplus, en ce moment, étant séparé de sa femme, il avait besoin de leur tendresse.

N'osant leur dire la vérité, il avait inventé une autre histoire. Il savait que dans la famille Qi on ne réagissait pas du tout comme dans les familles hollywoodiennes. Là-bas, c'est celui qui avait frappé quelqu'un qui était un héros ; chez les Qi au contraire, c'était celui qui avait été battu ; alors, il leur raconta que Lan Dongyang l'avait frappé et qu'il le menaçait de recommencer. Son grand-père et sa mère lui témoignèrent beaucoup de sympathie.

« Eh bien, si c'est lui qui t'a frappé, c'est lui qui a tort, mais il ne faut surtout pas chercher à lui rendre ses coups ! » lui dit son grand-père, et sa mère d'ajouter : « S'il veut encore te frapper, il faut absolument que tu évites de le rencontrer ! »

Ruifeng approuva les paroles de sa mère. « Eh oui, et c'est la raison pour laquelle je ne vais plus à l'école... mais il faut que je trouve vite un autre emploi. »

Il n'osa pas non plus parler de la disparition de Ruiquan ; en effet, ce faisant, on risquait d'aborder le délicat problème du partage du patrimoine familial. Pour l'instant, il était sans emploi et donc obligé de prendre ses repas à la maison, et il se dit qu'il n'était pas convenable d'évoquer ce problème dans ces circonstances. Bien sûr, il y avait le risque que dans quelques jours les gendarmes viennent l'arrêter en raison de la fuite de son frère, mais il n'avait pas le choix ; il n'était pas question de se séparer maintenant de sa famille et de souffrir de la faim.

Petit à petit, Ruixuan reprit goût à retourner au lycée ; cela lui évitait de rencontrer Ruifeng trop souvent. Ce dédain pour son frère n'était pas motivé par le manque de courage de celui-ci, car malheureusement Ruixuan se rendait bien compte que la plupart des habitants, des « citoyens loyaux » de Peiping, se comportaient de la même façon. Il n'était pas motivé non plus par le fait qu'il soit au chômage et vive à ses dépens depuis plusieurs jours, car les grandes familles étaient organisées ainsi : aujourd'hui je compte sur toi pour subsister, demain tu pourras compter sur moi. Non, ce qu'il ne pouvait supporter, c'était de le savoir incorrigible et de le voir continuer à se comporter comme un sot. Après avoir essuyé un revers, on essaie d'être raisonnable : des hommes comme Dongyang sont évidemment des traîtres et il faut éviter à tout prix de les côtoyer, surtout quand on sait qu'ils peuvent vous jouer de très mauvais tours ! Il aurait pu s'intéresser d'un peu plus près aux affaires du pays et, même s'il n'était pas décidé à défendre la patrie au risque de sa vie, avoir au moins un peu plus le sens de l'honneur, être sensible à l'humiliation de son propre peuple – en un mot, ressentir un peu de honte. Mais Ruifeng ne se repentait pas le moins du monde. Son grand-père, ses parents, son frère et sa belle-sœur ne lui faisaient aucun reproche, il jouissait de la tendresse de tous ; alors il se sentait bien dans sa peau, et être au chômage était devenu pour lui une sorte de nouveau passe-temps. Si sa femme grassouillette ne l'avait pas abandonné, peut-être aurait-il décidé de se laisser pousser la barbe et même de prendre sa retraite !

Afin d'éviter son frère, Ruixuan se rendit donc au lycée

le jour de la célébration de la chute de Taiyuan. Il n'avait pas encore décidé s'il participerait ou non à la manifestation, il voulait seulement comprendre ce qui se passait. Une fois sur place, il espérait que ses élèves allaient venir lui demander s'il avait des nouvelles et l'interroger sur l'avenir de la guerre sino-japonaise ; il espérait aussi lire sur les visages de chacun l'humiliation d'avoir à nouveau à manifester. Mais personne ne vint lui demander quoi que ce soit, et il en fut très déçu. L'homme aime rivaliser avec ses semblables et les surpasser, pensa-t-il, mais il n'aime pas parler de ses échecs ; sans doute en était-il de même pour ces jeunes. Plusieurs adolescents qu'il aimait tout particulièrement semblèrent vouloir lui parler quand ils le virent, mais, comme s'ils avaient mauvaise conscience, et après avoir levé les yeux sur lui, ils détournèrent immédiatement leur regard. Il se dirigea vers le terrain de sport. Quelques élèves jouaient avec un vieux ballon. Quand ils le virent, ils s'arrêtèrent, comme s'ils avaient été surpris en train de faire quelque chose d'interdit, mais ils reprirent bientôt leur jeu en le lorgnant du coin de l'œil. Il préféra s'éloigner.

Sans passer par la salle des professeurs, il sortit de l'école ; il était très affecté par ce qu'il avait vu. Il savait que les élèves n'avaient pas oublié la honte de l'autre jour, mais s'ils étaient ainsi contraints à tout bout de champ à subir humiliation sur humiliation, ils s'endurciraient et leur visage se couvrirait bientôt d'une couche de laque. Il ressentait une douleur intense dans son cœur, comme si une aiguille venait de le transpercer.

Dans la rue, il croisa plus d'une dizaine de camions remplis de mendiants, tous vêtus d'habits multicolores loués au magasin d'objets pour mariages. Dans chaque camion, il y avait quelques musiciens frappant sur des tambours d'enterrement. Les camions roulaient lentement, les gongs et les tambours retentissaient sans entrain, les mendiants baissaient la tête ; comme il faisait froid, ils avaient piqué leur drapeau de papier à leur revers afin de pouvoir fourrer leurs mains dans leurs manches. Ils paraissaient vraiment vivre tout cela avec une indifférence parfaite, accoutumés qu'ils étaient à la froideur des gens et aux insultes ; on aurait dit qu'ils partaient pour la guillotine !

Quand les camions passèrent près de lui, un homme ressemblant à Lan Dongyang colla sa bouche contre le micro qu'il tenait à la main et cria : « Allez, les gars, criez avec moi ! Vive les bons rapports entre la Chine et le Japon ! Célébrons la chute de Taiyuan ! » Sans changer d'expression, les mendiants se mirent à crier avec lui d'une voix monocorde, nonchalamment, sans même lever la tête. Ils savaient que leur pays était envahi et ils semblaient ne pas vouloir mettre trop d'entrain dans la célébration d'une nouvelle défaite. Leur insensibilité leur donnait même une certaine dignité qui rappelait celle des démons d'argile du Temple du Génie protecteur de la ville. Ce peu de dignité amoindrissait toute notion de guerre, de grandeur et de décadence. Ruixuan eut un frisson. Il vit arriver au loin un groupe d'écoliers. Il ferma les yeux. Il ne supportait pas de voir associer ainsi mendiants et écoliers ! Et si ces écoliers pleins d'entrain, purs, innocents, à l'exemple de ces mendiants, se mettaient... Il aurait voulu arrêter le fil de sa pensée ! Le groupe d'écoliers se rapprochait des camions des mendiants.

Ruixuan se retrouva à l'entrée de la ruelle du Petit-Bercail sans s'en être vraiment rendu compte. C'est en entendant maître Liu l'interpeller qu'il comprit qu'il était arrivé chez lui.

Ils pénétrèrent ensemble dans la ruelle. Maître Liu demanda alors :

« Monsieur Qi, qu'en pensez-vous ? Tout est perdu pour nous, n'est-ce pas ? Baoding est tombé et maintenant Taiyuan ! Là-bas n'y a-t-il pas de... » Il cherchait le mot « barrières naturelles ».

« Qui sait ? dit Ruixuan en souriant, mais les yeux pleins de larmes.

– Comment vont les choses à Nankin ? »

Ruixuan ne pouvait pas, ne voulait pas et n'osait pas de nouveau dire « Qui sait ? ». Il dit simplement : « Espérons que Nankin vaincra ! »

Maître Liu baissa la voix et dit sur un ton très sincère :

« Peut-être allez-vous vous moquer de moi, mais la nuit dernière j'ai brûlé de l'encens dans la direction du sud-est et j'ai prié pour que Shanghai remporte la victoire !

– Shanghai doit vaincre absolument !

– Et puis, je ne sais pas si vous avez remarqué, mais de plus en plus de gens semblent penser que notre pays va perdre son indépendance.

– Qui, par exemple ?

– Qui ? Eh bien, quand Baoding est tombé, quelqu'un est venu me demander d'exécuter une danse des lions, j'ai immédiatement refusé et j'ai su que personne n'avait accepté de le faire. Hier, quelqu'un d'autre est venu me faire la même demande, j'ai encore refusé, mais il paraît que quelqu'un d'autre a accepté. La personne qui est venue me solliciter m'a d'ailleurs menacé en me disant que je risquais gros si je refusais ! J'ai répondu que même si on me tuait, que même si on me mettait en pièces, je n'accepterais jamais ! Je me demande vraiment pourquoi les gens en sont arrivés à être si futiles et à manquer ainsi de caractère ! »

Ruixuan ne dit rien.

« À la manifestation d'aujourd'hui, il va certainement y avoir quelques numéros d'acrobatie ! » Maître Liu prononça ces derniers mots avec force. « En général, on fait ces numéros pour des pèlerinages dans des temples ou pour des cérémonies de culte ; aujourd'hui, ce sera pour divertir les Japonais ! Vraiment, c'est à ne plus rien y comprendre !

– Maître Liu ! » Ruixuan était arrivé sous les sophoras qui se dressaient devant sa porte. Il s'arrêta et poursuivit : « Vous qui êtes si habile dans les arts martiaux, pourquoi ne quittez-vous pas Peiping ? »

Maître Liu sourit, bouleversé :

« Ça fait longtemps que j'y pense ! Mais je ne peux pas laisser ma femme ! D'ailleurs, où aller ? Et puis, je n'ai pas assez d'argent, comment partir ? Si Nankin envoyait secrètement des personnes pour enrôler des soldats dont le voyage serait payé et avec une destination précise, je les suivrais ! Moi, je ne connais que l'art de monter des nattes dans la cour des maisons, et je n'ai que de simples connaissances en boxe chinoise, mais j'aimerais bien en découdre avec ces petits diables de Japonais ! »

À ce moment, Ruifeng sortit de la cour, Petit Shunr le suivait en criant : « J'y vais avec toi ! Deuxième oncle ! J'y vais aussi avec toi ! »

Voyant son frère aîné et maître Liu, Ruifeng s'arrêta net. Petit Shunr le rejoignit et lui dit en le tirant par son habit : « Emmène-moi ! Si tu ne m'emmènes pas, je serai fâché !

– Que fais-tu ? Petit Shunr ! lâche donc ton oncle ! » Ruixuan prit un air sévère, mais il parlait sans colère.

« Le deuxième oncle va à l'Opéra et il ne veut pas m'emmener ! » Petit Shunr n'avait pas lâché le pan de l'habit de son oncle et parlait en faisant la moue.

Ruifeng sourit :

« J'ai entendu dire qu'on allait donner des représentations de théâtre au parc Sun Yat-sen et que les rôles seront interprétés par des acteurs amateurs de bon niveau, je vais demander au jeune Wen si lui et sa femme y participent pour pouvoir y aller avec eux. Je n'ai encore jamais vu Mme Wen jouer en costume ! »

Maître Liu jeta un coup d'œil aux deux frères et resta silencieux.

Ruixuan était mal à l'aise. Il ne voulait pas blâmer son frère devant quelqu'un ; d'ailleurs, celui-ci pouvait très bien lui répondre : « Si je ne vais pas voir cette représentation, elle aura lieu quand même, et ce n'est pas parce que je n'irai pas que Peiping sera pour autant rendu aux Chinois ! »

D'un des arbres tomba une gousse de sophora à demi sèche, on aurait dit un gros insecte noir et Petit Shunr s'empressa de la ramasser. Ce geste mit fin à la rencontre. Maître Liu dit « Au revoir » et s'en alla, Ruixuan prit la main de Petit Shunr et Ruifeng entra au nº 6 derrière maître Liu.

La gousse de sophora dans sa main, Petit Shunr n'avait pas abandonné son idée d'aller au théâtre. Ruixuan lui dit gentiment : « Il est allé se renseigner pour savoir si la représentation aura bien lieu, mais il n'y en a pas maintenant au nº 6 ! »

Petit Shunr franchit la porte d'entrée en suivant son père à contrecœur. Arrivé dans la cour, il l'entraîna chez sa grand-mère. Il faisait très froid dans la pièce, mais ce jour-là la grand-mère semblait plutôt en bonne forme. Assise sur son *kang*, enveloppée dans une couverture, elle raccommodait les chaussettes de Petit Shunr. Elle faisait quelques points, puis posait la chaussette trouée pour réchauffer ses mains sous la couverture.

Ruixuan avait l'air soucieux, mais quand il se rendit compte que dans la chambre de sa mère il n'y avait pas de feu, son expression devint franchement triste.

La vieille dame remarqua tout de suite l'air sombre de son fils. Le cœur d'une mère est le thermomètre des sentiments de ses enfants. « Qu'y a-t-il, l'aîné ? »

Ruixuan était un homme animé de sentiments profonds, mais il n'aimait pas du tout cette habitude chinoise de verser sans arrêt des larmes pour pas grand-chose. Depuis la chute de Peiping, il avait pris soin de se contrôler, même s'il avait eu, en de nombreuses occasions, envie de pleurer à chaudes larmes.

Il n'aimait pas beaucoup le théâtre traditionnel et l'une des raisons principales de cette désaffection était que dans ce genre de théâtre il y avait souvent, en plein milieu d'une scène pathétique, un moment de légèreté et de badinage qui vous portait à rire, alors même qu'en pleine affliction vous auriez plutôt eu envie de pleurer ou d'exprimer votre peine. Il avait vu il y a quelque temps la pièce *La Passe de Ningwu,* qui l'avait profondément touché, et il avait trouvé particulièrement tragique la scène du combattant héroïque qui, avant de se sacrifier pour sa patrie, vient faire ses adieux à sa mère. Cette pièce l'avait fait pleurer, et chaque fois qu'il y pensait, il ressentait à nouveau une forte émotion et ne pouvait s'empêcher de penser à sa propre mère.

Là, en entendant sa mère, il se rappela soudain cette scène et fut sur le point d'éclater en sanglots. Il savait bien qu'il n'était pas Zhou Yuji, le héros de la pièce, mais Taiyuan venait de tomber et on se trouvait dans une situation aussi critique que dans la pièce, dont l'action se passait à la fin des Ming !

Il retint ses larmes et ne dit rien.

« Fils aîné ! » Sa mère sortit quelques marrons de sous la natte du *kang* et les donna à Petit Shunr, qu'elle envoya s'amuser dehors. « Qu'est-il arrivé à Ruifeng ? »

Ruixuan raconta toute la vérité à sa mère, puis ajouta :

« Au fond, il n'aurait pas dû se lier avec ce Lan Dongyang et il aurait encore moins dû révéler des secrets de famille à un tel individu ! Lan Dongyang et mon frère sont des gens stupides ; seulement, l'un a de l'ambition, et l'autre est irréfléchi, et c'est ce qui explique la situation actuelle. Si Ruifeng n'était pas si sot, il ne craindrait ni Dongyang ni le retour à son école !

– Mais est-ce qu'il est vraiment à l'abri en restant à la maison ? Si ce nommé Lan n'a pas oublié l'incident, il peut très bien aller le dénoncer ! Et alors, sans doute toi et Ruifeng, vous serez arrêtés par les Japonais. Si M. Qian a subi ce qu'il a subi, c'était bien parce qu'il a été dénoncé, n'est-ce pas ? »

Le cœur de Ruixuan se mit à battre plus fort. Pour tranquilliser sa mère, il dit en souriant : « Oh ! tu sais, on n'en est pas là ! » Mais il fut incapable d'apporter le moindre argument.

Après avoir quitté la chambre de sa mère, Ruixuan réfléchit à tout cela et commença à s'inquiéter, car l'affaire pouvait devenir fort grave : si on les arrêtait tous les deux, que deviendrait la famille ? Dans une période de troubles comme celle-ci, la sottise d'une personne pouvait coûter la vie de plusieurs !

Il appela son frère par-dessus le mur de la cour. Celui-ci dut rentrer, et il n'était pas content. Si sa famille ne l'avait pas surveillé, il aurait toujours été fourré chez les Wen ; il aimait passer son temps en leur compagnie et contempler Ruoxia tout à son aise. Comme on le surveillait, il n'osait y aller trop souvent, mais quand il y allait il y restait très longtemps.

« Qu'est-ce que tu veux ? » demanda-t-il de mauvaise humeur.

Indifférent à la réaction de son frère, Ruixuan se mit à lui confier ses inquiétudes :

« Je ne sais pas pourquoi cette idée m'est venue à l'esprit tout à l'heure : imagine que Lan Dongyang aille vraiment te dénoncer et que les gendarmes viennent t'arrêter, et peut-être moi avec, qu'est-ce qu'on va devenir ? »

Le visage de Ruifeng changea de couleur. Au début, il avait vraiment eu peur que Dongyang le dénonce, mais comme il s'était tapi à la maison et que Dongyang n'avait pas donné signe de vie, il s'était peu à peu calmé, pensant que le danger était définitivement écarté. Son foyer était sa forteresse, ses parents et son frère étaient ses gardes du corps. Son foyer était un trou de souris : s'il y avait du danger, il s'y cachait, une fois le danger passé il en sortait ; fuir la réalité, c'est tout ce qu'il savait faire ; il était incapable de lutter et de résister. À présent, il avait peur. Les gens qui s'amusent d'un rien sont ceux qui s'effraient le plus facilement ; un pois enrobé de sucre les met de bonne humeur, une simple souris morte les fait sursauter !

« Qu'est-ce qu'on peut faire ? » demanda-t-il après avoir passé sa langue sur ses lèvres.

Ruixuan répondit avec beaucoup de sincérité :

« La situation sur le front est mauvaise pour nous et je crains qu'en ce moment il n'y ait plus aucun espoir pour Peiping. Si nous gagnons la guerre, les gens comme Lan Dongyang, on les punira de leurs crimes, car ce sont des traîtres. Malheureusement pour l'instant, c'est nous qui sommes battus. Le mieux, bien sûr, serait de partir pour défendre notre pays, mais s'il nous est impossible de le faire, nous ne devons pas pour autant nous vendre à l'ennemi, comme le font Lan Dongyang et Guan Xiaohe. Tout citoyen devrait au moins comprendre ces principes !

« Je ne veux pas revenir sur tes fautes passées, mais aujourd'hui, ce que j'espère, c'est que tu te reprennes et que tu renonces à cette vie dénuée d'intérêt que tu mènes à Peiping, et qu'enfin tu quittes la ville le plus tôt possible pour faire quelque chose d'utile pour le pays. Même si tu n'as pas de grandes capacités, même si tu es incapable de faire de grandes choses, au moins tu seras un Chinois libre, tu ne seras ni esclave ni traître ! Ne pense pas que je veuille te chasser de chez nous ! Non, ce que je veux, c'est faire partir mes frères et rester seul ici pour prendre soin de la famille. C'est mon devoir et je sais qu'il implique de grosses privations ; je sais aussi qu'un jour ou l'autre nous risquons d'être massacrés ou que nous mourrons de faim, mais mon devoir est de rester avec elle et de mourir avec elle ; avec mes deux frères hors de Peiping, engagés dans la résistance contre le Japon, je pourrai mourir en paix ! Pars donc ! Rappelle-toi que si Lan Dongyang te dénonce, toi et moi nous courons le risque d'être arrêtés immédiatement ; je te conseille de partir le plus tôt possible ! »

La franchise et la sincérité de Ruixuan émurent Ruifeng. Les gens qui n'ont pas de sentiments profonds s'émeuvent facilement et, là, il était sur le point d'éclater en sanglots. Il fit un effort pour ravaler ses larmes et dit d'une voix tremblante :

« Bien ! Je vais aller en parler avec ma femme ! »

Ruixuan savait parfaitement que s'il consultait sa femme il n'aboutirait à rien de positif, car elle était encore plus superficielle et inconséquente que lui. Toutefois, il ne pouvait l'en empêcher.

Ruifeng sortit précipitamment.

Bien que doutant fort de l'effet que pourraient avoir ses propos, Ruixuan se sentit un peu rassuré en voyant son frère sortir si promptement.

CHAPITRE XXX

L'homme n'a pas été créé pour être battu et bien sûr personne n'aime recevoir des coups. Toutefois, il existe des gens inflexibles qui n'ont peur de rien et qui sont capables de résister, malgré les souffrances que cela cause ; et puis il y a ceux qui avant même d'avoir vu le fouet s'agenouillent pour demander grâce. Lan Dongyang appartenait à la deuxième catégorie !

Au moment de sa dispute avec Ruifeng, jamais il n'aurait pu imaginer que celui-ci le frapperait. Il avait horreur des querelles et d'ailleurs ses « critiques » n'étaient que des imprécations lancées par-derrière contre ceux dont il était jaloux ; même dans l'injure, il n'avait pas le courage de faire face. Il pensait que la résistance du gouvernement contre le Japon était une grossière erreur et que seule son attitude à lui, c'est-à-dire la collaboration avec les Japonais, était une preuve d'intelligence.

Étant de constitution plutôt faible, le coup de poing de Ruifeng lui avait fait perdre connaissance. Il était revenu à lui au bout d'un petit moment et, après avoir bu un peu d'eau, avait filé bien vite, de peur que Ruifeng ne revînt le frapper.

Il habitait Peiping depuis suffisamment longtemps pour savoir que les Pékinois n'aiment pas la bagarre ; alors, comment Ruifeng avait-il osé en venir aux mains ? « Ce type doit avoir quelqu'un d'important derrière lui ! » se dit-il, et ce fut la conclusion qu'il tira de cet incident. Il faillit retourner à l'école pour lui présenter ses excuses ; finalement, il se reprit, car s'il s'excusait il risquait de perdre toute son autorité et tout le monde penserait que son comportement n'était motivé que par les coups. Faire savoir aux Japonais qu'on les craint et qu'on a peur de leurs coups, passe encore, mais pas aux Chinois !

Comme Ruifeng n'était pas revenu à l'école, il se mit, sans scrupule, à répandre des calomnies sur celui-ci ; il raconta qu'il avait essayé de lui soutirer de l'argent et que lui, Dongyang, avait donc été obligé de se défendre en le frappant et que c'était certainement pour cela qu'il n'osait pas se montrer à l'école. Tout le monde le crut en se disant qu'il devait y avoir un peu de vantardise de sa part, mais tant qu'on ne pouvait vraiment vérifier les faits...

Ces derniers jours, il était heureux et son visage en était tiraillé dans tous les sens encore plus violemment que d'habitude. Il avait écrit plusieurs dizaines de paragraphes, d'une quarantaine de caractères chacun, de ce qu'il appelait de la poésie en prose, et il avait aussi l'intention de se lancer dans un roman à l'éloge des Japonais. Il n'avait pas encore bien réfléchi à l'intrigue, mais il avait déjà trouvé un très beau titre : « La résurrection du drapeau aux cinq couleurs. » Il était débordant d'énergie ; quand il voyait un chien errant dans la rue, il lui faisait toutes sortes de grimaces, pour bien montrer qu'il était le plus fort, et s'il croisait un petit chat, il lui adressait un « Pouh ! » de défi !

Puisque Ruifeng s'était enfui par crainte du châtiment, Dongyang voulut lui donner une bonne leçon. Il avait d'abord pensé le dénoncer, mais d'après les informations qu'il avait obtenues, une dénonciation n'était pas bien récompensée. Ça ne valait pas le coup ! En revanche, il serait peut-être plus opportun de lui escroquer un peu d'argent. Mais là encore, si Ruifeng s'énervait à nouveau et en venait aux mains... Non, cette solution non plus n'était pas la bonne !

Il décida d'aller chez Guan Xiaohe pour lui demander conseil. C'était un homme admirable, qui comprenait si bien les choses !

Lan Dongyang se disait que tôt ou tard il devrait nouer des liens plus intimes avec les Japonais ; il avait donc besoin d'acquérir des connaissances plus étendues, aussi étendues que celles de Guan Xiaohe, s'il voulait obtenir leurs bonnes grâces. Même s'il n'arrivait jamais à une telle perfection, la fréquentation d'un tel monsieur ne pouvait que l'aider dans l'écriture de ses articles ; quand il pourrait comme lui débiter de grands principes sur la nourriture, le vin ou les cigarettes, sa prose coulerait de sa plume comme de l'eau, sans la moindre difficulté.

Il faut dire aussi que les femmes de la famille Guan exerçaient sur lui une grande force d'attraction ; il espérait donc qu'en allant souvent bavarder chez les Guan il pourrait remporter quelques succès. Quand la « grosse courge rouge » décida de lui rendre quarante yuan, il fut très étonné et voulut sur-le-champ montrer sa reconnaissance : il sortit acheter pour Zhaodi et sa sœur deux cent cinquante grammes de cacahuètes !

Il resta longtemps sans oser mentionner l'affaire de la famille Qi, car il craignait qu'on ne lui vole son secret ! Il admirait Guan Xiaohe et, par là même, il en était jaloux. Sa jalousie était telle qu'il était incapable de coopérer avec qui que ce soit et ne pouvait distinguer ceux dont il fallait se rapprocher de ceux dont il fallait se tenir à distance ; en définitive, il n'avait pas d'amis chinois et ne considérait pas les Japonais comme des ennemis !

Il rentra chez lui avec son secret, ayant l'intention d'attendre une meilleure occasion pour le vendre.

Le défilé et le meeting pour célébrer la chute de Taiyuan donnèrent à Dongyang pleinement satisfaction, car, non seulement le nombre de participants avait dépassé de loin celui de la célébration de Baoding, mais les numéros au programme avaient été beaucoup plus animés. Il y avait quand même une ombre au tableau : les Japonais n'avaient pas beaucoup aimé les opéras de Pékin présentés au parc Sun Yat-sen. Le spectacle n'avait pas été très bien programmé, et quand il avait discuté avec ses collègues du choix des opéras, personne n'avait assez de connaissances pour préciser si *Le Stratagème à la chaîne* et *La Série à la chaîne* étaient la même pièce. Ces gens habitaient Peiping depuis de nombreuses années et ils appréciaient l'opéra sans être de vrais connaisseurs. Ils avaient convoqué tous les acteurs amateurs renommés de la ville en faisant pression sur eux pour savoir quelle pièce « choisir ». En fait, ce qu'on leur avait reproché, c'était de n'avoir pas « choisi » des sujets licencieux. Les officiers japonais espéraient assister à des spectacles obscènes, et Lan Dongyang et ses amis n'avaient pas été capables de leur en offrir. Un grand nombre de pièces de théâtre de ce style avaient été interdites depuis une vingtaine d'années, ils ne les connaissaient pas ni ne savaient quels acteurs pouvaient les jouer.

Lan Dongyang s'était dit qu'avec Guan Xiaohe parmi eux ils n'auraient pas été confrontés à tous ces problèmes. Ils ne savaient pas vraiment se plier aux exigences des Japonais ! Guan Xiaohe, lui, savait.

Il retourna le voir. Il n'avait pas l'intention de le faire entrer dans l'Union du peuple nouveau, car il craignait qu'il n'y prenne une position dominante ; il voulait seulement bavarder un peu plus avec lui, afin d'enrichir petit à petit ses connaissances.

Devant la porte des Guan, il y avait un petit groupe d'enfants, et deux vieux mendiants étaient en train de coller, sur le petit mur devant la porte, deux grands panneaux rouges calligraphiés en criant : « Le maître de votre demeure a eu une promotion ! Nous sommes venus vous annoncer cette bonne nouvelle ! »

La nomination de la « grosse courge rouge » au poste de chef du Centre de contrôle venait d'être publiée. Afin de faire plaisir à sa femme, Guan Xiaohe avait calligraphié en cachette ces deux panneaux et demandé à M. Li d'engager deux mendiants pour faire le nécessaire devant leur porte. Quand il avait été diplômé de l'école primaire, le même genre de cérémonie avait eu lieu. Depuis l'instauration de la République, cette coutume avait petit à petit disparu à Peiping, mais aujourd'hui Guan Xiaohe avait décidé de la ressusciter. Les mendiants réclamèrent à trois reprises une récompense, et M. Guan leur donna un peu d'argent à chaque fois, afin qu'ils réclament de nouveau et que l'animation devant la porte dure un peu plus longtemps. Quand Lan Dongyang arriva, les mendiants avaient déjà réclamé et obtenu leur quatrième récompense. M. Guan avait encore vingt fen dans sa main, mais il ne les montrait pas, voulant que les mendiants crient encore un peu. Il avait espéré que tous les habitants de la ruelle viendraient devant sa porte, mais il dut bientôt se rendre compte qu'il n'y avait que des enfants, dont le plus âgé était Cheng Changshun.

Il avait lui-même très bien rédigé les panneaux. La « grosse courge rouge » ayant été nommée chef du Centre de contrôle des prostituées, M. Guan ne voulait pas que le mot « prostituées » apparaisse sur sa porte. N'en connaissant pas le caractère savant, il réfléchit un bon moment, et finalement s'aperçut que la partie droite du caractère « prostituée » voulait dire « soutenir » et qu'un de ses homonymes signifiait « tisser » ; alors, tout sourire, il se mit à écrire : « Madame Guan a eu l'honneur d'être promue au poste de chef du Centre de contrôle des tisserandes »...

Dongyang lut les panneaux plusieurs fois, le visage de biais, se demandant qui pouvaient bien être ces « tisserandes ». Très impoliment, il demanda à Cheng Changshun : « Une tisserande, c'est quoi ? »

Ayant été élevé par sa grand-mère maternelle, Changshun était un garçon très poli, mais entendant cette personne dont les yeux et les sourcils étaient tiraillés dans tous les sens s'adresser à lui de cette façon, il se dit qu'il pouvait lui répondre sur le même ton. De sa voix nasillarde, il murmura : « C'est la femme du Bouvier [1] ! »

Dongyang eut une illumination subite : « Mais oui ! C'est ça, elle doit diriger les chanteuses de l'Opéra ! *Le Bouvier et la Tisserande unis par la Voie lactée,* c'est un titre très connu ! » Pensant avoir tout compris, il regretta encore de n'être pas venu plus tôt consulter M. Guan à propos d'opéra ; en même temps, il se dit finalement que si M. Guan voulait

1. La Tisserande : nom populaire de l'étoile Véga de la Lyre ; séparée de l'étoile du Bouvier par la Voie lactée, elle la rencontre une fois par an, le 7 de la 7e lune ; ces deux étoiles sont les patronnes des amoureux.

adhérer à l'Union du peuple nouveau il ferait toutes les démarches nécessaires en sa faveur.

Les panneaux de papier rouge qui venaient d'être apposés devant la porte de la famille Guan l'avaient convaincu : il ne fallait pas qu'il se contente d'approfondir ses connaissances en bavardant avec M. Guan ; maintenant, c'était clair pour lui : il devait coopérer à fond avec cette famille, qui était riche, certes, mais aussi influente, puisque Mme Guan avait été nommée chef d'un établissement. Il devrait à l'avenir se mettre en garde contre tout nouveau sentiment de jalousie ; n'était-il pas de règle qu'entre fonctionnaires on s'allie soit en frères jurés, soit par les liens du mariage ?

M. Guan agita les bras comme s'il voulait chasser des poules et se mit à crier : « Allez-vous-en ! Allez-vous-en ! Vous m'assourdissez avec votre tapage ! » Il jeta par terre les vingt fen qu'il tenait dans sa main : « Je ne donne plus rien ! Vous avez entendu ? » Puis il détourna immédiatement son regard pour faire comprendre aux mendiants que c'était la dernière récompense.

Ils ramassèrent l'argent et disparurent en marmonnant.

Tout à coup, Guan Xiaohe aperçut Lan Dongyang ; il s'empressa de le saluer les mains jointes.

Lan Dongyang ne connaissait pas les bonnes manières, et le secret de sa réussite dans le monde avait toujours été « l'impertinence ».

M. Guan s'approcha en disant : « Je suis indigne de vos compliments ! Je suis indigne de vos compliments ! »

Dongyang ne sachant pas qu'il fallait répondre : « Félicitations ! Félicitations ! » se contenta de le saluer de la même façon. Guan Xiaohe ne fit cas de rien et ajouta : « Entrez ! Entrez ! »

Ils avaient à peine fait quelques pas dans la cour qu'ils entendirent une sorte d'explosion qui fit sursauter Dongyang et vibrer le papier des fenêtres. Guan Xiaohe s'empressa d'expliquer :

« C'est ma femme qui tousse ! Ayant été nommée au poste de chef du Centre de contrôle, elle tousse naturellement plus fort que d'habitude ! »

La « grosse courge rouge » était assise au beau milieu de la pièce de réception, elle parlait et riait en faisant beaucoup de bruit, et sa respiration semblait amplifiée par un microphone ! Voyant Dongyang entrer, elle ne se leva pas, elle se contenta d'incliner très chichement la tête puis, de sa main recouverte d'une demi-livre de poudre blanche, elle montra un siège, invitant son hôte à s'asseoir. Elle avait si fière allure que ses filles n'osaient plus l'appeler « maman » ni son mari « chérie » ; tous devaient l'appeler « chef ». Quand Dongyang se fut assis, elle changea comme par magie le ton de sa voix, qui devint à la fois indolente, imposante et quelque peu rauque ; elle dit avec force et gravité : « Que quelqu'un nous apporte du thé ! »

Le pauvre Lan Dongyang, qui n'était bon qu'à rédiger ses articles sans queue ni tête, n'avait jamais côtoyé de dame ayant une telle allure et il ne savait comment se comporter ! Elle n'était plus seulement la personne qu'il avait rencontrée les jours précédents, elle était cela mais dans la peau d'un chef du Centre de contrôle ! Dongyang, ne sachant que dire qui puisse s'adapter à la situation, préféra se taire. Au fond de lui-même, il se disait avec quelques regrets que lorsqu'il avait adhéré à l'Union pour le peuple nouveau il aurait dû lui aussi faire l'important comme la « grosse courge rouge » en ce moment. D'un certain point de vue, être fonctionnaire, n'était-ce pas une bonne occasion de se faire valoir ?

Guan Xiaohe vint au secours de Dongyang et dit à sa femme :

« Rapport ! Madame le chef du Centre de contrôle ! »

La « grosse courge rouge » prit un air sérieux, mais pas sévère, et elle l'interrompit en se fendant d'un sourire légèrement coincé :

« Madame le chef du Centre de contrôle ! Non ! Qu'on m'appelle tout simplement " Chef du Centre de contrôle " ! »

Guan Xiaohe sourit, se dandina en gloussant et dit mielleusement : « Chef du Centre de contrôle, Dongyang vient vous présenter ses félicitations ! »

Le visage en extension, Dongyang se leva, il ne savait toujours pas trop quoi dire ; il se contenta donc de faire un sourire à la « grosse courge rouge », découvrant quelques grosses dents jaunes.

« Oh ! Je suis indigne de vos compliments ! » Elle restait assise, aussi imbue d'elle-même que l'impératrice douairière Cixi sur son trône en train de recevoir les félicitations de la Cour.

Juste à ce moment, on entendit une voix qui venait de la cour, aiguë et monocorde :

« Nous venons présenter nos félicitations ! Nous venons présenter nos félicitations !

– Ruifeng ! dit Guan Xiaohe à voix basse, un peu surpris.

– Entrez ! » Bien que méprisant Ruifeng, la « grosse courge rouge » ne pouvait se permettre de refuser ses félicitations ; en effet, cela pouvait lui porter malheur.

Guan Xiaohe vint accueillir Ruifeng à la porte :

« Vous vous êtes dérangés ! Vous vous êtes dérangés pour ça ! Nous ne sommes pas dignes de vos compliments ! »

Ruifeng avait mis sa plus belle robe et par-dessus sa meilleure jaquette à col montant ; on aurait dit qu'il venait participer à un banquet de noces. Il s'arrêta près du perron et laissa passer sa femme devant lui – c'est au cinéma qu'il avait remarqué cette manière occidentale de se comporter. Elle était également vêtue de sa plus belle robe, et une expression hautaine faisait paraître son visage encore plus potelé. En soufflant fort, elle monta une à une les marches du perron, le visage relevé et en tortillant ses fesses rondes. Elle tenait à la main un cadeau : un panier plein de pâtisseries achetées chez Daoxiangcun ; seraient-elles aussi bonnes qu'elles en avaient l'air ?

La « grosse courge rouge » n'avait toujours pas décidé de se lever, mais, voyant le panier aux couleurs éclatantes qu'on lui apportait en cadeau, elle ne put faire autrement.

Pour tout ce qui touchait aux bonnes manières, Ruifeng était beaucoup plus fort que Dongyang. Ce qu'il préférait, c'étaient les salutations, il n'était pas pékinois pour rien ! Il félicita chaleureusement et s'inclina bien bas devant la « grosse courge rouge » ; puis il prit des mains de sa femme le panier apporté en cadeau et le déposa sur la table. Ce panier n'avait pas coûté très cher et il était de mauvais goût, mais posé sur la table il donnait quand même à la pièce une atmosphère joyeuse. Il salua cordialement Dongyang.

« Cher Dongyang, vous êtes là vous aussi ? Ces derniers jours, j'ai été très occupé, voilà pourquoi je ne suis pas allé à l'école ! Comment allez-vous ? Bien, j'espère ! »

Dongyang n'était pas accoutumé à tant de politesses feintes et les muscles de son visage remuaient dans tous les sens ; il ne répondit rien, mais pensa : « Toi, mon bonhomme, tôt ou tard, je te mettrai en prison, pas la peine de faire tant de simagrées ! »

La femme grassouillette de Ruifeng s'était déjà assise à côté de la « grosse courge rouge » et elle venait de lui annoncer que Ruifeng avait été nommé chef de la section des services généraux au Département de l'éducation. En fait, elle n'était pas venue pour présenter ses félicitations, mais pour laver un affront !

« Comment ? » s'écrièrent ensemble M. et Mme Guan sans s'être donné le mot. La « grosse courge rouge » fut irritée d'entendre la voix de son mari couvrir la sienne, elle dit : « Tu pourrais quand même me laisser parler la première ! »

Guan Xiaohe s'empressa de reculer de deux petits pas et dit en souriant : « Bien sûr, chef du Centre de contrôle ! Excusez-moi !

– Comment ? » La « grosse courge rouge » se leva et tendit ses grosses mains aux poignets cerclés de deux bracelets d'or. « Et vous venez me féliciter ? Chef de section Qi ! Bravo ! Et vous ne dites rien ! Mais comment pouvez-vous rester maître de vous-même comme cela ? » Tout en parlant, elle serra si fort les mains de Ruifeng qu'elle lui fit mal.

« Zhang Shun ! » Elle lâcha les mains de Ruifeng : « Apporte le brandy de l'ambassade britannique ! » Puis elle dit à tout le monde : « Buvons un verre en l'honneur du chef de section Qi et de sa femme ! »

Dans une situation comme celle-là, Ruifeng était capable de montrer certains talents. « Non, je propose que nous buvions d'abord en l'honneur du chef du Centre de contrôle et de son époux !

– À la santé de tous ! » dit Guan Xiaohe avec une douceur servile.

Dongyang était resté debout, son visage avait tourné au verdâtre : il était jaloux, il s'en voulait ! En effet, il regrettait de ne pas s'y être pris plus tôt pour envoyer Ruifeng en prison ! À présent, malgré sa haine, il ne pouvait faire autrement que de se réconcilier avec lui, puisqu'il était devenu chef de section !

Le vin servi, tout le monde trinqua.

Ruifeng ne put s'empêcher de se vanter, il commença à raconter comment il avait pu obtenir son poste :

« Je dois cela à ma femme ! Son deuxième oncle maternel est l'ami intime du chef du Département de l'éducation, dont la nomination vient d'être publiée. Or, ce chef de département ne voulait tout simplement pas prendre en charge sa nouvelle fonction sans avoir près de lui l'oncle de ma femme, qui en effet a été autrefois chef du Département de l'éducation et qui a fait ses études au Japon – il parle d'ailleurs le japonais tout à fait couramment ! Mais notre oncle n'a plus envie d'assumer de fonctions, il a assez d'argent et puis sa santé n'est pas bonne ; il veut désormais rester loin des soucis et des responsabilités. Le chef de département a beaucoup insisté, il était même au bord des larmes, alors notre oncle lui a dit : "Bien, je vais vous trouver un assistant !" Et la première personne à laquelle il a pensé, c'est moi ! Comme ma femme était pour quelques jours dans sa famille, elle a dit à son oncle : "Ruifeng n'acceptera sans doute pas de poste inférieur à celui de chef de département adjoint !" Celui-ci l'a alors suppliée : "Que ton mari accepte provisoirement ce que je lui offre ! Il y a déjà quelqu'un nommé par les Japonais au poste de chef de département adjoint et on ne peut rien changer maintenant." Elle a alors eu pitié de son oncle, elle n'a plus insisté et a accepté pour moi le poste de chef de la section des services généraux !

– Le poste de chef de département adjoint sera le vôtre sous peu ! Je vous en félicite d'avance ! » Guan Xiaohe leva de nouveau son verre.

Dongyang fit comprendre qu'il voulait s'en aller ; il ne pouvait supporter l'ambiance qu'il y avait dans cette pièce. Mais la « grosse courge rouge » ne voulut pas le laisser partir.

« Pourquoi êtes-vous si méchant ? Par un jour aussi extraordinaire ! Comment ? Vous voulez absolument nous quitter ? Bon, je n'insiste pas. Mais attendez un peu, je voudrais dire quelques mots. »

Elle se leva, une main sur le cœur, une main sur le coin de la table, et se mit à parler comme si elle récitait une tirade de théâtre :

« Dongyang, vous faites partie de l'Union du peuple nouveau. Ruifeng, vous êtes entré au Département de l'éducation. Moi, j'ai obtenu ce petit poste de chef du Centre de contrôle. Xiaohe, lui, sera bientôt nommé à de hautes fonctions. Dans cette période de changement de gouvernement, il faut avouer que ce n'est déjà pas mal ! Nous devons nous unir, nous entraider, prendre soin les uns des autres, afin de pouvoir créer une situation favorable à tous ; faire en sorte que les membres de nos familles puissent trouver du travail, avoir du pouvoir et de l'argent ! Bien sûr, les Japonais seront les premiers servis. Mais nous, nous devons être juste après eux ! Nous devons nous efforcer d'un seul cœur de créer une situation telle que tout le monde, y compris les Japonais, soit forcé de suivre nos conseils et de nous offrir la meilleure part du gâteau ! »

La tête penchée, tel un coq attentif, Ruifeng écoutait, tout ouïe. Aux endroits où dans son discours la « grosse courge rouge » jubilait, il remuait les lèvres.

Guan Xiaohe se tenait sagement debout, opinant de la tête après chaque phrase et les yeux perpétuellement humides comme s'il allait pleurer. L'œil de Dongyang fut projeté vers le haut à plusieurs reprises, mais revint finalement à sa place. Il ruminait en lui-même : « C'est moi qui vous manœuvrerai, vous n'arriverez pas à m'avoir ; à quoi bon toutes ces paroles mielleuses, je ne suis pas dupe ! »

La femme grassouillette de Ruifeng souriait en faisant la moue et elle se disait : « Moi, je n'ai pas été nommée chef de section, mais le poste de mon mari, c'est moi qui l'ai obtenu pour lui ; je suis aussi habile que vous et désormais je ne vous crains plus ! »

La « grosse courge rouge » avait du souffle ; toutefois, peut-être parce qu'elle était trop excitée, elle était légèrement essoufflée quand elle s'arrêta de parler ; alors, avec la main qu'elle avait posée sur son cœur, elle se massa la poitrine.

Guan Xiaohe applaudit le premier, puis il pria avec une douceur servile Mme Qi de prendre la parole. Elle rougit légèrement et serra ses mains sur sa chaise, car elle ne voulait pas se lever. Au fond d'elle-même, elle exultait, mais elle ne savait que dire.

Guan Xiaohe applaudissait toujours très discrètement ; il ajouta : « Allons, madame l'épouse du chef de section ! Allons ! Allons ! »

Ruifeng savait parfaitement qu'à part pour les remontrances qu'elle lui faisait souvent en pleine nuit, elle manquait totalement d'éloquence. Il n'osa cependant prendre la parole à sa place ; après tout, peut-être qu'aujourd'hui elle allait trouver le moyen d'être inspirée ! Il la fixait, scrutant son visage, mais n'osant dire un mot. Jusqu'à présent, il l'avait crainte comme on peut craindre sa femme ; désormais, il la craignait comme on craint un dieu tout-puissant !

Finalement, elle se leva. Guan Xiaohe applaudit plus bruyamment. Mais elle ne prit pas la parole. Elle sourit et dit à Ruifeng : « Rentrons ! Nous avons beaucoup de choses à régler, n'est-ce pas ? »

La « grosse courge rouge » réagit immédiatement :

« C'est entendu ! Mais nous trouverons un autre jour pour organiser une vraie réunion de célébration, aujourd'hui nous avons tous du pain sur la planche ! »

Le chef de section Qi et sa femme prirent congé, le chef du Centre de contrôle et son mari les accompagnèrent ; juste avant d'arriver à la grande porte d'entrée, la « grosse courge rouge » leur fit une proposition :

« Dites, chef de section Qi ! Si vous et votre femme, vous voulez venir loger chez nous, je vous rappelle que notre famille est prête à vous accueillir à bras ouverts ! »

La femme de Ruifeng retrouva la parole :

« Nous déménageons sous peu chez mon oncle ; il habite tout près du Département de l'éducation, sa maison a beaucoup de charme, et puis... » Elle eut envie d'ajouter : « ... et puis, ici le grand-père et les parents de mon mari ont tous des manières trop provinciales, ils ne sont pas dignes d'avoir comme fils un chef de section ! » Mais elle se contenta de jeter un coup d'œil à Ruifeng, sans rien ajouter ; puisque son mari était désormais chef de section, elle se devait quand même de ménager son amour-propre.

Dongyang, du coup, s'incrusta, il ne voulait pas sortir en même temps que Ruifeng et sa femme, car il aurait été obligé d'aller chez les Qi pour leur adresser ses félicitations.

Revenue dans la pièce de réception, la « grosse courge rouge » dit à son mari :

« Il faut que nous allions chez les Qi ! Va donc chercher quelque chose qu'on puisse leur offrir ! »

Elle avait chez elle plusieurs de ces paniers semblables à celui que venait d'apporter Ruifeng, il suffirait d'en trouver deux, de les épousseter, pour pouvoir les réutiliser ; ces paniers passaient toujours ainsi de famille en famille. « Prends-en deux ! Vous, Dongyang, vous viendrez avec nous ! »

Dongyang ne voulait pas s'avouer vaincu par Ruifeng, toutefois la fonction de « chef de section » était quelque chose d'important. Il avait depuis longtemps dans l'idée de chasser le proviseur actuel de son école et de prendre sa place. S'il voulait mettre ce projet à exécution, il devait absolument s'appuyer sur quelqu'un du Département de l'éducation. Il devait donc se résoudre à faire un cadeau à Ruifeng ! D'ailleurs, il savait bien qu'en offrant un petit cadeau à un Pékinois, celui-ci serait prêt à faire de grandes choses pour lui. Il inclina donc la tête, acceptant d'aller avec les Guan chez les Qi pour présenter ses félicitations.

Guan Xiaohe trouva deux idées de cadeau : deux bouteilles de vin que personne ne boirait jamais et une boîte de pruneaux confits, assortis d'une boîte de fécule de racine de lotus et d'une boîte de biscuits ; ces deux cadeaux avaient déjà voyagé dans au moins une vingtaine de familles. Guan Xiaohe demanda au domestique de changer la ficelle rouge et verte qui liait les cadeaux. « Voilà ! C'est pas mal ! Ce n'est pas grand-chose, mais ce qui est important, n'est-ce pas ? c'est la personne qui offre le cadeau. »

Le vieux Qi et Mme Tianyou furent ravis d'apprendre que Ruifeng avait été nommé chef de section. En fait, le vieux Qi n'avait jamais vraiment souhaité que ses petits-fils deviennent fonctionnaires ; il savait que les gens haut placés sont les plus exposés aux coups, aussi ne désirait-il pas qu'ils progressent trop vite. Lui-même était d'origine très modeste, Tianyou était gérant de boutique et Ruixuan enseignant ; à son avis, c'étaient déjà des positions qui faisaient honneur aux ancêtres, et puis c'étaient des emplois qui ne portaient pas malheur. Pour lui, si une famille faisait trop rapidement fortune, cela risquait d'affecter sa vitalité, il valait bien mieux progresser lentement. Cela dit, bien sûr, être fonctionnaire ne voulait pas nécessairement dire faire rapidement fortune !

Mme Tianyou pensait à peu près la même chose que son vieux beau-père, elle n'avait jamais espéré pour ses fils le rouge ou la pourpre de l'uniforme d'un fonctionnaire, elle espérait seulement qu'ils soient en bonne santé, qu'ils se conduisent honnêtement, qu'ils occupent un poste peut-être peu important mais respecté.

Le vieux Qi et Mme Tianyou étaient quand même très contents. Tout d'abord, ils se dirent qu'avec un fonctionnaire sous la main, par ces temps agités de guerre contre ces diables de Japonais, cela pouvait être fort utile. En deuxième lieu, ils étaient heureux qu'il y ait enfin un fonctionnaire dans la famille, car il n'y en avait pas eu depuis plusieurs générations. Enfin, le vieux Qi ne put s'empêcher de se dire que sa maison avait vraiment des conditions de géomancie très favorables, et Mme Tianyou d'être fière d'avoir mis au monde ce « fils devenu fonctionnaire ». Elle n'était ni superficielle ni vaniteuse ; elle était tout simplement contente.

Toutefois, quand Ruifeng leur apprit qu'il allait déménager, ils firent grise mine. Le vieux monsieur Qi se dit d'abord que les bonnes conditions de géomancie avaient favorisé Ruifeng, mais pas lui, puis, après réflexion, il trouva que son petit-fils manquait vraiment de piété filiale en quittant ainsi le nid familial maintenant que ses ambitions étaient satisfaites ! Il décida de rester couché sur son *kang* et de ne pas se lever, pour lui montrer qu'il était de mauvaise humeur ! Mme Tianyou, elle, était très embarrassée ; elle était mécontente de l'attitude de son fils, qui, à peine nommé fonctionnaire, pensait à s'en aller. Toutefois, elle ne pouvait l'en empêcher ; elle savait qu'actuellement il n'était pas très facile de retenir ses enfants chez soi, et que la mode était de « délaisser » la mère au profit de l'épouse ! Mais surtout elle était très inquiète, car, si son second fils persistait à avoir une confiance aveugle en sa femme grassouillette, il était perdu. Elle pensa qu'il était de son devoir de lui en dire quelques mots ; mais aurait-elle le courage de lui parler ? Son fils était un adulte et les paroles d'une mère n'ont plus sur lui la même autorité. Elle savait parfaitement, en outre, que Ruifeng préférerait se laisser berner par sa femme plutôt que d'obéir à sa mère. Finalement, elle décida de ne rien dire et de rester couchée dans sa chambre en feignant d'être à nouveau indisposée.

La mère de Petit Shunr, elle, garda son sang-froid et ne se montra absolument pas jalouse de la promotion de Ruifeng. Elle était d'une nature généreuse. Elle présenta avec joie ses félicitations au grand-père, à ses beaux-parents, à Ruifeng et à sa femme. Quand elle sut qu'ils allaient déménager, elle ne se fâcha pas, se rendant bien compte que s'ils restaient dans la famille, ils lui rendraient la vie insupportable. Qu'ils aillent donc loger ailleurs ! Quand ils seraient partis, elle pourrait prendre tranquillement soin du grand-père et de ses beaux-parents. C'était pour elle son devoir le plus impérieux. Finalement, elle pourrait leur accorder plus de temps et il y aurait moins de disputes pour un rien entre les frères et leurs épouses. Ce n'était pas si mal !

Dès qu'il apprit la nouvelle, Ruixuan ne put s'empêcher de pousser un soupir de soulagement. Peu lui importait ce qu'allait faire son frère, il pourrait désormais vivre de son propre travail et il ne viendrait plus embêter tout le monde. Ruixuan en rendait grâce au Ciel !

Mais après un moment de réflexion il se dit qu'il ne pouvait quand même pas laisser son frère et sa femme déménager ainsi sans rien leur dire. Il était le frère aîné et il était de son devoir de faire la morale à son frère cadet, de lui faire remarquer qu'il était un citoyen chinois et qu'il ne pouvait accepter de travailler pour les Japonais. En fait, Ruifeng n'avait pas seulement trouvé un emploi qui lui assurait une tranquillité momentanée : en devenant un petit fonctionnaire, il devenait un traître ! Ruixuan en eut froid dans le dos ! Il y avait un traître dans la famille Qi !

Ruiquan avait quitté clandestinement Peiping pour se dévouer à sa patrie ; Ruifeng, lui, allait rester et devenir fonctionnaire. Comment cela était-il possible ?

Dans certaines circonstances, il arrivait à Ruixuan d'avoir quelques difficultés à distinguer le vrai du faux. Les faits avaient souvent raison de son idéal et sa fermeté était souvent ébranlée par les petites misères de la vie ; il essayait de vivre dans sa famille et dans la société en se frayant son propre chemin, étant parfois obligé de fermer les yeux sur beaucoup de choses. Mais à l'égard de la loyauté, de la traîtrise ou de choses capitales de ce genre, il tenait à avoir une ligne claire. La loyauté, c'était la loyauté ; la traîtrise, c'était la traîtrise ! Il ne s'agissait pas de peccadilles, et aucune négligence ne pouvait être tolérée sur ces questions de principe.

Il attendait son frère dans la cour. On avait rentré les grenadiers et les lauriers-roses dans la chambre est, et la cour semblait ainsi plus vaste. Les tubéreuses et les bégonias au pied du mur sud étaient fanés ; quelques grandes feuilles jaunes pendaient mollement, cassées et prêtes à être emportées à tout moment par le vent. D'habitude, le vieux Qi prenait soin de les recouvrir de cendres de charbon et de scories, et de les protéger avec des pots de fleurs vides. Cette année, bien qu'il cherchât toujours à réconforter tout le monde en disant que les choses allaient s'arranger bientôt, il n'y croyait plus vraiment, et le fait qu'il n'ait pas pris soin de ses tubéreuses en était la preuve. Les deux jujubiers avaient perdu toutes leurs feuilles ; au bout d'une branche était posé un couple de moineaux, le cou rentré dans les plumes. Il n'y avait aucun nuage dans le ciel ; le soleil n'était pas chaud et paraissait tragiquement pâle. Sur le toit de la maison, quelques touffes d'herbes desséchées se balançaient sous la brise. Ruixuan faisait les cent pas dans la cour, l'âme en peine.

Dès qu'il aperçut Ruifeng et sa femme, il appela son frère dans sa chambre. Il aimait parler par allusions, mais aujourd'hui il n'en était pas question, il savait que Ruifeng ne comprenait pas bien les allusions, et puis la gravité de l'affaire ne permettait pas que l'on tourne autour du pot. Il alla droit au but en demandant : « Alors, tu as décidé d'accepter ce poste ? »

Ruifeng ajusta le col de sa jaquette et répondit calmement :

« Bien sûr ! Ce n'est pas une fonction qu'on donne comme ça au premier venu !

– Est-ce que tu te rends compte que tu vas devenir un traître ? » Ruixuan fixait son frère

« Traî... » Il n'avait évidemment jamais réfléchi à la chose de cette façon ; il resta muet pendant près d'une minute, la bouche ouverte. Il la referma lentement, en cherchant très vite des arguments qui puissent démolir l'affirmation de Ruixuan. Il lui dit : « Chef de section, traître..., mais comment peux-tu associer ces deux termes ?

– Nous ne sommes pas en temps de paix ! expliqua Ruixuan à son frère. En ce moment, il faut réfléchir avant de faire quoi que ce soit et ne jamais oublier que Peiping est occupé par les Japonais ! »

Ruifeng faillit lui répliquer tout de go que, de toute façon, il n'abandonnerait jamais ce poste comme ça, à la légère, mais il n'en fit rien et commença à contre-attaquer :

« S'il en est ainsi, frère aîné, quand notre père vend des marchandises japonaises dans sa boutique et quand, toi, tu continues à enseigner, est-ce que vous n'agissez pas aussi comme des traîtres ? »

Ruixuan hésita un moment : allait-il se taire et laisser

son frère libre de faire ce qui lui plaisait ? Non, il sourit et dit :

« Ça n'a rien à voir. Une personne qui, pour des raisons familiales ou pour d'autres raisons, se voit contrainte de rester à Peiping, mais ne travaille pas délibérément pour les Japonais, ne peut être considérée comme traître. Peiping est très peuplé et il est impossible d'évacuer toute la ville. Si on ne peut quitter Peiping, il faut bien continuer à vivre. Par contre, si pour gagner sa vie on se prosterne devant les Japonais, à dessein, de son plein gré, comme Lan Dongyang, Guan Xiaohe ou toi, alors là, on se comporte vraiment comme un traître. Toi, tu pouvais très bien quitter clandestinement Peiping, mais tu n'as pas voulu. En restant à Peiping et en continuant à assumer honnêtement la charge qui était la tienne, tu n'aurais été coupable que de n'être pas parti et dans ce cas on ne pouvait te considérer comme un traître. Mais à présent, tu es heureux de pouvoir travailler sous la direction d'un chef de département nommé par les Japonais et de t'occuper d'affaires administratives ; cela veut dire que tu as capitulé devant les Japonais ; aujourd'hui, tu remplis volontiers les fonctions de chef de section, demain sans doute tu ne refuseras pas le poste de chef de département ; c'est ton cœur qui décide de ta loyauté ou de ta traîtrise, ce n'est pas l'importance de la fonction publique que tu assumes !

« Suis mon conseil, enfuis-toi de Peiping avec ta femme, sois un homme intègre ! Moi, je ne peux faire autrement, je ne peux pas m'en aller en laissant tomber le grand-père et nos parents, je dois absolument m'occuper d'eux, mais jamais je ne mendierai ma subsistance auprès des Japonais. Si je peux continuer à enseigner, j'enseignerai ; s'il m'est impossible de le faire, je chercherai autre chose ; si vraiment je ne trouve rien et que l'on me propose d'aller vendre des cacahuètes, je le ferai de bon cœur ; en tout cas, je ne travaillerai jamais pour les Japonais ! Si aujourd'hui ils me nommaient proviseur, je me considérerais comme un traître, et à plus forte raison si j'avais fait des démarches pour obtenir ce poste ! »

Ruixuan était satisfait de ce qu'il venait de dire, content de lui comme s'il venait de cracher une arête de poisson plantée dans son gosier. Non seulement il avait fait la leçon à son frère, mais il avait également avancé des arguments qui prouvaient qu'il ne pouvait faire autrement, qui montraient jusqu'à quel point il pouvait transiger et ne pas transiger. Il n'était pas facile de formuler tout cela, car sa ligne de conduite était vraiment subtile et difficile à définir. Il pensait avoir réussi à le faire : il était content de lui, non pas de son éloquence, mais de la sincérité de ses paroles. Il ne voulait vraiment pas capituler devant l'ennemi, tout en se trouvant vraiment dans l'impossibilité de quitter Peiping ; ces deux « vraiment » étaient deux rayons de lumière qui éclairaient les voies de son cœur et qui lui permettaient de s'exprimer clairement et sans ambiguïté.

Ruifeng était resté interdit, jamais il n'aurait pu imaginer que son frère aîné soit aussi éloquent. Il se mit à réfléchir. Il venait de trouver un emploi, juste au bon moment, qui en plus inspirait une certaine crainte à Lan Dongyang ; pouvait-on imaginer situation plus simple et plus réjouissante en ce bas monde ? Non, bien sûr ! Lui qui pouvait enfin et à juste titre être au comble de la joie et célébrer sa chance et sa confiance dans l'avenir, comment pouvait-on le considérer comme un traître ? Il avait du mal à suivre le raisonnement de son frère et ne voyait pas clairement ce qu'il avait voulu dire. Il décida de ne plus se poser de questions. Il se dit finalement que Ruixuan, qui avait plus de connaissances que lui, était peut-être tout simplement jaloux de n'avoir pu obtenir un poste de fonctionnaire. Eh bien, qu'il soit jaloux ! En tout cas, lui, il ne laisserait pas passer une telle occasion ! Il se leva, rajusta sa jaquette, dit quelques paroles évasives en souriant vaguement, puis sortit plutôt fier de lui. N'ayant pas très bien saisi le sens des paroles de son frère et n'ayant trouvé aucun argument pour atténuer la jalousie de ce dernier, c'était en effet ce qu'il avait de mieux à faire. Ruixuan avait ses idées, lui avait les siennes, que chacun s'occupe de ses propres affaires.

À peine avait-il franchi le seuil de la chambre, que

M. Guan, la « grosse courge rouge » et Lan Dongyang arrivèrent. Un domestique, tenant à la main les deux cadeaux, suivait respectueusement ses maîtres.

La « grosse courge rouge » était dans une forme telle que son premier rire effraya les moineaux posés sur le jujubier, ils s'envolèrent. Son deuxième rire effraya tant Petit Shunr et Niuzi qu'ils s'enfuirent à la cuisine : « Maman ! Maman ! » Petit Shunr écarquillait les yeux en appelant sa mère au secours. « La grosse dame en rouge de l'autre cour est là ! » En effet, elle portait aujourd'hui une tunique rouge foncé. Son troisième rire eut pour effet de repousser le vieux Qi et Mme Tianyou jusque sur leur *kang*, où ils s'étendirent en poussant des gémissements, signifiant par là qu'ils n'avaient nulle intention de venir saluer les visiteurs.

Ruifeng et sa femme ne vinrent pas non plus les accueillir. La mère de Petit Shunr voulut leur apporter du thé, mais Ruixuan lui lança un tel regard indigné à travers la fenêtre qu'elle retourna lentement vers sa cuisine.

CHAPITRE XXXI

Une première manifestation, puis une seconde ; les élèves et les mendiants commençaient à s'habituer à « défiler ». Petit Cui et M. Sun, eux, s'accoutumaient au spectacle, ils n'en voulaient plus aux élèves, qui ne baissaient plus la tête aussi bas. Tout le monde vivait ainsi tant bien que mal, n'ayant pas vraiment le choix. La dépression, l'anxiété, la perplexité, le froid, le déshonneur rendaient tout le monde amer et las d'être confronté à une vie sans saveur ni espoir. Malgré tout, il fallait bien continuer à vivre !

Le seul grand espoir était sur le champ de bataille, et on souhaitait la victoire de l'armée chinoise. Peiping ne ressemblait plus qu'à un nuage qui a déversé sa pluie et qui flotte, inactif ; il fallait espérer maintenant que les nuages des autres villes déverseraient leur pluie.

C'est sur le front de Shanghai que l'attention se portait, car là était pour tous le plus grand espoir. On voulait à tout moment avoir des nouvelles, et, même fausses, elles avaient quelque chose de bon. Seule la victoire de Shanghai pouvait guérir le mal du pays. On allait au temple brûler de l'encens, ou à l'église prier pour la victoire. On affectionnait particulièrement les jeunes vendeurs de journaux, qui, dans les rues, de leur voix perçante, criaient toujours de bonnes nouvelles, le plus souvent le contraire de ce qui était écrit. De toute façon, on préférait croire à leurs « prévisions » plutôt que d'accorder du crédit aux journaux rédigés par les Japonais.

Mais à Shanghai, ce fut aussi la défaite !

Comment les choses allaient-elles évoluer à Nankin ? On

avait perdu Shanghai, est-ce qu'on pourrait défendre Nankin ? Est-ce qu'on allait continuer la guerre ?

Sans doute faudrait-il faire la paix ? Mais dans quelles conditions ? Le nord de la Chine serait-il annexé ? Si oui, alors Peiping appartiendrait pour toujours aux Japonais !

M. Sun était en train de raser le crâne d'un commis épicier. Dans la rue, on annonçait un numéro spécial. D'après l'expérience de ces deux ou trois derniers mois, un « numéro spécial », c'était une sorte de « faire-part de décès », et d'ailleurs les petits vendeurs de journaux les braillaient avec beaucoup moins de vigueur ; ils n'aimaient pas crier la victoire de l'ennemi. L'un d'entre eux, le nez rougi par le froid, passa la tête par la porte de l'épicerie et demanda à voix basse : « Vous voulez un numéro spécial, patron ?

– Qu'est-ce qu'il y a dessus ? » demanda M. Sun en rasant toujours au même endroit.

Le vendeur de journaux se frotta le nez : « Shanghai...

– Qu'est-ce qui se passe à Shanghai ?

– ... l'armée s'est retirée ! »

M. Sun lâcha son rasoir, qui glissa sur l'épaule du commis, roula sur sa cuisse, puis tomba sur le sol. Heureusement que celui-ci portait une tunique et un pantalon ouatés ; il ne fut pas blessé.

« Hé ! On ne plaisante pas avec ces choses-là ! » Le commis était en colère contre M. Sun.

« Shanghai est perdu ! » Il ramassa lentement son rasoir, absorbé dans ses pensées.

Le commis se calma, car il savait bien ce que voulait dire « Shanghai est perdu ».

Le petit vendeur de journaux était resté sans voix.

M. Sun lui donna une sapèque. L'enfant poussa un grand soupir, laissa un exemplaire et s'en alla.

Le barbier et le commis se disputèrent le numéro spécial : « L'armée impériale a remporté à Shanghai une victoire totale ! » Le commis prit la feuille, la chiffonna, la jeta par terre et la piétina. M. Sun reprit sa tâche en cillant de ses yeux de myope, qui voyaient de plus en plus mal.

Petit Cui, le visage tout rouge, et Cheng Changshun, avec sa voix nasillarde, discutaient âprement :

« Bien sûr, nous avons perdu la bataille de Shanghai, mais nous réussirons à défendre Nankin ! affirma Changshun. Si l'on peut résister là-bas pendant six mois et si l'armée ennemie essuie quelques revers, le Japon sera définitivement vaincu ! Allons donc, le Japon est un tout petit pays, ils n'ont pas tant d'hommes à exposer à la mort ! »

Petit Cui partageait entièrement ce point de vue, mais l'armée de Shanghai battant en retraite lui avait porté un grand coup et il n'osait plus se montrer trop optimiste. Son horizon à lui, c'était la rue, et il savait qu'à la guerre, comme dans toute querelle, il y a le vainqueur et le vaincu. « Tant qu'on ose se battre, même si on essuie des échecs, on est digne de respect. » Au fond de lui, il doutait de la victoire et que Nankin puisse continuer la guerre ; il le souhaitait bien sûr et espérait que l'armée chinoise l'emporterait enfin après tant de défaites ; mais l'espérance c'était une chose, les faits en étaient une autre. Lors de l'incident du 28 janvier [1], à Shanghai, n'avait-on pas conclu la paix dès l'occupation de la ville ? Il fit part de ses craintes à Changshun.

Celui-ci fouilla dans ses livres et trouva son vieux manuel de l'école primaire ; il l'ouvrit :

« Regarde cette carte de Nankin ! Regarde ! Ici, c'est la Terrasse de la Pluie de fleurs, ici c'est le fleuve ! Si on défend bien la ville, pas un oiseau ne pourra y entrer !

– Nankou, la passe de Niangzi, ce sont autant de points stratégiques, comment se fait-il que... »

Changshun coupa la parole à Petit Cui : « Nankin, c'est Nankin ! La passe de Niangzi, c'est la passe de Niangzi ! » Son visage s'empourpra, il était tellement excité que des larmes lui montèrent aux yeux. Il avait commencé la discussion à voix basse, de peur que sa grand-mère ne l'entende, mais là, il haussait le ton de plus en plus. Il se mettait

1. Le 28 janvier 1932, le Japon attaqua Shanghai et l'occupa. Le gouvernement du Guomintang et le Japon signèrent « l'armistice de Shanghai ».

rarement en colère, mais quand ça lui arrivait, il le faisait avec une telle conviction qu'il en oubliait sa grand-mère.

« Changshun ! » Celle-ci ne manqua pas de le rappeler à l'ordre.

Il savait parfaitement ce que sa grand-mère allait dire, par conséquent, sans plus attendre, il retourna dans sa chambre, bien décidé à poursuivre sa conversation avec Petit Cui une autre fois.

Maître Liu et John Ding faillirent en venir aux mains ! D'ordinaire, quand ils se rencontraient, ils ne se faisaient qu'un signe de la tête et n'engageaient pratiquement jamais la conversation. John Ding, qui se considérait comme appartenant à part entière à l'ambassade britannique et à Jésus-Christ, méprisait maître Liu ; celui-ci, sachant que John Ding appartenait à l'ambassade britannique et à Jésus-Christ, ne l'en méprisait que plus.

Ce jour-là, il revenait de son ambassade avec un peu de beurre qu'il avait l'intention d'offrir à la famille Guan en guise de cadeau ; il avait en effet vu les panneaux de bonne nouvelle devant leur porte. Dans la cour, il rencontra maître Liu. Bien qu'ils ne se soient pas vus depuis plusieurs jours, John Ding n'était pas disposé à échanger la moindre parole avec son voisin et il se contenta donc d'incliner la tête froidement, mais avec une certaine arrogance.

Maître Liu resta imperturbable devant l'attitude de ce faux Occidental, mais il tint quand même à lui demander s'il avait des nouvelles par l'intermédiaire de l'ambassade britannique. Il demanda affablement, le sourire aux lèvres :

« Vous voilà de retour ? Comment vont les choses ?

– Quelles choses ? » John Ding, le visage bien rasé, se tenait très droit ; on aurait dit un robot.

« Shanghai ! » Maître Liu s'était déplacé et barrait le passage à John Ding.

« Oh ! Shanghai ! » John Ding eut un léger sourire. « Perdu ! » Sur ce, persuadé de s'être acquitté de son devoir, il voulut poursuivre son chemin.

Mais maître Liu lui demanda alors : « Et Nankin ? »

John Ding fronça les sourcils, il commençait à s'impatienter. « Nankin ? Pourquoi m'occuperais-je des affaires de Nankin ? » Eh oui, après tout, il appartenait à l'ambassade britannique, pourquoi se soucierait-il de Nankin ?

Maître Liu se fâcha : « Peut-être avez-vous oublié que Nankin est notre capitale ? Vous n'êtes plus chinois ? »

Le visage de John Ding s'assombrit. Il comprenait l'allusion de maître Liu, qui, en fait, lui reprochait d'être un admirateur de l'étranger. Il n'avait rien contre ce reproche, ce qu'il n'acceptait pas, c'est que ce soit maître Liu, un sale artisan tapissier, qui le lui adresse. « Je ne suis plus chinois, moi, mais vous, vous l'êtes, n'est-ce pas ? Alors, comment se fait-il que je ne vous aie pas vu vous battre contre les Japonais ? »

Aussitôt, le visage de maître Liu devint rouge jusqu'aux oreilles ; John Ding l'avait touché au point sensible, et il resta stupéfait. C'était vrai que, lui, maître Liu, était fort en arts martiaux, qu'il était très patriote et plein d'orgueil, mais c'était vrai aussi qu'il n'avait rien fait contre les Japonais ! Si John Ding était un serviteur de l'ambassade britannique, lui, l'artisan tapissier, était, depuis l'occupation de Peiping, un serviteur des Japonais. Finalement, ils n'étaient pas très différents l'un de l'autre !

John Ding fit un pas de côté, il voulait en rester là.

Maître Liu fit un pas dans le même sens pour lui barrer le passage. Il voulait lui faire prendre conscience de la différence radicale qui existait entre eux, mais il ne trouvait pas ses mots, et pour le moment il ne voyait rien de mieux à faire que de l'empêcher de partir.

John Ding se sentit en position de force ; il savait que maître Liu était très habile en arts martiaux, mais cela ne l'empêcha pas de lui lancer d'une façon provocante :

« Pourquoi m'empêchez-vous de passer ? Puisque vous êtes si fort, vous auriez mieux fait de barrer le passage des blindés japonais ! »

Maître Liu n'avait pas envie de se battre, car il savait que ses pieds et ses poings pouvaient donner des coups terribles et blesser gravement l'adversaire. Il se contenta de lui lancer un regard furieux.

John Ding ne fit cas de rien et s'éclipsa promptement. Il se rendait compte qu'ayant eu le dessus en paroles, sa victoire ne serait complète que s'il savait éviter les poings et les pieds de maître Liu. Celui-ci était dans une rage folle, mais il préféra ne pas insister ; puisque John Ding préférait la fuite, mieux valait laisser tomber.

Les mains dans les poches, une cigarette à la bouche, le jeune monsieur Wen se tenait là, immobile sur le pas de sa porte ; la cendre de sa cigarette formait une longue frange qui tombait petit à petit sur sa poitrine. Il était en train de composer pour sa femme un nouvel air d'opéra de Pékin. Il n'avait pas suivi toute la dispute entre John Ding et maître Liu, tout comme il n'avait pas fait vraiment attention à l'issue de la guerre à Shanghai. Ces jours-ci, il se consacrait presque entièrement à la création de ce nouvel air d'opéra, qui allait certainement faire du bruit dans les théâtres, les maisons de thé et les lieux de répétition ; Ruoxia en tirerait beaucoup d'honneur et cela le rendrait très heureux. Dans son cœur, il n'y avait ni la Chine ni le Japon, il n'y avait que l'univers qu'il imaginait, plein de belle musique de violon et de chants mélodieux. Ruoxia avait été un peu enrhumée, et elle était encore alitée.

Quand John Ding et maître Liu eurent disparu chacun de son côté, M. Wen eut une inspiration soudaine, il se précipita dans sa chambre et prit son violon à deux cordes.

Bien qu'indisposée, Ruoxia s'intéressait de près à ce nouvel air.

« Alors ? Tu as trouvé ? demanda-t-elle.

– Attends, attends ! Je crois que je suis sur le point d'aboutir ! »

Tenant toujours son morceau de beurre à la main, John Ding arriva finalement chez les Guan pour présenter ses félicitations.

La « grosse courge rouge » se demandait quel accueil elle devait réserver à quelqu'un qui était chargé de mettre les couverts. C'est qu'elle était « chef du Centre de contrôle » maintenant ! Quand elle vit le beurre, elle n'hésita plus une seconde et serra chaleureusement la main de John Ding. Elle ne connaissait pas les langues étrangères, elle ne savait presque rien des affaires du monde, mais elle utilisait souvent le mot « beurre ». « Cette jeune fille a le visage aussi onctueux que du beurre ! » disait-elle parfois. Elle pouvait ainsi donner l'impression d'être vraiment au courant de ce qui se passait à l'étranger ou de parler une langue étrangère !

John Ding, habitué aux manières de l'ambassade britannique, était très à l'aise avec ce genre de personne et quand il prononça très naturellement les mots de « chef du Centre de contrôle », c'est une espèce d'extase que ressentit la « grosse courge rouge » !

Voyant que sa femme appréciait toujours autant John Ding, M. Guan montra toute la politesse dont il était capable envers des hôtes étrangers ; on aurait vraiment dit que John Ding était un envoyé de la Société des Nations ! Après les formules de courtoisie, il commença à demander sur un ton inquisiteur :

« Du côté de l'ambassade britannique, que pense-t-on de la guerre à Shanghai ?

– La Chine ne gagnera pas la guerre ! répondit John Ding, gardant son sang-froid, toujours très sûr de lui et aussi imperturbable et hautain qu'un gentleman anglais.

– Oh ! vraiment ! La Chine ne gagnera pas la guerre ? » répéta Guan Xiaohe en fermant à demi les yeux pour voiler sa joie.

John Ding hocha la tête en signe d'assentiment.

Guan Xiaohe lança une œillade à sa femme qui voulait dire : « Allons, continuons à agir à notre guise, les Japonais ne quitteront pas Peiping de si tôt ! »

« Moi, il m'a achetée, et maintenant il vend sa fille ! Quel sale type ! dit Tongfang à voix basse, mais avec véhémence.

– Je ne peux pas épouser ce monsieur ! Je ne peux pas ! » dit Gaodi, complètement affolée. Ce « monsieur », c'était Li Kongshan. La « grosse courge rouge » avait obtenu son poste de chef du Centre de contrôle. Li Kongshan réclamait donc Gaodi.

« Rien ne sert de se fâcher ! Il faut réfléchir ! » Tongfang, sans trop savoir encore ce qu'il faudrait faire, était déterminée à agir ; il fallait surtout ne pas se contenter de se plaindre.

« Mais que peut-on faire ? demanda franchement Gaodi. Il y a quelques jours, je me suis dit que si on gagnait la bataille de Shanghai, des types comme Li Kongshan devraient certainement décamper et retourner à Tianjin ; ça me donnait du répit. Maintenant, il paraît qu'on a perdu Shanghai et qu'il nous sera même difficile de sauver Nankin... » Point n'était besoin qu'elle continue, Tongfang devinait le reste.

Tongfang était dans la famille Guan la personne qui portait le plus d'intérêt aux affaires du pays. Elle s'y intéressait parce qu'elle était, disait-elle, originaire du Nord-Est. Bien qu'elle ne sache pas vraiment dans quelle partie du Nord-Est elle était née, elle espérait pouvoir un jour retourner parmi les gens qui parlaient sa langue. Elle se rappelait clairement la rue Xiaoheyan à Shenyang, et elle voulait la revoir un jour. Néanmoins, elle était parfaitement consciente du fait que, tant que la Chine ne gagnerait pas la guerre, le Nord-Est ne serait pas libéré, et elle savait bien aussi qu'elle devrait attendre la libération de cette région pour pouvoir retourner chez elle.

Quand elle était vraiment désespérée de pouvoir jamais retourner là-bas, elle se moquait d'elle-même et de ses propres sentiments : « Les affaires du pays regardent-elles une jeune femme comme toi ? »

La réflexion de Gaodi lui fit prendre conscience du fait que les problèmes personnels de chacun ont souvent rapport avec ce qui se passe dans le pays. En effet, si Nankin ne gagnait pas la guerre et si Peiping restait occupé en permanence par les Japonais, Gaodi serait emmenée par ce Li Kongshan, qui considérait les femmes comme des jouets ! Gaodi était son amie et elle ne permettrait pas qu'on lui fasse subir le sort qui était le sien : être un jouet dans les mains d'un propre-à-rien qui ne pensait qu'à manger et à boire.

« Gaodi ! Tu dois partir !

– Partir ? » dit-elle interloquée.

Si elle avait eu près d'elle un jeune homme comme Qian Zhongshi, elle n'aurait pas hésité une seconde, car toute jeune fille espère un jour s'enfuir par amour. Mais elle n'avait personne sur qui compter et puis elle ne savait pas où aller, alors pourquoi partir ? D'ordinaire, quand elle se disputait avec sa mère ou sa sœur, elle se trouvait toujours très courageuse, mais aujourd'hui elle avait l'impression d'avoir perdu toute sa fougue.

Elle essaya de trouver dans l'histoire de la Chine un exemple à imiter, et elle pensa à Hua Mulan [1] ; malheureusement, elle ne connaissait pas tous les détails de l'intrigue qui lui avaient permis de s'engager dans l'armée ; il y avait si peu de faits concernant les actions des femmes consignés dans l'histoire de la Chine ! Gaodi se sentait aujourd'hui la personne la plus solitaire au monde depuis l'Antiquité !

« Je peux partir avec toi ! » Tongfang savait bien qu'elle n'aurait jamais l'audace de partir seule.

« Toi, partir, mais pourquoi ? » Si Gaodi se sentait en ce moment abandonnée de tous, elle pensait que Tongfang était comme un oiseau dans sa cage, elle avait de quoi manger, de quoi boire et un lieu fixe où dormir ; pourquoi devait-elle changer l'ordre des choses ?

« Rien ne m'oblige à rester ici ! » dit-elle en souriant. Elle eut envie d'ajouter : « J'ai toujours eu beaucoup de mal à supporter ta mère ! Mais alors, maintenant depuis sa nomination... », mais réussit à se contrôler et son savoir-vivre l'incita à ne pas trop se laisser aller. Bien sûr, la « grosse courge rouge » était méchante, mais la jeune fille risquait de ne pas être très contente d'entendre dire du mal de sa mère.

Gaodi ne répondit pas ; elle ne savait plus que penser. Elle ne pouvait rien décider ni pour elle-même, ni encore moins pour Tongfang. Elle se rendait cependant bien compte qu'elle devait faire un choix le plus vite possible, car plus

1. Célèbre héroïne qui servit pendant douze ans comme soldat, à la place de son père (dynastie des Jin).

elle tarderait, plus il lui serait difficile de se décider. Elle poussa un long soupir.

Qi Tianyou et M. Li se rencontrèrent juste à l'entrée de la ruelle ; en parlant de choses et d'autres, ils arrivèrent petit à petit jusqu'au nº 5.

Ces derniers temps, le vieux Qi était de mauvaise humeur, il en oubliait même parfois de peigner sa barbe. Il reprochait souvent à ses deux petits-fils d'avoir quitté la famille, et puis de temps en temps il leur trouvait suffisamment d'excuses pour leur pardonner. En tout cas, il ne se sentait pas à son aise. La vie de ces quatre générations sous un même toit qui était la sienne, et dont il était fier, était-elle sur le point de se désagréger ? Il avait espéré qu'au bout de trois mois tout redeviendrait calme, mais cet espoir avait été déçu.

Et Shanghai venait de tomber. Bien qu'il ne suivît pas de très près les affaires du pays, il comprenait qu'avec la chute de cette ville l'espoir faiblissait que Peiping puisse recouvrer sa liberté, et, tant que Peiping serait aux mains des Japonais, n'importe quoi pouvait arriver. En contemplant les chambres désormais vides de Ruifeng et de Ruiquan, il comprenait mieux ce que signifiaient les mots « guerre », « séparation » et « troubles ».

Quand son fils Tianyou arriva dans la cour en compagnie de M. Li, le visage du vieillard s'éclaira d'une légère lueur souriante.

Tianyou avait l'esprit plus large que son père. Il n'avait pas été affligé outre mesure par le départ clandestin de Ruiquan, ni d'ailleurs par le déménagement de Ruifeng. Il souhaitait bien sûr que tout le monde vive en harmonie, mais il réalisait aussi que depuis quelques années les jeunes attachaient plus d'importance à leur propre vie, au détriment des valeurs traditionnelles prônées par les vieux. Il comprenait que ses fils puissent avoir leurs propres idées et leurs propres moyens de subsistance ; parents et grands-parents devaient être tolérants et ne pas se montrer trop sévères à cet égard.

Ces deux derniers mois, ses cheveux avaient beaucoup

blanchi ! Si sur tout ce qui touchait aux problèmes familiaux, il avait l'esprit plus large que son père, il s'intéressait quand même de beaucoup plus près que lui aux affaires du pays, et il se faisait énormément de soucis.

Le vieux Qi avait passé la plus grande partie de son existence à l'époque des empereurs Qing ; Tianyou, lui, avait vécu la révolution alors qu'il entrait tout juste dans la force de l'âge. Il avait le souci des affaires de l'État, mais aussi celui de son commerce ; pour lui, le pays et son petit commerce étaient aussi inséparables l'un de l'autre que la chair et la peau.

Il ne s'opposait pas à l'idée de s'enrichir, à condition que ce soit d'une manière honnête. Il n'avait jamais voulu « pêcher en eau trouble », jamais pensé profiter d'une période difficile pour s'aventurer sur des chemins détournés afin de faire fortune. Ce qu'il redoutait le plus, c'était que le pays s'enfonce dans les troubles graves, car alors son commerce tomberait dans le marasme et ce serait la fin de sa vie tranquille et honnête et de toutes ses espérances ! Telle était la raison pour laquelle il avait pris, ces derniers temps, de nombreux cheveux blancs.

M. Li était encore très robuste, même si depuis ces deux ou trois derniers mois son dos s'était beaucoup voûté. Il n'avait pas de souci à se faire pour sa nourriture ou pour son habillement, et il ne s'inquiétait pas vraiment des affaires du pays, mais les misères que lui causaient directement ou indirectement les Japonais suffisaient à faire de sa vie un lourd fardeau. Que ce soit pour un enterrement ou pour un déménagement, il devait sans arrêt subir toutes sortes de contrôles aux portes de la ville et, face aux baïonnettes de l'ennemi, il fallait débiter tant de paroles et faire tant de courbettes, qu'on ne savait jamais si on pourrait tout régler comme on le souhaitait ; une fois le mort inhumé ou le transport accompli à l'extérieur de la ville, les portes se refermaient et il était alors obligé de passer la nuit dans une petite auberge de banlieue plus ou moins malfamée. À plus de soixante-dix ans, après une journée de travail fatigant, il avait plutôt envie de rentrer chez lui pour se reposer, se débarbouiller, prendre un bon repas et boire un thé bien chaud. Il arrivait parfois que les portes de la ville restent fermées pendant quatre à cinq jours, il lui fallait alors mettre en gage un de ses vêtements s'il ne voulait pas mourir de faim ; en plus de cela, il perdait son temps sans rime ni raison ! Il détestait ces Japonais, qui fermaient les portes de la ville quand bon leur semblait, qui se moquaient vraiment du monde et qui s'étaient emparés de son temps et de sa liberté.

La petite lueur de joie dans les yeux du vieux Qi fut de courte durée. Il aurait bien voulu bavarder pendant une heure ou deux avec M. Li et Tianyou pour se débarrasser de tout ce qu'il avait refoulé dans son cœur, mais voilà qu'il ne trouvait plus ses mots. Sa théorie que toute calamité à Peiping ne dure jamais plus de trois mois était cette fois-ci complètement contredite. Plus moyen pour lui de raconter en détail, comme dans une ballade chantée couplet après couplet, toutes les calamités et les adversités passées. Cette fois-ci, il s'était trompé, il lui fallait tout reconsidérer et il n'en était pas vraiment capable. Il était comme perdu dans un labyrinthe, ne pouvant plus distinguer les quatre points cardinaux. Il avait perdu toute son assurance.

Qi Tianyou, voyant son vieux père dans l'embarras, n'osa pas lui parler de ses propres problèmes, car il risquait de le rendre encore plus soucieux, ce qui ne ferait que l'inquiéter lui-même davantage.

M. Li avait beaucoup plus d'histoires à raconter que le vieux Qi et son fils réunis, car il passait le plus clair de son temps par les rues, voyant et entendant beaucoup de choses, mais aujourd'hui il n'avait pas envie de parler de tout cela ; ce qu'il avait vu et entendu dernièrement était très déprimant et ne ferait qu'augmenter l'inquiétude de tous !

Finalement, ils parlèrent de choses et d'autres, se forçant à rire ou à tousser, mais vraiment sans entrain. La mère de Petit Shunr entra dans la pièce pour leur servir du thé et remarqua immédiatement que l'ambiance était plutôt morose. Afin de détendre l'atmosphère, elle invita M. Li à venir prendre son repas chez eux : elle leur servirait des nouilles chaudes au bouillon de mouton. La suggestion fut acceptée, mais l'humeur resta bien sombre.

Mme Tianyou, aidée par Petit Shunr, vint saluer M. Li. Avec le temps froid de ces derniers jours, son asthme avait repris ; elle fit néanmoins tous ses efforts pour venir dans la pièce, car elle voulait avoir des nouvelles. Ces derniers temps, elle s'intéressait tout particulièrement à ce qui se passait dans le pays. Elle s'inquiétait pour Ruiquan bien sûr, mais elle craignait également de mourir alors que Peiping était toujours occupé par les Japonais ; elle imaginait son cercueil ne pouvant sortir de la ville ou des brigands venant fouiller dans sa tombe. Elle était obsédée par ces deux affaires, et souhaitait vivement que les Chinois gagnent vite la guerre. Une fois la guerre finie, Ruiquan reviendrait et elle pourrait mourir en paix.

Elle expliqua tout cela aux trois messieurs et le vieux Qi, qui avait été optimiste toute sa vie, finit par dire :

« Monsieur Li ! Avoir peiné toute sa vie, ça, ce n'est rien du tout, mais arriver à nos âges et se dire qu'on est à la merci des Japonais, ça, c'est, c'est... » Il ne put continuer.

Mme Li maintenant faisait presque partie de la famille Qian. La jeune belle-fille, comme les autres membres de la famille, n'était pas très disposée à accepter l'aide des autres, mais, ayant fait plus ample connaissance avec Mme Li, elle ne s'entêta pas. Son beau-père était malade, son père espaçait de plus en plus ses visites, elle avait donc vraiment besoin d'une amie. Elle n'aimait pas beaucoup parler, mais son cœur débordait d'affection et la seule présence de Mme Li lui en apportait énormément. Celle-ci, bien sûr, ne pouvait remplacer son mari, mais elle pouvait, comme l'aurait fait sa belle-mère, lui transmettre son expérience.

En évoquant son mari, la jeune Mme Qian pensait aussitôt à l'enfant qu'elle portait en elle. Elle ne verrait jamais plus Mengshi, mais elle savait qu'elle donnerait bientôt naissance à une vie nouvelle, et que grâce à cette vie nouvelle il pourrait d'une certaine façon rester vivant en ce monde. Ce serait son premier et son seul enfant, et elle devait tout faire pour qu'il vienne au monde sans incident. Si c'était un garçon, ce qu'elle espérait vivement, il serait un second Mengshi. Elle l'élèverait à l'exemple de son mari, afin qu'il ait toutes ses qualités mais aucun de ses défauts ! Elle réfléchissait pendant des heures, et plus elle réfléchissait, plus ses sentiments devenaient confus, et parfois elle finissait par avoir peur. Ce qu'elle portait en elle, ce n'était pas seulement un enfant, c'était un espoir et une responsabilité « éternels » ! Mme Li lui parlait beaucoup pour l'aider à prendre les choses calmement. Elle lui avait fait comprendre que procréer, c'était donner la vie et que cela n'avait rien à voir avec les dieux ou les esprits. Cette franchise et cette sincérité avaient beaucoup apaisé l'inquiétude de la jeune femme.

Le vieux Qian pouvait maintenant se tenir assis, mais dans cette position il ressentait plus fortement sa solitude. En effet, quand il était couché, il pouvait fermer les yeux et réfléchir à sa guise ; assis, il avait besoin de quelqu'un qui lui tienne compagnie. Ayant entendu Mme Li discuter dans la pièce d'à côté avec sa belle-fille, il la pria de venir bavarder un moment avec lui. Ils en venaient presque toujours au bébé qui allait naître, mais ces conversations ne se terminaient pas toujours bien.

M. Qian était parfois tout heureux de parler de son petit-fils et, dans ces moments, il allait jusqu'à chercher des prénoms pour le bébé, dont la naissance n'était prévue que dans quatre à cinq mois.

« Dites-moi, madame Li, que préférez-vous ? Qian Yong (Qian le Courageux) ou Qian Chou (Qian le Vengeur) ? *Chou* semble plus fort, non ? »

Elle ne savait que répondre. En général, elle était plutôt intimidée par M. Qian, car elle ne comprenait pas toujours ce qu'il disait ; à présent qu'il lui demandait quel prénom elle préférait, elle était complètement affolée, ne sachant vraiment pas quoi lui dire. Cependant, elle était prête à tout supporter du moment qu'elle voyait le vieux M. Qian heureux.

À d'autres moments, il se mettait en colère dès qu'il entendait parler du futur bébé, et Mme Li ne savait vraiment plus que faire. Pourquoi se mettait-il en colère ? Elle alla poser la question à la jeune Mme Qian, qui lui apprit que le vieux ne voulait pas voir un petit-fils qui, dès sa naissance, serait le sujet d'un pays ayant perdu son indépendance. Bien que dernièrement elle ait fini par se faire une idée un peu plus précise de ce que signifiait cette expression, elle ne savait toujours pas au fond pourquoi cela irritait tellement M. Qian. Pour elle, « le sujet d'un pays ayant perdu son indépendance » était tout au plus un terme aussi grossier que « merde »... Elle n'entendait rien à toutes ces subtilités ; alors elle se résignait à rester silencieuse et à sourire bêtement.

M. Qian aimait bien Mme Li. Si elle s'absentait une demi-journée seulement, il la demandait à tout bout de champ, et quand elle revenait il s'excusait plusieurs fois de s'être montré par trop irascible et de l'avoir offensée ; alors elle lui disait qu'il n'était pas nécessaire de se formaliser ainsi pour des riens.

M. Qian avait appris par Ruixuan la mauvaise nouvelle de la prise de Shanghai. Mme Li arriva juste après son départ. Le vieux Qian resta muet toute la journée, ne voulant même plus prendre ses repas. Elle était si inquiète qu'elle s'affairait ici et là sans but précis ; plusieurs fois elle eut envie d'entrer dans la chambre du vieux pour lui dire quelques mots, mais elle n'osa pas. En s'approchant de la fenêtre, elle réussit une fois à entendre M. Qian dire : « Maintenant, c'est sûr, il sera le petit sujet d'un pays ayant perdu son indépendance ! »

Après avoir annoncé la mauvaise nouvelle à M. Qian, Ruixuan se dirigea vers la taverne *La Grande Jarre de vin,* où il but plus d'un quart de litre d'eau-de-vie. Il rentra chez lui en vacillant, s'allongea sur son lit et s'endormit immédiatement. Quand il ouvrit les yeux, c'était déjà l'heure d'allumer les lampes ; il but deux tasses de thé et se recoucha. Il aurait voulu ne plus jamais se réveiller, ne plus jamais entendre de mauvaises nouvelles ! Il ne s'était jamais comporté ainsi ; mais aujourd'hui y avait-il d'autres solutions ?

CHAPITRE XXXII

Nankin était tombé aux mains de l'ennemi.

Il faisait très froid. Des nuages gris-blanc cachaient le soleil. L'eau sur le sol gelait immédiatement. Les moineaux se cachaient sous les auvents.

Ruixuan, lui, était en sueur. Il avait appris cette nouvelle extraordinaire en se rendant à l'école ; il avait décidé de rentrer immédiatement chez lui. Il n'avait pas la tête à réfléchir, il voulait seulement pleurer. Arrivé dans sa chambre, il suait à grosses gouttes. Peu lui importait ; il s'affala sur son lit, les oreilles bourdonnantes.

Yun Mei se dit que quelque chose de grave avait dû se passer ; elle accourut de la cuisine : « Qu'est-ce qui t'arrive ? Tu n'es pas allé faire ta classe ? »

Les larmes de Ruixuan se mirent à couler.

« Mais qu'y a-t-il ? » Elle ne comprenait pas et elle avait posé cette question en toute bonne foi.

Ruixuan ne put parler. Il sanglotait comme s'il venait d'apprendre la mort d'un proche, de plus en plus bruyamment.

Yun Mei n'osa plus rien dire, apparemment ce n'était pas le moment ; elle se frottait les mains nerveusement.

Faisant un grand effort sur lui-même, Ruixuan s'arrêta de pleurer. Il ne voulait pas que son grand-père ou sa mère l'entendent. Ses larmes coulaient toujours, il cracha et dit à Yun Mei :

« Retourne à la cuisine ! Ce n'est rien ! Nankin est tombé aux mains de l'ennemi !

– Nankin est tombé aux mains de l'ennemi ? »

Elle n'avait pas les connaissances de Ruixuan ni un grand sentiment patriotique, mais elle savait que Nankin était la capitale de son pays. « Alors, c'est fini pour nous ? »

Il garda le silence. Elle sortit de la pièce.

Un gros ballon fut de nouveau accroché au-dessus du bâtiment de la station de radio, mais aucun habitant n'osait lever la tête pour le regarder. « Célébrer la chute de Nankin ! » Les Pékinois avaient déjà perdu leur ville, à présent ils avaient perdu leur capitale.

Ruifeng et sa femme grassouillette voulaient rendre visite à Ruixuan, mais juste avant ils passèrent chez les Guan, où ils furent accueillis chaleureusement.

La « grosse courge rouge » avait pris ses fonctions. Ces derniers jours, elle était en train d'échafauder un plan : tout d'abord, elle se demandait comment entrer en contact avec la pègre locale et les voyous, car c'était avec eux que les prostituées entretenaient les relations les plus étroites. Guan Xiaohe suggéra d'aller consulter M. Jin. Depuis le jour où celui-ci l'avait jeté à terre et où lui-même avait dû l'appeler « Père », il n'avait pas réussi à oublier entièrement l'humiliation qu'il avait subie. Mais ne disait-on pas que « l'amitié peut naître après un échange de coups » ? Devait-il se venger ? Cette idée ne l'enthousiasmait pas beaucoup ; le mot « vengeance », déjà, lui paraissait redoutable ! Les sages savaient ce qu'était la clémence, seuls les héros pensaient à se venger. Guan Xiaohe n'aimait pas les héros et il ne voulait pas se venger ! Il n'avait pas du tout apprécié le roman *Au bord de l'eau,* plein de combats entre tyrans locaux, assassins et incendiaires ! Il fallait qu'il invite M. Jin à manger, ils feraient bonne chère, ils boiraient en plaisantant et oublieraient ainsi leur rancune passée. M. Jin lui donnait l'impression, par son apparence, ses actions et son habileté, d'être une espèce d'extraordinaire redresseur de torts et peut-être même était-il responsable d'une société secrète ! M. Guan en arrivait même à se demander s'il ne ferait pas bien de le prendre comme maître, s'étant déjà lui-même placé en position d'infériorité en l'appelant « Père ».

À présent, pour aider sa femme à entrer en contact avec la pègre locale et les voyous, il lui fallait absolument rencontrer des gens de cette envergure. C'est pourquoi l'ombre de M. Jin rôdait souvent dans son cœur. Enfin, en nouant des relations étroites avec lui, il espérait bien mettre fin à la longue inimitié entre les deux familles, surtout qu'entre-temps M. Qian avait été « rééduqué » par les Japonais. La « grosse courge rouge » approuva cette suggestion. Elle ferma les yeux avec beaucoup de majesté, puis dit : « Agissons donc comme ça ! Et puis, s'il ne fait pas partie d'une société secrète, rien que par son habileté aux arts martiaux, il pourra nous servir d'homme de main ! Va arranger tout ça ! » Guan Xiaohe sourit ; il était très satisfait.

Le deuxième point du programme de la « grosse courge rouge » portait sur les moyens de se ménager les bonnes grâces de Li Kongshan et de Lan Dongyang. Ces derniers temps, Lan Dongyang venait régulièrement chez les Guan ; bien qu'il ne leur fasse pas ouvertement la cour, chaque fois il apportait deux cent cinquante grammes de cacahuètes ou deux kakis gelés aux demoiselles ; la « grosse courge rouge » appelait cela « l'investissement amoureux » du poète Lan. Elle faisait comprendre à tout le monde que Zhaodi était intouchable, car elle était bien décidée à la donner en mariage à un commandant japonais ! Elle se rendait compte que Gaodi n'était pas très docile et qu'elle ne voulait pas se conformer à son plan : faire d'une pierre deux coups en amadouant les deux hommes à la fois. Normalement, Gaodi était promise à Li Kongshan. Toutefois, la « grosse courge rouge » voulait que celui-ci, avant de devenir son gendre, lui rende encore plusieurs services ; en effet, le jour où il serait monsieur le gendre de l'« impératrice », elle, la vieille belle-mère, perdrait pas mal de son autorité. Enfin, en attendant le mariage avec Li Kongshan, elle souhaitait aussi que Gaodi se montre très aimable avec Dongyang, jusqu'à ce qu'il obtienne une place pour Guan Xiaohe dans l'Union du peuple nouveau. Le problème était que Gaodi se montrait très froide envers ces deux hommes. La « grosse courge rouge » ne pouvait quand même pas demander à sa seconde fille d'intervenir, alors elle pensa à You Tongfang. Elle en parla à Guan Xiaohe :

« De toute façon, Tongfang aime faire la coquette, alors si elle se met à faire de l'œil à Li Kongshan, celui-ci ne sera plus aussi pressé d'avoir Gaodi et, pendant ce temps, je demanderai à Gaodi de prendre soin de Dongyang !

– C'est quand même bien gênant tout cela ! » dit Guan Xiaohe avec un sourire confus.

Le visage de la « grosse courge rouge » s'assombrit :

« Qu'y a-t-il de gênant ? Si moi j'avais des relations amoureuses avec quelqu'un, là oui, je comprendrais ! Mais avec une fille comme Tongfang, que trouves-tu de gênant ? Et si jamais Li Kongshan tombe vraiment amoureux, laisse-la donc partir avec lui, comme ça, moi, je pourrai donner ma fille à quelqu'un de plus présentable ! »

Guan Xiaohe ne voulait pas désobéir aux ordres de sa femme, mais il était quand même embêté de devoir agir ainsi. L'homme le plus dépourvu d'amour-propre ne peut s'empêcher d'éprouver un sentiment de jalousie. Tongfang lui appartenait ! Il promit seulement de lui en parler, car il ne pouvait pas décider pour elle. Ceci mit la « grosse courge rouge » dans tous ses états, elle hurla :

« Je suis chef du Centre de contrôle ! Toute la famille mange et boit à mes dépens, donc tout le monde doit m'obéir ! Si vous ne comprenez pas cela, vous n'avez qu'à vous débrouiller vous-mêmes pour gagner de l'argent ! »

Dans le troisième point de son programme, elle avait prévu d'accomplir deux tâches importantes. L'une consistait à pratiquer un contrôle sévère, l'autre à exercer une protection sérieuse. La première tâche exigeait un contrôle renforcé et strict des prostituées ; celles qui ne voudraient pas le subir pourraient en être dispensées exceptionnellement à condition de bien vouloir verser une somme d'argent. La deuxième tâche devait inciter les prostituées à considérer la « grosse courge rouge » comme leur mère adoptive ; ces liens de mère à fille rendraient bien sûr leurs rapports particulièrement affectueux ; elles n'auraient plus alors qu'à accepter de payer le montant des « frais de reconnaissance de parenté » et d'offrir quelques cadeaux aux trois grandes fêtes du calendrier lunaire.

Pour que ces deux activités puissent être menées à bien, il ne convenait pas de crier les solutions préconisées sur tous les toits, il fallait trouver un employé efficace qui soit discret dans ses démarches pour assurer de bons rapports entre les deux parties. Guan Xiaohe aurait bien voulu assumer cette fonction, mais sa femme craignait qu'en fréquentant les prostituées il ne s'engage dans des histoires louches ; elle choisit quelqu'un d'autre : le médecin que M. Li avait fait venir pour soigner M. Qian. Il s'appelait Cao Yituo. La « grosse courge rouge » aimait beaucoup ce monsieur et apprécia tout particulièrement les deux mille yuan qu'il offrit comme cadeau de premier contact.

Dans le quatrième point de son programme, elle voulait lutter contre la prostitution illicite, qui est le fruit de la guerre et des calamités, et elle avait l'intention d'y attacher une importance toute particulière : en apparence, elle interdirait cette forme de prostitution, mais en fait elle pousserait les prostituées à la soudoyer. Pour vivre, pour garder ce qui leur restait de pudeur, et pour ne pas être poursuivies en justice, elles seraient forcées d'arroser la « grosse courge rouge » ; rien qu'avec cela, le nouveau chef du Centre de contrôle espérait bien amasser une assez grosse fortune.

La réalisation de ce programme de travail la fatiguait tellement que, de temps en temps, elle devait se marteler légèrement la poitrine avec son poing. Elle gardait toujours à sa portée une bouteille thermos remplie de bouillon de poulet, et pour tenir le coup elle en buvait à tout moment de petites gorgées. Elle ne voulait pas que son zèle pour les affaires publiques nuise à sa santé. Elle travaillait d'arrache-pied, talonnée par la crainte d'un arrêt subit du conflit et du retour des fonctionnaires du gouvernement central à Peiping ; chaque fois qu'elle pourrait extorquer de l'argent, ce serait toujours ça de gagné ; dans la mesure où elle se serait enrichie, il lui serait tout à fait égal que Peiping reprenne son ancien aspect.

Nankin était tombé aux mains des Japonais ! Ce n'était

plus la peine qu'elle se tue au travail ni qu'elle s'inquiète. Désormais, elle pouvait remplir ses fonctions de chef du Centre de contrôle tranquillement, sûrement. Elle grimperait petit à petit les échelons de son poste actuel jusqu'au sommet. Elle serait bientôt la première dame de Pékin, elle aurait son automobile, ferait le va-et-vient entre le Quartier des Légations et l'Hôtel de Peiping, elle porterait des bagues serties des plus gros diamants, enfin elle porterait des robes, des chapeaux et des chaussures qui influenceraient la mode féminine de toute l'Asie orientale !

Elle accueillit cordialement Ruifeng et sa femme avec un vibrant discours d'accueil :

« À présent, nous voilà soulagés, nous pouvons travailler en toute sérénité. Nankin ne sera pas repris avant six mois ou un an, et nous pouvons prendre du bon temps à Peiping désormais ! Il faut vous dire, jeunes gens, que profiter de la vie, c'est faire bonne chère, boire et se divertir ; n'attendez pas d'être vieux, d'avoir perdu vos dents pour faire bonne chère, n'attendez pas d'être vieux et d'être tout voûtés pour bien vous habiller : ce serait alors trop tard ! »

S'adressant à la femme grassouillette de Ruifeng, elle ajouta :

« Madame Qi, vous et moi, nous ne ferons qu'un, si je deviens la première dame de Peiping, vous serez la deuxième. Par exemple, si un jour je décide de me faire friser les cheveux en style " hibou ", vous irez immédiatement en faire autant ; il suffira alors de faire une petite promenade au parc Beihai ou au parc Sun Yat-sen pour que le lendemain toutes les femmes de Peiping se battent pour se faire friser les cheveux dans le même style ! Quand elles auront toutes adopté ce style, eh bien, nous, nous changerons de coiffure ! Ensemble nous agirons de telle sorte que, même en nous emboîtant le pas de très près, elles ne pourront jamais nous rattraper, nous les mettrons dans une situation où elles ne sauront plus où donner de la tête ; il ne leur restera alors qu'une seule issue possible, celle de se prosterner devant nous pour nous reconnaître comme leurs maîtres à penser ! »

Ruifeng l'interrompit :

« Chef du Centre de contrôle ! Excusez-moi de vous interrompre ! Ces derniers jours, j'ai un peu réfléchi sur un joli nom à donner à ma femme, afin de pouvoir imprimer ses nouvelles cartes de visite. Maintenant que je suis chef de section, elle devra fréquenter beaucoup de monde, il lui est donc absolument nécessaire d'avoir des cartes de visite. Aidez-moi ! J'ai pensé à Meiyan (beauté magnifique) ou à Juzi (chrysanthème). Son nom actuel est Yuzhen (perle de jade), c'est de mauvais goût ! »

Sans réfléchir, la « grosse courge rouge » décida immédiatement : « " Chrysanthème " c'est très bien. Ça ressemble à un nom japonais et tout ce qui est japonais va devenir à la mode ! »

Guan Xiaohe ajouta : « " Madame Chrysanthème ", n'est-ce pas un film très célèbre ?

– Mais si ! dit Ruifeng avec admiration. Justement, ce nom fait allusion à un film ! »

Tout le monde sourit, trouvant que chacun était très cultivé.

« Chef de section Qi ! cria la " grosse courge rouge ". Pourriez-vous demander à votre frère d'inviter M. Jin chez nous ? » Elle expliqua brièvement l'affaire, puis ajouta : « Maintenant, c'est nous qui faisons la loi, nous devons donc nous faire plus d'amis, n'est-ce pas ? »

Ruifeng était enchanté de pouvoir lui faire plaisir, il accepta aussitôt. « D'ailleurs, il y a d'autres petites choses dont j'aimerais discuter avec lui. » Il se leva : « Chrysanthème, tu viens avec moi voir Ruixuan ? »

La grassouillette Chrysanthème refusa. Elle souhaitait, autant que possible, ne plus jamais remettre les pieds au n° 5.

Une fois chez lui, Ruifeng salua son grand-père et sa mère, avec qui il échangea quelques mots de courtoisie, puis il s'empressa d'aller voir son frère.

« Dis donc, le proviseur de ton école vient de donner sa démission ; personne n'est au courant et il faut garder le secret pour le moment ! J'ai pensé à toi, frère aîné, tu devrais faire quelque chose. Avec moi au Département de l'éducation, ça te coûtera beaucoup moins cher. Maintenant que Nankin est tombé, notre pays a vraiment perdu son indépendance, alors pourquoi continuer à s'entêter ? De plus, il va y avoir sous peu un déblocage de crédits pour l'éducation, et avec un bon salaire tu pourras rendre la vie de notre grand-père et de nos parents beaucoup plus agréable. Qu'en dis-tu ? Si tu veux en profiter, dépêche-toi ! Par les temps qui courent, il n'est pas facile de trouver un emploi ! »

Tout en parlant, il pinçait entre son pouce et son index le nouveau fume-cigarette en faux ivoire qu'il venait de s'acheter. Quand il eut fini de parler, il le mit entre ses lèvres ; il trouvait qu'il avait de l'allure ainsi, presque trop même par rapport à celle que devait avoir un chef de section !

Ruixuan avait les yeux encore un peu rouges, son visage était un peu enflé et très pâle. Il écouta son frère, puis garda le silence pendant un long moment. Il n'était pas d'humeur à parler. Il savait que Ruifeng n'avait pas trahi son pays, mais il avait la mentalité et le comportement de ceux qui sont prêts à le faire.

En fait, son frère ne faisait que subir les conséquences fâcheuses de son tempérament superficiel, frivole et vulgaire, mais au fond il le croyait incapable de commettre de graves forfaits. Toutefois, dans un tel contexte politique, avoir un tel caractère risquait de vous conduire à commettre l'irréparable. Son frère n'était qu'un individu de troisième classe, un peu comme dans l'opéra de Pékin, où les personnages au visage peint sont loin d'avoir la même importance que ceux couverts de blanc des héros et des traîtres. Son frère était un personnage détestable et pitoyable !

« Dis-moi, combien d'argent es-tu prêt à dépenser pour avoir ce poste ? » demanda Ruifeng.

– Je ne veux pas être proviseur ! répondit Ruixuan, indifférent.

– Écoute, ne t'obstine pas comme ça ! » Ruifeng prit un air sévère. « Il y en a qui seraient prêts à distribuer beaucoup de pots-de-vin, sans même être sûrs de réussir à obtenir ce poste, et toi, tu te permets de repousser une offre aussi avantageuse ! Tu me casses les oreilles avec ton “ pays ”, sans te rendre compte de ce qu'il est devenu ! Même Nankin est perdu ; quand tu seras le seul à résister, tu auras l'air malin ! »

Ruifeng était vraiment en colère. Il voulait sincèrement aider son frère, afin qu'ensemble ils arrivent à créer dans les milieux de l'éducation une petite sphère d'influence qui puisse leur rendre service à l'un comme à l'autre.

Ruixuan resta muet ; pour lui, toute discussion était inutile, il n'arriverait pas à persuader son frère, qui avait toujours fait la sourde oreille à tous ses conseils ; il ne voulait plus gaspiller son énergie.

Ruifeng avait toujours craint son frère. Maintenant qu'il était chef de section, il était temps de renverser les rôles. C'était à lui de se faire craindre et d'admonester son frère aîné.

« Tu sais, Ruixuan, je me fais beaucoup de soucis pour toi ! Si tu laisses passer cette occasion et que tu te trouves un jour sans emploi, tu ne viendras pas me le reprocher ! De par mes fonctions actuelles, j'ai bien sûr beaucoup de relations, je gagne beaucoup d'argent, mais j'en dépense aussi beaucoup ; alors, ne crois pas que je pourrai t'aider à subvenir à tes besoins ! »

Ruixuan était décidé à ne pas gaspiller sa salive avec son frère, il préférait s'occuper tout seul de toute la famille, plutôt que de faire de grands discours. « Exactement ! Je fais ce que je veux, toi tu fais ce que tu veux ! » Il parlait très bas, mais d'un ton très ferme.

Ruifeng se dit que son aîné était devenu fou, et puis, comment osait-il l'offenser, lui, un chef de section ?

« D'accord, que chacun suive son chemin ! » Ruifeng allait sortir de la pièce, quand soudain il s'arrêta. « Je voudrais que tu me rendes un service. Comme il s'agit d'une chose qu'on m'a chargé de te demander, je me dois de te transmettre le message ! »

Il expliqua brièvement que la famille Guan désirait inviter M. Jin à prendre un verre chez eux et qu'ils le priaient d'intervenir pour que celui-ci accepte leur invitation. Il parla très brièvement, comme s'il ne souhaitait pas trop s'étendre.

Finalement, il prit de nouveau un air sévère et lança d'un ton fâché :

« Mme Guan a réussi à se faire nommer fonctionnaire ; je te conseille de te montrer aimable avec eux ! En ce moment, il faut éviter de se mettre trop de gens à dos ! »

Ruixuan était sur le point d'éclater à son tour, mais il se retint. Sur un ton toujours assez accommodant, il dit :

« Je n'ai pas le temps de m'occuper de cette affaire qui ne me regarde pas, excuse-moi ! »

Ruifeng poussa la porte brutalement et sortit. Il ne voulait plus rien avoir à faire avec son fou de frère. Dans la cour, il dit à haute voix, pour bien se faire entendre par son grand-père et sa mère :

« Ça dépasse vraiment les bornes ! C'est vraiment incroyable ! Incroyable ! On lui offre un poste intéressant et il refuse carrément, tout comme si être proviseur d'un lycée était quelque chose de déshonorant !

– Que se passe-t-il ? demanda de sa chambre le vieux Qi.

– Qu'y a-t-il ? » demanda Mme Tianyou de la sienne.

Depuis sa cuisine, Yun Mei regardait dehors à travers un petit carreau de la porte ; elle ne voulait pas se montrer avant d'avoir vraiment compris la situation.

Ruifeng n'entra pas chez son grand-père. Debout dans la cour, il cria :

« Rien de grave, rassurez-vous ! J'ai offert à mon frère un bon poste et il a refusé ! Je vais de mon côté avoir de plus en plus de frais et je serai certainement dans l'impossibilité de m'acquitter de mes obligations de piété filiale envers vous. Si Ruixuan ne fait rien pour avoir un plus gros salaire, je ne sais pas ce qui va se passer ! En tout cas, moi, j'ai fait tout ce que j'ai pu pour lui, je ne serai pas responsable de ce qui risque de vous arriver dans le futur.

– Ruifeng ! appela Mme Tianyou. Tu peux venir un moment ? Je voudrais te poser quelques questions !

– Mère, je suis très occupé en ce moment. Je repasserai dans quelques jours. »

Ruifeng partit précipitamment. Il n'avait pas l'intention d'être désagréable avec son grand-père ou avec sa mère, mais il était impatient de retourner chez les Guan ; tout chez eux lui convenait, c'était chez eux qu'il se sentait bien.

Le visage de Mme Tianyou ne s'empourprait pas facilement, mais sous le coup, ses deux pommettes devinrent toutes rouges. Ses yeux brillaient, elle était en colère. Voilà ce qu'était devenu le fils auquel elle avait donné naissance et qu'elle avait élevé ! Maintenant qu'il était fonctionnaire, il ne prêtait même plus attention à sa propre mère ! Sa faible constitution physique lui interdisait de se fâcher, aussi, ces deux ou trois dernières années, avait-elle appris à fermer les yeux sur ce qui se passait et à faire la sourde oreille à ce qui se disait. Mais aujourd'hui, c'était trop fort ; ses mains se mirent à trembler et, malgré elle, elle lança des injures :

« Petit saligaud ! Tu ne reconnais même plus ta propre mère ! Et tout ça parce que tu es devenu un petit chef de section ! »

En l'entendant parler ainsi, Ruixuan et sa femme accoururent, ils savaient que si elle se fâchait elle risquait de tomber gravement malade. En fait, Ruixuan craignait par-dessus tout les disputes familiales, qui ne faisaient que créer des malentendus, et c'était pour lui le côté le plus désagréable des familles nombreuses. Quoi qu'il en soit, puisque sa mère s'était mise en colère, il se devait d'aller près d'elle pour la réconforter, c'était une règle sociale très ancienne, qui était devenue presque instinctive : quelle que soit son humeur, il se devait de faire bonne figure devant sa mère en colère. Heureusement, sa présence suffisait ; il savait que dans ces circonstances il pouvait se reposer entièrement sur Yun Mei, qui était plus compréhensive et plus habile que lui.

Yun Mei savait vraiment bien se sortir de ces situations. Elle ne lui parla pas de ce qui l'avait mise en colère, mais lui dit : « Vous savez bien que si vous vous fâchez, vous allez vous rendre malade ! » Ces quelques mots amenèrent immédiatement la belle-mère à s'apitoyer sur elle-même, et elle se mit à gémir. Cela eut pour effet de diminuer sa colère de moitié, et ses réprimandes se transformèrent en jérémiades : « Jamais je n'aurais pu imaginer qu'il se conduise ainsi envers moi ! J'ai toujours été équitable avec mes enfants, je les ai élevés de la même façon ! Je n'ai pas moins aimé le deuxième et aujourd'hui il a osé... » Ses larmes se mirent à couler, mais dans son cœur elle se sentait un peu rassérénée.

Le grand-père, n'ayant pas suivi ce qui venait de se passer, vint aussi chez sa belle-fille et demanda : « Mais qu'est-il arrivé ? Pourquoi tout ce remue-ménage ? »

Ruixuan l'aida à s'asseoir. Yun Mei essora une serviette qu'elle avait trempée dans de l'eau chaude, essuya le visage de sa belle-mère, puis elle leur servit du thé chaud. Ensuite, elle emmena les enfants à la cuisine pour permettre à son mari de causer tranquillement avec son grand-père et sa mère.

Ruixuan se dit qu'il était nécessaire de clarifier la situation. Nankin était pris, et plus de la moitié du pays venait de passer sous domination japonaise. En tant que fils et petit-fils, il ne pouvait pas abandonner son grand-père et ses parents à l'ennemi et s'enfuir de la ville. Il était également tout à fait résolu à ne pas collaborer avec les Japonais, ayant définitivement tracé, entre eux et lui, une ligne très nette. Il comptait sur l'aide de sa famille pour accomplir cette tâche : il ne fallait pas qu'ils lui demandent trop, car s'ils voulaient faire bonne chère, boire du bon vin et ne subir aucun désagrément, alors il faudrait capituler devant l'ennemi comme l'avait fait son frère. Il trouvait tout à fait naturel que ses parents et son grand-père aient le désir de mener une vie confortable ; ils avaient presque terminé leur parcours dans ce monde et il était juste qu'ils demandent de jouir d'un peu de bien-être, mais lui, il ne pouvait leur donner plus ; il leur expliqua clairement que s'ils étaient trop exigeants, il prendrait la ferme résolution de quitter Peiping.

Tout cela ne fut pas facile à expliquer. Il avait parlé avec douceur, mais avec une détermination inébranlable ; il ne voulait pas leur faire de peine, tout en sachant que c'était inévitable ; quand il eut achevé, il eut l'impression qu'on venait de lui enlever une grosse épine du pied et il se sentit vraiment soulagé.

Sa mère prononça des paroles très douces :

« Si nous avons de la chance, tout le monde en profitera ; si ce n'est pas le cas, eh bien, chacun portera son fardeau ! rassure-toi, mon fils, ce n'est pas moi qui te créerai des ennuis ! »

Le grand-père, lui, s'affola un peu. Avec ce qu'il venait d'entendre, il comprenait que les Japonais n'étaient pas près de quitter Peiping. Depuis ces deux ou trois derniers mois, ils ne lui avaient pas directement causé de gros préjudices, même s'ils avaient quand même provoqué le départ de deux de ses petits-fils ; mais s'ils occupaient en permanence Peiping, qui sait si toute la famille n'allait pas être dispersée ? Lui, en tout cas, préférerait mourir sur-le-champ que de voir sa famille se désagréger, car sans son fils et ses petits-fils près de lui, il se sentirait aussi solitaire qu'un mort. Il ne pouvait laisser Ruixuan s'en aller ! Il fut quand même choqué d'apprendre qu'il avait refusé de devenir proviseur, mais il n'osa rien dire, sachant que pour l'instant il fallait réconforter Ruixuan :

« L'aîné, toute la famille compte sur toi ! Fais ce que bon te semble ! Quelles que soient nos conditions de vie, nous devons rester ensemble et attendre que cette mauvaise passe s'achève ! De toute façon, je n'en ai plus pour longtemps à vivre, et tout ce que je te demande, c'est d'attendre un peu avant de m'enterrer ! » Le vieux prononça cette dernière phrase d'une voix un peu tremblante.

Ruixuan en resta là ; il avait exprimé tout ce qu'il avait sur le cœur et ajouter quoi que ce soit aurait été vraiment inutile. En entendant les dernières paroles de son grand-père, il se força à sourire : « Grand-père, vous avez raison ! Nous nous débrouillerons pour vivre ensemble dans le malheur ! »

Le plus dur n'était pas de le dire ; au fond de lui, il savait parfaitement ce que cette promesse allait lui coûter ! Il promettait de porter sur ses épaules le lourd fardeau de quatre générations, sans jamais se compromettre avec les Japonais !

Serait-il à la hauteur, lui qui n'était pas très habile pour gagner de l'argent et qui en même temps était déterminé à garder intact son honneur ? Comment ferait-il pour subvenir seul aux besoins de toute une famille ? Et puis, les Japonais étaient les maîtres de Peiping, le laisseraient-ils libre ?

Quoi qu'il en soit, il était fier de lui, car il avait clairement défini sa position ; il ne serait jamais un collaborateur ! L'avenir seul dirait ce qui adviendrait !

Au même moment, Lan Dongyang entrait chez les Guan. Il était venu dans le quartier pour préparer le meeting de célébration de la chute de Nankin et en passant il voulait saluer ces dames ; cette fois-ci, il avait acheté cinq petits bâtons en sucre. Il était bien décidé à ne pas parler de ce meeting, car chaque fois qu'il passait quelque chose sous silence, cela lui donnait l'impression d'être un homme important, d'être un homme de poids. S'il ne voulait pas raconter aux autres ce qu'il savait, il tenait en revanche à ce que les autres lui disent tout.

Il avait entendu dire qu'un gouvernement de la Chine du Nord était sur le point de se former à Peiping même ; avec la chute de Nankin, les militaires japonais occupant le nord de la Chine ne pouvaient effectivement hésiter plus longtemps : il leur fallait absolument créer un gouvernement qui prenne le contre-pied de celui de Nankin – quel que soit d'ailleurs le responsable de ce dernier.

En apprenant cette nouvelle, Lan Dongyang fut quelque peu rassuré, car avec un gouvernement du Nord formé par les Japonais sa bonne fortune ne pouvait que durer ; mais cela ne l'empêcha pas de dresser l'oreille, car il lui fallait maintenant rencontrer les bonnes personnes qui pourraient lui permettre d'améliorer sa position. Son ambition politique ressemblait à son style littéraire ; cohérent ou non, il s'obstinait à agir dans la voie qu'il s'était tracée : il allait fonder un journal ou une revue littéraire ; il voulait devenir proviseur ; dans l'Union du peuple nouveau, il devait être promu chef des agents d'exécution et il comptait bien obtenir une place dans le gouvernement qui allait être mis sur pied. Plus il cumulerait de fonctions, plus vite il pourrait devenir un personnage important. Il pouvait, il devait, il lui était nécessaire d'obtenir ces postes, car il se considérait comme un grand lettré qui n'avait pas encore trouvé les lieux favorables à l'expression de tous ses talents, comme une espèce de Shakespeare né au moment propice, mais avec beaucoup plus d'aptitudes que celui-ci pour parvenir à de hautes fonctions, bâtir sa fortune et avoir des aventures galantes.

Il entra dans le salon des Guan, jeta les confiseries sur la table, se fendit d'un sourire à l'intention de tous, puis s'affala sur une chaise. Il n'y avait qu'en présence des Japonais qu'il se montrait poli.

Ruifeng était justement en train de critiquer l'attitude de son frère. Jamais de sa vie, il n'aurait pu imaginer devenir chef de section dans le Département de l'éducation. Il considérait ce poste comme quelque chose d'aussi grand que le ciel et, voyant ce qu'il était devenu, il était malgré lui grisé par son propre succès :

« Comme si être proviseur était déshonorant ! Je me demande comment des gens comme ça peuvent encore exister dans ce monde ! Il a l'air cultivé, pourtant ! J'ai l'impression qu'il a fait des études pour rien ! »

Guan Xiaohe pensa un instant à briguer ce poste. Dans le passé, il avait déjà été fonctionnaire et il pouvait très bien maintenant devenir proviseur d'un lycée. Cependant, il préféra ne pas en parler tout de suite, pour ne pas se montrer « trop glouton ». Il fut bientôt échec et mat !

« Comment ? s'exclama Lan Dongyang. Le poste de proviseur est vacant ? Combien faut-il donner pour l'obtenir ? » Il n'aimait pas les chemins détournés et il demandait tout de suite le prix à payer.

Guan Xiaohe en fut abasourdi ; il avala sa salive, affichant quand même un beau sourire pour ne montrer aucun signe de nervosité. Il jeta un regard à la « grosse courge rouge », qui n'avait pas bronché. Ce poste de proviseur ne lui disait rien de bon, elle ne savait pas trop si un proviseur pouvait tirer profit de sa position ; elle n'en voulut donc pas à Xiaohe, qui fut plutôt rassuré. Il redoutait que sa femme ne le traite de bon à rien devant leurs hôtes.

Ruifeng ne s'était pas imaginé que Dongyang serait si direct. Il resta sans voix quelques instants.

L'œil droit de Dongyang n'en finissait pas de sauter ; il se raclait la gorge, ses lèvres frémissaient, il se rapprocha de Ruifeng. Il était tendu comme un chat qui va s'élancer sur sa proie, son visage était devenu verdâtre et sa bouche semblait vouloir mordre. Il dit à Ruifeng :

« Occupe-toi de cette affaire pour moi ; je suis prêt à payer tout de suite deux mille cinq cents yuan ! Ce que tu vas déduire de cette somme pour toi-même, je m'en fiche ! En tout cas, si l'affaire aboutit, je te donnerai un supplément de trois cents yuan ! Aujourd'hui, je te paie comptant les deux mille cinq cents et je veux recevoir le décret de nomination dans une semaine !

– Mais le Département de l'éducation ne m'appartient pas ! »

Ruifeng oubliait qu'il était chef de section ; il n'avait pas encore appris à parler comme un bureaucrate.

« Bien sûr, mais tu es chef de section, n'est-ce pas ? Puisque les autres peuvent recommander des gens, pourquoi tu ne le pourrais pas ? Si tu ne peux même pas intervenir en ma faveur, à quoi cela te sert-il d'être à ce poste ? En tout cas, si tu ne fais pas de démarches pour moi, je te préviens, je te dénonce !

– Dénoncer quoi ? »

Le pauvre Ruifeng était désorienté par les arguments de Dongyang.

« À propos de ton frère cadet qui est engagé dans la résistance contre le Japon ! Quoi ? toi, tu es chef de section ici, et lui il participe à la guérilla en dehors de Peiping ! Vous êtes donc des deux côtés ? C'est pas mal ! »

Plus Dongyang parlait, plus il se montrait éloquent et plus son visage verdâtre tournait au rouge.

« Ça ! Ça ! Ça ! » Ruifeng ne savait que dire et la colère lui donnait un teint jaunâtre.

La « grosse courge rouge » trouvait le comportement de Dongyang vraiment méprisable, mais elle ne réagit pas :

chef du Centre de contrôle, elle se devait de contrôler ses paroles.

Guan Xiaohe ne s'étonnait plus d'avoir fait de si longues démarches sans jamais pouvoir obtenir le moindre résultat ; les temps avaient changé, la façon dont il s'y était pris était périmée ! Sa façon à lui consistait invariablement à inviter les gens à boire un verre chez lui, à offrir des cadeaux, à flatter et à se donner de grands airs en prenant bien soin de n'être ni trop servile ni trop arrogant. Avec ce Lan Dongyang, rien de tout cela ! Quand il demandait à quelqu'un de lui rendre service, quand il faisait des démarches, c'était une vraie bagarre et tous les coups étaient permis ! Et puis, il était déjà directeur des affaires de l'enseignement et agent d'exécution de l'Union du peuple nouveau ; à présent, il voulait « acheter » le poste de proviseur, apparemment bien décidé à ne pas laisser cette bonne occasion lui échapper ! Guan Xiaohe l'admirait et il se dit que, si ce garçon ne changeait pas de style, le monde tout entier lui appartiendrait sans doute bientôt. Lui, y aurait-il sa place ?

La grosse Chrysanthème, qui avait toujours été plus redoutable que son mari et qui, depuis qu'elle avait réussi à lui décrocher un poste de fonctionnaire, avait encore gagné en assurance, décida de monter au créneau. Elle commença par bousculer Dongyang, qui faillit tomber, et elle lui lança :

« Toi, je te conseille de baisser un peu le ton, ce n'est pas ainsi qu'on s'adresse à un chef de section ! Va donc le dénoncer ! Vas-y ! Mais vas-y donc ! Vas-y immédiatement ! On verra bien qui rira le dernier ! Si tu oses faire ça, tu crois que moi, je ne serai pas capable de le faire ? J'ai des relations influentes, tu sais, sinon mon mari n'aurait pu être nommé chef de section ! Va donc le dénoncer, va dire que notre frère participe à la résistance contre le Japon, et moi, j'irai immédiatement raconter que tu es communiste ! Mais pour qui te prends-tu, hein ? Je te le demande ? »

Elle n'avait jamais dit tant de paroles sur un tel ton et d'un seul souffle ; cela eut pour effet de lui rendre le nez brillant et de faire ballotter sa poitrine. Son visage était devenu tout rouge, mais elle avait gardé quand même son sang-froid. Elle était fière d'avoir réussi à invectiver quelqu'un si longtemps et si bien. D'ordinaire, elle était en admiration devant la « grosse courge rouge », alors aujourd'hui qu'elle pouvait manifester son talent devant « son maître », comment ne pas en être fière !

Ayant bousculé Dongyang et l'ayant menacé, elle le fit fléchir ; celui-ci perdit immédiatement son masque de colère et de férocité, et, donnant vraiment l'impression d'être content d'avoir été remis à sa place, il sourit.

Sans attendre la réaction de Dongyang, Guan Xiaohe s'empressa de dire :

« Je n'ai jamais été proviseur, mais je pourrais peut-être essayer. Qu'en dites-vous, monsieur le chef de section ? Oh ! Surtout n'ayez pas peur, Dongyang, ce n'est pas que je veuille vous prendre ce poste, mais je le dis comme je le pense, et je crois qu'il serait bon de réfléchir à la meilleure solution ! »

Ces paroles furent formulées avec tant de douceur et de prévenance que l'atmosphère de la pièce se détendit immédiatement. Lan Dongyang s'affala à nouveau sur une chaise et se mit à se ronger les ongles avec ses dents jaunes. Ruifeng se disait que si M. Guan se présentait en rival de Dongyang, il l'aiderait sans la moindre hésitation. La grosse Chrysanthème ne disait plus rien, car elle était si fière de ce qu'elle avait débité tout à l'heure, qu'elle essayait de s'en souvenir phrase par phrase, afin de pouvoir répéter le tout par cœur à ses amis.

La « grosse courge rouge », elle, décida de parler. Le premier qui avait parlé avait montré du courage, le deuxième en avait profité indûment. Comme elle était la dernière à parler, ses paroles paraîtraient plus sages et plus raisonnables que celles des autres.

« À mon avis, il faut passer outre ce problème de démarches à faire pour obtenir le poste de proviseur. Le principal pour vous trois, Dongyan, Ruifeng, Xiaohe, c'est de vous jurer fraternité. Si vous êtes disposés à devenir frères, si vous êtes prêts, malgré vos différences d'âge, à mourir le même jour du même mois de la même année, alors vous vivrez en bonne entente, en toute sincérité, et je pense que petit à petit vous deviendrez une force dans le nouveau gouvernement. Qu'en pensez-vous ? »

Ruifeng, qui ne pouvait considérer Guan Xiaohe que comme son « oncle », se sentit un peu gêné d'être promu « frère » aussi rapidement, et Dongyang, qui avait l'intention de devenir le gendre de la famille Guan, se sentit carrément mal à l'aise à l'idée de devenir le frère juré de son futur beau-père !

Voyant que Ruifeng et Dongyang restaient silencieux, Guan Xiaohe sourit en disant :

« Le point de vue du chef du Centre de contrôle est parfaitement juste. Nous serons frères, et surtout ne soyez pas gênés par le fait que je suis plus âgé que vous de quelques années ! Chef du Centre de contrôle, voulez-vous prendre la peine de me préparer des cierges et des bâtonnets d'encens ? »

CHAPITRE XXXIII

Ruixuan pensait que si le gouvernement de la Chine du Nord avait mis tellement de temps à se former, c'est qu'il devait être composé de gens inconnus ; il fallait bien en effet que cet organisme ait un petit air nouveau. Mais finalement il se rendit compte qu'il les connaissait tous, et qu'il exécrait les personnalités, seigneurs de la guerre et bureaucrates qui le composaient. Cela signifiait que les Japonais n'avaient absolument pas l'intention de mettre en pratique leurs slogans et leurs mots d'ordre flatteurs, qu'ils se complaisaient parmi les gens corrompus et incompétents et qu'ils considéraient les Chinois comme des moins que rien qui ne méritaient que d'être gouvernés par des fonctionnaires de cette trempe.

En lisant dans le journal la liste des membres du gouvernement, il se sentit très mal à l'aise. Il n'arrivait pas à comprendre pourquoi en Chine il y avait tant de gens disposés à collaborer ! Comment expliquer ce phénomène ? Certes, l'histoire, la culture, l'époque, l'éducation, le milieu, la politique, la société, le caractère national, les ambitions personnelles, tout cela pouvait fournir quelques explications, mais aucune d'entre elles ne pourrait jamais justifier la collaboration avec l'ennemi par simple recherche des honneurs ! En fait, ces gens ne seraient jamais, bien qu'officiellement ils le soient, des représentants de la Chine du Nord ; leurs actes faisaient perdre à tout un peuple sa dignité !

Ruixuan détestait ces gens, il maudissait leur nom et leur existence !

Soudain, il pensa à Ruifeng, à Dongyang et à Guan

Xiaohe. Ces trois « diablotins » avaient des positions beaucoup moins importantes que les personnalités du gouvernement fantoche, mais leur mentalité et leurs ambitions étaient les mêmes. Qui pouvait affirmer que Ruifeng ne parviendrait pas au poste d'inspecteur de l'enseignement ou que Guan Xiaohe n'accéderait pas au poste de directeur général des finances ? En réfléchissant un peu, il en vint à se dire que si les sages se caractérisaient par une certaine dose de vertu et de culture, les traîtres, eux, au contraire, étaient dénués de toute vertu et de toute culture. Les sages étaient des valeurs positives, les traîtres, des valeurs négatives. Superficiels, sots et frivoles, tels étaient Ruifeng et Xiaohe, et c'était précisément les gens dont les Japonais aimaient s'entourer, parce qu'ils étaient des valeurs négatives ; les Japonais les chérissaient tout comme ils affectionnaient particulièrement les opiomanes chinois.

Quel pouvait être le meilleur moyen pour se débarrasser de ces valeurs négatives ? Il fallait les tuer, tout comme pour éliminer un nuage de sauterelles il faut le détruire. Mais qui s'en chargerait ? Y aurait-il dans cette Chine du Nord une seule personne qui n'ait pas encore été contaminée et qui ait gardé le sens de l'honneur ? Tuer ces traîtres et tuer les Japonais, tel était le devoir auquel chaque citoyen honnête devait se consacrer.

Lui-même, il n'arrivait pas à faire obéir son frère, et, sans parler de le tuer, il ne pourrait certainement jamais le frapper ! Son frère allait collaborer avec les Japonais, et lui, en fait, il ne ferait rien pour l'empêcher de parvenir à ses fins. Ils étaient coupables du même crime : son frère trahissait la patrie, et lui n'intervenait pas pour l'en empêcher ! Personne dans cette partie de la Chine ne voulait se mêler des affaires de ces traîtres ; le nord de la Chine ressemblait à une mer morte, immobile, qui n'exhalait qu'une odeur fétide. Finalement, il sourit malgré lui. Tout était négatif : le gouvernement fantoche, Ruifeng, Guan Xiaohe, les gens honnêtes et lui avec !

Le meeting et le défilé pour célébrer la chute de Nankin furent beaucoup plus animés que les fois précédentes. Dans tous ses états, Ruixuan, depuis sa chambre, entendait les mendiants crier et les musiciens frapper sur leurs tambours et leurs gongs. Il n'y avait plus aucun espoir que, devant la porte Tian-An-Men ou en n'importe quel endroit, il se produise un acte de résistance quelconque ; désormais tout était « valeur négative ». En constatant sa propre inutilité et sa propre incapacité, devait-il blâmer les autres ? Sa seule excuse, c'était sa responsabilité par rapport à sa famille ; mais tous ces traîtres avaient certainement eux aussi quelques « charges » de ce genre et devaient-ils être pardonnés pour autant ? Ce sont souvent les bons à rien qui savent le mieux se faire pardonner !

Malgré tout, peu de temps après, en entendant l'appel à la résistance contre le Japon fait par Tchang Kaï-chek, il abandonna cette attitude de mépris vis-à-vis de lui-même et de tout ce qui l'entourait. Cette déclaration surprit les Japonais les plus belliqueux, refroidit le cœur des traîtres et lui permit petit à petit de ne plus se considérer comme une « valeur négative » ni de se laisser aller au désespoir. Puisque le gouvernement central avait décidé de se lancer dans la résistance, il y aurait certainement des gens qui quitteraient clandestinement Peiping pour se consacrer à la défense de leur patrie et on enverrait sans doute des hommes pour soutenir le peuple et punir les collaborateurs. Sa bonne humeur activa son imagination ; il se dit que Ruiquan allait bientôt pouvoir revenir pour procéder au châtiment des traîtres ou accomplir quelque autre mission importante ; en même temps, quelle joie merveilleuse ce serait de le revoir !

Le jour où arriva la nouvelle de la chute de Nankin, M. Qian avait justement décidé de quitter son lit pour essayer de marcher un peu. Ses blessures étaient à peu près cicatrisées et il avait bien meilleure mine. Il ne s'était pas rasé depuis plusieurs jours, si bien que sa barbe, d'un noir luisant, lui donnait vraiment une allure de poète. Il n'était toujours pas très sûr de ses jambes, et ses chevilles, qui étaient encore très douloureuses, enflaient souvent. Ce jour-là, il était particulièrement en forme, aussi décida-t-il de quitter son lit et de faire quelques pas. Ce qu'il redoutait par-dessus tout, c'était d'avoir des lésions internes aux jambes qui l'empêcheraient de remarcher normalement, mais il avait préféré n'en rien dire à sa belle-fille, craignant qu'elle ne lui interdise de descendre de son lit. Il se redressa lentement et laissa pendre ses jambes ; en baissant la tête, il s'aperçut que ses chaussures n'étaient pas à leur place. Il hésitait à appeler sa belle-fille pour qu'elle lui en apporte une paire, quand soudain il entendit le bruit traînant des gros souliers ouatés de Mme Li.

« C'est vous, madame Li ? demanda-t-il très affablement.

– Me voilà ! répondit-elle depuis la cour. Ne m'en parlez pas, je me suis encore mise en colère contre ma vieille baderne de mari !

– À votre âge, on ne se met plus en colère ! » M. Qian se sentait de bonne humeur et il cherchait à entretenir la conversation.

« Voyez-vous... » Elle lui parlait toujours depuis l'extérieur, sans doute voulait-elle que la jeune madame Qian l'entende aussi : « Il vient tout juste de rentrer, l'air fâché, en disant que Nankin venait de tomber. Comme il est très en colère, il ne veut ni manger ni boire ! Moi, je ne suis pas gardienne de Nankin, tout de même, alors pourquoi se met-il en colère contre moi, cette vieille tête de mule ? »

M. Qian n'avait entendu que les mots « Nankin venait de tomber », il n'avait pas fait attention au reste. Il posa ses pieds par terre ; il était seulement en chaussettes, mais il voulait absolument se mettre debout, comme s'il attachait une importance particulière au fait de se lever au moment où il apprenait la chute de Nankin. À peine ses pieds eurent-ils touché le sol que ses chevilles se tordirent comme des tiges de sorgho, et il tomba par terre. Il faillit perdre connaissance. Il resta à plat ventre sur le sol glacé pendant un long moment, avant de reprendre ses esprits. Ses chevilles, d'abord insensibles, commençaient à picoter et il ressentit tout à coup une douleur aiguë. Il se mordit les lèvres pour ne pas gémir ; il avait très mal et bientôt sur son crâne perlèrent des gouttes de sueur aussi grosses que des graines de soja ; non, il ne crierait pas, et il serrait le peu de dents qu'il lui restait. Il fit de gros efforts pour s'asseoir, puis il prit ses pieds dans ses mains. Il était vraiment intrigué par les picotements qu'il ressentait dans ses chevilles : était-ce dû au fait qu'il n'avait pas marché depuis longtemps, ou étaient-ce des séquelles des coups donnés par les Japonais ? Allait-il être désormais dans l'impossibilité de marcher ? Il voulait savoir, car garder la mobilité de ses jambes lui permettrait de se lancer un jour dans la lutte contre les Japonais. S'appuyant sur le bord du lit, il décida de se remettre debout ; il eut l'impression que des milliers d'aiguilles lui transperçaient les chevilles. Il transpirait à grosses gouttes, mais enfin il se tenait droit ; il fit des efforts désespérés pour rester ainsi le plus longtemps possible ; au bout de quelques secondes, ses yeux s'assombrirent et il s'effondra à plat ventre sur son lit. Il resta ainsi pendant un long moment, puis lentement il parvint à se recoucher correctement. Il avait toujours mal aux chevilles, mais il était maintenant persuadé qu'en faisant un peu d'exercice il pourrait bientôt se remettre à marcher ; n'avait-il pas réussi tout à l'heure à rester debout un petit moment ? Il ferma les yeux. Dans son cœur, deux choses le hantaient : la chute de Nankin et la douleur à ses chevilles.

Petit à petit, ses pieds redevinrent insensibles, il ne sentait plus ni douleur ni picotements. Il se recroquevilla pour pouvoir les toucher, ses pieds étaient toujours là, intacts. Il sourit. Tant qu'il aurait ses pieds et dès qu'il pourrait marcher, il ferait encore beaucoup de choses. Des choses étroitement liées à la chute de Nankin, à la mort de Mengshi et à celle de sa vieille compagne.

Il se mit à réfléchir à tout cela et décida de commencer par le commencement. Il devait d'abord établir son plan pour le lendemain. Toutefois, et c'était devenu une habitude, il lui fallait auparavant repasser dans sa mémoire les événements qui avaient eu lieu récemment ; alors seulement il serait heureux, alors seulement il pourrait réfléchir méthodiquement aux choses du lendemain.

Il revit d'abord le jour de son arrestation. Il ferma les yeux ; le chef de police Bai, Guan Xiaohe, les gendarmes, sa femme, Mengshi surgirent devant lui exactement à la place où ils étaient ce jour-là. Il se rappela même le grand tournesol au pied du mur. Conduit par les gendarmes, il avait marché jusqu'à une ruelle voisine du bazar de Xidan, dont il n'arrivait toujours pas à se rappeler le nom. Au fond de cette ruelle, il avait aperçu une petite porte par laquelle on l'avait fait pénétrer dans une cour assez grande, bordée d'une rangée d'une dizaine de pièces donnant au sud, qui lui firent penser qu'il était dans une caserne ; la rangée des sept ou huit pièces donnant au nord ressemblait à d'anciennes écuries transformées. Le sol de la cour était en terre battue, un mélange de chaux, d'argile et de sable, et très plat, comme un terrain de sport. À peine entré dans la cour, il entendit quelqu'un hurler de douleur dans une des pièces donnant au nord. Il se mit à transpirer à grosses gouttes en entendant ces hurlements, et il sentit en même temps tout son corps se glacer. Il s'arrêta, tel un bœuf ou un mouton sentant instinctivement le danger à l'approche de l'abattoir. Les gendarmes le poussèrent et il continua d'avancer. Il devait faire face, il releva la tête. « Au plus, c'est la mort ! » se dit-il.

On le fit entrer dans une des pièces et un gendarme japonais le fouilla. Il ne portait sous sa robe qu'un pantalon, une courte tunique, et n'avait qu'un soulier. Après la fouille, il fut conduit dans une autre pièce. Là, un Japonais parlant chinois lui demanda son nom, sa nationalité, son âge, sa profession, et inscrivit le tout sur une feuille de papier. Quand il dit qu'il était sans profession, le Japonais le regarda avec une certaine insistance pendant un moment, le stylo à la bouche. C'était un homme maigre d'allure rigide, au visage pâle. M. Qian se dit qu'au fond cet homme n'était peut-être pas méchant, et il se sentit un peu moins gêné d'être ainsi regardé. L'homme enleva le stylo de sa bouche et, le regard toujours fixé sur lui, demanda : « Quel crime ? »

M. Qian ne savait vraiment pas de quel crime on l'accusait. Il sourit très ingénument comme il le faisait habituellement avec de bons amis, puis il hocha négativement la tête. À peine eut-il commencé son geste que le maigre, tel un loup affamé, se jeta sur lui et le gifla. M. Qian cracha une dent. L'homme, toujours debout, le visage encore plus pâle, comme couvert de givre, demanda une seconde fois : « Quel crime ? »

La colère de M. Qian l'aida à surmonter sa douleur ; très posément, fièrement, il dit en prononçant ses mots un à un :

« Je ne sais pas ! »

Une autre gifle tomba, il chancela. Il voulut protester, demander des explications, et puis avait-on le droit de lui donner des coups ? Toutefois, il se dit qu'il avait en face de lui un Japonais, et qu'il ne servait à rien de discuter avec des gens sans aucun bon sens qui venaient d'envahir son pays. Quand on est en face d'une bête, à quoi bon gaspiller sa salive ? Il faillit quand même lui dire :

« Vous m'avez arrêté, mais je ne sais pas pour quelle raison. C'est moi qui devrais vous demander de quel crime je suis coupable ! »

Mais à quoi bon ! Il regarda le sang qui maculait le devant de sa robe, ferma les yeux et pensa :

« Frappez donc ! Même si vous me cassez la figure, vous n'arriverez pas à me casser le cœur ! »

Le Japonais avala sa salive et changea de ton :

« Tu es coupable d'un crime, oui ou non ? »

En même temps, il ajusta la distance de sa main pour le cas où il aurait pour réponse un « Non » ou un hochement de tête négatif.

M. Qian, percevant toute l'agressivité de l'homme qui était en face de lui, dut s'armer de courage. Sa salive avait un goût de sang ; il écarta légèrement les pieds pour être plus stable, bien décidé à garder le silence malgré les coups et sachant pertinemment que l'homme en face de lui n'allait pas se gêner pour le frapper. Jamais il n'aurait imaginé être un jour soumis à la torture pour des affaires d'État ou pour des affaires militaires ; il ressentait une peine infinie, mais dans cette peine il y avait aussi une certaine fierté. Il serra les dents, prêt à supporter les plus terribles souffrances et prêt à en éprouver une gloire encore plus grande.

La main du Japonais s'abattit de nouveau sur son visage et, cette fois-ci, il le frappa une dizaine de fois d'affilée. M. Qian ne cria pas, il voulait simplement résister en restant immobile, fermement campé sur ses pieds. L'autre eut un léger sourire, il semblait se moquer de ce qu'il prenait pour de la stupidité. Peu à peu, le cou de M. Qian faiblit, peu à peu, ses jambes mollirent ; il bougea légèrement. Les gifles données de droite et de gauche l'avaient fait vaciller. Alors l'homme éclata de rire. Donner des coups ne faisait pas partie de ses fonctions, c'était une forme d'expression de sa religion et de son éducation ; il était fier de lui-même parce qu'il pouvait frapper, parce qu'il savait frapper, parce qu'il avait accepté de frapper des victimes et il savourait sa victoire. Celui qui recevait ses coups ayant baissé la tête, il changea de méthode et lui donna un coup de poing dans le flanc droit, le prisonnier s'écroula. Le bourreau s'arrêta de sourire, il fixait le corps meurtri d'un homme de plus de cinquante ans étendu par terre.

M. Qian se rappela qu'un peu plus tard on le fourra dans une grande voiture. Il avait déjà le visage tout enflé, et il lui était difficile d'ouvrir les yeux ; de plus, il n'avait vraiment pas la tête à s'intéresser à ce qui se passait autour de lui. Son corps fut bientôt ballotté par les mouvements du véhicule ; il était parfois lucide, parfois il perdait connaissance, mais il se rendait quand même compte qu'on le transportait, ne sachant pas vraiment s'il était dans une voiture ou sur un bateau dans la tempête. Une brise froide lui permit petit à petit de reprendre ses esprits. Par ses paupières entrouvertes, il apercevait la lumière des lampes de la rue qui filaient régulièrement derrière lui. Il eut une impression de vertige et referma les yeux. Il voulait tout oublier. Sa femme, ses fils, ses poèmes, ses peintures, ses fleurs, son absinthe semblaient ne jamais lui avoir appartenu. Souvent, quand il lisait à haute voix des œuvres de Tao Yuanming [1] ou quand

1. Lettré et poète célèbre (372-427).

il écrivait lui-même un poème, il avait l'impression que femme, enfants ou affaires ménagères étaient autant d'obstacles insurmontables et que seule la poésie était capable de lui apporter le vent frais sous la lune brillante, parmi les hautes montagnes et les grands fleuves, dont il avait besoin.

Dès qu'il pensait à la poésie, son âme se dissolvait dans un univers abstrait, où même les montagnes, les fleuves, les fleurs et la lune la plus belle devenaient choses fugaces et grossières qui contraignaient sa pensée. Ce qu'il recherchait, ce n'étaient pas seulement de belles images, mais un peu du souffle et du mouvement de l'univers. Il voulait éliminer les obstacles, se fondre dans ce souffle et ce mouvement, pour les transformer en musique sans paroles. Il n'avait jamais réussi à écrire ce qu'il ressentait vraiment. Les mots ne lui suffisaient pas ; il en trouvait parfois de beaux, mais son âme éprouvait alors comme une contrainte ; les mots ne pouvaient s'élever dans les airs avec son cœur, flotter dans la grande musique invisible de l'univers, ils ne faisaient que tomber sur le papier. Quand il réfléchissait à tout cela, il ressentait un énorme plaisir qui ne dépendait d'aucune chose matérielle, palpable ; c'était une étendue de ciel délicat, plus libre et plus belle qu'une onde verte, dont le cours était déjà tout tracé ; son cœur, lui, pouvait s'envoler jusqu'aux étoiles. Dans ces moments-là, il oubliait son corps, et si, sans le vouloir, il reprenait soudain conscience de lui-même, il tressaillait, comme effrayé.

Là, dans la voiture, il fermait les yeux, ne voulant penser à rien, mais il ne put s'empêcher de réfléchir à ce qui l'attendait : allait-on le fusiller ? aurait-il peur devant le danger ? Il s'efforça de garder les yeux fermés pour pouvoir éviter de penser à tort et à travers, et surtout pour oublier, tout oublier. Mais soudain, l'idée de la mort l'assaillit : « Mourir, c'est se dissoudre ! » se dit-il. Il ressentit alors dans son cœur une joie extraordinaire. Son visage et son corps lui faisaient toujours mal, mais cette joie qui avait surgi au plus profond de son être lui rendait la douleur supportable.

Après un instant où ses idées s'embrouillèrent quelque peu, il se dit que ce qui le mettait dans cet état maintenant, ce n'était pas la poésie, mais quelque chose d'abstrait appartenant au monde terrestre ; il ne s'agissait plus de s'identifier à l'esprit des montagnes et des fleuves pour parvenir à la paix la plus haute, à la tranquillité sublime, mais de se fondre dans un souffle indomptable afin de résister aux forces du mal. Il ne devait plus hésiter à se lancer dans la résistance et dans la lutte. Si dans le passé il avait souhaité se fondre agréablement dans les douces sources de l'univers, à présent il devait le faire dans la douleur, poussé par un souffle de loyauté et de justice. Si dans le passé il avait été confronté à des phénomènes célestes, à présent il était face à une situation bien terrestre. Oui, il devait être prêt à sacrifier son corps, à mettre fin courageusement à sa vie, pour la justice ! Une bouffée de chaleur l'envahit, il éclata de rire.

La voiture s'arrêta. Il ne savait pas où il était et il ne daigna pas s'en inquiéter. Quand on va mourir pour sa patrie, peu importe le lieu ! Il se rappelait seulement que c'était un immeuble ressemblant à une école. Il marchait très lentement, car ses chevilles étaient enchaînées. Il se demandait pourquoi les Japonais prenaient tant de précautions avec lui, peut-être voulaient-ils tout simplement accroître ses souffrances. Après tout, l'ennemi était l'ennemi, et, en temps de guerre, faire preuve d'humanité n'est pas de mise.

On lui donna à nouveau des coups pour le faire avancer plus vite, et c'est dans un état de confusion complète, ne sachant plus si sa douleur était causée par les fers ou par les coups, qu'il fut jeté dans un cachot sans lumière. Il s'écroula et tomba sur quelqu'un, qui se mit à l'injurier. Il se débattit, l'autre le repoussa ; il se retrouva donc sur un sol nu, sans le moindre brin de paille. Le silence revint, il s'assoupit.

Le lendemain, il ne se passa absolument rien, sauf que deux autres personnes furent amenées dans le cachot. Il n'avait pas envie de savoir qui étaient ces gens ni dans quel genre d'endroit il était. Il avait l'impression d'avoir le visage complètement bouffi ; il se sentait sale et très mal à l'aise. Vers dix heures du matin, on leur apporta un bol de riz et un peu d'eau bouillie. Il but l'eau, mais ne toucha pas au riz. Il attendait sereinement la mort, les yeux fermés, les jambes étendues, le dos contre le mur. Il souhaitait mourir vite.

Le troisième jour se passa sans incident. Il commençait à comprendre qu'un homme dont le pays a perdu son indépendance n'arrive même pas à obtenir ce qu'il souhaite le plus : la mort. Les Japonais ne daigneraient même pas gaspiller leurs balles de fusil, ils préféreraient certainement les laisser pourrir vivants.

Il ouvrit les yeux. Le cachot était très étroit, sans meuble ; une lucarne, protégée par une grille, laissait pénétrer une lumière très crue. Au milieu du cachot était étendu un homme d'une quarantaine d'années. Sans doute était-ce sur lui qu'il s'était écroulé en arrivant. Son visage était couvert de croûtes sanglantes qui faisaient penser à de la peinture écaillée ; il était étendu sur le dos, les jambes pliées, les bras étendus, le visage tourné vers la lumière, les yeux fermés. En face de lui était assis un jeune couple ; ils étaient serrés l'un contre l'autre ; le jeune homme regardait le plafond, immobile ; sa compagne, qui était très belle, le tenait par le bras et ses yeux magnifiques cillaient sans arrêt, comme si elle était prise de panique. En les voyant, M. Qian oublia sa résolution de mourir. Il eut envie de leur parler ; se sentant complètement désorienté, il ferma les yeux pour se reprendre. Quand il les ouvrit, il réussit à faire bouger ses lèvres. À voix basse, il leur demanda :

« Pourquoi êtes-vous ici ? »

Le jeune homme sursauta et baissa son regard vers M. Qian. La jeune femme se mit à scruter les quatre coins du cachot de ses beaux yeux ; elle semblait redouter quelque chose de terrible.

« Nous... » Le jeune homme montra la jeune femme, qui se serra encore plus fort contre lui.

« Vous voulez vous attirer des coups ? Silence ! » dit l'homme étendu. Ses mains se mirent à bouger, la douleur crispa son visage et il se mit à balancer la tête de droite à gauche. Il gémissait entre ses dents serrées. « Ah ! Ils m'ont pendu par les mains pendant trois heures, mes poignets sont cassés ! Cassés ! »

La jeune femme colla son visage sur la poitrine du jeune homme, qui avala sa salive.

On entendit des pas à l'extérieur du cachot ; en effet, un bruit de bottes venait du couloir. L'homme d'âge mûr se redressa soudain, ses yeux lançaient des éclairs de colère : « Moi... » Il allait crier.

M. Qian lui mit immédiatement la main sur la bouche ; son haleine chaude jaillissait entre ses doigts. « Je veux crier, afin que ces quadrupèdes entrent ici ! » dit l'homme en se débattant.

M. Qian le força à s'étendre de nouveau et le silence retomba sur le cachot ; le bruit des bottes dans le couloir avait disparu.

Le plus discrètement possible, il continua à poser des questions, et il put bientôt se faire une idée de la situation : l'homme d'âge mûr ne savait pas de quel crime on l'accusait ; les Japonais l'avaient arrêté en se trompant sur la personne et on l'accusait d'un crime qu'il n'avait pas commis ; comme il refusait de se soumettre, on l'avait pendu par les mains pendant trois heures et ses poignets étaient maintenant cassés.

Les deux jeunes gens ne savaient pas non plus de quel crime ils étaient coupables, ils avaient été arrêtés dans le tramway. Ils étaient camarades d'école et jeunes mariés. N'ayant pas encore été interrogés, ils avaient très peur ; ils savaient en effet qu'ils seraient bientôt soumis à la torture.

M. Qian aurait bien voulu aider tous ces « criminels », mais en contemplant les chaînes qui lui liaient les chevilles il sourit intérieurement. En regardant ce jeune couple, il pensa à ses fils. Le jeune étudiant ne ressemblait ni à Mengshi ni à Zhongshi, mais plus il le regardait, plus il avait l'impression d'avoir devant lui un de ses garçons. Au bout d'un moment, il réalisa que ce jeune homme ne ressemblait en fait en rien à Zhongshi, qui venait de tuer des Japonais et de se sacrifier en même temps. Désormais, son fils vivrait éternellement dans le cœur de la nation à travers des poèmes élogieux, alors que ce jeune homme ne serait peut-être capable que de jouir tranquillement de la vie avec sa femme. Il dit alors tout bas, comme en s'adressant à lui-même :

« Courage ! N'aie pas peur ! Nous allons tous mourir, mais il faut mourir avec panache ! Tu m'entends ? »

Le jeune homme se contenta de lever vers lui des yeux vides.

Le soir même, un soldat japonais entra dans le cachot, une torche électrique à la main. Il pointa le faisceau sur la jeune femme et la prit par le bras. Elle poussa un cri aigu. Son compagnon se leva brusquement, mais le soldat lui donna un coup de poing qui le fit vaciller et il s'écroula dans un coin du cachot. Le soldat tira alors la jeune femme vers l'extérieur ; comme elle se débattait, un autre soldat entra, qui la porta hors du cachot.

Le jeune homme leur courut après, mais la porte se referma sur son visage. Il resta quelques instants ainsi, stupidement appuyé contre la porte. On entendait encore les cris aigus et les pleurs de sa femme qui pénétraient dans le cachot comme autant d'aiguilles acérées. Elle cessa de crier. Il se mit à pleurer tout bas.

M. Qian voulut se lever pour le réconforter, mais ses chevilles étaient engourdies et il n'arriva pas à se mettre debout. Il aurait pu parler, mais sa langue semblait complètement inerte. Il fixait le noir. Il pensa soudain :

« Il ne faut pas mourir ! Il ne faut pas mourir ! Je dois vivre, quitter ce cachot, je veux les tuer de la façon dont ils nous tuent ! Je veux vivre pour me venger ! »

Juste un peu avant l'aube, une légère lumière apparut derrière la grille de la lucarne. En la contemplant, il eut l'impression de voir une toile d'araignée ; il frissonna, le vent du petit matin était très froid. Le temps lui durait qu'il fasse grand jour ; peut-être espérait-il que, le jour venu, il pourrait sortir du cachot. Il chercha du regard le jeune homme, mais ne le vit pas. Il aurait voulu lui confier :

« J'ai souvent vu écrit, sur le fronton des églises, ces trois mots : " Confiance, espoir, amour ". Je ne comprenais pas très bien leur signification. Aujourd'hui, j'ai compris : aie confiance en ta force, espère continuer à vivre, aime ton pays ! »

Tout à coup, la porte s'ouvrit et la jeune femme fut jetée dans le cachot comme on aurait jeté un chien mort.

Par la lucarne entra une lumière rougeoyante.

La jeune femme avait le bas du corps nu, et sur le haut elle ne portait qu'un petit gilet blanc à même la peau. Elle ne bougeait plus. Elle avait les cuisses en sang.

Le jeune homme ôta sa tunique et lui en couvrit les jambes. Puis, il dit à voix basse : « Cuiying ! Cuiying ! » Elle restait immobile, muette. Il lui prit une main, elle était glacée. Il colla sa bouche contre son oreille et dit à nouveau : « Cuiying ! Cuiying ! » Elle ne bougeait pas. Elle était morte.

Le jeune homme ne dit plus rien, il ne la toucha plus. Les mains dans les poches, il avança vers la lucarne. Le soleil s'était levé, le grillage brillait – il n'y avait pas longtemps qu'on l'avait installé. Le jeune homme, la tête relevée, fixa pendant un bon moment les barreaux de fer. Brusquement, il bondit et, agrippant le rebord de la fenêtre, il essaya de se frapper la tête contre la grille, mais la lucarne étant trop haut, il se laissa retomber sur le sol.

M. Qian avait regardé la scène et ne savait pas s'il avait fait cela pour fuir ou pour se suicider.

Le jeune homme se retourna et contempla le corps de sa femme ; il éclata en sanglots. En pleurant, il reculait. Arrivé à une certaine distance, il donna l'impression de vouloir bondir à nouveau, sans doute pour cette fois se frapper la tête contre le mur.

« Que veux-tu faire ? » lui cria le vieux Qian très fort.

Le jeune homme resta interdit.

« Elle est morte, alors, toi, tu veux mourir aussi ? Et qui va la venger ? Allons ! Un peu de courage ! Venge-toi ! Mais venge-toi donc ! »

Le jeune homme resta immobile, les mains dans les poches. Au bout d'un long moment, il se baissa, prit sa femme dans ses bras et doucement lui dit quelques mots à l'oreille. Il la déposa alors près d'un mur, puis inclina la tête dans la direction de M. Qian ; on aurait dit qu'il acceptait le conseil du vieux.

À ce moment, la porte s'ouvrit, un soldat entra, accompagné d'une personne qui devait être un médecin. Celui-ci jeta un coup d'œil au cadavre, sortit un formulaire et demanda au jeune homme d'y apposer sa signature. « Maladie contagieuse ! dit le médecin en chinois. Signez ! » Il lui passa un stylo Parker de qualité. Se mordant les lèvres, le jeune homme refusait de prendre le stylo. M. Qian toussa et lui envoya un coup d'œil significatif. Finalement, il signa.

Le médecin mit précautionneusement le formulaire dans sa poche, puis il s'approcha de l'homme d'âge mûr qui était resté silencieux toute la nuit. De sa gorge sortirent quelques sons, mais il n'ouvrit pas les yeux ; ce devait être un honnête homme, car même tout près de son dernier souffle, il refusait de se plaindre ; il avait perdu connaissance, mais semblait encore vouloir cacher ses souffrances injustement subies. Apparemment satisfait, le médecin cilla, puis dit très poliment au soldat : « Désinfection ! » Celui-ci traîna vers l'extérieur le corps du moribond.

Dans le cachot, il ne restait plus que le médecin et deux hommes à peu près valides ; le médecin sembla hésiter, puis, se frottant les mains, il respira bruyamment, fit une profonde révérence, sortit et ferma la porte à clé.

Le jeune homme tremblait de tout son corps, il s'accroupit.

« Une maladie contagieuse ! dit le vieux Qian à voix basse. Les Japonais sont en effet les pires bactéries qui soient ! Si tu ne veux pas être contaminé, cherche à sortir de là et n'oublie pas que seuls les bons à rien pensent à se suicider ! »

La porte s'ouvrit de nouveau, un soldat apportait les vêtements de la jeune femme, il les jeta à son mari. « Toi, elle, allez-vous-en ! »

Le jeune homme posa les vêtements par terre et se redressa ; il faillit se ruer sur le Japonais. M. Qian toussa de nouveau et lui dit : « Va-t'en ! »

Le jeune homme habilla le cadavre et le prit dans ses bras.

Le soldat ajouta : « Dehors, il y a voiture ! Si tu dis aux autres, couper la tête ! Couper la tête ! »

Sa femme morte dans les bras, le jeune homme restait debout près de M. Qian ; il semblait vouloir lui dire quelque chose.

Le vieux Qian baissa la tête.

Le jeune homme sortit lentement.

CHAPITRE XXXIV

Il était maintenant seul dans le cachot ; la pièce lui parut soudain très grande et terriblement vide, comme s'il y manquait quelque chose. Il ferma les yeux et se sentit un peu mieux. Il ne voyait que l'homme d'âge mûr gisant sur le sol et, assis dans leur coin, le jeune homme et sa femme. Leur présence le réconfortait. Il se rappelait leur voix et leur physionomie, mais il ne pouvait s'empêcher bien sûr de penser à leur sort malheureux. Qu'allait-il advenir du jeune homme ? Allait-il s'enrôler dans l'armée ? Ou bien...

Quoi qu'il en soit, il lui avait donné le meilleur des conseils, et s'il se décidait à le suivre il pourrait tenir tête à l'ennemi comme Zhongshi l'avait fait. Oui, puisque l'ennemi était une maladie contagieuse, Zhongshi et les autres jeunes gens comme lui devaient se transformer en désinfectants. Il rouvrit les yeux ; la pièce ne lui paraissait plus aussi vide ; d'ailleurs, ce n'était plus un simple cachot, mais le quartier général de la résistance, point de départ de la lutte pour l'anéantissement de l'ennemi ! Les Japonais venaient de tuer sans raison un homme d'âge mûr et une belle jeune femme ; un tel acte arbitraire ne pouvait qu'engendrer la haine et provoquer une juste vengeance, mais il avait aussi permis à un vieux rat de bibliothèque, uniquement capable de préparer son absinthe et de se distraire en s'occupant de fleurs et de plantes, de prendre conscience de la grandeur de son pays et de la décadence qui le menaçait.

Il se calma. Assez de colère contre la cruauté de l'ennemi ; assez de raisonnement ; il était temps de se demander qui allait avoir le dernier mot. Certes, il avait les pieds enchaînés, plusieurs de ses dents branlaient, et il était prisonnier de ce cachot étroit, antichambre de la mort, mais dans son for intérieur il ne s'était jamais senti aussi fort ; son corps était en prison, mais son esprit s'était déjà envolé vers tous les endroits de la Chine où on se battait. Il n'avait pas d'arme, mais il était encore bien vivant et, s'il avait réussi à convaincre un jeune homme, il saurait en encourager d'autres jusqu'à son dernier souffle. Si jamais il sortait vivant de ce cachot, il espérait maintenant pouvoir se battre contre l'ennemi, comme Zhongshi l'avait fait !

Il avait oublié ses poèmes, ses peintures, son vin, ses fleurs, ses plantes et jusqu'à son corps ; il était devenu un souffle. Il trouvait même que son cachot était beau. C'était sa prison, mais aussi celle de beaucoup d'autres personnes et elle était devenue le point de contact entre des destinées particulières et celle de la nation. Contemplant ses fers, tâtant les blessures de son visage, il sourit. Il décida de manger le peu de riz qu'on lui avait apporté, afin de pouvoir mieux résister aux coups de fouet impitoyables. Il devait vivre, car c'était en se maintenant en vie qu'il pourrait penser à sa mort ! Il était en ce moment comme une personne qui, tombée à l'eau, s'agrippe à une planche de bois, parce qu'elle trouve là son seul salut. Il ne devait plus penser à mourir. Il allait enfin connaître une vie authentique où le sang coule, où l'on souffre, où l'on assume des responsabilités plus lourdes que le mont Taishan [1].

Au bout de cinq ou six jours, il n'était toujours pas passé en jugement. Au début, il s'impatientait, mais petit à petit il se soumit à l'évidence : l'ennemi avait tous les pouvoirs en main et il était inutile de s'énerver. Un jour, on lui fit passer une gerbe de paille de riz, qu'il étala sur le sol ; parfois, il en tirait un ou deux brins qu'il enroulait sur ses doigts pour se distraire. Dans un de ces brins, il découvrit un petit insecte qu'il déposa précautionneusement sur le sol ; il avait trouvé un nouvel ami. L'insecte se recroquevilla et

---

1. La plus orientale des Cinq Montagnes sacrées, située dans le Shandong.

ne bougea plus. Il le contempla, ne sachant comment lui redonner un peu de vie et d'entrain. Il lui parla tout bas, comme s'il voulait s'excuser :

« Tu pensais être en sécurité dans ce brin de paille, mais tu vois, tu es quand même tombé entre mes mains ! Moi aussi, auparavant, je me sentais tout à fait en sécurité, cependant je me rends compte maintenant que je vivais comme toi dans un brin de paille ! Ne te fâche pas, nous ne vivrons pas plus longtemps l'un que l'autre ; si seulement nous pouvions nous entraider, notre vie pourrait sans doute durer plus longtemps ! Pardonne-moi de t'avoir dérangé ! Mais, c'est ta faute, tu n'aurais pas dû mettre toute ta confiance dans un brin de paille ! »

Le même soir, il fut cité à comparaître en justice. L'interrogatoire eut lieu à l'étage supérieur, dans une vaste pièce qui devait être une salle de classe. La pièce était éclairée très faiblement, mais dès qu'il en eut franchi le seuil une lumière intense jaillit, qui l'aveugla et lui fit fermer les yeux. Il fut entraîné devant le bureau du juge ; de l'autre côté de la table, il découvrit trois visages luisants, verdâtres, trois visages immobiles qui le regardaient ; on aurait dit six yeux de chats fixant une souris. Brusquement, les trois têtes se penchèrent vers lui, découvrant en même temps leurs dents blanches.

Il les regarda sans bouger. M. Qian était un poète chinois, il n'avait jamais cru aux forces diaboliques ni à quelque divinité que ce soit ; il trouvait le stratagème d'un très mauvais goût et l'attitude des Japonais vraiment ridicule. Il ne rit pas, car il savait qu'ils étaient aussi capables de se comporter comme de vrais démons.

Soudain, le diablotin vert du milieu inclina légèrement la tête vers la gauche puis vers la droite, sans doute pour affirmer : « C'est un type fort ! » Il commença à poser des questions dans un chinois très approximatif :

« De quoi es-tu ? »

M. Qian voulut répondre sans réfléchir :

« Je suis chinois ! »

Mais il se retint. Il lui fallait être prudent et ne pas

s'exposer aux coups pour une simple satisfaction passagère. Cela dit, il ne trouvait vraiment pas de réponse adéquate.

« De quoi es-tu ? » Le diablotin répéta sa question, mais précisa aussitôt ce qu'il voulait dire : « Toi, communiste ? »

Il hocha la tête négativement. Il eut encore une forte envie de répliquer avec malice : « Le gouvernement de Nankin qui résiste contre les Japonais n'est pas communiste ! » Il se retint une seconde fois.

Le visage vert de gauche parla : « Le premier août, où étais-tu ?

– Chez moi !

– Que faisais-tu chez toi ? »

Il réfléchit, puis : « Je ne me rappelle plus ! »

Le visage vert de gauche envoya un coup d'œil significatif aux deux autres visages verts : « Ce type est fort ! »

Le visage vert de droite tendit le cou, sifflant entre ses dents tel un serpent : « Toi ! Tu veux recevoir gifles ! » Puis, rentrant aussitôt le cou, il agita la main droite.

M. Qian sentit un souffle derrière lui, et au même moment un fouet lui cingla le dos telle une barre de fer rougie par le feu ; en tombant, il se heurta la tête contre le bureau. Il ne put plus se contenir. Tel un tigre furieux, il poussa un rugissement. S'appuyant avec ses mains sur le bureau, il hurla : « Frappez ! Frappez ! Je n'ai rien à vous dire ! »

Les trois visages verts sourirent en serrant les dents. Ils jouissaient du sifflement du fouet et du rugissement de colère du vieux. Il n'y avait aucune haine dans leur attitude ; ils n'avaient rien à lui reprocher, non, ils désiraient seulement assister à cette scène de torture et l'entendre hurler ; leur profession, leur religion et leur plus grand plaisir, c'était de frapper cruellement des innocents.

Le fouet semblait contrôlé mécaniquement, il cinglait de manière régulière, sans interruption, toujours avec précision et force. Peu à peu, le vieux se mit à gémir, il soufflait comme un cheval qui s'est brisé les pattes, les yeux exorbités. Soudain, il eut une nausée et il s'évanouit.

Quand il reprit connaissance, il était dans son cachot. Il avait soif, mais il n'y avait pas d'eau. Le sang sur son dos s'était entièrement coagulé, et à chaque mouvement, il lui semblait que quelqu'un appuyait sur ses plaies. Il avait soif, il avait mal ; il s'assit dans un coin pour éviter d'appuyer son dos contre le mur. Il perdit connaissance plusieurs fois avec l'étrange impression que sa vie s'évanouissait comme de la vapeur ; il ne pensait plus à rien, ne distinguait plus le jour de la nuit, avait oublié la colère et le ressentiment ; quand il était sur le point de s'évanouir, il criait son nom, comme pour se dire : « Continue à vivre ! Continue à vivre ! » Ainsi, quand sa vie s'envolait, happée par les ténèbres, il entendait de loin ses propres appels et revenait à lui. En serrant les dents, en fermant les yeux, il arrivait à emprisonner un peu d'air en lui-même, et ces ondoiements amoindrissaient ses souffrances ; dans cet état entre la vie et la mort, il avait acquis la paix et la délivrance. Il ne devait absolument pas se relâcher, il fallait qu'il endure ces souffrances pour continuer à vivre !

Torturer les gens était devenu pour les Japonais une forme d'art. Quand il fut appelé à nouveau à comparaître en justice, c'était par un bel après-midi. Il n'y avait cette fois qu'un seul juge en civil, installé dans une très petite pièce aux murs vert pâle ; les fenêtres étaient grandes ouvertes, le soleil y pénétrait en frappant au passage un hortensia rouge vif posé sur le rebord d'une fenêtre. Le juge était assis près d'une table couverte d'un tapis de velours vert sombre sur laquelle était posé un petit vase, d'une beauté très classique, dans lequel on avait mis un bouquet de fleurs automnales. À côté du vase, il y avait deux coupes et une bouteille remplie d'un vin jaune clair. Quand M. Qian entra dans la pièce, le juge feuilletait un livre de poésie chinoise ancienne ; on aurait dit que son esprit s'était envolé très loin grâce à la poésie et qu'il avait oublié ce bas monde ; ce ne fut que lorsque le vieux s'approcha qu'il revint à la réalité. Il posa son livre, s'empressa de se lever en s'excusant à plusieurs reprises, puis invita son « hôte » à s'asseoir. Il parlait le chinois couramment, utilisant à tout moment des mots très savants.

Le vieux Qian s'assit. L'homme respira fort plusieurs fois,

versa du vin dans les coupes, puis il leva la sienne en disant : « Buvons ! » M. Qian releva la tête et but d'un trait. L'homme fit de même, puis il remplit les coupes en respirant fort de nouveau. Après avoir vidé la deuxième coupe, il dit en souriant :

« C'est une méprise, une petite méprise ! Je vous demande de ne pas prendre tout cela au sérieux !

– Une méprise ? » Après avoir absorbé deux coupes de vin, le corps du vieux Qian était tout réchauffé. Il aurait préféré garder le silence, mais le vin le poussait à parler malgré lui.

Le Japonais ne lui répondit pas directement, il fit seulement un sourire rusé, puis il remplit de nouveau les coupes de vin. Voyant le vieux Qian vider la sienne, il dit :

« Vous savez composer des poèmes ? »

Le vieux ferma lentement les yeux en guise de réponse.

« C'est de la poésie moderne ou classique ?

– Je ne maîtrise pas encore la poésie moderne !

– Très bien ! Nous, les Japonais, nous aimons beaucoup la poésie classique ! »

Le vieux Qian hésita un instant avant de dire :

« Les Chinois vous ont appris à composer des poèmes classiques, et vous n'avez pas encore appris la poésie moderne ! »

Le Japonais se mit à rire aux éclats. Il leva sa coupe :

« Portons un toast à notre culture commune et au fait que nous partageons honneur et déshonneur ! Tous les hommes sont frères, mais nous, nous sommes presque des frères jumeaux ! »

Le vieux Qian ne leva pas sa coupe :

« Frères ? Si vous venez chez nous pour nous tuer, alors vous et moi, nous sommes plutôt des ennemis ! Frères ? Vous plaisantez ou quoi ?

– C'est une méprise ! Une méprise je vous dis ! »

L'homme souriait toujours, mais moins naturellement.

« Ils agissent à leur guise, et, moi-même, je ne suis pas toujours d'accord avec eux !

– Qui ça, " ils " ? »

Le Japonais plissa les yeux.

« Je suis votre ami et je suis prêt à devenir votre meilleur ami, dans la mesure où vous acceptez ces quelques conseils donnés de bonne foi ! Voyez, vous êtes un Chinois de la vieille génération, vous aimez bien boire et réciter des poèmes, et j'aime beaucoup les gens comme vous ! Bien qu'inévitablement " ils " agissent à leur guise, ils n'agissent pas entièrement à l'aveuglette ; ils s'en prennent surtout à tous ces jeunes gens qui écrivent et aiment lire des poèmes de style nouveau, ces jeunes qui d'ailleurs ne sont pas de vrais Chinois, qui ont été trompés par les Britanniques et les Américains et qui s'opposent aux Japonais, ce qui n'est pas très malin de leur part ! La force armée japonaise est invincible dans le monde, si vous osez vous y opposer, vous courez tout droit à votre propre perte. En conséquence, bien que je sois impuissant à les empêcher d'agir comme ils le font, et aussi impuissant à convaincre vos jeunes engagés dans la résistance, je suis bien décidé à établir des contacts avec des Chinois tels que vous.

« Dans la mesure où vous et moi nous serons parfaitement sincères l'un envers l'autre, nous pourrons peu à peu étendre notre force et notre influence, nouer des relations sincères entre le Japon et la Chine, et devenir de vrais amis qui se comprennent et s'entraident, partageant bons et mauvais moments ! Si vous avez un souhait quelconque, dites-le-moi ! Je suis assez puissant pour vous faire libérer et je peux vous faire nommer à un poste dans la fonction publique si telle est votre volonté ! »

Le vieux Qian ne répondit pas.

« Alors ? insista le Japonais. Oh ! Je ne veux pas vous obliger à prendre une décision hâtive ! Les vrais Chinois prennent toujours leur temps ! Ne vous pressez pas, vous voulez réfléchir ?

– C'est tout réfléchi ! Si vous êtes prêt à me libérer, alors faites-le !

– Et une fois que vous serez libéré ?

– Je n'accepte aucune condition ! Et je préfère mourir de faim que de perdre mon honneur.

– Vous devez être raisonnable ! Si je vous libère sans raison, comment pourrais-je me justifier ?

– À vous de décider ! Je tiens à ma vie, mais encore plus à mon intégrité !

– Quelle intégrité ? Nous ne voulons pas détruire la Chine !

– Alors, pourquoi nous faites-vous la guerre ?

– C'est un malentendu !

– Un malentendu ? Alors qu'on aille jusqu'au bout ! À moins que l'histoire ne dise des mensonges, viendra le jour où nous saurons s'il s'agit bien d'un malentendu.

– Bien ! » Le Japonais se frotta lentement le visage de la main. Il baissa la paupière droite jusqu'à ne laisser paraître qu'une mince fente, son œil gauche restait ouvert. « Eh bien, je vais commencer par vous laisser sans manger pendant trois jours ! On verra ensuite ! »

Le vieux Qian se leva, il eut comme un vertige, il s'agrippa à la table et se reprit.

Le Japonais tendit la main :

« Ne serait-ce pas mieux si nous nous serrions la main ? »

Le vieux Qian ne réagit pas, il sortit lentement. Il franchissait déjà la porte quand l'autre ajouta :

« Dès que vous serez convaincu, avertissez-moi ; n'oubliez pas que je suis prêt à devenir votre ami ! »

De retour à son cachot, il ne voulut plus penser à rien ; maintenant, il allait lui falloir supporter la faim avec courage. Eh oui, les Japonais étaient passés maîtres dans l'art de torturer les gens : après les avoir meurtris physiquement, ils les punissaient moralement. Il sourit.

Le même soir, trois nouveaux prisonniers furent amenés dans le cachot, tous des hommes d'une trentaine d'années. On voyait à leur air épouvanté qu'ils n'étaient coupables de rien ; seuls ceux qui ont vraiment commis de « mauvaises actions » attendent très calmement leur jugement. Il ne leur posa aucune question, il leur recommanda seulement à voix basse :

« Tenez bon devant la torture ! Que vous soyez coupables ou non, l'issue sera la même, alors à quoi bon les vaines supplications ? Ne craignez rien, notre pays a perdu son indépendance, et vous allez souffrir ! Tenez bon, si jamais ils ne vous tuent pas, le jour viendra où vous pourrez vous venger ! »

Pendant trois jours, on ne lui donna rien à manger. Pendant trois jours, les nouveaux venus furent soumis à la torture chacun à son tour ; cherchait-on à l'impressionner ? La faim, les souffrances, le carnage ne firent que l'enfermer un peu plus dans son silence. Il ne savait toujours pas de quel crime il était accusé, il ne savait pas non plus pourquoi les Japonais insistaient tant pour qu'il collabore avec eux.

Malgré ces trois jours sans nourriture, il avait gardé toute sa lucidité : quelles que soient les intentions des Japonais, lui, il devait rester ferme ; puisqu'ils disaient qu'il était coupable, il en subirait les conséquences, mais s'ils lui demandaient de collaborer, alors là, il saurait garder toute son intégrité, même au prix de sa vie. Il voyait clair en lui et tout était en fin de compte très simple. Si vous vous trouvez face à un tigre, il est inutile de raisonner trop longtemps, il faut seulement vite choisir entre le combat et la fuite. Connaître les raisons qui poussent le tigre à vous attaquer ne vous avancera à rien, et si vous choisissez l'affrontement, alors il faut rendre coup pour coup pour parvenir à vos fins !

Il pensa à Zhongshi. Il se demandait pourquoi les Japonais n'avaient jamais mentionné son nom ; avait-il vraiment accompli cet exploit glorieux ? Et si Guan Xiaohe avait dénoncé un autre crime ! Quoi qu'il en soit, si on l'avait vraiment arrêté à cause de ce qu'avait fait son fils, il était prêt à tout avouer sans aucune hésitation et à attendre tranquillement d'être exécuté.

Pourquoi lui demandait-on de collaborer ? Était-il pour les Japonais le type même du collaborateur ? Cette idée ne lui plaisait pas du tout. Bien sûr, il avait plus de cinquante ans, et il n'avait jamais accompli quoi que ce soit d'utile pour son pays ou pour la société, mais il n'avait jamais fait non plus la moindre chose qui puisse leur porter tort. Alors pourquoi les Japonais le considéraient-ils comme un traître en puissance ? Il pensa soudain à ces peintures anciennes où des personnages vêtus d'une ample robe et d'une large ceinture passent leur temps à écouter le luth et à contempler les fleurs ; ce sont eux aussi des personnages indifférents aux affaires de leur pays, et bien sûr que les Japonais les apprécient tout particulièrement : ils sont passifs, prêts à se retirer du monde ou à refuser les propositions d'un nouveau gouvernement, mais tout à fait incapables de risquer leur vie dans un acte héroïque !

« Bien ! Bien ! Bien ! se dit-il. Que Zhongshi ait accompli son geste ou non, moi, je dois devenir un homme nouveau directement impliqué dans les affaires de mon pays, et ne plus rester indifférent à tout ! En fait, pour m'être accordé trop de moments de loisir et pour avoir mené une vie oisive, je mérite d'être puni ! À partir d'aujourd'hui, je me battrai pour me consacrer entièrement à mon pays ! »

Malgré ses blessures, il se sentit tout à coup transparent comme un bloc de cristal. Il se doutait bien que les Japonais n'en arrêteraient pas leurs tortures pour autant et que, même s'il était en diamant, ils s'efforceraient de le réduire en poudre.

Il tenait bon. Quand la torture devenait insupportable, il criait : « Frappez ! Frappez donc ! Je n'ai rien à avouer ! » Il serrait les dents, mais bientôt elles tombèrent sous les coups. Ils le forçaient à boire de l'eau froide, des seaux entiers, puis ils la lui faisaient rendre ; ils faisaient rouler des barres de fer sur ses jambes ou ils lui brûlaient le crâne avec de l'amadou. Quand il s'évanouissait, ils l'arrosaient d'eau pour qu'il reprenne connaissance. Il endurait tout, il tenait bon. Le temps passait très lentement pendant ses moments de lucidité ; par contre, il passait très vite quand il était sans connaissance. Il avait décidé de ne pas se soumettre, et chaque fois que sa vie risquait de lui échapper il se ressaisissait.

Les gens qui partageaient son cachot n'y restaient pas longtemps et il ne se rappelait plus combien il en avait vu passer. Étaient-ils libérés ou exécutés, il n'aurait pu le dire. Voyant l'état dans lequel il était, la plupart n'osaient lui adresser la parole. Lui, au contraire, en mobilisant toutes ses forces, il les encourageait et leur demandait de ne jamais modérer leur haine et de se préparer à la vengeance. Cela était devenu le seul but et la seule mission du peu de vie qui lui restait. Il n'était plus qu'une voix, et tant qu'il aurait du souffle, il la ferait entendre.

Bientôt, ses forces l'abandonnèrent ; il ne souffrait plus, il perdit connaissance et resta ainsi plusieurs jours entre la vie et la mort.

Il revint à lui un soir, au moment du coucher du soleil. Il ouvrit les yeux et aperçut debout devant lui un homme à l'allure digne qui le regardait. Il ferma de nouveau les yeux. Il eut vaguement l'impression que cet homme lui avait posé des questions, mais il ne se rappelait pas ce qu'il avait répondu. Il se souvenait en revanche que cet homme lui avait pris la main très doucement et très cordialement ; retrouvant alors un peu de lucidité, il sentit la chaleur de cette main lui parvenir jusqu'au cœur. Il entendit sa voix lui dire : « Ils m'ont arrêté par erreur, je vais être libéré dans un moment et je peux vous sauver. Je fais partie d'une société secrète et je vais leur dire que vous aussi vous en faites partie, d'accord ? »

Il ne se souvenait plus de ce qui s'était passé ensuite, il n'avait qu'un vague souvenir d'empreintes digitales apposées sur un registre, de serment fait de ne jamais raconter à personne les tortures qu'il avait endurées, et enfin de porte par laquelle on l'avait poussé dans la rue. Il se retrouva étendu au pied d'un mur, à demi inconscient.

Le vent d'automne était très froid et cela l'aida à rester éveillé. Autour de lui, il faisait très noir, il n'y avait rien ni personne, seulement au loin quelques lumières et des aboiements. Il réunit le peu de force qui lui restait et se mit à ramper désespérément, sans se soucier de la direction vers laquelle il se dirigeait ; mais soudain ses mains fléchirent et il se retrouva à plat ventre sur le sol : il n'avait plus la force de bouger. Au moment où il lui sembla qu'il allait reperdre connaissance, une silhouette parut devant lui, celle de Guan Xiaohe.

Comme une personne qui, entre la vie et la mort, voit

instantanément défiler toute son existence, il se rappela tout ce qui s'était passé, et Guan Xiaohe était le seul responsable de tout cela. Il parvint par miracle à relever la tête. Il aperçut derrière lui l'endroit où il avait vécu si longtemps : l'université de Peiping. Il irait vers l'ouest, car Guan Xiaohe habitait à l'ouest. Il ne pensait même pas à sa famille, il ne pensait qu'à ce Guan Xiaohe qui l'avait envoyé en prison, et qui maintenant allait le reconduire jusqu'à chez lui. La première chose qu'il voulait faire, c'était montrer qu'il n'était pas mort.

Il rampait, roulait, sueur et sang coulaient sur son corps, la sueur salée dans ses blessures le faisait souffrir terriblement, mais il continuait d'avancer ; il avait devant les yeux Guan Xiaohe, souriant, qui lui indiquait le chemin.

Quand il arriva à la ruelle du Petit-Bercail, il était pratiquement à bout de souffle. Il franchit en rampant le seuil de sa maison. Il ne se rappelait plus comment il était rentré chez lui. Il ne pensait qu'à Guan Xiaohe. Celui qui a fait du tort à un honnête homme sera coupable pour l'éternité. Il lui fallait immédiatement dénoncer son crime...

Peu à peu, il reconnut les gens et le passé lui revint par bribes à l'esprit. Il était presque « reconnaissant » à Guan Xiaohe de lui avoir indiqué le chemin, sans doute sans lui serait-il mort dans la rue, tel un chien errant blessé. Maintenant qu'il allait mieux, il lui arrivait de sourire à l'idée que l'homme qui lui avait fait tant de mal l'avait aussi sauvé, bien sûr sans le vouloir !

Il était très reconnaissant envers Ruixuan, M. Jin et Mme Li des soins qu'ils lui avaient apportés, mais il ne savait toujours pas comment il pourrait les payer de retour. Il n'avait qu'une idée en tête : se remémorer tout ce qui lui était arrivé depuis son arrestation jusqu'à ce qu'il sorte de prison. Tous les jours, il repassait cela dans sa tête et, à mesure qu'il guérissait, plus de détails lui revenaient. Certes, il y avait encore de nombreux trous, mais progressivement il avait maintenant presque tout reconstitué. Il pouvait par association d'images faire resurgir de nombreux détails, un peu comme quand il était enfant, à l'école, il pouvait enchaîner sur n'importe quelle phrase de *La Grande Étude* ou de *L'Invariable Milieu*[1] citée par le maître.

En conclusion de toute cette aventure, il était déterminé à ne jamais oublier une chose : sa vengeance. Sa santé qui lui revenait peu à peu, la bienveillance et l'affection de ses proches parents et de ses amis n'y changeraient rien.

Ruixuan avait posé à M. Qian de nombreuses questions, mais il n'avait jamais voulu rien dire, non parce qu'il l'avait juré devant l'ennemi, mais parce qu'il voulait garder tout cela dans son cœur, comme une chose rare qu'on ne veut montrer à personne. Ce n'était qu'en agissant ainsi qu'il pourrait exécuter scrupuleusement son plan de vengeance ; les lettrés préfèrent parler qu'agir ; lui, il était tout à fait décidé à se corriger.

Il regrettait de ne pas savoir qui était la personne qui l'avait sauvé. Il ne se souvenait que très vaguement de sa silhouette, mais n'avait bien sûr aucune idée ni de son nom, ni de sa profession, ni de la région dont elle venait ; peut-être d'ailleurs ne le lui avait-il pas demandé. Il aurait bien voulu savoir qui était cet homme, au moins pour en faire un ami, et qui sait ? il aurait pu, lui, l'aider à se venger.

Il pensait souvent à sa femme et à son fils, mais toujours en relation avec ce qui lui était arrivé ; cela l'aidait à renforcer sa haine. Il n'aurait pas dû aller en prison. Ils n'auraient pas dû mourir. Tout cela était arrivé à cause des Japonais, et il ne pouvait considérer ses tortures et la mort des siens seulement comme une fatalité ; s'il pensait cela, il lui serait désormais impossible de vivre comme un être humain et de mourir comme un être humain.

Depuis quelque temps, il se mettait à penser à l'avenir. Cela ne le préoccupait pas trop, mais il était quand même inquiet à propos de sa belle-fille. Son installation ici ne posait pas de difficultés particulières, mais il avait appris

1. Le *Daxue* et le *Zhong Yong,* deux des « Quatre Livres » de l'école confucéenne.

qu'elle était enceinte, et il ne pouvait pas oublier le petit-fils ou la petite-fille qui allait naître. Sa propre vie comptait peu, celle de l'enfant énormément. Certes, il devait se venger, mais il voulait aussi veiller sur ce petit-enfant. À l'autre extrémité de la vengeance, il y avait l'amour, et il fallait absolument arriver à concilier les deux bouts.

« Belle-fille ! » appela-t-il doucement.

Elle entra. Il la regarda longuement avant de dire :

« Tu n'es pas trop fatiguée ? J'aimerais bien que tu ailles chercher ton père et qu'il vienne ici. »

Elle accepta immédiatement. Elle avait entièrement recouvré sa santé, son visage avait repris une légère teinte rosée. La plaie dans son cœur n'était pas cicatrisée, mais, tenant compte de l'enfant qu'elle portait en elle et des nombreux conseils de Mme Li, elle avait décidé de ne plus pleurer pour un oui ou pour un non, ou de s'inquiéter outre mesure.

Quand elle eut quitté la pièce, il se redressa dans son lit et attendit M. Jin les yeux fermés. Il espérait le voir arriver le plus vite possible ; soudain, il réalisa qu'il avait oublié de recommander à sa belle-fille d'être prudente sur son chemin, il marmonna : « Elle sait bien qu'il faut faire attention ! Elle le sait, la pauvre enfant ! » Il eut envie de se moquer de lui-même : comment un être si sensible pourrait réussir à se venger de l'ennemi ?

La jeune femme revint au bout d'une heure environ. Le front rouge de M. Jin était luisant de sueur, non parce qu'il avait marché trop vite, mais parce qu'il avait été contraint de suivre sa fille à pas lents. Il dit dans un soupir : « Si un jour je suis obligé de la suivre ainsi pendant une journée, j'en mourrai d'impatience, c'est sûr ! »

La jeune femme n'aimait pas parler, mais devant son père, elle ne put se retenir de jouer un peu à l'enfant gâtée : « Et j'ai marché vite, tu sais !

– Bien, bien ! Va donc te reposer un moment ! » Les yeux du vieux Qian s'éclairèrent d'une douce lueur de tendresse. En général, il n'était pas vraiment porté à la sensiblerie, et entre sa belle-fille et lui il y avait toujours eu comme une espèce de voile. Aujourd'hui, il la trouvait la personne la plus pitoyable et la plus digne de respect qui soit. Tout, bientôt, risquait d'être anéanti, mais il fallait qu'elle vive, car elle portait en elle une vie qui permettrait aux morts d'être toujours présents.

« Monsieur Jin ! Excusez-moi, veuillez me passer la bouteille de vin qui est sous la table ! dit-il en souriant.

– Vous dites que vous n'allez qu'un peu mieux, et vous voulez boire du vin ! » M. Jin parlait sans détour au vieux Qian, proche parent et ami intime à la fois. Il trouva la bouteille de vin et alla chercher deux tasses à thé. Il versa le vin et demanda : « Ça suffit comme ça ? »

M. Qian d'un air agacé répliqua : « Passez-moi la bouteille ! Je vais servir moi-même ! ».

M. Jin remplit la tasse en poussant un soupir et la lui passa.

« Et vous ? demanda le vieux Qian.

– Il faut que je boive, moi aussi ? »

Le vieux Qian inclina la tête : « Oui et une tasse bien pleine ! »

M. Jin ne pouvait faire autrement.

« Buvons ! » M. Qian leva sa tasse.

« Allez-y doucement ! dit M. Jin, un peu inquiet.

– Ne vous en faites pas ! » Il avala son vin en deux gorgées.

Il montra le fond de sa tasse et attendit que l'autre en fasse autant. Alors, il l'interpella : « Monsieur Jin ! » Au même moment, il jeta avec force sa tasse contre le mur, où elle éclata en mille morceaux.

« Qu'est-ce qui se passe ? demanda M. Jin, qui n'y comprenait plus rien.

– Désormais, je ne boirai plus de vin ! dit M. Qian en fermant les yeux.

– C'est très bien ! » M. Jin tira à lui un tabouret et s'assit devant le lit.

M. Qian glissa brusquement sur le côté et s'agenouilla par terre ; avant que M. Jin n'ait pu faire le moindre geste, il s'était prosterné à ses pieds en se frappant le front sur le sol. M. Jin s'empressa de l'aider à se relever.

« Mais qu'arrive-t-il ? Qu'est-ce qui vous prend ? » Il fit asseoir M. Qian sur le bord du lit.

« Je vais avoir besoin de vous pour une affaire importante, et, bien que je vienne de me prosterner devant vous, vous ne devez pas vous sentir obligé d'accepter.

– Parlez, je vous en prie, vos affaires sont les miennes ! »

M. Jin sortit sa pipe et la bourra lentement de tabac.

« Il s'agit d'une affaire vraiment importante !

– Ne commencez pas à m'effrayer ! dit M. Jin en souriant.

– Ma bru est enceinte, et moi, il m'est carrément impossible de prendre soin d'elle. J'ai l'intention...

– De lui dire de retourner chez ses parents, n'est-ce pas ? Mais bien sûr ! Une affaire de si peu d'importance mérite-t-elle que vous vous prosterniez ? C'est ma fille, après tout ! »

M. Jin se trouva à la fois sage et généreux.

« Non, c'est autre chose qui me préoccupe ! Qu'elle donne naissance à un fils ou à une fille, il faudra que vous l'éleviez à notre place. Je vous confie ma belle-fille et mon descendant. Elle est encore jeune, et si un jour elle veut se remarier elle pourra le faire à son gré, sans avoir à me consulter, mais alors elle devra vous laisser l'enfant. Je ne me mêlerai de rien, et la seule chose que je vous demande, c'est de lui rappeler souvent comment sa grand-mère, son père et son oncle sont morts. Vous savez, monsieur Jin, ça sera une charge pour vous, réfléchissez avant de me répondre ! Si vous acceptez, les mânes des ancêtres de toutes les générations de la famille Qian vous en seront reconnaissants ; si vous refusez, je ne vous en voudrai absolument pas. Réfléchissez ! »

M. Jin ne savait pas au juste ce qu'il fallait décider ; sur le coup, il ne répondit rien et on n'entendait dans la pièce que le bruit de sa pipe. Il était plus habile au calcul qu'à la réflexion. Que sa fille revienne habiter chez lui, qu'il doive élever l'enfant, ça ne posait aucun problème ; deux bouches de plus à nourrir, la belle affaire ! En fait, ce qui le préoccupait, c'était de savoir ce que le vieux Qian allait devenir ! Afin de ne pas rester silencieux trop longtemps, il répondit par une question : « Et vous, que pensez-vous faire ? »

Le vin faisait son effet, et le visage de M. Qian avait légèrement rougi. Il eut une réponse un peu sèche :

« Ne vous faites pas de souci pour moi, je saurai bien me débrouiller. Si vous acceptez d'emmener votre fille, je confierai à M. Li la vente de ces vieux meubles, et ensuite, peut-être que je quitterai Peiping ou bien alors je louerai une petite chambre et je m'arrangerai pour vivre au jour le jour. Je saurai bien me débrouiller !

– Mais moi, ça m'inquiète ! » Le visage de M. Jin pâlit légèrement, il n'était vraiment pas rassuré. Lui-même, d'ailleurs, n'avait pas une situation sociale bien claire. Les gens qui avaient moins d'argent que lui disaient qu'il était avare, mais comme ils savaient qu'il était une force de la nature, ils n'oubliaient jamais de le saluer bien bas en se tenant toujours à une distance respectable. Les gens plus fortunés ne s'intéressaient à lui qu'en cas de besoin, et dès que leurs affaires étaient réglées ils lui donnaient sa commission et lui tournaient carrément le dos. Son seul véritable et bon ami, c'était justement M. Qian, avec qui il pouvait boire de bons coups et discuter en toute franchise, sans jamais parler affaires. Il ne pouvait le laisser quitter Peiping comme ça ni lui permettre de louer à la hâte une petite chambre dans laquelle il vivrait seul au jour le jour.

« Non, ce n'est pas possible ! Vous, avec ma fille, vous allez venir ensemble vivre chez moi ! J'ai de quoi vous entretenir tous. Vous avez déjà passé la cinquantaine et, moi, je vais vers mes soixante ans ! Nous aurons encore le loisir de boire de bons coups ensemble !

– Monsieur Jin ! » Le vieux Qian l'arrêta net. Il ne pouvait pas lui dévoiler son plan, même si, ce faisant, il avait l'impression de transgresser le principe selon lequel « il n'y a rien dont on ne puisse parler à ses amis ». Il savait bien que M. Jin était digne de confiance et qu'il aurait pu se confier à lui. Il resta muet pendant un long moment, puis reprit :

« Monsieur Jin, les temps ont changé, nous devons poursuivre notre chemin chacun de notre côté. Je vous demande simplement de me promettre de faire ce que je vous ai demandé.

– Je promets ! Mais vous devez aussi promettre de venir habiter chez moi ! »

De mauvaise grâce, M. Qian mentit :

« Faisons comme ça : laissez-moi d'abord essayer, pour voir si je peux me débrouiller tout seul. Si ça ne marche pas, alors je promets d'aller chez vous ! »

M. Jin resta silencieux pendant un moment, puis inclina la tête à contrecœur.

« Monsieur Jin, il faut faire tout cela le plus vite possible. Que ma belle-fille prenne tout ce qu'elle peut emporter ! Allez le lui dire ; moi, j'ai honte de lui en parler ! Sachez que c'est une aide importante que vous m'accordez et que, tant que je serai vivant, jamais, jamais je n'oublierai ce que vous avez fait pour moi. »

M. Jin avait les larmes aux yeux. Il se leva d'un bond, secoua avec force les cendres de sa pipe, puis en poussant un grand soupir, se dirigea vers la chambre de sa fille.

M. Qian était toujours assis sur le bord de son lit, ne sachant pas vraiment si en ce moment il ressentait de la joie ou de l'affliction. Il ne verrait jamais plus sa femme ni ses fils, et maintenant il se séparait de son vieil ami, de sa belle-fille et de ce petit-enfant qui n'était pas encore né ! Il aurait peut-être pu attendre de le connaître ; il était sûr que ce serait un garçon qui ressemblerait à Mengshi ! En même temps, il se disait qu'il avait raison d'agir ainsi, car face à cet enfant il ne penserait plus qu'à jouer son rôle de grand-père et oublierait tout le reste. « C'est un miracle si je suis encore en vie, et je ne peux passer mon temps à veiller sur mon petit-fils ! Non, je ne dois pas m'en vouloir d'agir ainsi, et puis... l'ennemi est beaucoup plus impitoyable que moi ! » Il regarda la bouteille de vin, il eut envie d'en reprendre un peu, mais n'en fit rien. Bien sûr, cela le mettrait de bonne humeur, mais il devait être digne de la tasse cassée en mille morceaux et de son serment ! Il avala sa salive.

À ce moment-là, son beau-frère Yeqiu entra sans faire de bruit. Le vieux Qian lui sourit. Ça lui faisait plaisir de le voir arriver juste à cet instant.

« Comment ? Vous pouvez déjà vous asseoir ? » dit Yeqiu, l'air vraiment ravi.

M. Qian inclina la tête en souriant. « Sous peu, je pourrai marcher !

– C'est parfait ! C'est parfait ! » ajouta le beau-frère en se frottant les mains.

Il avait meilleure mine que d'habitude ; il était toujours aussi maigre, mais avait perdu son teint verdâtre. Il était vêtu d'une robe noire, ouatée, toute neuve, et il portait des chaussures ouatées et neuves également. Tout en bavardant avec son beau-frère, il fouilla dans la poche intérieure de sa robe et en sortit quinze billets d'un yuan. En souriant, il les déposa avec précaution sur le lit.

« Que faites-vous ? » demanda M. Qian.

Yeqiu éclata de rire, puis dit : « Ça vous permettra de vous acheter quelques friandises ! » Il serra alors ses lèvres minces, comme s'il craignait que son beau-frère n'accepte pas.

« Mais d'où sortez-vous tout cet argent ?

– C'est que j'ai trouvé un emploi assez bien payé.

– Où ça ? »

Les yeux de Yeqiu cessèrent de tourner, il resta muet pendant un moment. « Le nouveau gouvernement s'est formé, n'est-ce pas ?

– Quel nouveau gouvernement ? »

Yeqiu poussa un soupir. « Beau-frère ! Vous me connaissez ! Je ne suis pas un homme sans force de caractère, mais avec huit enfants et une femme toujours malade, que voulez-vous que je fasse ? Je ne peux tout de même pas les laisser mourir de faim ?

– Ainsi, vous avez trouvé un emploi dans le gouvernement formé par les Japonais ! » M. Qian fixait le visage de Yeqiu, qui petit à petit se contractait.

« Je n'ai fait aucune démarche ! J'ai quand même le sens de l'honneur ! Ils sont venus me trouver, me demandant si je voulais leur donner un coup de main. J'ai ma conscience pour moi ! »

M. Qian prit lentement les quinze billets, puis il les jeta d'un geste sec au visage de Yeqiu :

« Sortez ! Ne mettez plus jamais, vous entendez, plus jamais les pieds ici, je ne vous considère plus comme faisant partie de ma famille ! Allez-vous-en ! »

Sa main montrait en tremblant la porte.

Le visage de Yeqiu était redevenu verdâtre. C'était en toute sincérité qu'il était venu offrir de l'argent à son beau-frère pour lui faire plaisir, et voilà qu'il essuyait une rebuffade, il n'en revenait pas ! Bien sûr, les reproches de son beau-frère étaient justifiés, mais devait-il lui demander pardon d'avoir agi ainsi ? Après tout, il n'avait pas eu le choix, et il sentait bien que, de toute façon, il ne lui pardonnerait jamais. Il était très triste de devoir s'en aller sur cette impression ; son beau-frère était malade, sans doute avait-il les nerfs à vif, mais lui, il devait maîtriser sa mauvaise humeur et essayer de faire une sortie plus honorable. Allaient-ils ne plus jamais se revoir ? Qian Moyin était un proche parent, mais aussi un ami qu'il admirait beaucoup, et ils ne pouvaient pas se quitter fâchés. Il ne cessait de passer sa langue sur ses lèvres minces, ne sachant s'il devait rester assis ou bien se lever.

« Alors, vous ne partez pas ? » M. Qian était toujours très en colère.

Les larmes aux yeux, Yeqiu se leva lentement.

« Moyin ! Nous... »

La honte et la peine l'empêchaient de parler. Baissant la tête, il se dirigea vers la porte.

M. Qian le rappela : « Attendez un moment ! »

Yeqiu s'immobilisa aussitôt, la tête toujours baissée, telle une jeune belle-fille en butte à de mauvais traitements.

« Allez ouvrir le coffre là-bas ! Il y a dedans deux petites peintures, l'une de Shi Xi, l'autre de Shi Gu, ce sont deux merveilles qui nous ont souvent porté bonheur. Je les avais achetées très bon marché, en tout un peu plus de trois cents yuan. Prenez-les, vendez-les et offrez-vous avec cet argent un petit commerce, ce sera mieux que votre emploi actuel ;

il vaut mieux vendre des cacahuètes et des graines de pastèque que capituler ! »

Sa colère était presque passée. Il appréciait le savoir de Yeqiu, il savait que celui-ci n'avait pas une vie facile, et il voulait l'aider à réussir ; aider un bon ami, n'est-ce pas plus utile que le blâmer ?

« Allez-y ! » Son ton était redevenu aussi doux que d'habitude. « Elles sont à vous, pour moi ce ne sont que des bibelots, et maintenant je n'ai vraiment plus le cœur à les regarder ! »

Yeqiu ne perdit pas de temps à se demander s'il devait ou non prendre ces peintures, et il s'empressa d'ouvrir le coffre. Il espérait que sa docilité le ferait rentrer dans les bonnes grâces de son beau-frère. Il n'y avait pratiquement rien dans le coffre, seulement quelques vieux livres. Il aurait voulu les trouver tout de suite, car il n'osait pas fouiller ; il respectait les livres, surtout les livres de son beau-frère ; plus ils étaient vieux et usés, plus il y faisait attention.

« Elles ne sont pas là ? demanda M. Qian.

– Je ne les trouve pas !

– Enlevez toutes ces vieilles choses et posez-les là ! » Il tapota le lit. « Je vais regarder ! »

Tout doucement, comme s'il transportait des trésors, Yeqiu posa les vieux livres près de M. Qian ; celui-ci les tourna et les retourna, mais ne trouva pas les deux peintures.

« Belle-fille ! dit-il à haute voix, viens ici ! »

Il avait appelé sur un tel ton que M. Jin accourut avec la jeune femme.

Voyant l'air inquiet de Yeqiu, la nervosité de M. Qian et les vieux livres étalés sur le lit, M. Jin s'écria :

« Que se passe-t-il ? »

La jeune femme voulut saluer Yeqiu, mais son beau-père lui demanda :

« Où sont les deux peintures ?

– Quelles peintures ?

– Celles qui étaient dans ce coffre.

– Je ne sais pas ! répondit sa belle-fille.

– Réfléchis un peu, est-ce que quelqu'un a ouvert ce coffre récemment ? »

Tout à coup, elle se souvint et elle revit en même temps son mari et sa belle-mère ; elle eut un pincement au cœur, mais ne pleura pas.

« C'étaient des peintures en rouleau, n'est-ce pas ? demanda M. Jin, qui se souvenait aussi.

– Oui ! oui ! Des peintures qui n'avaient pas encore été entoilées !

– On les a mises dans le cercueil de Mengshi !

– Qui les y a mises ?

– Votre femme ! »

M. Qian resta stupéfait quelques instants, puis il poussa un long soupir.

CET OUVRAGE
A ÉTÉ ACHEVÉ D'IMPRIMER
SUR ROTO-PAGE
PAR L'IMPRIMERIE FLOCH
À MAYENNE EN JUIN 1996

N° d'impression : 39683.
Dépôt légal : juin 1996.
1er dépôt légal : mars 1996.